C. Plini Secundi Naturalis Historiae Libri Xxxvii, Volume 5, books 31-37

Pliny, Karl Friedrich Theodor Mayhoff, Ludwig Von Jan

C. PLINI SECUNDI

NATURALIS HISTORIAE

LIBRI XXXVII.

———

POST LUDOVICI IANI OBITUM

RECOGNOVIT ET SCRIPTURAE DISCREPANTIA ADIECTA

EDIDIT

CAROLUS MAYHOFF.

———

VOL. V. LIBRI XXXI—XXXVII.

LIPSIAE

IN AEDIBUS B. G. TEUBNERI.

MDCCCLXXXXVII.

LIPSIAE: TYPIS B. G. TEUBNERI.

PRAEFATIO

In quinto hoc volumine longiore non opus est praefatione. criticum munus qua ratione administraverim, ex ipsa editione et ex appendice satis apparet. locos parallelos sive auctorum excerptorumque testimonia, quotquot inveni, sedulo adnotavi, adiutus in iis partibus, quae ad artes earumque historiam spectant, plurimum Overbeckii diligentia, non nihil etiam amplo volumine Londinensi, quo nuper Eugenia Sellers has partes seorsum edidit instruxitque commentario copioso et H. L. Urlichsii, Furtwängleri, Münzeri, Traubii, aliorum Germanorum doctrina locupletato. quae editio peropportune ad me perlata est, antequam libri XXXIII et sequentium plagulas pridem perscriptas tradi typographo necesse esset. praeterea de rebus archaeologicis mihi, ubi visum est, per litteras consulenti prompta voluntate responderunt amici Ricardus Förster Vratislaviensis et Henricus Ludovicus Urlichs Monacensis. codicum scripturas collatione accuratius exploranti faverunt bibliothecarum regiarum, quae sunt Bambergae et Dresdae, praefecti, Fridericus Leitschuh, qui eximia liberalitate nobilem illum librum Bambergensem iussit Dresdam mitti, et Franciscus Schnorr de Carolsfeld, studiorum adiutor numquam non paratissimus. his viris debita observantia gratum animum hoc quoque loco testificari et decet et iuvat.

Scribebam Dresdae cal. Sept. MDCCCLXXXXVII.

a*

CONSPECTUS CODICUM

De codicum manu scriptorum, quorum lectiones discrepantes in hoc volumine adnotatae sunt, origine et auctoritate uberrime disputavit Detlefsen a. 1869 in philologi vol. XXVIII p. 284—337; quae scripserat partim retractavit a. 1870 in praef. edit. vol. IV p. V sqq. et in diurn. litt. Ienens. 1874 n. 26 p. 395 sqq. praeterea cfr. quae exposuerunt Carolus Welzhofer in progr. gymn. Ludov. Monac. a. 1878, quod inscribitur 'Ein Beitrag zur Handschriftenkunde der nat. hist. des Plinius', et Urlichs in Bursiani annal. litt. antiqu. 1878 II p. 267—272.

I. Ac vetustiorem quidem codicem in quinto hoc volumine habemus unum eumque praestantissimum et qui ex omnibus solus operis finem servaverit

B: *codicem Bambergensem* (*M. V. 10*), membranaceum, saeculo X in Italia transcriptum ex archetypo ceteris et puriore et multis locis pleniore. continet libros XXXII usque ad XXXVII, indicibus suo quoque libro praemissis. constat foliis 166 binarum columnarum, quarum quaeque 26 versus 25 fere litterarum complectitur. folia per quaterniones composita sunt, nisi quod folia 145, 146, 163, 164 singularia sunt et folia 165 et 166 inter se cohaerent. ultimum folium vacuum est; in folii 163 B columna altera media lacuna magna fugit librarium, qui a *ſummo ochrum* (XXXVII 183) transiit ad [lig]*ni modo ardet* (§ 188), sive quod totum folium errore omisit sive quod archetypi quaternio ultimus — ut Detlefseno praef. vol. V p. IV videtur — uno folio carebat. minores lacunae librariorum errore ortae in omnibus libris inveniuntur. scripserunt plures librarii inter se excipientes; semel duo eodem tempore suam uterque partem absolverunt: nam folii 146 A columnae alterius ultima pars post verba *taliſ inuentio* (XXXVII 60) et tota pagina B vacuae relictae sunt, lacuna nulla, cum in folio 147 A recte continuentur *eſt & hoc munuſ omne*. de scripturae genere et de vitiis correctionibusque fusius in appendice disputavi. detexit codicem Ian a. 1831 et identidem in usum Silligii contulit;

eodem postea ad 'vindicias Plinianas' adhibito Urlichs errores aliquot sustulit; totum denuo contulit a. 1871 Detlefsen, in correctiones potissimum cura intenta, sed cum is quoque interrogationis nota lectionibus aliquot adposita dubitationem reliquisset et nonnullae cum Silligiana editione discrepantiae suspicionem moverent, ipse a. 1893 Bambergae quadringentos fere locos dubios inspexi et a. 1896 Dresdae totum codicem ad bibliothecam regiam missum ita contuli, ut lectionum eius a me editarum veritatem mihi non dubiam esse affirmare possim.

II. **Recentiores** autem codices, qui totum opus Plinianum plus minusve integrum continent et toti aut maximam partem perpetuo collati sunt, variis gradibus, qui certo definiri vix posse videntur, redeunt omnes ad archetypos duos, ut duae sint familiae discernendae.

1. Prioris familiae sunt

1) **V**: *codex Leidensis Vossianus fol. n. LXI*, saeculo XI in Gallia septentrionali maioribus litteris Gothicis scriptus. continet XXXI—XXXVI 97 *correctus videbatur cetera*, exceptis duabus lacunis his: XXXV 176 *faciei cum terebinthi resina* — 194 *infirmior tantum bitumini* et XXXVI 62 *igni funditurque* — 66 *fecisse dicuntur* (cfr. infra **B**). praeterea sub finem libri XXXI cum traiectione archetypi foliorum ordo turbatus et errore postea cognito ita correctus esset, ut partes traiectae iterum describerentur (**V**ᵃ, Silligio ψ), factum est, ut genuina et iterata deinceps hoc ordine scripta inveniantur: XXXI 118 *addita et resina* — 131 *redegere afri* | XXXII 17 *inserendis praebent* — 43 *saepius uero quantum* | XXXI 131 *canas quarum* — XXXII 17 *ora hiantia manibus* | XXXII 43 *benefici in menstruis* — 58 *pastinaca contra suum* ‖ XXXI 118 *addita et resina* — 131 *redegere afri* | XXXII 17 *inserendis praebent* — 31 *priuatim contra uiscum* ‖ XXXII 58 *ictum remedio ē.* alio errore factum est, ut XXXIII 106 propter vocem *plerumque* in archetypo iterarentur XXXIII 95—98 hoc modo: 106 *quā molypditim & plerūq.* | 95 *replerit' & eodem* — 98 *aeris uena infra ab* (pro *alumen*) | 106 *omnes hi colores.* (cfr. infra **B** et **d** et Detlefs. mus. Rhen. XV p. 374—376). codicem post Nautam denuo contulit Detlefsen.

Ubicumque **V** deest aut scriptura legi iam non potest, eius locum obtinet

2) **F**: *codex Leidensis [Lipsii] n. VII*, saeculo XI ex **V** nondum ab altera manu correcto transcriptus, qui continet

XXXI—XXXVII 199 *primum pondere*, exceptis lacunis duabus XXXVII 86 *ex ipso nomine* — 105 *reperta est lau*[datissime] et ibid. 111 *norunt hinc* — 118 *totus uero*. diu oblitteratum Detlefsen invenit contulitque et usui critico patefecit. eundem autem statuit esse Leidensem hunc codicem atque

f: codicem *Chiffletianum*, cuius lectiones exstant in margine editionis Dalecampii, qui, cum promiscue siglis *Ch.* et *Chiff.* vel *Chiffl.* uteretur, coniecturas quoque ipsius Chiffletii admiscuisse videtur, non accurate distinctas a codicis lectionibus.

3) **R**: codex *Florentinus Riccardianus*, scriptus a compluribus hominibus Italis circa a. 1100 binis columnis litteris minusculis, multis locis mutilus. continet XXXI usque ad XXXVI 157 *autem ex basanite*, exceptis lacunis duabus XXXV 191 *oculorum quoque* — 196 *maxime Thessalica nascitur* et XXXVI 62 *igni funditurque* — 66 *fecisse dicuntur* (cfr. supra **V**). ex eodem quo **V** archetypo ortus exhibet XXXI 118 sqq. eandem traiectionem iterationemque (**R**ᵃ, Silligio Ω) et XXXIII 106 eandem iterationem. collatus est in Silligii usum a Iano; collationem in bibliotheca regia Dresdensi adservatam denuo inspexi.

4) **d**: codex *Parisinus latinus 6797* (Harduino Regius II), saeculo XIII binis columnis scriptus, continens XXXI usque ad XXXVII 199 *primum pondere*. eandem quam **VR** traiectionem habet Iano teste XXXI 118 sqq. (iterationem non item, ut videtur) eandemque iterationem XXXIII 106. cum **F** communem habet lacunam XXXVII 111—118, sed pannis ex Isidoro compilatis misere resartam (cfr. infra **h**). ceterum hic liber ultimus 'ab altera manu, ut ait Ian, additus' est ex codice recentiore multis locis interpolato. libri XXXI, XXXII, XXXVII a Iano collati sunt eamque collationem denuo inspexi, reliqui a Silligio. scripturae autem discrepantiam ad librum XXXI tantum plene adnotavi, in ceteris ita, ut e silentio nihil concludendum sit.

Quae in his codicibus ab altera manu factae sunt correctiones exigui vel nullius momenti sunt, interpolatoris manum plerumque aperte ostendentes, uno excepto codice **R**, cuius est alia condicio (cfr. infra **r**).

Eiusdem familiae sunt codices hi, quorum lectiones delectu insigniorum habito, ubi utile visum est, ceteris adpositae sunt:

T: codex *Toletanus*, saeculo XIII binis columnis scriptus, qui continet libros XXXI—XXXVI (deficiente ultimo: cfr. supra **d**) et a Pintiano quondam diligenter inspectus, in Silligii usum collatus est a duobus presbyteris Hispanis (cfr. edit. Sill. vol. I praef. p. X).

x: *codicis Luxemburgensis* pars, quae continet XXXI 49—62, suppleta ex exemplari priori huic familiae cognato. scripturae discrepantiam publici iuris fecit Matthaeus Michel pp. 49. 50 singularis libelli ('Le manuscrit de Pline le naturaliste conservé à la bibl. de l'Athénée de Luxembourg'), quo a. 1865 codicem accurate descripsit.

h: *codex Parisinus 6801*, membranaceus, saeculo XV litteris maioribus Gothicis columnis binis transcriptus ex archetypo passim ad d prope accedente, praecipue in libro XXXVII, multis autem locis correcto, pluribus interpolato. exigui est pretii, sed cum saepe consentiat cum editionibus vetustis, ob hanc causam neglegi non potuit. continet libros omnes usque ad XXXVII 199 *primum pondere.* inde a libro XXXII contulit Sillig (cfr. eius edit. vol. I praef. p. XVII).

2. Alterius familiae sunt

codices ii, qui plurimum valuerunt ad constituendam lectionem a vetustissimis editoribus vulgatam. in his principem locum tenet

1) E: *codex Parisinus latinus 6795* (Silligio et Iano a, Harduino Regius I), saeculo X vel XI litteris Gothicis binis columnis exaratus, qui olim integer, nunc in fine detruncatus continet XXXI et XXXII, desinens § 135 in v. *inlitum psilotrum* ////. correctionibus E[2] nihil fere tribuendum esse exposui nov. luc. p. 88 sqq. contulit Detlefsen.

Communem cum hoc habet originem

2) r: codex incognitus, quem repraesentant *correctiones in Riccardiano* R vel inter ipsos versus vel ad marginem a seriore manu factae inde ab initio libri XXVI. correxit autem satis accurata collatione XXXI 1—125.

Eiusdem stirpis sunt

3) b: *codex Vaticanus 1954*, saeculo XIV ineunte scriptus, qui a Detlefseno a. 1860 collatus et in libro XXXII, ubi E deest aut infimi potissimum paginarum versus ob situm et squalorem legi non possunt, adhibitus est.

4) a: *codex Vindobonensis CCXXXIV* (Silligio et Iano ω), saeculo XII vel XIII ortus ex archetypo minus mutilato quam E, sed neglegenter atque etiam licenter scriptus ac tot lacunis magnis parvisque foedatus, ut haud raro excerptoris potius quam librarii manum prae se ferat. continet libros omnes usque ad XXXVII 203 *quecumque ambitu*[r mari], qui est operis finis in omnibus ante Silligium editionibus. XXXII 152. 153 contulit M Haupt in edit. Ovidii Halieuticorum, sequentes

libros annis 1855—1858 Detlefsen, qui scripturam ad-
notavit ad XXXIII 141—XXXIV 178. XXXVI 63—66.
94—XXXVII 203. ego in numerum eorum, quorum
lectiones constanter ac perpetuo adscripsi, recepi eum
a XXXVI 157, ubi **R** deficit, ad librum XXXVII simul
usus peculiari collatione in usum Iani a. 1861 a Vahleno
(§ 1—25) et Hartelio (§ 26—203) ad textum Ianianum
diligenter facta (cfr. acta acad. litt. Bavar. a. 1862
p. 230). quae cum Detlefseniana plerumque congruit;
ubi ita discrepantem vidi, ut dubitatio exsisteret, interrogationis notam lectioni Detlefseni adposui.

Hoc loco commemorandus est etiam

5) **L**: *codex Laurentianus plut. LXXXII 1. 2* sive *Slaglo-
sianus*, saeculo XIII ineunte scriptus, qui, quamquam
antecedentibus libris ad priorem familiam (**F d**) pertinet, in maiore parte libri XXXVI et per totum
librum XXXVII, ubi deficit in vv. *desinens nitor* (§ 199),
originem ducit ex archetypo ad **a** proxime accedente
(cfr. glossema illud XXXVII 191 *ratio nominum non
est in borsycite*), sed minus lacunoso et ab homine
docto, ut videtur, castigato: certe aliis locis corri-
piendo, aliis amplificando vel varie mutando inter-
polatus est, nonnullis vero (ut XXXVII 173. 190. 193)
convenienter fere cum **a** suppletus a correctore (**L²**).
contulit Detlefsen a. 1858 ad XXXVI 62—66. 178 usque
ad XXXVII 199.

Codices **a** et **L** artissimo cognationis vinculo cohaerere cum
iis, quorum ope vetustissimi editores textum Plinianum conforma-
verint, e lectionibus in commentario adnotatis passim apparet.

Denique non omittendae sunt

O: *codicis Vindobonensis CCXXXIII* (Silligio et Iano π),
membranacei, saeculo fere VI scripti, reliquiae septem
foliorum in 22 lacinias dissectorum, quae binis columnis exarata continent fere XXXIII 142—163. XXXIV
3—42. 109—118, litteris permultis evanidis. primus
edidit Endlicher ex apographo Reussii; denuo contulit
correxitque nonnulla Detlefsen a. 1855. consentiunt
scripturae, quae quidem adnotari potuerunt, saepius
cum **a**, emendationi non multum utiles.

———————————

Praeterea sparsim adnotatae sunt lectiones aliquot de-
sumptae ex

man. Dal.: codice a Dalecampio in editionis margine sigla
M vel *Man.* notato (Silligio r), de quo cfr. Ürlichs in
Eo II (1866) p. 359, Detlefsen philol. vol. XXVIII (1869)
p. 301, Welzhofer l. l. p. 36.

cod. Poll.: *codice Monacensi Pollingano* (Silligio **P**), a. 1459 in Italia scripto, de quo cfr. edit. Sill. vol. I praef. p. XXI, Welzhofer l. l. p. 82—89. continet omnes libros usque ad XXXVII 199 *desinens nitor.* contulit Ian XXXIV 48—70 et XXXVII.

cod. Burb.: *codice Neapolitano Burbonico V a. 4* (Silligio **N**), a. 1360 scripto, de quo cfr. edit. Sill. vol. I praef. p. XIX. continet omnes libros. excerpsit Ian XXXV 1—119.

NOTARUM EXPLICATIO

a. = ante.

add. = addit, addunt, addito.

coni. = coniecit, coniectura.

corr. = correxit, correctura.

del. = delevi, delevit, deleto.

dist. = distinxi, distinxit.

lac. = lacunam.

ll. = libri manu scripti **BVR** (**r**)**dEbaL**, quotquot quoque loco collati et uniuscuiusque paginae in margine superiore siglis indicati sunt.

om. = omisit, omisso.

praem. = praemisso.

r = reliqui codices praeter eos, qui ad eandem lectionem adnotati sunt.

ras. = rasura.

v = veteres editores vel lectio vulgata inde a vetustissimis editionibus usque ad hanc aut ad eam, quae una adnotata est, velut *v. a. G.* = veteres ante Gelenium; *v. a.* G(*H*) = veterum ante Gelenium lectio, revocata ab Harduino.

B = Hermolai Barbari castigationes Plinianae. Romae 1492. 1493.

Bas. = Basileensis editio (Erasmi) 1525.

Brot. = Broterii editio Parisina 1779.

C = Io. Caesarii editio Coloniensis 1524.

D = Detlefseni editionis Berolinensis vol. V. 1873.

Dal. = Dalecampii editio Lugdunensis (1587) 1606.

vet. Dal. (Silligio **K**) = coniectura incerti hominis docti vel vetustioris alicuius editionis lectio a Dalecampio ad marginem enotata.

G = Gelenii editio Basileensis 1554. (Eiusdem castigationes sive annotationes 1535).

Gron. = Gronovii (I. F.) in aliquot libros C. Plinii Secundi notae (1669). v. Sill. edit. vol. VI.

H = Harduini editio Parisina (1685) 1741.

Hack. = Hackiana editio. Lugd. Bat. 1668.

J = Iani editionis Teubnerianae vol. V. Lipsiae 1860.

Lugd. = Lugdunensis editio (I. N. Victorii) 1563.

P = Pintiani in C. Plinii nat. hist. libros omnes observationes. (Salmanticae 1544) Lugduni 1593.

S = Silligii editionis vol. V. Hamburgi et Gothae 1851.

Salm. = Salmasii Plinianae exercitationes in Solini polyhistora. (Parisiis 1629). Traiecti ad Rhenum 1689.

U cum numero = Urlichsii vindiciarum Plinianarum vol. II. Erlangae 1866. *U* sine numero = chrestomathia Pliniana. Berolini 1857.

Ven. = Veneta editio (I. B. Palmarii) 1499.

Verc. = Alexandri Benedicti editio 1507.

Bergk (Th.): Exercitationes Plinianae I. II. Marburgi 1847. 1851.

Birt (Th.): De Halieuticis Ovidio poetae falso adscriptis. Berolini 1878.

Fels (Alb.): de codicum antiquorum, in quibus Plini nat. hist. propagata est, fatis, fide atque auctoritate. Gottingae 1861.

Frobeen (C.): quaestionum Plinianarum specimen. Regiomontani 1888.

C F W Müller: Krit. Bemerkgn. zu Plinius' nat. hist. Breslau 1888. — *grat.*: Festschrift z. 50 j. Doctorjubiläum Ludwig Friedländer dargebracht von s. Schülern. Leipzig 1895. (p. 543—554).

Müller (Jo.) *emend.*: Emendationen zur nat. hist. des Plinius. V. Wien 1882. *de stilo*: Der Stil des älteren Plinius. Innsbruck 1883.

luc.: mea lucubrationum Plinianarum capita III. Neostrelitiae 1865. — *nov. luc.*: meae novae lucubrationes Plinianae. Lipsiae 1874. —

Pliniana (mea): v. Philolog. Abhandlungen (Martin Hertz dargebracht). Berlin 1888. (p. 28—43).

Th. H. = Theophrasti historiae plantarum libri IX (ed. Wimmer vol. I 1854). — *Th. lap.* = Theophr. fragm. II περὶ λίθων (ed. Wimmer vol. III 1862).

Diosc. = Dioscoridis de materia medica libri V (ed. C. Sprengel 1829 vol. I). — *Diosc. eupor.* = Εὐποριστων libri II (eiusdem edit. vol. II).

Orph. Lith. et κηρ. = Orphei Lithica (accedit Damigeron de lapidibus). rec. Eug. Abel. Berolini 1881.

Cels. = A. Cornelii Celsi de medicina libri VIII (ed. C. Daremberg. Lipsiae 1859).

Damig. = Damigeron de lapidibus (ed. Eug. Abel: v. supra).

Isid. = Isidori origines (ed. Otto in Lindemanni corp. gramm. Latt. III. Lipsiae 1833).

Marc. = Marcelli de medicamentis liber (ed. G. Helmreich 1889).

Plin. iun. Gargil. = Plinii Secundi quae fertur una cum Gargilii Martialis medicina edita a Valentino Rose. Lipsiae 1875.

Seren. = Q. Sereni Sammonici liber medicinalis (ed. Aem. Baehrens in poet. Lat. min. vol. III. Lipsiae 1881).

Theod. Prisc. = Theodori Prisciani euporiston libri III editi a Valentino Rose. Lipsiae 1894.

C. PLINI SECUNDI

NATURALIS HISTORIAE

LIBRI XXXI—XXXVII

C. PLINI SECUNDI
NATURALIS HISTORIAE
LIBER XXXI

---

1. (1) **Aquatilium** secuntur in medicina beneficia, 1
opifice natura ne in illis quidem cessante et per undas
fluctusque ac reciprocos aestus amniumque rapidos cursus
inprobas exercente vires, nusquam potentia maiore, si
verum fateri volumus, quippe hoc elementum ceteris omnibus imperat. terras devorant aquae, flammas necant, scan- 2
dunt in sublime et caelum quoque sibi vindicant ac nu-
bium obtentu vitalem spiritum strangulant, quae causa
fulmina elidit, ipso secum discordante mundo. quid esse
mirabilius potest aquis in caelo stantibus? at illae, ceu
parum sit in tantam pervenire altitudinem, rapiunt eo
secum piscium examina, saepe etiam lapides, subeuntque
portantes aliena pondera. eaedem cadentes omnium terra 3
enascentium causa fiunt, prorsus mirabili natura, si quis

---

§§ 1 extr. — 3: Isid. XIII 12, 3. 4. — § 3: cfr. Vitruv. VIII
praef. 2 sqq.

---

2 opice **V**.   3 fluctisque **V**.   4 exerente **E**v.a.H. *sed cfr.*
II 215. 106. | uirus **VR**¹. | potentiam ea uire **V**.   6 aeque **V**.
6. 7 scandant **V**.   8 obtentum **V**d.   9 flumine lidit **V**.
fulmine ledit d. | ipse **VR**¹.   10 aquis d**E**r**v**. -uas *r*. | in *om.*
VR¹d. | ad ille **V**.   11. 12 eos cum **E**. et secum *Isid.*
12 exanima **V**. -me **E**. | etiam in **V**. | subeuntque **VR**d**T***H*.
-nt **E**v. subvehunt *C*.   13 pondere **E**. | aedem **V**. | omnia **V**. |
terre **R**¹. -rrae *S*.   14 enascentium **V**J *coll. XI 128. XVII 244.*
nasc- (-tum **R**¹) *rv*.

velit reputare, ut fruges gignantur, arbores fruticesque
vivant, in caelum migrare aquas animamque etiam herbis
vitalem inde deferre, iusta confessione, omnes terrae quoque vires aquarum esse beneficii. quapropter ante omnia
ipsarum potentiae exempla ponemus. cunctas enim enumerare quis mortalium queat?

4   **2.** (2) Emicant benigne passimque in plurimis terris
alibi frigidae, alibi calidae, alibi iunctae, sicut in Tarbellis
Aquitanica gente et in Pyrenaeis montibus tenui intervallo
discernente, alibi tepidae, egelidae, *at*que auxilia morborum 10
profitentes et e cunctis animalibus hominum tantum causa
erumpentes augent numerum deorum nominibus variis ur-
besque condunt, sicut Puteolos in Campania, Statiellas in
Liguria, Sextias in Narbonensi provincia. nusquam tamen
largius quam in Baiano sinu nec pluribus auxiliandi gene- 15
5 ribus: aliae sulpuris *vi*, aliae aluminis, aliae salis, aliae
nitri, aliae bituminis, nonnullae etiam acida salsave mixtura, vapore ipso aliquae prosunt, tantaque est vis, ut

---

§ 5: cfr. Vitruv. VIII 3, 1. Seneca nat. qu. III 2, 1. Isid.
XIII 13, 1. — § 6: Isid. XIII 13, 2.

---

1 refutare **E**. | ui **V d¹**. un¹¹ **d²**. unde **T**.   2 uiuunt **V**.
    3 iuſta confessione *C*. uicta (uita r) conf- **d T a r** *v*. conf-
uicta (urta **R**) **V R** *S*. conf- uitae *D*. conf- inuita *CFWMüller*
p. 27. confessione ..... **E**.   4 benefici **V**. -ciū **d T**.   5 potentiae **R** *v*. -ia *r D*.   6 que ar **V**.   7 pluribus **V R¹**. *cfr*.
§ 107.   8 alibi **E** *r v* (*D*). -iae **T** *S*. -ie **R** *d*. ale **V**. | fridae **V**. |
alibi ... alibi **E** *r v* (*D*). aliae ... aliae *r* **T** *S*. | iunctae **d E** *r v* (*G*).
inunctae **V² R B**. iniu- **V¹**. inuin- **T**. | in *om*. **V R¹**. | terbellis **E**.
treb- *v. a. B*. *cfr. IV 108*.   • 9 aquitania **V**. -nica — pyrenaeis
om. **R¹**. | et in **V R d** *G*. ex in **E**. exin in *v*. | cirenaeis **E**. |
gentibus **E** *r*.   10 discendente **V**. desc- **R¹**. | alibi **E²** *r v* (*D*).
alii **E¹**. -iae *r S*. | egelidae atque *ego*. -daeque (gel- **d T** *v. a. G*)
ll. **T** *v*.   11 confitentes **E**. -ferentes *v. a. H*. | animalium *v. a. S*.
    12 *dist. ego*. | uaries **V**.   13 statielas **R¹** *v. a. Bas*. *cfr*.
III 49.   14 sexcias **V**. | narboniensa **V**. | prouintia **E**(?)*D*.
    15 balano si nunc e **V**.   16 ui *D*. ut **V R E**. *om*. **d**(?)*v*. |
alie **R**. iliae **E**. alia *r*. | luminis **V**. | soliis **E**.   17 agida **V¹**.
alg- **V²**.   18 uapore quoque ipso **d**(?) *v. a. S*. | tantaque **E** *r*
e corr. *Verc.* (*D*). -tatio **V d¹**. -ta his **d²**. -ta iis *S*. -taque eis *v*.
de mendo cfr. § 88.

balneas calefaciant ac frigidam etiam in soliis fervere
cogant. quae in Baiano Posidianae vocantur, nomine
accepto a Claudii Caesaris liberto, obsonia quoque per-
cocunt. vaporant et in mari ipso quae Licinii Crassi
5 fuere, mediosque inter fluctus existit aliquid valetudini
salutare.

    (3) Iam generatim nervis prosunt pedibusve aut 6
coxendicibus, aliae luxatis fractisve, inaniunt alvos, sanant vulnera, capiti, auribus privatim medentur, ocu-
10 lis vero Ciceronianae. dignum memoratu, villa est ab
Averno lacu Puteolos tendentibus inposita litori, celebrata porticu ac nemore, quam vocabat M. Cicero Aca-
demiam ab exemplo Athenarum, ibi compositis voluminibus eiusdem nominis, in qua et monumenta sibi
15 instauraverat, ceu vero non et in toto terrarum orbe
fecisset. huius in parte prima exiguo post obitum ipsius 7
Antistio Vetere possidente eruperunt fontes calidi perquam salubres oculis, celebrati carmine Laureae Tulli,
qui fuit e libertis eius, ut protinus noscatur etiam
20 ministeriorum haustus ex illa maiestate ingenii. ponam
enim ipsum carmen, *ut* ubique et non ibi tantum
legi *queat:*

---

    1 solis **VE** *v.a.C(D).*   2 in baiano *r in ras.* *v(J).* in
banaiano **E.** in bala (-le **V**) *r.* nunc Baiae *S cum Gronovio.* |
posidianae d *G.* -no **E.** possidianae (-ne **V**) *r.* -deanae *v.*
cfr. Sueton. Claud. 28.   4 uaporant *om.* **E.**   5 fuere que
R[1]. -re quem **V.** | mediisque **V.** -dios d.   7 generatis **V.**
    8 eluxatis **d.** elox- **VR**[1].   9 auribusque **R**d(?)*v.a.D.*
10 dignū *ego.* -nu **V.** -no **E.** -na *r*(?)*v.* -nae *D* (*cum antecedd.*
iungens).   11. 12 celebra **V.**   12 euocabat **Er.** et uoc- *v.a.S.* |
M. E*v(D).* *om. r H.*   14 eisdem *v.a.G.* | nominibus **VE***v.a.G.* |
in aqua **E.**   15 nen **E.** | et in *v.* ex in **Er.** int **R.** in eo d.
in **V** *S.* *cfr. § 4.* | toto d**Er** *v.* eo to *r.*   16 fecisset d*v.* -sse *r.* |
exiguo *om.* **VR**[1]. | ouitum **V.**   17 ualidi **VR**[1].   17. 18 perquam
d**Er** *v.* -que **R.** inquam **V.**   20 ministerium *v.a.H.* | haustus
Rd**T** *H.* *cfr. praef. 24.* -tis **V**f. eius *G.* eius haustus (-tum *C*) *v.* |
ingenii d **T** *H.* -ni *r*[1]. -enam **VR**f. *om.* **Er**[2]*v.*   21 ut *ego.*
om. ll.S. dignum *v.* | ubique et *ll.v(D).* uti queat *J coll.*
XXXVII 12 et VIII 100; adde XXVIII 210. XXXVI 155.
XVII 197. | ibi tantum non **VR**[1]d *J.*   22 queat (*omissum*
ante quod tua) *ego.* *om. ll.v.*

8 Quo tua, Romanae vindex clarissime linguae,
    silva loco melius surgere iussa viret
atque Academiae celebratam nomine villam
    nunc reparat cultu sub potiore Vetus,
hoc etiam apparent lymphae non ante repertae, ⋮
    languida quae infuso lumina rore levant.
· nimirum locus ipse sui Ciceronis honori
    hoc dedit, hac fontes cum patefecit ope,
ut, quoniam totum legitur sine fine per orbem,
    sint plures oculis quae medeantur aquae.   1c

    (4) In eadem Campaniae regione Sinuessanae aquae
sterilitatem feminarum et virorum insaniam abolere pro-
9 duntur, (5) in Aenaria insula calculosis mederi et quae
vocatur Acidula ab Teano Sidicino ⅢⅠⅠ p. — haec frigida —, item in Stabiano quae Dimidia vocatur et in 15
Venafrano ex fonte Acidulo. idem contingit in Velino
lacu potantibus, item in Syriae fonte iuxta Taurum montem auctor est M. Varro et in Phrygiae Gallo flumine
Callimachus. sed ibi in potando necessarius modus,
ne lymphatos agat, quod in Aethiopia accidere ïis, qui e 20
10 fonte Rubro biberint, Ctesias scribit. (6) iuxta Romam
Albulae aquae volneribus medentur, egelidae hae, sed

---

§ 8 extr.: Isid. XIII 13, 4. — § 9: Vitruv. VIII 3, 17. —
Ctesias ap. Antigon. hist. mir. 145 (160). Ovid. met. XV 320 sqq.
Isid. XIII 13, 4. — § 10: Strabo V 3, 11 p. 238. Vitruv. VIII
3, 2. — Celsus IV 12 p. 137, 7. cfr. Plin. XXXI 59. II 209.
III 109. Seneca nat. qu. III 25, 8. — Th. H. IX 18, 8. Isid.

---

    1 quo d*G*(*S*). quod *rv*(*H*). | tua romane **Er.** mane uarro
V. /////uarro **R.** | clarissima **E.**   ˙2 siluere **R**[1]. | uires **V**d.
4 cultu d*rv*. -tus **E.** -tos *r.*   5 hic *v.a.S.* | reparte **V.**
6 rore leuant **RE***v*. releuant **V.** iā rel- d.   12 sterelitatem
VRE. | saniem d.   13 aeraria **E.**   14 dicino **E.** | haec *om.*
v. a. G.   16 uenenafrano **V.** -no frano d. | acidulos **VR**[1].
-lus d. | item contigit **E.**   17 idem (*sc.* contingere) *coni. J.*
    18 phiae **V.**   19 putando **V.**   20 ne **Er***v*. ne in *r.* |
in *om.* **VR**[1]. | iis *v.* his *ll. C.* | qui e **VRd***H*. quae **E.** qui *v.*
    21 esias **V.**   22 egelidae hae (haec **E.** suctu haec r)
Er*G*(*D*). -dae **VR***S.* hǝ gelidae d**T** (*an recte?*). praegeli-
dae eae *v.*

Cutiliae in Sabinis gelidissimae suctu quodam corpora in-
vadunt, ut prope morsus videri possit, aptissimae stomacho, nervis, universo corpori. (7) Thespiarum fons
conceptus mulieribus repraesentat, item in Arcadia flumen
5 Elatum, custodit autem Linus fons in eadem Arcadia ab-
ortusque fieri non patitur. e diverso in Pyrrha flumen,
quod Aphrodisium vocatur, steriles facit. (8) Lacu Alphio 11
vitiligines tolli Varro auctor est Titiumque praetura func-
tum marmorei signi faciem habuisse propter id vitium.
10 Cydnus Ciliciae amnis podagricis medetur, sicut apparet
epistula Cassi Parmensis ad M. Antonium. contra
aquarum culpa in Troezene omnium pedes vitia sentiunt.
Tungri civitas Galliae fontem habet insignem plurimis 12
bullis stillantem, ferruginei saporis, quod ipsum non nisi
15 in fine potus intellegitur. purgat hic corpora, tertianas
febres discutit, calculorum vitia. eadem aqua igne ad-
moto turbida fit ac postremo rubescit. Leucogaei fontes
inter Puteolos et Neapolim oculis et vulneribus medentur.
Cicero in admirandis posuit Reatinis tantum paludibus
20 ungulas iumentorum indurari.

XIII 13; 1. 5. — § 11: Strabo VIII 3, 19 p. 347. — Vitruv. VIII
3, 6. — § 12 extr.: Isid. XIII 13, 6.

---

1 cutiliae d*G*. -illae (-ille **V**) *r*. subcutile *v*. | gellidissi-
mae **V**. | quidam d*E*. quiddam **V**. 3 thesiarum **E**. 4. 5 flu-
mina latum **VR**[1]. 5 autem *ego*. autem flatum (*ortum ex
iterato* Elatum) *ll*. autem fetum *H* *cum P*. autem partum *v*.
*de dictione cfr. XXVIII 248. XX 248. (XXX 123. 142. 124.
XXVIII 246)*. | leinus d. le//inus **B**[1]. lemus **V**. lechnus *Isid.* |
edem **V**. 6 pyrrha *B*. -rra d*D*. *cfr. Theophr.* pirra **V**.
-rrea **E**. pyrraea **R**(?). -rrhaea *H*. -rrhea *v*(*G*). (*cfr. Theophr.
C. II 6, 4*). | flumen d**E**r*v*. non patitur flumen **VR**. 7 afro-
disium **V**. afrond- **E**. Amphrysium *coni. B*. | lacus **E**r*v.a.S*. |
alphio *S*. -ion *G*. aphio **E**r. apio **R**. opio **V**d. amphion *v*.
8 tollit **E***v.a.S*. | titiumque *S*. -tumque d. -tiumquae *r*.
-tium quendam *v*. 9 id uinum **E**. 11 in epistola **R**(?)
v.a.D. 14 stillantem *ll*.**T***v*(*S*). stell- *G*. | ferrugines **V**.
16 febras **V**. | calculorum **VR**d. -rumque **E**r*v*. | uitiae adest **V**.
16. 17 admota **VR**[1]. 17 ad postremo (-mum *v*) **E***v.a.S*.
18 poteoles **V**.

13   (9) Eudicus in Hestiaeotide fontes duos tradit esse, Ceronam, ex quo bibentes oves nigras fieri, *N*elea, ex quo albas, ex utroque varias, Theophrastus Thuriis Crathim candorem facere, Sybarim nigritiam bubus ac

14 pecori, (10) quin et homines sentire differentiam eam; 5 nam qui e Sybari bibant, nigriores esse durioresque et crispo capillo, qui e Crathi candidos *moll*ioresque ac porrecta coma. item in Macedonia qui velint sibi candida nasci, ad Haliacmonem ducere, qui nigra aut fusca, ad Axium. idem omnia fusca nasci quibusdam in locis dicit 10 et fruges quoque, sicut in Messapis, at in Lusis Arcadiae quodam fonte mures terrestres vivere et conversari. Erythris Aleos amnis pilos gignit in corporibus.

15   (11) In Boeotia ad Trophonium deum iuxta flumen *H*ercynnum e duobus fontibus alter memoriam, alter ob- 15

---

§ 13: Strabo X 1, 14 p. 449. Arist. ausc. mir. 170. Antig. hist. mir. 78 (84). cfr. Seneca nat. qu. III 25, 3. Vitruv. VIII 3, 14. Isid. XIII 13, 5. Plin. II 230. — Theophr. ap. Aelian. n. a. XII 36. Timaeus ap. Antig. hist. mir. 134 (149). Aristot. ausc. mir. 169. — § 14: Strabo VI 1, 13 p. 263. Ovid. met. XV 315 sqq. Seneca nat. qu. III 25, 4. — Theopomp. ap. Antig. hist. mir. 137 (152). Aristot. ausc. mir. 125. — § 15: Isid. XIII 13, 3. cfr. Pausan. IX 39, 2. 8. — Vitruv. VIII 3, 22. 4, 25.

---

1 hestiaeotide **R**(?)*G*. -ae uticae **V**. estiaeotide **d**(?)*Brot*. -odicae **E**. hestia (-iaea *B*) euthice *v*. thessalia *Isid. an* hestiaea euboica? cfr. *Thucyd. I 114, 3. Strabo X 1, 3. Diodor. XII 22. de dictione cfr. § 28. XXXVI 128.*   2 ceronem *v. a. S*. -na *U 684*. | nelea *H*. cfr. *Strabo, Aristot., Antig.* mellea **VR d**[1]. -eam **d**[2]**T**. melle **E r**. melan *C* (*e II 230*). mellem *v*. 3 duris **E.**   4 chratim **VR d**. | bubus **E r** *D*. bobus **d** *v*. ambobus *r*.   7 e (ex **d** *H*) crathi **dT f** *S*. -e crati **V**. & rati **R**. echatari **E r**. ex crathide *v*. | mollioresque *v*. madidior- *ll.***Tf** (*an recte?*).   7. 8 prorecta **VR**[1].   8 uellint **V**.   9 haliacmonem *S*. -mon *B*. halacmonem **E r** *e corr*. halialm- *v*. alialm- **d**. aliacm- *G*. allimo **V**. | ducere — 10 nasci *om*. **VR**[1].   10 quibusdam *om*. **R**[1].   ab alialmo quibusdam **d**. 11 ad **V**.   12 tres **E**. | uiuire **V**. bibere *v. a. G.*   13 alios **VR**[1]. -ius **d**. aleon *U 685 e V 117*.   15 hercynnum *S*. cfr. *Pausan. et Liv. XLV 27, 8.* erc- *r D*. ercinn- **E**. erycn- **dT**. er//////num **R**. eryn- *v*. eryc **V**. orchomenon *B*. | e — alter **R d T E** *S*. *om*. **V**. duo sunt fontes quorum alter *v*.

livionem adfert, inde nominibus inventis. (12) in Cilicia
apud oppidum *Cescum* rivus fluit Nuus, ex quo bibentium
subtiliores sensus fieri M. Varro tradit, at in Cea insula
fontem esse, quo hebetes fiant, Zamae in Africa, ex quo
5 canorae voces. — (13) Vinum taedio venire *iis*, qui ex 16
Clitorio lacu biberint, *ait* Eudoxus, *set* Theopompus
inebriari fontibus iis, quos diximus, Mucianus Andri e 2, 230
fonte Liberi patris statis diebus septenis eius dei vinum
fluere, si auferatur e conspectu templi, sapore in aquam
10 transeunte, (14) Polyclitus *Lipari* iuxta Solos Ciliciae 17
ungui, Theophrastus hoc idem in Aethiopia eiusdem
nominis fonte, Lycos in *I*ndis Ora*t*is fontem esse, cuius
aqua lucernae luceant; idem Ecbatanis traditur. Theopompus in Scotusaeis lacum esse dicit, qui volneribus

---

Isid. XIII 13, 3. 2. — § 16: Vitruv. VIII 3, 21. Ovid. met. XV
322. Isid. XIII 13, 2. — cfr. Plin. II 231. Pausan. VI 26, 2. —
§ 17: Antig. hist. mir. 135 (150). Vitruv. VIII 3, 8. Isid. XIII

---

2 cescum *G* (*H*) *e paroemiogr.* (*Zenob. 4, 51*). uiscum **VB** d **T**.
uisgum **E** r. iusg- *v.* crescum *Dal.* | nuus **E** r **D**. nouus *r* **T**.
nus *G*. unus *v.*   3 **M**. d **E** *G* (*D*). P. r. *om. rv* (*S*). | ad **V**.
om. **E**.   4 *an* esse e quo? | ex quo **E** r *v* (*S*). es **V**. *om.* **R** d.
quo *G*.   5 in taediū d **T** *H*. | iis *v* (*S*). tis **V**. his d **E** r *e corr*
C (*D*).   6 ait *H*. att **E**. at d *v*. ad *r*. | set *ego.* et *ll. v* (*S*).
del. H. | theupompus **VB**. thepo- d.   7 iis **V** d *v*. his *r* **T** f *D*. |
andriae **R** *v. a. B*. adrie d.   8 ſtatis **E** r *v. om. r. an* festis?
(ἐκ τὴν ἑορτήν *Pausan.*). *nisi vero* eius dei *post* templi *trans-
ponendum est.* | eiuś det **V**. -sdem d **T**. -sdem dei *v. a. G*.
9 aqua **V** d.   10 polyclitus *ll. S*. -critus *H ex Antigono.* -cly-
tus *v. cfr. Brunn. p. 40. 21.* | lipari *U 686.* ex lip- *D*. expleri
(-peri **B**[1]) *ll. J*. -re olei uicem *v.* | ciliciae **E** *v*. -cie · *r in ras.*
-cia **V** d.   11 ungui **E** r *D cum U*. congui **VB**. eo ungui *J*.
congruit d. liparim *S*. fontem *v.* | theophilarastus **VB**[1]d. |
huc **V**. hac **R**[1]. ac d *J*.   12 fontem **VB** d **T** *S*. | in (*om. D*)
indis oratis *ego cum D coll. VI 75. (de in cfr. § 4. 10. 18. 21
27. 29. 77. XXXVII 39. .103. 130 al., de mendo XXXII 63*).
inditis oraeis (traeos *r*) **E** r. indistraeo **R**. inditistra (in Dit- *J*)
eius *r J*. in Tasitia eius *S coll. Ptolem. IV 7, 15.* in indiae
terris *v.* | pontem **R**. potentem d.   13 lucernae luceant **E** D.
-rnae ardeant *v.* luceat *r* **T** f *S*.   14 scotusaeis *J*. -tusei
VB. -tiis ei d. -thussęi *r*. -thissei **E**. -tussis *B*. -tusa *H*.
scotis *v*.

18 medeatur, (15) Iuba in Trogodytis lacum Insanum malefica vi appellatum ter die fieri amarum salsumque ac
deinde dulcem totiensque et nocte, scatentem albis serpentibus vicenum cubitorum; idem in Arabia fontem ex-
ilire tanta vi, ut nullum non pondus inpactum respuat;

19 (16) Theophrastus Marsyae fontem in Phrygia ad Ce-
laenarum oppidum saxa egerere. non procul ab eo duo
sunt fontes Claeon et Gelon ab effectu Graecorum nominum
dicti. Cyzici fons Cupidinis vocatur, ex quo potantes amorem deponere Mucianus credit.   1‹

20   (17) Cranone est fons calidus citra summum fervorem,
qui vino addito triduo calorem potionis custodit in vasis.
sunt et Mattiaci in Germania fontes calidi trans Rhenum,
quorum haustus triduo fervet, circa margines vero pumi-
cem faciunt aquae.   15

21   (18) Quod si quis fide carere ex his aliqua arbitratur, discat in nulla parte naturae maiora esse miracula,
quamquam inter initia operis abunde multa rettulimus.
2, 221 sqq. Ctesias tradit Silan vocari stagnum in Indis, in quo

---

13, 2. — Theopomp. ap. Antig. hist. mir. 142 (157). Aristot.
ausc. mir. 117. — § 18: Isid. XIII 13, 9. (cfr. Plin. II 228). —
§ 19: Isid. XIII 13, 7. ib. 13, 3. — § 20: Athenaeus II 16 p. 42ᵈ.
— cfr. Ammian. Marc. 29, 4, 3. — § 21: Diodor. II 37 p. 151.
Strabo XV 1, 38 p. 703. Antig. hist. mir. 146 (161). Isid. XIII

---

1 medeatur *CFWMüller p. 19.* -detur *ll. v.*   2 uia **V R** d.
    3 ei **V**. etiam d *v. a. S.* | nocte *ego.* -ti **V R**¹. -tu *r v. cfr.*
§ 73 et nota ad XXVII 60; XVI 33. (VIII 117. IX 56. 74.
X 132. XXI 62. XXIX 138. XXXI 78).   5 nulla (*om.* non)
T. nulla mora d(?)*H*.   7 saxa egerere *om.* **E**. | procul ha-
beo **V**.   8 claeon *B*(*D*). cleon **E**. cyllon *r v*(*J*). | gelom **V R**¹.
gyllon d *v. a. B.* | afectu **R**¹. effectu—nominum *om.* d.   9 di-
cit **V**. cit d.   11 cranone *B. cfr. IV 29. 32. (crann- Ven. S).*
c///an- d. can- **R**¹. cann- *r.* gann- *v.*   12 in uino f**E**. in
uinum *v. a. S.* | addito (-tus *v*) triduo **E**(*v*)*D*. triduo addito
*r***Tf***S.*   13 mattiati **V R**¹. | fontis callidi **V**. | renum **V**.
14 haustum **V**. -to **R**¹.   15 facient **E**.   16 extis **V**. ex iis
v. a. C.   16. 17 arbri tratur **V**. *an* arbitretur?   17 discat
(dicat **E**) — naturae (-ra **E** *r*) **E** *r v*. naturae d. ae **V**. *om.* **R**. |
maioresse **V**.   18 internecia **R**.   19 silan *ego e Strab. et*
Antig. siden *r S.* -de **E**. -derin **V R** f. syderim d**T**. sid- *v.*

nihil innatet, omnia mergantur; Caelius apud nos in
Averno etiam folia subsidere, Varro aves, quae advola-
verint, emori.   contra in Africae lacu Apuscidamo omnia 22
fluitant, nihil mergitur, item in Siciliae fonte Phinthia, ut
⁵Apion tradit, et in Medorum lacu puteoque Saturni. item
fluvii fons Limyrae transire solet in loca vicina porten-
dens aliquid; mirum quoque quod cum piscibus transit.
responsa ab his petunt incolae cibo, quem rapiunt ad-
nuentes, si vero eventum negent, caudis abigunt.   amnis 23
¹⁰Alcas in Bithynia Bryazum adluit — hoc est et templo
et deo nomen —, cuius gurgitem periuri negantur pati
velut flammam urentem.   et in Cantabria fontes Tamarici
in auguriis habentur. tres sunt octonis pedibus distantes,
in unum alveum coeunt vasto amne. singuli siccantur duo- 24
¹⁵denis diebus, aliquando vicenis, citra suspicionem ullam
aquae, cum sit vicinus illis fons sine intermissione largus.

13,7. — Strabo V 4, 5 p. 244. Verg. Aen. VI 239. — § 22: Isid. XIII
13, 7. Seneca nat. qu. III 25, 5. Antig. hist. mir. 150 (165). —
cfr. Plin. XXXII 17. Athen.VIII 8 p. 333ᵈ⁻ᶠ. Aelian. n. a. VIII 5.
— § 23: cfr. Aristot. ausc. mir. 152. — § 24 extr.: Isid. XIII 13, 9.

---

    1. 2 in uerno E.   2 autem E. ait etiam v. a. S.   3 por-
cidami *Isidorus*.   4 sicilia V. | phinthia E v(G). pin- VRf.
pithia d. pythia C cum B. Plinthia S cum Osanno coll. Seneca.
    5 mediorum V. | poteoque VR¹.   5. 6 item fluuii *ego*
(cfr. V 100). temthuni r. themtu- V. ///emtu- R. thentu- T.
templum E(B)D. om. d(?)C. neptuni v.   6 limyrae Vv.
lymirae R. lynisie d. limare E.   7 quoque *ego*. queque E.
que rG. quoque est v. | quo V.   9 gaudis VR¹. -diis d. |
omnis E.   10 alcas (-ces D) *ego cum D coll.* V 149. alchas r.
olcas R. oleas d. holcas VS. olachas Ev. | bryazum H. cfr.
V 148. bria- (B)C. bryacum r e corr. brietium VVen.(D).
-ecium d. -etcum E. -etum v. | allunt E. | est et v. esse V.
est rJ. et Dal.   11 dō R. | gurgitem VRdTv(H). -te EB(D). |
negantur VRdTH. neca- av.a.B(D). nota- B. | pati VRdTB.
parthi Ev. rapti D.   12 flamma urente v.a.B(D). | et om.
av.a.G(D). | tamarici v. -ritiae E. tamamarice d. -cae V.
-rre R.   14 amne. singuli *ego*. amne (ammes E) singulis Ev.
singuli amne rTfH. amne D. | sicantur V.   14. 15 duo-
denis TJ. -decies REv(D). -cim eas V. -cim d.   15 singu-
lis diebus D. | uicenis dTJ. -ciens VRS. -cies Ev(D).
16 uicinos V. -nios d. | illis Ev(D). his r. is r. iis S.

dirum est non profluere eos aspicere volentibus, sicut
proxime Larcio Licinio legato pro praetore post septem
dies accidit. in Iudaea rivus sabbatis omnibus siccatur.

25   (19) E diverso miracula alia dira. Ctesias in Armenia fontem esse scribit, ex quo nigros pisces ilico
mortem adferre in cibis. quod et circa Danuvii exortum
audivi, donec veniatur ad fontem alveo adpositum, ubi
finitur id genus piscium, ideoque ibi caput amnis eius
intellegit fama. hoc idem et in Lydia in stagno Nym-
26 pharum tradunt. in Arcadia ad Pheneum aqua profluit 10
2,231 e saxis Styx appellata, quae ilico necat, ut diximus, sed
esse pisces parvos in ea tradit Theophrastus, letales et
ipsos, quod non in alio genere mortiferorum fontium.
27 necare aquas Theopompus et in Thracia apud Cichros
dicit, Lycos in Leontinis tertio die quam quis biberit, 15
Varro ad Soracten in fonte, cuius sit latitudo quattuor
pedum; sole oriente eum exundare ferventi similem; aves,
quae degustaverint, iuxta mortuas iacere. namque et haec
insidiosa condicio est, quod quaedam etiam blandiuntur
aspectu, ut ad Nonacrim Arcadiae, omnino nulla deterrent 20
qualitate. hanc putant nimio frigore esse noxiam, utpote

---

§ 25: Antig. hist. mir. 165 (181). — § 26: Pausan. VIII 17, 6.
Antig. hist. mir. 158 (174). Seneca nat. qu. III 25, 1. Isid. XIII
13, 7. — § 27: Antig. hist. mir. 141 (156). Aristot. ausc. mir. 121.
Vitruv. VIII 3, 15. — Antig. 159 (175). — cfr. Plin. II 207. —
Vitruv. VIII 3, 16. cfr. Plin. II 231. Seneca nat. qu. III 25, 1.

---

1 mirum VR¹dTf. | non uolentibus Er.   2 pro praetore
D e coni. S. post praeturam ll.v.   2. 3 septem enim dies
occidit fS. sed cfr. § 54.   4. 5 dirae tesias in arminia V.
   5 nigre VR¹. -ri d.   6 quod om. Rd.   8 adeoque
VR¹TJ.   10 arcadia B(J). achaia RdTEv(H). achia V. cfr.
§ 54. XXVI 46. IV 21. | ad apaneum E.   11 ex VR S. |
appellata Erv(D). -tur rTfH. | quae om. VR¹TJ.   12 lae-
tiles E.   14 necare dv. -ri rD. | aquis ED. | threcia VJ. |
cichros ego. cicros VR. chicros E. cychros d(?)v. Cychropas
coni. H. (Chropsi Vitruv. Κίγχρωψι Antig. Κύκλωψι Aristot.).
nomen nondum restitutum.   15 licos Vd. | die om. E. | quis-
quam E. si quisquam v.a.H.   16 soracte R. -tae V.
17. 18 auesque quae v.a.H.   18 gustauerint Ev.a.H.
20 omnino ego. -ino enim ll.v. | nonnulla D e coni. S.

cum profluens ipsa lapidescat.   aliter circa Thessalica 28
Tempe, quoniam virus omnibus terrori est, traduntque
aëna etiam ac ferrum erodi illa aqua.   profluit, ut indi- 4, 31
cavimus, brevi spatio, mirumque, siliqua silvestris am-
5 plecti radicibus fontem eum dicitur, semper florens purpura. et quaedam sui generis herba in labris fontis viret.
in Macedonia non procul Euripidis poetae sepulchro duo
rivi confluunt, alter saluberrimi potus, alter mortiferi.

(20) In Perperenis fons est, quamcumque rigat, lapi- 29
10 deam faciens terram, item calidae aquae in Euboeae
Aedepso. nam quae adit rivus saxa in altitudinem cre-
scunt. in Eurymenis deiectae coronae in fontem lapideae
fiunt. in Colossis flumen est, quo lateres coniecti lapidei
extrahuntur.   in Scyretico metallo arbores, quaecumque
15 flumine adluuntur, saxeae fiunt cum ramis. destillantes 30
quoque guttae lapide durescunt in antris, conchatis ideo,
nam Miezae in Macedonia etiam pendentes in ipsis camaris, at in Corycio cum cecidere, in quibusdam speluncis

---

§ 28: Seneca nat. qu. III 25, 2. Vitruv. VIII 3, 16. 15. 16. —
§ 29 extr.: cfr. Antig. hist. mir. 135 (150). — § 30: cfr. Aristot.
ausc. mir. 59

---

1 ipse d G.   3 aena S. ena E.   aen VR. aes d v. |
qua d.   3. 4 indicauis V. -cau/// R¹.   5 semper REv. -per
eum dicit (dio d) V d. -per eundo T.   5. 6 purpurea D cum
U 688. (purpura = colore purpureo: cfr. XVIII 78).
7 corripidis V d.   9 quamcunque E H. quac- VRT. qui
quac- v. quec- d.   9. 10 lapidem V.   10 facit E r in ras.
r.a.H. | euboeae VR G. -boea d T v. -boe E.   11 aedepso S.
aedempro V. ead- R d T. edebio r. debio E. delio G. lebe-
don B. lebeonem v. | nam quae E G(D). nam qua r T H.
namque B. que v. | adit E. cadit r T H. alluit v. adl- D. |
altitudinis V. -nes d T. an latitudinem?   12 lapideae V S.
-des r v.   13 fiant VR¹. | co V. quod E. in quo v.a.H. |
lapidei VT J. -des r v.   14 siretico V. sirie- d. | quacum-
que V.   15 saxeae d T D. -xae VE. -xe R. -xa v.   16 gut-
tae E r v. -ttis r. | lapideae E r¹. -dee r². in lapides v.a.S. |
conchatis ego. cfr. XI 270. coricis ll. -ryciis v. | ideo ll. D.
del. v. Idaeo J coll. Pausan. X 12, 4. item in Idaeo coni. S.
Idae U 689.   17 nam ll. v. nomen D. locus adhuc corrup-
tus. | miezae B. cfr. IV 34. miozae V d. -ze r. -osae v.
18 corycio S. -co G. -ricio E. -rintio VdTf. -thio R(?)J. -tho v.

utroque modo columnasque faciunt, ut in Phausia Cher-
rhonesi *adversae* Rhodo in antro magno, etiam discolori
aspectu. et hactenus contenti simus exemplis.

31   **3.** (21) Quaeritur inter medicos, cuius generis aquae
sint utilissimae. stagnantes pigrasque merito damnant,
utiliores quae profluunt existimantes, cursu enim per-
cussuque ipso extenuari atque proficere; eoque miror
cisternarum ab aliquis maxime probari. sed hi rationem
adferunt, quoniam levissima sit imbrium, ut quae subire
32 potuerit ac pendere in aëre. ideo et nives praeferunt
nivibusque etiam glaciem, velut ad infinitum coacta subtilitate; leviora enim haec esse et glaciem multo leviorem
aqua. horum sententiam refelli interest vitae. in primis
enim levitas illa *d*eprehendi aliter quam sensu vix potest,
nullo paene momento ponderis aquis inter se distantibus. ¡
nec levitatis in pluvia aqua argumentum est subisse eam
in caelum, cum etiam lapides subire appareat cadensque
inficiatur halitu terrae, quo fit ut pluviae aquae sordium
plurimum inesse sentiatur citissimeque ideo calefiat aqua
33 pluvia. nivem quidem glaciemque subtilissimum elementi ₂
eius videri miror adposito grandinum argumento, e quibus
pestilentissimum potum esse convenit. nec vero pauci

---

§ 31: Colum. I 5, 3. (Celsus II 18 p. 66, 23). — Athen. II 16
p. 42 ᶜ ᵈ. — § 33: Hippocr. de aëre et aquis c. 4 p. 199. —
cfr. Plin. II 152. XVII 225. Seneca nat. qu. III 25, 11.

---

1 phausia (-ucıa E¹) E v. ipsa usia d. -aiisia V. -aia R.
al. . . . . r (*reliquis margine abscisis*). bubassia *U 690 coll. V 104.
nomen nondum restitutum. an* Tisanusa? 2 aduersae *ego.
om. ll. v.* | rhodo V d E v. a. B. -diorum R (?) B · coll. § 55. -di *D.
sed cfr. C F W Müller p. 21.* 5 stagnentes V. | dampnant R.
6 fluunt d T. *an* profluant? | existimant a. 8 cistana-
rum V. 9 breuissima V R¹ d. | imbrium aqua v. a. J. | ut E r v.
om. r. 10 praeferuntur E. -unt imbribus R (?) v. a. J.
11 nubibus quae E. | ad finitum E. infin- R. affinium *H cum
anon. Dal.* | coacto V. 12 meliorem T. -raem V. 13 aque
d. | uituae V. 14 deprehendi v. repreh- d. repraeh- *r.* |
alitem V. -tate d¹. agili- d². | sensus V. sexu E. 15 poe-
nae V. | distantur V R¹. 17 lapides *om.* E. | subisse E.
19 plurium E. | qua E. 20 elementi E v. -to d. -tum *r.*
21 adpositū V. -ta E.

inter ipsos e contrario ex gelu ac nivibus insaluberrimos
potus praedicant, quoniam exactum sit inde quod tenuissimum fuerit. minui certe liquorem omnem congelatione
deprehenditur et rore nimio scabiem fieri, pruina uredi-
5 nem, cognatis et nivis causis. pluvias quidem aquas ce- 34
lerrime putrescere convenit minimeque durare in navigatione. Epigenes autem aquam, quae septies putrefacta
purgata sit, *ait* amplius non putrescere. nam cisternas
etiam medici confitentur inutiles alvo duritia faucibusque,
10 etiam limi non aliis inesse plus aut animalium, quae faciunt taedium. *item* confitendum habent nec statim 35
amnium utilissimas esse, sicuti nec torrentium ullius, la-
cusque plurimos salubres. quaenam igitur et cuius generis aptissimae? aliae alibi. Parthorum reges ex *Choaspe*
15 et Eulaeo tantum bibunt; eae quamvis in longinqua comi-
tantur illos. sed horum placere, non quia sint amnes,
apparet, quoniam neque e Tigri neque Euphrate neque e
multis aliis bibunt.

(22) Limus aquarum vitium est. si tamen idem amnis 36
20 anguillis scateat, salubritatis indicium habetur, sicuti fri-

---

§ 34: (cfr. Celsus II 30 extr.). — § 35: Hippocr. de aëre et
aquis c. 5. — Herodot. I 188. Athen. II 23 p. 45ᵇ. Solin. 38, 4.
— § 36: Athen. II 16 p. 42ᵃ. (cfr. Plin. XXIV 1). Geopon. II
5, 14. — Vitruv. VIII 5, 1. 2. (Celsus II 18 p. 66, 30). Pallad.
IX 10, 1. 2. Athen. II 25 p. 46ᵇ.

---

1 ipsas *d.* | gelo **VR.** | insaluberrimis **V** d¹.   3 congela-
tionem **V.**   4. 5 uridine **a.** . . . dine **E.**   5 ex niuis *d.*
8 ait *J. om.* **V** d **E.** perhibet **R**(?)*v*(*D*) *contra Plinii usum.* (*an*
tradit?).   9 duricia **VR** d **T.** -cias *r.* -tias **E.** -tias *facientes*
v.a.S.   10 plus aut **E.** plis ut **V.**   10. 11 *an faciant?*
11 taedium. item *ego.* taedium *ll.v.* (*an taedium. at iidem?*). |
dist. D. | confitendum *rv.* -ntum **E.** -ntes *r.* | habent *ll.v. cfr.*
praef. § 33. autem *D.*   12 ullius *v.* uilius **VR** d. illius **E.**
    13 salubres maxime *v.a.J.* | que. Nam **V.** quaedam *v.a.S.* |
huius d(?) **E** *v.a.S.*   14 id partorum *d.* | choaspe *v.* quo-
asphae **E.** quot asphecto **V.** quo aspectu *r.*   15 et **E** *rv.*
om. r. | euleo **VR**¹*v.a.Lugd.* -lo *d.* | eae (et eae *C*) *v.* heae *d.*
hae (he **R**) *rS.* *an eaeque?*   16 sed **VR** d *S.* et **E***v.* | placere
potum *v.a.S.*   17 apparent **VR**¹. | nec (*ter deinceps*) *v.a.S.* |
e **V***v.* ex *d. om. r.* | euphrate neque *om.* **V** d.

1

goris taenias in fonte gigni. ante omnia autem **damnantur**
amarae et quae sorbentem statim implent, quod **evenit**
Troezene.   nam nitrosas atque salmacidas in **desertis**
Rubrum mare petentes addita polenta utiles intra **duas**
horas faciunt ipsaque vescuntur polenta.   damnantur **in**
primis quae fonte caenum faciunt quaeque malum **colorem**
bibentibus, refert et si vasa aerea inficiant aut si **legu-**
mina tarde percoc*ant*, si liquatae leniter terram relinqu*ant*
37 decoctaeque crassis obduc*ant* vasa crustis.   est etiamnum
vitium non fetidae modo, verum omnino quicquam resi- 10
pientis, iucundum sit illud licet gratumque et, ut saepe,
ad viciniam lactis accedens.   aquam salubrem aëri quam
simillimam esse oportet.   unus in toto orbe traditur fons
aquae iucunde olentis in Mesopotamia Chabura; fabulae
rationem adferunt, quoniam eo Iuno perfusa sit.   de ce- 15
tero aquarum salubrium sapor odorve nullus esse debet.
38   (23) Quidam statera iudicant de salubritate, frustrante
diligentia, quando perrarum est ut levior sit aliqua.   certior
subtilitas, inter pares meliorem esse quae calefiat refrige-
returque celerius. quin et haustam vasis *portatis*, ne manu 20
pendeant, depositisque in humum tepescere adfirmant.   ex

---

§ 37: cfr. Plin. XV 108. Diosc. V 18. — § 38: cfr. Athen.
II 25 p. 46ᵇ.

---

1 taeneas **V**(**E**?)*D*. tineas *v.a.H. de mendo cfr. XXVII 79 al.* |
fronte **V**.   2 sorbentem **VRf***S*. cum sorbentur **d***T H*. sorbem **E**.
-be **r**.   scrobem *C*. scobem *v*. | *an* implement?   3 salmaci-
das *v*. ....cidas **r** (*prioribus abscisis*). -adicas **V**. -aticas **R**.
-andicas **dT**. sed in acidas **E**.   6 quae fonte **d***J*. que fonte
VRT. qui (que **r**) fontes **Er**. fontes qui *v*. | *an* faciant? | que
quae **V**. quique **R**(?)*v.a.J.*   7 uas **E**. | aera **V***d*. atra **T**.
aere *v.a.H.* | inficiant *ego*. -ciunt *ll.v. item ter infra.* | aut
Er*v*. et *r*.   8 *an* leuiter? | tam terram **V**.   9 eructis **V**.
     10 fecidae **d**.   11 ut saepe **VRd***v*. tusae **E**.   12 ui-
cenam **R**¹. -na **V***d*. uicina *v.a.G* (*cfr. XXX 7*). | salubris
VR¹. | aeri *v*. -rē **V**. -ris **d**E**r** *e corr. D*.   14 mesopota-
miae **E**¹ (*coni. S, sed cfr. XXXII 16*). | chabillae **E**. -bylle **r**.
cabille *v.a.B*.   16 sabrium **V**.   17 frustante **VRE**.
18 ferrarum **V**. fera- **R**¹. | aliquando **R**¹.   20 e haustam **E**.
exh- *v.a.H.* | portatis *ego*. om. *ll.v.* | manu *vet. Dal*. -nus *ll.v.*
cfr. CFW Müller p. 27.   21 suspendant *D*. | in unū **R**.

quonam ergo genere maxime probabilis continget? puteis
nimirum, ut in oppidis video constare, sed *iis*, quibus et
exercitationis ratio crebro haustu continget et illa tenuitas
colante terra.   salubritati haec satis sunt; frigori et opa- 39
5 citas necessaria utque caelum videant.   super omnia una
observatio — eadem et ad perennitatem pertinet —, ut
illa e vado exiliat vena, non e lateribus.   nam ut tactu
gelida sit, etiam arte contingit, si expressa in altum aut
e sublimi deiecta verberatum corripiat aëra.   in natando
10 quidem spiritum continentibus frigidior sentitur eadem.
Neronis principis inventum est decoquere aquam vitroque 40
demissam in nives refrigerare; ita voluptas frigoris contingit sine vitiis nivis.   omnem utique decoctam utiliorem
esse convenit, item calefactam magis refrigerari, subtilis-
15 simo invento.   vitiosae aquae remedium est, si decoquatur
ad dimidias partes.   aqua frigida ingesta sistitur sanguis.
aestus in balineis arcetur, si quis ore teneat.   quae sint
haustu frigidissimae, non perinde et tactu esse, alternante
hoc bono, multi familiari exemplo colligunt.
20   (24) Clarissima aquarum omnium in toto orbe frigoris 41
salubritatisque palma praeconio urbis Marcia est, inter
reliqua deum munera urbi tributa.   vocabatur haec quondam Aufeia, fons autem ipse Pitonia.   oritur in ultimis

---

§ 40: cfr. Plin. XIX 55. Sueton. Nero 48. Martial. epigr.
XIV 117. — Aristot. meteor. I 12, 17. — cfr. Plin. XXXI 102.
— § 41 extr.: Plutarch. Coriol. 1. Dio Cass. 49, 42. cfr. Plin.
XXXVI 121.

---

1 probabile **E**. | puteis — 3 continget *om.* **R**¹.   2 con-
stare uideo **R**(?)*v.a.S.* | iis *v.* his *ll.C.* | et **E***D. om. rv.*
3 continget **V** dr. -git **E** *v.* (-gat *Ven.*).   4 salubritate **VR**¹.
6 pertinentia **VR**¹. -ent qua d. -et imo *J.*   7 illa e
RE *Brot.* ille **V.** ile d. illa *v.*   8 si etiam expressa *rv.a.S.*
8. 9 autem e r.   autem **R**,   9 uerberatu *rv.a.S.*
11 dicoquere **V.** | ultroque **V.**   12 uoluptates **VR**¹d.   14 re-
frigerari **E** *v.* -are *r.*   16 iniecta **E** *v.a.H.*   17 balneis **E**
v.a.H(D). | sint **E** r*D.* sunt **V** d*v. om.* **R.**   18 esset **R.**
22 deum **R** *v.*   ad eum *r.* | munera **V** d**E** *v*(*S*). -re **R**(?)*C.* |
urbi *om.* **E.** turbe **V.**   23 aufeta d. aut foeta **V.** Saufeia
coni. **H.**

montibus Paelignorum, transit Marsos et Fucinum **lacum,**
Romam non dubie petens. mox in specus mersa in Ti-
burtina se aperi*t*, *i*ta novem milibus passuum **fornicibus**
structis perducta. primus eam in urbem ducere **auspi-**
catus est Ancus Marcius, unus e regibus, postea Q. **Mar-**
cius Rex in praetura, rursusque restituit M. **Agrippa.**

42 (25) idem et Virginem adduxit ab octavi lapidis **diverti-**
culo duo milia passuum Praenestina via. iuxta est **Her-**
culaneus rivus, quem refugiens Virginis nomen obtinuit.
horum amnium comparatione differentia supra dicta **de-** 10
prehenditur, cum quantum Virgo tactu praestat, **tantum**
praestet Marcia haustu, quamquam utriusque iam **pridem**
urbi periit voluptas, ambitione avaritiaque in villas **ac**
suburbana detorquentibus publicam salutem.

43   (26) Non ab re sit quaerendi aquas iunxisse **rationem.** 15
reperiuntur in convallibus maxime et quodam **convexitatis**
cardine aut montium radicibus. multi septentrionales **ubi-**
que partes aquosas existimavere, qua in re **varietatem**
naturae aperuisse conveniat. in Hyrcanis montibus a **meri-**
diano latere non pluit; ideo silvigeri ab aquilonis tantum 20
parte sunt. at Olympus, Ossa, Parnasus, Appenninus, **Alpes**
undique vestiuntur amnibusque perfunduntur, aliqui **ab**
austro, sicut in Creta Albi montes. nihil ergo in his **per-**
petuae observationis iudicabitur.

---

§ 42 init.: Dio Cass. 54, 11 extr. — § 43: Vitruv. VIII 1, 6.
Pallad. IX 8, 7. Geop. II 5, 1. Democrit. ap. Geop. II 6, 5.

---

1 marisos **V.**   2 roma **V.** | mox in **VRd***H*. mons **E.**
mox *v*. | spectus **V.** -cu *v. a. H.*   3 aperit ita *ego*. -rint a
VR. -ruit a **d.** -rit a **T***S*. -rit **E***v*(*D*). | formicibus **V.**   4 in-
structis perinductam (-tum *v*) **E***v. a. B.* truſtis perduc **V.** | pri-
mum **VR**[1]. in *om*. **E.**   5 Q. **RE***v*. que **d.** quae **V.**   7. 8
deuerticulo *S.*   9 obtenuit ut **V.**   10 dicta *om*. **V d.**
11 praestat **VRTſ***S*. -tet **E***D*. *om*. **d**(?)*v*.   12 prestet **V.**
praeter **E***r*.   13 perit **V***D*. | auaritiaequae **V.**   15 re sit
V d*v*. serit **R.** repsit **E***r*. | rationem **E***r v*. *om*. **V R.** causas **dT.**
cfr. index.   16 quondam **d.**   17. 18 ubi **V.**   19 appa-
ruisse **R**[1].   20 ab *om*. **R**(?)*Brot.*   22 perfundiuntur **V.**
23 sicut **d***v*. -ti **VR.** sic et **E***r*. | alibi **dE.**

(27) Aquarum sunt notae iuncus et herba, de qua 44
dictum est, multumque alicui loco pectore incubans rana. 26, 30
salix enim erratica et alnus aut vitex aut harundo aut
hedera sponte proveniunt et conrivatione aquae pluviae
5 in locum humiliorem e superioribus defluentis, augurio
fallaci, certiore multo nebulosa exhalatione ante ortum
solis longius intuentibus, quod quidam ex edito specu-
lantur proni terram adtingente mento. est et peculiaris 45
aestimatio peritis tantum nota, quam ferventissimo aestu
10 secuntur dieique horis ardentissimis, qualis ex quoque
loco repercussus splendeat. nam si terra sitiente umidior sit ille, indubitata spes promittitur. sed tanta ocu- 46
lorum intentione opus est, ut indolescant. quod fugientes
ad alia experimenta decurrunt. loco in altitudinem pedum
15 quinque defosso ollisque e figlino opere crudis aut per-
uncta pelvi aerea *lanae vellere* cooperto lucernaque ar-
dente concamarata frondibus, dein terra, si figlinum umi-
dum ruptumve aut in aere sudor vel lucerna sine defectu
olei restincta aut etiam vellus lanae madidum reperiatur,
20 non dubie promittunt aquas. quidam et igni prius excocunt locum, tanto efficaciore vasorum argumento.

---

§ 44: Vitruv. VIII 1, 3. Pallad. IX 8, 4. Geop. II 4, 1.
(II 5, 4. 16. 6, 23 sqq.). — § 45: Vitruv. VIII 1, 1. Pallad. IX
8, 1. Geop. II 5, 11. — ib. 5, 13. — § 46: Vitruv. VIII 1, 4. 5.
Pallad. IX 8, 5—7. Geop. II 4, 2—5. 6, 42—45. — Vitruv. VIII
1, 5. Pallad. IX 8, 7.

---

1 iuncus *D coll. v. 3 et Vitruv. (philol. XXXI p. 396)*.
iuncus (incus R¹) aut harundo *ll.v.* | et d E D. aut *rv.* | her-
bae d.   2 ranas V E.   3 aut harundo *del. v. a. H.*   5 e
om. E.   6 fallacia R¹. | certiore *S.* -or pe V R. -or est d.
-or E r v. | multo E r v. *om. r.* | exhalatio d. -tio est *v. a. S.*
7 colis R. | qui etiam V. | editu d. hedito V.   10 oris V.
11. 12 utilior a r. (*de* E *non constat*).   12 sit *ego.* (*cfr.*
v. 19). est *ll. v.*   14 aliqua E.   15 defossi V. | aliisque E.
16 peluia r. pelle R. | lanae uellere *ego. om. ll. v.* cfr.
v. 19 et Vitruv. Pallad. Geop. | cooperto *post* dein terra (17) *trans-*
posuit D. cfr. *philol. l. l. p. 399.*   17 concamerata d *v. a. S.* |
sit liginum V.   19 modidum V.   20 aquas E v. -uis V R.
om. d T. | igne V R(?) *v. a. D.*   20. 21 excolunt E *v. a. G.* ex-
quocunt V. (*an* exſiccant, *ut XVIII 242?*).

47 (28) Terra vero ipsa promittit candicantibus maculis aut tota glauci coloris. in nigra enim scaturigines non fere sunt perennes. figularis creta semper adimit spes, nec amplius puteum fodiunt coria terrae observantes, ut

48 a nigra descendat ordo supra dictus. aqua semper dulcis in argillosa terra, frigidior in tofo. namque et hic probatur, dulces enim levissimasque facit et colando continet sordes. sabulum exiles limosasque promittit, glarea incertas venas, sed boni saporis, sabulum masculum et harena carbunculus certas stabilesque et salubres, rubra 10 saxa optimas speique certissimae, radices montium saxosae et silex hoc amplius rigentes. oporteat autem fodientibus umidiores adsidue respondere glaebas faciliusque

49 ferramenta descendere. depressis puteis sulpurata vel aluminosa occurrentia putearios necant. experimentum huius 15 periculi est demissa ardens lucerna si extinguatur; tunc secundum puteum dextra ac sinistra fodiuntur aestuaria, quae graviorem illum halitum recipiant. fit et sine his vitiis altitudine ipsa gravior aër, quem emendant adsiduo linteorum iactatu eventilando. cum ad aquam ventum est, 20 sine harenato opus surgit, ne venae obstruantur.

50 Quaedam aquae vere statim incipiente frigidiores sunt,

§ 47: cfr. Democrit. ap. Geop. II 6, 39. II 5, 7. Vitruv. VIII 1, 2. Pallad. IX 8, 2. Geop. II 5, 3. — § 48: Vitruv. VIII 1, 2. Pallad. IX 8, 2. 3. — § 49: Vitruv. VIII 7, 12. 13. Pallad. IX 9, 1. 2.

2 toto clauci **V.** | eaturrigines **V.** 3 figularis **VRdTf** *Ven.*(*H*). -ri *v.* -guris **E.** | adimit *ll. Ven.*(*H*). -mitur *v.* | spem *Gronov.* 5. 6 dulcis in *om.* **E.** 6 tofo *v.* -fa **E.** tofto *r.* 7 leuisque **E.** -uesque *v. a. H.* 8 glaria **VR.** -ie *r.* 9 masculi **R.** -linum **E r.** 10 harena **VRTE***v*(*D*). -na et d(?) *H.* | carbunculosa *v. a. H. cfr. philol. l. l. p. 400.* (*an harenae?*). 11 optima **E.** | certissimae d*v*(*D*). -me **E.** -mas **VRfS.** -ma *r.* | montiumque **VR.** 11. 12 saxosas **VR**[1]. 12 oporteat **RE.** -tet *rv. cfr. vol. III p. 494.* 14 feramenta **V.** | uelut **E.** 16 ardent **V.** | extinguatur *v.* -uitur *ll. S. cfr. XXIII 63.* 17 fodiuntur **RdE***v*(*D*). -nt **Vf H.** 18 grauiores **dx.** *om.* **E** (*hic deficiens*). 19 adsidue **R.** 21 harenato *ll.* **Tf x** *H cum B.* arena **a** *v.* | opus *ll.* **x** *B.* tophus **a** *v.* | obtruantur **V.** 22 aqua **V.**

quarum non in alto origo est — hibernis enim constant
imbribus —, quaedam a canis ortu, sicut in Macedoniae
Pella utrumque. ante oppidum enim incipiente aestate
frigida est palustris, dein maximo aestu in excelsioribus
5 oppidi riget. hoc et in Chio evenit simili ratione portus
et oppidi. Athenis Enneacrunos nimbosa aestate frigidior
est quam puteus in Iovis horto, at ille siccitatibus riget.
4. maxime autem putei circa arcturum, non ipsa aestate,
deficiunt omnesque quatriduo eo subsidunt, iam vero multi
10 hieme tota, ut circa Olynthum, vere primum aquis rede-
untibus. in Sicilia quidem circa Messanam et Mylas hieme 51
in totum inarescunt fontes, aestate exundant amnemque
faciunt. Apolloniae in Ponto fons iuxta mare aestate tantum superfluit et maxime circa canis ortum, parcius, si
15 frigidior sit aestas. quaedam terrae imbribus sicciores
fiunt, velut in Narniensi agro, quod admirandis suis
inseruit M. Cicero, siccitate lutum fieri prodens, imbre
pulverem. — (29) Omnis aqua hieme dulcior est, aestate 52
minus, autumno minime, minusque per siccitates. neque
20 aequalis amnium plerumque gustus est magna alvei differentia. quippe tales sunt aquae, qualis terra, per quam
fluunt, qualesve herbarum, quas lavant, suci. ergo iidem

---

§ 51: Ciceronis fragm. ed. Klotz. IV 3 p. 349. — § 52 med.:
Vitruv. VIII 4, 26. 3, 12. — Theophr. ap. Athen. II 15 p. 42ª.

---

1 constat **VR**[1]. 2 quadam **V**. | a a*D. om. rv*. | ortus **V**. |
macedoniae *G*. -ia *ll.* a *v*. 3 pella a *G*. apellant **V**. appel-
lam (-ant **dx**) *r. an Macedonia ad Pellam? cfr. § 51. 74. 106.* |
astae **V**. 4 palustri **VR**[1]. 5 oppidi a *v*. -dis (opi- **Vx**) *ll*.
Tx. | rigit **VR**[1]. 6 oppida thenis **Vdx**. | henne acrunus **V**.
enneacynnos d. -cinnos **x**. 8. 9 *dist. D cum P*. 8 aucto-
rum **V**. -tumnum **dT** *e corr*. **x**. | non *ll*.**Txa**(*P*)*H. nam v*.
10 olinthum **R**. olympum **d** *v.* a. *S*. olim- **x**. 12 ipsa aestate
a*D. cfr. v. 8.* 14 circa a*G*(*D*). *om. rv*(*J*). *cfr. XXX 25*. |
ortu **Txv.** a. *G*(*J*). 15 siciores **V**. 16 admirandis —17 M.
om. **V**. 17 luctum **R**. 18 est **Vdxa** *v*(*S*). *om*. **RC**.
19 minus **Rxa***S*. -nus autem **V**. autem minus **d**(?)*v*. | meme
V. | minusque **Vdxv**. persisque a *r e corr*. | sicitates **V**.
20 plurumque **V**. | albei **V**. 22 qualesue **VTxD**. -lisue **a**.
-lesque *r*(?)*v*. | idem **xa***D*.

amnes parte aliqua reperiuntur insalubres. mutant **sapo-**
rem et influentes rivi, ut Borysthenen, victique diluuntur.
aliqui vero et imbre mutantur. ter accidit in **Bosporo,**
ut salsi deciderent necarentque frumenta, totiens et Nili
rigua pluviae amara fecere, magna pestilentia Aegypti.

53   (30) Nascuntur fontes decisis plerumque silvis, quos
arborum alimenta consumebant, sicut in Haemo obsidente
Gallos Cassandro, cum valli gratia silvas cecidissent.
plerumque vero damnosi torrentes conrivantur **detracta**
collibus silva continere nimbos ac digerere consueta. et 1
coli moverique terram callumque summae cutis solvi
aquarum interest. proditur certe in Creta expugnato oppido, quod vocabatur Arcadia, cessasse fontes amnesque,
qui in eo situ multi erant, rursus condito post sex annos
54 emersisse, ut quaeque coepissent partes coli. **5.** terrae 1
quoque motus profundunt sorbentque aquas, sicut circa
*Ph*eneum Arcadiae quinquies accidisse constat. sic et **in**
Coryco monte amnis erupit posteaque coeptus est coli.
illa mutatio mira, cu*i*us causa nulla evidens apparet, sicut
in Magnesia e calida facta frigida, salis non mutato sapore, 2c
et in Caria, ubi Neptuni templum est, amnis, qui fuerat
55 ante dulcis, mutatus in salem est. et illa miraculi plena,
Arethusa*m* Syracusis fimum redolere per Olympia, verique

---

§ 53: Theophr. ap. Senec. nat. qu. III 11, 3. — Theophr. ib.
III 11, 5. — § 54: (cfr. Th. H. III 1, 2. V 4, 6). Theophr. ap.
Senec. nat. qu. III 11, 2. id. ap. Athen. II 15 p. 42ᵃ. — §§ 55. 56:
Strabo VI 2, 4 p. 270. 271. Seneca nat. qu. III 26, 5. 6. Athen.
II 16 p. 42ᵉ.

---

2 boristenen (-ryst- **R**) **VRx.** *an* ut in Borysthene? | di-
luntur **V**.   3 ger d. | bosforo **Rx.** -sphoro *v. a. Brot.*   4. 5
nili rigua a*v.* niligna **VR.** in ligna **dx.**   7 alumenta **Vx.** |
hemo x *v. a. G.* hiemo **V.**   9 conriuantur a*v.* corriga- **rx.**
17 pheneum *v. cfr. § 26.* feniū **R.** fin- **V.** apenninum
(app- **x**) d**x.** preneum **a.** praene .... **r** (*reliquis margine abs-*
cisis). | archadie **x.** aquas aream die **V.**   18 corryco **V.**
corisco **x.** -ico *v. a. C.* | posteaque *ll.* **TfxH.** -quam a*v.*(*D*).
19 mira cuius *D.* -culus **V.** -culis **rxa.** mira ubi *G.* -abilis *v.* |
euidente *v. a. G.*   21 omnis **Vdx.**   23 arethusam *v.* -sa
(arhe- **a**) *ll.* **a.**

simile, quoniam Alpheus in eam insulam sub maria per-
meet. **Rhodiorum fons in Cherroneso nono anno purgamenta egerit.** mutantur et colores aquarum, sicut Babylone lacus aestate rubras habet diebus XI et Borysthenes 56
5 statis temporibus caeruleus fertur, quamquam omnium
aquarum tenuissimus ideoque innatans Hypani, in quo
et illud mirabile, austris flantibus superiorem Hypanim
fieri. sed tenuitatis argumentum et aliud est, quod nullum halitum, non modo nebulam, emittat. qui volunt
10 diligentes circa haec videri, dicunt aquas graviores post
brumam fieri.

　　6. (31) Ceterum a fonte duci fictilibus tubis utilis- 57
simum est crassitudine binum digitorum, commissuris
pyxidatis ita, ut superior intret, calce viva ex oleo levi-
15 gatis. libramentum aquae in centenos pedes sicilici minimum erit, si cuniculo veniet, in binos actus lumina esse
debebunt. quam surgere in sublime opus fuerit, plumbo
veniat. subit altitudinem exortus sui. si longiore tractu
veniet, subeat crebro descendatque, ne libramenta pereant.
20 fistulas denum pedum longitudinis esse legitimum est et, 58
si quinariae erunt, sexagena pondo pendere, si octonariae,
centena, si denariae, centena vicena ac deinde ad has
portiones. denaria appellatur cuius lamnae latitudo, ante-

---

　　§ 57: Vitruv. VIII 7, 10. 8. 1. 3. Pallad. IX 11, 2. 1. —
§ 58: Vitruv. VIII 7, 4. 7. Pallad. IX 12.

---

　　1 eam insulam *Lugd.* ea insula (-la/// **R**) *ll.* **x a** *v.* | sū **R.** |
maria r *D.* ima maria **d** (?) *v.* mari **x a.** ma **VR.** *an* mare
(*vel* mari: *cfr. XXXVI 55*)?　　2 *an* fons Rhodiorum?
3. 4 babylonię (babil- **x**) **d x** *v.a. H.*　　4 undecim *ll.* **x a** *v.*
5 statis *ego ex Athen. cfr. nov. luc. p. 101.* est- **x.** aest- *ll.* **a** *v.*
　　6 hipani **x.** hisp- **VR**[1].　　7 flatibus **a.** | hypanim **a** *v.*
-ni (hisp- **VR**[1]) r **T x.**　　8 esse **a.**　　9 emittat **R d x a** *G.* -ttit
V *v* (*S*).　　10 diligens **R.** | hoc **R** (?) *v.a. D.*　　15 sicilici **VR d**
T x *H.* suilici **a r.** sursum elici *v.*　　15. 16 minis numerit **V.**
　　16 bonos **V.** | lumine **V.** laminae *v.a. H.*　　17 e plumbo
v.a. S.　　18 ueniat *om. v.a. H.*　　19 crebo **V.** | pereat **V.**
21 sexageno **V.** -ne **R**[1]. -ginta **x.** | pondo pondere **V R**[1] **x.**
22 denarie **x.** nonagenaria **a.**　　23 denaria (-iae *v*) appellantur **R d** *v.a. S.*

quam curvetur, digitorum X est, dimidioque eius quinaria.
in anfractu omni collis quinariam fieri, ubi dometur impetus, necessarium est, item castella, prout res exiget.

59 (32) Homerum calidorum fontium mentionem non
fecisse demiror, cum alioqui lavari calida frequenter induceret, videlicet quia medicina tunc non erat haec, quae
nunc aquarum perfugio utitur. est autem utilis sulpurata
nervis, aluminata paralyticis aut simili modo solutis, bitu-
minata aut nitrosa, qualis Cutilia est, bibendo *itaque* pur-
60 gationibus. plerique in gloria ducunt plurimis horis per- 10
peti calorem earum, quod est inimicissimum, namque paulo
diutius quam balineis uti oportet ac postea frigida dulci,
nec sine oleo discedentes, quod vulgus alienum arbitratur,
idcirco non alibi corporibus magis obnoxiis, quippe et
vastitate odoris capita replentur et frigore infestantur su- 15
dantia, reliqua corporum parte mersa. similis error quam
plurimo potu gloriant*ium*, vidique iam turgidos bibendo
in tantum, ut anuli integerentur cute, cum reddi non
61 posset hausta multitudo aquae. nec hoc ergo fieri convenit sine crebro salis gustu. utuntur et caeno fontium 20
ipsorum utiliter, sed ita, si inlitum sole inarescat. nec
vero omnes, quae sint calidae, medicatas esse credendum,
sicut in Segesta Siciliae, Larisa Troade, Magnesia, Melo,

---

§ 59: Homerus (X 149. 150). Ξ 6. X 444. θ 249. 451 al. —

---

1 decem (*pro* denum) *ll.v.*　2 anfractu (amf- a) a *v.* -ti r.
fractu d x. -to V. -ti R. | omnis d. | collis d v. -lli V x a r. -llo
R. | quinariam R v. -ria V a. -rii d x.　3 exiget *ll.* x v. -git
a D.　5 alioquin x v. a. *Brot.*　5. 6 induceret d x a r G. -diceret
R f v. -ret et V. -carit C.　7 profugio V R¹ x.　9 est V d x a S.
om. R(?) H. utilis est *v.* | itaque *ego.* atque d v. atquae V.
aq; x. aquę R a. *del. voluit S.*　10 gloriam d x.　12 dulci
a v (D). -cedi V. -cedine R d x *Brot.(J).* mulceri S *cum Gron.*
an ablui? *cfr.* XXI 125. XXXIII 109.　13 discedentes d r H.
(-teis *Lugd.*). -tis r x a G (S). -tibus *v.*　16 reliqua *om.* H. |
quam *ll.* x a H (J). quod quam S. quo quidam *v.*　17 glori-
antium H *cum P.* -tur *ll.* x a v (S). | undique V.　18 anulli
V. | cote V.　20 *an* gustatu? | ceno V. sceno x.　23 in
a r v. *om.* r T x. | segeta d T x. -tas R¹. | troadae V v. a. C. *dist.*
U 695. *cfr.* V 121. 123 et XXXVI 138.

Lipara. nec decolor species aeris argentive, ut multi
existimavere, medicaminum argumentum est, quando nihil
eorum in Patavinis fontibus, ne odoris quidem differentia
aliqua deprehendetur.

5   (33) **Medendi** modus idem et in marinis erit, quae 62
calefiunt ad nervorum dolores, feruminanda a fracturis
ossa, contusa, item corpora siccanda, qua de causa et
frigido mari utuntur. praeterea est alius usus multiplex,
principalis vero navigandi phthisi adfectis, ut diximus, 24,28
28,54
10 aut sanguine egesto, sicut proxime Annaeum Gallionem
fecisse post consulatum meminimus. neque enim Aegyptus 63
propter se petitur, sed propter longinquitatem navigandi.
quin et vomitiones ipsae instabili volutatione commotae
plurimis morbis capitis, oculorum, pectoris medentur
15 omnibusque, propter quae helleborum bibitur. aquam
vero maris per sese efficaciorem discutiendis tumoribus
putant medici, si illa decoquatur hordeacia farina, ad
parotidas. emplastris etiam, maxime albis, et malagmatis
miscent; prodest et infusa crebro ictu. bibitur quoque, 64
20 quamvis non sine iniuria stomachi, ad purganda corpora
bilemque atram aut sanguinem concretum reddendum

Vitruv. VIII 3, 4. — § 62: Diosc. V 19. Seren. 973. cfr. Marc.
36, 45. Celsus VIII 10, 1. 7. — cfr. Plin. epist. V 19, 6. — § 63:
cfr. Celsus III 22 p. 111. — Marc. 15, 41. Diosc. V 19. — § 64:
Diosc. V 19. Pl. iun. 51, 7—10. Marc. 28, 63. Seren. 909.

---

2 existimauere (estim- x) dxv. -aue VR. -auerunt arD.
3 patinauinis V.   4 deprehendetur R. -ditur v. -deretur
x. depraeh- Vdar.   5 id est et V.   6 feruminanda S.
ferruminata ll.Txav. -nant C. -nandas H cum Gron. | a ll.
TxaS. del. H. et v.   6. 7 fracturas ossaque v.a.S.   7 corpora arG(D). -ra ad VRS. -ra as dTx. ad corp- v. an cor-
pora adstringenda, siccanda? cfr. § 98. | siccanda ll.Txav(H).
-ant G.   9 affectis xv. adfecti (-tu R¹) r.   10 sanguine
dTxaS. -nem VRv. | egesto dTxarS. -te VR. egerentibus v.
exscreantibus Brot.   11 a v. fecisse denuo incipit E. | meum
inim V.   13 sint abili (hab- R¹) VR¹. | uoluptatione R.
14 pluribus Ev.a.C.   16 sese Vfv(S). se rG(D). | discutiendis
(-ti eft dis V) cauendis VR¹dT.   17 si om. dT. st V. | deco-
quatur dErv. -quitur (dequoqu- V) VTf. -qtur R.   18 malac-
matis VR.   19 cerebro icto coni.Dal.   20. 21 corporalemque V.

alterutra parte. quidam et in quartanis dedere eam bi-
bendam et in tenesmis articulariisque morbis adservatam
in hoc ut vetustate virus deponentem, aliqui decoctam,
omnes ex alto haustam nullaque dulcium mixtura cor-
ruptam. in quo usu praecedere vomitum volunt. tunc 5
65 quoque acetum aut vinum *et* aqua*m* mi*s*cent. qui pura*m*
dedere, raphanos supermandi ex mulso aceto iubent, ut
ad vomitiones revocent. clysteribus quoque marinam infundunt tepefactam. testium quidem tumores fovendo non
aliud praeferunt, item pernionum vitio ante ulcera, simili 10
modo pruritibus, psoris et lichenum curationi. lendes
quoque et taetra capitis animalia hac curantur. et liven-
tia reducit eadem ad colore*m*. in quibus curationibus
post marinam aceto calido fovere plurimum prodest. quin
et ad ictus venenatos salutaris intellegitur, ut phalangio- 15
rum et scorpionum, et ptyade aspide respersis; calida
66 autem in his adsumitur. suffitur eadem cum aceto capitis

---

§ 65: Pl. iun. 51, 10—12. Diosc. V 19. Marc. 27, 124. Seren.
680. Pl. iun. 64, 12. 13. Marc. 33, 22. Diosc. l. l. Seren. 85. 69.
Pl. iun. 13, 4. 5. 102, 13—15. Diosc. περὶ ἰοβ. 21. eupor. II 122.
120. Seren. 869. — § 66: Diosc. V 19. Pl. iun. 50, 18. 49, 14. 15.
Marc. 27, 124. — Diosc. V 19. eupor. I 59.

---

1 in *om.* R¹G.   2 articularisque VRD. -ribusque Er
v. a. S.   3 et in d(?) v. a. S. | *dist.* C F W Müller p. 16. | ut VR.
ex dT. *om.* Erv. de ut *causali cfr.* XXIX 9 ut cautior, XVII 4
ut praesens, VII 105 ut debilis. (*an potius* et?). | uetusta VR¹. |
deponente Vd. *an vero* ut .. deponeret (*corruptum in* deponent)? |
decocta V. coctam R¹.   4 ex alto *om.* VR¹. | nullaque dv.
-lloque Er. ullaque r.   5 quo supra cedere E. | uomitum
—7 dedere *om.* E.   6 et *ego.* ex *ll.*S. ea J. *del. v.* | aquam
ego. -ua *ll.*v. | miſcent v. mittent *ll.*   9 tumores d. -re V.
-rē ED. -ri R(?)v.   *cfr.* XX 161. XXII 140. XXVI 91.
XXXV 196; *contra* XXXI 129. XXVIII 215. XXIV 15.
10 pernionem V. -ne R¹.   12 tenera E. | et dv(D).
ut rS.   13 eruducit aeadem V. | colorem v. -res *ll.*D (*contra
Plinii usum: cfr.* § 117. XX 27. XXVI 150. XXVII 112.
XXVIII 245).   14. 15 quinta dictus Vd.   15 salutaria V.
an salutaris ita (*i. e.* fotu: *cfr. Diosc.*)?   16 ptyade B. *cfr.*
XXVIII 65. pthiade Erv. -adeos (pthya- d) r. | respersos
VRf. | calidam V. caudam E.   17 sufficitur R¹. | autē
eadem dT.

doloribus.   tormina quoque et choleras calida infusa clysteribus sedant.   difficilius perfrigescunt marina calefacta.
mammas sororientes, praecordia maciemque corporis piscinae maris corrigunt, aurium gravitatem, capitis dolores
5 cum aceto ferventium vapor.   rubiginem ferro marinae
celerrime exterunt, pecorum quoque scabiem sanant lanas-
que emolliunt.

(34) Nec ignoro haec mediterraneis supervacua videri 67
posse.   verum et hoc cura providit inventa ratione, qua
10 sibi quisque aquam maris faceret.   illud in ea ratione
mirum, si plus quam sextarius salis in IIII sextarios
aquae mergatur, vinci aquam salemque non liquari.   cetero
sextarius salis cum IIII aquae sextariis salsissimi maris
vim et naturam implet.   moderatissimum autem putant
15 supra dictam aquae mensuram octonis cyathis salis temperari, quoniam ita et nervos excalefaciat et corpus non
exasperet.

(35) Inveteratur et quod vocant thalassomeli aequis 68
portionibus maris, mellis, imbris.   ex alto et ad hunc
20 usum advehunt fictilique vaso et picato condunt.   prodest
ad purgationes maxime sine stomachi vexatione et sapore

---

§ 67: Pl. iun. 8, 6—10. — § 68: Diosc. V 20. Pl. iun. 47,
6—12. Marc. 20, 136. Seren. 532.

---

1 choleras **VRd** *in ras.* **TD.** -ra (co- **E**) **Er.** -ram *v. de
plur. numero cfr. XX 122. 146. 150. 217. XXII 144. XXIII
12.* | calidam **VdE.** | infusam **dE.**   2 sedant **Erv(D).** dant
VR. sedat **d(?)C.** | calefacta **VRfEv(S).** -ti **d(?)G.**   3 soro-
rientes (solori- **E.** sori- **d**) *ll.G(J).* -iantes *Lugd.* rigentes *v.* |
aciemquae **E.**   4 doloribus **V.**   6 exierunt **V.**   9 qui **E.**
    10 facere **VE.** | in ea **Erv.** ea **Rd.** ae **V.**   11 sextariū
VR¹f.   11. 12 salis cum quattuor aquae sextariis **E** *v.a.H.*
    12 unti **VR¹.** | no **R¹.** | loquari **VR¹.**   13 sextarius **V²dv.**
-ios **V¹R.** -io **E.** | quattuor *ll.v.* | sextariis *v.* -ris **dErD.** -rios *r.*
    14 uim **Erv.** umquam (fū quā **R**) *r.* uimque *P. an* uim
totam?   15 cyathis *om.* **VdS.** | malis **E.**   16 ista **VRdS.**
de mendo cfr. XXIII 40.   17 exasperat **VR¹.** *an* exulceret?
cfr. nota ad XXIII 143.   18 et *om.* **Ev.a.H.** | uocat **E.**
-atur **Tv.a.H.** | thalastīhaeli **R¹.**   19 imbribus **VR¹.**
20 uase **Rd(?)v.a.S.**

69 grato et odore. — (36) Hydromeli quoque ex imbre puro
cum melle temperabatur quondam, quod daretur adpeten-
tibus vini aegris veluti innocentiore potu, damnatum iam
multis annis, isdem vitiis quibus vinum nec isdem utili-
70 tatibus. — (37) Quia saepe navigantes defectu aquae 5
dulcis laborant, haec quoque subsidia demonstrabimus.
expansa circa navem vellera madescunt accepto halitu
maris, quibus dulcis umor exprimitur, item demissae
reticulis in mare concavae e cera pilae vel vasa inania
opturata dulcem intra se colligunt umorem. nam in terra 10
marina aqua argilla percolata dulcescit.
71   Luxata corpora et hominum et quadrupedum natando
in cuius libeat generis aqua facillime in artus redeunt. —
Est et in metu peregrinantium ut temptent valitudinem
aquae ignotae. hoc cavent e balineis egressi statim fri- 15
72 gidam suspectam hauriendo. — (38) Muscus, qui in aqua
fuerit, podagris inlitus prodest, idem oleo admixto talorum
dolori tumorique. spuma aquae adfrictu verrucas tollit,
nec non harena litorum maris, praecipue tenuis et sole
candens; in medicina est siccandis corporibus coopertis 20
hydropicorum aut rheumatismos sentientium.
      Et hactenus de aquis, nunc de aquatilibus. ordiemur
autem, ut in reliquis, a principalibus eorum, quae sunt
salsa ac spongea.

---

§ 69: cfr. Diosc. V 17. (Plin. XXII 112). — § 72: cfr. Plin.
XXVII 56. Diosc. IV 97. Pl. iun. 68, 9. 65, 16. 17. — Diosc.
V 166. Pl. iun. 95, 3. Seren. 503. cfr. Celsus III 21 p. 107.

---

1 et odore **E** r v.   odore **V** d *Ven.*   *om.* **R**.   *cfr. Pl. iun.*
2 temperabitur **V**. | quoddam **R** d.   quodam **V**.   3 uinum
v. a. H. | potam **V**.   4 necdem **V E**[1].   6 demonstrauimus
V R E.   7 nauim d(?) *v. a. S.* | accepta **E**. | alitu **V**.   8 idem
R[1]. id eſt **V**. | remissae **E** r.   9 e d v. et **V R**. *om.* **E** r.   ex *D.*
     10. 11 inter marina **V**.   11 percollata **V**.   12 luxata
d **T** r *e corr. v.*   lax- **E**.   iacta **V**.   13 libet **E** *v. a.* H.   14 et
om. **E**.   15 a (*pro* e) **E** *v. a.* G. | balneis **V**(?) **E** *v. a.* G (*D*). |
egresis **E**.   17 podagra **E**. | ideo **R**[1].   item **E** *v. a.* S (*J*).
18 tumorque **V**.   19 sed (*pro* et) **V** f. | solibus *v. a.* H.
22 urdiemur **V**.   23 ut *om.* **E** *Ven.*   24 salsa *ll. J.* sal v. |
ac **V R E** *S.* et d v.   ci (= &?) r

7. (39) Sal omnis aut fit aut gignitur, utrumque 73
pluribus modis, sed causa gemina, coacto umore vel siccato. siccatur in lacu Tarentino aestivis solibus, totumque stagnum in salem abit, modicum alioqui, altitudine
5 genua non excedens, item in Sicilia in lacu, qui Cocani-
cus vocatur, et alio iuxta Gelam. horum extremitates
tantum inarescunt, sicut in Phrygia, Cappadocia, Aspendi,
ubi largius coquitur et usque ad medium. aliud etiam
in eo mirabile, quod tantundem nocte subvenit, quantum
10 die auferas. omnis e stagnis sal minutus atque non glaeba
est. aliud genus ex aquis maris sponte gignitur spuma 74
in extremis litoribus ac scopulis relicta. hic omnis rore
densatur, et est acrior qui in scopulis invenitur. sunt
etiamnum naturales differentiae tres. namque in Bactris
15 duo lacus vasti, alter ad Scythas versus, alter ad Arios,
sale exaestuant, sicut ad Citium in Cypro et circa Memphin extrahunt e lacu, dein sole siccant. sed et summa 75
fluminum densantur in salem, amne reliquo veluti sub
gelu fluente, ut apud Caspias portas quae salis flumina
20 appellantur, item circa Mardos et Armenios.| praeterea et
apud Bactros amnes Ochus et Oxus ex adpositis montibus

---

§ 74: Isid. XVI 2, 3. cfr. Diosc. V 126. — § 75: Isid. XVI 2, 3.

---

2 coacta **V**. | uel *ll.***T***v*(*S*). aut *G*.   2. 3 siccam **VR**[1].
4 salem abit d*v*. sale habet **VR**. sale id **Er**.   5 *post* item
iterant non excedens **VR**. | siciliam **V**.   8 largio **V**. -iór **R**[1]. |
quoquitur **V**. | medium lacum d(?)r*v.a.J*.   9 eo d**Er***v*. quo
r. | quod *om*. **VR**[1]. | noctu *v.a.H*(*J*). *cfr. § 18*.   10 e stagnis
S. est alnis **VR**d. est omis r. est **E**. est talis *G*. est alius *v*.
   12 hic omnis **VR**d*G*. homnis **E**. haec enim omnis *v*. |
rore *ll.v*(*D*). sole *S cum Pontedera ex Isid*. solis calore *J ex*
Vinc. Bellov. spec. nat. 6, 83. (an haec enim sole? cfr. XXV
149. 152). locus adhuc corruptus.   13 copolis **V**.   14 etiam
non **V**. | *an* naturalis? *cfr. XXXIV 4*.   14. 15 bactris duo
om. **VR**[1].   15 alter d**Er***v*. *om. r*(?). | ad—alter **Er***v*. *om. r*.
arios **V**d*B*. alios **R**. darios **Er***v*.   16 aestuat **E**. -ant *v.a.H*. |
an sic et?   17 e **V**d**T**í*H*. a **R**. *om*. **E***v*. | deinde sale d. |
sic et **E**.   18 sale **V**d*v.a.C*. | amnem **V**. ane **E**.   19 gelus
fluentem **V**.   20 amnenios **V**. | praeterea et **VR**[1]d*D*.   21 bae-
tros **V**. b&- **R**. | amnes **VR**d(?)*H*. -nis **E***v*(*D*). | et oxus d(?)*B*
coll. § 86. et ixiss **E** et yssis r. *om. r*. et xerxes *v*. | ex *v*(*D*).

76 deferunt salis ramenta. sunt et in Africa lacus, et quidem
turbidi, salem ferentes. ferunt quidem et calidi fontes,
sicut Pagasaei. et hactenus habent se genera ex aquis
77 sponte provenientia. sunt et montes nativi salis, ut *in*
Indis Oromenus, in quo lapicidinarum modo caeditur re- 5
nascens, maiusque regum vectigal ex eo est quam ex auro
atque margaritis. effoditur et e terra, ut palam est umore
densato, in Cappadocia. ibi quidem caeditur specularium
lapidum modo; pondus magnum glaebis, quas micas vul-
78 gus appellat. Gerris Arabiae oppido muros domosque 10
massis salis faciunt aqua feruminantes. invenit et iuxta
Pelusium Ptolemaeus rex, cum castra faceret. quo exemplo postea inter Aegyptum et Arabiam etiam squalentibus
locis coeptus est inveniri detractis harenis, qualiter et
per Africae sitientia usque ad Hammonis oraculum, is 15
79 quidem crescens cum luna noctibus. nam et Cyrenaici
tractus nobilitantur Hammoniaco et ipso, quia sub harenis
inveniatur, appellato. similis est colore alumini, quod
sc*h*iston vocant, longis glaebis neque perlucidis, ingratus
sapore, sed medicinae utilis. probatur quam maxime per- 20

---

§ 77: Isid. XVI 2, 3. cfr. Solin. 5, 19. — § 78: cfr. Plin.
VI 147. Isid. XVI 2, 3. Strabo XVI 3, 3 p. 766. — § 79: cfr.
Plin. V 34. Isid. XVI 2, 3. Diosc. V 125.

---

es **Er.** ex his *r***TſS.** 2 turbidi — quidem *om.* **V.** 3 ha-
bentes se **V.** 4 ponte **V.** | montibus **E.** | in *v. om. ll. D.*
cfr. § *17.* 5 ornemus **VR**[1]d. Ormenus *J.* | lapiſidinearum
VR[1]. -pidicinarum *rv. a. Lugd.* 6 regium **ED.** | uectigale **d.** |
est *del. H cum Gron.* | auro **d**E*v.* -ro est *r H.* 7 margaretis
VR. | effoditur et (*om.* **ED**) e terra **E**r*v.* -ditura *r.* (*an et*
foditur e terra? *cfr. XXXVI 182. XXVIII 1*). 8 densato
E*v*(*D*). -tur *r.* -to ut *J.* | caeditur **E***v*(*D*). ced- **r.** & ed- *r J.*
(*malim* finditur: *cfr. XXXVI 160*). 9 glebris **V.** 10 ger-
rhis *H coll. VI 147 et Strab. XVI 3, 3 p. 766.* garris **E.** carris *r.*
carrhis *v.* 11 e massis *D cum U 697. sed cfr. C F W Müller*
p. 8 n. 1. | aque feruminantis **VR**[1]. 12 ptholomeus **V.** ptolo-
maeus *D.* 14 ſaeptus **V.** | inuenire **R.** 15 sit dentia
usque **E.** sitientibusque **V.** -ti//usque **R**[1]. 16 lunae moti-
bus *coni. J.* | et **E**D. *om. rv.* | quiremaici **V.** 18 colore **E**r*v.*
corpore *r***T.** 19 schiston *v.* sci- (scy- *d*) *ll.* | ingratus *d*E*rv.*
cfr. XXV 157. XVI 229. -to **VR**D.

spicuus, rectis scissuris. insigne de eo proditur, quod
levissimus intra specus suos in lucem universam prolatus
vix credibili pondere ingravescat. causa evidens, cuni-
culorum spiritu madido sic adiuvante molientes, ut ad-
5 iuvant aquae. adulteratur Siculo, quem Cocanicum ap- 73
pellavimus, nec non et Cyprio mire simili. in Hispania 80
quoque citeriore Egelestae caeditur glaebis paene trans-
lucentibus, cui iam pridem palma a plerisque medicis
inter omnia salis genera perhibetur. omnis locus, in quo
10 reperitur sal, sterilis est nihilque gignit. et in totum
sponte nascens intra haec est.

Facticii varia genera. volgaris plurimusque in salinis 81
mari adfuso non sine aquis dulci*bus* riguis, sed imbre
maxime iuvante ac super omnia sole multo .... que, aliter
15 non inarescens. Africa circa Uticam construit acervos salis
ad collium speciem, qui ubi sole lunaque induruere, nullo
umore liquescunt vixque etiam ferro caeduntur. fit tamen
et in Creta sine riguis mare in salinas iufundentibus et
circa Aegyptum ipso mari influente in solum, ut credo,
20 Nilo sucosum. fit et puteis in salinas ingestis. prima 82
densatio Babylone in bitumen liquidum cogitur oleo simile,

---

§ 80: cfr. Solin. 23, 4. Cato ap. Gellium II 22, 29. — § 81:
cfr. Plin. II 233. XXXIV 125. — § 82: Isid. XVI 2, 3. Aristot.
meteor. II 3, 42.

---

1 in signo V. 3 credibile VE. 4 madid E. madi V. |
sicut VR¹d. | adiuuante Rdv. -tem E. -tes V. | molientes
d(?)Erv. om. VR. | ut om. E. 4. 5 adiuuent Ev.a.B.
6 cypriū d. cip- VE. 7 egelestae Vd(C)Brot. cfr. III 25.
-te R. -laeste E. -lastae rB(J). 7. 8 tralucentibus VS.
8 cum E. | palāa VR. -lmam E. 10 sterelis V. exter- R¹.
11 inter Ev.a.H. | est dErG. om. r. sunt v. 12 facti
VR¹d. | pluribusque VR¹dVen. 13 aquis VRE. cfr. II 233
cum XIII 107. aquae d(?)v (e XIX 182). | dulcibus ego. -cis
ll.v. cfr. § 64. | rugis V. 14 multoque VRJ. -to E[dT]v(D).
-to atque S. lac. ego indicavi; excidit fere adsiduo: cfr. XXVIII
143. an luna? | aliterque dT. 15 inarescens Erv(D). ar-
rTJ (ut XIII 140. XVII 57). | africam V. | constitut d.
16 solis V. 18 sine Erv. sunt ine r. 19 mari dv. -re r. |
influentem E. ˙20 insucosum VR¹. | et e v.a.S. | puteus E.
21 babylonae E². -niae E¹v.a.G. babilonę r. -nię VR.

quo et in lucernis utuntur. hoc detracto subest sal. **et in**
Cappadocia e puteis ac fonte aquam in salinas ingerunt.
in Chaonia excocunt aquam e fonte refrigerandoque **salem**
83 faciunt inertem nec candidum. Galliae Germaniaeque ar-
dentibus lignis aquam salsam infundunt; (40) Hispaniae 5
quadam sui parte e puteis hauriunt muriam appellantes.
illi quidem et lignum referre arbitrantur. quercus **optima**,
ut quae per se cinere sincero vim salis reddat, alibi corylus laudatur. ita infuso liquore salso arbor etiam in **salem**
vertitur. quicumque ligno confit sal niger est. **Apud** 10
Theophrastum invenio Umbros harundinis et iunci cinerem decoquere aqua solitos, donec exiguum superesset
umoris. quin et e muria salsamentorum recoquitur iterumque consumpto liquore ad naturam suam redit, vulgo **e**
menis iucundissimus.   15
84   (41) Marinorum maxume laudatur Cyprius a Salamine,
at e stagnis Tarentinus ac Phrygius, qui Tattaeus vocatur.
bi duo oculis utiles. e Cappadocia qui in laterculis adfertur, cutis nitorem dicitur facere. magis tamen exten-
74 dit is, quem Citium appellavimus, itaque a partu ventrem 20
85 eo cum melanthio inlinunt. salsissimus sal qui siccissi-
mus, suavissimus omnium Tarentinus atque candidissimus,

---

§ 83: cfr. Varro r. r. I 7, 8. — Aristot. meteor. II 3, 42. —
§ 84: Diosc. V 125. (cfr. Strabo XII 5, 4 p. 568). — § 85 extr.:
Isid. XVI 2, 4. (cfr. Strabo XIII 1, 48 p. 605). — Solin. 5, 18.

---

1 quod E. | hoc *om.* E.   2 aquam RdG. quam *r*. quem
v.   3 caonia V. gao- E. | e *ego*. et Er. *om. r*. ex *v*.
4 faciant V. fati- R¹. | negandidum V.   5 hispania VR¹.
6 quidam V. | haurium V. aur- R. | murium VR¹T. | appel-
lantes (ape- V) VRTH. -ant d. -ant et EG. -antes et rv.
7 *an* illae (*olim scriptum* ille)?   8 qui V. | cinerem E. | sin-
cere d.   8. 9 corylus dv. -rilus E. -rulus r.   9 arbor ED.
carbo rv.   10 quicum E. | conficitur dTv.a.G.   11 iuncis
V.   13 umores V. moris E.   14. 15 e menis B(S). e maenis
Rd(?)Lugd. e minis Va. hem- v. *de mendo cfr.* XXVII 127.
17 at e v. ad e r. de rH. cfr. § 73. | stagestnis R¹. |
tattaeus dB. tacteus Vf. tat- Rav.   18 humiles VR¹. | e
VdfS. & R. ac ar. a v.   19 scutis VR¹d. | niforem VR¹.
20 cicium R. | parte V. -tum E.

set de cetero fragilis qui maxime candidus. pluvia dulcescit omnis, suaviorem tamen rores faciunt, sed copiosum aquilonis flatus. austro non nascitur. flos salis non fit nisi aquilonibus. in igni nec crepitat nec exilit Tragasaeus neque Acanthius, ab oppido appellatus, nec ullius spuma aut ramentum tenuius. Agrigentinus ignium patiens ex aqua exilit. sunt et colorum differentiae. rubet Memphi, 86 rufus est circa Oxum, Centuripis purpureus, circa Gelam in eadem Sicilia tanti splendoris, ut imaginem recipiat. in Cappadocia crocinus effoditur, tralucidus et odoratissimus. ad medicinae usus antiqui Tarentinum maxime laudabant, ab hoc quemcumque e marinis, ex eo genere spumeum praecipue, iumentorum vero et boum oculis Tragasaeum et Baeticum. ad opsonium et cibum utilior 87 quisquis facile liquescit, item umidior, minorem enim amaritudinem habent, ut Atticus et Euboicus. servandis carnibus aptior acer et siccus, ut Megaricus. conditur etiam odoribus additis et pulmentarii vicem implet, excitans aviditatem invitansque in omnibus cibis ita, ut sit peculiaris ex eo intellectus inter innumera condimenta, item in mandendo quaesitus garo. quin et pecudes 88

---

§ 86: Solin. 5, 18. Isid. XVI 2, 5. — § 87: Isid. XVI 2, 6. — § 88: Isid. XVI 2, 6. Verg. georg. III 394—397. (Aristot. h. a. VIII 10 p. 596ᵃ).

---

1 set *ego.* et *ll.v.* est *D cum U 698.* | de *om.* **R¹.** 2 rore **VR¹d.** 3 flatis **V.** 4 igni **E***v(D)*. -ne *r C.* | nec d**E**r*v. om. r.* 4. 5 tragesaeus d. 5 acanthius *v.* -thus d. achantius **E.** -tus **r.** cantus **R.** -tis **Vf.** | ne **VR¹.** | ullus **VR¹T***J. sed cfr. § 90. 105.* 6 e (ex **T**) spuma d**T.** | aut at **E**r. aut ab *D.* | ramentum tenuius *ego. cfr. XXXIV 175.* ramento (*JD.* -tum *v*) aut (*del. D*) tenuis *ll.*T*v.* 7 exiliit **V.** | differentia **R.** -iam **V.** | rubet *ll.B(S).* -ber *G.* 8 centū ripis **VRdf.** 9 ea **E.** | uti magnitudinem **E.** 10 crocineus d²**T.** -ceus *v.a.S. cfr. § 90.* 12 ad hoc **R.** 14 baeticum *v.* peti- **VdE**r. piti- **R.** 17 ut **R**d*v.* tu **V.** om. **E.** 18 additus **V**(?)*Lugd. Dal.* 18. 19 excitans d(?)**a**r*v.* ex . . . . **E.** *om. r*J. 19 inuitans excitansque *J.* 21 item **E²a.** iterū *r*T*ſS.* ita **E¹.** ita est *v.* interim *J.* ciborum *D. del. U 700.* | madendo **VR¹.** *an* madido? *locus adhuc corruptus.*

armentaque et iumenta sale maxime sollicitantur ad pastus, multo tum largiore lacte multoque gratiore etiam in caseo dote. ergo, Hercules, vita humanior sine sale non quit degere, adeoque necessarium elementum est, uti transierit intellectus ad voluptates animi quoque *eximias.* sales appellantur, omnisque vitae lepos et summa hilaritas laborumque requies non alio magis vocabulo constat.

89 honoribus etiam militiaeque interponitur salariis inde dictis, magna apud antiquos et auctoritate, sicut apparet ex nomine Salariae viae, quoniam illa salem in Sabinos portari convenerat. Ancus Marcius rex salis modios $\overline{\text{VI}}$ in congiario dedit populis et salinas primus instituit. Varro etiam pulmentarii vice usos veteres auctor est, et salem cum pane esitasse eos proverbio apparet. maxime tamen in sacris intellegitur auctoritas, quando nulla conficiuntur sine mola salsa.

90 (42) Salinarum sinceritas summam fecit suam differentiam quadam favilla salis, quae levissima ex eo est et candidissima. appellatur et flos salis, in totum diversa res umidiorisque naturae et crocei coloris aut rufi, veluti

---

§ 89: Verrius Flaccus ap. Festum s. v. salaria. — cfr. Horat. sat. II 2, 17. — §§ 90—92: Diosc. V 128. — cfr. Diosc. V 127.

---

1 armentaque *v.* -toque **Er.** -tatio *r.* *de mendo cfr.* § 5. | iumento **E.** | partis **V.** pastum *v.a.S.* 2 multo tum *ego.* multum *ll.S.* -to *v.* | largiore **R** *C(J).* -ores *rv(S).* *an* largiore eis? | lacte multoque d**Er***v.* lactoque **V.** -teque **R.** | gratiorem **E.** 2. 3 *an* etiam casei dote? *cfr. XI 239.* 3 non quid **V.** nequit *v.a.H.* 4 *an* degi? *cfr. XIV 125. XII 5. VI 66. III 124.* | adeo ergo **Vd.** | ut **R***v.a.D.* 5 uoluptates **VR***v(S).* -atem d(?)**Er***H.* | eximias *ego et dist.* nimia *ll. del.D.* nimirum a *J.* scommata *S cum P.* nam ita *B.* sammia *v.* ioci enim a *U 701.* mica *Müller emend. V 9.* | sales **Er***v(D).* sale *rJU.* salis *Müller l. l.* 7 alia magis uocabula **E.** 9 et **Vd.** *om. rv.* 11 sex **V.** | modia **E***v.a.H.* | $\overline{\text{VI}}$ **E***S.* ut **VT***f.* sex *r e corr.* sex mille d(?)*H.* sex milia *v.* 12 populis **VRT***f***E***v(S).* -lo d(?)*C.* 13 uite **V.** | et **VRdT***f**H.* *om.* **E.** esitasse enim *v.* 14 sale **VT***f.* | pane et casaeos (-seo *v*) **E***v.a.H.* 17 sabinarum **Vd.** | *an* facit? 18 quadam **E***G.* quandam *rTH.* quaedam enim *v.* | fauilla *v.* -llam *ll.H.* 20 ueliti **V.**

rubigo salis, odore quoque ingrato ceu gari dissentiens a
sale, non modo a spuma. Aegyptus invenit, videturque
Nilo deferri. et fontibus tamen quibusdam innatat. opti- 91
mum ex eo quod olei quandam pinguitudinem reddit; est
5 enim etiam in sale pinguitudo, quod miremur. adulteratur
autem tinguiturque rubrica aut plerumque testa trita, qui
fucus aqua deprehenditur diluente facticium colorem, cum
·verus ille non nisi oleo resolvatur et unguentarii propter
colorem eo maxime utantur. canitia in vasis summa est, 90
10 media vero pars umidior, ut diximus. floris natura aspera, 92
excalfactoria, stomacho inutilis, sudorem ciet, alvum solvit
in vino et aqua, acopis et zmecticis utilis. detrahit et
ex palpebris pilos. ima faecis concutiuntur, ut croci
color redeat.

15   Praeter haec etiamnum appellatur in salinis salsugo,
ab aliis salsilago, tota liquida, a marina aqua salsiore vi
distans. — (43) Aliud etiamnum liquoris exquisiti genus, 93
quod garum vocavere, intestinis piscium ceterisque, quae
abicienda essent, sale maceratis, ut sit illa putrescentium
20 sanies. hoc olim conficiebatur ex pisce, quem Graeci
garon vocabant, capite eius usto suffitu extrahi secundas
monstrantes, 8. nunc e scombro pisce laudatissimum in 94

---

§ 93: Diosc. II 34. Geop. XX 46, 1. 2. Isid. XX 3, 19. —
§ 94: cfr. Plin. IX 66. Seneca epist. XV 3, 25. Martial. epigr. ·

---

    1 gari d v. cfr. Diosc. cari r.   2 inuenitur E v. a. G.
3 nudo VR¹d. | deferri v. differri Er. -eri r. | innatant V.
    4 olet V.   5 salo V.   6 testa tia E.   7 aquam VR. |
deluente VR. | colorem Er v. coherent r.   9 in uasis in VR¹T.
    10 medio uera V.   11 alum V.   12 zmecticis J. -edicis
R¹. -eticis r. smegmatis H. -aticis v.   13 pilos dE v. philos
VR. | ima faecis (fecis Er) ErD. imae ficis V. ime effecis R.
efficacissime faeces d(?)S. -issime faeces imae v. | ui V.
15 praeterea haec dT.   16 liquida a D. a liquida E. liquida dr. om. VR. (an liquida, at a? ut post tota omittendi
causa appareat). | salsiore VdTD. -or c Er. -or Rv.   16. 17
ui distans VREv. distans uidi dT.   17 aliud RdTv. alii
ut E. aliut V²D. -int V¹. an aliud est?   18 uocare R.
21 suffitu VRd v. cfr. XXXII 124. 131. -to ED.   22 mon-
strantes VRdTf H. morantes Ev. | nunc e sconbro V. non-
cessū pro R. | lautissimum R. lat- V.

Carthaginis spartariae cetar*i*is — sociorum id appellatur ——,
singulis milibus nummum permutantibus congios fere bin**os**.
nec liquor ullus paene praeter unguenta maiore in pre**tio**
esse coepit, nobilitatis etiam gentibus. scombros et Maure-
tania Baeticaeque *etiam* Carteia ex oceano intran*tes* ca-
piunt, ad nihil aliud utiles. laudantur et Clazomenae ga**ro**
Pompeique et Leptis, sicut muria Antipolis ac Thurii, ia**m**
95 vero et Delmatia. — (44) Vitium huius est allex atque
inperfecta nec colata faex. coepit tamen et privatim **ex**
inutili pisciculo minimoque confici. apuam nostri, aphyen 1·
Graeci vocant, quoniam is pisciculus e pluvia nascatur.
Foroiulienses piscem, ex quo faciunt, lupum appella**nt**.
transiit deinde in luxuriam, creveruntque genera ad infinitum, sicuti garum ad colorem mulsi veteris adeo**que**
suavitatem dilut*um*, ut bibi possit. aliud vero *est* casti- 15
moniarum superstitioni etiam sacrisque Iudaeis dicatu**m**,
quod fit e piscibus squama carentibus. sic allex per-

XIII 102. Apicius VII 7, 13. Horat. sat. II 8, 46. (Strabo III 4, 6
p. 159). — cfr. Plin. IX 92. — Martial. epigr. XIII 103. IV 88, 5.
— § 95: Geop. XX 46, 2. — Aristot. h. a VI 15 p. 569^b. Oppian.
hal. I 766.

---

1 sparfariae **VR**¹. scombrariae. *coni. Marquardt e Stra-
bone, sed cfr. Isid. XV 1, 66.* | cetariis *v.* -ris r*D.* ce-
teris *r.*   2 paene binos E*v.a.H.*   3 nullus **E.** | in
om. **E.**   4 scombro **Vd.** -bros quidem **R**(?)*v. cfr. § 102.*
   4. 5 mauretani **R**¹. -ritania d.   5 baeticaque *v.a.H.* |
etiam *ego.* et **VdE***v.* om. **R**(?)*H.* | intrantes *v.* -tis *ll.S.*
6 & (*pro* ad) **R**¹. | alium **VR**¹. | utiles *v.* -le est **VdE**r. ut ille
est **E.** | glauzomenae **Vd.**   7 pompeique et E*v*(*J*). -peiique
et d r*C.* -pei **V.** -peii **R.** | thuri **V***D.* -ria *v.a.G.*   8 del-
matha **Vd.** dalmatia **R**(?)*v.a.S.* | est et **E.** *om.* d. | alex **R.**
v.a.J. alex est d. | atque **VE***D. om. rv.*   9 inperfectae *D.* |
ne **R**¹. | colatae **VR***D.* | faex d*v.* fex *r.* | et priuatim **E** r*v.*
et **R.** *om. r.*   9. 10 ex inutili *om.* **R**¹.   10 conci/// **R**¹. |
nostris **R**¹.   11 is *om.* **Vd.** | nascatur **VR**d*J.* -citur **E** r*v*(*D*).
cfr. CFW Müller p. 6.   13 transit E*v.a.C*(*D*). *cfr. nota ad
XXXIII 131.* | luxoria **V.** -io **R.** | creuerunt **E.**   13. 14 in
infinitum **E.**   15 suauitatem dilutum *ego.* dilutam suaui-
tatem *ll.v.* | est *ego.* ad **VdTE***v*(*D*). *om.* **R**f(?)*H.* (*lac. post
ad indicavit D*).   15. 16 catimoniarum **V.**   16 superstitio-
nem etiam sacris *v.a.H.*   17 squama maceretnentibus **V.**

venit ad ostreas, echinos, urticas maris, mullorum io-
cinera, innumerisque generibus ad sapores gulae coepit
sal tabescere.

Haec obiter indicata sint desideriis vitae. et ipsa 96
5 tamen non nullius usus in medendo. namque et allece
scabies pecoris sanatur infusa per cutem incisam, et
contra canis morsus draconisve marini prodest, in linteolis autem conceptis inponitur, et garo ambusta recen- 97
tia sanantur, si quis infundat ac non nominet garum.
10 contra canum quoque morsus prodest maximeque crocodili et ulceribus, quae serpunt, aut sordidis. oris quoque
et aurium ulceribus aut doloribus mirifice prodest. muria
quoque sive illa salsugo spissat, mordet, extenuat, siccat, 92
dysintericis utilis, etiam si nome intestina corripiat, ischia-
15 dicis, coeliacis veteribus infunditur. fotu quoque apud
mediterraneos aquae marinae vicem pensat.

9. (45) Salis natura per se ignea est et inimica 98
ignibus, fugiens eos, omnia erodens, corpora vero ad-
stringens, siccans, adligans, defuncta etiam a putrescendi
20 tabe vindicans, ut durent ea per saecula, in medendo vero
mordens, adurens, repurgans, extenuans, dissolvens, stomacho tantum inutilis, praeterquam ad excitandam aviditatem. adversus serpentium morsus cum origano, melle,

---

§ 96 extr.: Pl. iun. 86, 4. 5. — § 97: Pl. iun. 83, 16. Diosc.
II 34. (cfr. Colum. VI 13, 1). Marc. 9, 14 (36). Diosc. V 127.
eupor. I 238. Celsus IV 22. — § 98: Diosc. V 125. Isid. XVI
2, 6. — Pl. iun. 111, 9. 10.

---

1 echinas **E**. ecinus **V**. | urticas *om.* **VR**[1]. | maris *ll.*T*J*.
cammaros *v*. | multorum **VRd**.   1. 2 iocinere **E**.   2 sapores
d*S*. -ris *rD*. -rem *v*. | gile **V**. cyle **d**.   5 nulli **VdE***v.a.H*.
6 sanantur **d**.   7 draconiuae **V**.   10 morsus d**E***v(S)*.
-sum *rfH*.   10. 11 crocodilo **V**.   11 sordidi **E**.   14 nomen
V. | corripiat *ego*. -pit *ll.v*.   14. 15 *an* coeliacis, ischiadicis?
cfr. Diosc.   15 fotu **d***v*. -tū **E***r*. -to *r*.   16 prestat **dT**.
19 ac **a***v.a.G*. | putrescendi **VRE***S*. -do **d**(?)*G*. ●ntia *v*.
20 tabe *J*. *cfr. XV 80. VII 70.* (labe *Isid.*). ta **V**. to **R**.
ita **E***v*. ito *r*. *om.* **d**(?)*G*. tabo *S(D) cum cod. Murb.* (?).
cfr. sanie § 93. *an* uitio? | uendicans **R**[1]*v.a.H*. | durent ea *v*.
-retita **VE**. -rent ita *r*(?)*G*.   21 repugnans **VE***v.a.C*.
21. 22 stomachū **VR**.   23 *dist. ego*.

hysopo, contra cerasten cum origano et cedr*ia* aut **pice**
99 aut melle auxiliatur, contra scolopendras ex acetò **potus,**
adversus scorpionum ictus cum quarta parte ·lini **seminis**
et oleo vel aceto inlitus, adversus crabrones vero et **vespas**
similiaque ex aceto, ad heterocranias capitisque ulcera et ɛ
pusulas papulasve et incipientes verrucas cum sebo vitu-
lino, item oculorum remediis et ad excrescentes ibi **carnes**
totiusque corporis pterygia, sed in oculis peculiariter, **ob**
id collyriis emplastrisque additus — ad haec maxime pro-
·100 batur *Tattaeus* aut Caunites —, **ex ictu vero suffusis** 10
cruore oculis suggillatisque cum murra pari pondere **ac**
melle aut cum hysopo ex aqua calida, utque foveantur
salsugine — ad haec Hispaniensis eligitur —, contraque
suffusiones oculorum cum lacte in coticulis teritur, privatim suggillationibus in linteolo involutus crebroque ex 15
aqua ferventi inpositus, ulceribus oris manantibus in linteolo concerpto, gingivarum tumori infricatus et contra
101 scabritiem linguae fractus comminutusque. aiunt dentes
non erodi nec putrescere, si quis cotidie mane ieiunus
salem contineat sub lingua, donec liquescat. lepras idem 20
et furunculos et lichenas et psoras emendat cum passa

---

§ 99. 100: Diosc. V 125. — § 99 extr.: Diosc. eupor. I 45. —
§ 100 extr.: Pl. iun. 102, 18—20. — §§ 101. 102: Diosc. V 125.
— § 101 init.: Pl. iun. 28, 4—7. Marc. 12, 21.

---

1 cerenten **R**[1]. | et *ll. v.* aut *B.* | cedria *B e Diosc.* -dro
(*corruptum ex* cedri) *ll. D.* cera *v.* 2 ac melle **VR**. | acetū
R. 3 qua **V.** aequa **T** *S*. | semine **VR**[1]d. 4 et *ll.* ex *v.* |
inlitur **V**. | uel uespas d*v. a. S*. 5 similiaque **R** *v*. -lique **VE**.
-liter d**T**. | heterocranias **E***r S*. -neas d *C*. -nas *B*. -ogranias **R**.
hec ergo granias **V**. 6 incipiente **R**. 7 *an* item in? | de-
arescentes **VR**[1]. excrentes **E**. 9 que d**E***v*(*D*). quoque *rí S*. |
cdditur d(?)*v. a. S*. | hoc **T** *v. a. G*. 10 tattaeus *G cum B*[1].
cfr. § 84. &teus **VR**d. et deus **E**. tragasaeus *Ven. cum B*[2].
etateus *v*. ⌐et d**T**. | counites *r*. cogn- **R**. 11 suggillatisue
d**T** *S*. -tis suae **V** (*cfr. § 96*). -tisque *r v*(*D*). | murra **VR**d*G*.
-rrae **E***v*(*D*). *cfr. § 118*. | aut (*pro* ac) **V**. 12 utque (quae **E**)
E*r v*. aut quae *r*. 13 salsugines **R**. 15 *an* in *delendum?*
cfr. XXX 101. 17 concerpto **V**. corre- **R**. | infricatus **E***r v*.
infractus *r***T**. | et—18 fractus *om*. **VR**[1]**T**. 21 psaras **VR**.

uva exempto eius ligno et sebo bubulo atque origano ac
fermento vel pane; maxime Thebaicus ad haec et pruritus
eligitur. tonsillis et uvis cum melle prodest quicumque,
ad anginas hoc amplius cum oleo et aceto eodem tempore
5 extra faucibus inlitus cum pice liquida. emollit et alvum 102
vino mixto, innoxie et taeniarum genera pellit in vino
potus. aestus balnearum convalescentes ut tolerare possint,
linguae subditus praestat. nervorum dolores, maxime circa
umeros et renes, in saccis aqua ferventi crebro cande-
10 factus levat, colum torminaque et coxarum dolores potus
et in isdem saccis inpositus candens, podagras cum farina
ex melle et oleo tritus, ibi maxime usurpanda observatione, quae totis corporibus nihil esse utilius sale et sole
dixit. utique cornea videmus corpora piscatorum, sed hoc
15 praecipuum iudicatur in podagris. tollit et clavos pedum, 103
item perniones. ambustis ex oleo inponitur aut comman-
ducatus pusulasque reprimit, ignibus vero sacris, ulceribus,
quae serpant, ex aceto aut hysopo, carcinomatis cum uva

---

§ 102: cfr. Plin. XXXI 40. — Pl. iun. 35, 20. — Isid. XVI 2, 6.
(cfr. Catull. 23, 12). — § 103: Diosc. V 125. — Diosc. eupor. I 123.

---

2 dist. D. | ad hec (hac E) et VR. hic et ad v.a.D.
3 onis VR. | dist. ego.	5 et mollit et VR¹.	6 uino D
cum U 701. in uino ll.v. † mixtus d(?)v.a.J. | dist. ego. | in-
noxie dT H. -xio V D. -xia RE. idem noxia v. | taeniarum H.
tenearum (tae- D) VRE D. tine- dT v. cfr. § 36.	7 tolerari
V v.a.G. | possit VR¹.	8 positus subditus (supd- R¹) VR¹. |
dolores Vd S. -rem R(?)E v(D). cfr. § 62. 120. XXX 110.
XXVIII 237. XXIV 15. 40. XXIII 6. 48. XXXVII 145.
XXI 141. XXII 107. 130. 141. | maxime VRdT H. maxime
usurpanda (-dam E) obseruatione E r v. cfr. infra vv. 12. 13.
9 ex aqua Pl. iun. patina f(?)S.	9. 10 candefactus (-dof- V)
VTfE S. madef- r(?)v.	10 lauat V.	12. 13 usurpanda
(ususpra- VR) obseruatione VR dTf H. obseruanda usurpatione
E r v.	13 qua d. qua quidem v.a.H.	14 dixit utique
coni. J. dixit itaque dTE r H. -xistique V. -xitque R. dicunt
itaque v. | hoc om. VR¹.	15 iudicatur ego. cfr. § 43.
XXXIV 178. XXXII 123. XXVIII 26. XVII 157. 193.
dicatur ll.v.	15. 16 pedum item dE r v. ite pedum VR.
item pedum Müller emend. V 9.·	17 ulceribus VE. -busque
r(?)v.	18 serpunt R v.a.S.

taminia, phagedaenis ulcerum tostus cum farina hordei,
superinposito linteolo madente vino. morbo regio labo-
rantes, donec sudent ad ignem, contra pruritus, quos
sentiunt, ex oleo et aceto infricatus iuvat, fatigatos ex
104 oleo. multi et hydropicos sale curavere fervoresque ǀ
febrium cum oleo perunxere et tussim veterem linctu
eius discussere, clysteribus infudere ischiadicis, ulcerum
excrescentibus vel putrescentibus inposuere, crocodilorum
morsibus ex aceto in linteolis ita, ut battuerentur ante
his ulcera. bibitur et contra opium ex aceto mulso, luxa- 10
tis inponitur cum farina et melle, item extuberationibus.
105 dentium dolori cum aceto fotus et inlitus cum resina
prodest. ad omnia autem spuma salis iucundior utilior-
que. sed quicumque sal acopis additur ad excalfactiones,
item zmegmatis ad extendendam cutem levandamque. pe- 15
corum quoque scabiem et boum inlitus tollit datusque
lingendus et oculis iumentorum inspuitur. haec de sale
dicta sint.
106   10. (46) Non est differenda et nitri natura, non multum a sale distans et eo diligentius dicenda, quia palam 20
est medicos, qui de eo scripserunt, ignorasse naturam nec
quemquam Theophrasto diligentius tradidisse.

---

§ 104: Diosc. V 125. (eupor. II 65). Pl. iun. 90, 21. Diosc.
V 125. — § 106: Isid. XVI 2, 7.

---

1 tostus dTS. -um H. totus r. tritus v.   2 super-
inposita Vd.   3 sudent dEv. -dant rS. | quod RE.   4 in-
fricatis V. | iuuat et dv.a.S. | fatigatus V. uat- E.   6 et
iunxim V. | lintu V.   7 sciadicis Vr. rad- R. | ulceribus
v.a.H.   9 batuerentur VRdv.a.S. pauer- H.   10 his (sc.
linteolis) ego e Diosc. hic VdEH. inc R¹. ictuum R²Brot.
hac G. ictu vel (arte) uinctu coni. B. ictum v. uincta S.
uinculis J. del. D. (Plinius prave legit τυπτομένων ... τοῖς
ἐνδέϲμοιϲ). | oppium VVen.   11 exuberationibus VR.   12 do-
lore VR¹. | fotus VRſEVerc.(H). potus dTVen. tostus C. et
fotu G. | illinitus R¹.   15 zmegmatis VS. szme- R. sme-
dH. -aticis Erv. | extendendam Erv(S). -nuendam VR. -nuan-
dam dTH(J). cfr. § 84. XXVI 163. XXXII 65. XI 238.
   16 datusque VEv. -turque r(?)G.   17 lingendos VR. |
haec est (et v) de VR¹v.a.S.   21 scripseꝛ V. -ere v.a.S.
   22 theophrastus R¹. -prastus V.

Exiguum fit apud Medos canescentibus siccitate convallibus, quod vocant halmyraga, minus etiam in Thracia
iuxta Philippos, sordidum terra, quod appellant agrium.
nam quercu cremata numquam multum factitatum est et 107
5 iam pridem in totum omissum. aquae vero nitrosae
plurimis locis reperiuntur, sed sine viribus densandi.
optimum copiosumque in Clitis Macedoniae, quod vocant
Chalestricum, candidum purumque, proximum sali. lacus
est nitrosus exiliente e medio dulci fonticulo. ibi fit
10 nitrum circa canis ortum novenis diebus totidemque cessat ac rursus innatat et deinde cessat. quo apparet soli 108
naturam esse, quae gignat, quoniam compertum est nec
soles proficere quicquam, cum cesset, nec imbres. mirum
et illud, scatebra fonticuli semper emicante lacum neque
15 augeri neque effluere. iis autem diebus, quibus gignitur,
si fuere imbres, salsius nitrum faciunt, aquilones deterius,
quia validius commovent limum.

Et hoc quidem nascitur, in Aegypto autem conficitur, 109
multo abundantius, sed deterius, nam fuscum lapidosumque
20 est. fit paene eodem modo quo sal, nisi quod salinis mare
infundunt, Nilum autumno nitrariis. hae accedente Nilo
rigantur, decedente madent suco nitri XL diebus conti-

---

§ 107 init.: cfr. Plin. XVI 31. — § 109: cfr. Plin. supra § 81.

---

2 halmyraga *S.* -rhaga **R** d(?) *H.* -miraga *r B.* -rhaga *C.*
-gara *v.* 3 quod **E** r v (*D*). qua **R.** aqua *r.* a qua *J.*
4 namque aqua cremata **E.** | facinatum **V.** facn- **R**[1]. 5 emis-
sum **R.** 6 pluribus **R**(?) *v. a. D.* cfr. § 4. | in locis **E** D.
7 clitis *ll. v (J).* clytis *G.* Litis *H* (Letis *B*) *coll. IV 36. nomen
adhuc corruptum.* 8 chalestricum **Vd E** *J.* cfr. § 115. Herodot.
VII 123. cal- **R** *v. a. C.* chalast- *C cum B ex IV 36.* | sale **R.**
13 proferrae **E.** | esset **E.** 14 et **V R** *S.* est **E.** est et
d(?) *v.* 15 augere **E.** | effluere **E** r v (*D*). flu- *r T f H.* | iis *d v.*
his *r S.* 20 modo **R E** *v.* malo **V.** ///a loco *d.* | quo *del.* d[2]. |
quo sal nisi *om.* **E.** 21 infunditur *d.* | nihilum **E** *v. a. B.*
autumno *ego.* autem mo **V R** d. -tem modo *J.* -tem **E** v (*D*). |
nitrariis **E**[2] *v.* -anis **E**[1]. nstraris *r.* | hae d *H (J).* haec *r S.*
del. v. | accedente *ego.* cedente (-tem **E**) *ll. H.* exced- *v (D).*
21. 22 nilo — decedente *om.* **V R**[1] d **T** *H (retinens tamen* Nilo).
22 rigantur *ego.* ficcant' **E** r v. | decedente (-tem **E**) **E** r v. *a. H.*
reced- *D.* | madent **E** r v. -dant **R.** manant *r T.* | XL *om.* **E.**

nuis, non ut in Macedonia statis. si etiam imbres ad-
fuerunt, minus e flumine addunt, statimque ut densari
coeptum est, rapitur, ne resolvatur in nitrariis. *h*ic quoque olei natura intervenit, ad scabiem animalium utilis.
110 ipsum autem conditum in acervis durat. mirum in lacu
Ascanio et quibusdam circa Chalcida fontibus summas
aquas dulces esse potarique, inferiores nitrosas. — In nitro
optimum quod tenuissimum, et ideo spuma melior, ad
aliqua tamen sordidum, tamquam ad inficiendas purpuras
36,193 tincturasque omn*e*s. magnus et vitro usus, qui dicetur 1
111 suo loco. — Nitraria*e* Aegypti circa Naucratim et Memphin
tantum solebant esse, circa·Memphin deteriores. nam et
. lapidescit ibi in acervis, multique sunt cumuli ea, de causa
saxei. faciunt ex his vasa nec non et frequenter liquatum
cum sulpure coquentes. in carnibus quoque, quas in- 1:
veterari volunt, illo nitro utuntur. sunt ibi nitrariae, in
quibus et rufum exit a colore terrae.
112   Spumam nitri, quae maxime laudatur, antiqui nega-
bant fieri, nisi cum ros cecidisset praegnantibus nitrariis,
sed nondum parientibus; itaque non fieri incitatis, etiamsi 20
113 caderet. alii acervorum fermento gigni existimavere. proxima aetas medicorum aphronitrum tradidit in Asia colligi

§ 109 extr.: cfr. Geop. XVI 18, 3. — § 111: cfr. Herodotus
II 87. — § 113: Isid. XVI 2, 8. Diosc. V 130.

1 in *om.* **VR**¹. | ftatis *ll.v. an* ceffantis? | etiam **Er** *G(D).*
et *r S.* autem *v. cfr. XV 9.*   2 e d *S.* & **VR**. a r. ad **E**. de *v.*
ex *D.* | ut *om.* **E**.   3 resoluantur **V**. | hic *vet. Dal.* fic *ll.v.*
cfr. § 91.   6 asanio **E** *v.a.B.* | calchida **V**.   7 putari. quae
V. | interiores **V**ſ *S.*   10 omnes *v.* -nis *ll.S.* | nitro *v.a.G.*
in uitro *D* e *coni. S. sed cfr. CFWMüller p. 23.*   11 nitrariae *H.* -ias **VR**d**T**. (-iae egregiae *v*). nitri egri **a**r.
13 acerbis multisque **V**. | cuniculi d**T**. tumuli *v.a.H.* | ea *om.* **E**.
14 eis **d**. iis *v.a.C.* | et *om.* **R** d*v.a.D.* | frequenter **d***v.*
-ti *r.*   15 *dist. ego. cfr. § 122 extr.* | carnibus *J coll. § 87 et*
Herodot. carbonibus *ll.v. de mendo cfr. XXXIV 120 extr.* |
ad ea quoque *v.a.S.* | quas *ll.J.* quos *S.* quae *v.*   17 et
terrae **VR**¹.   19 *dist. ego.* | nitrari **V**. -ris *D.*   21 acer-
uorum **VR**d**T**ſ*H.* operimentorum **E** *v.* -tum *Lugd.* | cigni **V**.
21. 22 de afro nitro proxima **R**.   22 assia colligit **V**.

in speluncis molibus destillans — specus eos colligas vocant —, dein siccari sole. optimum putatur Lydium; probatio, ut sit minime ponderosum et maxime friabile, colore
paene purpureo. hoc in pastillis adfertur, Aegyptium in
5 vasis picatis, ne liquescat; vasa quoque ea sole inarescen-
tia perficiuntur.

Nitri probatio, ut sit tenuissimum et quam maxime 114
spongeosum fistulosumque. adulteratur in Aegypto calce,
deprehenditur gustu. sincerum enim statim resolvitur, ad-
10 ulteratum pungit calce et aspersum reddit odorem vehementer. uritur in testa opertum, ne exultet. alias igni
non exilit nitrum, nihilque gignit aut alit, cum in salinis
herbae gignantur et in mari tot animalia, tantum algae.
sed maiorem esse acrimoniam nitri apparet non hoc tan- 115
15 tum argumento, sed et illo, quod nitrariae calciamenta
protinus consumunt, alias salubres oculorumque claritati
utiles. in nitrariis non lippiunt; ulcera allata eo celerrime
sanantur, ibi facta tarde. ciet et sudores cum oleo perunctis corpusque emollit. in pane salis vice utuntur
20 Chalestraeo, ad raphanos Aegyptio; teneriores eos facit,

§ 114: Diosc. V 129. —. § 115 extr.: cfr. Plin. XIX 84.
Theophr. C. VI 10, 8. 9. Plin. XIX 143.

1 molibus G. moll- VRdTfv(Brot.). mal- E. mobil- Lugd.
in collibus coni. J. canalibus D. an nobilibus vel madidis?
sed omnia incerta. | eos REv. eus V. eius d. eas D. | colligas
VRdTE²v(J). -gans E¹r. colycas C(S). colicas Brot. e coni. H.
Corycias D. an collicias? cfr. XVIII 179. (Colum. II 8, 3).
2 siccari ego cum vet. Dal. -ant ll.v. 3 fricabile ED.
4 paene d Isid.v(J). pane VR. plene ErS. 5 picatis
ne dv. spissatis ne RE. -ssa omni V. -ssatum ne D. cfr.
§ 68. XV 61. 65. XIV 134. XXXVI 166. 9 gustus in
cerusa V. | facile (pro ftatim) R(?)v.a.S. an statim saliua? |
persoluitur VR¹. 10 calce pungit D. | et om. Rd(?)v.a.D. |
aspersum dv. -rsu VRf. -rum a D. | honorem a. 10. 11
uehementer VRdfv(D cum uritur iungens). -tem a C. 12 an
lacuna ante nihilque? | aliter V. 13 non tantum vet. Dal. |
alget d. 15 et VRdv(S). in EG. et in r. 17 lipiunt V.
///illita d². 18 hec (pro et) V. 20 chalestraeo J. cfr. § 107.
calistraeo dr. -raeae R. -reo (scal- E) r. chalastrico (cales- v)
B. -raeo S.

sed obsonia alba et deteriora, olera viridiora. in medicina autem calfacit, extenuat, mordet, spissat, siccat, ex-
116 ulcerat, utile iis, quae evocanda sint aut discutienda et
lenius mordenda atque extenuanda, sicut in papulis pusulisque. quidam in hoc usu accensum vino austero re-   5
stingunt atque ita trito in balneis utuntur sine oleo. sudores nimios inhibet cum iride arida adiecto oleo viridi.
extenuat et cicatrices oculorum et scabritias genarum cum
fico inlitum aut decoctum in passo ad dimidias partes ——
117 item contra argema ——, oculorum ungues decoctum in   10
passo cum mali Punici calyce; adiuvat claritatem visus
cum melle inunctum. prodest dentium dolori, ex vino
si cum pipere colluantur; item cum porro decoctum ni-
grescentes dentes, crematum dentifricio, ad colorem reducit. capitis animalia et lendes necat cum Samia terra   15
inlitum ex oleo. auribus purulentis vino liquatum infunditur, sordes eiusdem partis erodit ex aceto, sonitus et
118 tinnitus discutit siccum additum. vitiligines albas cum
creta Cimolia aequo pondere ex aceto in sole inlitum
emendat. furunculos admixtum resinae extrahit; cum uva 20
alba passa nucleis eius simul tritis testium inflammationi

---

§ 116: Diosc. V 130. Pl. iun. 100, 10—12. — § 117: Diosc.
V 130. Seren. 228. Marc. 13, 18. 9. Pl. iun. 13, 6. 19, 2—5.
Diosc. eupor. I 107. Marc. 9, 67. Diosc. eupor. I 63. — § 118:
Diosc. V 130. eupor. I 144. Pl. iun. 82, 10. Diosc. eupor. I 141.

---

3 iis *v.* his *ll. C.* | uocanda **V.**   4 extenuenda **V.** -uisenda
E.   4. 5 pusulisque d*fH.* pusill- **RE.** pusil- **V.** pustul- *v.*
7 minus **V.** | iridi **E.** | arida—uiridi *om.* **E.**   10 argema
C. -mas *ll. v.* | *dist. ego.* | inungues *SJ cum Gron., sed* ungues
= pterygia: *cfr.* § 99 *et Cels. VII* 7, 4. | *an* decocitur?
10. 11 in passo cum *ego.* cum (*om.* d*S*) passo in *ll. v(J).* *cfr.*
XXII 90. 103. 143. *XXIII* 85.   11 calyce **Rd** *C.* -lice
V(?)**E** *v*(*D*). | adiuuat **R** *H*(*J*). -uat ad **VdT.** -uat et *S.* -uat
nitri (-rum *v*) **E** *v*.   13 piperi **V.**   14 *dist. ego coll. Marc.*
de dativo dentifricio *cfr. XXXII* 65.   15 et lendes **E** r *v*.
edentes **Vd.** dentes **R.**   16 inlinitum **E** r.   16. 17 infun-
datur **E.**   17 herodit **V.**   18 siccum *ll. v. an* sic cum ture?
cfr. Diosc. eupor.   19 cimoliae **R.**   20 extrahit *ego e Diosc.*
-ahit aut *ll. v.* (*an vero* extrahit aut sebo? *cfr. Diosc.*).
20. 21 *dist. ego.*

occurrit, item eruptionibus pituitae in toto corpore cum
axungia, contraque canis morsus addita et resina inlitis.
cum aceto inlinitur sic et serpentium morsibus; phagedaenis et ulceribus, quae serpunt aut putrescunt, cum
5 calce ex aceto. hydropicis cum fico tusum datur inlini-
turque. discutit et tormina, si decoctum bibatur pondere 119
drachmae cum ruta vel aneto vel cumino. reficit lassi-
tudines cum oleo et aceto perunctorum, et contra algores
horroresque prodest manibus pedibusque confricatis cum
10 oleo. conprimit et pruritus suffusorum felle, maxime cum
aceto ins*till*atum. succurrit et venenis fungorum ex posca
potum aut, si buprestis *ha*usta sit, ex aqua, vomitionesque
evocat. *i*is, qui sanguinem tauri biberint, cum lasere
datur. in facie quoque exulcerationes sanat cum, melle 120
15 et lacte bubulo. ambustis tostum, donec nigrescat, tritumque inlinitur. infunditur v*e*sicae et renium dolori aut
rigori corporum nervorumve doloribus. paralysi in lingua
cum pane inponitur. suspiriosis in tisana sumitur. tus- 121
sim veterem sanat flore mixto galbano, resinae terebin-
20 thinae pari pondere omnium ita, ut fabae magnitudo de-

II 113. Pl. iun. 86, 3. 4. Diosc. eupor. I 200. — Diosc. V 130.
eupor. II 65. (cfr. Plin. XXIII 122). — § 119: Diosc. V 130.
eupor. II 40. (cfr. Marc. 28, 70). eupor. I 228. II 25. — Diosc.
V 130. — § 120: Pl. iun. 34, 16. 17. Marc. 19, 19. Seren. 137.
— Diosc. V 130. — § 121 med.: Diosc. eupor. II 56.

---

2 addita et resina — p. 47, 19 redegere afri *in* **VR** *iterata*
leguntur (**VªRª**); *cfr. praefatio.* | inlitis **V VªR**. initis **Er** *D*.
-tiis **dRª**v. 2. 3 *dist. ego.* 5 datur *om.* **VR¹**. 5. 6 inlinitur quae **R¹**. 7 cūrqueta **VªRª**. 8 et (*ante* aceto) **VRdTf** *H*.
ex **E**v. uel **VªRª**. 11 instillatum *coni.* *H*. insudatum *ll.* **Tf**.
datum v. in usu datum *Brot.* in sudore datum *S e coni. Dal.*
insufflatum *D*. 12 hausta *S*(*D*) *cum vet. Dal. coll. XXVIII*
155. pasta **Er**v. exp- *r***T**. exsputa *J*. (*an* pota? *cfr. XXVIII*
128. XXIX 105.). | uomitioneque *S coll. XXIII 80.*
13 iis v. his *ll. C*. 15 totum **E**. 15. 16 totumque **E**.
16 uesicae *ego coll. Marc. 26, 106.* urceis *ll.* **Tf**v(*J*). uentris
(d?)*C*. | dolori **dTEr** *H*. -re *r*. -ribus v. 17 rigore **VªRª**. |
nervorum uel **V VªRª**. -rumque v. a. *J*. | paralysi in **d** *C*(*J*).
-si v(*S*). -lisin **RRª E**. per alysin **V Vª**. | linguae *S cum*
vet. Dal.

voretur. coquitur dilutumque postea cum pice **liquida** sorbendum in angina datur.

Flos eius cum oleo cypreo et articulorum doloribus in sole iucundus est. regium quoque morbum **extenuat** in potione vini et inflationes discutit, sanguinis profluvium e naribus sistit ex ferventi aqua vapore naribus **rapto.** 122 porriginem alumine permixto tollit, alarum virus ex **aqua** cottidiano fotu, ulcera ex pituita nata cera **permixtum,** quo genere nervis quoque prodest. coeliacis infunditur. perungui ante accessiones frigidas nitro et oleo **multi** 10 praecepere, sicut adversus lepras, lentigines; podagris in balneis uti. solia nitri prosunt atrophis, opisthotonis, tetanis. — Sal nitrum sulpuri concoctum in lapidem vertitur.

123   **11.** (47) Spongearum genera diximus in naturis 15 9,148 aquatilium marinorum. quidam ita distingunt: alias ex his mares tenui fistula spissioresque, persorbentes, quae et tinguntur in deliciis, aliquando et purpura; alias feminas maioribus fistulis ac perpetuis; maribus alias duriores, quas appellant tragos, tenuissimis fistulis atque densissi- 20 mis. candidae cura fiunt: e mollissimis recentes per aestatem tinctae salis spuma ad lunam et pruinas sternuntur inversae, hoc est qua parte adhaesere, ut candorem bibant.

§ 122: Pl. iun. 13, 7. 8. Marc. 4, 7. — Diosc. V 130. eupor. II 24. (cfr. Marc. 19, 38). — § 123: Diosc. V 137. Isid. XII 6, 61.

3 eius E r v. et uua (una d) r. | cypreo (cip- E) V*R*Er J. -pereo VR. -prino d(?) Lugd. -prio v. cfr. nota ad XXIX 106. 4 exterminat Er(exte absciso)v. a. H(D). 7 pruriginem d v. a. H. 8 fato RE. | ex—cera om. E. 10 accessio V V* RR*. | frigidas d v. -da r. | et per oleo V. 11 sic et v. a. H. | podagricis d(?)v. -gras D. 12 ungi C. | dist. D. | solia ll. v(D). -io B. | niti R¹. | prodest R(?)v. a. D. | atrophis d v. -pliis V*RR*. -piliis V. -pis E. 13 sal et nitrum B(S). 15 uenturis E. 16 restingunt E. 16. 17 ex his maris (-res dS) V V*RR*dS. existimare Er. ex his mares existimauere v. 17 persorbentes quae om. E. 18 ex E. | inunguntur VR. 19 maribus ll. v(J). e ma- B. in ma- S. om. Isid. 20 etque d. et quae V V*. aeque v. a. G. 21 e dErv. et r. ex D. 22 spumam V V*. | feruntur Er.

animal esse docuimus, etiam cruore inhaerente. aliqui 124
narrant et auditu regi eas contrahique ad sonum, ex- 9, 149
primentes abundantiam umoris, nec avelli petris posse,
ideo abscidi ac saniem remittere, quin et .... eas, quae
5 ab aquilone sint genitae, praeferunt ceteris, nec usquam
diutius durare spiritum medici adfirmant. sic et prodesse
corporibus, quia nostro suum misceant, et ideo magis
recentes magisque umidas, sed minus in calida aqua
minusque unctas aut unctis corporibus inpositas et spis-
10 sas minus adhaerescentes. mollissimum genus earum 125
penicilli. oculorum tumores sedant ex mulso inpositi,
iidem abstergendae lippitudini, utilissime ex aqua; tenuis-
simos esse mollissimosque oportet. inponuntur et spongeae ipsae epiphoris ex posca et ex aceto calido ad capitis
15 dolores. de cetero recentes discutiunt, mitigant, molliunt,
veteres non glutinant vulnera. usus earum ad abstergenda,
fovenda, operienda a fotu, dum aliud inponatur. ulcera 126
quoque umida et senilia inpositae siccant. fracturae et

---

§ 124: Isid. XII 6, 60. — § 125: Diosc. V 137. Isid. XII
6, 62. Pl. iun. 21, 3. 4. Celsus VI 6, 1. — Seren. 19. — § 126:
Diosc. V 137. — Pl. iun. 74, 16. 17.

---

1 etiam **R**(?)**E**v. om. r. | aliquis **V V**ᵃ.   2 audi **R**¹. -dita
Rᵃ. | somnum **V**ᵃ**R**ᵃ.   4 abscidi **V**J. -indi r Isid. v(D). cfr.
nota ad XXIX 99. | sanguinem Isid. | emittere **E** r v. a. J(D).
cfr. Isid. et nota ad XXIII 113. | lac. ego indicavi et dist.;
exciderunt fere abscisas aliquamdiu uiuere. cfr. IX 149. 150.
    10 adhaerescentes ego. -cente d. -centem (-her- **V V**ᵃ) **V V**ᵃ
R Rᵃ. -cere **E** r v.   11 penicilli d r C. -ilis **V**ᵃ**R**ᵃ. -illis **T**.
-inis **V R**. paenicelli **E** v. | sedant d **T** Pl. iun. J. -te **V V**ᵃ**R R**ᵃ.
leuant **E** r v(D). cfr. XXX 114. XXVI 96. XXV 153. XX 169.
    12 iidem **R R**ᵃ d G. idem **V V**ᵃ J. item v (D). de **E** non
constat. | lippitudinis **V V**ᵃ**R**ᵃ. | utilissime **V R R**ᵃ d D. -ma **V**ᵃ**E** r.
-mi v. | ex aqua D coll. Celso. e aqua **E**. e ea **V**ᵃ. ea r.
eosque G. eam quae v. | dist. ego. (ex aqua sc. inponuntur).
    12. 13 tenuissimos esse D. -mos et **V**ᵃ**R**ᵃ d **E** r G. -mos **V R**.
-ma est v.   13 mollissimosque D. -moque **V**ᵃ**R**ᵃ**E** r. -mos
esse d(?)G. que **V R**. -mam quoque esse v.   14 poscet ex
V. an posca, ex?   15 molliunt mitigant **V V**ᵃ(?)v. a. D.
16 conglutinant v. a. H. sed cfr. Diosc.   17 fouenda om. **R**ᵃ. |
aperienda **V**ᵃ d. om. **R**ᵃ. | imponitur d. adponatur **V R**¹ f.

1

vulnera spongeis utilissime foventur. sanguis rapitur in
secando, ut curatio perspici possit. et ipsae vulnerum
inflammationibus inponuntur nunc siccae, nunc aceto adspersae nunc vino, nunc ex aqua frigida; ex aqua vero
caelesti inpositae secta recentia non patiuntur intumescere.
127 inponuntur et integris partibus, sed fluctione occulta laborantibus, quae discutienda sit, et iis, quae apostemata
vocant, melle decocto perunctis, item articulis alias aceto
salso madidae, alias e posca; si ferveat impetus, ex aqua,
eaedem callo e salsa, at contra scorpionum ictus ex aceto. 1‹
in vulnerum curatione et sucidae lanae vicem implent ex
eadem; differentia haec, quod lanae emolliunt, spongeae
128 coercent rapiuntque vitia ulcerum. circumligantur et hydropicis siccae vel ex aqua tepida poscave, utcumque
blandiri opus est operireve aut siccare cutem. inponun- 1‹
tur et iis morbis, quos vaporari oporteat, ferventi aqua
perfusae expressaeque inter duas tabulas. sic et stomacho
prosunt et in febri contra nimios ardores, sed splenicis
e posca, ignibus sacris ex aceto efficaciores quam aliud;

---

§ 128: Scribon. 133. Pl. iun. 95, 4. — Pl. iun. 98, 18. 19.

---

3 inflammationibus (fla- **E**) **E**v. -ones si nec *rJ*. | inpo-
nuntur **E**v. inungitur (iniu- **V**) *rJ* (*lac. indicata*). | aceto **dfE** *H*.
ex ac- *rTv*.   4 nec uino **Vᵃ**. nunc e uino *v.a.H. an* aut
uino? | nunc (nec **Vᵃ**) ex **VᵃRRᵃdE**v(*D*). nunc **V** *H*.   5 secta
E *B*(*D*). siccat **VVᵃRRᵃ**v. -ant d**T**. siccaeue *J*.   6 fluctua-
tiones **E**. -one *v.a.B*(*G*).   7 quae **E**v. qua *r*. | sunt *v.a.G*. |
et **E**v. ex *r*. | iis *v*. his *ll.D*. | apostema **Rᵃ**.   8 articulariis
d**T***v.a.G*.   9 si *om*. **Vᵃ**. | fuerat **VR**. | impetus **VᵃRᵃ**d*v*.
-peratus **VR**. -positus **a**. inp .... **E**.   10 eaedem *Murb.B*.
ead- *ll.***a**v(*D*). | callo *ll.S*. et ca- *B*. e ca- *v*. | ad **VVᵃ**. | *dist.J*.
      11. 12 implent nunc ex uino et oleo nunc ex eadem
v.a.J.   12 emolliunt **a**v. mo- d. et mo- *r*.   13 coher-
cent **V**.   14 ex *om*. d. | posca d.   15 blandiri opus *S cum
Murb*. -diori opus **VVᵃRRᵃ**. -dioribus **E**. -dioribus opus
d(?)*v*. | est *ll.v. an* sit? *cfr. Frobeen p. 33*. | operireue **a***J*.
-riue **V**. -ririue *rv. cfr. nota ad XXVII 56*. | siccare **VᵃRRᵃ**
TEv(*J*). -ri **V**d(?)*G*.   16 iis *v*. his *ll.C*. | oportet **VᵃRᵃ**.
      17 perfusa d**E***D*. | expressaeque **Rᵃ**v. -ssaque **E***D*. -praes-
saque *r*. | sic et **Rᵃ**. sic et in **VVᵃEdTfS**. sic et inpositae
(-at **E**) **E**v(*D*).   18 sed **E**v(*D*). et *rS*.

inponi oportet sic, ut sanas quoque partes spatiose ope-
riant. sanguinis profluvium sistunt ex aceto aut frigida, 129
livorem ab ictu recentem ex aqua salsa calida saepius
mutata tollunt, testium tumorem doloremque ex posca.
5 ad canum morsus utiliter concisae inponuntur ex aceto
aut frigida aut melle, abunde subinde umectandae. Africanae cinis cum porri sectivi suco sanguinem reicientibus
haustus, aliis ex frigida, prodest. idem cinis vel cum oleo
vel cum aceto fronti inlitus tertianas tollit. privatim Afri- 130
10 canae ex posca tumorem discutit, omnium autem cinis
cum pice crematarum sanguinem sistit vulnerum; aliqui
raras tantum ad hoc cum pice urunt. et oculorum causa
comburuntur in cruda olla figulini operis, plurimum pro-
ficiente eo cinere contra scabritias genarum excrescentes-
15 que carnes et quicquid opus sit ibi destringere, spissare,
explere. utilius in eo usu lavare cinerem. praestant et 131
strigilium vicem linteorumque adfectis corporibus. et
contra solem apte protegunt capita. medici inscitia ad·
duo nomina eas redegere, Africanas, quarum firmius sit
20 robur, Rhodiacasque ad fovendum molliores. nunc autem
mollissimae circa muros Antiphelli urbis reperiuntur.

---

§ 129: Marc. 10, 1. 5. — Pl. iun. 102, 21. 22. Marc. 19, 47.
— Pl. iun. 64, 14. Marc. 33, 17. — Pl. iun. 86, 14—16. 38, 13. 14.
Marc. 16, 77. Pl. iun. 89, 20. 21. — § 130: Diosc. V 137. —
§ 131: cfr. Scribon. 158. Marc. 36, 39.

---

2 fluuium **V**. |·aut aqua frigida **dT**.   3 abiectus **R**.
5 exponuntur **V**.   6 abunde v(*D*). hab- **E**. *om*. *rTfMurb.H*.
8 haustus aliis *ego* (*et dist.*). haustu salis *ll.v*. *cfr. Plin.*
iun. p. 38, 13 et Marc. 16, 77 (haustus). | item **d**.   9 uel aceto
d(?)*v.a.S*.   10 discutit (*sc. cinis*) *ego*. -tiunt *ll.v*.   11 se
sistit **V**ᵃ. se sista **R**ᵃ. sistunt **E**.   15 destringere re **VRf**.
-ing **R**ᵃ.   16 et *om*. **RR**ᵃ.   17 striglium (tri- **V**ᵃ) **VVᵃRRᵃ**.
-gilum *v.a.S*. | linteolumque **T**. -olorumque *C*.   18 ad **R**d*v*.
om. **E**. in *rD*.   19 nominatas **VVᵃd**. | afri **VᵃRᵃ** (*hic de-*
sinentes). *in* **d** *inter* afri *et* canas *interiecta sunt* inserendis
praebent — saepius uero quantum (XXXII 17—43): *cfr. prae-*
fat. | firmior **R**d. for- **V**.   20 rhodiacas **R**. | ad fouendum
Murb.v. adeo uendum (-unt **d**. nondum **R**) **VRdE**². adeo
fouendum **E**¹.   21 //rahippeli **E**. aranthippeli **a**.

Trogus auctor est circa Lyciam penicillos mollissimos
nasci in alto, unde ablatae sint spongeae, Polybius
super aegrum suspensos quietiores facere noctes.

Nunc praevertemur ad marina animalia.

C. PLINI SECUNDI
NATURALIS HISTORIAE
LIBER XXXII

---

1   (1) Ventum est ad summa naturae exemplorumque ₅
per rerum ordinem, et ipsum sua sponte occurrit inmensum potentiae occultae documentum, ut prorsus neque
aliud ultra quaeri debeat nec par ac simile possit inveniri,
ipsa se vincente natura, et quidem numerosis modis. quid,
enim violentius mari ventisve et turbinibus ac procellis? ₁₀
quo maiore hominum ingenio in ulla sui parte adiuta est
quam velis remisque? addatur his et reciproci aestus in-
2 enarrabilis vis versumque totum mare in flumen. 1. tamen
omnia haec pariterque eodem inpellentia unus ac parvus
admodum pisciculus, echenais appellatus, in se tenet. ₁₅

---

§ 2: (cfr. Plin. IX 79. 80). Aristot. h. a. II 14 extr. Ovid.
hal. 99. Oppian. I 213. Aelian. II 17. Isid. XII 6, 34.

---

1 est caliciam **V**.   2 ablati **V**.   4 praeuertemur (preu- **d**)
dEv(S). reu- r C. | animalia et aquatilia **R²d²**v.a.J.   5 na-
tura et **V**.   7 potentia et **VR**d.   8 par aut v.a.S. pars **E**. |
posset **E**.   9 ipſa **B**v. -am r. | utcente **V**. inueniri **E**.
10 enim om. **V**. | uiolentiſ **B¹**. | uentiſue **BE**v. beſteiſue rſ. |
tur minibuſ **B¹**.   11 ingenio ll.v. an inuento? cfr. XVII 98.
XXXVII 60. | ulla **B¹EG**. nulla rv. | ſua **BS**, ut VI 24, sed
cfr. XXXI 83. XXXVII 136. 159. XXI 103. XVII 153.
IX 103. IV 23. | adiu////ta **B**.   12 bis **V**. | reciproti **V**.
15 echenaiſ **B²**(E?)J. cfr. index et § 148. codd. **AB** ad Ovid.
hal. 99 ed. Haupt. schol. Bern. ad Lucan. VI 675. -niſ **B¹**. -neis v
(cfr. § 139. IX 79). echineis **V**. ethi- **R**.   15 et p. 49, 1 tenet

ruant venti licet, saeviant procellae: imperat furori viresque tantas compescit et cogit stare navigia, quod non
vincula ulla, non ancorae pondere inrevocabili iactae.
infrenat impetus et domat mundi rabiem nullo suo labore,
5 non renitendo aut alio modo quam adhaerendo. hoc tan- 3
tulo satis est, contra tot impetus ut vetet ire navigia.
sed armatae classes inponunt sibi turrium propugnacula,
ut in mari quoque pugnetur velut e muris. heu vanitas
humana, cum rostra illa aere ferroque ad ictus armata
10 semipedalis inhibere possit ac tenere devincta pisciculus!
fertur Actiaco Marte tenuisse praetoriam navem Antoni
properantis circumire et exhortari suos, donec transiret
in aliam, ideoque Caesariana classis impetu maiore protinus venit. tenuit et nostra memoria Gai principis ab 4
15 Astura Antium renavigantis — ut res est, etiam auspi-
calis pisciculus, siquidem novissime tum in urbem re-
versus ille imperator suis telis confossus est —, nec
longa fuit illius morae admiratio, statim causa intellecta,
cum e tota classe quinqueremis sola non proficeret, exi-
20 lientibus protinus qui quaererent circa navem. invenere
adhaerentem gubernaculo ostenderuntque Gaio indignanti
hoc fuisse, quod se revocaret quadringentorumque remi-
gum obsequio contra se intercederet. constabat peculia- 5
riter miratum, quomodo adhaerens tenuisset nec idem
25 polleret in navigium receptus. qui tunc posteaque videre

§ 3: cfr. Serv. ad Verg. Aen. VIII 699.

ruant BE*v. cfr. Isid.* tenuerant *r.* 2 & BE*v. om. r.*
3 anchorę B²*v.a.C. cfr. IX 83.* | factae E*v.a.C.* lacte V.
4 interfrenat VR. 5 renitendo B²F²dTS. retin- *rv.*|
aut — adhaerendo BE*v. om. r.* 5. 6 haec tantilla *v.a.H.*
an hoc tantulū? 7 sed *ll.v. an* ecce? 10 deuincta B²
R*v.* -inta V. -icta B¹dT. -ictam b. | piſciculuſ B²bd*v.* -liſ *r.*
11 marte Bbd²*v.* mare Vd¹. -ri R. 14. 15 ab aſtura
d*v(J).* abſtura Bb. -tur *r.* astura S(D). 15 ut reſ. eſt B
(*apice litterae* t *in* ut *minuto*). uires. est D. 15—17 *dist.*
ego. 19 & //ota B¹. | proficeret R b*v.* -fecerit *r.* 20 qui
B S. quid VR d¹. qui id d²b*v(D).* | nauim V d²*v.a.S.* | in-
uenire V. 21 indignati B¹. 22 reuocet VR. 24 mira-
tur B¹. 25 nauigio R

eum, limaci magnae similem esse dicunt. nos plurium opiniones posuimus in natura aquatilium, cum de eo
9,79sq. diceremus, nec dubitamus idem valere omnia ea genera, cum celebri et consecrato etiam exemplo apud Cnidiam Venerem conchas quoque esse eiusdem potentiae credi
6 necesse sit. e nostris quidam Latine moram appellavere eum, mirumque, e Graecis alii lubricos partus atque pro-
9,79 cidentes continere ad maturitatem adalligatum, ut diximus, prodiderunt, alii sale adservatum adalligatumque gravidis partus solvere, ob id alio nomine odinolyten appellari. quocumque modo ista se habent, quis ab hoc tenendi navigia exemplo de ulla potentia naturae vique et effectu in remediis sponte nascentium rerum dubitet?

7   (2) Quid? non et sine hoc exemplo per se satis esset ex eodem mari torpedo? etiam procul et e longinquo, vel si hasta virgave attingatur, quamvis praevalidos lacertos torpescere, quamlibet ad cursum veloces alligari pedes? quod si necesse habemus fateri hoc exemplo esse vim aliquam, quae odore tantum et quadam aura corporis sui adficiat membra, quid non de remediorum omnium momentis sperandum est?

---

§ 6: Ovid. hal. 99. Isid. XII 6, 34. — § 7: (cfr. Plin. IX 143). Oppian. II 56. 58. Aelian. IX 14. Isid. XII 6, 45.

---

1 limachi B¹. | plurimum VRf. -morum dTv.a.G.   3 ea BS. om. rv. | tenera VR.   4 exempli R. | indiam B¹. cind- R. conidia E. gnidiam d(?)v.a.S.   5 uentrem B¹. uenire VR. inueniri B². | esse om. VRdv.a.S. | credi om. Vd¹f.   6 latinis Ev.a.H. | moram BVRS. remo- d(?)Ev(D). cfr. Isidor. (Ovid.) schol. ad Lucan. VI 675 cod. Berol. ed. Weber; contra schol. Bern. ad Lucan., Servius ad Verg. Aen. VIII 699.   7 partos V.   7. 8 producentes VR.   8 continere B. -ri rv. | adalligatū ego. -to BS. -to eo rv(D).   9 salem E. 10 partu///f B. -tuus D. | odinolyten BS. -luten VR. -lutem T. odynolytem d(?)H. -lyontem v. de E non constat. | appellaturi VR.   11 habent B¹VREG(J). -eant B²(manu rec.)dv(Lugd.). cfr. Frobeen p. 34. | ad hoc B¹.   12 ui//qu//e & B(Gron.)S. ut quae et V. ut quae E. atque et R. atque dv. 13 //fponte B.   14 quid non ll.S. quin v. | et Bd²TEv. est r.   15 mare B¹.   19 quaedam V.   21 separandum Vd¹.

(3) **Non** sunt minus mira quae de lepore marino tra- 8
duntur. **venenum** est aliis in potu aut cibo datus, aliis
etiam **visu**, siquidem gravidae, si omnino adspexerint
feminam ex eo genere dumtaxat, statim nausiant et re-
5 dundatione stomachi vitium fatentur ac deinde abortum
faciunt. remedio est mas ob id induratus sale, ut in
bracchialibus habeant. eadem res in mari ne tactu quidem nocet. vescitur eo unum tantum animalium, ut non
intereat, mullus piscis; tenerescit tantum et inertior vi-
6 liorque fit. homines, quibus inpactus est, piscem olent; 9
hoc primo argumento veneficium id deprehenditur. cetero
moriuntur totidem in diebus, quot vixerit lepus, incertique
temporis veneficium id esse auctor est Licinius Macer.
in India adfirmant non capi viventem invicemque ibi ho-
5 minem illi pro veneno esse ac vel digito omnino in mari
tactum mori, esse autem multo ampliorem, sicuti reliqua
animalia.
  (4) **Iuba** in iis voluminibus, quae scripsit ad C. Cae- 10
sarem Aug. F. de Arabia, tradit mitulos ternas heminas
0 capere, cetos sescentorum pedum longitudinis et trecentorum sexaginta latitudinis in flumen Arabiae intrasse,

---

§ 8: (cfr. Plin. IX 155). Aelian. II 45. schol. Nicand. al.
465. cfr. Aelian. XVI 19. — § 9: Isid. XII 6, 25. Pl. iun. 108,
6—12. Diosc. de ven. 30. — § 10: (cfr. Plin. IX 7).

---

1 de **B** d *C.* e *rv.*   2 est *om.* **RE.**   3 uisu **B** *S.* -sus
d *v.* uis *r.* | grauidę **B²** *in marg., om.* **B¹.**   4 nausea et
v. a. S.   4. 5 redundationem **B¹VE.** (*an* nausiam et redun-
dationem stomachi uomitu fatentur?).   6 faepe **B¹.** | et
in **V.**   7 brachialibus **B²** *v. a. S.* bractea- **R.** | marinae **V.** -ri
et *v. a. S.*   8 ueftitur **B¹.**   9 mulus **R.** | inertior **B¹** *J coll.*
XX 252. XXXI 82. ingratior *rv* (*D*).   10 in paftu **T** *v. a. G.*
cfr. Isid. | tollent **VR.**   11 argumentū **R.**   12 in **B** *S.*
om. r v. | quod **B¹V.**   13 beneficium **VE.** bef- **B.** | id effe
B d **E** *v.* de fe *r.*   15 digitū **VR.**   16 mulio **VR.** | sicut
VR d *v. a. S.*   18 iis **B E** *v* (*S*). his *r C.* | fcribfit **B.** | C. *om.* **B.**
cum b. caium *v. a. Lugd.*   19 mitulos **B¹G.** uit- *r* d **T** *v.*
marinos *add.* d **T** *v. a. G* (*H*).   20 coetos **V.** et hos **E.** | pedum
—20. 21 trecentorum **B²** *in marg., om.* **B¹.**   21 Arabim *U 705*
coll. IX 7. | intra se **V.**

4*

pinguique eius mercatores negotiatos, et omnium piscium adipe camelos perungui in eo situ, ut asilos ab
iis fugent odore.

11   **2.** (5) Mihi videntur mira et quae Ovidius prodidit
piscium ingenia in eo volumine, quod halieuticon inscribitur: scarum inclusum nassis non fronte erumpere
nec infestis viminibus caput inserere, sed aversum caudae
ictibus crebris laxare fores atque ita retrorsum repere,
quem luctatum eius si forte alius scarus extrinsecus videat,
adprehensa mordicus cauda adiuvare nisus erumpentis;
lupum rete circumdatum harenas arare cauda atque ita
12 condi, dum transeat rete; murenam maculas adpetere
ipsas consciam teretis ac lubrici tergi, tum multiplici
flexu laxare, donec evadat; polypum hamos adpetere brac-
chiisque complecti, non morsu, nec prius dimittere, quam
escam circumroserit, aut harundine levatum extra aquam.
scit et mugil esse in esca hamum insidiasque non ignorat,
aviditas tamen tanta est, ut cauda verberando excutiat
13 cibum. minus in providendo lupus sollertiae habet, sed
magnum robur in paenitendo. nam is, ut haesit in hamo,

---

§ 11: Ovid. hal. 9—18. Oppian. II 40. Aelian. I 4. Isid.
XII 6, 30. — Ovid. hal. 23—26. Oppian. III 121. Cassiod. ep.
XI 40. Isid. XII 6, 24. — § 12: Ovid. hal. 27—30. Oppian.
III 127. Aelian. I 33. — Ovid. hal. 31—37. Isid. XII 6, 44. —
Ovid. hal. 38. 39. Oppian. III 482. 520. — § 13: Ovid. hal.
39—42. 43—45. 46—48. (cfr. Plin. IX 182).

---

1 pinguit qua **R.** -gitquae **V.** | ei **R.** | negotiato (in eg- **V**)
VR. -ator b. -atores (*del.* mercatores) *v.a.H.*   2 perungere
G. | sito **V.** | afilo **B¹.**   3 his **VR**d*C.*   4 . m . iura **R.** |
prodit **VR¹f.**   5 halle uticon **B.** haliaeu- **V.**   5. 6 infcri-
bitur **B**v. scr- *r.*   6 fcavrum **B².** car- **E.** | naffa **B²** *in marg.* |
forte **E.**   7 aduersum **VRf.**   8 aque **B.** at quae **V.** |
repere **B**d**T.** erep- **V**S. aerep- **R.** erip- **E.** erump- *v.*
9 fcauruf **B.**   10 erumpenti if **B¹.**   11 caudae **B¹.**   12 con-
ditum **E**v.a.(*P*)*H.* candidum **V**d**T.** | transire *v.a.H. cfr. Isid.* |
retem **E.** recte **R.** -tae **V.**   13 tum *ll.v(D).* cum *J.*
16 aescam **E.** scam **VR.** | cumroserit **VR.** | leue cum ex utra
VR.   17 mogil **V.** | aesca **E.** eso **VR.**   20 penitendo **V** *Ven.*
appet- b. | is ut *ego.* fi in **B¹.** fi **B²**S. ut *rv. cfr. nota ad*
XXVI 6.

tumultuoso discursu laxat volnera, donec excidant insidiae.
murenae amplius devorant quam hamum, admovent dentibus lineas atque ita erodunt.   *anthias* tradit idem in-
fixo hamo invertere se, quoniam sit in dorso cultellata
5 spina, eaque liniam praesecare.

   Licinius Macer murenas feminini tantum sexus esse 14
tradit et concipere e serpentibus, ut diximus — ob id 9,76
sibilo a piscatoribus tamquam a serpentibus, evocari et
capi — et pinguescere, iactato fusti non interemi, easdem
10 ferula protinus. animam in cauda habere certum est eaque
icta celerrime exanimari, ad capitis ictum difficulter. nova-
cula pisce qui attacti sunt, ferrum olent. durissimum esse
piscium constat qui orbis vocetur; rotundus est, sine
squamis totusque capite constat. — (Lolligo quotiens
15 cernatur extra aquam volitans, tempestates *nuntiari*). —
(6) Trebius Niger xiphian, id est gladium, rostro mu- 15

---

   § 14: Isid. XII 6, 43. — cfr. Plin. XX 261. — Isid. XII
6, 6. — § 15: Isid. XII 6, 36. (cfr. Plin. XVIII 361). — Aristot.

---

   1 difcuffu (*eadem fere specie qua* -urfu) **B** *J coll. Ovidii
codd.* **AB** (*ed. Haupt*). *de mendo cfr. XXXIV 107. XXXV 97.
VIII 214.*   2 admouentque d(?)v.a.S.   3 le ineaf **B**¹. |
anthias *D cum U 705 coll. IX 182.* -iam *H cum Gesnero ex
Ovidio.* pithiaf **B.** -asim d**T.** phithias (-tias **R**) *in* **VR.** pythiasi
(-hias b². -heas *v*) id b*v.* | tradit eaf **B.** -dunt b.   4 cultel-
lata **T** *S.* -tu **V.** -to *r* d b*v.* *cfr. VIII 91.*   5 fpinea **B.** ei
spina **VR** d **T** *H.* | eaque **R** d **T** *H.* ea quae **V.** quae **B.** que b*v.* |
liniam **B**¹ **V** *S.* -niem **R.** -neam *r v* (*D*).   6 senas **V.**   7 a
(*pro* e) **V** f. | ut diximus — 8 serpentibus *om.* **VR** d.   9 & pin-
guefcere **B** *S.* ping- *r v.* *fortasse exciderunt aliqua.* | *dist. D.* |
iactato · **B** (o *in ras.*) *D.* -atu **E** d **T** *B* (*H*). iacta in **VR.** lactatu
v.a.B (*C*). | interimi **B²R** *v.a.J.* *cfr. nota ad XXIX 65.*
11 exanimari *om.* **R.** | at **R** d(?)*v.a.S.* a **E.** | ictum **B** *S.* -tu *r v.*
   12 pifcef **B.** | qui attacti *S* (*D*). quiatac ti **B.** quae &
tacta (attacta *J*) *r J.* quae tacta *v.*   13 rutunduf **B**¹. ro-
tundum **E.** | eft **BE** *S.* et *r.* est et *v.*   14 squamis is **VR.** |
uncos ego posui. verba, fortasse post demergant (*§ 15*) *perti-
nentia, e margine in alienum locum transierunt.* | lolligo **B** *S.*
miluago (*Isid.*) *r v.*   15 nuntiari *ego.* mutari *ll.v.* minitari
Verc. *cfr. XVIII 361.* mutari designat *Isid.* *an potius
nuntiantur vel nuntiat?*   16 niger auctor est d(?)*v.a.D.* |
xipian **B**¹.

cronato esse, ab hoc naves perfossas mergi; in **oceano**
ad locum Mauretaniae, qui Cottae vocetur, non **procul**
Lixo flumine **idem** lolligines evolare ex aqua tradit **tanta**
multitudine, ut navigia demergant.

16   (7) **E** manu vescuntur pisces in pluribus **quidem**
Caesaris villis, sed — quae veteres prodidere in **stagnis**,
non piscinis, admirati — in Heloro Siciliae castello **non**
procul Syracusis, item in Labrayndi Iovis fonte **anguillae**
et inaures additas gerunt, similiter in Chio iuxta **Senum**
delubrum, in Mesopotamiae quoque fonte Chabura, de **quo**
17 diximus, pisces.   (8) **nam** in Lycia Myris in fonte Apol-
31, 37 linis, quem Curium appellant, ter fistula vocati **veniunt**
ad augurium. diripere eos carnes abiectas laetum **est**
consultantibus, caudis abigere dirum. Hieropoli Syriae **in**
lacu Veneris aedituorum vocibus parent, vocati **veniunt**
exornati auro, adulantes scalpuntur, ora hiantia **manibus**
inserendis praebent. in Stabiano Campaniae ad Herculis
petram melanuri in mari panem abiectum rapiunt, **iidem**
ad nullum cibum, in quo hamus sit, accedunt.

---

ap. Athen. VII 96 p. 314ᵉ. Ovid. hal. 97. Aelian. XIV 23 med.
Isid. XII 6, 15. — Isid. XII 6, 47. — § 16: (cfr. Martial. ep.
IV 30). — Aelian. XII 30. Nymphodorus ap. Athen. VIII 3
p. 331ᵉ. — § 17: (cfr. XXXI 22. Varro r. r. III 17, 4). Aelian.
VIII 5. Polycharm. et Artemidor. ap. Athen. VIII 8 p. 333ᵈ⁻ᶠ.
— Lucian. de Syria dea 45.

---

1 ad hoc **B**. *cfr. § 6.*   *1—3 dist. ego.*   2 cottae **B** *D*
cum U 706 coll. V 2 et Strab. XVII 3, 2 p. 825. coctue **V**.
-te **R** d. -ta b. //////ta **E**. Cotte *S*. Cotta *v.*   6 se quae **R**.
seque **V** d. aeque *U 707.*   7 heloro **B**¹*D*. -re *r* d T *v. a. B.*
Eloro *B.* | ciliciae **B**. | non *om.* **B**.   8 ſupracuſiſ **B**. | labra-
yndi *ll. J.* -amdi d. -andi **T** *S*. -andei *H*. -adii *G*. labra
Cnidii *v.* | anguillae **B** *S*. -llas hae (et hec **b**. et eae *v*) *r v*
(*U 707*). -llae hae *D*.   11 pisces *ſ D*. -ce **B V** d **E** *v. a. B.* om.
R(?)*B*. | lyciae **R** *B*. | myris **R**(**E**?)*G*. myrris d **T**. muriſ **B**.
miris **V** *v. a. B.* Limyra *B*.   12 curium *ll. v* (*G*). Dinum *B*.
Surium *S cum Meinekio ad Steph. Byz. p. 582, 18.* | uocati **B** *S*.
euo- *r v* (*D*). *cfr. infra.*   13 obiectas **R**(?)*C*.   14 consulan-
tibus **V**. | hierapoli **R**(?)*v. a J.*   16 *dist. U 707.* | adorantes
V R. | hora **V**.   17 inserendis — p. 59, 12 contra uiscum *in* **V R**
iterata leguntur (**Vᵃ Rᵃ**); *cfr. praefatio.*   18 ibidem **V Vᵃ R Rᵃ T**.

(9) Nec illa in novissimis mira, amaros esse pisces 18
ad Pelen insulam et ad Clazomenas, contra scopulum Siciliae ac Leptim Africae et Euboeam et Durrachium, rursus ita salsos, ut possint salsamenta existumari, circa
5 Cephallaniam et Ampelon, Paron et Deli petras, in portu
eiusdem insulae dulces. quam differentiam pabulo constare non est dubium. A p i o n piscium maxim*e mirum* 19
esse tradit porcum, quem Lacedaemoni orthagoriscum vocent; grunnire eum, cum capiatur. esse vero illam naturae
10 accedentiam — quod magis miremur — etiam in locis
quibusdam, adposito occurret exemplo, siquidem salsamenta omnium generum in Italia Beneventi refici
constat.

(10) Pisces marinos in usu fuisse protinus a condita 20
15 Roma auctor est C a s s i u s H e m i n a, cuius verba de ea
re subiciam: N u m a constituit ut pisces, qui squa-
mosi non essent, ni pollucerent, parsimonia commentus, ut convivia publica et privata cenaeque
ad pulvinaria facilius compararentur, ni qui ad
20 polluctum emerent pretio minus parcerent eaque
praemercarentur.

---

§ 19: (cfr. Athen. IV 16 p. 139[b]. 17 p. 140[b]. Isid. XII
6, 12. 13). — § 20: cfr. Fest. p. 253[a], 20. s. v. *pollucere*.

---

2 clazomenſaſ **B**. | contra ad *v. a. S. an* circa? | cope-
lum **B**.   2. 3 siciliae *ll. v.* Scyllae *D cum U 707. an* Scyllam Siciliae? *cfr. III 87*.   3 aeuoaeam **V**. eueoeam **V**[a]**R**[a].
euoeam **R**.   5 cephalania **VV**[a]**RR**[a]d. -leniam *v. a. S.* | palon
(*pro* paron) **B**.   6 babulo **B**.   7 maxime mirum *ego.* maximum *ll. v. an excidit* (*ante* Apion) *alterum exemplum piscis
aliquo loco non muti? cfr. index.*   8 lacedaemonii **RR**[a]d(?)
v. a. S(*J*). | orthagoriscum *S. cfr.* § 149. orthra- *B.* orum tha-
BVV[a]**RR**[a]df. ſtagoriscum **E**. oſt- *v.*   8. 9 uocant **VV**[a]*v. a. S.*
10 accedentiam **BE**. accid- *rv.* | *dist. v. a. J. cfr. index.*
11 occurr& **B***S*. -rrit *rv.*   12 italiam **VV**[a]**RR**[a]. | uene-
uenti **B**[1]. (ben- **B**[2] *in marg.*). | refecti **B**. recenti **E**. -ntia refici
(eff- *B*) *v. a. H.*   17 pollucerent **B**(**E**?)*G cum Budaeo.* -uerent
(pull- **V**[a]) **V**[a]**R**[a]d. -uerint **VR**. -incerent *v.* | parſimonia *H cum
Scaligero.* patrim- *ll. v.*   17. 18 conuentus **BE***v. a. B* (*praem.
ad*).   19 conparentur **VV**[a]**RR**[a]f. | neque ad **B**.   20 polluc
VV[a]**RR**[a]d. pollinctum *v. a. G.*

21   (11) Quantum apud nos Indicis margaritis pretium
9,104 sqq. est, de quis suo loco satis diximus, tantum apud Indos
curalio; namque ista persuasione gentium constant. gignitur et in Rubro quidem mari, sed nigrius, item in Per-
sico — vocatur lace —, laudatissimum in Gallico sinu
circa Stoechadas insulas et in Siculo circa Aeolias ac
Drepana. nascitur et apud Graviscas et ante Neapolim
Campaniae maximeque rubens, sed molle et ideo vilissi-
22 mum Erythris. forma est ei fruticis, colos viridis. bacae
eius candidae sub aqua ac molles, exemptae confestim 1
durantur et rubescunt qua corna sativa specie atque
magnitudine. aiunt tactu protinus lapidescere, si vivat;
itaque occupari evellique retibus aut acri ferramento
praecidi, qua de causa curalium vocitatum interpretantur.
probatissimum quam maxime rubens et quam ramosissi- 1
mum nec scabiosum aut lapideum aut rursus inane et
23 concavum. auctoritas bacarum eius non minus Indorum
viris quoque pretiosa est quam feminis nostris uniones
Indici. harispices eorum vatesque inprimis religiosum id
gestamen amoliendis periculis arbitrantur. ita et decore 20
et religione gaudent. prius quam hoc notesceret, Galli

---

§ 21: Isid. XVI 8, 1. — (Diosc. V 138). — § 22: Diosc. V
138. Isid. XVI 8, 1. (Theophr. lap. 38). Solin. 2, 41. (cfr. Ovid.
metam. IV 750. XV 416). — § 23: Solin. 2, 42. Geopon. XV 1, 31.

---

1 inuicif **B**.   2 quif **BS**. quibus *rv*.   3 curhalio **BD**.
sed cfr. XIII 142 (**M**). *XXXVII 153. 164.* in coralio (cur- *G*)
b *v. a. S*. | quamque **B**. | conftat **BV**.   4. 5 in fuperfico **V**.
5 uoca **B**. | lace **BD**. iace (-cae **Vᵃ**) *rv*.   6 fthechadas **Vᵃ**.
orcadas **E**. orcha- *v. a. G*. | aeolias f**H**. aeolidas **B²**. aeal- **B¹**.
eolias **VVᵃ**. -ia b² aelia b¹. heliam *v*. *de* **RRᵃ** *non constat*.
7 drepana df**S**. -num b*v*. deprana *r*. | grabis **VVᵃRRᵃ**.
9 ei **E**v(**D**). & **B**. *om. r S*.   10 candidiae **B**.   11 corna
Bv. corona *r*.   12 adiunt tactu **VᵃRᵃ**. adiuncta **VR**.
14 curalium d**C**. curha- **D**. cyra- **Rᵃ**. cyrha- **Vᵃ**. cirha- **BR**.
cirba- **V**. chira- **E**. chera- *v. a. B*. cera- *B*. *cfr. § 21*. | uocita-
tium **B**.   15 probantiffimum **B**. | quam maxime—15. 16 ra-
mossimum *om*. **VVᵃRRᵃ**d.   19 indiciif **B**. | harispisces **VVᵃ**.
arisp- **RRᵃ**. haruspices *S*. aru- d(?)*v*.   21 nos deceret (-cet
et **R**) **VVᵃRRᵃ**dTf.

gladios, scuta, galeas adornabant eo. nunc tanta paenuria
est vendibili merce,. ut perquam raro cernatur in suo
orbe. surculi infantiae adalligati tutelam habere credun- 24
tur contraque torminum ac vesicae et calculorum mala
5 in pulverem igni redacti potique cum aqua auxiliantur,
simili modo ex vino poti aut, si febris sit, ex aqua somnum adferunt — ignibus diu repugnat —, sed eodem
medicamine saepius poto tradunt lienem quoque absumi.
sanguinem reicientibus excreantibusve medetur cinis eo-
10 rum; miscetur oculorum medicamentis, spissat enim ac
refrigerat, ulcerum cava explet, cicatrices extenuat.
(12) Quod ad repugnantiam rerum attinet, quam 25
Graeci · antipathian vocant, nihil est usquam venenatius
quam in mari pastinaca, utpote cum radio eius arbores
15 necari dixerimus. hanc tamen persequitur galeos, idem 9,155
et alios quidem pisces, sed pastinacas praecipue, sicut
in terra mustela serpentes — tanta est aviditas ipsius
veneni —, percussis vero ab ea medentur et hic quidem,
sed et mullus ac laser, **3.** (13) spectabili naturae poten- 26
20 tia, in iis quoque, quibus et in terris victus est, sicut
fibris, quos castoras vocant et castorea testes eorum.
amputari hos ab ipsis, cum capiantur, negat Sextius
diligentissimus medicinae, quin immo parvos esse sub-

---

§ 24: Diosc. V 138. (eupor. II 61) Marc. 16, 99. 17, 28. —
§ 25 med.: (cfr. Plin. XXIX 60). — § 26: (cfr. Plin. VIII 109).
Diosc. II 26. schol. Nicand. ther. 565. Aelian. VI 34. Isid.
XII 2, 21.

---

2 eſt **BE**v. et r. | uendibile **B¹**. 4 tormt//um **B²**. | ac
calculorum **BS** ·(& et a *inter se confusis*). cfr. *Müller de stilo
p. 67.* 5 igne d v. a. S. nigri **V**. | pontiquae **R**. poti **VVᵃ**(?) S.
7 *dist. S.* | repugnant d(?) v. a. S. (*an* ignibus diu repugnat
pertinent ad finem § 22 post concauum?). 9 ſcientibus **VVᵃ**
RRᵃ d. | medentur d(?) v. a. S. 10 *dist. J.* 13 antiphatian **B**.
-patian **VVᵃR** d. -patiant **Rᵃ**. | uſqua **B¹**. 15 galeuoſ *uel*
galuoſ **B²**. 17 muſ telae **B²**(S). | ſerpenteſ **B¹VᵃRᵃ** d v. -tiſ
r S. 18 medetur d v. a. S. | hic v. hii **Rᵃ** d. hi *ll. S.* 19 specta-
bilis ·d(?)E v. a. S. 20 ſicut **BS**. ſic et **E**. ſicut et r v.
21 febris **VVᵃRRᵃ**. | catoras **V**. castores v. a. S. | uocanteſ;
caſtorea **B**. 23 *et* p. 58, 1 substructosque **VVᵃRRᵃ** d.

strictosque et adhaerentes spinae, nec adimi sine **vita**
animalis posse; adulterari autem renibus eiusdem, **qui**
sint grandes, cum veri testes parvi admodum reperiantur;
27 praeterea ne vesicas quidem esse, cum sint geminae, **quod**
nulli animalium; in iis folliculis inveniri liquorem et .ad-
servari sale; itaque inter probationes falsi esse folliculos
geminos ex uno nexu dependentes, quod ipsum corrumpi
fraude conicientium cummim cum sanguine aut Hammo-
niacum, quoniam Hammoniaci coloris esse debeant circum-
dati, liquore veluti mellis cerosi, odore graves, gustu **amaro** 10
et acri, friabiles. efficacissimi e Ponto Galatiaque, **mox**
28 Africa. sternumenta olfactu movent. somnum conciliant
cum rosaceo et peucedano peruncto capite et per se **poti**
ex aqua, ob id phreneticis utiles; *ï*idem lethargicos **odoris**
suffitu excitant volvarumque exanimationes vel subditu, **ac** 15
menses et secundas cient II drachmis cum puleio ex aqua
29 poti. medentur et vertigini, opisthotono, tremulis, spasticis,

---

§ 27: Diosc. II 26. — § 28: Diosc. II 26. (Scribon. 10).
eupor. I 11. 10. Pl. iun. 91, 23. Diosc. eupor. I 15. Celsus
III 20. (cfr. infra § 132). — § 29: Diosc. II 26. (Scribon. 101).
— Diosc. eupor. II 40. 41.

---

1 adhaerentef **B²Rᵃ**d*v*(*D*). -tif *r S.*   2 adultarari **B¹**.
3 fint **VVᵃRRᵃ***v.* funt **BE**d*S.* (dem qui funt grandes **B**
in ras.).   4 preterea **B**. *locus adhuc corruptus videtur; exspectaveris potius* ne vesicam quidem (*sc.* communem) esse, cum
sint gemini folliculi . . . in iis inveniri *sqq. cfr. Diosc.*
5 nulli **B**d*v.* -lla *r.* | iif **B***v.* his *r C.* | folliculof **B²**. | liquorum
VVᵃR.   5. 6 adseruari **B¹Rᵃ**(?)*v.* -re **E.** seruari **VVᵃR**d**Tf**.
obferuari **B²** (ob *in ras.*). *cfr. § 31 extr. 79*.   6 fale/// **B**. |
falfi **V**. | folliculif **B¹**.   8 ci//mi//num **B²**. gummim **T**. -mi
d(?)*v.a.S.* | pū **R**. phum **V**.   9 quoniam hammoniaci *om.* **B**. |
colores **Vᵃ**. -re *D*. | debent **B²**. *add.* tunicis *B e Diosc.*
10 odores **Vᵃ**. -ris [grauis] *v.a.H*.   11 fr//agilef **B²** (g *in*
ras.).   12 fternutamenta **B²**(*man.rec.*)d*v.a.H*. | mouenti **B**.
-te *S*.   13 et perpoti **B¹**. -rloto **B²** (l *in ras.*).   14 idem
BVVᵃ*D*. item **RRᵃ**db*v.* | *an* odore?   15 fufflatu **B²**(*man.*
rec.)*D. cfr. § 124*. | exulant **B**. | uuluarumque **VVᵃ***v.a.S*. ani-
morumque **B²**. | fubditu **B¹VᵃRᵃ***S*. -to **VR**d. -ti b*v*. fubito
B². | ac **B¹E***S*. a **B²**. et *rv*.   16 mefef **B¹Vᵃ**. meffef **V**.
mentef **B²**. | ac d(?)*v.a.S.* | fecundaˢ fcient **B²**.   17 opistho-
tuno **VVᵃRRᵃ**. -otonis d(?)*v.a.S.* | fpafmaticif **B²**.

nervorum vitiis, ischiadicis, stomachicis, paralyticis, perunctis omnibus, vel triti ad crassitudinem mellis cum
semine viticis ex aceto ac rosaceo. sic et contra comitiales sumpti, poti vero contra inflationes, tormina, venena.
5 differentia tantum contra genera est mixturae, quippe ad- 30
versus scorpiones ex vino bibuntur, adversus phalangia et
araneos ex mulso ita, ut vomitione reddantur aut ut contineantur cum ruta, adversus chalcidas cum myrtite, adversus cerasten et presteras cum panace aut ruta ex vino,
10 adversus ceteras serpentes cum vino. dari binas drachmas satis; eorum, quae adiciantur, singulas. auxiliantur 31
privatim contra viscum ex aceto, adversus aconitum ex
lacte aut aqua, adversus helleborum album ex aqua mulsa
nitroque. medentur et dentibus infusi cum oleo triti in
15 aurem, a cuius parte doleant, aurium dolori melius, si
cum meconio. claritatem visus faciunt cum melle Attico
inunctis. cohibent singultus ex aceto. urina quoque fibri
resistit venenis et ob id in antidota additur. adservatur
autem optume in sua vesica, ut aliqui existumant.
20 　**4.** (14) Geminus similiter victus in aquis terraque 32

---

§ 31: Diosc. II 26. eupor. II 141. Nicand. al. 307. (cfr.
Scribon. 192). — cfr. Diosc. eupor. I 60. Cels. VI 7, 8. — § 32:
Isid. XII 6, 56. — (Aristot. h. a. VIII 17 § 113).

---

1 schiadicis (sci- V^a) VV^{a}RR^a. ///fchiaticif B^2 (ti *in ras.*).
2 triti^s B^2.　　　3 unicis VR. uitiis b^1. uitis B^2. | & aceto
BVV^a.　　　4 tormenta ueneni B^2 (t et i *in ras.*).　　　5 differentif
(f *in ras.*) ta//men (men *in ras.*) contra cetera (c et t *in ras.*)
eft B^{2}D.　　　5. 6 aduerfū B^2.　　　6 phalangiae (*om.* et) B^1.
fphalangiae mors' (*hoc in marg.*) B^2.　　　6. 7 // araneof B^1. ara-
neas E. //& rane B^2.　　　7 uomitione dv. -tiones VV^{a}RR^{a}E.
-ti//// B^1. -tu B^2. | ////////antur B^1. eiciantur B^2.　　　7. 8 aut ut
contineantur *om.* B. (retin- *v. a. S.*).　　　8 myrto (o *in ras.*) B^2.
9 presteras bv. -sicras dT. praesi- (persi- V) VV^{a}RR^a.
praeftem B. *an* prestera? | panacea E.　　　10. 11 dati^s (t *in*
ras.) binif drachmif B^2.　　　11 fatif B^1. Scitif (ci *in ras.*) B^2.
satis est rv. | fingulif B^2.　　　12 uifum V.　　　13 helleborum
v(J). ell- *ll.C.*　　　15 dolori BdS. -re VR. -ribus bv.
16 meconto VR. | claritate B. | uifuuf B^{1}D. usus V. | antico V.
-iquo R.　　　17 inunctif B^{1}VT. -ti// B^2. -ti rv. cfr. *XXV 143. 144.* |
fibri d bv. febri r.　　　18 obferuatur B^2.　　　20 in aquis *om.* B.

et testudinum effectusque par, honore habendo vel **propter**
excellens in usu pretium figuraeque proprietatem.   **sunt**
ergo testudinum genera terrestres, marinae, lutariae **et**
quae in dulci aqua vivunt. has quidam e Graecis **emy-**
das appellant.   5

33   Terrestrium carnes suffitionibus propriae magicisque
artibus refutandis et contra venena salutares produn**tur**.
plurimae in Africa. hae ibi amputato capite pedibus**que**
pro antidoto dari dicuntur et e iure in cibo sumptae strumas discutere, lienes tollere, item comitiales morbos. 10
sanguis earum claritatem visus facit, *discutit* suffusiones
oculorum. et contra serpentium omnium et araneorum
ac similium et ranarum venena auxiliatur servato sanguine in farina pilulis factis et, cum opus sit, in vino
datis. felle testudinum cum Attico melle glaucomata in- 15
34 ungui prodest. scorpionum plagae instilla*nt*. tegimenti
cinis vino et oleo subactus pedum rimas ulceraque sanat.
squamae e summa parte derasae et in potu datae vene-

---

§ **33**: Diosc. II 97. cfr. Nicand. ther. 700. (Diosc. eupor. II
115. 155. 157). Diosc. eupor. I 41. — § **34** init.: Pl. iun. 67,
1. 2. Marc. 34, 22.

---

1 & **B***v*(*S*). in **V**. *om. r H*. | pari **B²***v.a.* **H**(*SJ*). | *dist. H*.
. 2 figuraeque **BVR**d**Tf***S*. natu- *B*. fiturae quae uero **E**.
figuraeque uera *v*.   3 marinaeue **VR**d*f*. *an recte? cfr*.
XVIII 78. Müller de stilo p. 68. 69. | lutoria̧e **B²**. | *et om*.
E*v.a.C*.   4 e **BR**d*v*. a **V**. *om.* **E***B*.   6 suffitionibus **R**d*T G*.
suffict- **VE**. ſuffect- **B**. suffus- *v*. | proprieque **V**. | magiſq. **B**.
    7 artv̇buſ **B²**. | refutantiſ **B¹**. refotandiſ **B²**.   8 hae//ſibi **B**.
(*fuit aut* haec ibi *aut* hae ubi, *ut distingui possit* in Africa
hae, ubi).   9 et e *J. cfr.* § 45. 58. /////e **B¹**. et et **V**. et
ex **R**d(?)*v*(*D*). et **E**. hȩ **B²***S*. | ciboſ **B**. | sumpta et **E**.
9. 10 struma **VR**.   11 uiſuuſ **B¹***D*. | discutit *ego. om. ll.v*.
cfr. § *70. XXVIII 94 extr*. | ſuffuſioneſ **B¹**d*S*. -oni **B²***D* (*cum
seqq. non apte iungens et contra usum Plinii num. plurali utentis*).
-onesque **R E***v*. suffucansque **V**.   12 oculorum tollit *v.a.D*. |
et *om*. **R**.   13 similia/// **R**. | & ranarum **B E***v*(*S*). *om. r H*. |
an auxiliantur (*sc. testudines*)? | seruatur **V¹**. -tus **V²**.
15 antico **R**. arantico **Vf**.   16 instillant *ego*. -ari *ll.v*.
17 ulceraſq. **B¹**.   18 squama **E**. | e d*v*. eſ **B**. et **VE**. as **R**. |
imma̧ **V**.

rem cohibent. eo magis hoc mirum, quoniam totius tegimenti farina accendere traditur libidinem. urinam aliter
earum quam in vesica dissectarum inveniri posse non
arbitror et inter ea esse hoc quoque, quae portentose Magi
5 demonstrant, adversus aspidum ictus singularem, efficaciorem tamen, ut aiunt, cimicibus admixtis. ova durata
inlinuntur strumis et ulceribus frigore aut adustione factis.
sorbentur in stomachi doloribus.

Marinarum carnes admixtae ranarum carnibus contra 35
10 salamandras praeclare auxiliantur, neque est testudine
aliud salamandrae adversius. sanguine alopeciarum in-
anitas et porrigo omniaque capitis ulcera curantur; in-
arescere eum oportet lenteque ablui. instillatur et dolori
aurium cum lacte mulierum. adversus morbos comitiales
15 manditur cum polline frumenti, miscetur autem sanguinis
heminis III aceti hemina. datur et suspiriosis, sed tum 36
hemina vini additur; his et cum hordeacea farina, aceto
quoque admixto, ut sit quod devoretur fabae magnitudine;
et haec singula et matutina et vespera dantur, dein post
20 aliquot dies bina vespera. comitialibus instillatur ore

§ 35 med.: Seren. 110. 39. — § 36 extr.: Diosc. II 97.

1. 2 mirum tamen totius regimenti **V**.   2 accidere **B**¹.
accendente **V**.   3 uefica// **B**. -cis **VT**ſ**H**.   4 inter ea *ll. G*.
intra eam *v*. interanea *D*. *locus fortasse nondum sanatus*. |
esse *del. G*. | hęc **B³***v.a.G(D)*. | quoque quae **BS**. -que a *r*.
-que *v*. -que esse quae *G*. | portentosa b*v.a.S*. -nt vſe **B³**. |
magi **B**d*G*. magis *r*(*v praem*. a).   5 demonſtrant **B***D*. -tret
VR. -trent d*G*. -tratur b*v*. | ictuuſ **B**¹*D*. | singularem *J*. -are
VRdb*G*. (-are remedium *v*). -aris *S*. -ariore **B**¹. -arior ē **B²**.
5. 6 efficaciorem (-ati- **V**) **B**¹**V***J*. -aciore **R**b*G*. -acior
(-atior d) eſt **B²**d*v*(*S*).   6 uua **B**. dua **V**.   10 est *om.***BS***J*.
11 aduerſiuſ **B**³ (ſiuſ *in marg*.) d*v*. -ſi//ſ **B²**. -sus *r*. |
sanguine d b*v*. -nem *r*.   13 albui **B**¹.   15 sanguis *v.a.S*.
16 tribus *ll. v*. | datur—17 hemina **BS**. *om. ll. v*.   16 tum *J*.
cum **BS**.   17 uini **B²***v*(*S*). uino *rH*. | additur **BS**. -to **VR**
d**TH**. -ta **E***v*. (*an* sed cum hemina uini. manditur his et?).
19 & haec **BS**. haec *rv*. | matutino *J cum vet. Dal*. |
uefpere **B³**. -rtina **R**(?)**E***v.a.S*.   20 aliquod **B**¹. | bina **BVR**
d**TH**. die **E**. *del. v*. | uefpere **B³**. | comitatibuſ **B**¹. sōnianti-
B². | inſtilletur **B²**.

diducto; iis, qui modice corripiantur spasmo, cum castoreo
37 clystere infunditur. quod si dentes ter annis colluantur
testudinum sanguine, immunes a dolore fiant. et anhelitus discutit quasque orthopnoeas vocant; ad has in polenta datur. fel testudinum claritatem oculorum facit, 5
cicatrices extenuat, tonsillas sedat et anginas et omnia
oris vitia, privatim nomas ibi, item testium. naribus inlitum comitiales erigit attollitque. idem cum vernatione
anguium aceto admixto unice purulentis auribus prodest.
quidam bubulum fel admiscent decoctarum carnium testu- 10
38 dinis suco, addita aeque vernatione anguium; sed vino
testudinem excocunt. oculorum utique vitia omnia fel inunctum cum melle emendat, suffusiones etiam marinae fel
cum fluviatilis sanguine et lacte. capillus mulierum inficitur felle. contra salamandras vel sucum decoctae bi- 15
bisse satis est.
39   Tertium genus testudinum est in caeno et paludibus
viventium. latitudo his et in dorso pectori similis nec
convexo curvata calice, ingrata visu. ex hac quoque

eupor. I 18. (cfr. infra § 112 extr.). — § 37 med.: Diosc. II 96.

1 diducto **B**G. -cis **VR**. deductis **E**v. | iif **B**[1]S. hiif **B**[2].
his **VR**G. is **D**. om. **E**. labris his v. | *dist. J coll. § 112.* |
corripiatur **V**. conrumpantur **E**.   2 infundetur **B**[2]. | per **E**
v.a.*H. de mendo cfr. XXX 64.* | annis **VR**f*Müller emend. V 10.*
-no **dT**(?)*H.* -nos **E**G. -num v. minif **B**. *an* heminis? *cfr.*
XXVIII 127. 91. 130. XXVI 88. XXI 26. XX 227 al. |
coluantur **B**[1]J. solu- **B**[2].   3 dolere **BV**. | fiunt **d**v.a.S.
3. 4 anhelituuf **B**[1]D.   4. 5 polenta// **B**.   5 claritatem —
10. 11 testudinis *in* **B** *iterata exstant* (**B**[a]).   6 cicatref **B**[a].
    7 no//taf **B**[2]. (nomaf **B**[1]B[a]). | tertium **R**. teftibuf **BB**[a].
atentium (arden- v) testium **E**v.a.*H.*   8 adtullitque (-uli- **R**)
VR. | gubernatione **B**[2]. (cum uernat- **B**[1]B[a]).   9 admixto
om. **B**[a].   10 decoctarum *ego.* -rumue *ll.S.* -rumque **d**(?)v.
    10. 11 teftudinum **B**[1] (*errore iterationis;* -inif **B**[a]B[2]).
11 sucum **d**(?)v. | ueneratione **VR**. | uinū **V**.   12 testudi-
num **R**.   13 fel **BVE**G(S). felle **Rd**T(?)*H.* felle uel v.
15 felle **BV** (*ad praecedd. relatum*) G(S). fel et **b**v. fel **Rd**
T(?)*H.*   18 et in **BE**S. in **V**v. et **Rd**T. | ne **VR**.
19 conuerso **E**. | incurua **E**v.a.*H.* | uifu// **B**. | *an* hoc
(*sc.* genere) *et sic infra quoque* detrahit idem (*sc.* genus) felle?

tamen aliqua contingunt auxilia. tres namque in succensa
sarmenta coiectae dividentibus se tegumentis rapiuntur,
tum evolsae carnes earum cocuntur in congio aquae sale
modice addito; ita decoctarum ad tertias partes sucus
5 paralysim et articularios morbos sentientibus bibitur. detrahit idem fel pituitas sanguinemque vitiatum. sistitur
ab eo remedio alvus aquae frigidae potu.

E quarto genere testudinum, quae sunt in amnibus, 40
divolsarum pinguia cum aizoo herba tunsa admixto un-
10 guento et semine lili, si ante accessiones perunguantur
aegri praeter caput, mox convoluti calidam aquam bibant,
quartanis liberare dicuntur. hanc testudinem XV luna capi
oportere, ut plus pinguium reperiatur, verum aegrum XVI
luna perungui. ex eodem genere testudinum sanguis in-
15 stillatus cerebro capitis dolores sedat, item strumas. sunt 41
qui testudinum sanguinem cultro aereo supinarum capitibus praecisis excipi novo fictili iubeant, ignem sacrum
cuiuscumque generis sanguine inlini, item capitis ulcera
manantia, verrucas. iidem promittunt testudinum om-
20 nium fimo panos discuti; et, quod incredibile dictu sit,

eupor. I 18. — Pl. iun. 94, 14. 15. — § 41 extr.: Isid. XII 6, 56.

1 auxiliares namque VRd.	2 coniecta (-tae v) et E
v.a.G. | sed tegumenti VR. | rapiuntur om. E.	4 modici B¹. |
ita decoctarum ita B¹.	5 paralyſī B²dv. -ſi (-lisi R) r (an
recte?). | articulariuſ B¹. -lor⁓ B².	6 item R(?)v.a.S. (fel,
pituitas JD). | p&uitaſ B¹.	7 putu V. potus R.	8 mani-
buſ B. omni- Vd.	9 pinguia ll.v(S). -ui Ven.(G). | aizoo
B¹v. -zo/// B². -zo r. | tunſa BES. tusa dv. tus VR. -so G.
9. 10 an unguento e semine? cfr. XXI 22. 127.	10 lili
ſi B¹VRJ. lili bS. -lii dv. li//ni (n partim in ras.) B². | acces-
siones si dG. | perunguatur B¹. -guntur v.a.G.	12 liberare
VRS. -ri rv.	13 oportet// (t in ras.) B²S. | aegrum om. B. |
XIII V.	15 cerebro ll.dfH. crebro Tv. -ros C.	16 aeneo
B² (sic semper).	17 iubeant Bbv(S). -ent rH.	18 ſan-
guinem BV. | ulcere V.	19 manantia BS. -ia et rv(D).
cfr. Müller de stilo p. 39. | idem Bv.a.C(D). item TG.
20 quod BIsid. om. rdbS. licet v. | dictum b. om. Isid. |
ſit VRdv. eſt BIsid. situm b. del. S. cfr. XI 11. X 87.
XXVIII 67 al.

aliqui tradunt tardius ire navigia testudinis pedem dextrum vehentia.

42   (15) Hinc deinde in morbos digeremus aquatilia, non quia ignoremus gratiorem esse universitatem animalium maiorisque miraculi, sed hoc utilius est vitae, contributa 5 habere remedia, cum aliud alii prosit, aliud alibi facilius inveniatur.

43   **5.** (16) Venenatum mel diximus ubi nasceretur.
21, 74 sqq. auxilio est piscis aurata in cibo. vel si ex melle sincero fastidium cruditasve, quae fit gravissima, incidat, 10 testudinem circumcisis pedibus, capite, cauda decoctam antidotum esse auctor est Pelops, scincum Apelles.
8, 91
28, 119 quid esset scincus diximus, saepius vero quantum vene-
44 ficii in menstruis mulierum. contra ea omnia auxiliatur,
7, 64 al. ut diximus, mullus, item contra pastinacam et scor- 15
28, 82 piones terrestres marinosque et dracones, phalangia inlitus sumptusve in cibo, eiusdem recentis e capite cinis contra omnia venena, privatim contra fungos. mala medicamenta inferri negant posse aut certe nocere stella marina volpino sanguine inlita et adfixa limini superiori aut clavo 20
45 aereo ianuae. (17) draconis marini scorpionumque ictus carnibus earum inpositis, item araneorum morsus sanantur. in summa contra omnia venena vel potu vel ictu vel morsu noxia sucus earum e iure decoctarum efficacissimus habetur. 25

§ 44: Diosc. II 24. eupor. II 126. — § 45 extr.: Diosc. II 33.

3 hinde inde V. | in *om.* **BV.** | aquatilia — 4 ignoremus *om.* **B.**   4 ignoremus v (*perspicua omissionis causa*). -ramus **VRdE***D. sed cfr. II 64. VI 194. VIII 13, aliter XV 134.* | grauiorem **E.**   5 miraculis **VR.** | & **B.** | contribute **V.** 6 media **Vd.** | ali **B**¹*D.* | alibei **B**¹ (*ut videtur*).   10 fit **Rd** *v.a.S.*   11 caudam **V.**   12 auctorē pelobs **R.**   13 quid **BdTE***S.* qui *rv.*   13. 14 ueneficii **Rd**f*H.* -cif **B**¹. -ci *D.* -cium *v.* ....ficium **E.** beneficii **B**². -ci **V.**   14 auxiliantur **VR**². -lientur **R**¹.   15 dimus **V.** | paftinacam **Bb***v.* -cas *rD.*   16 phalangia **d.** pal- **B**¹**VR**b. et phal- *v.* ˢpalangiaˢ **B**². *cfr. Müller de stilo p. 69.*   17 in capite **B.**   20 uolpina **B**¹. | adfixi **R.**   21 marinis **V.**   24 e **VRd**Tf*H.* de **B.** et **b.** ex *v. cfr. § 58. 92.* | de//coctarum **B.**

Sunt et servatis piscibus medicinae, salsamentorumque
cibus prodest a serpente percussis et contra bestiarum
ictus mero subinde hausto ita, ut per satiem cibus vomitione reddatur, peculiariter a chalcide, ceraste aut quas 46
5 sepas vocant aut elope, dipsade percussis. contra scorpionem largius sumi, sed non evomi, salsamenta prodest
ita, ut sitis toleretur; et inponere plagis eadem convenit.
contra crocodilorum quidem morsus non aliud praesentius
habetur. privatim contra presteris morsum sarda prodest.
10 inponuntur salsamenta et contra canis rabiosi; vel si non 47
sint ferro ustae plagae corporaque clysteribus exinanita,
hoc per se sufficit. et contra draconem marinum ex
aceto inponuntur. idem et cybio effectus. draco quidem
marinus ad spinae suae, qua ferit, venenum ipse inpositus
15 vel cerebro *poto* prodest.

(18) Ranarum marinarum ex vino et aceto decoctarum 48
sucus contra venena bibitur, et contra ranae rubetae venenum et contra salamandras vel e fluviatilibus; si carnes
edantur iusve decoctarum sorbeatur, prosunt et contra
20 leporem marinum et contra serpentes supra dictos, contra
scorpiones ex vino. D e m o c r i t u s quidem tradit, si quis 49
extrahat ranae viventi linguam, nulla alia corporis parte

---

§ 47: Diosc. II 33. Pl. iun. 84, 22 (cfr. 86, 2). — Diosc. II 15.
eupor. II 125. — § 48: Diosc. II 28. eupor. II 157. (Nicand. al. 563).

---

1 feruati B. | picibuf B¹. p//cib//if B². pedibus b. | fala-
mentorumq. B¹.   2 concuffif B. | set V.   3 ictuuf B¹D. |
per fatiem (*vel* fatietatem) *ego. cfr. VIII 209.* per/////etam B¹.
per fe etiam B²S. per superna *J.* ad uesperam *rv.*   4 chal-
cide E*v.* -cidi B. -cetide *r.* | ceraftɇ B².   5 helope VTf
v. a. B. -lape B. *cfr. Nic. ther. 490.*   7 toleretur d(?)*v.* col- E.
toll- *r.* | ea E.   8 aliut B¹. | praeftantiuf B².   9 praefterif
B¹. praet- R.   13 et ex *v. a.* G. | cybi E. -ii *G.* | perfectus E.
prof- *v. a.* H.   14 quae (que R) fecerit VR.   15 poto *ego
cum Cornario. cfr. Diosc. eup.* toti B(E?). toto *rv.*   18 uel
om. d(?)*v. a.* S. | e *om.* B *v. a.* H(D). ef R. | fluuiatilil//iū B².
-tilium *D.* -tiles . *v. a.* H. *an* uel e fluuiatilibus *ut glossema
delendum?* | et si VRE. | *dist. ego.*   19 et *om.* VR.   20 dictas
R(?)*v. a.* S.   22 trahat Vf. si quis extrahat *om.* R. | uiuen-
tis VRTf. *cfr. § 133 et nota ad XXX 98.*

adhaerente, ipsaque dimissa in aquam inponat supra cordis
palpitationem mulieri dormienti, quaecumque interroga-
verit, vera responsuram. addunt etiamnum alia Magi, quae
si vera sint, multo utiliores vitae existumentur ranae quam
leges; namque harundine transfixis a natura per os si 5
surculus in menstruis defigatur a marito, adulterorum
50 taedium fieri. carnibus earum vel in hamum additis praecipue purpuras adlici certum est. iocur ranae geminum
esse dicunt abicique formicis oportere; eam partem, quam
adpetant, contra venena omnia esse pro antidoto. sunt 10
quae in vepribus tantum vivunt, ob id rubetarum nomine,
8,110 ut diximus, quas Graeci φρύνουc vocant, grandissimae
cunctarum, geminis veluti cornibus, plenae veneficiorum.
51 mira de iis certatim tradunt auctores: inlatis in populum
silentium fieri; ossiculo, quod sit in dextro latere, in 15
aquam ferventem deiecto refrigerari vas nec postea fervere nisi exempto, id inveniri abiecta rana formicis carni-
busque erosis, singula in oleum addi; esse in sinistro
52 latere quo deiecto fervere videatur, apocynon vocari, canum
impetus eo cohiberi, amorem concitari et iurgia addito in 20
potionem, venerem adalligato stimulari, rursus e dextro
latere refrigerari ferventia; hoc et quartanas sanari adalligato in pellicula agnina recenti aliasque febris, amorem

---

§ 50 med.: Isid. XII 6, 58.

---

1 aqua **VR**d*v.a.G.*   2 quicunque **R.**   3 magi *om.* **B.**
4 sunt **Vd**(?)*v.a.S.*   5 tranffixif a **B**S. -xa *rv.* -xa a *J.* |
pos **R.**   6 defiguratur **R.** | a *om.* **B**S. | adulteriorum **R**(?)*G.*
7 uel *del. H.* nassis uel *S cum vet. Dal.* | hamo (*del.* in)
v.a.H. | redditif **B.**   8 per purpuraf **B**¹. per puraf **B**².
9 obiicique **VR**d(?)*v.a.S.* *cfr. § 51.*   10 adpetat **B**¹.
12 φρύνουc *coni. S.* phrynuus *d D.* -nu . cif (phrin- **B**¹) **B.**
-nos **VR**v. prinuus **E.** | grauissimae **R.** -me **V.**   14 iif **B**S.
his *rv.*   16 refrigerare **VR.** | non **E.**   17 id ininueniri **B**¹. |
obiecta *v.a.S. cfr. § 50.* | nam (*pro* rana) **E.**   18 rosis **Vd.**
oleum (-eom **R**¹) *ll.*d**T**f*v*(J). solium *B.* | addt **B**². | effe **B.**
et esse *rv.*   19 quod iecto **V.** | uid&ur **B.** | apoci non **B**¹. |
uocant **B**² (t *in ras.,* n *supra scr.*).   20 impetuuf **B**D.
21 potione **VR**d. | adalligato d**T**S. -tum *rv.* | stimulare *v.a.J.* |
a dextro **Vb***v.a.S.*   22 feruentem *vet. Dal.*

inhiberi. ex isdem his ranis lien contra venena, quae
fiant ex ipsis, auxiliatur, iocur vero etiam efficacius.

(19) Est colubra in aqua vivens. huius adipem et 53
fel habentes qui crocodilos venentur mire adiuvari dicunt,
5 nihil contra belua audente, efficacius etiamnum, si herba
potamogiton misceatur. — Cancri fluviatiles triti potique
ex aqua recentes seu cinere adservato contra venena omnia prosunt, privatim contra scorpionum ictus cum lacte
asinino, si non sit, caprino aut quocumque; addi et vinum
10 oportet. necant eos triti cum ocimo admoti. eadem vis 54
contra venenatorum omnium morsus, privatim scytalen et
angues et contra leporem marinum ac ranam rubetam.
cinis eorum servatus prodest pavore potus periclitantibus
ex canis rabiosi morsu. quidam adiciunt Gentianam et
15 dant in vino, et si iam pavor occupaverit, pastillos vino
subactos devorandos ita praecipiunt. decem vero cancris 55
cum ocimi manipulo adligatis omnes, qui ibi sint, scorpiones ad eum locum coituros Magi dicunt, et cum ocimo
ipsos cineremve eorum percussis inponunt. minus in om-
20 nibus his marini prosunt. Thrasyllus auctor est nihil
aeque adversari serpentibus quam cancros; sues percussas
hoc pabulo sibi mederi; cum sol sit in cancro, serpentes
torqueri. — Ictibus scorpionum carnes et fluviatilium 56

---

§ 53 med.: Diosc. II 12. (Nicand. ther. 605). — § 54: (cfr.
Colum. VI 17, 1). — Diosc. II 12. de ven. 30. περὶ ἰοβ. 2. —
§ 55: (cfr. Plin. XX 120). Isid. XII 6, 17. 51. — (cfr. Plin. IX 99.

---

1 inhibere **B**¹. | ex **B**S. ea r. eo v. | iſdem **B**J. iisd- S.
id- **VR**. item **db**. item ex v. | lien **B**v. -nē r. lien/////ē d.
2 iocur **B**¹**E**S. iecur **B**². om. r**H**. cor v.　3 est om. **R**(?)v.a.S.
et d**T**. | colobra **V**. -lubera **B**¹. -ber est v.a.**H**. | adipe **V**d**T**.
　4 felle d**T**. | habenteſ **B**²v. -tis r S. | crocodilloſ **B**².
5 beluaˢ audenteˢ **B**².　　6 potam cogiton **B**¹. pota in coitu
B². | fluuialis **VR**.　　9 aſininoſ **B**¹. | ſi **B**S. uel si rv(D).
10 admoto **B**¹.　　11 nimium **VR**. | scytalem **R**. ſeyt- **B**. scit-
Vd.　　12 ungues **E**. agies **VR**.　　14 et caniſ **B**². | morsibus
Vd(?)v.a.S.　　15 & ſi **B**S. aut ſi d**T**. nam ſi r(?)v.　　16 subacto sed uorandos **VR**.　　17 adalligatiſ **B**¹v.a.**G**. allig- **B**².
　　20 mariniſ **B**¹. | traxyllus **V**. -xillus **R**Verc.　　21 per-
cuſſoſ (om. hoc) **B**.

coclearum resistunt crudae vel coctae. quidam ob id salsas quoque adservant. inponunt et plagis ipsis. — Coracini pisces Nilo quidem peculiares sunt, sed nos haec omnibus terris demonstramus. carnes eorum adversus scorpiones valent inpositae. — Inter venena piscium sunt porci marini 5 spinae in dorso, cruciatu magno laesorum. remedio est limus ex reliqu*iis* piscium eorum corporis.

57 (20) Canis ŕabidi morsibus potum expavescentibus faciem perungunt adipe vituli marini, efficacius, si medulla hyaenae et oleum *e* lentisco et cera misce*a*ntur. 10

58 murenae morsus ipsarum capitis cinere sanantur. et pastinaca contra suum ictum remedio est cinere suo ex aceto inlito vel alterius. cibi causa extrahi debet ex dorso eius quidquid croco simile est caputque totum; et hanc autem et omnia testacea modice collu*unt* cibis, quia 15 saporis gratia perit. e lepore marino veneficium restingunt poti hippocampi. contra dorycnium echini maxime prosunt, et iis, qui sucum carpathi biberint, praecipue e iure sumpti. et cancri marini decocti ius contra do-

---

Aelian. var. hist. I 7). — § 57: Pl. iun. 85, 27. — § 58 med.: cfr. Aelian. XIV 20. — Diosc. eupor. II 149. de ven. 6. Pl. iun. 108, 13. 14.

---

1 caudae **B**. 2 inponuntur **B²***D*. -ntque **d***T*. 3 ſed **B***v*(*S*). sed et *r H*. 7 reliquiis *ego*. -quo (liquo **R**) *ll. v* (*mutatum ex corrupto* reliquus). *cfr. IX 93. XXXIV 43. 171. an potius* liquore? | corporū **R**. -re **d**(?)*v*. 8 carnes **VR**. | morsum **VR**. -su **d**(?)*v. a. J*. 10 oleum e *Verc*.(*J*). -um *ll. v*(*S*). oleo e *H. cfr.* § *53*. | lentiſcinū **B²***S*. | misceantur *vet. Dal*. -eatur *ll. v. cfr. CFWMüller p. 8 not. 2*. 12 ictus **VR**. 14 *an* sit? *cfr. Frobeen p. 37*. 15 haec *D* e coni. *J*. | colluunt *ego*. collui in *ll. v. de dativo* cibis *cfr. XII 29. XIX 48. XXII 58. 35. 16. IX 178. XVIII 122. XIX 73. 93. XXX 45. XV 25. XXIX 65, de cibo XXI 125. XXV 169. 3. XXVIII 107. XII 130. XXI 90; praeterea CFWMüller p. 23. 25*.
16 beneficium **B²**. 16. 17 reſtituunt **B²**. restringunt *v. a. C*. 17 eicini **VR**. chini **B¹**. 18 iis **d***v*. iſ **BE***D*. ii **R**. hic **V**. | carpathi **E** *Ven*.(*S*). -thii *Lugd*. -phati **BVR***Tv. a. B*. -pati **d***Brot. cum B*. -pasi *P* e *Diosc. de ven. 13*. 19 e **BE***S*. *om. r H*. eius *v*. | sumpto **d***Tv. a. S*. | ius **R** **d** **b** *v*(*J*). us **V**. *om*. **B** *S*.

rycnium efficax habetur, peculiariter vero contra leporis
marini venena.

6. (21) Et ostrea adversantur isdem, nec potest videri 59
satis dictum esse de iis, cum palma mensarum diu iam
5 tribuatur illis. gaudent dulcibus aquis et ubi plurumi in-
fluant amnes; ideo pelagia parva et rara sunt. gignuntur
tamen et in petrosis carentibusque aquarum dulcium ad-
ventu, sicut circa Grynium et Myrinam. grandescunt sideris quidem ratione maxime, ut in natura aquatilium
10 diximus, sed privatim circa initia aestatis multo lacte 9, 96
praegnatia atque ubi sol penetret in vada. haec videtur 60
causa, quare minora in alto reperiantur; opacitas cohibet
incrementum, et tristitia minus adpetunt cibos. variantur
coloribus, rufa Hispaniae, fusca Illyrico, nigra et carne
15 et testa Cerceis, praecipua vero habentur in quacumque
gente spissa nec saliva sua lubrica, crassitudine potius
spectanda quam latitudine, neque in lutosis capta neque
in harenosis, sed solido vado, spondylo brevi atque non
carnoso, nec fibris laciniosa ac tota in alvo. addunt 61
20 peritiores notam ambiente purpureo crine fibras, eoque
argumento generosa interpretantur calliblephara *ea* appel-

---

§ 59: Pl. iun. 108, 14. 15. — Diphil. ap. Athen. III 42 p. 92ᵃ.
Xenocrates 36. (cfr. Colum. VIII 16, 7). — cfr. Plin. II 109. IX 160.
— § 61 extr.: cfr. Plin. IX 169.

---

3 ifdem (iisd- *H*) nec **B***H*. idem ne **VR** d¹**T**. idem uide-
tur nec **d²b***v*. 4 iif **B***v*(*S*). his *rC*. | palam mefarum **B**. |
deuiam **V**. diuitum d**T***H*. 5 attribuatur d**T***H*. | illi **B**.
5. 6 influant *ego*. -uunt *ll. v.* 6 ideo *om*. **VR**d**T***H*. | pe-
lagi **B³**. 8 grinium **VR**. | murinam **B**. 11 praegnatia
B¹*J*. -antia *rv*. | adque **B**. | penetret et **V**. 12 causa ista
VR. | alio **VR**. aliis locis *v. a.*(*P*) *H*. | reperiuntur **VR**d**T***v. a. C*.
  13 uariatur **B¹**. -iant **VR** *v. a. S*. 15 cerceif **B¹V** *D*. *cfr*.
§ *62*. circeif **B²E***v*(*J*). -ceiis **R**(?)*C*. 16 ingete **V**. -ta **R**.
  17 expectanda **VR**. | lutofif **B** *S*. -to *rv*. | capita **B¹V**.
-te **R**. 18 folida **B**. | fpondyli **B²**. 19 febris **VR**. | laci-
nosa **V**d. -so **R**. -nioso *v. a. S*. lucinos **E**. 20 natam **B¹**.
nata **B²**. | ambiente d*v*. -igente **E**. -ientem *r*. | purpureo⁹ **B²**. |
crinef **B²**. -nea **VR**. | fribraf (*vel* fimb- **B¹**) **B¹V**. 21 calli-
blephara ea *coni. J*. -pharata d *Verc*.(*Brot*.). -phara *B*(*S*).
-brepharata **B**. callibiae (-bia *v*) pharata (par- **E***v*) *r v. a. B*.

lantes. gaudent et peregrinatione transferrique in ignotas
aquas. sic Brundisina in Averno compasta et suum reti-
nere sucum et a Lucrino adoptare creduntur.

62   Haec sint dicta de corpore; dicemus et de nationibus,
ne fraudentur gloria sua litora, sed dicemus aliena lingua 5
quaeque peritissima huius censurae in nostro aevo fuit.
sunt ergo Muciani verba, quae subiciam: Cyzicena
maiora Lucrinis, dulciora Brittannicis, suaviora
Medullis, acriora Ephesis, pleniora Iliciensibus,
sicciora Coryphantenis, teneriora Histricis, can- 10
didiora Cerceiensibus. sed his neque dulciora
63 neque teneriora ulla esse compertum est. in Indico mari Alexandri rerum auctores pedalia inveniri
prodidere, nec non inter nos nepotis cuiusdam nomenclatura tridacna appellavit, tantae amplitudinis intellegi 15
cupiens, ut ter mordenda essent.

64   Dos eorum medica hoc in loco tota dicetur: stomachum
unice reficiunt, fastidiis medentur, addiditque luxuria frigus obrutis nive, summa montium et maris ima miscens.
emolliunt alvum leniter. eademque cocta cum mulso 20

---

§ 64: cfr. Diphil. ap. Athen. III 40 p. 90ᶜᵈ. Seren. 315. —
Mnesith. ap. Athen. III 43 p. 92ᵇ. — Pl. iun. 51, 1—3. — id.
24, 10—12 (cfr. 6). Marc. 10, 75.

---

1 in *om.* **VRE.**   2 brundisiana (brud- **V**) **VR**d*G*. | com-
poſita **B**. contra ista **E** *v.a.B*.   4 et de—5 litora (dicemus?)
om. **E.**   5 fraudetur **R.**   6 *an* ſit (*vel* fuerit)?   8 sua-
uiore **R.**   9 medulliſ **B**(**VE**?)*D*. -ulis *H*. -uliis *J*. dulcis **R.**
edulis d*v*. | epheſiſ **B***D*. -iis *S*. et pthisis **E.** aethesis **V.**
-hisis **R.** Lepticis *v*. | ilicienſibuſ **B***J coll. III* 19. licen- *r*.
Lucen- *v*.   10 coryphatenis **V***v.a.B*. coriph- **R.** -phamthenis
E. | istricis **R**d(?)*v.a.J*. bistricis candidiora *om.* **B.**   11 cer-
ceiensibus (circ- d*v*) *D*. -ceiesibus **VR.** -cienſibuſ **B.** certe-
ientibus **E.** | sed—12 est *Plinio tribuit H*, sed—16 essent
Muciano J.   12 in *om.* **B.**   14 non *v*. noxi **B.** nos *r*. |
Nepotis *Fröhner mus. Rhen. 47, 295*.   14. 15 nomenclatura
VR*S*. -tora b. -tor d(?)*v*(*J*). -creatura **B.** *cfr. II* 19. *III* 2.
XXI 52.   15 magnitudinis **VR.**   17 dos *del.* **B².** *om.* b. |
medicina **B².** in med- *v.a.H*. | hoc *om.* **VR.** | toto adicetur **B¹.**
    18 additque **VRE.**   19 mariſſima **B¹V.**   20 molliunt
v.a.S. | eademque **BE***S*. -quoque **VR**d*H*. -dem **T***v*.

tenesmo, qui sine exulceratione sit, liberant. vesicarum
ulcera quoque repurgant. cocta in conchis suis, uti clusa
invenerint, mire destillationibus prosunt. testae ostreorum 65
cinis uvam sedat et tonsillas admixto melle, eodem modo
5 parotidas, panos mammarumque duritias, capitum ulcera
ex aqua cutemque mulierum extendit; inspergitur et ambustis. et dentifricio placet. pruritibus quoque et eruptionibus pituitae ex aceto medetur. crudae si tundantur,
strumas sanant et perniones pedum.

10   Purpurae quoque contra venena prosunt. (22) et al- 66
gam maris theriacen esse Nicander tradit. plura eius
genera, ut diximus, longo folio et rubente, latiore alia 26,103
vel crispo. laudatissima quae in Creta insula iuxta terram in petris nascitur, tinguendis etiam lanis, ita colorem
15 alligans, ut elui postea non possit. e vino iubet eam dari.

   7. (23) Alopecias replet hippocampi cinis nitro et adi- 67
pe suillo mixtus aut sincerus ex aceto, praeparat autem
saepiarum crustae farina medicamentis cutem; replet et
muris marini cinis cum oleo, item echini cum carnibus
20 suis cremati, fel scorpionis marini, ranarum quoque III,
si vivae in olla concrementur, cinis cum melle, melius
cum pice liquida. capillum denigrant sanguisugae, quae

---

§ 65: Pl. iun. 29, 1. Seren. 277 (cfr. 119). — § 66: Nicand.
ther. 845. — (cfr. Plin. XIII 136). Th. H. IV 6, 5. — § 67:
Diosc. II 3. — II 28. — Pl. iun. 16, 7—9. Marc. 7, 11.

---

1 tenaſmo B²v.a.G. -nuissimo VR. | sint VR. | sit E v.
ſint B. s id VR.   2 ulceri B². | repugnant B²E. | cocta
om. E. | clavſa B²dſv.a.S. electae Pl.iun.   3 inuenerint BD.
uen- rv. | certae E.   4 uum B¹. aluum B².   6 ſpergitur
B¹E. ſpar- B². | p& (pro et) B¹. p&riſ B². an per se?
8 torridantur B.   9 ſanteſ pernioneſ B¹.   11 magiſ B. | e
se VE. | nica der B.   12 ut BVdS. uti R(?)Ev(J). | et ll.J.
et alia S. et latiore v. | latiore dES. -ra r. om. v.   12. 13
alia uel BVdEJ. uel S. aliaue R(?)v.   14 imp&riſ B.
15 et uino VR.   16 thipocampi V. hippocampi nisi E.
-pinus v.a.H.   17 mixtuſ B¹bv. -tiſ r. | praeparat ll.G(S).
-rant v(H).   18 ſepiarum B¹v.a.S. ſcep- B² (sic ubique). |
replet Bbv(S). om. rH.   20 trium ll.v.   21 uiulae B¹.
uiolae B². (oliuae Ven.). | concremetur VR. crementur b.

68 in vino nigro diebus xxxx computuere. alii in aceti sextariis II sanguisugarum sextarium in vase plumbeo putrescere iubent totidem diebus, mox inlini in sole. Sornatius tantam vim hanc tradit, ut, nisi oleum ore contineant qui tinguent, dentes quoque *suco* earum de- 5 nigrari dicat. — Capitis ulceribus muricum vel purpurarum testae cinis cum melle utiliter inlinitur, conchyliorum vel, si non uratur, farina ex aqua, doloribus castoreum cum peucedano et rosaceo.

69 (24) Omnium piscium fluviatilium marinorumque adi- 10 pes liquefacti sole admixto melle oculorum claritati plurimum conferunt, item castoreum cum melle. callionymi fel cicatrices sanat et carnes oculorum supervacuas consumit. nulli hoc piscium copiosius, ut existumavit Menander quoque in comoediis. idem piscis et uranoscopos 15

70 vocatur ab oculo, quem in capite habet. et coracini fel excitat visum, et marini scorpionis rufi cum oleo vetere aut melle Attico incipientes suffusiones discutit; inungui ter oportet intermissis diebus. eadem ratio albugines oculorum tollit. mullorum cibo aciem oculorum hebetari 20 tradunt. lepus marinus ipse quidem venenatus est, sed

---

§ 68: Pl. iun. 16, 7—9. Marc. 7, 11. (cfr. Plin. XXIX 109). — Pl. iun. 13, 15. 16. Marc. 4, 10. — § 69: Diosc. II 94. Marc. 8, 105. — (cfr. Diosc. II 96). Aristot. h. a. II 15 § 68. Menand. ap. Aelian. XIII 4 (Meineke com. Gr. fragm. IV p. 79). Oppian. II 202. Isid. XII 6, 35. — Marc. 8, 155. — § 70: Diosc. II 14. Marc. 8, 133. — Diosc. II 24. Isid. XII 6, 25. — Diosc. II 20. Marc. 8, 173.

---

1 xxxx *ego.* xxx **B.** xl **R**d*Tv*(*Brot.*). *cfr. Pl. iun. et Marc.* lx (**VE**?)*G*(*J*). | computuere *S. cfr. XIII 86* (**M**). -potuere **B**[1]. -putruere *rv*(*D*). | alii **B**[1]. 2 duobus *ll.v.* | in *om.* **BVd.** 4 tantum **V.** 5 qui d**b***v*(*D*). que **B**[1]**VR.** quę **B**[2]*S. cfr. XXIX 109.* | tinguent **B***S. cfr. XXIX 131.* -unt *rv*(*D*). | ſuco *ego. om. ll.v.* | earum *ll. S.* eor- d(?)*v.* 7 utiliter **B**E[2]*v*(*J*). (*ante* cum melle d). utitur liter **E**[1]. *om. r S.* 8 uratur **VR** (*sc.* testa). urantur *rv.* 10. 11 adeps d**T***v. a. S.* 11 liquefactis (-uaef- **V**) **VR.** -tus d**T***v. a. S.* | ſole **B**d**T** *H.* oleo *rv.* 12 comferunt **B.** confert d*v. a. S.* | callionymi **B**[1]*v.* -onū d. calionimi **VR.** calopon- **B**[2]. calyonm b. *cfr. § 77.* 13 ſuperum quaſ **B.** 15 comoediiſ **B**[2]d*v.* -diſ *rD.* 18 suffusionis **R.** 19 eodem **VR.** | ratione **B**[2]. 20. 21 habetur id radunt **VR.**

cinis eius in palpebris pilos inutiles evolsos cohibet.   ad
hunc usum utilissimi minimi, item pectunculi salsi triti
cum cedria, ranae, quas diopetas et calamitas vocant;
earum sanguis cum lacrima vitis evolso pilo palpebris
5 inlinatur.   tumorem oculorum ruboremque saepiae cortex 71
cum lacte mulieris inlitus sedat et per se scabritias
emendat; invertunt ita genas et medicamentum auferunt
post paulum rosaceoque inungunt et pane inposito mitigant.   eodem cortice et nyctalopes curantur, in farinam
10 trito ex aceto inlito.   extrahit et squamas eius cinis.
cicatrices oculorum cum melle sanat, pterygia cum sale 72
et cadmia singulis drachmis, emendat et albugines iumentorum.   aiunt et ossiculo eius genas, si terantur, sanari.   echini
ex aceto epinyctidas tollunt.   eundem comburi cum vipe-
15 rinis pellibus ranisque et cinerem aspergi potionibus iubent
Magi, claritatem visus promittentes.   ichthyocolla appellatur 73
piscis, cui glutinosum est corium.   idem nomen glutino
eius; hoc epinyctidas tollit.   quidam ex ventre, non e
corio, fieri dicunt ichthyocollam, ut glutinum taurinum.

(cfr. infra § 135). — cfr. Diosc. II 8. — § 71: Pl. iun. 21, 4—6.
Marc. 8, 158. — Diosc. II 23. — § 72 init.: Diosc. II 23. —
§ 73: Diosc. II 92.

---

1 cohibet et **R**(?)*v. a. S.*   3 arane **R**. et ranae *G*. | dio-
petas *Brot.*(*D*). -tes *G*. -ph&aſ **B**. diphitas **R**[1]d**Tſ**. (diphthi-
v. a. B). -thas **VR**[2]. tymphitas b. dryphytas *B*. | *an* uocant,
ut?   4 sanguis earum **VR**d*v. a. S.* | uitis si *v. a. S.* | aeuul-
sos **V**. euulsas **R**. | pilos **VR**.   5 tumorū **R**. | ſaepię **B**[1].
ſcepię **B**[2].   6 mulieriſ **BE***v*(*S*). -rum *r*d**Tſ***H*.   7 idage-
nas **VR**. ita (itaque *v*) genas id agentes d(?)*v. a. S*. id agentes
genas *J*.   8 paululum **Vſ**. | que *del.* **B**[2].   9 eadem nocte **E**.
nocte. Eadem *v. a. H*. | nictalopes **E**. niciato (& *add.* **R**) peces
VR. | farina *v. a. H*.   10 trita **B***v. a. H*. -tae **E**. | et ex d(?)
v. a. D. | ſquaſ **B**[1].   11. 12 pterygia cum sale et *om.* **E**.
12. 13 oculorum iumentorum d(?)*v. a. S e Diosc*.   13 adiciunt
b*v. a. H*. | ex **B**[2]. | asiculo **VR**d. | gene **B**[2]b. | tergantur **B**[2].
    14 epinyptidaſ **B**.   15 cinere **BV**. | potionibuſ **B**[1]. *cfr.*
XII 78. XX 147. (*XXIII 43*). -oni **B**[2] (buſ *eraso*) *rv*.
16 magi[s] **B**[2]. *cfr.* § *34*. | uiſuuſ **B**[1]*D*. | icthyocolla **B** (*sic*
semper). *cfr.* § *119*. icty- **V**.   17 idemque **R**(?)*v. a. S*.
19 Icthyocolla ut **B**[2]. ichthyocollant (icty- **V**) **VR**.

laudatur Pontica, candida et carens venis squamisque et
quae celerrime liquescit. madescere autem debet concisa
in aqua aut aceto nocte ac die, mox tundi marinis lapidibus, ut facilius liquescat. utilem eam et capitis dolori-
74 bus adfirmant et tetanis. ranae dexter oculus dextri,　5
sinister laevi, suspensi e collo nativi coloris panno lippi-
tudines sanant; quod si per coitum lunae eruantur, albu-
ginem quoque, adalligati similiter in putamine ovi. reliquae carnes inpositae suggillationem rapiunt. cancri etiam
75 oculos adalligatos collo mederi lippitudini dicunt. est parva 10
rana in harundinẹtis et herbis maxime vivens, muta ac
sine voce, viridis, si forte hauriatur, ventres boum disten-
dens. huius corporis umorem derasum specillis claritatem
oculis inunctis narrant adferre. et ipsas carnes doloribus
oculorum superponunt. ranas XV coiectas in fictile novum 15
iuncis configunt quidam sucoque earum, qui ita effluxerit,
admiscent vitis albae lacrimam atque ita palpebras emendant, inutilibus pilis exemptis acu instillantes hunc sucum
76 in vestigia evolsorum. M e g e s psilotrum palpebrarum
faciebat in aceto enecans putrescentes et ad hoc utebatur 20

---

§ 74 med.: Seren. 195. Marc. 8, 51. — § 75: cfr. infra § 122.
Isid. XII 6, 58. Marc. 8, 183. — (cfr. infra § 136). Diosc. II 28.
(cfr. eupor. I 52). — § 76 med.: Marc. 8, 184.

---

1. 2 et quare **VR**d.　　2 liquo **VR**d. *an* liquescat? (*de
mendo cfr. XXXIV 161*).　　4 in (*pro* et) **VR**d*v.a.S.*
5 tetalis **R**[1]. tertianiſ **B**. tetanothris *Ven. cum B e Diosc., sed
cfr. § 84.* tetanicis *v.* | dextre **B**[2]. -tro d(?)*v.a.S.*　　6 sinistro
v.a.S. | laeue **B**[2]. -uus *v.a.S.* | et **B**[2]**VR**. | collo natui **V**. col-
latiui **B**. | pannor⤳ **B**[2].　　6. 7 lippitudinis **R**.　　7 sanant b*v.*
sanat *r. an* suspensus (= ns;) . . . sanat? | lunae **B***S coll. II
56. 78. XVIII 324.* ranae *rv.*　　8 putamini **R**.　　10 oculo
adalligationes (-to d̄**T**) **VR**d**T**. | lippitudine **R**.　　12 uentres
om. **E**. | bouum **B**.　　13 specilis **VR**. -cialiſ **B**[2]. penicillis
v.a.G. cfr. nota ad XXIX 115.　　14 et *om.* **VR**d*v.a.D.*
(ipsasque *v.a.S*).　　15 XVI **VR**d**T**ſ. *cfr. § 136.* | coiectaſ **B**[1]*J.*
eoni- *rv.*　　16 iunctiſ **B**[1]**E**. unciſ **B**[2]. | quidam *om.* **E**.
17 uiti saluat (-ue **E**) **VRE**. *del. v.a.H.* | lacrima emanat
quae **E**. -mae quae ex alba uite emanat *v.a.H.*　　18 hanc
VR.　　19 pilotrum **VR**d. ſil- **B**. *cfr. § 135.*　　20 acete ne-
cans **VR**. | ad **VR**d**T**ſ*H. om.* **BE***v.* | huc **E**.

multis variisque per aquationes autumni nascentibus. idem
praestare sanguisugarum cinis ex aceto inlitus putatur —
comburi eas oportet in novo vaso —, idem thynni iocur
siccatum pondere ✶ IIII cum oleo cedrino perunctis pilis
5 VIIII mensibus.

(25) Auribus utilissimum batiae piscis fel recens, sed 77
et inveteratum *nitro*, item bacchi, quem quidam mizyenem
vocant, item cا̸llionymi cum rosaceo infusum vel castoreum cum papaveris suco. vocant et in mari peduculos
10 eosque tritos instillari ex aceto auribus iubent. et per
se et conchylio infecta lana magnopere prodest; quidam
aceto et nitro madefaciunt. sunt qui praecipue contra 78
omnia aurium vitia laudent gari excellentis cyathum, mellis dimidio amplius, aceti cyathum in calice novo leni
15 pruna decoquere subinde spuma pinnis detersa et, postquam desierit spumare, tepidum infundere. si tumeant
aures, coriandri suco prius mitigandas iidem praecipiunt.
ranarum adips instillatus statim dolores tollit. cancrorum
fluviatilium sucus cum farina hordeacea aurium volneribus

---

§ 77 med.: Cels. VI 7, 1. — Pl. iun. 17, 13. 14. — § 78:
Pl. iun. 17, 8—12. Marc. 9, 14. 112. — Pl. iun. 17, 15—17.

---

1 in multis **T** *v. a. G.* | auctumni **B**^{1}. augt- **B**^{2}. 3 ua{f}o
B^1. -{f}e *r v.* | thynni **B** *S* (*Reinesius coll. § 135*). theni **VE**.
teni **R**. cheni *v.* taeniae *B*. | iecur **B**^{2}(*sic semper*)*v. a. S.* iocon
VR. 4 podere **B**^{1}. | credrino **B**^{1}. 5 πouem *ll. v.* 6 ba-
tiae (baci- **R**) *ll.* **d** *f v* (*H*). -ti *B*. 6. 7 {& & **B**. 7 in uetere
VR. | nitro *ego. cfr.* *XXXI 111 (117).* uitro **B**. uino *r v. de*
mendo cfr. *XXXIV 123.* | bacchi **B**^{1}*H.* -hu{f} **B**^{2}. bachi **E**
v. a. B. bauhi **VR**. banchi *B*. | mizyenem **B** *D*. mizena **E**.
-ziaen **R**. mytyaen **V**. myzyon **d.** myxona *B ex Athenaeo.*
myzem *v.* mizyen *coni. J.* 8 ubeant **VR**. | idem **VR**. | cal-
lionymi *v.* caeli- *ll.* | roseo **VR**. *cfr. nota ad XXVI 111.*
9 pediculos **d** **T** *v* (*H*). -dunculos *G.* 10. 11 et per {f}e *ll. an*
operire? cfr. Marc. 9, 14. 37. 73. 112. 115. 11 & **B** *S. om. r v.* |
infecto **B**. 12 madeficiunt **B**^{1}. | suntque **VR**. -que qui **d**(?)
v. a. S. 13 omnium *B*. | audent *B*. | gari **B**^{2} **d** *b v.* grari *r.*
14 dimidio — cyathum *om. B*. | lento **VR d.** -ta *b v. a. S.*
15 apinni{f} **B**^{1}. apenn- **B**^{2}. | de terra **V**. 16 si *om.* **R**.
16. 17 tumeat auris **VR**. 17 idem **B** *D.* 19 fluuia-
lium **B**^{2}. | {f}ucū **VR**. | hordeacea **d** *v.* -cia **B**^{2}**VR** *b D.* hordia- **B**^{1}.

efficacissime prodest. parotides muricum testae cinere cum melle vel conchyliorum ex mulso curantur.

79 (26) Dentium dolores sedantur ossibus draconis marini scariphatis gingivis, cerebro caniculae in oleo decocto adservatoque, ut ex eo dentes semel anno colluantur. pasti- 5 nacae quoque radio scariphari gingivas in dolore utilissimum. contritus is et cum helleboro albo inlitus dentes sine vexatione extrahit. salsamentorum etiam *in* fictili vase combustorum cinis addita farina marmoris inter re-

80 media est. et cybia vetera eluta in novo vase, dein̄ trita 10 prosunt doloribus. aeque prodesse dicuntur omnium salsamentorum spinae combustae tritaeque et inlitae. decocuntur et ranae singulae in aceti heminis, ut dentes ita colluantur contineaturque in ore sucus. si fastidium obstaret, suspendebat pedibus posterioribus eas Sallustius 15 Dionysius, ut ex ore virus deflueret in acetum ferveus, idque e pluribus ranis; fortioribus stomachis ex iure mandendas dabat. maxillaresque ita sanari praecipue dentes putant, mobiles vero supra dicto aceto stabiliri.

81 ad hoc quidam ranarum corpora binarum praecisis pe- 20 dibus in vini hemina macerant et ita collui dentium

---

14. 15. Marc. 9, 112. 9, 6. — Pl. iun. 20, 6—8. Marc. 15, 40. — § 79 med.: Diosc. II 22. eupor. I 70. — Cels. VI 9 extr. — § 80: (cfr. Marc. 13, 14). — Diosc. II 28. — § 81 extr.: Diosc. eupor. I 71 extr.

---

4 ſcariphatiſ (ſacr- **B**¹) **B**¹(**E**?) *S.* ſacriphicatiſ **B**². scarifatis **R**d. -ficatis *v.* carifacis **V**. 4. 5 obſeruatoque (ob *in ras.*) **B**². *cfr. § 27.* 5 ex *om.* **B**¹. | coluantur **B**¹**V**J (*semper fere*). 6 scarifare **VR**d**E**. -ficare *v. a. S.* | in **B**¹**VR**S. et in **E** *v.* ſiñ **B**². 7 contritus is *S.* -ituriſ **B**¹. -ituˢ **B**². -teritur is *r G.* -turque is *v.* | elleboro **B** **C**. 8 in *ego. om. ll. v. cfr. § 76. 83. 104. 122. XXIII 91. 109. XXVII 83. XXIX 98. XXX 77. XXXI 130 al. (constanti usu).* 10 cybia B.B. cyria **VR**d*v.* ciria **E**. | uetera **B**¹ (*haud dubie*) **B**. -teri **B**² (i *in ras. ampla*) d. -tere *v.* -ter *r. cfr. § 95. 126.* | eluta *ll. v.* usta *Brot. coll. Marc.* elixa *coni. H.* (*an* exuſta? *cfr. XXX 62. XXIX 120*). | dein **VR**dẗ *H.* ſed (ſet **B**¹) in **B** (ſe *e dittogr. orto*). inde **E**. deinde *v.* 11 aequae **E**. ea eque (eque **B**²) **B**. 15 ea **V**. aſ **B**¹. haſ **B**²*S.* 16 aceto **B**¹**VR**. 17 e **R**d**E***v.* ae **V**. & **B**¹. ex **B**²*D.* | ranaſ **B**². 18 mandendiſ **B**². 21 dentes **B**².

labantes iubent. aliqui totas adalligant maxillis. alii denas
in sextariis III aceti decoxere ad tertias partes, ut mobiles dentium stabilirent. nec non XLVI ranarum corda
in olei veteris sextario sub aereo testo discoxere, ut in-
5 funderent per aurem dolentis maxillae. alii iocur ranae
decoctum et tritum cum melle inposuere dentibus. omnia
supra scripta ex marina efficaciora. si cariosi et faetidi 82
sint, cetum in furno arefieri per noctem praecipiunt,
postea tantundem salis addi atque ita fricari. enhydris
10 vocatur Graecis colubra in aqua vivens. huius IIII dentibus superioribus in dolore superiorum gingivas scari-
phant, inferiorum inferioribus; aliqui canino tantum earum
contenti sunt. utuntur et cancrorum cinere, nam muricum cinis dentifricium est.

15   (27) Lichenas et lepras tollit adips vituli marini, me- 83
narum cinis cum mellis obolis ternis, iocur pastinacae in
oleo coctum, hippocampi aut delphini cinis ex aqua inlitus. exulcerationem sequi debet curatio, quae perducit
ad cicatricem. quidam delphini in fictili torrent, donec
20 pinguitudo similis oleo fluat; hac perungunt. muricum 84
vel conchyliorum testae cinis maculas in facie mulierum
purgat cum melle inlitus cutemque erugat et extendit
septenis diebus inlitus ita, ut octavo candido ovorum
foveantur. muricum generis sunt quae vocant Graeci

---

§ 82 med.: Isid. XII 4, 21. cfr. Plin. XXX 21. — Seren. 237.
— § 83: Diosc. eupor. I 128. Pl. iun. 33, 5. 6. Marc. 19, 2. —
§ 84 med.: cfr. Xenocrates 22. — Diosc. III 92.

---

1 labentes **VdTf**. | lubent **B¹**. iubant **V**. | maxillas **R**.
2 fextari **B¹**. | tribus *ll.v*. | decocere **V**. -oquere **Rd**.   3 XLVI
BD. XXXVI *rv*.   4 aenea (aerea *v*) tefta **B²***v.a.B*.   7 ma-
rina **BS**. -ina rana *rv(D)*. | cariora **B²**. | faetida **B²**. · 8 c&um
BS. *cfr. index*. acet- **VR**. cert- **E**. cent- *dv*.   9 et hydris
Vd. & idris **R**.   10 uocatur **BS**. -tur a *rv(D)*. | quattuor *ll.v*.
11. 12 fcariphat **B¹**. -ifant **VRd**. -ficant *v.a.S*.   12 eorum **B²**.   15 tollit **BE***v*. foluit *r*.   15. 16 murenarum *d*
v.a.Brot. cfr. § 88.   16 iocur *ego*. iec- *ll.v*.   19 quidem
B¹. | delphinū **B²dT**. -ni iecur *v.a.S*. | inficiti littorren **V**. |
donec in **B¹**.   20 hac *ego*. haec **B¹**. ac *rv*.   21 testae
—mulierum *om*. **B**.   22 cum—erugat *om*. **VRdT**.

coluthia, alii coryphia, turbinata aeque, sed minora, multo
efficaciora, etiam oris halitum custodientia. ichthyocolla
erugat cutem extenditque in aqua decocta horis IIII, dein
85 contusa et subacta ad liquorem usque mellis. ita prae-
parata in vase novo conditur et in usu IIII drachmis eius 5
binae sulpuris et anchusae totidem, VIII spumae argenteae adduntur aspersaque aqua teruntur una. sic inlita
facies post IIII horas abluitur. medetur et lentigini ceterisque vitiis ex ossibus saepiarum cinis. idem et carnes
excrescentes tollit et umida ulcera. 8. psoras tollit rana 10
decocta in heminis V aquae marinae; excoqui debet, donec
86 sit lentitudo mellis. — Fit in mari alcyoneum appellatum,
e nidis, ut aliqui existumant, alcyonum et ceycum, ut alii,
sordibus spumarum crassescentibus, alii e limo vel quadam maris lanugine. quattuor eius genera: cinereum, 15
spissum, odoris asperi, alterum molle, lenius odore et
fere algae, tertium candidioris vermiculi, quartum pumi-
87 cosius, spongeae putri simile. paene purpureum quod
optimum; hoc et Milesium vocatur. quo candidius autem,
hoc minus probabile est. vis eorum ut exulcerent, pur- 20

---

§ 85 med.: Seren. 149. cfr. Diosc. eupor. I 122. — § 86 med.:
Diosc. V 135. — § 87: Diosc. V 135.

---

1 coluthia B d H. colythia V. -tia v. -ycia B. colithia R.
collutia b. calycia U 710. cfr. § 147. | coryphia B S. -ythia v.
-riphia V d T f. -rifia R.   1. 2 dist. U 710.   2 etiam B b
Ven.(D). etiam et r v.   3 quattuor ll. v.   4 colluta E.
5 quattuor ll. v.   6 octo ll. v.   6. 7 argentiae B.   7 tu-
runtur B¹. terantur B². cfr. § 103. | inlicita B¹. -lini B².
8 quattuor ll. v. | oraſ B. om. V R. | abluatur B². -uuntur b. |
in lentigineſ B. an in lentigine (sc. medetur faciei)?   10 et
umida—tollit om. B. | tumida d T. | postoras V. post horas R.
    11 quinque ll. v.   12 lentitudo B ſ H. lenit- r. crassit-
v. | alcyonium B². -num V d. -chyonū R.   14 e sordibus
v. a. S. | an ut alii vel aut? paulo aliter VI 107.   15 cine-
rum V R. cireneum b.   16 & B D. om. r v.   17 ferę B². |
an tertium forma? | candidiores V R.   18 ſpongae B². -gae
a B¹. -giaeque v. a. S. cfr. § 151. | putri B b v. -ris r D. cfr.
U 711. | dist. H e Diosc.   19 quod candidius (-diđ R) V R d T.
    20 quiſ B¹. quiſq; B².

gent. usus tostis et sine oleo. mire lepras, lichenas,
lentigines tollunt cum lupino et sulpuris II obolis. alcyoneo utuntur et ad oculorum cicatrices. — Andreas
ad lepras cancri cinere cum oleo usus est, Attalus
5 thynni adipe recenti.

(28) Oris ulcera menarum muria et capitum cinis 88
cum melle sanat. strumas pungi piscis eius, qui rana
in mari appellatur, ossiculo e cauda ita, ut non volneret,
prodest. faciendum id cotidie, donec percurentur. eadem
10 vis est pastinacae radio et lepori marino inposito ita, ut
celeriter removeatur, echini testis contusis et ex aceto
inlitis, item scolopendrae marinae e melle, cancro fluviatili contrito vel combusto ex melle. mirifice prosunt et
saepiae ossa cum axungia vetere contusa et inlita. sic 89
15 et ad parotidas utuntur, et sauri piscis marini iocineri-
bus, quin et testis cadi salsamentarii tusis cum axungia
vetere, muricum cinere ex oleo ad parotidas strumasque.
— Rigor cervicis mollitur et marinis, qui pediculi vocantur, drachma pota, castoreo poto cum pipere ex mulso
20 mixto, ranis decoctis ex oleo et sale, ut sorbeatur sucus.
sic et opisthotono medentur et tetano, spasticis vero

---

§ 88: Diosc. II 31. eupor. I 82. 83. — Marc. 15, 61. Scribon. 80 (Marc. 15, 97). — Pl. iun. 80, 10. 11. Marc. 15, 54.
Diosc. eupor. I 154. — § 89: Pl. iun. 20, 8. 9. Marc. 15, 56.

---

1 totiſ **Bb**. (an lotis? cfr. Diosc. | hichenaſ **B**.   2 glu-
tino coni. H coll. XXVIII 186. sed cfr. XXII 156. | duobus
ll.v.   3 andriaſ **B**v.a.C.   5 thymni **B**. tinni **RT**.   5. 6
recenti. oris ll.S. -ti ad oris d**TH**. -tioris ad v (puncto post
ulcera posito).   6 menarum ll.v(H). muren- C. cfr. § 83.
      7 pungi **B**v. pingi r. | rina **B**. raia coni. H, sed cfr. IX 78.
rhina coni. J coll. § 150.   8 e **B**d**TS**. et **VR**. de E v.
9 id (ad **E**) faciendum **VR**d**E**v.a.S. | id ll.S. om. dv.   10 eſt
BS. et rv. | lepore **B**¹**V**v.a.H. | marina **V**.   11 remoueatur
ll.v(D). -antur G. | echiniˢ **B**². | teſti **B**¹. -ſta **B**². | et om.**E**.
      14 anxungia **B**.   14. 15 sic ad **VR**d.   15. 16 inoci-
neribus **V**. ciner- **B**².   16 tuſuſ **B**. fusis **E**.   18 & **BD**.
cum **E**v. om. r H. e coni. S. | peduculi **VR**J. -unculi G. cfr.
§ 77.   20 dist. ego. cfr. Diosc.   21 sic aepistotono (epi- **R**)
VR. | tetato **B**¹. | ſepagmaſticiſ **B**². cfr. § 29.

90 pipere adiecto. — Anginas menarum salsarum e capitibus cinis ex melle inlitus abolet, ranarum decoctarum aceto sucus; hic et contra tonsillas prodest. cancri fluviatiles triti singuli in hemina aquae anginis medentur gargarizati, aut e vino et calida aqua poti. uvae medetur garum 5 coclearibus subditum. vocem siluri recentes salsive in cibo sumpti adiuvant.

91   (29) Vomitiones mulli inveterati tritique in potione concitant. — Suspiriosis castorea cum Hammoniaci exigua portione ex aceto mulso ieiunis utilissima potu. eadem 10 potio spasmos stomachi sedat ex aceto mulso caldo. —

92 Tussim sanare dicuntur piscium modo e iure decoctae in patinis ranae. suspensae autem pedibus, cum destillaverit in patinas saliva earum, exinterari iubentur abiectisque interaneis condiri. est rana parva arborem scandens at- 15 que ex ea vociferans; in huius os si quis expuat ipsamque dimittat, tussi liberari narratur. praecipiunt et cocleae crudae carnem tritam bibere ex aqua calda in tussi cruenta.

93   9. (30) Iocineris doloribus . . . . scorpio marinus in 20 vino necatus, ut inde bibatur, conchae longae carnes ex

---

15, 73. 75. — Diosc. eupor. I 229 (231). — § 90: Pl. iun. 31, 5. 6.
Marc. 15, 69. — Pl. iun. 29, 2. Diosc. II 29. eupor. I 93. —
§ 91: cfr. Diosc. eupor. II 39. — § 92 extr.: cfr. Plin. XXX 46.
— § 93 extr.: (Xenocrates 29). Diosc. II 29. eupor. I 238. cfr.

---

1 e RdTS. & Bb. ae V. ex v.   2 ex aceto v.a.S.
3 tofillaf B¹.   4 hemina BD. -nam rv. | aquam VR.   5 e
dbv. l B¹. ex VRD. In B².   6 filure B¹. -rę B². | recentis V.   7 iuuant V.   8 ulli B. | positione V. potionem B¹.
  9 suspirosis R. | castoreum C. | ammoniaci B.   10 ieiunis
—11 mulso om. B.   10 utilissime Vv.a.H. | potu RH. pota
VdTv. -atur C. tota b.   14 patinas (-ten- VR) ll.S. -nam C.
-na v. | exinterrari VR. extenterari E. exen- v.a.S. | que
om. E.   15 condire B¹. | fcandef B¹. candens R.   16 obseque is R. -quiis V. | exp//tat B¹.   16. 17 ipsam quem E.
  17 mittat E. demittat Hack.SJ. cfr. § 115. 133. | liberare Vdv.a.C. -ante R. | narrantur VE. dicunt- v.a.C. | praecipuunt B¹. -uum B². | ex VR.   18 coclae B¹. | calida VRd
v.a.S.   20 iocineri B. | lac. ego indicavi. prosunt D cum U 712.
(an utilis post marinus? cfr.110. XXII 69).   21 necatur v.a.D.

mulso potae cum aquae pari modo aut, si febres sint, ex
aqua mulsa. — Lateris dolores leniunt hippocampi tosti
sumpti tetheaque similis ostreo in cibo sumpta, ischiadicorum muria siluri clystere infusa. dantur autem conchae
5 ternis obolis dilutis in vini sextariis II per dies XV.

(31) Alvum emollit silurus e iure et torpedo in cibo 94
et olus marinum simile sativo — stomacho inimicum alvum facillime purgat, sed propter acrimoniam cum pingui
carne coquitur — et omnium piscium ius. idem et uri-
10 nas ciet, e vino maxime. optimum e scorpionibus et
iulide et saxatilibus nec virus resipientibus nec pinguibus.
coci debent cum aneto, apio, coriandro, porro, additis
oleo, sale. purgant et cybia vetera privatimque cruditates; 95
pituitas, bilem trahunt.

15   Purgant et myaces, quorum natura tota in hoc loco
dicetur. acervantur muricum modo vivuntque in algosis,
gratissimi autumno et ubi multa dulcis aqua miscetur
mari, ob id in Aegypto laudatissimi. procedente hieme
amaritudinem trahunt coloremque rubrum. horum ius 96
20 traditur alvum et vesicas exinanire, interanea destringere,
omnia adaperire, renes purgare, sanguinem adipemque

---

infra § 104. — § 94: Diosc. II 29. (cfr. Plin. XX 96). — Diosc.
II 35. — § 95 med.: Diosc. II 7 (cfr. 4. 5). cfr. Plin. IX 125. —
§ 96: cfr. Diocles ap. Athen. III 32 p. 86ᶜ.

---

1 aquae **B** S. -ua *rv.* | funt **B.**   3 tetheaque **d E** *G.*
-eaeque *C.* -hyaque *B ex Aristot. h. a. IV 4 p. 528*ᵃ. *6 p. 531*ᵃ.
thetea quae **B.** -teque **VR.** -teaeque *v.* | similis *ll. G.* -lia *B.*
cfr. § 99. 117. (151). -liter *Verc.* -les *v.*   3. 4 ischiadicorum
dv. fchia- **B.** scia- **VR.** sciatioco- **E.**   4 si iuri **V.** iuri **R.** |
clysteri **VRd.**   5 dilutif **B** S. -ti **VRd.** -tae *v. om.* b. | sex-
tariis duobus **Rd**(?)*v.*   S II **BD.**   S **V.**   *de* b *non constat.*
6—9 *dist. ego. cfr. XX 96.*   7 holuf **BSD.** *sed cfr. XXXV*
189.   9 carnes **VR.** | recentium *Diosc.*   9. 10 urinā **B**².
    11 iulidae **V.** elide **B.** duride *v.a.B.* | nec pinguibus *S.*
nec pinec. nec pinguibuf **B.** *om. r v.*   12 coci **B**(b?)*D.* co-
qui *r v.* | anetho **B** *v.a.S.*   13 cybia *om.* **V.** | *de dist. cfr.*
XXV 54.   14 pituitam **VRdf** *H.* | bilemque **R**(?)*v.a.S.*
17 gratiffima **B.** | autemno **B**¹. | multo **B**¹. | *an* misceatur?
cfr. § 59.   18 procedentef **B**².   19 corumque **V.** eor- **R.** |
uif **BV.**   20 interranea **V.** -er muta **B.**   21 sanguinem *om.* **V.**

minuere. itaque utilissimi sunt hydropicis, mulierum
purgationibus, morbo regio, articulario, inflationibus, item
obesis, fellis pituitae *quo*que, pulmonis, iocineris, lienis
vitiis, rheumatismis. fauces tantum vexant vocemque ob-
97 tundunt. ulcera, quae serpant aut sint purganda, sanant, 5
item carcinomata cremati ut murices; et morsus canum
hominumque cum melle, lepras, lentigines. cinis eorum
lotus emendat caligines, scabritias, albugines, gingivarum
et dentium vitia, eruptiones pituitae; et contra dorycnium
98 aut opocarpathum antidoti vicem optinent. degenerant in 10
duas species: mitulos, qui salem virusque resipiunt, myiscas
quae rotunditate differunt, minores aliquanto atque hirtae,
tenuioribus testis, carne dulciores. mituli quoque ut murices cinere causticam vim habent et ad lepras, lentigines,
maculas. lavantur quoque plumbi modo ad genarum crassi- 15
tudines et oculorum albugines caliginesque atque in aliis
partibus sordida ulcera capitisque pusulas. carnes eorum
ad canis morsus inponuntur.
99   At pelorides emolliunt alvum, item castorea in aqua
mulsa drachmis binis. qui vehementius volunt uti, addunt 20

---

§ 97 med.: Diosc. II 7. — Scribon. 191. Diosc. de ven. 6.
eupor. II 149. — § 98: Xenocrates 25. — Diosc. II 7. — § 99:
(cfr. Xenocrates 29. schol. Nicand. al. 396).

---

1 inuenere d. -nire **VR**.   2 articularib. **B**. -ari *v.a.H.*
3 obeſiſ **B**S.   obesse (obsesse **R**) *r*.   prodesse *v*. | felli
v.a.H. | pituite **V**. | quoque *ego*.   que **B**b*v*(*S*).   om. *r H*.   (*an
vero* pituitaeque, fellis?). | lieniſ **B**S.   plenis **V**b.   splenis *rv*.
4 uitiſ **B**¹. | reumatiſmiſ **B**.   6 carcinomitaſ **B**¹. -miteſ
B². | *dist. U 713 coll. Diosc.*   7 lentiginis cines **R**.   8 ſca-
britiaſ albugineſ **B**S. om. *r v*.   10 opocarpathum *B*. -phatum
B. oporcarthom **VR**. opachartum b. opocar- *v*. | degenerat **B**.
11 mitulvſ **B**². milutos **VR**. | myiscas **V**d*T B*. mui- **B**¹.
in ui- **B**². muscas **R***v*. -cis b.   12 aliquando **B**. | hirtae &
VR*D*.   13 carneſ **B**. | duriores *v.a.H.*   13. 14 myrices **R**.
muri b. -riciſ **B**²S.   14 cinereſ **B**S.   15 *de* lauantur *cfr.*
XXXIV 168 et Diosc. an potius lauatur?   15. 16 craſſi-
tudinem. ſet (ſed **B**²) **B**.   16 adq. **B**. | aliſ **B**¹*D*.   17 pesu-
las **V**. -lis **R**. puſtulaſ **B**²*v.a.H.* -luas b. | eorum **B**S. uero
eor- *r v*(*D*).   18 morſuuſ **B**¹*D*.   19 ad **V**. et *v.a.H.* | in **B**S.
ex *r v*.   20 quei **B**¹. | uolunt uti **E***v*(*D*). -tati **B**¹. uolunt *r H*.

cucumeris sativi radicis siccae drachmam et aphronitri II.
tethea torminibus et inflationibus occurrunt. inveniuntur
haec in foliis maris sugentia, fungorum verius generis
quam piscium. eadem et tenesmum dissolvunt reniumque
5 vitia. nascitur et in mari apsinthium, quod aliqui seri- 100
phum vocant, circa Taposirim maxime Aegypti, exilius
terrestri. alvum solvit et noxiis animalibus intestina
liberat — solvunt et saepiae —; in cibo datur cum oleo
et sale et farina coctum. menae salsae cum felle taurino 101
10 inlitae umbilico alvum solvunt. piscium ius in patina
coctorum cum lactucis tenesmum discutit. cancri fluviatiles triti et ex aqua poti alvum sistunt, urinam cient
in vino albo. ademptis bracchiis calculos pellunt III obolis cum murra et iride singulis earum drachmis, ileos
15 et inflationes castorea cum dauci semine et petroselino
quantum ternis digitis sumatur, ex mulsi calidi cyathis
IIII, tormina vero cum aneto ex vino mixto. erythini in
cibo sumpti sistunt alvum. dysentericis medentur ranae
cum scilla decoctae ita, ut pastilli fiant, vel cor earum
20 cum melle tritum, ut tradit Niceratus, morbo regio
salsamentum cum pipere ita, ut reliqua carne abstineatur.
  (32) Lieni medetur solea piscis inpositus, item tor- 102

§ 100: cfr. Plin. XXVII 53. — Marc. 28, 2. — § 101: Pl. iun.
46, 8. 9. 51, 4. 5. Marc. 28, 62. — Pl. iun. 47, 13. (Marc. 26, 26).
— extr.: Pl. iun. 97, 1. 2. — § 102: Pl. iun. 55, 14—16. Marc.
23, 44. — Pl. iun. 61, 15—19. Marc. 26, 90. 84. — Pl. iun. 61,

1 cocumerif B¹. | ficcae BEv. -are VRd. -ate T. -atae
(P)H. | duas ll.v. 2 tetheae R(?)C. -hya B. thete v. cfr.
§ 93. 3 hae v.a.S. | fcopulis vet. Dal. | marif B. -inis rv. |
sugentias VRd. -tes C. 4 eaedem C. | renumque B²VRd
v.a.S. 5 absentium R. | alii VTf. ali R. 5. 6 seri-
phium G. 7 noxif B¹VD. 8 liberant B¹. | dist. S. |
dantur d(?)v.a.S. 9 decoctae d(?)v.a.S. 12 & BS. om.
rv. 13 aluum v.a.S. | ademtif bracchif B. | tribus ll.v.
14 murra et J. -rrae & BS. -rre b. myrrae Vdv. -rre R.
-rrha C. | iride J. -def B¹. -dif B²S. trite Rb. -tae Vdv.
-ti C. | eorum d(?)v.a.S. 15 petrosileno V. -lino R. -selini
v.a.S. 17 aceto (om. ex) v.a.H. 18 dyfenteriof B. des-
entericos R. 19 fcillia B. | decocta VR.

pedo, item rhombus; vivus dein remittitur in mare. scorpio marinus necatus in vino vesicae vitia et calculos sanat, lapis, qui invenitur in scorpionis marini cauda, pondere oboli potus, enhydridis iecur, blendiorum cinis cum ruta. inveniuntur et in bacchi piscis capite ceu lapilli; hi poti 5 ex aqua calculosis praeclare medentur. aiunt et urticam marinam in vino potam prodesse, item pulmonem mari-
103 num decoctum in aqua. ova saepiae urinam movent reniumque pituitas extrahunt. rupta, convolsa cancri fluviatiles triti in asinino maxime lacte sanant, echini vero 10 cum spinis suis contusi et e vino poti calculos — modus singulis hemina; bibitur, donec prosit — et alias in cibis ad hoc proficiunt. purgatur vesica et pectinum cibo. ex iis mares alii δόνακας vocant, alii αὐλούς, feminas ὄνυχας. urinam mares movent. dulciores feminae sunt et uni- 15 colores. [Saepiae quoque ova urinam movent et renes purgant].
104   (33) Enterocelicis lepus marinus inlinitur tritus cum melle. iecur aquaticae colubrae, item hydri tritum potumque calculosis prodest. ischiadicos liberant salsamenta e 20 siluro infusa clysterio, evacuata prius alvo, sedis attritus

---

19—21. — § 103: Marc. 26, 56. — Pl. iun. 103, 15. 61, 21—23. Marc. 26, 25. — Diphilus ap. Athen. III 40 p. 90ᵈ. — § 104: cfr. supra § 93. — cfr. Marc. 31, 41.

---

1 rhombuſ B d v. ſtro- T. ho- V. omnib; R. robur E. | dist. ego. (cfr. XXXIII 109). 1. 2 scorpius E v. a. H. 2 in (pro et) E. 4 blandiorum B¹. blenniorum B. 5 in om. E. | lapilli hy V. -llis y E. 6 cauculosis V. calculoſiſ ſex B S. | adiunt B¹. 11 & e BES. et VRv. in d(?)G. | modos R¹E. -dis VR². 12 bibatur B². cfr. § 85. 13 pecten in B². 14 iſ B¹. his r v. | ali B¹. | donacas b B. -nascas VR d. -nicaſ B¹. onicaſ B². dorcas v. | ali B¹. | auluus VR d E D. -los B. aluuſ B¹. -uū B². om. v. cfr. § 151. | femina B². | onycaſ B. 15. 16 uini coloreſ B¹. -riſ B². 16. 17 uncos ego posui auctore H. cfr. supra v. 8. 16 quoque om. VRE. | et om. R d v. a. D. 18 enteroceliciſ B²d T t H. -lici VR. -li B¹b. -lae v. | marinus om. d(?)v. a. S. | inlinitus VR. 20 calculosis om.VR. | hiſciaticoſ B². isciadi- R. | liberent VR. 21 clysteri B². -re v. a. S. | euacuata d b v. et ua- VR. euaquata B¹. aequ- B². | sed hiſ B².

cinis e capite mugilum et mullorum; comburuntur autem
in fictili vase, inlini cum melle debent. item capitis 105
menarum cinis et ad rhagadas et ad condylomata utilis,
sicut pelamydum salsarum capitum cinis vel cybiorum
5 cum melle. torpedo adposita procidentis interanei morbum ibi coercet. cancrorum fluviatilium cinis ex oleo
et cera rimas in eadem parte emendat, idem et marini
cancri pollent.

(34) Panos salsamenta coracino*rum* discutiunt, sciae- 106
10 nae interanea et squamae combustae, scorpio in vino decoctus ita, ut foveantur ex illo. at echinorum testae
contusae et ex aqua inlitae incipientibus panis resistunt,
muricum vel purpurarum cinis utroque modo, sive discutere opus sit incipientes sive concoctos emittere. quidam
15 ita componunt medicamentum: cerae et turis drachmas
XX, spumae argenti XXXX, cineris muricum X, olei veteris heminam. prosunt per se salsamenta cocta, cancri 107
fluviatiles triti; *ad* verendorum pusulas cinis e capite
menarum, item carnes decoctae et inpositae, similiter
20 percae salsae e capite cinis melle addito, pelamydum
capitis cinis aut squatinae cutis combustae. haec est 108

---

§ 105: cfr. infra § 107. Diosc. II 31. — Diosc. II 16. eupor.
I 224. — Diosc. II 12. eupor. I 221. — § 106 med.: Pl. iun. 79,
17—20. Marc. 32, 15. — Pl. iun. 80, 1—6. — § 107: Pl. iun.
79, 21. 20. — (cfr. supra § 105). Diosc. II 31. eupor. I 218. —
§ 108 med.: Pl. iun. 63, 5—8. Marc. 33, 58. — (cfr. Plin. XXX
72). Pl. iun. 64, 6—8. Marc. 33, 5.

---

1 a (*pro* e) VBd. | & multorum B. et mollo- V. mullo-
rumque *v. a. S.*   3 ad *om.* B. | rhagadiaſ B². ragas R.
4 pelamidum B.   5 procidenteſ B¹. -cedentis VR.   6 coe-
rſ& B. | camporum VR. | et VR. | ólea VdG.   7 pariete V. |
item Rv.a.S.   8 pollent BS. -lline rv.   9 pannoſ B². |
coracinorū *ego. cfr.* § 127. -inoſa B. -ini B. -ina r. | discu-
tient R.   10 interaneae (-terr- V) VR.   11 ad BD. | hechi-
norum B². | teſtatae B.   12 panniſ B².   17. 18 *dist. ego*
coll. Pl. iun.   18 ad (*vel* contra) *ego. om. ll. v.* | pusuias V.
puſtulaſ B²v.a.H. *add.* discutiunt v.a.S. | ex dv.a.S. *om.* VR.
    20 percaereae e V. -cera e R. | additae E.   21 putis
E. | combuſtae B (*sc.* cinis). *cfr.* § 122. 124. 126. 79 al.
-ta r v.

9,40 qua diximus lignum poliri, quoniam et a mari fabriles
usus exeunt. prosunt et zmarides inlitae, item muricum
vel purpurarum testae cinis cum melle, efficacius crematarum cum carnibus suis. carbunculos verendorum privatim salsamenta cocta cum melle restingunt. testem, si 5
descenderit, coclearum spuma inlini volunt.

109 (35) Urinae incontinentiam hippocampi tosti et in
cibo saepius sumpti emendant, ophidion pisciculus congro
similis cum lili radice, pisciculi minuti ex ventre eius,
qui devoraverit, exempti cremati ita, ut cinis eorum 10
bibatur ex aqua. iubent et cocleas Africanas cum sua
carne comburi cineremque ex vino Signino dari.

110 (36) Podagris articulariisque morbis utile est oleum,
in quo decocta sint ranarum intestina, et rubetae cinis
cum adipe vetere. quidam et hordei cinerem adiciunt 15
trium rerum aequo pondere. iubent et lepore marino
recenti podagram fricari, fibrinis quoque pellibus calceari,
maxime Pontici fibri, item vituli marini, cuius et adips
27,56 prodest isdem, nec non et bryon, de quo diximus, lac-
111 tucae simile, rugosioribus foliis, sine caule. natura ei 20
styptica, inpositumque lenit impetus podagrae. item alga,
66 de qua et ipsa dictum est. observatur in ea, ne arida
inponatur. — Perniones emendat pulmo marinus, cancri

---

§ 109 extr.: (cfr. Plin. XXX 74). Pl. iun. 62, 13—15. Marc.
26, 122. — § 110: Pl. iun. 68, 11—14. Marc. 36, 32. Seren. 782.
— Pl. iun. 69, 5. Marc. 36, 27. — § 111: Diosc. II 39. eupor.
I 181. Pl. iun. 66, 4. Marc. 34, (17, *ubi fortasse* marinus *scribendum erit*) 15. — Pl. iun. 69, 6—8. Marc. 34, 96.

---

1 a B*S.* e *rv.* 2 zemarides VR d T[1]. mar- B[1]. smar-
v. a. S. 5 teftam B[2]. 6 decenderit B[1]. | fpumam B.
7 incontinentiae R. -ia V. continentiam B. 10 et cremati
d (?) *v. a. J.* 12 signino *om.* B. 13 articularifq. B[1] D. |
utileft B. 17 fibrini R. | calciari VR d *v. a.* H (*S*). -cari E.
18 fimbri R. | idem B E. 19 iisdem T*S. del.* H. item *v.* |
nec non *del. v. a.* H. | bryon d T*v.* brion B. byon V. bion R.
biuero b. 20 fiue cauli B[2]. | ei B*S.* et VR d. est T b.
est ei *v.* 21 stiptica R. | qui B[1]. | imp&uuf B[1] D.
22 & B*S. om. rv.* | ipfa ut B. supra b *v. a.* H. | nearide B[1].
ar- B[2].

marini cinis ex oleo, item fluviatiles triti ustique, cinere
et ex oleo subacto, siluri adips. — In articulis morborum impetus sedant ranae subinde recentes inpositae;
quidam dissectas iubent inponi. — Corpus auget ius
5 mitulorum et concharum.

   (37) Comitiales, ut diximus, coagulum vituli marini 112
bibunt cum lacte equino asinaeve aut cum Punici suco, 8, 111
quidam ex aceto mulso. nec non aliqui per se pilulas
devorant. castoreum in aceti mulsi cyathis III ieiunis
10 datur, iis vero, qui saepius corripiantur, clystere infusum
mirifice prodest. castorei drachmae II esse debebunt,
mellis et olei sextarius et aquae tantundem. ad prae-
sens vero correptis olfactu subvenit cum aceto. datur
et mustelae marinae iocur, item muris, vel testudinum
15 sanguis.

   10. (38) Febrium circuitus tollit iocur delphini 113
gustatum ante accessiones. hippocampi necantur in rosaceo, ut perunguantur aegri frigidis febribus, et ipsi ad-
alligantur aegris. item ex asello pisce lapilli, qui plena ·
20 luna inveniuntur in capite, alligantur in linteolo. phagri
fluviatilis longissimus dens capillo adalligatus ita, ut v
diebus eum, qui adalligaverit, non cernat aeger, ranae in
trivio decoctae oleo abiectis carnibus perunctos liberant

------

§ 112: Diosc. II 85. eupor. I 18. Pl. iun. 94, 15—17. 17—21.
— (cfr. supra § 36. Scribon. 16). — § 113: Pl. iun. 90, 18.
19—21. 89, 1—3. Seren. 912.

------

   1 fluuiatilis **V d T**. | triti uſtique **B** *S*. tritusque **V R**. -us
eque **d T**. tritis atque **b**. triti sicque *v*. | in cinerem *coni*. *S*.
   2 ex *om. v. a. S*. | subacto *ego*. -ti & *ll. v*.   4 augen-
tiuſ **B**.   7 asineue **V R**. -ninoue **d**(?)*v. a. S*. | suco *om.* **d**.
8 ex *om.* **B**. | pilulas per se **V R d**.   9 tribus *ll. v*.   10 iiſ
B¹*v*(*S*). hiiſ **B**². his *r C*. | quia **V**. | clysteri **V R d**. cluſt- **B**¹.
cliſt- **B**². *an* clysterio? *cfr. § 104*.   11 duae *ll. v*.   12 ad
om. **B**.   12.13 praesensu **V R**.   13 olfactuſ (sol- **V**) **B V R d**. |
ubi uenit **B**.   14 iocur *ego*. iec- *ll. v*. ·   16 iocur **B**¹. iec- *r v*.
   17. 18 roseo **V d** *H*. *cfr. § 77*.   18. 19 alligantur **V T ſ**.
   20 phagri **b** (**B** *in ind*.) *S*. *cfr. § 150*. fagi **B**. pagri *r v*.
   21 quinque *ll. v*.   22 quei **B**¹. | adalligauerat **V**. alliga-
uerit **d b** *v. a. S*. -rat **R**.   23 oleo decoctis carnibus perunctis **R**.

114 quartanis. sunt qui strangulatas in oleo ipsas clam ad-
alligent oleoque eo perunguant. cor earum adalligatum
frigora febrium minuit et oleum, in quo intestina decocta sint. maxime autem quartanis liberant ablatis unguibus ranae aeque adalligatae et rubeta, si iocur eius   5
vel cor adalligetur in panno leucophaeo. cancri fluviatiles
triti in oleo et aqua. perunctis ante accessiones in febri-
115 bus prosunt; aliqui et piper addunt. alii decoctos ad
quartas in vino e balineo egressis bibere suadent in quartanis, aliqui vero sinistrum oculum devorare. Magi oculis 10
eorum ante solis ortum adalligatis aegro ita, ut caecos
116 dimittant in aquam, tertianas abigi promittunt. eosdem
oculos cum carnibus lusciniae in pelle cervina inligatos
praestare vigiliam somno fugato tradunt. in lethargum
vergentibus coagulo ballaenae aut vituli marini ad ol- 15
factum utuntur. alii sanguinem testudinis lethargicis inlinunt. tertianis mederi dicitur et spondylus percae adalligatus, quartanis cocleae fluviatiles in cibo recentes;
quidam ob id adservant sale, ut dent tritas in potu.
117   (39) Strombi in aceto putrefacti lethargicos excitant 20
odore. prosunt et cardiacis. cachectis, quorum corpus
macie conficitur, tethea utilia sunt cum ruta ac melle. —

---

§ 114 med.: Seren. 113. — Pl. iun. 89, 7—9. 90, 21—23. —
§ 115 extr.: Pl. iun. 89, 21. 90, 1. 2. — § 116: (cfr. Aelian. I 43).
— Diosc. eupor. I 14. — § 117 med.: Pl. iun. 95, 5—7. — extr.:

---

1 iftrangulataf **B**.   3 in quo *om.* **VR**.   4 quartanaf **B**.
5 aeque *ego.* (*de mendo cfr. XXXIV 165*). atque *ll.* **T** *S. om.*
d(?)*G.* et *v.* aquaticae *J coll. § 118.* | rubeta *vet. Dal.* -tae
ll. v. | fi **B** *S. om. rv.* | iocur **B**[1]. iec- *rv.*   6 adalligatur
v. a. **S**. | leucophaeo **BB**. -pho *rv.*   7 et aqua **VR**d*bv.* qua
& **B**[1]. & **B**[2].   9 quartanas **VR**d. | balneo **B**[2]*v. a. G.*   10 de-
uorari **VR**d. -ri iubent *v. a.* **S**.   12 aqua **B**[2].   13 ceruinę
R. | inligatos **VRT** *S*. -tae **B**. adalligatos **d**(?)**bv**.   14 in **T** *v.*
in **B** *spat. vac. om. r.* | letharcum **V**. latargum **R**. lethargo **B**[2].
15 uergentef **B**[2]. | coagulo *om.* **R**. | ut **R**.   16 testudinum
Rd(?)*v. a. D. cfr. § 112.*   17 et *om.* **B**. | //fphondylif// **B**[2] (f *in*
ras.; fuerat efphondyluf: *cfr. v. 1*). | per se **B**.   19 dedent
trites **V**.   20 putref facti **B**.   21 adhaectis **VR**. cachecti-
cis *v. a.* **S**.   22 ethea **Vf**. et ea **dT**. tethya **B**. *cfr. § 93.*

Hydropicis medetur adips delphini liquatus et cum vino
potus. gravitati saporis occurritur tactis naribus unguento
aut odoribus vel quoquo modo opturatis. strombi quoque
carnes tritae et in mulsi III heminis pari modo aquae
5 aut, si febres sint, ex aqua mulsa datae proficiunt, item
sucus cancrorum fluviatilium cum melle, rana quoque 118
aquatica in vino vetere et farre decocta ac pro cibo
sumpta ita, ut bibatur ex eodem vase, vel testudo decisis
pedibus, capite, cauda et intestinis exemptis, reliqua carne
10 ita condita, ut citra fastidium sumi possit. — Cancri
fluviatiles ex iure sumpti et phthisicis prodesse traduntur.

(40) Adusta sanantur cancri marini vel fluviatilis 119
cinere ex oleo; ichthyocolla, ranarum cinere ea, quae
ferventi aqua combusta sint; haec curatio etiam pilos
15 restituit. item cancrorum fluviatilium cinere putant utendum cum cera et adipe ursino. prodest et fibrinarum
pellium cinis. — Ignes sacros restingunt ranarum viventium ventres inpositi, pedibus posterioribus pronas adalligari iubent, ut crebriore anhelitu prosint. utuntur et
20 silurorum salsamenti capitum cinere ex aceto. — Pruri-
tum scabiemque non hominum modo, sed et quadripedum
efficacissime sedat iecur pastinacae decoctum in oleo.

(41) Nervos vel praecisos purpurarum callum, quo 120
se operiunt, tusum glutinat. tetanicos coagulum vituli

Pl. iun. 95, 7. 8. — § 118: (Diosc. eupor. II 73). — Pl. iun. 96,
5—8. 41, 16. 42, 1. — § 119: Pl. iun. 83, 16. 84, 12—14. 15. —
extr.: Pl. iun. 100, 13. — § 120 extr.: Pl. iun. 72, 19. Marc. 35, 3.

---

1 quiatus V. 3 quo (om. que) VR. 4 tribus ll.v. |
parſi B¹. | modo quae VR. 5 aquae mulsae E. | item om. E.
7 ferre B¹. cum farre V. 11 ex iure — 12 fluuiatilis
om. E. 11 pthiſicif B. physi- VR. 12 fluuiatileif B¹.
-les VR. 13 ex—cinere BS. om. ll.v. | ac ranarum S e coni.
J. | et dEBrot. et ea v.a.S. | que B². 15 item ego (et dist.).
cum ll.v. | ranarum R(?)H. | putant cera VR. -antque v.a.S.
16 et cū cera R. 17 restringunt VR. 18 ſuperiori-
buſ B. 18. 19 adalligar B¹. -gare VRſ. 20 ſilulorū B. |
salsamenta VR. -tis coni. J. sed cfr. § 127. 23 ue B².
om. b v.a. G. | praeciosos R. | calium V. callium R. cauum B.
23. 24 quos operiunt VR.

adiuvat ex vino potum oboli pondere, item ichthyocolla,
tremulos castoreum, si ex oleo perunguantur. mullos in
cibo inutiles nervis invenio.

121 (42) Sanguinem fieri piscium cibo putant, sisti po- 5
lypo tuso inlito, de quo et haec traduntur: muriam ipsum
ex sese emittere et ideo non debere addi in coquendo,
secari harundine, ferro enim infici vitiumque trahere
natura dissidente. ad sanguinem sistendum et ranarum
122 inlinunt cinerem vel sanguinem arefactum. quidam ex
ea rana, quam Graeci calamiten vocant, quoniam inter 10
harundines fruticesque vivat, minima omnium et viridis-
sima, sanguinem cineremve fieri iubent, aliqui et nascentium ranarum in aqua, quibus adhuc cauda est, in calice
novo combustarum cinerem, si per nares fluat, infercien-
123 dum. diversus hirudinum, quas sanguisugas vocant, ad 15
extrahendum sanguinem usus est. quippe eadem ratio
earum, quae cucurbitarum medicinalium, ad corpora le-
vanda sanguine, spiramenta laxanda iudicatur, sed vitium,
quod admissae semel desiderium faciunt circa eadem tem-

cfr. Diosc. II 26. eupor. I 230. — § 121: Pl. iun. 73, 3—5. —
Diosc. II 28. eupor. I 209. — § 122: cfr. supra § 75. Isid. XII
6, 58. — § 123 med.: Seren. 784.

1 ex — 2 tremulos om. b. 1 potum Bv. intum VR.
sumpt- dT. 2 tremulos iuuat v.a.H. | caftoreo B. (an recte
ad seqq. referendum?). de collocatione verborum cfr. XXXIV
13. 56. 3 inuenio fieri v.a.G. 4 fieri VRdEG. cieri
vet. Dal. (cfr. XXIV 182). om. v. fleri B¹. flvere B²D cum
U 716. de mendo cfr. XXXIV 103. 122. XXXVII 40.
XXIII 115. (conici possit etiam depleri: cfr. XVIII 148).
5 inlitu E. -toque v.a.D. 7 enim (aen- V) VRdB(D). om.
BS. eminent (-te v) in Ev. | infici BG. -igi VR. intingi B.
om. Ev. | que om. B¹. 8 diffidente BS. desinente rG. de-
serente v. | sistendum — 9 sanguinem om. E. 12 cineremue
dTEH. -rem uel VR. -remque B. -rem (del. sanguinem) v.
14 nouo om. VR. | sup R. 14. 15 inferciendum J coll.
XXV 83. (XXXIII 25). inperficiendum (-fiti- E) ll. iniic- C.
infic- v. 15 diuersis VR. | herudinum V. hirund- BE.
17 cucurbitularum VdTH(D). (cfr. Marc. 15, 1. Scribon. 46.
67). 18 iudicantur E. 19 admississe V. -isisse Rd.
19 et p. 91, 1 edentē per era B¹.

pora anni semper eiusdem medicinae. multi podagris
quoque admittendas censuere. decidunt satiatae et pondere ipso sanguinis detractae aut sale adspersae; aliquando
tamen relinquunt adfixa capita, quae causa volnera insana-
5 bilia facit et multos interemit, sicut Messalinum e consularibus patriciis, cum ad genu admisisset, in veneni virus
remedio verso. maxime rufae ita formidantur; ergo su- 124
gere orsas forficibus praecidunt, ac velut siphonibus
defluit sanguis, paulatimque morientium capita se con-
10 trahunt, nec relinquuntur. natura earum adversatur cimicibus, suffitu necat eos. — Fibrinarum pellium cum
pice liquida combustarum cinis narium profluvia sistit
suco porri mollitus.

(43) Extrahit corpori tela inhaerentia saepiarum testae 125
15 cinis, item purpurarum testae ex aqua, salsamentorum
carnes, cancri fluviatiles triti, siluri fluviatilis, qui et alibi
quam in Nilo nascitur, carnes inpositae, recentis sive salsi.
eiusdem cinis extrahit, adips et cinis spinae eius vicem
spodii praebet.

20 (44) Ulcera, quae serpunt, et quae in iis excrescunt 126

---

§ 124 med.: cfr. infra § 136 et XXIX 62. — § 125: Pl. iun.
87, 19. Marc. 34, 36. Pl. iun. 88, 10. 9. — Diosc. II 29. eupor.
I 167. (cfr. Plin. IX 44). — § 126: Pl. iun. 78, 5. — Diosc. II 12.
— Pl. iun. 75, 14—17.

---

1 podagri **VR**.   4 relinquont **B**^{1}*S*. -qunt **B**^{3}. -ncunt
V*D*. | qua **B**^{3}.   5 mesallinum **V**. | se **VR**.   6 ad genu
B^3**E** *Brot*. ad' genum **B**^{1}**R** d **T**. om. **V**.   ad genua *v.* an ad
genam? | in ueneni *J cum P*. inuenit **B**. -iunt *rv*. inuehunt
B.   7 rufa **B**.   7. 8 sugentes *S e coni. J.* -tium *Brot*.
-tia *v. lac. indicavit J*.   8 orſaſ *Littré (D cum U 718)*.
urſaſ **B**^{1}.   oras **VR** d **T**.   ora b*v.*   rvfaſ **B**^{3}*S*. | for/////b; **R**.   for-
cipibus *Brandis p. 37. cfr. § 148*. | siphonibus d(?)*v*. ſipo- **B**^{1}**E**.
ſepo- **B**^{3}. ſapo- *r*.   10 relinquntur **B**. -qunt **V**. -ncuntur
E *SD*.   10. 11 cimicibus **B** *S*. -us et *rv*(*D*).   11 ſufflatu **B**^{3}.
cfr. § 28.   12 ranium **R**.   14 extrahunt *G*.   15 ciniſ—
teſtae **B** *S*. om. *rv*.   16 carnes *om*. **VR**.   16. 17 fluuiatili///
(-liſ **B**^{3}) quie tabile// (-liſ **B**^{3}) quam (qua **B**^{3}) **B**.   17 recenti **B**^{1}. -tes **R** d*v.a.S. an* inpositae siue recentis siue?
cfr. § 135. | ſalſi **B** d **T** *S*. -se **V**b. -sae **R**(?)*v*(*D*).   19 proib&
B^3. obet **R**.   20 hiiſ **B**^{3}. his **VR** d f*H*.

capitis menarum cinis vel siluri coercet, carcinomata percarum capita salsarum, efficacius si cinere earum misceatur
sal et cunila capitata oleoque subigantur. cancri marini
cinis usti cum plumbo carcinomata compescit. ad hoc et
fluviatilis sufficit cum melle lineaque lanugine; aliqui ma- 5
lunt alumen melque misceri cineri. phagedaenae siluro
inveterato et cum sandaraca trito, cacoëthe et nomae et
putrescentia cybio vetere sanantur; vermes innati rana-
127 rum felle tolluntur. fistulae aperiuntur siccanturque sal-
samentis cum linteolo inmissis, intraque alterum diem 10
callum omnem auferunt et putrescentia ulcerum quaeque
serpant emplastri modo subacta et inlita. et allex purgat
ulcera in linteolis conceptis, item echinorum testae cinis.
carbunculos coracinorum salsamenta inlita discutiunt, item
mullorum salsamenti cinis — quidam capite tantum utuntur 15
cum melle — vel coracinorum carnes. muricum cinis cum
oleo tumores tollit, cicatrices fel scorpionis marini.
128   (45) Verrucas tollit glani iocur inlitum, capitis menarum cinis cum alio tritus — ad thymia crudis utuntur —,
fel scorpionis marini rufi, zmarides tritae inlitae, allex 20
defervefacta. unguium scabritiam cinis e capite menarum
extenuat.
129   (46) Mulieribus lactis copiam facit glauciscus e iure
sumptus et zmarides cum tisana sumptae vel cum feni-

---

§ 127: Pl. iun. 78, 6—9. 75, 17—19. — Diosc. II 1. —
Pl. iun. 82, 21. 86, 22. — § 128: Pl. iun. 101, 13. — Diosc.
II 30. (eupor. I 176).

---

2 si *om.* **VR.** | cineri *v.a.S.* | *an* misceantur?   3 capita
VRd.   5 fluuiatilef **B.**   6 mifceri **B**S. -re *rv.* | cineri **BE**v.
-re *r.*   10 lentiolo **B**[1]. -teolo **V.**   12 serpunt **VR**d*v.a.S.* |
allex *J* (alex *H*). hallex **B**[1]. -ec **B**[2]. halpex d**T.** -pe *v.a.B.*
alpex **VR.** alpe ex b. salpe *G.* -pes *B.*   13 linteola **B.** |
haec inorum **V.**   14 inlata **V**d.   15 tantum *om.* **VR.**
15. 16 *dist. J.*   16 carne *v.a.J.*   17 tumorem **R**(?)*C.*
17 cicatrices — 18 tollit *prave iteravit* **B.**   18 iecur **VR**d
v.a.S.   20 smarides **R**(?)*v.a.S* (*ut semper*). | allex *J.* ha-
B[1]**V**v.a.C. -ec **B**[2]. alex *r* *C.*   21 deferrefacta **B**[1]. de farre f-
B[2]. | ungulum (*om.* scabritiam) **B.** | cinisque *v.a.S.* (*dist. S*).
24 et *om.* **VR.** | maridef **B.**

culo decoctae. mammas ipsas muricum vel purpurae testarum cinis cum melle efficaciter sanat, item cancri inliti
fluviatiles vel marini. pilos in mamma muricum carnes
inpositae tollunt. squatinae inlitae crescere mammas non
5 patiuntur. delphini adipe linamenta *inlita* accensa excitant
volva strangulata oppressas, item strombi in aceto putrefacti. percarum vel menarum capitis cinis sale admixto 130
et cunila oleoque volvae medetur, suffitione quoque secundas detrahit. item vituli marini adips instillatur igni
10 naribus intermortuarum volvae vitio, coagulo eiusdem in
vellere inposito. pulmo marinus alligatus purgat egregie
profluvia, echini viventes tusi et in vino dulci poti sistunt
et cancri fluviatiles triti in vino potique. item siluri 131
suffitu, praecipue Africi, faciliores partus facere dicuntur,
15 cancri ex aqua poti profluvia sistere, ex hysopo purgare.
et si partus strangulet, similiter poti auxiliantur. eosdem
recentes vel aridos bibunt ad partus continendos. Hippocrates et ad purgationes mortuosque partus utitur
illis, cum quinis lapathi radice rutaeque et fuligine trita
20 et in mulso data potui. iidem in iure cocti cum lapatho 132
et apio menstruas purgationes expediunt lactisque ubertatem faciunt, iidem in febri, quae sit cum capitis do-

---

§ 130 med.: cfr. Hippocr. morb. mul. II 18 p. 547. — § 131:
Hippocr. morb. mul. I 128 p. 519. — § 132 med.: Diosc. II 26.
(cfr. supra § 28).

---

2 sanat d b v. -ant r. | item B S. om. r v. | inliti om. VR.
3 muricum B S. uel mu- r v (D). 4 adpositae R(?)
v. a. S. 5 linimenta B². | inlita CFWMüller p. 27. om. ll. v.
(an post adipe inserendum?). 6 uolua B¹. uuluae r v. |
strangulata V. -latas b. -lat B². -latu R(?)v. eftragulat/// B¹
(cfr. § 114. 116). 10 aribus VR. | coagul B²J. et cum
coagulo v. a. Brot. 11 inposito T S. -tum ll. J. -tus v. -oni-
tur G. 12 usi VRd. | dist. ego. 13 fluuiatile eftriti B¹. |
uini VR. | potuque B¹. | silurus (ortum ex -ur;) VRd.
14 partuuf B¹D (item v. 17). -tes E. | fieri E v. a. S. 15 hyf-
fopo B. 16 transgulet VR. stranguletur d(?)v. a. S. 18 &
BD. om. r v. 19 quif B². | radicibus cum ruta v. a. S. | tritis
v. a. S. 20 mulsa R. | dato B. -te E. -tis v. a. S. | potui R v.
-tu r S. cfr. nota ad XXIV 148. | idem BVE D. item v. a. H.
22 iidem T S. id- ll. D. item d(?)v. | questi V.

loribus et oculorum palpitatione, mulieribus in vino austero
dati prodesse dicuntur. castoreum ex mulso potum purgationibus prodest contraque volvam olfactum cum aceto
133 et pice aut subditum pastillis. ad secundas etiam uti
eodem prodest cum panace in IIII cyathis vini et a fri- 5
gore laborantibus ternis obolis. sed si castoreum fibrumve
supergrediatur gravida, abortum facere dicitur et periclitari partu, si superferatur. mirum est et quod de tor-
pedine invenio, si capiatur, cum luna in libra sit, triduoque
adservetur sub diu, faciles partus facere postea, quotiens 10
inferatur. adiuvare et pastinacae radius adalligatus umbilico existumatur, si viventi ablatus sit, ipsa in mare
134 dimissa. invenio apud quosdam ostraceum vocari quod
aliqui onychen vocent; hoc suffitum volvae poenis mire
resistere; odorem esse castorei, meliusque cum eo ustum 15
proficere; vetera quoque ulcera et cacoëthe eiusdem cinere
sanari. nam carbunculos et carcinomata in muliebri parte
praesentissimo remedio sanari tradunt cancro femina cum
salis flore contuso post plenam lunam et ex aqua inlito.
135 (47) Psilotrum est thynni sanguis, fel, iocur, sive 20
recentia sive servata, iocur etiam tritum mixtoque cedrio
plumbea pyxide adservatum. ita pueros mangonicavit Salpe

§ 134: Diosc. II 10. (cfr. Xenocr. 28). — § 135: Aelian.
XIII 27. — Diosc. II 20. 16. eupor. I 103.

1 austeri R. hau- V. 2 dato Vf. poti v.a.S. 3 ol-
factu V. 4 aut pice VRf. | aut — 5 panace om. E.
5 quattuor ll.v. 6 fimbriae VR. 8 partus Ev.a.S
10 diuo B²v(S). dio (d?)G. cfr. nota ad XXVII 46. 11 inferatur BEv(S). -retur rH. 12 mare dv. -ri r. 13 de-
miffa B. cfr. § 92. | ostracium VRdv.a.S. 14 onychen v.
-cen B. onechen R. onochen Vd. -ocen b. | uocent BS. -cant
rv. | suffitu VRd. 17 fed B¹. an sanari, item carbunculos.
sed? | muliebri BS. -bris VR. -eres b. -erum d(?)v. 18 &
(pro cum) R. 19 lunam om. B. | illito R(?)C. -tum b. -ta v.
inlitum BdE. -lytum V. 20 filotrum B. cfr. § 76. psilo-
trum //// E (hic desinens). | thynni et VRb. | fanguif. anguif B.
21 & ita (pro etiam) B. an ita et? | cedrio S cum B².
-dro BdTbv. caedro V. -drum R. cedria B¹. 22 puxide
B¹. | mangonicauit (mag- B²) BS. -izauit G. magno necabit
VRd necauit (nega- v) mango bv.

obstetrix. eadem vis pulmonis marini, leporis marini sanguine et felle vel si in oleo lepus hic necetur. .... cancri,
scolopendrae marinae cinis cum oleo, urtica marina trita
ex aceto scillit*e*, torpedinis cerebrum cum alumine inlitum
5 XVI luna. ranae parvae, quam in oculorum curatione 136
descripsimus, sanies efficacissimum psilotrum est, si re- 74
cens inlinatur, et ipsa arefacta ac tusa, mox decocta III
heminis ad tertias vel in oleo decocta aereis vasis. eadem
mensura alii ex XV ranis conficiunt psilotrum, sicut in
10 oculis diximus. sanguisugae quoque tostae in vase fictili 75
et ex aceto inlitae eundem contra pilos habent effectum.
[Hic suffitus urentium eas necat cimices]. inun*c*to castoreo quoque cum melle pro psilotro usi pluribus diebus
reperiuntur. in omni autem psilotro evellendi prius
15 sunt pili.

(48) Infantium gingivis dentitionibusque plurimum 137
confert delphini cum melle dentium cinis et si ipso dente
gingivae tangantur. adalligatus idem pavores repentinos
tollit. idem effectus et caniculae dentis. ulcera vero, quae
20 in auribus aut ulla parte corporis fiant, cancrorum fluviatilium sucus cum farina hordeacea sanat. et ad reliquos 138

---

§ 136: Seren. 668 sqq. — Seren. 670 sqq. — Pl. iun. 105, 13.
— (cfr. supra § 124). — Pl. iun. 105, 10—12. — § 137: Pl. iun.
28, 19—21. 22. — § 138 extr.: Isid. XII 6, 25. 41.

---

1 uia **VR**d. uis est *v.a.S.* | pulmonis *v.* -ni *ll.H.* | marini
Bb*v*. -no **VR**d*H*. | marini *om.* **B**. -no **R**.   1. 2 fanguine **B***v*.
-nem b. -ni *rH*.   2 felli d**T***H*. | lepus *om.* **R**d(?)*HJD*. | *lac.*
ego indicavi; exciderunt fere item adhibetur.   3 tritū **B**.
4 scillite **B**. -tico **B²***S*. -to *rv*. *cfr. nota ad XXVI 114.*
4. 5 inlito VI **VR***H*.   6 efficaciſſimum **B***S*. -me *rv*. | si *om.*
VR.   7 tribus **V**d*bv*.   7. 8 tribus heminis *om.* **R**. tribus—
decocta *om.* **B**.   8 aeris **V**. ueris **R**. aeneiſ **B²**. *cfr. § 41.*
      9 e xv **R***S*. e xxv **B²***D*. *cfr. § 75.* | filotrum **B**.   11 et
om. **VR**b.   12 *uncos posui cum U 719. cfr. § 124.* | hic *ll.S.*
hic et *Brot.* et *v*. | faſ **B**. | *dist. ego.* | inuncto *ego. cfr. § 120.*
inuecta **VR**d*b*. -tas *v*. -tos *Brot*. inuice **B**. -cem *coni. J¹*.
cfr. XXIX 62. unice *S e coni. J²*.   14 psilotro (-thro *v*) d*S*.
pro (pe **R**. proae **V**) psil- *ll*.   16 dentibuſq. **B²**.   17 uniſ
B¹. unvſ **B²**.   18 tangentur **B¹**. | pau// oreſ **B¹**.   19 quae
uero **VR**.   21 repi quoſ **B¹**.

morbos triti in oleo perunctis prosunt. siriasim infantium
spongea frigida cerebro umefacto rana inversa adalligata
efficacissime sanat. aridam inveniri adfirmant.

(49) Mullus in vino necatus vel piscis rubellio vel
anguillae II, item uva marina in vino putrefacta iis, qui 5
inde biberint, taedium vini adfert.

139 (50) Venerem inhibet echeneis, hippopotamii frontis
e sinistra parte pellis in agnina adalligata, fel torpedinis
vivae genitalibus inlitum. concitant coclearum fluviatilium
carnes sale adservatae et in potu ex vino datae, erythini 10
in cibo sumpti, iocur ranae diopetis vel calamitis in pellicula gruis adalligatum vel dens crocodili maxillaris ad-
nexus bracchio vel hippocampus vel nervi rubetae dextro
lacerto adalligati. amorem finit in pecoris recenti corio
rubeta adalligata. 15

140 (51) Equorum scabiem ranae decoctae in aqua ex-
tenuant, donec inlini possint. aiunt ita curatos non repeti
postea. — Salpe negat canes latrare, quibus in offa rana
viva data sit.

(52) Inter aquatilia dici debet et calamochnus, Latine 20
adarca appellata. nascitur circa harundines tenues e spuma aquae dulcis ac marinae, ubi se miscent. vim habet

---

§ 139: cfr. Plin. IX 79. Aristot. h. a. II 14 extr. — § 140:
Veget. mulom. V 70, 5. — Isid. XII 6, 59. — Diosc. V 136.

---

1 ſiriaſ B. -asesque v.a.H. cfr. XXII 59. XXX 135.
3 arida R. -dvm B². 5 duae ll.v. | putrefactae B¹. | hiiſ B².
6 adfert Bv. -ferat r. an adferūt? 7 inhibent B². |
aechineis VR. et cinis bv.a.B. echini B. | hippopotamii BD.
-mi rv. cfr. nota ad VIII 95. | fontiſ B. 8 in del. B². | alli-
gata VT. -to R. | torpediſ B. 9 inlitu R. 10 erythinni V.
erith- R. 11 iocur ego. iec- ll.v. | diophetis (diup- R) VR.
-phitiſ B. cfr. § 70. | et v.a.G. | galamitis VR. 12 grauis
VR. 14 adalligatae B. 16 ranaeque coctae B. 17 poſ-
ſint B²S. -ſſunt B¹. -ssit rv. | aiunt ita RdT(?)H. -taque b.
-ntque ita v. aiuncta V. nunti& B. an aiunt et? | curato ſi
B¹. -toˢ ſi B². an curatos sic? 18 sal pene (poene R) VRb.
20 dicei B¹. | calamocanuſ B¹. -ocnuſ B². 21 adarcha
VRdv.a.G. | appellatur R. | tenuis bS. 22 miscentum VR. |
habent B.

causticam, ideo acopis utilis et contra perfrictionum vitia.
tollit et mulierum lentigines in facie. et calami simul 141
dici debent: phragmitis radix recens tusa luxatis medetur
et spinae doloribus ex aceto inlita, Cyprii vero, qui et
5 donax vocatur, cortex alopeciis medetur ustus et ulceribus veteratis, folia extrahendis quae infixa sint corpori et
igni sacro. paniculae flos aures si intravit, exsurdat.

Sepiae atramento tanta vis est, ut in lucernam addito
Aethiopas videri ablato priore lumine Anaxilaus tradat. —
10 Rubeta excocta aqua potui data suum morbis medetur vel
cuiuscumque ranae cinis. — Pulmone marino si confri-
cetur lignum, ardere videtur adeo, ut baculum ita prae-
luceat. —

11. (53) Peractis aquatilium dotibus non alienum 142
15 videtur indicare per tot maria, tam vasta et tot milibus
passuum terrae infusa extraque circumdata mensura, paene
ipsius mundi quae intellegatur, animalia centum quadraginta quattuor omnino generum esse eaque nominatim
complecti, quod in terrestribus volucribusque fieri non

---

§ 141: Diosc. I 114. (cfr. Plin. XVI 165. XXIV 86. 87). —
Isid. XII 6, 46. cfr. Sext. Empir. Pyrrh. hyp. I 14 p. 10. —
§ 142: Isid. XII 6, 63.

1 cauticam B. causti cū R. | acepustulis et VRd. acepus
utile b. acopis additur v.a.S. | perfrigationum VR.   3 dulci
V.   4 cypri BVbv.a.B(D).   5 alopiciif B². | uftif B.
6 an inueteratis, ut XXVI 147. XXIX 65? (alias uetera
XXII 125. XXIV 74. 81. 131. XXVI 145. XXVII 63, ue-
tusta XXII 74. XXIII 87. XXIX 31, uetustas XXI 127).
ueteratus tantum ap. Scribon. 140. | infixas in V. om. R. | cor-
pore R. torporae V.   8 sepia R. | lucernam ego. cfr. XXVI
136. XXXIV 165 et Silligii nota ad XXXII 52. -na ll.v.
9 adlato B. | uolumine VdT. | tradit B.   11 cuiusque V(?)
dTH.   12 ui (pro ut) VR.   14 peractif BdTS. -ta rv. |
dote v.a.S.   15 tot// millibuf B¹.   16 infuta B¹. infra B².
an interfusa, ut II 173? | circumdatam mensuram VRd.
17 intellegatur ego (et dist.). -antur ll.v. inueniantur Birt 47. |
centum om. v.a.B.   17.18 septuaginta v.a.S.   18 quattuor
ll.Brot. sex B coll. indice. vii v. | omniv̄ B²v.a.G. | aquae B.
19 compl&i B. | que que B¹. quę //// B².   19 et p. 98, 1
non quid V. nequit B².

143 quit. neque enim omnis Indiae Aethiopiaeque aut Scy-
thiae desertorumve novimus feras aut volucres, cum hominum ipsorum multo plurimae sint differentiae, quas
invenire potuimus. accedat his Taprobane insulaeque aliae
*at*que aliae oceani fabulose narratae. profecto conveniet 5
non posse omnia genera in contemplationem universam
vocari. at, Hercules, in tanto mari oceanoque quae nascuntur certa sunt, notioraque, quod miremur, quae profundo natura mersit.

144   Ut a beluis ordiamur, arbores, physeteres, ballaenae, 10
pistrices, Tritones, Nereides, elephanti, homines qui marini vocantur, rotae, orcae, arietes, musculi et alii piscium
forma arietes, delphini celebresque Homero vituli, luxuriae vero testudines et medicis fibri — quorum generis
lutras nusquam mari accepimus mergi, tantum marina 15
145 dicentes —, iam caniculae, drinones, cornutae, gladii,
serrae, communesque terrae, mari, amni hippopotami,
crocodili, et amni tantum ac mari thynni, thynnides, siluri, coracini, percae.

Peculiares autem maris acipenser, aurata, asellus, 20
acharne, aphye, alopex, anguilla, araneus, boca, batia,

---

§ 144: Homerus δ 436. — § 145: Isid. XII 6, 16. — Aristot.
h. a. IX 2 init. Isid. XII 6, 9.

---

2. 3 homirum **B**[1] nimi- **B**[2].   3 funt **d**(?)*Brot.* sicut **R**.
    4 infulaeque **B**[1]**Rb***v*. -lae quae **V**. -la eque (atque *D*) **d***D*.
-lae **B**[2].   4. 5 aliae atque *ego*. aliaeq, **B**. *om. r v cfr. XXXV
150. II 230. XIII 105. XV 53. XVIII 265 et II 208. IX 2.
168. XXXIV 144. XXXVI 136. XXXVII 131.   5 fabu-
lofae **B**.   7 ad **B***D*. | oceano **VR**d*v.a.S*. | quae **Bb**(*B*)*S*.
quaeque **VR**f*v.a.C*. quaecumque **d**(?)*C*.   8 aliquae **B**. *an*
aliqua quae?   11 piftrices *ll.v*(*S*). priftes *B coll. IX 4. 8.
41.* | tritionef **B**.   12 ali **B**[1]*D*.   13 arietes *ll.v. cfr. IX
10 et 145.* quadripedes *Birt 164. an* terreftres?   14 generif
B*S*. -ra *r* (*om.* lutras *v*). e genere *B*.   15 lytras **V**d. lit- **R**.
    16 drinonef **Bb***S*. dryn- *r* d f*v.a.B*. dromo- *B*. simo- *Birt
165 coll. IX 23. an* turfiones? *cfr. IX 34.*   17 terra **B**.
    18 et amne **VR**b. | thunni **B**[1]. thinni **B**[2]. | thynnides *v*.
oth- **B**. thydines **V**. tid- **R**. thinide b.   20 accipiens et **VR**.
    21 acarne **R***v.a.H.* | aphyae **B**[1]. -ya *v.a.S.* afię **R**. | alo-
pex **B***S coll. IX 145.* -pia **VR**. -phia b. -pecias *B*. -peca *v*. |

bacchus, batrachus, belonae, quos aculeatos vocamus,
balanus, corvus, citharus, rhomborum generis pessimus, 146
chalcis, *c*obio, call*aria*s, asellorum generis, ni minor esset,
coli*ae* sive **Parianus** sive **Sexitanus** a patria Baetica, la-
5 certorum minimi, ab iis *nostra*tes, cybium — ita vocatur
concisa pelamys, quae post XL dies a Ponto in Maeotim
revertitur —, cordyla — et haec pelamys pusilla; cum
in Pontum a Maeotide exit, hoc nomen habet —, cantharus, callionymus sive uranoscopos, cinaedi, soli piscium
10 lutei, cnide, quam nos urticam vocamus, cancrorum genera, 147
chemae striatae, chemae leves, chemae peloridum generis,
varietate distantes et rotunditate, chemae glycymarides,
quae sunt maiores quam pelorides, coluthia sive coryphia,

---

§ 146: cfr. Plin. IX 155. Isid. XII 6, 13. — Xenocrates 34.
Athen. III 84 p. 116°. 92 p. 121ª. Martial. VII 78, 1. — § 147:
Xenocr. 31. 32. 33. 22. (cfr. Athen. III 33 p. 87ᵇ). Isid. XII
6, 50. Xenocr. 23.

---

foca **B²**. box *v.a.S. cfr. Birt 184.* | batia (bacia **R**) *ll.S.* -tis *B.*
-tea *v. cfr. § 77.* 1 belonae **Bb**v(*S*). -ne **Rd** *Lugd.* bel-
lone **V.** 2 rhomborum *ll.S.* e rho- **H.** chro- *v.* | generif
BbS. -ra *rv.* -re **H.** 3 cobio *B.* gob- *ll.v.* | callarias *B*
ex Hesychio. cfr. Birt 178. callyris **R.** cull- **V.** coll- **Bb**f**J**
coll. IX 61. collurus *v.* 4 coliae *Birt 169.* -ias *B.* collia **B.**
colla *rv.* | fexitanuf **BdT**H. *cfr. III 8.* sextia- **R.** sexta- **V.**
saxta- b*v.* saxita- *B.* | baeticae **B.** 5 minimae **B.** -ma b
v.a.H. | iis d*v.* if **B¹.** his *rS.* | nostrates *ego* (i. e. Amyclani:
cfr. Athen. III 92 p. 121ª). moncrefef **B.** -renses **D.** monci
(monti **R**) ēē **VRd.** nonei (mo- b²) esse b. Maeotici *B.* omo-
tarichus *Birt 169.* 6 pelamuf **B.** | meothym **V.** medio- **R.**
  7 cordule b. condyla d. -dila **VR.** 8 a *ll.D. cfr. § 108.*
e d(?)v. | exit **Bb**v. ex *r.* 9 callaonymuf **B.** callionimus **V.** |
uranuscopus **V.** ranosc- b. orneofcopof **B.** *cfr. § 69.* | pisci b.
pirium **Vd.** pyr- **R.** 10 cnide **B**v. conide *r.* | acancrorum
B². -nororum **B¹.** 11 chamae d**T**v.*a.S* (*item infra*). | fyria-
tae **B.** trachea *B ex Athenaeo.* | chemaf **B.** | leos **B.** | peturi-
dum **Rd.** peter- **V.** potor- b (-des *v a.B*). 12 glycyamridis
(clyc- **V.** -cia- d) **VRd.** glyciamaridis b. -merides *B.*
13 quae — pelorides *om.* **B.** | minores *Schneider e Xenocr.,*
sed cfr. Birt 167. | cyletiha **R.** -thyha **V.** dilcehia b. coly-
cia *B. cfr. § 84.* | coryphia *S e Xenocr.* -phea **B.** -thia *H.*
corophia *rv.* -phya *Lugd.*

concharum genera, inter quae et margaritiferae, cochloe,
quorum generis pentadactyli, item helices (ab aliis actino-
phoroe dicuntur), quibus radii; .... cantant — extra
148 haec sunt rotundae in oleario usu cocleae —, cucumis,
cynops, cammarus, cynosdexia, draco — quidam aliud 5
volunt esse dracunculum; est autem gerriculae amplae
similis, aculeos in branchiis habet ad caudam spectantes;
sic *ut* scorpio laedit, dum manu tollitur — erythinus,
echenais, echinus, elephanti locustarum generis nigri,
pedibus quaternis bisulcis — praeterea bracchia *iis* II 10
binis articulis singulisque forcipibus denticulatis —, fabri
sive zae*i*, glauciscus, glanis, gonger, g*e*rres, gaḷeos, garos,
149 hippos, hippuros, hirundo, halipleumon, hippocampos,

---

§ 148: Isid. XII 6, 42. 17. — extr.: (cfr. Colum. VIII 16, 9).

---

1 concarum **B²**. -corum **B¹** | cochloe **R** S. -loae **V**. -leae *v*.
cochroe **B**. *an* conchoe? *cfr. Hesych. s. v.* στρεβλῶ.   2 penta-
daſtuli **VR**d. -dactyles *v.a.H*. spenradactili **b**. | item *ll.S*.
om. v. | helices ab aliis *J cum Schneidero*. *(de mendo cfr. XVIII*
317). -ceſ ab hiſ **B**. -ces aliis *S*. -cembalis **R**. -cembasilis **V**.
elicembale **b**. melicembales *v*.   2. 3 actinophore **V**. -rae
Rdſ*H*. echino- *v*.   3 radii **B**S(D). *om. r v(J)*. | *lac. ego indi-*
cavi. exciderunt fere item oblongae, quibus bucinae modo.
cfr. U 720. Birt 167. his *D*. | canthant **B**. | ex **B**.   4 his **B²**.
has *H*. | rotundi (rut- **V**) **VR**d. | coclei e **B¹**. -lea et **B²**. | co-
cumiſ **B**ₜ   5 cynops **b**J *cum* **B²**. -poſ **B**v(S). -pus *Ven. cum*
B¹(*Brot*.). *om. r*d**T**H. cynosopa *Birt 181*. | cammarus *om*. **VR**
d**T**H. | cynosdexia *v*. -extia **b**. -extria **VR**d. -enti **B**. cyno-
dontis *coni. J*. cynes, dentex (*vel* dentrix) *Birt 181*.   6 gerri-
culae **B**d*H*. geri- **VRT**ſ. garricule **b**. graculo **B**. | amplae **B**J.
om. r v.   7 aculeos **VR**d**b**v(*J*). *cfr. Isid*. -leum **B**S(D). |
brachiis **V**d. | ad **B***Isid.v*. et *r*. | spectantes d*Isid. G*. -tis **b**v(*J*).
-tem **B**S(D). expectantis **V**. -tes **R**.   8 sic ut *Hack*. sic et *ll.v*. |
mane **VR**.   9 echenahis **R**. -neis *v.a.J. cfr. § 2*. | lucuſtarum
BV. locist- **R**.   10 iis *ego. om.ll.v*. (*an vero* praeterea—11 den-
ticulatis *delenda ut glossema ex IX 97?*). | duo *ll.v*.   11 for-
cipibuſ **B**S. *cfr. Brandis p. 37*. forficibus **VR**d**T**ſ*H*(*J*). -ficulis
bv. | fabri *ll.v*(*J*). -ber *G*.   12 zaei *ego*. zaes **VR**d**b**J. zaiſ **B**.
zaeus *S coll. Hesych. s. v.* zeus *B coll. IX 68. cfr. Birt 177*. |
glauciſcuſ **B**d*S* (-isci *B*). gau- **VR**. -isci *v*. ganeiscis **b**. | conger
Bv.a.*B*. ganger **R**. | gerres *B e Martial. III 77,7. XII 32,15*.
girres *ll.J*. gyres *v*.   13 hippus d*v.a.S*. hyppus **V**. | alipleumon

hepar, ictinus, iulis, lacertorum genera, lolligo volitans,
locustae, lucerna, *l*elepris, lamirus, lepus, leones, quorum
bracchia cancris similia sunt — reliqua pars locustae —,
mullus, merula inter saxatiles laudata, mugil, melanurus,
5 mena, maeot*es*, murena, mys, mitulus, myiscus, murix,
oculata, ophidion, ostreae, otia, orcynus — hic est pelamydum generis maximus neque ipse redit in Maeotim,
similis tritomi, vetustate melior —, orbis, orthagoriscus, 150
phager, phycis saxatilium qu*aedam*, pelamys — earum
10 generis maxima apolectum vocatur, durius tritomo —,
porcus, p*h*thir, passer, pastinaca, polyporum genera,
pectines — maximi et in his nigerrimi aestate laudatissimi, hi autem Mytilenis, Tyndaride, Salonis, Altini, *C*hia
in insula, Alexandriae in Aegypto —, pectunculi, pur-

---

§ 149 med.: cfr. Plin. XXXII 17. 152. — Xenocr. 28. 32.
33. — § 150: Xenocr. 33. (cfr. Plin. IX 48). — Xenocr. 19.

B[1]*v.a.B.* alii pl- **B**[2].　　1 geraar **B.** hepatos *Birt 174.* | icti-
nuſ **B***S coll. IX 81.* cat- **R.** cot- **V.** cotinos *b v.* helacathenes
C cum B. | iulis *S e coni. J.* iuliiſ **B.** siue **VR.** sunt *b v.*
2 lucernae *v. a. J(D).* | lelepris *J ex Hesych.* elepris **R**d*Tb.*
elaep- **V.** elepaſ **B.** lepas *S.* lepris *Brot.(D).* liparis *v.* | la-
miruſ **B**[2]**VR***D.* -riis *b.* -muruſ **B**[1]. -myrus *d*(?)*v.* larinus *S*
ex Hesych. cfr. Birt 116. 177.　　3 cancri **R.**　　4 mulus **R.** |
merulae **B**[1].　　5 moena **VR.** maena *d*(?)*Lugd.* | maeotes *Birt*
*182 ex Athenaeo VII 88 p. 312*ᵃ *et Aeliani n. a. X 19.* -otiſ
B*S.* metis *r v.* meryx *C cum B.* | mir **R.** | mituluſ **B**[2]d*bG.*
-ulluſ **B**[1]. milulus *r.* myllus *B.* mylus *v.* | myiſcuſ **B**d*H.*
muscus *r.* mis- *v.* myscus *G.* -stus *B.*　　6 ostreaae **VR.**
-rea *v. a. D.* (eotia *v. a. B*). | hoc **VR**d.　　7 ipſe **B***S.* piae **VR.**
pye d*T.* om. *b v.* sospes *Birt 167 e Xenocr.* (ὑγιής).　　8 tritomi **B**b*S.* -tom **V.** -ton **R.** -toni *v. an* tritomo ni? *cfr.*
Xenocr. (πλήν).　　9 quaedam *Birt 174.* que *ll. v. del. B.*
10 apolectus *v. a. S.* -tos *vet. Dal.* | dyrius **V**d. dirius **R.** du-
rior *C.* | tritomo **BV**b*S.* -onio **R**d. -one *B.* -on *v.*　　11 phor-
cus *v. a. S.* | phthir *S.* pthir **B.** phtiarum **VR.** pitiarus *b Brot.*
phita- *v.* phthita- *Dal.*　　12 in his **B***D cum U 721.* om *r v.* |
dist. Birt 168.　　13 hi autem **B***D.* autem *r S.* om. *v.* | myti-
leus **V.** miti- **R.** -teleus *b.* | altini chia (in chia *J*) *S.* -nicia
BVRd. -niacia *b.* -ni antii *B.* -natia *v.*　　14 in *b v(D).*
om. *r S.* | aegyptū **VR.**

purae, pegrides, pina, pinoteres, rhine, quem squatum
151 vocamus, rhombus, scarus, principalis hodie, solea, sargus,
squilla, sarda — ita vocatur pelamys longa ex oceano
veniens —, scomber, salpa, sorus, scorpaena, scorpio,
sala*x*, sciaena, sciadeus, scolopendra, *s*myrus, sepia, strom- 5
bus, solen sive aulos sive donax sive onyx sive dactylus,
spondyl*i*, smarides, stellae, spongeae, turdus, inter saxatiles nobilis, thynnis, thranis, quem alii xiphian vocant,
thr*i*ssa, torpedo, tethea, tritomum pelamydum generis
magni, ex quo terna cybia fiunt, veneria, uva, xiphias. 10
152   (54) His adiciemus ab Ovidio posita *a*nim*a*lia, quae
apud neminem alium reperiuntur, sed fortassis in Ponto
nascentia, ubi id volumen supremis suis temporibus in-
choavit: bovem, *c*ercyrum in scopulis viventem, orph*u*m

---

§ 151: cfr. Plin. IX 62. — Xenocr. 34. — 28. — 8. — 34. —
§ 152: Ovid. hal. 94. 102. 104. 110. 111. 112. 113. 126.

---

1 pegrides (-ri//def **B**) *ll.v*(*S*). perci- *B*. phragides *Birt*
179. | pinoteres *S*. pinoet- **B**. pinat- **R**. pint- **V**. pinnot- **d**.
-terae *v*. quinoceres **b**. | rhyne **R**. rhina *v.a.S*. | squalum
Birt 120 coll. IX 162.   2 hiscarus **VR**d. | solia **VR**b. | car-
gus **VR**db.   3 scilla **R**db*H*. scylla **V***v*.   4 ſoruſ **B***S coll*.
§ 89. horus **VR**d*v*. orus **b**. sparus *B*.   5 salax *Birt 178*.
ſolaſ **B** *S*. sciaycie **V**. scyaicie **d**. -ascia *v.a.B*. scyacye **R**.
scoitie **b**. scias *J*. sciadeus *B*. | scyaena **R**d**T**. | ſciadedeuſ **B**.
scyadeus d**T**. -dous **R**. om. *v.a.S*. | smyrus *B*. zmy- **B***S*. my-
Rd*v*. mirus *r*. | septa **V**d**T**ſ.   6 solen **B**b*v*. -lem *r*. | ſi ſiue
B[1]. | auios **VR**d. | nyx **d**. nix **VR**b.   7 spondyli *ego*. -yly **B**.
-ylus *v*. -yloe *S*. -dalu *r*. | smarides *B*. zma- **B***S*. smaridis
VRd. -di **b**. maris *v*. | stella **VR**d*v.a.S*. stilla **b**. | sphongae
B. spongia **d**(?)*v.a.S. cfr. § 86*.   8 thynnus **d****T***H*. ty- *v.a.B*.
tomus *B*.   9 thrissa *J ex Hesych*. thryſſa **B**. thassa **VR**d
Tſ*H*. thessa *B*. stassa **b***v*. | tritomum **B****V**b*S*. trimoniū **R**.
triton *B*. triphonon *v*. | pelamy **B**.   10 terna **B***S*. uraea
T(?)*B*. ſerena *rv*. | ueneria **B****T**b*S*. -riae **VR**d*H*. -ri *v*. ure-
nae *B*.   11 adiciemuſ **B***v*. -cimus **VR**. addic- d**b**. | animalia
Birt 46. nomina *ll.v*. (*de ponendi verbo cfr. IV 69. XVIII*
214. XXVIII 18. XXX 98. XXXIV 7. 36).   13 naſcentia
Ba*S*. -tium *J cum Hauptio*. nascuntur *rv*.   14 bouem **B**d
Tb*H*. uobem **a**. buem **R**. bouuam **V**. om. *v*. | cercyrum *H*
cum Gesnero. pergyrum (-gyr **R**. -girum **b**a) *ll*. bopgyrum *v*. |
orphum *v*. -phim **B**d**a**. morphym **VR**. morsum **b**.

rubentemque erythinum, iulum, pictas mormyras aureique
coloris chrysophry*n*, praeterea per*cam*, tragum et placen-
tem cauda me*l*anurum, epodas lati generis. praeter haec 153
insignia piscium tradit: channen ex se ipsam concipere,
5 glaucum aestate numquam apparere, pompi*l*um, qui semper
comitetur navium cursus, chromin, qui nidificet in aquis.
helopem dicit esse nostris incognitum undis, ex quo
apparet falli eos, qui eundem acipenserem existimaverint.
helopi palmam saporis inter pisces multi dedere.
10   Sunt praeterea a nullo auctore nominati. sudis Latine 154
appellatur, Graece sphyra*ena*, rostro similis nomini, magnitudine inter amplissimos; rarus is et non degenerat. appellantur et pernae concharum generis, circa Pontias insulas frequentissimae. stant velut suillum cru*s* e longo in

---

§ 153: Ovid. hal. 108. 117. Isid. XII 6, 28. (cfr. Plin. IX 58).
Ovid. hal. 101. 121. 96. — § 154: cfr. Varro l. L. V 77 p. 31.

---

1 erythinum B *Brot.* acynum VRdf. acin- b. racinum a.
rhacinumque *v.* | iulum B *S.* pulum (palū R) *r.* pullum *v.* spa-
rulum *Brot.* (iulis *Ovid.*). cfr. *Birt 56 sqq.*   2 chrysophryn
Brot. cum Gesnero. -phryri B. chryso V. -son *v.* chryro R.
criso b a. | praeterea *om. S.* | percam *Brot. ex Ovid. 112.* parum
U.*S.* paruum *v.* sparum *Haupt ex Ovid. 106.*   3 cauda
melanurum *S cum Gesnero.* caudam labrū B. cauda labrum
(lapr- b) *rv.* | eporas R db. aep- V lepores *Birt 118.*
4 cannen a. chanem V. canem R db. | ipſam B¹. -ſa *rv.*
5 nusquam *CFWMüller p. 27. sed cfr. Ovid. 117.* | pom-
pilum B. -pium BVRdv. pamp- a. compiem b.   6 cōmit-
tetur R. | nauium BdTa *S.* -igium VR. -igiorum b *v.* | chromin
B *v.* -mium VRd. crom- b. chormim a.   7 helopem B *S.*
-pem quoque *rv. an* helopemque?   8 existimauerint R(b a?) *S.*
-runt Vd *v.* aeſtimauerint B.   11 appellatur Bb *S.* -tus *r H(D).*
-ta *v.* | grẹce B *S.* -cis VRd *H.* a grecis b(v). | sphyraena *B.*
cfr. *Athenaeus VII 122 p. 323ª. Aristot. h. a. IX 2 init.* -reni B.
-rene *S.* purem VRd. para b. phyre *v.* | roſtro B *B.* -rio VR.
-ria b. ostreae *v.* | nomini *J.* -nis b. -ne *rv. cfr. II 89.*
12 rarus is et *D.* raruſi ſet (ſed B²) B. rarus is sed *S.* rarus
sed *rv.* | degenerat B¹ (*ut videtur*). cfr. § 98. -neri B² (i *in*
ampla ras.). -ner *rv. de adiectivi notione aliena cfr. VIII 178.*
X 8. 10. XI 265. XIV 41. XXXVII 58 al.   13 geſſeris
R. | pomitias V. -icias R.   14 uel et V. | suillum *ego.* uil-
lum B. suillo (suu- V) *rv.* | cruſ e *ego.* crure *ll.v.*

harena defixae hiantesque, qua latitudo est, pedali non
minus spatio cibum venantur; dentes circuitu marginum
habent pectinatim spissatos; intus spondyli grandis caro
est. et hyaenam piscem vidi in Aenaria insula captum.
— Exeunt praeter haec et purgamenta aliqua relatu in- 5
digna et algis potius adnumeranda quam animalibus.

C. PLINI SECUNDI
NATURALIS HISTORIAE
LIBER XXXIII

1   (1) Metalla nunc ipsaeque opes et rerum pretia di-
centur, tellurem intus exquirente cura multiplici modo,
quippe alibi divitiis foditur quaerente vita aurum, argentum, electrum, aes, alibi deliciis gemmas et parietum li- 10
gnorumque pigmenta, alibi temeritati ferrum, auro etiam
gratius inter bella caedesque. persequimur omnes eius
fibras vivimusque super excavatam, mirantes dehiscere
aliquando aut intremescere illam, ceu vero non hoc in-
2 dignatione sacrae parentis exprimi possit. imus in viscera 15

§ 1: cfr. Plin. II 158. XXXV 50. 118. 31. 49. XVI 205.

1 hyans b. | que qua B*v*. quaeque qua VRd. quamque b. |
latitudo B*S*. lippitudo VRd. limpi- *v*. lippido b.   2 in circuitu *v.a.S*.   3 spronduli d. -doli VR. pro spondylo (-dili *v*)
B. spondyli loco Ū 723. (*malim* uice, *ut XI 159. 171. IX 73.
17 passim; de mendo cfr. XXXIII 12*).   5 exeunt *ll.H*. caput
exerentem *v*. | prae B¹. | relat/// B¹.   6 ulgis R.   8 ex-
quirenti B.   9 alibei B¹ (*etiam infra*). | fodituri B.   10. 11
lignorumque *ego*. digitorumque *ll.v*. picto- D. (*Bergk exerc.
Pl. II p. 3*: deliciis parietum digitorumque gemmas et pigmenta).   11 ferro VR.   12 omnes *v*. -nis *ll.S*.   13 uiui-
mufque BG. uidi- (quae V) VRd. uidem- h*v*. | excauatam BG.
-to *r*d¹. -tos montes d²h*v*. | miserantes V.   14 hoc B*S*. hoc
et VRD. hoc etiam dh*v*.   15 uiscera eius d²h*v.a.S*.

et in sede manium opes quaerimus, tamquam parum
benigna fertilique qua calcatur. et inter haec minimum
remediorum gratia scrutamur, quoto enim cuique fodiendi
causa medicina est? quamquam et hoc summa sui parte
5 tribuit ut fruges, larga facilisque in omnibus, quaecumque
prosunt. illa nos peremunt, illa nos ad inferos agunt, 3
quae occultavit atque demersit, illa, quae non nascuntur
repente, ut mens ad inane evolans reputet, quae deinde
futura sit finis omnibus saeculis exhauriendi eam, quo
10 usque penetratura avaritia. quam innocens, quam beata,
immo vero etiam delicata esset vita, si nihil aliunde
quam supra terras concupisceret, breviterque, nisi quod
secum est!

(2) Eruitur aurum et chrysocolla iuxta, ut pretiosior 4
15 videatur, nomen ex auro custodiens. parum enim erat
unam vitae invenisse pestem, nisi in pretio esset auri
etiam sanies. quaerebat argentum avaritia; boni con-
suluit interim invenisse minium rubentisque terrae excogitavit usum. heu prodiga ingenia, quot modis auximus
20 pretia rerum! accessit ars picturae, et aurum argentumque
caelando carius fecimus. didicit homo naturam provocare.
auxere et artem vitiorum inritamenta; in poculis libidines

---

§ 3: cfr. Horat. od. III 3, 49. Seneca ep. XV 2, 56. 57.

---

2 qua **B**v(J). quaqua r d**T** G. | calcatur **B** G(S). caec- **V**.
cec- **R** d. fec- **T** H. fecetur v.   3 quoto **B**¹G. quo **B**². om. r v. |
cui enim v. a. G.   4 haec h v. a. S.   5 fruges larga **B** S. fugres
(fu- **V R**) iarca (-cha **T**. earca **V**²) **V R T**. frugum parcha d. minime
parca h v.   6 perimunt **B**²S. praem- **V**. prem- **R** d h v.   7 non
om. **R**.   8 repente ut ego. ut rep- ll. h v(D). rep- d**T**(P)H.
cfr. XXXVII 193. II 89. XXVI 4. XV 25.   9 si **V R**.
est h v. a. G.   10 penetratura **V R** d**T** H(J). -tratur **B** S. -tret
v. | qua inbeata **B**¹.   11 ēē **R**. | aliunde ll. H. -ud G. -ud
de ea h v.   12 haberetque non nisi d(?)h v. a. G(Brot.).
15 nomine h. non H. | ex—enim **B** h v(S). om. r H.   15. 16
erat unam **B** G(S). naturam r. -ura. parum erat H. erat
naturae unam h v.   16 potestatem **B**.   17 saniens **V R**.
17. 18 consilii **V R**.   19 heu **B** h v(S). eum r. o Brot. | pro-
digiosa h v. a Brot. | quod **B**¹**V** D.   20 et argentum quae **V**.
    21 dicit **V R** d.   22 auxere om. **B** S. | arte d. (artem = pre-
tium artis; cfr. v. 20).

5 caelare iuvit ac per obscenitates bibere. abiecta deinde
sunt haec ac sordere coepere, *ut* auri argentique nimium
fuit. murrina ex eadem tellure et crystallina effodimus,
quibus pretium faceret ipsa fragilitas. hoc argumentum
opum, haec vera luxuriae gloria existimata est, habere 5
quod posset statim perire totum. nec hoc fuit satis.
turba gemmarum potamus et zmaragdis teximus calices,
ac temulentiae causa tenere Indiam iuvat. aurum iam
6 accessio est, **1.** (3) utinamque posset e vita in totum
abdicari [sacrum fame, ut celeberrimi auctores dixere] 10
proscissum conviciis ab optimis quibusque et ad perniciem vitae repertum, quanto feliciore aevo, cum res ipsae
permutabantur inter sese, sicut et Troianis temporibus
factitatum Homero credi convenit! ita enim, ut opinor,
7 commercia victus gratia invecta. alios coriis boum, alios 15
ferro captivisque res emptitasse tradit. qua*re*, quamquam
ipse iam mirator auri, pec*ore* aestimationes rerum ita
fecit, ut C boum arma aurea permutasse Glaucum diceret

---

§ 6: Verg. Aen. III 57. — Homerus H 472. — § 7 extr.:
Homerus Z 234 sqq. — cfr. Plin. XVIII 11. Varro r. r. II 1, 9.
Festus p. 202, 11 sqq.

---

1 celera iuuit (uiuit **R**) **VR**. celebrauerunt **T** *Brot*. 2 ac
ego. abſ **B**. & *rv*. | ſorbere **BT**. | coeperunt d**T**. om. **B**. | ut *ego*.
et *ll.v*. | et argentique (quae **V**) **VRT**. 3 fuit *om*. **R**. | murri-
nae **B¹VR**d. | cruſtallina **B**. 5 luxoriae (-ia **R**) **VR**. | gloria
om. **VR**. | haber& **R**. 7 putamus **VR**. | ex **VR**d. 8 tenere
Bh*v*. temere *r*. | aurum *ego*. earum **B**. et aurum *rv*. 10 ab-
dicare **B**. (*an et uita ... abdicare?*). | uncos posui cum *Müllero
emend. V 10*. | aurum (-ri *Brot*.) sacra h*v.a.S*. | fame *H(J)*.
-mae **B***S*. -ma *r*. -mes h*v*. 11 proceſſum **B²**. (est *add.
Brot*.). 12 quanto **B***S*. -tum *rv*. | ipſa **B²**. 13 permuta-
batur **B**. -buntur **V**. 15 uictuuſ **B¹***D*. uictus gratia *om*. **VR**. |
inuecta *ll.H*. -enta h*v(D)*. 16 res *D* e coni. *S*. reruſ **B¹**.
(*an* merces?). rerū **B²**. rebus *rv*. merum *coni. J*. uinum
Bergk. | emittasse **R**. aemitt- **V**. mut- d(?)*man.Dal.H*. | quare
ego. qua **B¹**. quā **B²**. *om. rv*. | quamquam **B***S*. -quam et *rv*
(*D*). et quamq- *Bergk*. 17 iam **B***S*. *om. rv*. | miratur aurum
v. a. H. | pecore *ego cum Bergkio*. pec: **B¹**. *punctis del. et
correctionem supra scripserat* **B²**, *sed puncta et corr. rursus
erasit* **B³**. et **VR**d. *om. v*.

cum Diomedis armis VIIII boum. ex qua consuetudine
multa legum antiquarum pecore constat etiam Romae.

(4) Pessimum vitae scelus fecit qui primus induit 8
digitis, nec hoc quis fecerit traditur. nam de Prometheo
5 omnia fabulosa arbitror, quamquam illi quoque ferreum
anulum dedit antiquitas vinculumque id, non gestamen,
intellegi voluit. Midae quidem anulum, quo circumacto
habentem nemo cerneret, quis non etiam fabulosiorem
fateatur? manus et prorsus sinistrae maximam auctori- 9
10 tatem conciliavere auro, non quidem Romanae, quarum
in more ferrei erant *ut* virtutis bellicae insigne. de regibus Romanis non facile dixerim. nullum habet Romuli
in Capitolio statua nec praeter Numae Serviique Tullii
alia ac ne Lucii quidem Bruti. hoc in Tarquiniis maxime
15 miror, quorum e Graecia fuit origo, unde hic anulorum
usus venit, quamquam etiam nunc Lacedaemone ferreo
utuntur. sed a Prisco Tarquinio omnium primo filium, 10
cum in praetextae annis occidisset hostem, bulla aurea
donatum constat, unde mos bullae duravit, ut eorum, qui
20 equo meruissent, filii insigne id haberent, ceteri lorum;
et ideo miror Tarquinii eius statuam sine anulo esse.
quamquam et de nomine ipso ambigi video. Graeci a
digitis appellavere, apud nos prisci ungulum vocabant,

---

§ 8: cfr. Plin. XXXVII 2. Isid. XIX 32, 1. — (cfr. Plato
de re p. II p. 359. Cic. de off. III 9, 38). — § 9 extr.: cfr. Plin.
XXXV 16. — § 10: Macrob. Sat. I 6, 8—14. Paul. Diac. p. 36
s. v. *bulla aurea*. — Festus p. 375[b], 1. Isid. XIX 32, 5.

---

1 cum *om*. V R d.　　　3 qui B f S. qui id *r* d T *H* (*D*). qui
anulum h *v*. *cfr.* § *13*.　　　4 non (*pro* hoc) R.　　　7. 8 circum
actu mabentem B[1].　　　9 manuuf B D.　　　10 romaene V R.
-ani h *v*. *a*. G. | quorum h *v*. *a*. H.　　　11 in *om*. h *v*. *a*. Brot. | mere
H cum Gron. | ferrei B S. -rrent *r*. -rreum d G. -rendum h *v*. |
erant *ll. S*. erat d *v* erat id G. id erat *Lugd*. | ut H. et
ll. G S). *del. v*.　　　13 praeterea B[2]. | num & V.　　　14 inter qui-
nis V.　　　15 egraegia B. egregia V d h *v*. *a*. C.　　　16 etiam num
B[1]. | lac//edaemone[s] B[2].　　　18 accidisse V. | bullea (*om*. aurea)
R.　　　19. 20 qui hęc equo commeruiffent B[2].　　　20 ceter
(-rum V[2]) illorum V R.　　　22 ambigitur. id h *v*. *a*. G.　　　23 um-
gulum V.

11 postea et Graeci et nostri symbolum. longo certe tempore ne senatum quidem Romanum habuisse aureos manifestum est, siquidem iis tantum, qui legati ad exteras gentes ituri essent, anuli publice dabantur, credo, quoniam ita exterorum honoratissimi intellegebantur. neque 5 aliis uti mos fuit quam qui ex ea causa publice accepissent, volgoque sic triumphabant et, cum corona ex auro Etrusca sustineretur a tergo, anulus tamen in digito ferreus erat aeque triumphantis et servi *prae* se coronam
12 sustinentis. sic triumphavit de Iugurtha C. Marius aureum- 10 que non ante tertium consulatum sumpsisse traditur. ii quoque, qui ob legationem acceperant aureos, in publico tantum utebantur iis, intra domos vero ferreis, quo argumento etiam nunc sponsae muneris vice ferreus anulus mittitur, isque sine gemma. equidem nec Iliacis tempori- 15 bus ullos fuisse anulos video. nusquam certe Homerus dicit, cum et codicillos missitatos epistularum gratia indicet et conditas arcis vestes ac vasa aurea argenteaque et eas colligatas nodi, non anuli, nota. sortiri quoque contra provocationes duces non anulis tradit, fabricae 20 etiam deum fibulas et alia muliebris cultus, sicut inaures,
13 in primordio factitasse, sine mentione anulorum. et quis-

---

§ 11 med.: Isid. XIX 32, 3. — cfr. Plin. XXI 6. — § 12 med.: Isid. XIX 32, 4. Homerus Z 169. θ 424. 443. 447. H 175. Σ 400.

---

3 hiif **B²**. his *C*. | legiaci **R**.   6 quanquā **R**.   7 hic **R**.
9 aequi **R**. aequa fortuna *man.Dal.v.a.G(Brot*.). | triumphantes **V** d. | prae se *ego*. *cfr. VIII 2.* fortasse (feria- **R**) *ll. G(S). del. v(Brot*.). *an potius* forte? *nam* fortasse *alienum a dictione Plinii praeferentis semper* fortassis: *cfr. II 82. XVIII 36. XXV 15. 22. XXVII 102 al.*   10 C. **B¹R** *v. del.* **B²**. *om.* **V¹** d. fa **V²**.   11 ii *v(S)*. duo (*i. e.* II) **R**. hii **BV**. hi dh*C*.   12 obligationem **VR** d.   13 iif **B¹** *J*. hiif **B²**. his *r H*. eis *G. om. v*. | qui intra **B**.   14 munerif uice **B** *S*. -eri *r H*. *om.* **h** *v*.   15 hisque **V²**. -ui **V¹R**. | eo quidem **B**. *cfr. XXXV 17. om.* **h** *v. a. H*. | nedicialis **R**.   17 missitatos d**h** *v*. -alof **B**. misitatos **VR**.   18 argif **B²**. | uectes **R**.   19 ea colligata **h** *v. a. S*. (*an* confignatas?). | notaf **B**.   20 prouocationef **B** *S*. -nem *rv(D)*. | fabricae *ll.* **h** *v(S)*. -care d**T** *C*. -cam *G*.   22 *et* p. 109, 1 quicquid **R**. qui *v. a. G*.

quis primus instituit, cunctanter id fecit: laevis manibus
latentibusque induit, cum, si honos securus fuisset, dextra
fuerit ostentandus. quodsi inpedimentum potuit in eo aliquod intellegi, etiam serioris usus argumentum esset:
5 maius in laeva fuisset, qua scutum capitur. est quidem
apud eundem Homerum virorum crinibus aurum in-
plexum; ideo nescio an prior usus feminis coeperit.

　(5) Romae ne fuit quidem aurum nisi admodum 14
exiguum longo tempore. certe cum a Gallis capta urbe
10 pax emeretur, non plus quam mille pondo effici potuere.
nec ignoro MM pondo auri perisse Pompeii III con*sulatu*
e Capitolini Iovis solio a Camillo ibi condita, et ideo a
plerisque existimari MM pondo collata. sed quod accessit,
ex Gallorum praeda fuit detractumque ab iis in parte
15 captae urbis delubris — Gallos cum auro pugnare solitos 15
Torquatus indicio est —; apparet ergo Gallorum templo-
rumque tantundem nec amplius fuisse. quod quidem in
augurio intellectum est, cum Capitolinus duplum reddi-
disset. illud quoque obiter indicari convenit — etiam
20 de anulis sermonem repetivimus —, aedituum custodiae
eius conprehensum fracta in ore anuli gemma statim ex-

— § 13: (cfr. Ateius Capito ap. Macrob. Sat. VII 13, 12. 13). —
Homerus P 52. — § 14: Liv. V 48, 8. 50, 6. — § 15: Liv. VII 10, 7. 11.

　1 laeuisque d(?)h*v.a.S.*　　2 latibusque R. | si *om.* R.
4 et iam U. | feriorif Bd*H*(*J*). -or is *S.* sertoris *r.* in ser-
torii h*v.* consertorif *B.* | usu h*v.a.H.* | argentum B. | esset *ego.*
eft & B*S.* est *rv.*　　5 fuiff& B*S.* -isse *rv.*　　6. 7 crinibuf
aurum inplexum B*v. om. r.*　　7 annon *coni. S.* | feminif B. a
(ae V²) fem- *rv. cfr. CFWMüller p. 3.*　　8 aureum V*R.*
10 effici Bh*v*(*S*). *om. r H.*　　11 ignoro M. Crassum h*v.a.G*
(*Brot.*). | duo milia *v.a.S.* | reperisse d*T.* rapuisse suo et
h*v.a.G*(*Brot.*). | pompei V*S.* -peli B¹. -pilii B². -peio *D.* |
III d*T.* tertio h*v.* secundo *Brot.*　　11. 12 consulatu e *v*(*J*).
cos. e V*R*d*S*(*D*). caf e B¹. cafe B². *cfr. Frobeen p. 70. 72.*
　13 exaestimare R. | II V*R.* duo d. duo milia *v.a.J.*
14 ex *ll.S. om.* d*C.* est *v.* | iif B¹*S.* his *rv.*　　15 gallos
autem h*v.a.S.* (*dist. D*). | purgare B.　　17 equidem d*S.*
19 indicare f*H.* | etiam B*U.* et iam *J.* quoniam *rv*(*D*). *an*
etenim?　　20 *an* ab (*pro* de)? | ancilis V. | repetimus h*v.a.S.* |
aeditum V.

16 pirasse et indicium ita extinctum. ergo ut maxime MM
tantum pondo, cum capta est Roma, anno CCCLXIIII fuere,
cum iam capitum liberorum censa essent C̄LII DLXXIII.
in eadem post annos CCCVII, quod ex Capitolinae aedis
incendio ceterisque omnibus delubris C. Marius filius 5
Praeneste detulerat, X̄IIII pondo, quae sub eo titulo in
triumpho transtulit Sulla et argenti V̄I. idem ex reliqua
omni victoria pridie transtulerat auri pondo X̄V̄, argenti
p. C̄X̄V̄.

17   (6) Frequentior autem usus anulorum non ante Cn. 10
Flavium Anni filium deprehenditur. hic namque publi-
catis diebus fastis, quos populus a paucis principum cotidie petebat, tantam gratiam plebei adeptus est — liber-
tino patre alioqui genitus et ipse scriba Appi Caeci, cuius
hortatu exceperat eos dies consultando adsidue sagaci in- 15
genio promulgaratque —, ut aedilis curulis crearetur cum
Q. Anicio Praenestino, qui paucis ante annis hostis fuisset,
praeteritis C. Poetilio et Domitio, quorum patres consules
18 fuerant. additum Flavio, ut simul et tribunus plebei esset,
quo facto tanta indignatio exarsit, ut anulos abiectos in 20
antiquissimis reperiatur annalibus. fallit plerosque quod
tum et equestrem ordinem id fecisse arbitrantur; etenim ad-

---

§ 17: L. Piso ap. Gell. VII 9. Liv. IX 46, 1. 5. Val. Max.
II 5, 2. — § 18: Liv. IX 46, 12.

---

1. 2 duo tantum milia h*v.a.S.*   2 capita **R**.   3 eſſ&
B. | C̄LII B*D*. cLti **V**^{1}**R**^{1}d. cLiii **V**^{2}**R**^{2}. cLii milia h*v*. | DLXXVII
B^1.   4 in *G. om. ll.v. an* ex?   5 vi marro **R**.   6 *an*
detulerat, erant? | X̄IIII *J*. xiiii **B**. xiiii milia *S*. xiii *r*.
tredecim milia h*v*. | quae *om. v.a.G*.   7 [trans]tulit — 8
trans[tulerat] *om*. **B**. | v̄i *J*. vi *ll.S*. vii (vi *H*) milia h*v*.
11 anni (*Ven*.)*S*. annii *ll.v*. anci *U cum Orellio. cfr. Gell*.
    12 factis **VR**. | principium **R**.   13 tantum gratia **VR**. |
plebei **B**^{1}*S*. -bi **VR**. -bi^s **B**^{2}dh*v*.   14 appicae ci **B**^{1}. ap-
picē **B**^{2}.   15 hortatuſ exceperat **B**^{1}. -at uix caeperat (coep- **R**)
VR.   16 promulgaueratque **VR**dh*v.a.S*(*D*).   17 quinto **B**.
que **V**d.   18 poetellio **VR**. petilio h*v.a.H*.   19 plebei **B***S*.
-bis *rv*.   20 facta **V**d. | tanta senatus h*v.a.S*. | indignatio
B*S*. -one *rv*. | abiecto **B**^{1}. ab eo abiectos fuisse h*v.a.S*.
22 etenim **VR**dTſh*v*(*H*)*D*. ut enim **B***S*. at enim *J*. est
enim *G*.

iectum hoc quoque sed et phaleras positas propterque
nomen equitum adiectum est, anulosque depositos a nobilitate in annales relatum est, non a senatu universo.
hoc actum P. Sempronio L. Sulpicio cos.   Flavius vovit 19
5 aedem Concordiae, si populo reconciliasset ordines, et,
cum ad id pecunia publice non decerneretur, ex multa-
ticia faeneratoribus condemnatis aediculam aeream fecit
in Graecostasi, quae tunc supra comitium erat, inciditque
in tabella aerea factam eam aedem CCIIII annis post Capi-
10 tolinam dedicatam.   id a. CCCCXXXXVIIII a condita urbe 20
gestum est et primum anulorum vestigium extat; pro-
miscui autem usus alterum secundo Punico bello, neque
enim aliter potuisset trimodia anulorum illa Carthaginem
ab Hannibale mitti.   inter Caepionem quoque et Drusum
15 ex anulo in auctione venali inimicitiae coepere, unde
origo socialis belli et exitia rerum.   ne tunc quidem 21
omnes senatores habuere, utpote cum memoria avorum
multi praetura quoque functi in ferreo consenuerint —
sicut Calpurnium et Manilium, qui legatus C. Marii fuerit

---

§ 19: Liv. IX 46, 6. — § 20: Liv. XXIII 12, 1. Val. Max.
VII 2 ext. 16. (cfr. Plin. XXVIII 148. II 199). Liv. epit. LXXI.
— § 21 med.: cfr. Cic. Brut. 29, 112.

---

1 phraleraſ **B¹**. phalera (phalle- **V**) **VR**d**h**v.*a.S*. | poſitaˢ
B²*S*. -ta *r v*. | propterque (= idque propter) **R**d**h***J*. -ter quae
BVv(*S*). -tereaque *H*. -terea *Verc*. praeterque *CFWMüller*
p. 27.   2 anulosque *CFWMüller l. l*. -los quoque *ll.v*.
3 nam (*pro* non a) **R**.   4 Sempronio Longo *v.a.Brot*. | L.
ll.v(*D*). P. d(?)*Brot*. | nouit **R**. ouit **B¹**. obit **B²**.   5 po-
puloſ **B¹**. -lvſ **B²**.   6 publica h*v.a.S*.   9 tabula h*v.a.S*. |
faciam **Vd**. *om.* h*v.a.S*. | meam **VR**. | cciiii *H¹*(*Brot*.). cccii **B**.
ccciiii *v*(*H²*). ccciii *S*. c quatuor *G*. | annis *om.* **B**.   10 id
a. (= anno) *CFWMüller p. 3*. ita *ll.v*. | ccccxlviii **VR**h*v.a.*
Brot.   11 p (*pro* &) **VR**. | existat **V**.   11. 12 primiſ. qui
autem **B**.   13 potuiſſ& **B¹V** *D*. -ent *r v*. | tria modia **V¹**.
primordia **B**.   14 anniſ(-ni **B²**)bale **B**. | mitti **B**h*v*. illi *r*. |
caepionem **B¹***B*. scep- **VR**. Scip- **B²**d*v*.   16 exiti rerum
(*vel* uerum) *Madvig adv. crit. II 528*. | nie **R¹**. | tunc **B***J*. tum
d**h***v*. cum *r*.   17 habuere **B***S*. -runt *r v*. | pote **V¹R**.
18 functi **B**d**h***v*. funem *r*. | consenierint **VR**.   19 manlium
B². | fuerat **R**d**h**v.*a.S*.

Iugurthino bello, Fenestella tradit, et multi L. Fufidium illum, ad quem Scaurus de vita sua scripsit —, in Quintiorum vero familia aurum ne feminas quidem habere mos fuerit, nullosque omnino maior pars gentium hominumque, etiam qui sub imperio nostro degunt, hodieque 5 habeat. non signat oriens aut Aegyptus etiam nunc litteris contenta solis.

22   Multis hoc modis, ut cetera omnia, luxuria variavit gemmas addendo exquisiti fulgoris censuque opimo digi-

37, 2 sqq. tos onerando, sicut dicemus in gemmarum volumine, 10 mox et effigies varias caelando, ut alibi ars, alibi materia esset in pretio. alias dein gemmas violari nefas putavit ac, ne quis signandi causam in anulis esse intellegeret,

23 solidas induit. quasdam vero neque ab ea parte, qua digito occultantur, auro clusit aurumque millis lapillorum 15 vilius fecit. contra vero multi nullas admittunt gemmas auroque ipso signant. id Claudii Caesaris principatu repertum. nec non et servitia iam ferrum auro cingunt — alia per sese mero auro decorant —, cuius licentiae origo nomine ipso in Samothrace id institutum declarat. 20

24   Singulis primo digitis geri mos fuerat, qui sunt minimis proximi. sic in Numae et Servi Tullii statuis videmus. postea pollici proximo induere, etiam *in* deorum simulacris, dein iuvit et minimo dare. Galliae Brittanniaeque medio dicuntur usae. hic nunc solus excipitur, ceteri 25

---

§ 23 extr.: Petron. sat. 32. 58 extr. — Lucret. VI 1043. Isid. XIX 32, 5. — § 24: (Isid. XIX 32, 4). Ateius Capito ap. Macrob. Sat. VII 13, 14. 15. Gellius X 10.

---

1 pheneſtella **B**. | ſuffidium **R**. fuſi- *C*.   2 ſcauroſ **B**.
4 omnino anulos h*v.a.S*.   5 deſunt **B**. | hodiae **V**. -ie **Rh**
v.a.G.   6 habet *G*. -ent *C*. | ſignat **B***C*. -net **V***v*. -nemt **R**.
   8 uarit **B**¹. uerit **B**².   10 oneranda **R**. | dicimus **VR**.
cfr. § 28.   11 alibei (*bis*) **B**¹.   12 esse **V**. | dein **B***S*. -nde *rv*.
   14 qua **B**¹*S e cod. Colb*. quae *rv(J)*.   15 occultantur
BRd*Colb.S*. -atur **V**h*v(J)*. | millis *J coll. XXXVI 98 et
Festo s. v*. millib. **B**¹*Lugd*. milibus *rv(S)*. micis *Gron*. uilibus *coni.U*.   19 licentiam **R**.   20 samothra haec (*om*. id) **V**.
   21 gerimus **V**.   23 in *ego. om. ll.v. cfr. XXXIV 8*.

omnes onerantur, atque etiam privatim articuli minoribus
aliis. sunt qui uni tantum minimo congerant, alii vero 25
et huic tantum unum, quo signantem signent. conditus
ille, ut res rara et iniuria usus indigna, velut e sacrario
5 promitur, ut et unum in minimo digito habuisse pretio-
sioris in recondito supellectilis ostentatio sit. iam alii
pondera eorum ostentant. aliis plures quam unum gestare
labor est, alii bratteas infercire leviore materia propter
casum tutius gemmarum sollicitudini putant, alii sub gem-
10 mis venena cludunt, sicut Demosthenes summus Graeciae
orator, anulosque mortis gratia habent. denique *vel* plu- 26
rima opum scelera anulis fiunt. quae fuit illa vita priscorum, qualis innocentia, in qua nihil signabatur! nunc
cibi quoque ac potus anulo vindicantur a rapina. hoc
15 profecere mancipiorum legiones, in domo turba externa
ac iam servorum quoque causa nomenclator adhibendus.
aliter apud antiquos singuli Marcipores Luciporesve do-
minorum gentiles omnem victum in promiscuo habebant,
nec ulla domi a domesticis custodia opus erat. nunc 27
20 rapiendae conparantur epulae pariterque qui rapiant eas,
et claves quoque ipsas signasse non est satis. gravatis
somno aut morientibus anuli detrahuntur, maiorque vitae
ratio circa hoc instrumentum esse coepit. incertum a

---

§ 25: (Petron. sat. 71). — Eratosth. ap. Plutarch. Demosth.
30 p. 860. — § 26: (cfr. Cic. ad fam. XVI 26, 2. — Quintil. inst.
or. I 4, 26). — § 27 extr.: cfr. Plin. XXXVII 3. 4. Herodot.

---

1 onorantur **B²**. | articuli⁵ **B²**.   2 tres uni h*v.a.S.* | tan-
tum **B** *J. om. rv.*   4 uſu **B²**.   5 ut & **B**. et *rv.*   6 super
lectulis **V**. | sit *ego.* est *ll.v.* | iam *om.* **VR**.   7 orum **V**.
ho- d**T**.   8 infercire **B¹**S. -farcire *G.* -ferci **VR**. -ferre **B²**.
-ferunt h*v.*   9 tutiuſ **B** *G*. totius *r.* totam h*v.* | sollicitu-
dinem h*v.a.G.*   9. 10 gemmas **VR**.   11 uel *Bergk exerc.*
Pl. II 3. cfr. CFWMüller p. 27. ut *ll.v.*   11. 12 plurima
BS. -mum *rv.*   12. 13 priſcorum qualiſ innocentia **B**h*v. om.r.*
priscorum *om.* S.   13 nunc **B**S. at nunc dh*v*(*D*). at uincti **R**.
adiuncci **V¹**. -cti **V²**.   15 proficere **VR**. | in **B**S. et in *rv.*
    16 ac iam **B**S. ac *G.* acta *rv.*   18 gentilis **R**.
19 ne **R**.   20. 21 ea sed **V**. eas sed et h*v.a.G.*   21 signare
h*v.a* S.   21. 22 grauatus somnus autem **V**.

quo tempore, videmur tamen posse in externis auctoritatem eius rei intellegere circa Polycraten Sami tyrannum,.
cui dilectus ille anulus in mare abiectus capto relatus est
pisce, ipso circiter CCXXX urbis nostrae annum interfecto.

28 celebratior quidem usus cum faenore coepisse debet. argu-   5
mento est consuetudo volgi, ad sponsiones etiamnum anulo
exiliente, tracta ab eo tempore, quo nondum erat arra
velocior, ut plane adfirmare possimus nummos ante apud

42 nos, mox anulos coepisse. de nummis paulo post dicetur.

29   (7) Anuli distinxere alterum ordinem a plebe, ut 10
semel coeperant esse celebres, sicut tunica ab anulis
senatum. quamquam et hoc sero, vulgoque purpura latiore tunicae usos invenimus etiam praecones, sicut patrem L. Aelii Stilonis Praeconini ob id cognominati. sed
anuli plane tertium ordinem mediumque plebei et patri- 15
bus inseruere, ac quod antea militares equi nomen de-
derant, hoc nunc pecuniae indices tribuunt. nec pridem

30 id factum. divo Augusto decurias ordinante maior pars
iudicum in ferreo anulo fuit iique non equites, sed iudices
vocabantur. equitum nomen subsistebat in turmis equo- 20
rum publicorum. iudicum quoque non nisi quattuor decuriae fuere primo, vixque singula milia in decuriis inventa sunt, nondum provinciis ad hoc munus admissis,
servatumque in hodiernum est, ne quis e novis civibus

31 in iis iudicaret. 2. decuriae quoque ipsae pluribus 25
discretae nominibus fuere, tribunorum aeris et selectorum

III 41. 42. — § 30 init.: cfr. Sueton. Aug. 32.

---

1 externa VBd.   2 policra terra mityrannum V.   4 piſce
& B D. | ipsi R.   6 etiannum B¹. etiã cũ R. an etiam nunc?
7 exilenter acta VR. (tracta om. h.v.a.G). | non B. | arra
om. B.   9 dicitur V¹R.   cfr. § 22.   13 tunica B².
15 plebi V²Bdh v.a.S.   blebi V¹.   cfr. § 17. 18.   16 in-
seruire V. | ac ll.dThv(S). del. Dal. | et qui V.   17 iudices
Rdhv.a.S.   19 ferro V. | hiique BV.   21 quoque om. dT.
an que?   22 ₓximo R.   22. 23 decuriis inuenta Bv. -uria
r dTf.   23 admissis om. R.   24 hodiernum diem h v.a.G.
25 hiiſ B². his VR. | iudicare V. | ipsi R.   26 selecto-
rum dh(?)v. ſectorum B. setecorum R. -cor V.

et iudicum. praeter hos etiamnum nongenti vocabantur
ex omnibus electi ad custodiendas suffragiorum cistas in
comitiis. et divisus hic quoque ordo erat superba usurpatione nominum, cum alius se nongentum, alius selectum,
5 alius tribunum appellaret.

(8) Tiberii demum principatu nono anno in unitatem 32
venit equester ordo, anulorumque auctoritati forma constituta est C. Asinio Pollione C. Antistio Vetere cos.
anno urbis conditae DCCLXXV, quod miremur, futtili paene
10 de causa, cum C. Sulpicius Galba, iuvenalem famam apud
principem popinarum poenis aucupatus, questus esset in
senatu, volgo institores eius culpae defendi anulis. hac de
causa constitutum, ne cui ius esset nisi qui ingenuus ipse,
patre, avo paterno HS $\overline{CCCC}$ census fuisset et lege Iulia
15 theatrali in quattuordecim ordinibus sedisset. postea gregatim insigne id adpeti coeptum. propter haec discrimina 33
C. princeps decuriam quintam adiecit, tantumque enatum
est fastus, ut, quae sub divo Augusto impleri non potue-
rant, decuriae non capiant eum ordinem, passimque ad
20 ornamenta ea etiam servitute liberati transiliant, quod
antea numquam erat factum, quoniam ferreo anulo

---

§ 32 extr.: Sueton. Caes. 38. Horat. epist. I 1, 58. Plin.
epist. I 19. — § 33 init.: Sueton. Calig. 16.

---

2 electi B*S*. sel- *rv*(*D*). | a **V**. | custodienda **VB***v.a.G.*
scita *v.a.G.*   6 principatu **B***J*. -tus *rv*(*D*). cfr. *CFWMüller*
grat. p.553..   8 *G. pro C. ter deinceps* **B²**, *item § 33 et passim.*
   9 DCCLXXX **V**. | vtili **B²**.   10 galba B*v*(*S*). galba dum
rG(*D*).   11 potinarum **VB**. | aucupatuſ B*S*. -tur *G*. occu-
patur *r*. aucuparetur occupatusque in his h*v*. | quaeſtuſ **B**.
   12 senatum **VB**d.   13 cui tus **V¹**. cuiuſ **B**. cui **V²**. |
effet B d h*S*. id esset *rG*(*D*). eius esset *v*. | qui B*S*. cui *rv*. |
ingenuuſ ipſe B*S*. -nuo ipsi h*v*. -nuo *r*. -nuus ipse ingenuo
D. cfr. *Mommsen* (*röm. Staatsrecht III p.452 not.1*).   14 patre
B*S*. -ri *rv*. | sestertia cccc **VB**d h*v.a.S*. | fuiſſ& & B*v*. -ssent
et h. -ssent e *r*.   15 ſediſſ& B*S*. sedendi (red- **V**) *rv*.
16 propterque h*v.a.S*.   17 enatum B d T*S*. nat- *rv*.   18 fastus
h *C*. faſtiſ **B²***v*. fartiſ **B¹**. fortis *r*.   18. 19 potuerunt **V**.
21 quoniam *ego*. $\overline{qm}$ in *ll.v*. cfr. *II 177. VIII 8. X 40. XI 87.*
XXV 48. XXVII 16. 63. XXVIII 23. XXXVII 86. 87. 148;

et equites iudicesque intellegebantur. adeoque id promiscu-
um esse coepit, ut apud Claudium Caesarem in censura
eius unus *ex* equitibus Flavius Proculus CCCC ex ea causa
reos postularet. ita dum separatur ordo ab ingenuis, com-
34 municatus est cum servitiis. iudicum autem appellatione 5
separare eum ordinem primi omnium instituere Gracchi
discordi popularitate in contumeliam senatus, mox de-
bellata auctoritas nominis vario seditionum eventu circa
publicanos substitit et aliquamdiu tertiae sortis viri publicani fuere. M. Cicero demum stabilivit equestre nomen 10
in consulatu suo Catilinianis rebus, ex eo ordine pro-
fectum se celebrans eiusque vires peculiari popularitate
quaerens. ab illo tempore plane hoc tertium corpus in
re p. factum est, coepitque adici senatui populoque Romano et equester ordo. qua de causa et nunc post po- 15
pulum scribitur, quia novissime coeptus est adici.
35 (9) Equitum quidem etiam nomen ipsum saepe variatum est, in iis quoque, qui id ab equitatu trahebant.
celeres sub Romulo regibusque sunt appellati, deinde
flexuntes, postea trossuli, cum oppidum in Tuscis citra 20

---

§ 34: Varro ap. Nonium p. 454. Vellei. II 6, 2. Tac. ann.
XII 60. — § 35: Paul. Diac. p. 55 s. v. *celeres*. Dion. Hal. II 13.
— Gran. Licin. p. 4 Bonn. Varro ap. Serv. ad Aen. IX 603. —
Paul. Diac. p. 367 s. v. *trossuli*. schol. Persii sat. I 81.

---

*aliter XXXI 12. XXXIII 15. XXXVI 98. XXI 56. XVII
42. X 83 al.* 1 et *om.* d h v. a. *S.* | id B *J.* in V d T. *om.* R(?) v.
1. 2 promiscuum id h v. a. *J.* 3 ex d(?) v. *om. ll.* | aequi-
tibus V. e quirit- B. | flauis V. 5 appellationem B¹.
6 separari h v. a. *S.* | cum V. 7 contumelia VR. 9 sub-
sistit V. | fortif uiri BS. uire V. uires R d h v. 11 catilini-
anif B¹ cod. Poll. U. cfr. II 137 et *Wölfflin (Archiv I 279. 186).*
-nanis d H(J). -nariis S(D). cati inanif B². ctilianis r T. ei
senatum concilians h v (*om.* rebus). | eo se h v. a. *S.* 12 fe BS.
esse rv. | fuiref B¹. 15 & BS. *om.* rv(D). | aequester V².
-quiter V¹. equiter R d. 16 coeptum VR d. 17 quitum
VT. *om.* h v. a. *H.* | quin etiam h v. a. *H.* | ipsum equitum v. a. *H.*
18 iif B¹ v(S). his r C. | qui id BT S. quid V. qui R d h v. |
ad equitatum V R d h v. a. *S.* | trahebantur R d h v. a. *S.* 20 fle-
xuntef BS. -umentes r. -umines h v. | trosuli R.

Volsinios p. $\overline{\text{VIIII}}$ sine ullo peditum adiumento cepissent eius vocabuli, idque duravit ultra C. Gracchum. Iunius 36 certe, qui ab amicitia eius Gracchanus appellatus est, scriptum reliquit his verbis: **Quod ad equestrem or-**
5 **dinem attinet, antea trossulos vocabant, nunc equites vocant ideo, quia non intellegunt tros- sulos nomen quid valeat, multosque pudet eo nomine appellari.** et causam, quae supra indicata est, exponit invitosque etiamnum tamen trossulos vocari.

10 (10) Sunt adhuc aliquae non omittendae in auro 37 differentiae. auxilia quippe et externos torquibus aureis donavere, at cives non nisi argenteis, praeterque armillas civibus dedere, quas non dabant externis.

(11) Iidem, quo magis miremur, coronas ex auro 38
15 dedere et civibus. quis primus donatus sit ea, non in- veni equidem; quis primus donaverit, a L. Pisone tra- ditur: A. Postumius dictator apud lacum Regillum castris Latinorum expugnatis eum, cuius maxime opera capta essent. hanc coronam ex praeda is dedit II l., item
20 L. Lentulus consul Servio Cornelio Merendae Samnitum oppido capto, sed hic quinque librarum; *trium* Piso Frugi

---

§ 38: L. Piso ann. II (Peter hist. Rom. fragm. p. 82). — ·Val. Max. IV 3, 10.

---

1 uolsinos **Vd.** | IX. M. **R**(?)h*v.a.S.*   2 uocabuli uis dura- uit h*v.a. G.*   3 graccianus **V.** grati- **R.**   5 trosullos **R.** tos- **V**^{1}. consulos **V**^{2}.   6 ideo **BVd**G(S). -oque **R**(?)h*v*(H). | *dist. S.*   7 multofque **BVdT***v*(S). -tos **R**(?)h *C.* | eo—9 tamen **B**h*v*(S). *om. r H.*   9 etiannum **B.** *an* etiamtum? | truffullof **B.** trosiolos **V.**   11 auxiliares h*v.a.H.* | & **B***v. om. r.* 12 praeter quę **B**^{2}.   13 dabant **B**S. habent *rv.* | externi **dh** *v.a.S.*   14 idem **V**D. | quod h*v.a.S.*   15 & **B**S. ex *r. om.* h*v.* | primuf **B***v*(S). -um *r Brot.*   16 equidem *om.* h *v.a.Brot.* | primum **d**Th*v.a.Brot.* | pisune **V.** -um **R.**   17 A. *erasum in* **B.** | *de dist. cfr. Bergk exerc. Pl. I 13 et Madvig adv. crit. II 528.*   18 'ei h*v.a.J.*   19 eff& **B.** (*deinde lac. indicavit J, excidisse ratus* donauit *cum ponderis significatione.* | is **Rd**T *H.* his **V.** *om.* **B**h*v*(S). | dedit II l. (i. e. librarum) *ego.* dedit. l. **B**^{1}. dedit *rv. cfr. Bergk l. l.*   21 hic *Bergk l. l.* huic *ll.H. om.* h*v.* | trium (*H*)*U̇ coll. Val. Max. om. ll.v.*

filium ex privata pecunia donavit eamque coronam testamento ei praelegavit.

3. (12) Deorum honoris causa in sacris nihil aliud excogitatum est quam ut auratis cornibus hostiae, maiores dumtaxat, immolarentur. sed in militia quoque in tantum 5 adolevit haec luxuria, ut M. Bruti e Philippicis campis epistulae reperiantur frementis fibulas tribunicias ex auro geri. ita, Hercules? idem enim tu, Brute, mulierum pedibus aurum gestatum tacuisti. et nos sceleris arguimus illum, qui primus auro dignitatem per anulos fecit! 10 habeant in lacertis iam quidem et viri, quod ex Dardanis venit — itaque et Dardanium vocabatur; viriolae Celtice dicuntur, viriae Celtiberice —; habeant feminae in armillis digitisque totis, collo, auribus, spiris; discurrant catenae circa latera et in secreto margaritarum sacculi 15 e collo dominarum auro pendeant, ut in somno quoque unionum conscientia adsit: etiamne pedibus induetur atque inter stolam plebemque hunc medium feminarum equestrem ordinem faciet? honestius viri paedagogiis id damus, balineasque dives puerorum forma convertit. iam vero et 20 Harpocraten statuasque Aegyptiorum numinum in digitis viri quoque portare incipiunt. fuit et alia Claudii princi-

39

40

41

---

§ 40 init.: cfr. Isid. XIX 31, 16. — cfr. Plin. infra § 151. — § 42: cfr. Liv. IV 60, 6. — Gaius I 122. Varro l. L. V 174.

---

2 ei B*H*. ex *r*. rei h*v*. | publicae legauit h*v*.*a*.*H*.
3 honorif caufa B*S*(*D*). -ris **VR***J*. -ri dh*v*.   6 brutti B. |
e B*S* et **VR**T. ex *fD*. in d(?)h*v*. | philippif **BVT**f.   7 frementif B(*P*)*S*. *cfr. XXXIV 139.* -tes *rv*.   8 ita *ll* d**T**(*P*)*H*.
at h*v*. *an* itane? | *dist. ego.* | enim *om.* h*v*.*a*.*H*.   9 geftatum
B*cod.Colb.man.Dal.S.* -ari *rv*(*D*). | ceterif **B**¹. -ri **B**². 11 ut
habeant h*v*.*a*.*S*. | in *om.* **VR**d. | uiris **V**. | ex B*S*. e. *rv*.
12 dardanum dh*H*. | celtice B**T***S*. -cae *rv*.   13 celtiberice *S*.
-cae *ll.v*.   14 fpirif B*G*. piris *r*. peris B. per has h*v*.
16 e **R**d**T**fh*v*(*J*). ae **V**. *om.* B*S*. | auro B h*v*(*D*). -reo *rBrot.* |
summo *Dal.*·   17 conscientiae **V**. | indu&ur B*S*. -uitur *rv*.
19 faci& B*S*. -cit *rv*. | paedagogiis *G*. *cfr.* § *152.* -ogis
ll.v(*D*).   20 conuerrit *Müller emend. V 12. locus nondum*
sanatus. | & **BV***S*. etiam **R**(?)dh*v*.   21 harpocraten et **VR**.
-tem dh*v*.*a*.*S*. | nominum **V**. numerum B.

patu differentia insolens iis, quibus admissiones liberae
ius dedissent imaginem principis ex auro in anulo ge-
rendi, magna criminum occasione, quae omnia salutaris
exortus Vespasiani imperatoris abolevit aequaliter publi-
5 cando principem. de anulis aureis usuque eorum hactenus sit dictum.

(13) Proximum scelus fuit eius, qui primus ex auro 42
denarium signavit, quod et ipsum latet auctore incerto.
populus Romanus ne argento quidem signato ante Pyrrhum
10 regem devictum usus est. libralis — unde etiam nunc
libella dicitur et dupondius — adpendebatur assis; quare
aeris gravis poena dicta, et adhuc expensa in rationibus
dicuntur, item inpendia et dependere, quin et militum 43
stipendia, hoc est stipis pondera, dispensatores, libripendes,
15 qua consuetudine in iis emptionibus, quae mancipi sunt,
etiam nunc libra interponitur. Servius rex primus signavit
aes. antea rudi usos Romae Timaeus tradit. signatum
est nota pecudum, unde et pecunia appellata. maximus
census $\overline{CXX}$ assium fuit illo rege, et ideo haec prima
20 classis. — Argentum signatum anno urbis CCCCLXXXV, 44

169. — § 43: Varro l. L. V 182. 188. Festus p. 246ᵃ, 29. Isid.
XVI 18, 8. — cfr. Plin. XVIII 12. Plutarch. Popl. 11. Cassiod.
Var. VII 32. — Varro l. L. V 95. Festus p. 213. — Gellius VI
13, 1. — § 44: Liv. epit. XV. Varro r. r. I 10, 2. — Paul. Diac.
p. 98 s. v. *grave aes*. Festus p. 347ᵃ, 13.

1 hiif **B²**. his **VRC**. | admissiones *Mommsen (röm. Staats-
recht II p. 782 not. 2)*. -on//i//f **B²S**. -onem (-isi **V**) **B¹VRdhv**. |
liberae **BS**. -rti *rv*.   2 ius *S cum Lipsio*. eius *ll. v*. | de-
disset *coni. J*. | principes **R**.   7 fuit eiuf **BS**. fuit *r*. fecit
dhv.   10 libralis *v*. -les dh*H*. liberalis **VR**. libeli rari **B**.
11 dupondius **V¹Rdh***H*. dip- **V²***v*. dupundiuf **B¹**. dip- **B²**.
disp- **T**. | appendebantur asses *H*. (libellarii .. asses *coni. J*).
12 paena **BV***D*. | ad hunc **B**.   13 incendia atque in-
cendia **VR**. intendia h*v.a.B*. | pendere **T**. pondera h*v.a.C*.
14 stipendiorum h*v.a.H*. | ponderandis (-di *d*. -de **h**. -dae *v*)
pensatores **V**dh*v.a.H*.   15 iif **B***v(S)*. his *rC*. | mancipi **BS**.
-pii *d(?)C*. -cupi *rv*.   16 etiamnum **BS**. | ex **R**.   17 temeos
VT. Remeus *C cum Budaeo*.   19 ox **V**d. cx. m. **R**(?)h*v.a.S*. |
assum **VR**d.   20 signatum est dh*v.a.S. an* est signatum? |
ccccLxxxv *Cellarius ap. Dal*. ccccLxxxv **B**. DLXXXV *rv.a.H*.

Q. Ogulnio C. Fabio cos., quinque annis ante primum
Punicum bellum. et placuit denarium pro X libris aeris
valere, quinarium pro V, sestertium pro dupondio ac se-
misse. librale autem pondus aeris inminutum est bello
Punico primo, cum inpensis res p. non sufficeret, con- 5
stitutumque ut asses sextantario pondere ferirentur. ita
quinque partes lucri factae, dissolutumque aes alienum.
45 nota aeris eius fuit ex altera parte Ianus geminus, ex
altera rostrum navis, in triente vero et quadrante rates.
quadrans antea teruncius vocatus a tribus unciis. postea 10
Hannibale urguente Q. Fabio Maximo dictatore asses un-
ciales facti, placuitque denarium XVI assibus permutari,
quinarium octonis, sestertium quaternis. ita res p. dimidium lucrata est, in militari tamen stipendio semper de-
46 narius pro X assibus datus est. notae argenti fuere bigae 15
atque quadrigae; inde bigati quadrigatique dicti. mox
lege Papiria semunciarii asses facti. Livius Drusus in
tribunatu plebei octavam partem aeris argento miscuit.
is, qui nunc victoriatus appellatur, lege Clodia percussus
est; antea enim hic nummus ex Illyrico advectus mercis 20

---

§ 45: Ovid. Fast. I 229 sqq. Festus p. 274ᵃ, 16 sqq. Paul.
Diac. p. 172, 8. cfr. Vitruv. III 1, 8. — § 46: Liv. XXIII 15, 15.
XXII 54, 2. (Festus p. 173ᵇ, 30). — Volus. Maec. § 45. (cfr.

---

1 vgulnio G. **B²**. o. c. **Vd**. D. c. **R**. c. h. *om. v. a. Brot.*
2 denarius *cod. Poll. v. a. H.* | decem *ll. v.*   3 ualere **B** S(D).
om. rv. uncis inclusit (*suppl.* signari) *J.* | quinque *ll. v.* | du-
pundio **B¹**D. dipon- **B²***v. a. H.* duopon- **R**.   4 librale ,**B**(P)*H.*
-are *r.* -ae h*v.* | eſt **B** S. *om. rv.*   8 eiuſ **B** S. *om. rv.* | parte
—9 altera *om.* **B**.   9 naui **R**. | quadranta **R**. | rates *B.* -tenſ **B**.
-taes **V**. crates **R**T. erat aes d. aes h*v.*   10 teruncius h
(*B*)*H*. -cis **V**d**T**. terrunciuſ **B**. terunis **R**. triuncis *v.*
11 urguente **B**h*v*(S). -te marcum *r.* -te Marcum Minucium
Brot. | q. **R**d**T**h*v.* quem **B¹**. que **B²V**.   11. 12 assis uncialis
V R.   12 sedecim *ll. v.*   13. 14 demedium lucratum **V R**.
   15 decem *ll. v.* | datuſ eſt **B** S. -tus dh*v.* -ta *r.* | note **T**.
-ti **V R**. -ta *v. a. H.*   16 inde **B** S. et inde *rv*(D).   17 ſe-
munciarii **B T** S. -ri d.-res **V²**. -ales h*v.* -uciari **V¹**. -utiari **R**. |
assis **V R**d.   18 plebi **V R**. -bis dh*v. a. S.* | argentum **V R**d.
   19 iſ **B** S. *om. rv.* | claudia d**T**.   20 enim *om.* **V** | ab-
ectus **V**.

loco habebatur. est autem signatus Victoria, et inde
nomen. — Aureus nummus post annos LI percussus est 47
quam argenteus ita, ut scripulum valeret sestertios vice-
nos, quod efficit in libra*m* ratione sestertii, qui tunc
5 erat, $\overline{V}$DCCLX. postea placuit ✻ XXXX signari ex auri
libris, paulatimque principes inminuere pondus, et novi-
sissime Nero ad XXXXV.

   (14) Sed a nummo prima origo avaritiae faenore ex- 48
cogitato quaestuosaque segnitia, nec paulatim: exarsit rabie
10 quadam non iam avaritia, sed fames auri, utpote cum
Septumuleius, C. Gracchi familiaris, auro rependendum
caput eius abscisum ad Opimium tulerit plumboque in
os addito parricidio suo rem p. etiam circumscripserit;
nec iam Quiritium aliquis, sed universo nomine Romano
15 infami rex Mithridates Aquilio duci capto aurum in os
infudit. haec parit habendi cupido! pudet intuentem no- 49

Liv. XLV 43, 6). — § 48: Cic. de or. II 67, 269. Val. Max. IX
4, 3. Plutarch. C. Gracch. 17 p. 842. — Appian. Mithr. 21. (Val.
Max. IX 13, 1). — § 49: cfr. Martial. ep. II 43, 11. VI 94, 1.
XIV 97. Isid. XX 4, 8. — Appian. b. civ. p. 424.

---

   1 uictoriae **VR**.   2 aureus **VR**dh*v*. aenariuſ **B**[1]. den-
B[2]. | annum h*v*.*a.S*. | LI B*U*. LXII *rv*.   3 sestertios *Brot.*(*D*).
-tio **B**. -tius **V***cod.Poll*. -tiis **R**d*v*. -nis h.   3. 4 uicenos
Brot.(*D*). -nus **VR**. -nis dh*v*. uicienſ **B**[1]. uincenſ **B**[2].
4 efficit **B**h*v*(*U*). effecit *r H*(*D*). | libram *ego*. cfr. § 109. -ali
B*U*. -as *rv*. | sestertii (ſerſt- **B**[1]. sexterti **V**) *ll.v*(*S*). *lac. ante*
indicavit J. -ium *U*. -iorum *C*(*D*).   5 erat $\overline{v}$ (*corruptum in*
ERA*N*) *ego*. cfr. *Mommsen röm. Münzwesen p. 404 not. 123*.
erant *ll.v*(*J*). erant DO *U*. erant $\overline{v}$ *D*. erat h*S*. | DCCLX *U*(*D*
coll. *Mommseno*). D nongenti (nun- **VR**[1]) **VR**d. CCCC **B***J*. se-
stertios DCCCC (nongentos *v*) h*C*. | ✻ **VT***H*. om. *rv*(*J*). | XXXX
B*D*. XL *r H*. XL milia h*v*.   6 & **B***J*. om. *rv*.   6. 7 nouiſ-
ſime **BV**[2]*S*. in miuissime **V**[1]. inmurss- **R** minutissime *H*
e cod. *Colb.*(*U*). -mus h*v*.   7 uero **R**Th*v*.*a.H*. | XXXXV **B***D*.
XLV *H*. XL quinque milia *rv*.   8 origo **VR**dTh*v*(*D*). -gine
B*S*. | auaricia **R**.   8. 9 excogitato **B**[1](*Gesner*)*D*. -tate **B**[2].
-tata *rv*.   9 quaestuosa *v.a.H*. | haec *v.a.Brot*. | *dist. ego*.
   10 quaedam **B**[1]. | famis **V**. | auari **B**.   11 ſeptumulliuſ
B. -timuleius **R**d(*B*)*v.a.J*. | C. om. **B**. | rependum **V**. -nſum h
v.a.H.   12 abſciſum **B***S*. exc- *rv*.   14 aliquiſ **B***S*. -uid *r*.
-uo h*v*.   16 infudit dh*v*. -undit **B**. fudit *r*. | paret **V**d.

mina ista, quae subinde nova Graeco sermone excogi-
tantur insperso argenteis vasis auro et incluso, quibus
deliciis pluris veneunt inaurata quam aurea, cum sciamus
interdixisse castris suis Spartacum, ne quis aurum haberet
aut argentum. tanto plus fuit animi fugitivis nostris! 5
50 Messalla orator prodidit Antonium triumvirum aureis
usum vasis in omnibus obscenis desideriis, pudendo cri-
mine etiam Cleopatrae. summa apud exteros licentiae
fuerat Philippum regem poculo aureo pulvinis subdito
dormire solitum, Hagnonem Teium, Alexandri Magni prae- 10
fectum, aureis clavis suffigere crepidas: Antonius solus
contumelia naturae vilitatem auro fecit. o dignum pro-
scriptione, sed Spartaci!
51   (15) Equidem miror populum Romanum victis gentibus in tributo semper argentum imperasse, non aurum, 15
sicut Carthagini cum Hannibale victae octingenta milia,
x̅v̅i̅ pondo annua in quinquaginta annos, nihil auri. nec
potest videri paenuria mundi id evenisse. iam Midas et
Croesus infinitum possederant, iam Cyrus devicta Asia
pondo x̅x̅i̅i̅i̅i̅ invenerat praeter vasa aurumque factum et 20

§ 50 med.: Plutarch. Alex. 40 p. 688. — § 51: Liv. XXX
37, 5. XXXVIII 38, 13. Appian. Pun. VIII 54. — Athen. XII 9
p. 514ᶠ. (cfr. Plin. infra § 137). Ctesias ap. Diodor. II 9, 8.

2 infperſo B S. exp- V. expresso R v. | & B S. aut r v (D).
3 pluriſ B S. om. r v. | ueniunt V R d. ueneunt tam h v. a. S. |
misciamus V.   6 meſſalla B¹. -ala r v. cfr. XXXIV 22.
8 ſumma B S. -am V. -ae R d h v (U). cfr. § 89. | licentia B².
10 hagnonem B S. hacn- d   agn- R(?) G. hac nomen V.
agonem B. | teium R(?) B. telum r. celum h v.   11 ſoluſ
B S. sopus d v. a. G. opus r. del. G. apud nos H cum Gron.
12 contumeliae B¹. in contumeliam h v. a. S. cfr. § 34. |
utilitatem B S. | auro ficit V¹. aurifici V². | o B V S. om. R d T
H(U). opus h v.   12. 13 proſcriptionem B¹.   13 sed par-
taci V. sed praeter alin h v. a. B(C).   15 imperitasse R v. a. S.
16 cum in annibale B. | octingenta (-ena B S) milia B J.
om. r v.   17 x̅v̅i̅ J cum Budaeo coll. Liv. et Appiano. aut
(A V T) V R d T (de mendo cfr. XXXV 38). om. B S. xii M. Brot.
cum Gron. argenti h v.   18 nam h v. a. Brot. | mida sed V.
-da sed et h v. a. C.   20 x̅x̅i̅i̅i̅i̅ V S. ixxiiii B¹. |x̅x̅i̅i̅i̅i̅| B²d T.
xxxiv R h (add. milia v). | uasa aurea h v. a. S.

in eo *soli**u**m*, platanum, vitem.   qua victoria argenti D̄
talentorum reportavit et craterem Semiramidis, cuius pondus xv talentorum colligebat. talentum Aegyptium pondo 52
LXXX patere M. Va rr o tradit.   iam regnaverat in Col-
5 chis Saulaces Ae*e*tae subolis, qui terram virginem nactus
plurimum auri argentique eruisse dicitur in Suanorum
gente, et alioqui velleribus aureis incluto regno. et illius
aureae camarae, argenteae trabes et columnae atque para-
staticae narrantur victae Sesostri, Aegypti *regi* tam super-
10 bo, ut prodatur annis quibusque sorte reges singulos e
subiectis iungere ad currum solitus atque ita triumphare!

   (16) Et nos fecimus quae posteri fabulosa arbitrentur. 53
Caesar, qui postea dictator fuit, primus in aedilitate munere patris funebri omni apparatu harenae argenteo usus
15 est, ferasque etiam argenteis vasis incessivere tum primum noxii, quod iam etiam in municipiis aemulantur.
C. Antonius ludos scaena argentea fecit, item L. Murena;
Gaius princeps in circo pegma duxit, in quo fuere argenti pondo C̄XXIIII. Claudius successor eius, cum de 54
20 Brittannia triumpharet, inter coronas aureas V̄II pondo

---

   § 52: cfr. Herodot. II 103. Val. Flacc. V 418 sqq. Diodor.
I 55, 4. 58, 2. — § 53 extr.: Cic. pro Mur. 19, 40. — § 54 extr.:
cfr. Plin. XXXVI 111.

---

   1 foliū *ego*. -ia ac *P. cfr. Athenaeus.* folia **B**. -ia ac *r* d h *v*.
-iatam *J*. | uitam **R**. -temque h*v*.   2 graterem **B**.   8 мм *U*. |
talentorum *ll*.*v* (*S*). -ta *C*. | talentum autem d(?)h*v*.*a S*.
4 patere M. *D*. -rem **V**. -re *r v* H). capere *G cum Budaeo*.
(*an* pendere, *ut XXI 185, vel* habere, *ut § 54?*).   5 faulacef
B*S*. salauces *r v*. | Aeetae subolis *S* (-les *U cum Vossio*). a&ae-
fubolif **B**¹. &aefob- **B**². et esubopes (aetaes- **V**) *r v*.*a.S*.
6 fuaanorum **B**. Sann- *G*.   7 inculto **B**². ingu- **B**¹. | & **B***S*.
sed *r*. sed et h*v*. | ulliuf **B**¹.   8 camerae et h*v*.*a.S. om*.**VR**. |
trabe **R**. -bae **V**.   9 uictae h. -to *r v*. (parantur) uictori
Gutschmid opusc. III 454. | regi *ego*. rege *ll.v*.   11 sub-
tectif **B**¹. | adque **B**¹. idque **R**. | triumphare **B**h*v*. -auit *r*.
12 arbitrentur h*v*. -rarent **R**. -rarentur *r S*.   13. 14 muneri
V d.   15 hastis *Brot. cum vet. Dal.*   16 noxiis d**T**. mox
h*v*.*a*.(*P*)*H*. | iam etiam **B***S*. etiam *r v*. (*an* iam et?).
17 munera (*om*. L.) **R**.   18 gaiuf **B***S*. et c. **V**. et caius **R***v*.
   19 cxxiiii **V**d h*v*.*a.Brot*. cxxxiiii **R**.   20 vii **VR**h*v*.*a.Brot*.

habere quam contulisset Hispania citerior, V̅I̅I̅I̅I̅ quam
Gallia comata, titulis indicavit. huius deinde successor
Nero Pompei theatrum operuit auro in unum diem, quo
Tiridati Armeniae regi ostenderet. et quota pars ea fuit
aureae domus ambientis urbem! 5

55 (17) Auri in aerario populi R. fuere Sex. Iulio L.
Aurelio cos., septem annis ante bellum Punicum tertium, pondo X̅V̅I̅I̅ CCCCX, argenti X̅X̅I̅I̅ LXX, et in nu-
merato |L̅X̅I̅| X̅X̅X̅V̅ CCCC, Sexto Iulio L. Marcio cos., hoc
est belli socialis initio, auri . . . . |X̅V̅I̅| X̅X̅ DCCCXXXI. 10
56 C. Caesar primo introitu urbis civili bello suo ex aerario
protulit laterum aureorum X̅V̅, argenteorum X̅X̅X̅, et in
numerato |C̅C̅C̅|. nec fuit aliis temporibus res p. locu-
pletior. intulit et Aemilius Paulus Perseo rege victo e
Macedonica praeda |M̅M̅M̅|, a quo tempore populus Ro- 15
manus tributum pendere desiit.
57 (18) Laquearia, quae nunc et in privatis domibus
auro teguntur, post Carthaginem eversam primo in Capitolio inaurata sunt censura L. Mummi. inde transiere in
camaras quoque et parietes, qui iam et ipsi tamquam 20

---

§ 56 extr.: cfr. Liv. XLV 40, 1. 2. Val. Max. IV 3, 8.

---

1 V̅I̅I̅I̅I̅ B*S.* viiii *rv.* ix c. *Brot.* 2 galla **V.** -llo **R.**
3 quod **R**(?)*C.* 4 ostenderat h*v.a.Lugd.* | quod apars
V. 8 X̅V̅I̅I̅ B*S.* xvi *rH.* om. h*v.* | ccccx B*S.* dcccx *rH.*
dccxxvii h*G* (d om. *Dal.*). -vi *v.* 8. 9 nonaginta duo milia
et extra numerum h*v.a.H.* 9 L̅X̅I̅I̅. L̅X̅X̅X̅V̅. C̅C̅C̅C̅ V**R**d**T**(*H,
sed sine lineolis*). ccc et lxxxv milia item h*v.* 10 *lac. indi-
cavit D cum Mommseno* (*röm. Münzwesen p. 401 n. 108*). | xvi
(xv **R**). xx. dccxxix (-xxx V**R**) V**R**d**T***H.* octingenta xlvi h*v.*
11 C. *om.* V**R**h. 12 X̅V̅ argenteorum B**d T***H. om. rv.* |
X̅X̅X̅ B*S..* xxxv *r*(*H add.* m). xxvi milia h*v.* 13 numerato
d**T***G cum Budaeo.* -ero V**R**h*v.* nummo B*UJ.* (*add.* hs. V**R**d**T**
H(*D*). pondo h*v. om.* B*UJ*). | |c̅c̅c̅| B*J.* c̅c̅c̅ *S.* ccc V**R**h*v.*
cccc d**T**. c̅ı̅c̅c̅ *H.* | fuit talis V¹**R.** 14 et *om.* h*H.* | aemu-
liris **V.** amulius **R.** | rege *om.* **V.** | uictae **V.** 15 mace-
donico **V**h*v.a.H.* | praeda B*U.* -da hs *r*d**T***H*(*D*). -da pondo
h*v.* | ∞∞∞∞| *J.* ∞∞∞∞ B*S.* ii. iii (= m iii?) V**d T**. iiii **R.**
M̅M̅. ccc *H.* trium milium h*v.* 15. 16 romanus *om.* **R.**
18 primum V**R.** 19 transfire B¹V**R.** 20 cameras d h*v.a.S*
(*ut semper*).

vasa inaurantur, cum varie sua aetas de Catulo existima-
verit, quod tegulas aereas Capitoli inaurasset.

(19) Primos inventores auri, sicut metallorum fere 58.
omnium, septimo volumine diximus. praecipuam gratiam 7, 197
5 huic materiae fuisse arbitror non colore, qui clarior in
argento est magisque diei similis, ideo militaribus signis
familiarior, quoniam longius fulget, manifesto errore eorum,
qui colorem siderum placuisse in auro arbitrantur, cum
in gemma aliisque rebus non sit praecipuus. nec pon- 59
10 dere aut facilitate materiae praelatum est ceteris metallis,
cum cedat per utrumque plumbo, sed quia rerum uni
nihil igne deperit, tuto etiam in incendiis rogisque. quin
immo quo saepius arsit, proficit ad bonitatem, aurique
experimentum ignis est, ut simili colore rubeat ignescatque
15 et ipsum; obrussam vocant. primum autem bonitatis argu- 60
mentum quam difficillime accendi. praeterea mirum, pru-
nae violentissimi ligni indomitum palea citissime ardescere
atque, ut purgetur, cum plumbo coqui. altera causa pretii
maior, quod minimum usus deterit, cum argento, aere,
20 plumbo lineae praeducantur manusque sordescant decidua
materia. nec aliud laxius dilatatur aut numerosius divi- 61
ditur, utpote cuius unciae in septingenas quinquagenas
pluresque bratteas quaternum utroque digitorum spar-

---

§ 60 init.: Strabo III 2, 8 p. 146. cfr. Plin. infra § 94. 98.

---

1 uarie **B³**D. -ia *rv*. *cfr. XIV 53. XXXVI 84. CFW
Müller p. 2.*   3 primus h*v.a. S* (*ad superiora relatum*).   ·
6 argenti **VR**. | dies **VR**. | et ideo h*v.a.S*.   7 quoniam is
R(?)h*v.a. S*. quo nimis **VdT**. (*quoniam—fulget pro glossemate
habuit U 727*).   9 gemma **B** *S*. -mmis *rv*(*D*). *cfr. II 158.*
    12 tuto **Rd**B(*D*). toto **V**. tota h*v. om.* **BS**. | rogisque
durante materia h*v.a.H*.   13 que **V**. quae **R**.   14 ignes
atque **V**. ignis atque h*v.a.H* (*praem.* quo *C*).   15 et **BVdT** *S*.
id **R**(?)*H. om.* h*v*. | *dist. U 728.* | obryzum *B*.   16. 17 pme **R¹**.
pime **R²**.   17 uiolentiffimi **B** *S*. -mili d**T**. -me h. -mae *rv*. |
ligni *ll.v*(*S*). igni d**T** *C*. | citiffimae **B²**. cti- **B¹**.   20 linae
B¹. | praeducantur **B** *B*(*S*). -dicantur **VR**. produc- d*C*. duc-
h*v*. *cfr. § 75. 98.*   22 septigenas **Vd**. feptuag- **B²**h*v.a.G.*
feptag- **B³** *in marg.* | et (aut d) quinquagenas d**Th**v*.a. S*.
23 bratteas *v*(*S*). -ttiaf **BV**. -cteas **Rd** *C* (*ut semper*).

gantur. crassissimae ex iis Praenestinae vocantur, etiamnum retinente nomen Fortunae inaurato fidelissime ibi
62 simulacro. proxima brattea quaestoria appellatur. Hispania striges vocat auri parvolas massas. super omnia solum
in massa aut ramento capitur. cum cetera in metallis 5
reperta igni perficiantur, hoc statim aurum est consummatamque materiam suam protinus habet, cum ita invenitur. haec enim inventio eius naturalis est; alia, quam
68 sqq. dicemus, coacta. super cetera non robigo ulla, non
aerugo, non aliud ex ipso, quod consumat bonitatem 10
minuatve pondus. iam contra salis et aceti sucos, domitores rerum, constantia superat omnia, superque netur
63 ac texitur lanae modo vel sine lana. tunica aurea triumphasse Tarquinium Priscum Verrius docet; nos vidimus
Agrippinam Claudi principis, edente eo navalis proelii 15
spectaculum, adsidentem et indutam paludamento aureo
textili sine alia materia. Attalicis vero iam pridem intexitur, invento regum Asiae.
64 (20) Marmori et iis, quae candefieri non possunt, ovi
candido inlinitur, ligno glutini ratione conposita; leuco- 20
phorum vocant. quid sit hoc aut quemadmodum fiat, suo
35, 36 loco docebimus. aes inaurari argento vivo aut certe

---

§ 63 med.: Dio Cass. LX 33, 3 p. 678. — § 64 med.: Vitruv.
VII 8, 4. Isid. XVI 19, 2.

---

1 iif **B**[1]*v*(*S*). his *r C.* 1. 2 *an* etiam nunc? 2 retinente **B***S*. -tes *rv*. 3 quae hiftoria **B**. 4 ftrigef **B***S*.
-gile *r*. -giles **d**h*v*(*J*). | fuper *ll.S*. quod super **h***v*. *an* inter
(*ut § 72*)? 5 auramento **V**d**h*v.a.G*. atra- **B**[2]. 6. 7 con-
summatumque **V**. 7 fuam **B***S*. *om. rv*. | habeat **V**. 8 ali-
quam **V**. 9 dicimuf **B**. | rogo ulla **B**[1]. rvgula **B**[2]. rubigo
ulla **R**d(?)*v.a.S*. 10 confummat **B**. 12 conftantiam **B**. |
fuperat omnia fuperque *ego*. fuperque fuperat omnia **B**. super-
que omnia *rv*. *cfr. V 64*. | netur **B**h*v*. tuetur **d**. tuaetur *r*.
an et netur? 13 ac texitur lanae **B**h*v*. -itur fine **d**. -it
urinae **V**. at ex̄ urme **R**. 14 ueriuf **BV**h. 15 claudii
V[2]*v.a.S*. -dio **B**[2]. | principi fedente **B**. 16 adsidente **V**. |
& **B***S*. ei **r**d**h*v*(*J*). | auro *v.a.S*. 19 his **B**[2]**V**. | candide
fieri **B**[2]. 20 *an* re conposita *vel* conposito (*i. e.* mixtura
conposita)? *cfr. XXV 175*. 20. 21 leucoporum **R**. leudio- **V**.
21 quod **R**. 22 inauri **R**.

hydrargyro legitimum erat, de quis dicemus illorum. naturam reddentes. excogitata fraus est, namque aes cru-
ciatur in primis accensumque restinguitur sale, aceto,
alumine, postea exharenatur, an satis recoctum sit, splen-
5 dore deprehendente, iterumque exhalatur igni, ut possit
edomitum mixtis pumice, alumine, argento vivo inductas
accipere bratteas. alumen et in purgando vim habet qualem esse diximus plumbo.   60

4. (21) Aurum invenitur in nostro orbe, ut omitta- 66
10 mus Indicum a formicis aut apud Scythas grypis erutum,
tribus modis: fluminum ramentis, ut in Tago Hispaniae,
Pado Italiae, Hebro Thraciae, Pactolo Asiae, Gange Indiae,
nec ullum absolutius aurum est, ut cursu ipso attrituque
perpolitum. alio modo puteorum scrobibus effoditur aut
15 in ruina montium quaeritur; utraque ratio dicatur.

Aurum qui quaerunt, ante omnia segutilum tollunt; 67
ita vocatur indicium. alveus hic est harenae, quae lavatur, atque ex eo, quod resedit, coniectura capitur. invenitur aliquando in summa tellure protinus rara felici-
20 tate, ut nuper in Delmatia principatu Neronis singulis
diebus etiam quinquagenas libras fundens. cum ita in-

---

§ 66: cfr. Plin. XI 111. VII 10. IV 115. Strabo III 2, 8
p. 146. — § 67 extr.: cfr. Polyb. ap. Strab. IV 6, 12 p. 208.

---

1 dicentus **B**. ut dicemus h *v.a.J.*   1. 2 natura **VB**.
2 *dist. J.* | eaf **B¹**. | aes—3 accensumque *om.* **VB**.   5 exhala-
tur *ll.v.* exharenatur *D. an* excitatur? (*cfr. XVII 46*).
6 argumenta **VB**.   7 & **B**. *om. rv.*   10 indictum **V**. | a **B** d
T *H.* atque a *rv.* | grypif **B¹VTS**. -phis *r* d *H.* -phibus h *v.*
11 tribus *J cum Bergkio exerc. Pl. I 14.* apud (-ut **V**) nos
tribus *ll.v.*   13 illum **VB**. | ut trituque **VB**. tri- h *v.a.S.*
14 perpolito **V**. ppopulitum **B**. | scrobimuf **B¹**.   15 quae-
ritur **B***S*. quare *rv.* | dicetur **V** h *v.a.S.*   16 fegutilum **B** *S*.
-gullum **V¹Bd**h *v.* sabulum **V²**. | tollant **V**. -llit **B**.   17 uo-
cantur **V**. | alueus hic est *ll.H. del. U 729.* -us ubi id est
h *v.* | *dist. D.* | quae **V***D*. qua **B**. que **Bd**T h *v.*   17. 18 la-
uatur **B***D*. -antur (leu- **B**) *rv.*   18 coiectura **B¹**.   19. 20
ut inueniatur (-nitur **V**) **V** h *v.a.H.*   20 delmatia **B¹***S*. dal-
rv.   21 cum ita **B***S*. cumina **RT**. cummina **V**. gummi d(?) *H*
cum **B**. cum iam h *v.*

ventum est in summo caespite, talutium vocant, si et
aurosa tellus subest. cetero montes Hispaniarum, aridi
sterilesque et in quibus nihil aliud gignatur, huic bono
fertiles esse coguntur.

68   Quod puteis foditur, canalicium vocant, alii canaliense, 5
marmoris glareae inhaerens, non illo modo, quo in oriente
sappiro atque Thebaico aliisque in gemmis scintillat, sed
micas amplexum marmoris. vagantur hi venarum canales
per latera puteorum et huc illuc, inde nomine invento,
69 tellusque ligneis columnis suspenditur. quod effossum 10
est, tunditur, lavatur, uritur, molitur. farinam a pila
scudem vocant; argentum, quod exit a fornace, sudorem.
quae e camino iactatur spurcitia in omni metallo scoria
appellatur. haec in auro tunditur iterumque coquitur.
catini fiunt ex tasconio; hoc est terra alba similis argillae, 15
neque enim alia flatum ignemque et ardentem materiam
tolerat.

70   Tertia ratio opera vicerit Gigantum. cuniculis per
magna spatia actis cavantur montes lucernarum ad lumina; eadem mensura vigiliarum est, multisque mensibus 20

---

§ 68: cfr. Plin. XXXVII 119. XXXVI 63. — Strabo III
2, 9. p. 147. Diodor. V 36, 4.

---

1 talutium **B** *S* (*D*). -utatium *r Brot.* (*J*). alutatium *H.*
-tionem **h** *v.* alutiatum *Gron. coll. XXXIV 157.*   2 aurofa
B *S.* -ro ea **R** d **h** *v.* -ro a **V.** | subae si **V.** subuesi **R.** *an* sub-
sit? | ceterv̄ **B²h** *v. a. H.* | hifpaniarum (span- **V R**) *ll.* **T** *S.* -niae
d(?)**h** *v.*   3 sterilisque **V R.** | in *om.* **R.**   6 gloriae **V R h**
v. a. B. | qui **R.** | *an* orientis?   7 sapphiro d(?)*v. a. J.* sci-
pyro **R.** | theabatico **V R** d.   8 miscas **V².** micanf **B²** *D.* |
amplexu *D cum Salm. exerc. Pl. p.* 757ᵃ *B.*   9 et huc *ll. v.*
huc & **B²** *D cum U 730. sed cfr. XXXVI 2.*   11 molitur
V R d *B* (*J*). moll- **B h** *v. a. B* (*S D*). | in farinam **R** d(?)**h** *v. a. S.*
11. 12 a pila scudem (cudem *D*) *Madvig adv. crit. II 529.*
apitafcudem **B** *S.* apilascudunt **V.** -liscudent **R.** ac pilis cudunt d *H.* nam quod (quae **h**) ad pilas (in pilis **h** *v*) cudunt
apilascudem **h** *B.*   12. 13 fudorem quae e (e *om.* **B¹**) **B** *S.*
-remque e (-que equi *v*) **V** *v. a. B.* -rēq. e **R¹.** -rem e **R².** -risque
qui e d **T** *H cum B².* (fornacis) sudore: quae e **B¹.**   13 fcori
B¹.   15 oc **R.** haec **h** *v. a. H.* | simili **T** *S.*   19 caufantur **B.**
cfr. § 75.

non cernitur dies. arrugias id genus vocant. siduntque
rimae subito et opprimunt operatos, ut iam minus teme-
rarium videatur e profundo maris petere margaritas atque
purpuras. tanto nocentiores fecimus terras! relinquuntur
5 itaque fornices crebri montibus sustinendis. occursant in   71
utroque genere silices; hos igne et aceto rumpunt, saepius vero, quoniam id cuniculos vapore et fumo strangulat,
caedunt fractariis CL libras ferri habentibus egeruntque
umeris noctibus ac diebus per tenebras proximis traden-
10 tes; lucem novissimi cernunt. si longior videtur silex,
latus sequitur fossor ambitque. et tamen in silice facilior
existimatur opera; est namque terra ex quodam argillae   72
genere glarea mixta — gangadiam vocant — prope in-
expugnabilis. cuneis eam ferreis adgrediuntur et isdem
15 malleis nihilque durius putant, nisi quod inter omnia
auri fames durissima est. peracto opere cervices fornicum
ab ultimo caedunt. dat signum ruina, eamque solus intellegit in cacumine eius montis vigil. hic voce, nutu   73
evocari iubet operas pariterque ipse devolat. mons fractus
20 cadit ab sese longe fragore qui concipi humana mente

---

§ 71: cfr. Diodor. III 12, 4 sqq. 13, 1.

---

1 ac rugias **Vd.** | in gencis (gentis **R**) **VB.** | *an* sidunt
quoque?   2 ſubdito **B¹.** | operantes **V².** -arios **h v. a. H.** |
utinam **B.**   3. 4 atque purpuras **B** *S. om. r v.*   4 relinquon-
tur **B¹** *S.*   5 sustinentibus **R.** | occurrant **V.**   6 hoſ igne
B² *S* (-ni **d h v**). hoc ſigne **B¹.** hoc signi *r.* | et *om.* **VB.** | ag&o
B¹.   7 id cuniculos **B** *S. cfr. XVII 46.* in cuniculis *r v(D).* |
uapore **B** *S.* -or *r v(D).* | fumo **B** *S.* -mus *r v(D).* | ſtrangulant
B *D.*   8 fractariiſ **B T** *S.* -turis **R** **d h v.** ſtractaris **V.** | ferri
U. *S.* fere **H.** ferri terram **h v.** | habentibuſ **B** *S.* agent- *r v.*
     10 nouissimis **V².** nobi- **V¹R.** | *an* uideatur?   11 foſſor
ambitque & **B** *S.* -ssa ambitque **H.** -ssam quiete (-iaete **V**) *r.*
-ssam ambit quiete (-tem **d**) **d h v.**   13 gloria **Vd.** -iae **R.**
glareae **h v. a.** *S.* | gandadiam **Vd.** -dediam **R.** candidam **h**
v. a. *S.*   17 cadunt **B** *S J.* | ruina eamque **B d T** *H.* -namque *r.*
-nae eamque *G.* rima eamque **h v.** ruinae rima eamque *D.*
     18 peruigil **d h v. a.** *S.* | uoce nutu **B** *S.* (nutuue *coni.* **H**).
uocent utue (utae **R**) *r d.* uoce ictuue **T h v.** uoce in tutum
D.   19 euocari **B** *H.* uo- *r.* repente reuo- **h v.**   20 cadunt **B¹.**

non possit, aeque et flatu incredibili. spectant victores
ruinam naturae. nec tamen adhuc aurum est nec sciere
esse, cum foderent, tantaque ad pericula et inpendia satis
74 causae fuit sperare quod cuperent. alius par labor ac
vel maioris inpendii: flumina ad lavandam hanc ruinam ₅
iugis montium obiter duxere a centesimo plerumque lapide; corrugos vocant, a conrivatione credo. mille et hic
labores: praeceps esse libramentum oportet, ut ruat verius
quam fluat; itaque altissimis partibus ducitur. convalles
et intervalla substructis canalibus iunguntur. alibi rupes ₁₀
inviae caeduntur sedemque trabibus cavatis praebere co-
75 guntur. qui caedit, funibus pendet, ut procul intuenti
species ne ferarum quidem, sed alitum fiat. pendentes
maiore ex parte librant et lineas itineri praeducunt, quaque insistentis vestigiis hominis locus non est, amnes ₁₅
trahuntur ab homine. vitium lavandi est, si fluens amnis
lutum inportet; id genus terrae urium vocant. ergo per
silices calculosve ducunt et urium evitant. ad capita de-
iectus in superciliis montium piscinae cavantur ducenos
pedes in quasque partes et in altitudinem denos. emis- ₂₀

---

1 aeque **VRd**D. eq, **BT**S. *om.* h*v.* | et flatu **VRd**T**h***v*(D).
effl- B*S.* | incredibilis **VR**. -le **B¹**.   2 ſciere **B¹***v.* -ivere **B²**.
-ire *r.*   3 foderent **B***S.* -re d**h***v.* foedere *r.* | & inpendia **B**
(*Gron.*)*H.* et inte- **R**. et ince- **V**d**T**. euincenda h*v.* | ſati
iſ **B¹**. fatis **V.**   4 cauſae fuit **B***S.* fuit causae (-sa *r*) *r*d**T**
(*v*)*H.*   5 maioris **B**h*v.* -or *r.*   6 duxere *ll.v*(S). duce- *C.*
7 mille **B***S.* ni mille (-llae **V**) *r.* nimirum h*v.*   8 labor
est h*v.a.S.* | praecepſ eſſe **B***S.* -cepisse **V**d**h***v.* praes **R**. | ruat
ueriuſ **B***S.* fruaris (flualis **V²**) *rv.* furat is *H.*   9 quando
(qua *H*) influat h*v.a.S.* | conualliſ **B²V***v.a.S.*   11 cauatae
R(?)*G.*   12 qui **B***S.* is qui **R**h*v*(D). isque **V**. | intuenti
BTS. -tis d. -tibus *rv*(D).   13 ne (n̄ **B²**) ferarum **BRT***H.*
nefarium (naf- **V¹**) **V**d. -ria h*v.* | ſe aliſū **B¹**.   14 maiores
VR. | *an* parte et (*vel* pendent et .. parte qui librant)? |
praeducunt **B**d**T***H.* -dicunt *r.* -figunt h*v.*   14. 15 quaque
B*S.* itaque *rv.*   15 hominum **VR**. | amneſ **B***S.* manes *rv.*
manus *cod. Colb. H.*   16 trahunt *H.* | ab homine **B***S.* ad ho-
mines *rv.* omne *H* (*ad seqq. referens*).   16 lauandi—17 lutum
B*S. om. rv.*   16 est *D cum U 735.* & **B***S.*   17 inportet
ll.S. -tent *v.* in sportis *H.*   18 ducunt **B***S.* -tur *rv.*
18. 19 deiectuuſ **B¹**D̃.   19 cauſantur **VR**. *cfr. § 70.*

saria in iis quina pedum quadratorum ternum fere relinquuntur, ut repleto stagno excussis opturamentis erumpat
torrens tanta vi, ut saxa provolvat. alius etiamnum in 76
plano labor. fossae, per quas profluat, cavantur — ago-
5 gas vocant —; hae sternuntur gradatim ulice. frutex
est roris marini similis, asper aurumque retinens. latera
cluduntur tabulis, ac per praerupta suspenduntur canales.
ita profluens terra in mare labitur ruptusque mons diluitur, ac longe terras in mare his de causis iam promovit
10 Hispania. in priore genere quae exhauriuntur inmenso 77
labore, ne occupent puteos, in hoc rigantur. aurum arru- 67
gia quaesitum non coquitur, sed statim suum est. inveniuntur ita massae, nec non in puteis, et denas excedentes libras; palagas, alii palacurnas, iidem quod minutum
15 est balucem vocant. ulex siccatur, uritur, et cinis eius
lavatur substrato caespite herboso, ut sidat aurum. vicena 78
milia pondo ad hunc modum annis singulis Asturiam atque
Callaeciam et Lusitaniam praestare quidam prodiderunt,
ita ut plurimum Asturia gignat. neque in alia terrarum
20 parte tot saeculis perseverat haec fertilitas. Italiae parci

---

§ 77 med.: cfr. Strabo III 2, 8 p. 146. Justin. XLIV 1, 7.
Martial. ep. XII 57, 9. — § 78 extr.: Strabo V 1, 12 p. 218.

---

1 in iiſ **B¹**v(S). inis **V**. mis **R**. in his **B²**dh*C*. | quida **R**.
1. 2 relinquontur **B¹Vd**T*S*. -quntur **B²**. linquuntur **R**h*v*.
2 ut **Bd**T*S*. et *rv*. | erumpit **R**h*v.a.S*.   3 ui *om.***VR**.
4 per **Bd**T*H. om. r*. in h*v*.   4. 5 agogas **Bd**h*B*. agagas **V²**.
-agans *r*. agangas *v*(*Brot.*).   5 hae *J*. haec *Ū*. eae h*v*. |
ulice **BV¹R**T*H*. -cem d. muricem **V²**. *om.* h*v*.   5. 6 est
ulex h*v.a.H*.   7 canaleſ **B***J*. -le *r**S*. -li h*v*. | *dist. J*.
8 perfluente (prof- *v*) de h*v.a.S*. | labitur—9 mare **B***S. om. rv*.
11 nec **V**.   11. 12 arrugia **B**h*v*. auriga *r*.   12 suum
Ū.v. cfr. § 62. sudum *coni. B*.   13 et *Ū.S*. etiam h*v*.
14 palagaſ **B***S*. -acas *rv*(*Brot.*). -acras *Bas.* | ali **VR**. hispani
alii h*v.a.S*. | psalacurnas **V¹R**. palacranas h*v.a.Brot*. | iidem
Rh*v*(*J*). idem **BV***Ven.D*. id autem d*S*.   15 ut lex **R**. |
ſiccatur **Bd***S*. -tus h*v*. icatus *r*. | et — 16 lauatur *om.* **B**.
18 Callaeciam *J*. calliae- **B¹**. callia- **B²**. gallae- *rv*. cfr.
XXXIV 156. | praestane **V**. p̄anne **R**.   20 pare **V¹R**. | per-
ſeuerat **B***S. om. rv*. | haee **B²**. | fertilitateſ **B**. | parti **R**. par-
citum est h*v.a.H*.

3,138 vetere interdicto patrum diximus; alioqui nulla fecundior metallorum quoque erat tellus. extat lex censoria Victumularum aurifodinae in Vercellensi agro, qua cavebatur, ne plus quinque milia hominum in opere publicani haberent. 5

79   (22) Aurum faciendi est etiamnum una ratio ex auripigmento, quod in Syria foditur pictoribus in summa tellure, auri colore, sed fragile lapidum specularium modo. invitaveratque spes Gaium principem avidissimum auri; quam ob rem iussit excoqui magnum pondus et plane 10 fecit aurum excellens, sed ita parvi ponderis, ut detrimentum sentiret propter avaritiam expertus, quamquam auripigmenti librae ✕ IIII permutarentur. nec postea temptatum ab ullo est.

80   (23) Omni auro inest argentum vario pondere, aliubi 15 decuma parte, aliubi octava. in uno tantum Callaeciae metallo, quod vocant Albucrarense, tricensima sexta portio invenitur; ideo ceteris praestat. ubicumque quinta argenti portio est, electrum vocatur. scobes hae reperiuntur in canaliensi. fit et cura electrum argento addito. quod si 20

81 quintam portionem excessit, incudibus non resistit. vetusta

---

§ 79: cfr. Vitruv. VII 7, 5. Diosc. V 120. — § 80 med.: Pl. iun. 107, 9. 10. (Isid. XVI 24, 2). Plin. IX 139. Pl. iun. 107, 15. — § 81: Homerus δ 73. (cfr. Plin. XXXVI 46). — Isid. XVI 24, 3. Pl. iun. 107, 11—14. Seren. 1057.

---

1 ut diximus h*v.a.H.* | alioquin **B**²*v.a.H.*   3 uictumularum **B**S. uictim- **V** d. uittim- **R.** (uici) Ictimulorum *B coll. Strabone.* uictimiliarum h*v.* | aurifodina **BT.** | in *om.* **RdT**H. qua in h*v.*   3. 4 cauabatur **B**²*v.a.C.*   4 milia **B**S. millibus *H.* ᴍ *G. om. rv.*   6 etiannū **B**¹. -amnunc **RdT.** etiam *v.a.H.*   8 fragile **B**S. -li *rv.* | capidum specularū **R.** 9 inuitauerat quae **B.**   10 excogi **VR.**   11 sed et **V** d. 14 illo **VR.**   15. 16 aliube (*bis*) **B**¹. -ibi (*bis*) **B**²d h *v.a.S.*   16 decuma parte **B**S. non *r.* nona d*H.* dena alibi nona h*v. exciderunt fortasse in* **B** aliubi nona. | octaua parte h*v.a.S.* | Callaeciae *J* (Gall- *S*). callec- **B.** galliae *rv.* 17 metallo **B**d*G.* -telle **R.** -tellae **V.** -talle (-tallae *C.* -tellae *v*) loco h*v.a.G.*   18 praeftat **B**S. -aeest *rv.*   19 & electrum **B**S. *cfr. infra et XXXVII 31: 78.* | fcobef **B**S. scro- *rv.* | hae **B**S. ae **V.** eae **R**dh*v.*   21 u&ufta **B**S. *om: rv.*

et electro auctoritas·Homero teste, qui Menelai, regiam auro, electro, argento, ebore fulgere tradit. Minervae templum habet Lindos insulae Rhodiorum, in quo Helena sacravit calicem ex electro; adicit historia, mammae suae
5 mensura. electri natura est ad lucernarum lumina clarius argento·splendere. quod est nativum, et venena deprehendit. namque discurrunt in calicibus arcus caelestibus similes cum igneo stridore et gemina ratione praedicunt.

(24) Aurea statua prima omnium nulla inanitate et 82
10 antequam ex aere aliqua modo fieret, quam vocant holosphyraton, in templo Anaetidis posita dicitur quo situ terrarum nomen hoc signavimus, numine gentibus illis 5, 83 sacratissimo. direpta ea est Antonii Parthicis rebus, sci- 83 tumque narratur veteranorum unius Bononiae hospitali divi
15 Augusti cena, cum interrogatus esset, sciretne eum, qui primus violasset id numen, oculis membrisque captum exspirasse; respondit enim cum maxime Augustum e crure eius cenare seque illum esse totumque sibi censum ex ea rapina. hominum primus et auream statuam et soli-

---

§ 82: cfr. Strabo XI 8, 4 p. 512. 14, 16 p. 532. — § 83: Paus. X 18, 7. Hermippus ap. Athen. XI 113 p. 505ᵈ. (Cic. de or. III 32, 129. Val. Max. VIII 15 ext. 2).

---

1 ex **B²**. 2 & electro B S. 3 inſula **B** h v. a. B. an in insula? *cfr. XIX 12; de mendo XXXIV 156.* 4 adiecit **B²**. | storia **V**. 7 discurit **R**. | arcuuſ **B¹** D. 7. 8 similis **VR**. 8 per (*pro* et) **R**. | ratio **B¹**. | praedicant **R**. 9 statura **VR**. | in nulla **R**. | uanitate B S. 10 modo B S. illo modo *rv*(D). | quod **R**. 10. 11 holospyraton **R**. 11 in templor **B¹**. | anaetidis **B¹Vd**hv(*J*). ran- **B²**. anet- **R**. Anait- *C cum B e Strab.* | quo B S. quod *r*(v add. in). quo sit *H cum Gron.* 12 nomenu (*om.* hoc) **R**. | significauimus h v. a. S. sed *cfr. XXVI 17. XIII 21. VI 114. III 46.* | num ingentib. **B¹**. 13 ea B S. *om. rv.* 14 narrantur **R**. narratur dictum h v. a. S. | boniae **B¹**. 15 caenam **B**. | interrogatuſ B S J. -garetur *rv*(D). | eſſ& ſcir&ne **B²**(*ead. m.*)S. eſſ& **B¹**. essetne (essene *r*) uerum *r* d h v(D). esset uerumne esset *J*. 16 id **B** S. hic *r*. hoc d h v. | nomen **VR**. | captumque **V**. 17 cum **B¹VR**d. *cfr. XIX 67. 128. (IX 121).* tum **B²**hv. | e B**R**S. de **V** d h v. | cruore h v. a. C. *Bergk exerc. Pl. II 7.* 18 cenare **B²**. 19 rapinam **B¹**.

dam LXX circiter olympiade Gorgias Leontinus Delphis in
templo posuit sibi.   tantus erat docendae artis oratoriae
quaestus.

84   (25) Aurum pluribus modis pollet in remediis vol-
neratisque et infantibus adplicatur, ut minus noceant quae 5
inferantur veneficia.   est et ipsi superlato vis malefica,
gallinarum quoque et pecuariorum feturis.   remedium ab-
luere inlatum et spargere eos, quibus mederi velis.   torretur et cum salis gemino pondere, triplici misyis ac
rursus cum II salis portionibus et una lapidis, quem 10
schiston vocant.   ita virus trahit rebus una crematis in
85 fictili vase, ipsum purum et incorruptum.   reliquus cinis
servatus in fictili olla ex aqua inlitus lichenas in facie
— lomento eo convenit ablui —, fistulas etiam sanat et
quae vocantur haemorroides.   quodsi tritus pumex adicia- 15
tur, putria ulcera et taetri odoris emendat, ex melle vero
decoctum cum melanthio inlitum umbilico leniter solvit
alvum.   auro verrucas curari M. Varro auctor est.

86   5. (26) Chrysocolla umor est in puteis, quos diximus,
67 sq. per venam auri defluens crassescente limo rigoribus hi- 20
bernis usque in duritiam pumicis.   laudatiorem eandem
in aerariis metallis et proximam in argentariis fieri con-

---

§ 85: (cfr. Diosc. V 124. Plin. XXXVI 156). — § 86: Th.
lap. 26. 51. 40. Vitruv. VII 9, 6. Isid. XIX 17, 10.

---

1 LXXXX *Bergk l. l.* | corumgias **VR**. | delihis **V**. -liis **R**.
4 pluribus *ll. v (S).* -imis d(?)*C.* | modis — 5 infantibus
om. **R**.   6 inferantur **B** *v.* *cfr. XXVIII 142.* inter- *r.* | ipsis
VR. | superlito *Gron.* *sed cfr. XXVIII 103.* | malefici **VR**.
7 pocuariorum **R**. pecorum *v. a. S.*   8 inlitum *Gron.* |
mereri **V**. uereri **R**.   9 gemmo **B¹**. -mme **B²**. grumo h
v. a. H. | misyis *J.* *cfr. XXXIV 117.* miſſuiſ **B¹**. miſſiſ **B²V**
RT. -sso d(?)h*v.* miseos (*P*)*H*.   10 duabus *ll. v.*   11 schi-
tohn **R²**. sci- **R¹**. scithon **V**. | trahit **BS**. tradit d h *v.* -ditur *r.*
13 olla **BS**(*D*). *om. r v (J).* | qua **B**. | inlitaſ **B²**.   14
dist. J. | eo **BS**. *cfr. § 89.* eum *r G (D).* id h*v.* | et *om.* **B**.
15 haemoroidis **VR**. | quod ei **R**. | pumex **B**(*P*)*H*. spuma
ex *r.* spuma h*v.* *cfr. Diosc.*   17 melantio **B**. mella- **V**. |
et illitum **R**(?)h*v. a. S.* | leniter **BV***H*(*D*). leui- **R**d*v*(*S*).
19 crisocolla **R**.   21 in *om.* **B**.   22 aprariis **V²**. -ris **V¹R**d.

pertum est. invenitur et in plumbariis, vilior etiam aura-
ria. in omnibus autem his metallis fit et cura multum
infra naturalem illam inmissis in venam aquis leniter
hieme tota usque in Iunium mensem, dein siccatis Iunio
5 et Iulio, ut plane intellegatur nihil aliud chrysocolla quam
vena putris. nativa duritia maxime distat; uvam vocant. 87
et tamen illa quoque herba, quam lutum appellant, tinguitur. natura est, quae lino lanaeve, ad sucum biben-
dum. tunditur in pila, dein tenui cribro cernitur, postea •
10 molitur ac deinde tenuius cribratur. quidquid non trans-
meat, repetitur in pila, dein molitur. pulvis semper in 88
catinos digeritur et ex aceto maceratur, ut omnis duritia
solvatur, ac rursus tunditur, dein lavatur, in conchis
siccatur, tum tinguitur alumine schisto et herba supra
15 dicta pingiturque, antequam pingat. refert quam bibula
docilisque sit. nam nisi rapuit colorem, adduntur et
scytanum atque turbistum; ita vocant medicamenta sorbere cogentia.

(27) Cum tinxere pictores, orobitin vocant eiusque 89
20 duo genera faciunt: elutam, quae servatur in lomentum,
et liquidam globulis sudore resolutis. haec utraque genera in Cypro fiunt. laudatissima autem est in Armenia,

---

§ 87: Vitruv. VII 14, 2. cfr. Diosc. V 104. — § 89: Diosc.
V 104. Isid. XIX 17, 10.

---

2 hif B S. is V. iis R d h v. | et om. V R.   3 uena V. |
lenitur R. leuiter h v. a. S.   4 torusque R.   6 uuam ll. v(S).
unam h. luteam C.   7 lutum ll. H. cfr. Vitruv. VII 14, 2.
-team h v.   8 lino h v. ligno (e add. V²) ll. | laenaeue B¹. |
fucum Gron. cfr. § 121. XXXV 44. XXXI 123.   10 tenuiuſ
BdT H. (sic add. h v). -nuis sic R. -nius sic V.   12 catinos
(cant- R) V R d h v(D). -no B S. cfr. XXXIV 135. | degeritur V.
om. R. | duritias V R.   13 dist. ego. | in om. B S J.   14 fic-
catur B S. -turque r v(D). | tum ego. tunc ll. v. de mendo cfr.
XXIX 34 extr.   15 pinguiturque B¹ R. | referi V¹ R. -erri V².
        16 docilique R. dulciſque B. | rapiūt B².   17 turbystum
R(?)h v. a. S.   19 orobotin B¹. -biti M V¹. scribiti M V².
        20 elutam B¹ d h v(S). -ta B²T. aelucta V. om. R. lute-
am B. | que B²VT. om. R. | in lomenta v. a. G. om. R.
        21 liquida B².

secunda in Macedonia, largissima in Hispania; summa commendationis, ut colorem in herba segetis laete virentis
90 quam simillime reddat. visumque iam est Neronis principis spectaculis harenam circi chrysocolla sterni, cum
ipse concolori panno aurigaturus esset. indocta opificum 5
turba tribus eam generibus distinguit: asperam, quae
taxatur in libras ✕ VII, mediam quae ✕ V, attritam, quam
et herbaceam vocant, ✕ III. sublinunt autem harenosam,
91 priusquam inducant, atramento et paraetonio. haec sunt
tenacia eius, colore blanda. paraetonium, quoniam est 10
natura pinguissimum et propter levorem tenacissimum,
atramento aspergitur, ne paraetonii candor pallorem chrysocollae adferat. luteam putant a luto herba dictam, quam
ipsam caeruleo subtritam pro chrysocolla inducunt, vilissimo genere atque fallacissimo. 15
92 (28) Usus chrysocollae et in medicina est ad purganda volnera cum cera atque oleo. eadem per se arida
siccat et contrahit. datur et in angina orthopnoeave lingenda cum melle. concitat vomitiones, miscetur et colly-

---

§ 90: (cfr. Suet. Calig. 18). — § 91: cfr. Plin. XXXV 36.
Vitruv. VII 14, 2. — § 92: Diosc. V 104. eupor. I 88.

---

1 ſecundum B. | summa V¹RdThv. -mmae BV²D (ubi si
pro ut dicendum erat). -mma est J. cfr. § 50. XI 33. XXXIV 4.
XXXVI 96. XXXVII 84. 2 ut Bhv(S). om. rH. | colorem
BRThv. -re Vd. | herbae (om. in) v.a.H. | laete Rdh C. -tae
B¹Vv. latae B². 3 quam om. R. 5 concoluri (cvnc- B²) B.
6 aſpe B. asperam siue harenosam D (auctore U) coll.
v. 8. 7 texatur V. mataxatur B. (an iam taxatur?). | libris
VdT. | ✕ vii S. xvii B. dvii VT. denariis vii Rd(?). vii hv. |
xv B. 8 quae xiii d(?)hv.a.S. | harenosam ll.v (i. e. pessi-
mam in omni genere: cfr. Diosc.). deleri h. l. et transponi post
asperam (v. 6) voluit U 737. (an herbaceam vel etiam harenatum? cfr. XXXVI 176. 177. XXXI 49. Blümneri technol.
III 183. IV 432. 511). 9 paratemio V. -enio R. | hae B¹.
10 colore BJ. -ri S. et colori rG. in colore hv. | bi-
amda V. bidiāda R. 11 leuorem S. laeu- hv. liu- B.
libo- r. cfr. XXXV 36. 12. 13 chrysocolla VR. 13 lu-
tea VR. | a lutea hv.a.H. | herba Thv. -am ll. 16 in om. B.
18 ſiccat & Bhv. et sicca r. | orthopneaue B¹. -eiue B².
hortopnoue V. 18. 19 lingenda B(P)H. pin- r. miscen- hv.

riis ad cicatrices oculorum ac viridibus emplastris ad
dolores mitigandos, cicatrices trahendas. hanc chrysocollam medici acesim appellant, quae non est orobitis.
(29) chrysocollam et aurifices sibi vindicant adglutinando 93
5 auro, et inde omnes appellatas similiter virentes dicunt.
temperatur autem Cypria aerugine et pueri inpubis urina
addito nitro teriturque Cyprio aere in Cypriis mortariis;
santernam vocant nostri. ita feruminatur aurum, quod
argentosum vocant. signum est, si addita santerna ni-
10 tescit. e diverso aerosum contrahit se hebetaturque et
difficulter feruminatur. ad id glutinum fit auro et septima
argenti parte ad supra dicta additis unaque tritis.

  (30) Contexique par est reliqua circa hoc, ut uni- 94
versa naturae contingat admiratio. auro glutinum est tale,
15 argilla ferro, cadmea aeris massis, alumen lamnis, resina
plumbo et marmori, at plumbum nigrum albo iungitur
ipsumque album sibi oleo, item stagnum aeramentis, stagno
argentum. — Pineis optume lignis aes ferrumque funditur,
sed et Aegyptio papyro, paleis aurum. — Calx aqua accen-
20 ditur et Thracius lapis, idem oleo restinguitur, ignis autem
aceto maxime et visco et ovo. — Terra minime flagrat,
carboni vis maior exusto iterumque flagranti.

----

§ 93: Diosc. V 92. — cfr. Plin. XXXIV 116. — § 94: cfr.
Plin. XXXIV 158. — Th. H. V 9, 3. — cfr. Plin. supra § 60.
Diosc. V 146. Nicand. ther. 45 sqq. Aristot. mir. ausc. 115.

----

  3 medici — 4 chrysocollam *om.* **B.**   3 acesin h*v.a.D.*
accesim **V.** -essim **Rd.** | arabitis **R.**   4 aglutinando **V.** glu-
B².   5 omnes **R**h*v.* -nis *r.* -nem *coni. H.* | appellataſ **B**S.
-ta (ape- **V**) *r.* -tam **Th**v. | utentes h*v.a.S.*   6 autem **B**S.
-em ea *rv(D).*   7 teriturque **B**S. -tur *rv.*   8 feraminatur
Rd. elum- **B².**   9. 10 *an* nitescat (*vel* -scet)?   10 areno-
ſum **B².**   11 eluminatur **B⁴.** (aurum *prava iteratione add.*
VRh*v.a.C*).   12 parte *om.* **Vd**h. | dictam **B.** | contritis **Rd**h
v.a.S.   13 contextiq; **R.** -tisque *d.* -texi h*v.a.S.* (*an* con-
texi quoque?). | par **B**h*v.* pars *r.* | aliqua **R.**   14 contingit
R. | auro **B**S. -rū **VR.** -ri d*h*v. | est tale **VR**d*h*v. epalea **B.**
  15 alumine **B.**   16 at *ego.* & **B**S. sed *rv.*   17 oleum
VRd. | stannum ... stanno *C.* | aeramentia **B.**   18 optime
B²v.a.S. -mi **VR.** | tunditur **VR**d.   19 et *om.* **R.** | egypto **R.**
aegyptia d(?)h*v.a.S.* | paloſiſ **B¹.**   22 carbonibuſ (*om.* uis) **B.**

95   **6.** (31) Ab his argenti metalla dicantur, quae sequens
insania est. non nisi in puteis reperitur nullaque spe sui
nascitur, nullis, ut in auro, lucentibus scintillis. terra est
alias rubra, alias cineracea. excoqui non potest, nisi cum
plumbo nigro aut cum vena plumbi — galenam vocant —, 5
quae iuxta argenti venas plerumque reperitur. et eodem
opere ignium discedit pars in plumbum, argentum autem
96 innatat superne, ut oleum aquis. reperitur in omnibus
paene provinciis, sed in Hispania pulcherrimum, id quoque
in sterili solo atque etiam montibus, et ubicumque una 10
inventa vena est, non procul invenitur alia. hoc quidem
et in omni fere materia, unde metalla Graeci videntur
dixisse. mirum, adhuc per Hispanias ab Hannibale in-
choatos durare puteos. sua nomina ab inventoribus habent,
97 ex quis Baebelo appellatur hodie, qui ·CCC pondo Hannibali 15
subministravit in dies, ad MD passus iam cavato monte,
per quod spatium Aquitani stantes noctibus diebusque
egerunt aquas lucernarum mensura amnemque faciunt.
98 argenti vena in summo reperta crudaria appellatur. finis
antiquis fodiendi solebat esse alumen inventum; ultra nihil 20
quaerebatur. nuper inventa aeris vena infra alumen nullam
finem spei fecit. odor ex argenti fodinis inimicus omnibus

Aelian. n. a. IX 20. — § 95: (cfr. Plin. XXXIV 173. Diosc.
V 100). — § 97: (cfr. Posidon. ap. Strab. III 2, 9 p. 147). —
§ 98 extr.: cfr. Plin. supra § 60. Isid. XVI 19, 1.

---

1 abis **V**. | quae **B**h*v*. quae satis **d**T. que satisque *r*.
(*an exciderunt aliqua?*).   3 inaurif **B**[1].   4 aliaf **B**S. -ia
dh*v*. abilia *r*. | rubra aliaf **B**S. rufa alia *rv*.   5 gallinam
VR. *cfr. XXXIV 173.*   7 difcedit **B**S. *cfr. § 99.* descendit *rv*.   8 natat **B**. *sed cfr. § 99. 103. XII 123. XXIV 41.
XXXI 90. 107 al.* | olem **V**[a]. olim **VR**.   11 uena *om.* **VR**d.
    12 in *om.* **BV**[a]. | materia **B**d*v*. -iae *r*. | metallia **V**[a]**R**[a].
-lli **VR**.   13 spanias **V**.   14 habent uentoribus **VR**. | ha-
bentes **d**(?)h*v.a.*Š.   15 baebelo **B**S. bebulo *rH.* -belo *v*. |
appellantur **VR**. | hodieque qui h*v.a.J.* | trecenta mil. **B**.
16 ∞ b̄ **B**[2]. mille quingentos **RR**[a]**d**h*v.a.*S. | paffuuf **B**[1]*D*.
    17 Accitani *coni.* H. Iacetani *P.* aquatini *coni. S. de
machinae nomine cogitavit J.* | instantes *J.*   18 amnemque
Bd*h*v*. manemque *r.* (*de mendo cfr. § 75*).   21 nullam **B**S.
uena alba *r.* alba **d**T*H.* alba nullum h*v*.   22 foffif **B**[2].

animalibus, sed maxime canibus. — Aurum argentumque
quo mollius, eo pulchrius. lineas ex argento nigras praeduci plerique mirantur.

(32) Est et lapis in iis venis, cuius vomica liquoris 99
5 aeterni argentum vivum appellatur. venenum rerum omnium est perrumpitque vasa permanans tabe dira. omnia
ei innatant praeter aurum; id unum ad se · trahit. ideo
et optime purgat, ceteras eius sordes expuens crebro
iactatu fictilibus in vasis. ita vitiis eiectis ut et ipsum
10 ab auro discedat, in pelles subactas effunditur, per quas
sudoris vice defluens purum relinquit aurum. ergo et 100
cum aera inaurentur, sublitum bratteis pertinacissime retinet, verum pallore detegit simplices aut praetenues bratteas. quapropter id furtum quaerentes ovi liquore candido
15 usum eum adulteravere, mox et hydrargyro, de quo dice- 123
mus suo loco. et alias argentum vivum non largum in-
ventu est.

(33) In isdem argenti metallis invenitur, ut proprie 101
dicatur, spumae lapis candidae nitentisque, non tamen
20 tralucentis; stimi appellant, alii stibi, alii alabastrum, ali-

§ 99: Diosc. V 110. cfr. Isid. XVI 19, 2. 3. — Vitruv. VII
8, 4. 5. — § 101: Diosc. V 99.

2. 3 praeduci **BVd**T*S*. prod- **R**(?)*G*. fieri h*v*.   3 pleri-
que **BRG**. fie- **Vd**T. producique h*v*. | miramur h*v.a.G*.
4 est *om*. **B**. | in *om*. **VR**. | iif **B**[1]*v*. his *rC*.   6 eft *ll.S*.
exedit (exest *G*) ac h*v*. | que **B**S. per *r. om*. h*v*. | permananta
(-nata **R**[1]) obedire **VR**.   8 & **B**h*v. om. r*. | ceteris eius sor-
dens **VR**. | cribro **VR**.   9 iactatus **R**. | ita uitiis h*v*(*J*). ita
uitis **VR**. ita ut iif (hiif **B**[2]) **B**. auitis **d**T. alutis (*P*)*Brot*.
uestibus *H*. ita autem iis *S*. | eiectis *S e coni. J*. tectif **B**.
iniectis **Rd**H. inuectis **V**. abiectis h*v*. | *dist. S*. | ut et h*v*(*S*).
& ut **B**. sed ut *rH*(*D*). ut *Dal*.   11 reliquid **VR**. -uit d
v.a.C.   12 rara **VR**. | inaurantur **R**(?)h*v.a.S*. | bratis **R**.
13 pallorem **B**[2]. | praetenebres **VR**.   14 oui **B**h*v*. ob *r*.
16 uiuom **B**[1]*S*.   16. 17 inuentu *D cum U 738*. -tum
ll.v.   18 hifdem **B**[2]**V**. | prope **B**.   19 dicatur *ego*. -tuf
B[1]. dictuf **B**[2]. -cemus *r*. -camus h*v*.   20 trali lucentif **B**[1].
transluc- **B**[2]*v.a.J*. | stimi **R**J. fimi **B**. ti- **V**. stimmi d*h*B.
-mini *v*. | ftibi **BV**S. -bia **R**. -ium *C*. stybiam d*h*. stib- *v*. |
alii *om*. **V**.

qui larbasim. duo eius genera, mas ac femina. magis
probant feminam, horridior est mas scabriorque et minus
ponderosus minusque radians et harenosior, femina contra
nitet, friabilis fissurisque, non globis, dehiscens.

102 (34) Vis eius adstringere ac refrigerare, principalis 5
autem circa oculos, namque ideo etiam plerique platyophthalmon id appellavere, quoniam in calliblepharis mulierum dilatet oculos, et fluctiones inhibet oculorum ex-
ulcerationesque farina eius ac turis cummi admixto. sistit
et sanguinem e cerebro profluentem, efficacissime et contra 10
recentia volnera et contra veteres canum morsus inspersa
farina et contra ambusta igni cum adipe ac spuma ar-
103 genti cerussaque et cera. uritur autem offis bubuli fimi
circumlitum in clibanis, dein restinguitur mulierum lacte
teriturque in mortariis admixta aqua pluvia; ac subinde 15
turbidum transfunditur in aereum vas emundatum nitro.
faex eius intellegitur plumbosissima, quae subsedit in
mortario abiciturque. dein vas, in quod turbida transfusa
sint, opertum linteo per noctem relinquitur et postero die
104 quidquid innatet effunditur spongeave tollitur. quod ibi 20
subsedit, flos intellegitur ac linteo interposito in sole
siccatur, non ut perarescat, iterumque in mortario teritur
et in pastillos dividitur. ante omnia autem urendi modus

---

§§ 102—104: Diosc. V 99.

---

1 larbaſim B*S*. -son *B* e *Diosc.* turbasin *rv*. 1. 2 magis
probant feminam *om.* **B**. 4 friabiles **V**. fragiliſ **B²**. 6 plerique *om.* **B**h*v*.*a*.*G*. 6. 7 platyophthalmon d*v*. platyopth-
BVh. platiobth- **R**. 7 calliblephariſ **B***G*. callibus. Leparis
VRd. collyriis *C*. callibus h*v*. 7. 8 mulierumque epiphoris
h*v*.*a*.*G*. 8 oculor̄ **B²**. | efluctioneſ **B²**. 10 et *om.* **VR**. |
e *om.* **VR**. | efficaciſſime **B***J*. -mum *S*. -caci *r*. -cacier h*v*.
11 inp **R²**. inpsa **R²**. *an* inspersa per se? 12 summa·
V¹R. 15 inmixta **B***S*. *an* mixta? | pluuiae **B²**. -iali *G*.
16 emundatur d**T**. emmu- **VR**. et mu- *v*.*a*.*S*. 17 quae **B***S*.
quaeque *rv*. 18 abiciturque *G*. abigi- **BV***v*. -tur **R**d. | quod
Bd*S*. quo *rv*. 19 sint *S*. ſit **B**. sunt *rv*(*D*). *an* turbidū
transfusū sit? | in lenteo **VR**. 20 innatet **B¹**. -tat *rv*.
cfr. p. 141, 4 et Frobeen p. 39. | ſpongeaue **B***S*. -eaque **V***D*.
-giaque *rv*. 21 linteo **B**dh*S*. -olo *v*. lenteo *r*. 23 te-
rendi **B**.

necessarius est, ne plumbum fiat. quidam non fimo utuntur coquentes, sed adipe. alii tritum in aqua triplici
linteo saccant faecemque abiciunt idque, quod defluxit,
transfundunt, quidquid subsidat colligentes. emplastris
5 quoque et collyriis miscent.

(35) Scoriam in argento Graeci vocant helcysma. vis 105
eius adstringere et refrigerare corpora, ac remedio est
addita emplastris ut molybdaena, de qua dicemus in 34, 178 sq.
plumbo, cicatricibus maxime glutinandis, et contra tenes-
10 mos dysenteriasque infusa clysteribus cum myrteo oleo.
addunt et in medicamenta, quae vocant liparas, ad ex- ✓
crescentia ulcerum aut ex attritu facta aut in capite
manantia.

Fit in isdem metallis et quae vocatur spuma argenti. 106
15 genera eius tria: optima quam chrysitim vocant, sequens
quam argyritim, tertia quam molybditim. et plerumque
omnes hi colores in isdem tubulis inveniuntur. probatissima est Attica, proxima Hispaniensis. chrysitis ex vena
ipsa fit, argyritis ex argento, molybditis e plumbi ipsius
20 fusura — quae fit Puteolis — et inde habet nomen.
omnis autem fit excocta sua materia ex superiore catino 107
defluens in inferiorem et ex eo sublata vericulis ferreis

---

§ 105: Diosc. V 101. — § 106 extr.: Diosc. V 102.

---

1 eft, B v. et r. 2 alipe B¹. | ali B¹V D. 3 ficcant
B²V²dhv.a.G. | defluxit VBdG. cfr. § 86. 99. 107. XXXIV
135. -xerit hv. effluxit BS. 4 fubfidat BdG(S). -dit Brot.
-dit ad V². -dit (-det v.a.C) id hv. subdit ad V¹R. | dist. ego.
5 quoque om. hv.a.G. (an que?). | et om. VBhv.a.G. |
collyriisque hv.a.G. 7 ac remedio est ego. acre dief B¹.
hac re B². om. rv. hac de re D. quare his Müller emend.
V 12. locus adhuc corruptus. conici possit etiam acribus (cfr.
XXX 174) vel uiridibus (φαιαῖc Diosc. cfr. § 92) vel a Graecis
(sc. medicis). 8 addita ego. -tur ll.v. 9 dist. v.a.C(U 739).
10 murteo B¹. mirte B². 11 medicamentū R. 12 autem
(aut B²) attritu B. 14 hisdem V. 15 fequenf BS. sed que
V¹R. sed quam V². secunda hv. 16 squā argaritim R.
-garytim V¹. squama agarytim V². 17 hifdem B. | tubulif
B²v. cub- h. tab- r. 19 an ex argenti (sc. fusura)? | e BS.
om. rv. | ipfius ll.v. an potius? 20 dist. v.a.S (U 740).
22 & ex BG. ex rv. | uericulif BS. uehi- r. ueruc- hv.

atque in ipsa flamma convoluta vericulo, ut sit modici
ponderis. est autem, ut ex nomine intellegi potest, fer-
vescentis et futurae materiae spuma. distat a scoria quo
potest spuma a faece distare: alterum purgantis se ma-
108 teriae, alterum purgatae vitium est. quidam duo genera 5
faciunt spumae, quae vocant scirerytida et peumenen, ter-
34,173 tium molybdaenam in plumbo dicendam. spuma, ut sit
utilis, iterum coquitur confractis tubulis ad magnitudinem
anulorum. ita accensa follibus ad separandos carbones
cineremque abluitur aceto aut vino simulque restinguitur. 10
quodsi sit argyritis, ut candor ei detur, magnitudine fabae
confracta in fictili coqui iubetur ex aqua addito in lin-
109 teolis tritico et hordeo novis, donec ea purgentur. postea
VI diebus terunt in mortariis, ter die abluentes aqua frigida et, cum *dies* desinat, calida, addito sale fossili in 15
libram spumae obolo. novissimo die dein condunt in
plumbeo vase. alii cum faba candida et tisana cocunt
siccantque sole, alii in lana candida cum faba, donec
lanam non denigret. tunc salem fossilem adiciunt subinde
aqua mutata siccantque diebus XL calidissimis aestatis. 20
nec non in ventre suillo in aqua coquunt exemptamque

---

§§ 108—110: Diosc. V 102.

---

1 uericulo **B**. ueni- **h**. ueruc- *v*. uerit oculis ferreis at-
que *r*. | modice **VR**. 3 et foturae **B²**. *del. HBrot. an e
fufura?* 4 purgatis se **V¹**. -atiffimae **B**. 6 fcirerytida
BS. sciror- *U 741*. sclerer- *D*. scelerelythrida **Vd**. stelere
lychryda **R**. sterelytrida **h**. (stelery- *v*) -tida *C*. lythrida
Brot. | peumenen *ll.S.* -nem **dhv**. reum- *D*. pneum- *U 741*.
7 aut fit **BV¹**. 8 ulif **B**. | tabulif **B¹dh**. 9 anulo-
rum *ll.v (G)*. auellanarum *C (S) cum B e Diosc.* (καρύων).
nucularum *coni. J.* | adcenfa **B¹**. 10 aut in uino **VR**.
12 coci **V**. 12. 13 lentiolif **B¹**. 13 nouis *ll.v. transponendum videtur post* linteolis (*vel etiam* nouo *post* fictili):
cfr. Diosc. 14 sex *ll.v.* 15 dies *ego. cfr. Diosc.* (εἰc
ἑcπέραν). denigrare *CFWMüller p. 28. om ll.v.* | desinant **h**
v.a.J. | fusili **VR**. 16 die dein **BJ**. die in *r*. die **hv**. *cfr.*
§ 22. | combunt **R**. 17 plumbo **V**. | tisane **V**. ptisana **Th**
v.a.J. 18 in sole **dTv.a.S**. | sole — 20 siccantque *om.* **VR**.
18 donec *om.* **d**. 19 denigret **Bd***Brot.* -rent **hv**. 21 in-
uentoref uillo **B²**. | cogunt **V**. | exemptamque **Bhv**. -taque *r*.

nitro fricant et ut supra terunt 'in mortariis cum sale.
sunt qui non coquant, sed cum sale terant et adiecta 103
aqua abluant. usus eius ad collyria et *cuti* mulierum 110
cicatricum foeditates tollendas maculasque, abluendum
5 capillum. vis autem siccare, mollire, refrigerare, tempe-
rate purgare, explere ulcera, tumores lenire; talibusque
emplastris additur et liparis supra dictis. ignes etiam 105
sacros tollit cum ruta myrtisque et aceto, item perniones
cum myrtis et cera.

10   7. (36) In argentariis metallis invenitur minium quo- 111
que, et nunc inter pigmenta magnae auctoritatis et quondam apud Romanos non solum maximae, sed etiam sacrae.
enumerat auctores Verrius, quibus credere necesse sit
Iovis ipsius simulacri faciem diebus festis minio inlini
15 solitam triumphantiumque corpora; sic Camillum trium- 112
phasse; hac religione etiamnum addi in unguenta cenae
triumphalis et a censoribus in primis Iovem miniandum
locari. cuius rei causam equidem miror, quamquam et
hodie id expeti constat Aethiopum populis totosque eo
20 tingui proceres, hunc ibi deorum simulacris colorem esse.
quapropter diligentius persequemur omnia de eo.

   (37) Theophrastus LXXXX annis ante Praxibulum 113

---

§ 110 extr.: Diosc. eupor. I 168. cfr. Cels. V 19, 26. — § 111
extr.: Cic. ad fam. IX 16, 8. Verg. Buc. X 27. — § 112 extr.:
cfr. Plin. VI 190. Herodot. IV 192. VII 69. — § 113: Th. lap. 59.

---

1 intra **R**.   2 adiacta **B¹**.   3 cuti *ego et dist. coll. Diosc.*
(*de dativo cfr. XXVIII 97. an* cutem, ut *XXVIII 139. XXXV
194?*). litum **B¹V**. *fitum* **B²***D*. litu ad **R**(?)*B*. nitrum ad h*v*. |
muliebrum h*Ven*. -brium *v.a.D*.   4 et (et ad **d**) abluendum
dh*v.a.S*. ad alendum *J*.   5 secare **R**. | frigerare **VR**.
5. 6 temperate **B**. -are **Vd**h*v*. tēptare **R**. | *dist. ego*.   6 linere
Vd. -nire **R**. | talibusque *ll.v*. albisque *Fröhner anal. crit. p.19*.
cfr. *XXXV 176*. (*XXXI 63*). *Müller emend. V 12*.   7 addi-
tur et liparif **B***S. om. rv*.   8 myrtoque h*v.a.S*. | et *om*. **R**. |
item **B***S*. -mque *rv*.   9 cera *v*. cetera *ll. add*. domineum **V**.
et abdomine h*v.a.G*.   10 inuenitur *om*. **V**.   13 enumerant
Vd.   14 simulacris **VR**.   15 triumphantumque **V²d**h*v.a.S*.
-temque **V¹R**. | siccū illū **R**.   16 etiannum **B¹**. -amnunc
VRd*v.a.S*. | caena **V**. cena **d**.   22 xc *v.a.D*. | annos **VR**h
v.a.G.

Atheniensium magistratum — quod tempus exit in urbis nostrae cccxlviiii annum — tradit inventum minium a Callia Atheniense initio sperante aurum excoqui posse harenae rubenti in metallis argenti; hanc fuisse originem 114 eius, reperiri autem iam tum in Hispania, sed durum et 5 harenosum, item apud Colchos in rupe quadam inaccessa, ex qua iaculantes decuterent; id esse adulterum, optimum vero supra Ephesum Cilbianis agris harena cocci colorem habente, hanc teri, dein lavari farinam et quod subsidat iterum lavari; differentiam artis esse, quod alii minium 10 faciant prima lotura, apud alios id esse dilutius, sequentis autem loturae optimum.

115   (38) Auctoritatem colori fuisse non miror. iam enim Troianis temporibus rubrica in honore erat Homero teste, qui naves ea commendat, alias circa pigmenta pictu- 15 rasque rarus. milton vocant Graeci miniumque cinna- 116 barim. unde natus error inscitia nominum. sic enim appellant illi saniem draconis elisi elephantorum morientium pondere permixto utriusque animalis sanguine, ut 8,34 diximus, neque est alius colos, qui in pictura proprie 20 sanguinem reddat. illa cinnabaris antidotis medicamen-

---

§ 114: Th. lap. 58. — cfr. Solin. 23, 4. Isid. XIX 17, 7. Diosc. V 109. Vitruv. VII 8, 1. — § 115: Homerus B 144. 637. — §§ 115. 116: cfr. Plin. XXIX 25. Diosc. V (110). 109. Solin. 25, 14. Isid. XIX 17, 8.

---

1 magiftratum B*B*. -strum *rv*. | quo **VR**d.   2 cccxlviiii *Brot. cum B*(?). ccxlviiii *ll.v.* ccccxxxviiii *S cum Casaubono* (*ad Praxibuli annum referens*).   3 gallia **BV**. | feparante **B**[1]. | ex eo qui posse **V**.   4 harena rubente h*v.a.S.* 5 repperiri **B***D*. | natiuum (*pro* iam tum) *coni. H.* | hispaniis h*v.a.H.*   6 quaedam **VR**. | inaccensa **V**.   7 ex aqua **V**d*h*. | decuderent **V**. decid- **d***T*. | id B*hv.* in *r*.   8 harenam *h* *v.a.S.*   9 habene **V**. -ere **R**h*v.a.S.* | ter ei **B**[1].   10 differentiam **B**h*v*. -tia *r*.   11 dilutif **B**[1]. -t$\bar{v}$ **B**[2].   16 raruf **B***B*. ramus *r*. (quaeramus *v*). | militono **B**[1]. -ltono **B**[2]. militon *h* *v.a.B.* | que **B***S*. qui *r*. quidam h*v*.   16. 17 cinnabarim **B***v*(*S*). -rin **V**d. -ri **R**(?)h*G*.   17 infcitia *ego coll.* XXIX 25. indicio **B***S*. -co *v*(*J*). | nominum **B***S*. -ine *rJ*. cinnabaris nomine h*v*. (*conici potuerit* Indico nomine enim sic etiam appellant).   20 altuf **B**[1]. alter **B**[2].   21 antidatif **B**[1].

tisque utilissima est. at, Hercules, medici, quia cinna-
barim vocant, utuntur hoc minio, quod venenum esse
paulo mox docebimus.   124

(39) Cinnabari veteres quae etiam nunc vocant mono- 117
5 chromata pingebant. pinxerunt et Ephesio minio, quod
derelictum est, quia curatio magni operis erat. praeterea
utrumque nimis acre existimabatur. ideo transiere ad rubricam et sinopidem, de quibus suis locis dicam. cinna- 35, 31 sqq.
baris adulteratur sanguine caprina aut sorvis tritis. pre-
10 tium sincerae nummi L.

(40) Iuba minium nasci et in Carmania tradit, 118
Timagenes et in Aethiopia, sed neutro ex loco invehitur ad nos nec fere aliunde quam ex Hispania, celeberrimo
Sisaponensi regione in Baetica miniario metallo vectigalibus
15 populi Romani, nullius rei diligentiore custodia. non licet
ibi perficere id, excoctique Romam adfertur vena signata,
ad bina milia fere pondo annua, Romae autem lavatur, in
vendendo pretio statuta lege, ne modum excederet HS LXX
in libras. sed adulteratur multis modis, unde praeda
20 societati. namque est alterum genus omnibus fere ar- 119

---

§118: cfr. Plin. III 30. — Vitruv. VII 9, 4. — §119: Diosc. V 109.

---

1 ad B¹D. | herculeſ BS. -lae V. -le rv. 1. 2 cinna-
barin dhv.a.S. -rū VR. 3 paullo B¹. 4 cinnabar VRd. |
quae Bhv. om. r. 5 et om. VRd. | epheso Rd. 6 relictum
VRT. 7 exiſtimabatur BS. -matur rv. | tranſiere B(-ſſ- B)C.
-ire rv. 7. 8 rubricam Bv. lub- r. (cfr. § 123). 9 ad-
ulterabatur B. | ſoruiſ B¹J (ut cod. M semper). sorbis rv.
10 sincere V. -ri B. | nom. (non R¹) mil. R. 12 imagines
V. hermogenes hv.a.H. | et om. VdT. | neutro in luco VRd.
13 hiſphania B. | celeberrimo BS. -mus r. -mū dhv.
14 sisaponensi S. ex sisa- hv. ſiſapompon- B. isapone-
seo R. irap- V. | e uectigalibus D cum U 742. 15 pyrro
romano R. | regi R. 16 excoctique V. -oqui quae B. -ique
Rdhv. an excoctaque (corruptum in -ociaque)? cfr. § 121. 95.
XXXIV 142. | dist. ego. | adfertur BS. def- dBrot. ref- T.
perf- v. deferuntur VD. deruntur R. 17 ab V. | bina BS.
dena rv. | modo B. | lauantur D. 18 statuto VdTJD.
(cfr. XVIII 178). | dist. v.a.J. | HS om. Bhv.a.H. 19 ad-
alteratū VR. | unde Bdv. n̄ de r. 20 omnibuſ BS. in
omn- rv(D).

gentariis itemque plumbariis metallis, quod fit exusto
lapide venis permixto, non ex illo, cuius vomicam argen-
99 tum vivum appellavimus — is enim et ipse in argentum
excoquitur —, sed ex aliis simul repertis. steriles etiam
plumbi micae. deprehenduntur solo colore nec nisi in 5
fornacibus rubescentes exustique tunduntur in farinam.
hoc est secundarium minium perquam paucis notum, mul-
120 tum infra naturales illas harenas. hoc ergo adulteratur
minium in officinis sociorum, et vilius Syrico. quonam
35,40 modo Syricum fiat suo loco docebimus; sublini autem 10
Syrico minium compendi ratio demonstrat. et alio modo
pingentium furto opportunum est, plenos subinde abluen-
tium penicillos. sidit autem in aqua constatque furanti-
121 bus. sincero cocci nitor esse debet, secundarii autem
splendor in parietibus sentit *plumbaginem.* quamquam 15
hoc robigo quaedam metalli est. Sisaponensibus autem
miniariis sua vena harenae sine argento. excoquitur auri
modo; probatur auro candente, fucatum enim nigrescit,
sincerum retinet colorem. invenio et calce adulterari, ac
simili ratione ferri candentis lamna, si non sit aurum, 20
122 deprehendi. inlito solis atque lunae contactus inimicus.
remedium, ut pariete siccato cera Punica cum oleo lique-

---

§ 121 extr.: Vitruv. VII 9, 5. — § 122: Vitruv. VII 9, 2. 3.

---

1 item **VR.** 3 niuom **B***S.* unum **VR.** | his **V.** 5 micae
deprehenduntur **B²***D.* de micae preh- **B¹.** depreh- (praeh- **V**)
r v. | *dist. ego. cfr. Diosc.* | solo *ll.v*(*S*). suo *G.* 7 hoc **B***S.*
et hoc h*v.* *om. r.* 9 minio **B.** | et uilius *ego.* & uiuif **B.**
item *r v.* et ubiuis *J.* | firico **BV.** scyr- *anon. ap. B.*
10 firicum **B** (*item infra*). scyr- *v.a. H.* | dicebimus **VR.** -cemus
h*v.a.S.* | sublimi **R.** 11 comphendi **B².** | demonftraN **B¹.**
14 debet et **VR.** 15 sentit d(?)h*v.* -ire *ll.S. de voca-*
bulo cfr. XXXIV 124. 93. | plumbaginem *ego. cfr. XXXVII*
68 et XXXIV 168. imaginem *ll.v*(*J*). ulig- *C.* 17 sua.
uero **VR.** sua d. suae uenae h*v.a.S.* | harenae **B***S.* -na *r v.* |
fine **B** h*v.* est in *r*(d *in ras.*). | *dist. ego cum Madvigio adv.*
crit. II 529. 18 fuga enim **VR**d. fucatum h.*v.a.S.* | ni-
grefcit **B** h*v.* crescit in *r.* 19 calcem **B².** | ae (*pro* ac) **B.**
21 inloto **B¹.** illico d(?)h*v.a.S.* | *dist. S.* | contactu **B².**
-tractus **R.** | inimicū **B².** 22 parieti h*v.a.S.*

facta candens saetis inducatur iterumque admotis gallae
carbonibus inuratur ad sudorem usque, postea candelis
subigatur ac deinde linteis puris, sicut et marmora nitescunt. qui minium in officinis poliunt, faciem laxis
5 vesicis inligant, ne in respirando pernicialem pulverem
trahant et tamen super illas spectent. minium in voluminum quoque scriptura usurpatur clarioresque litteras
vel in muro vel in marmore, etiam in sepulchris, facit.

   8. (41) Ex secundario invenit vita et hydrargyrum 123
10 in vicem argenti vivi, paulo ante dilatum. fit autem duo- $\frac{64}{100}$
bus modis: aereis mortariis pistillisque trito minio ex
aceto aut patinis fictilibus inpositum ferrea concha, calice
coopertum, argilla superinlita, dein sub patinis accenso
follibus continuis igni atque ita calici sudore deterso, qui
15 fit argenti colore et aquae liquore. idem guttis dividi
facilis et lubrico umore confluere. quod cum venenum 124
esse conveniat, omnia, quae de minio in medicinae usu
traduntur, temeraria arbitror, praeterquam fortassis inlito
capiti ventrive sanguinem sisti, dum ne qua penetret in vis-
20 cera ac volnus attingat. aliter utendum non equidem censeam.

— Diosc. V 109. — § 123: Th. lap. 60. Diosc. V 110.

---

   1 gallae **Rd**h*v*. *cfr. XVI 28.* gal . ea **B**. galea **V**(?)*D*
cum U 744.   2 inurantur **B**. aduratur **B**(?)h*v.a.S*   4 nimium **B**.   5 pernitialem **B²**. permit- **B¹**. permitt- **V**. (*de
mendo cfr. XV 74. VIII 135*).   6 ſuper *ego*. ut per *ll.v.*
cfr. Diosc., de mendo XXIX 83. | illas **VR**d*v*. leuiaſ **B¹**. -ia
B²*D*. *an* ueſicas? | specteret **V¹**. -tet **V²R**.   6. 7 uolumini-
bus d(?)*G*.   7 scripturae **V**. -re **R**. | carioreſque **B**.
8 muro *D cum Mommseno C. I. L. I 16.* auro *ll.v.* aere *Hüb-
ner*. | fecit **B***S*.   9 inuenti . ita **B**. | hydro argyrum **VR**d
(*ut plerumque*).   12 patenis **V²**. patiliſ **B²**. poatiloſ **B¹**. |
an inpositum in? | conca **V**. concea **R**.   13 copertum **V**.
op- d. | superinlata **VR**. -illata d*Ven*. | patenis **V²**. pastinis
V¹R. | accenso *J cum vet. Dal.* -sum *ll.v.*   14 calici **B**d*S*.
-cis r*v*.   15 argento **R**h. | iden **B¹**. id eſt **B²**.   16 rubrico
VRd. (*cfr. § 117*). | compluere **B***S*.   18 fortasse quod h
v.a.H. | inlitum h*v.a.H*(*S*).   19 capite d**T***H*. | uentrisue
V²d. -suae **V¹R**. -treue Th*H*. | sisti **VR**d*D*. -tit **B**h*v*(*S*).
-tendum **T***H*. | dum *om.***T**. | qua **B***S*. quod **V**. quid **Rd**T**h***v*. |
penetret **BT***G*. peteret **VR**. praetereat d *in ras.*h*v*.

125   (42) Hydrargyro argentum inauratur solum nunc prope, cum et in aerea simili modo duci debeat. sed eadem fraus, quae in omni parte vitae ingeniosissima est, 100 viliorem excogitavit materiam, ut docuimus.

126   (43) Auri argentique mentionem comitatur lapis, 5 quem coticulam appellant, quondam non solitus inveniri nisi in flumine Tmo*l*o, ut auctor est Theophrastus, nunc vero passim. alii Heraclium, alii Lydium vocant. sunt autem modici, quaternas uncias longitudinis binasque latitudinis non excedentes. quod a sole fuit in *i*is, melius 10 quam quod a terra. his coticulis periti cum e vena ut lima rapuerunt experimentum, protinus dicunt, quantum auri sit in ea, quantum argenti vel aeris, scripulari differentia, mirabili ratione non fallente.

127   (44) Argenti duae differentiae. vatillis ferreis can- 15 dentibus ramento inposito, quod candidum permaneat, probatur. proxima bonitas rufo, nulla nigro. sed experimento quoque fraus intervenit. servatis in urina virorum vatillis inficitur ita ramentum obiter, dum uritur candoremque mentitur. est aliquod experimentum politi 20 et in halitu hominis, si sudet protinus nubemque discutiat.

128 **9.** (45) lamnas duci· *in* speciem *vit*ri non nisi ex optimo

---

§ 126: Th. lap. 47. 46.

---

1 hydrarguro **B¹**. -giro **B²**. | argu$\overline{m}$tum **R**. | inauratum **B**.
    2 in **B**h*v*. *om*. *r*. | aerea **B**S*. aera h*v*. aeris **V**d**T**. ueris **R**. | duci *ll.v*. *cfr.* § 128. *an* etiam aeri .... obduci? *cfr.* *XXVIII* 146.   5 mentio **B¹**.   6 solus **VR**.   7 tmolo *B e Theophr.* timocho **VR**d. hym- h*v*. in//ocho **B**.   8 ali **B¹**. quem alii h*v.a.S*. | heraclius **VR**.   10 iis *v*. his *ll.C*.
11 peritum (*om.* cum) **V**. | ut d*G*. aut **B**. tui *r*. *om.* h*v*.
    12 rapuerint h*v.a.S*.   13 uel — 15 argenti *om.* **B**.
13 scripulari d**T** *H*. scribu- **VR**. scrupulati h. -ari *v*.   15 bantillis h. bat- *v.a.S* (*item infra et* *XXXIV* 112).   15. 16 condentibus **V**d.   20 metitur **VR**. | aliquod *ll.v*(S*). aliud d(?)*C*. | politi **B**h*v*. -ici **R**. pollici **V**d**T**.   22 duci et h *v.a.S*. | in *ego. om. ll.v. cfr. XXVII* 91. *XXVIII* 123. *XIV* 55. *II* 5 et *XXXVII* 149. *II* 91 *al.* | ſpeciem **B**J*. -cula *rv*(D*). | uitri *ego.* fieri *ll.v.* (*possit etiam conici* lamnas diei in speciem fieri: *cfr.* § 58. *II* 100). | *dist. ego.* | optuma **B¹**. -tima **B²**.

posse creditum.   fuerat id integrum, sed id quoque iam
fraude corrumpitur.

    Es*t* natura mira imagines reddendi, quod repercusso
aëre atque in oculos regesto fieri convenit. eadem vi si*c*
5 in speculi usu polita crassitudine paulumque propulsa dilatatur in inmensum magnitudo imaginum. tantum interest, repercussum illum excipiat an respuat.   quin etiam 129
pocula ita figurantur expulsis intus crebris ceu speculis,
ut vel uno intuente totidem populus imaginum fiat.   ex-
10 cogitantur et monstrifica, ut in templo Zmyrnae dicata.
id evenit figura materiae.   plurimum refert concava sint
et poculi modo an parmae Threcidicae, media depressa
an elata, transversa an obliqua, supina an infesta, qualitate excipientis figurae torquente venientes umbras; neque 130
15 enim est aliud illa imago quam digesta claritate materiae
accipientis umbra.   atque ut omnia de speculis peragantur
in hoc loco, optima aput maiores fuerant Brundisina,
stagno et aere mixtis.   praelata sunt argentea; primus
fecit Pasiteles Magni Pompei aetate. nuper credi coeptum
20 certiorem imaginem reddi auro opposito aversis.

    (46) Tinguit Aegyptus. argentum, ut in vasis Anubim 131

---

    § 129: cfr. Senec. nat. qu. I 5, 5. 14. — § 130 med.: cfr.
Plin. XXXIV 160.

---

    1 creditum **VR**d h*v* (*iunctum cum* fuerat, *ut XXXVII 25*).
cfr. § 130.   VIII 78. 52. -dimuſ **B**S (*parum conveniens cum*
fuerat).   *an potius* creditum eſt. erat? | integrum ſed id **B**S
(*et dist.*). om. r*v*.   3 est *ego*. sed *ll.v.* | mira est **R**(?)h*v.a.S.*
    4 eodem **B**¹. | ui sic *ego*. uiſi **B**. nisi *r*. uis *S*. ui h*v*.
5 speculis h*v.a.S.* | *post* usu *punctum posuit S.*   6 in *om*.
VRd.   8 expulſiſ *ll. G(S)*. exsculptis d**T***v*(*H*). -ultis h.
9 ut *om*. **B**. | populus totidem **VR**d h*v.a.S.* | ſiant **B**¹.   10 di-
cata **B**h*v*. dicta *r*.   11 id uenit **R**. adue- **V**. | plurimum
BS. -umque *rv*(*D*).   12 plana e **B**². om. *v.a.G.* | thraecidi-
cae (trae- **V**) **BV**S. om. *v.a.G.*   13 oblita **V**d. | an *om*. **R**. |
infeſta **BR**S. festa **V**dh*Ven*. recta *v*. inferna *D*.   15 clari-
tate *ll.v*(*S*). -tas *C*. | materiae **B**h*v*. -ia et *r*.   16 umbra *S*
e coni. *J*. -ram *ll.v*.   17 fiebant d**T**h*v.a.G.* | brindisina **VR**d.
    18 stanno h*C*. | *dist. v.a.D. cfr. XXXIV 160.*   19 passi-
teles **R**. praxi- h*v.a.S. cfr.* § 156.   21 tingunt **R**. | anubem
Vdh*v.a.S.* -be **R**.

suum spectet, pingitque, non caelat, argentum. unde
transiit materia et ad triumphales statuas; mirumque,
crescit pretium fulgoris excaecati. id autem fit hoc modo:
miscentur argento tertiae aeris Cyprii tenuissimi, quod
coronarium vocant, et sulpuris vivi quantum argenti; con- 5
flantur ita in fictili circumlito argilla; modus coquendi,
donec se ipsa opercula aperiant. nigrescit et ovi indurati
luteo, ut tamen aceto et creta deteratur.

132   Miscuit denario triumvir Antonius ferrum, miscent
aera falsae monetae, alii *et* ponder*i* subtrahunt, cum sit 10
iustum LXXXIIII e libris signari. igitur ars facta denarios probare, tam iucunda plebei lege, ut Mario Gratidiano vicatim totas statuas dicaverit. mirumque, in hac
artium sola vitia discuntur et falsi denarii spectatur exemplar pluribusque veris denariis adulterinus emitur. 15

133   **10.** (47) Non erat apud antiquos numerus ultra centum milia; itaque et hodie multiplicantur haec, ut decies
centena aut saepius dicantur. faenus hoc fecit nummus-
que percussus, et sic quoque aes alienum etiam nu*nc*

---

§ 132: cfr. Plin. supra § 46. — Cic. off. III 20, 80.

---

1 ſuum ſpect& **Bh**v. susp- *r*. | celat **BV**.   2 transiit
*U 746. cfr. § 57. 117. 151. XXXI 95. XXXIV 15 et de
scriptura XXXIV 15. 65. 103. XXXV 21. 23. 47. 100. 131 al.*
tranſit **BVdh**v. -nsmisit **R**.   4 tertiae **BRdT** *H*. -tia **V**. -tia
pars **h**v. *cfr. XXXIV 20.* | cypri **B** *D*.   5 & **Bh**v. *om. r*. |
pluriſ **B**[1]. -reſ **B**[2].   5. 6 conflatur **B**v.*a. G*. -tus **R**.   6 ita
om. **h**v.*a. G*. ita ut **V**.   7 ni crescit **V**. incr- v.*a. G*. | &
ll. G (*D*). *om.* **h**v (*S*). | induranti **B**.   9 triumuiratione onus
VRd. | ferro **B**. | miſcent **BVT** *S*. -tur **R**d(?)*H*. -cuit **h**v.
10 aeri **h**v.*a. H*. | falsa moneta **VR**. | alii & *ego*. -ia **R**. -iae
BVJ. -ii d. -ii e **h**v. | ponderi *U* (*D*). -re **BRh**v(*J*). -rae **V**.
-ra d. *cfr. XIII 99.*   11 aris **V**d.   12 tamen **VR**. | plebei
lege **B** *S*. lege plebi **R**d *C*. lege (e lege **h**v) plebe **Vh**v.
12. 13 grati uictatim (-totim **R**[2]) **R**.   13 totaſ **Bh**v(*S*). -ta
r H (*D*).   14 uina **B**. | falsum **h**v.*a. G*. | spectantur **R**.
15 plurisque *D*. | denariſ **B** *D*.   17 & **B** *G*. est *r C*. id (hic *v*)
et **h**v. | multiplicantum **R**. -atum **V**. -atur (*om*. haec) **h**v.*a. C*. |
ut decies **Vdh**v. und- **R**. uide (-deo **B**[2]) eſſe **B**.   18 centena
milia **R**(?)**h**v.*a. S*.   19 etiam nunc *ego*. -mnum **Bh**v. et tantum *r*.

appellatur. postea Divites cognominati, dummodo notum
sit eum, qui primus hoc cognomen acceperit, decoxisse
creditoribus suis. ex eadem gente M. Crassus negabat 134
locupletem esse nisi qui reditu annuo legionem tueri
5 posset. in agris HS |M̅M̅| possedit Quiritium post Sullam
divitissimus, nec fuit satis nisi totum Parthorum usur-
passet aurum; atque ut memoriam quidem opum occupaverit — iuvat enim insectari inexplebilem istam habendi
cupidinem —: multos postea cognovimus servitute libera-
10 tos opulentiores, pariterque tres Claudii principatu paulo
ante Callistum, Pallantem, Narcissum. atque ut hi omit- 135
tantur, tamquam adhuc rerum potiantur, C. Asinio Gallo
C. Marcio Censorino cos. a. d. VI Kal. Febr. C. Caecilius
C. l. Isidorus testamento suo edixit, quamvis multa bello
15 civili perdidisset, tamen relinquere servorum I̅I̅I̅I̅ CXVI,
iuga boum I̅I̅I̅ DC, reliqui pecoris C̅C̅L̅V̅I̅I̅, in numerato
HS |D̅C̅|, funerari se iussit HS |X̅|. congerant excedentes 136
numerum opes, quota tamen portio erunt Ptotemaei, quem
Varro tradit Pompeio res gerente circa Iudaeam octona

---

§ 134: Cic. parad. 6, 1. Plutarch. Crass. 2. — cfr. Suet.
Claud. 28. Tac. ann. XI 29. Plin. XXXVI 60.

---

1 appellantur (ape- V) VR.   2 priuſ B.   3 M. om. V.
4 ni BSJ.   5 aegriſ B¹. | M̅M̅ RH. MM G. xx (milia hv)
v. a. S. | sillam B²VR.   6 diutissimus R. duit- B¹. dit- dh
v. a. S.   6. 7 uſurpaſſ& BS. erusiset R. esurisset Vdhv.
7 ut Bhv(S). ui V. in RdTH. | memoriam ll. v(H). nomen
B. | opum BS. optumo V. -timo Rv. a. B. -mi (vel opimi) B.
-mum H.   7. 8 occupauit H.   8 inſextari B¹.   10 opu-
lentiores om. VR. | principat' R.   10. 11 paulo ante V²J.
cfr. XIX 11. XX 160. XXXV 26. II 150. (XXXIV 48).
paulante B¹V¹Rd. -tē B². pallantem hv. del. D.   11 calistum
VRd. | pallantem dJD. paulantem B. -te V¹R. paulo ante
V². del. S. et hv. | ut om. VR. | hi BdhC. hii rVen. ii v.
12 G. B²V. & R.   13 G. B². | mario B. | kl. BV. | G. B². |
caelilibuſ B¹.   14 C. l. (i. e. libertus) U. CL. BV. claudius
R(?)hv.   15 n̅ linquere R. | an se seruorum? sed cfr. § 147. |
c̅c̅c̅c̅ (pro I̅I̅I̅I̅) R.   16 bouum V.   17 pondo hv. a. G. | |D̅C̅| J.
D̅C̅ VG. DC rdS. sexcenta milia hv. | |X̅| D. IXI B. |X̅I̅| J.
I̅I̅ rG. xi milibus hv. | congregante V. -gate (-tae v) et h
v. a. G. | excedentiſ BVS.   18 ptolomai B. -aei D.

milia equitum sua pecunia toleravisse, mille convivas totidem aureis potoriis, mutantem ea vasa cum ferculis, saginasse! quota vero ille ipse — neque enim de regibus

137 loquor — portio fuerit Pythis Bithyni, qui platanum auream vitemque nobiles illas Dario regi donavit, Xerxis 5 copias, hoc est |VII| LXXXVIII hominum, excepit epulo, stipendium quinque mensum frumentumque pollicitus, ut e quinque liberis in dilectu senectuti suae unus saltem concederetur! hunc quoque ipsum aliquis comparet Croeso regi! quae, malum, amentia est id in vita cupere, quod 10 aut et servis contigerit aut ne in regibus quidem invenerit finem!

138   (48) Populus R. stipem spargere coepit Sp. Postumio Q. Marcio cos.; tanta abundantia pecuniae erat, ut eam conferret L. Scipioni, ex qua is ludos fecit. | nam quod 15 Agrippae Menenio sextantes aeris in funus contulit, honoris id necessitatisque propter paupertatem Agrippae, non largitionis esse duxerim. |

139   11. (49) Vasa ex argento mire inconstantia humani ingenii variat nullum genus officinae diu probando. nunc 20 Furniana, nunc Clodiana, nunc Gratiana — etenim taber-

---

§ 137: cfr. Plin. supra § 51. Herodot. VII 27. 38. Plutarch. de mul. virt. 27. Polyaen. strat. 8, 42. Diodor. XIX 47. Seneca de ira III 16, 4. — § 138: Liv. XXXIX 22, 8 (XXXVIII 60, 9. XXV 12, 14). II 33, 11. Val. Max. IV 4, 2. — § 139: cfr. Mar-

---

2 putoris V. | ea B S. om. r v. | fericulis V R.   3 ille B h G. illi r. illae (ipsae) v.   4 pythif B h v (U). -ths V. -thio d. -thii R(?) B. | qui V R d h v (D).' om. B S.   5 illaf B T S. illa r. [nobilem] illam h v.   6 hs (pro hoc est) R. | |vii| J. vii r S. |LII| B. septies h v. (centena add. G). | LXXXVIII S. LXXXVIII V R d. sine lineola B h (v add. milia). | hominem B.   7 quenque B². -uem B¹. | mensium R d h v. a. S.   8 dilectu B¹ d D. -tus V R. directu B². delectu h v. | senectutis R.   9 croesso V². graeco B.   11 autem R. | & B S. ae V. e R d T. etiam h v. | ne om. V R d.   13 sp. d h v. p. B. si V¹ R. sub V².   14 Q. om. B. | maricio B¹. | abundantia om. h v. a. G. | pecunia R h v. a. G.   15 comferre B. | quo a B¹. quo B². aqua h. | his V. 18 duxerim B S. dix- r v. cfr. nov. luc. p. 100.   19 mire B d T S. -rae r. -ra h v. | inconstantiae V R.   21 firmiana d Th H Brot. | cratiana V. crot- R h. | ut enim V.

nas mensis adoptamus —, nunc anaglypta asperitatemque
exciso circa liniarum picturas quaerimus, iam vero et 140
mensas repositoriis inponimus ad sustinenda opsonia, inter-
radimus alia, ut quam plurimum lima perdiderit. vasa
5 cocinaria ex argento fieri Calvus orator quiritat; at nos
carrucas argento caelare invenimus, nostraque aetate Pop-
paea coniunx Neronis principis soleas delicatioribus iu-
mentis suis ex auro quoque induere iussit.

(50) Triginta duo libras argenti Africanus sequens 141
10 heredi reliquit idemque, cum de Poenis triumpharet, IIII
CCCLXX pondo transtulit. hoc argenti tota Carthago habuit illa terrarum aemula, quot mensarum postea apparatu
victa! Numantia quidem deleta idem Africanus in triumpho
militibus ✕ VII dedit. o viros illo imperatore dignos, qui-
15 bus hoc satis fuit! frater eius Allobrogicus primus omnium
pondo mille habuit, at Drusus Livius in tribunatu plebei x.
nam propter quinque pondo notatum a censoribus trium- 142

---

tial. ep. IV 39. Isid. XX 4, 8. — § 140: cfr. Plin. infra § 146.
— Dio Cass. LXII 28, 1. (Suet. Nero 29). — § 141: Plutarch.
apophth. p.199. — § 142: cfr. Plin. XVIII 39. Liv. epit. XIV. Val.

---

1 adoptauimus *v.a.S.* | anaglypta **B**d*G.* -glicta **V**[1]. -gibta
B. -glifa **V**[2]. -glypha h*v.* | in asperitatemque *v.a.S.*   2 ex-
ciſo *ll.S* (*sc.* argento). -isa d(?)h*v.*   3 et ad h*v.a.S.*   4 alia
ut **B***S.* -iud *r.* altera (lat- *C*) et interest h*v.*   5 caluoſ **B**[2]*S.*
gal- **B**[1]. clauus **R.** | queritat **B**[2]. -itur *v.a.H.* quaeritat **V**[2]. |
ad **B***D.* ac **T.**   6 carruchaſ **B***S U.*   6. 7 poppea **B.** pompeia **V**h*v.a.B.*   7 ſole ac delicatoribuſ **B**[1].   8 iuſſit **B***S.*
om. r H (*an recte?*). solebat h*v.*   9 libras xxxii **V R**dh*v.a.S.*
    10 relinquit **B.** | ī̄̄̄ī *ll.S.* quattuor milia h*v*(*H*). quater
millies *G.*   11 cccLxx **B***S.* -Lxxx *r H.* ccccLxx h*v.*   12 terrarum *ll.v.* imperii terrarum *U.* sed cfr. *XV 76.* (*V 76*). *saltem*
terrarū imperii, *ut IV 33. 39. X 49.* | quot **R***H.* quod *rv*(*D*).
quodquod d̄. | nunc in mensarum h*v.a.H.* | est (*pro* postea) d
in ras. h*v.a.H.*   13 quidam **V.** et h*v.a.H.* | delata **R.** dil- **V.**
    14 militibus *om.* **B***S.* | ✕ v̄īī **B.** xvii milia pondo h*v.a.H.* |
dedit *om.* **B.** *an recte? ut scribatur in triumpho* x̄v̄īī (*sc.* trans-
tulit). *cfr. etiam § 148.*   15 *an* fuerit? | Fabius *P.* | allo-
broicus **V R**d.   16 attruſuſ **B**[2]. atr- **B**[1]. | plebei **B***S.* -bis *r v.* |
x **V R**d**T***H.* ✕ **B.** xi milia h*v.* *an* x̄?   17 quinque *ll.v.* x
(*pro* v) *Freinshemius* (*U*) *ex Livio, Val. Max., Gellio. cfr.*
XVIII 39.

phalem senem fabulosum iam videtur, item Catum Aelium,
cum legati Aetolorum in consulatu prandentem in fictilibus
adissent, missa ab iis vasa argentea non accepisse neque
aliud habuisse argenti ad supremum vitae diem quam duo
pocula, quae L. Paulus socer ei ob virtutem devicto Per- 5
143 seo rege donavisset. invenimus legatos Carthaginiensium
dixisse nullos hominum inter sese benignius vivere quam ·
Romanos. eodem enim argento apud omnes cenitavisse
ipsos. at, Hercules, Pompeium Paulinum, Arelatensis
equitis Romani filium paternaque gente pellitum, $\overline{\text{XII}}$ 10
pondo argenti habuisse apud exercitum ferocissimis gen-
144 tibus oppositum scimus; (51) lectos vero iam pridem
mulierum totos operiri argento, quaedam et triclinia.
quibus argentum addidisse primus traditur Carvilius Pollio
eques Romanus, non ut operiret aut Deliaca specie fa- 15
ceret, sed Punicana; eadem et aureos fecit, nec multo
post argentei Deliacos imitati sunt. quae omnia expiavit
bellum civile Sullanum. ·
145　　(52) Paulo enim ante haec factae sunt lances e centenis libris argenti, quas tunc super CL numero fuisse 20
Romae constat multosque ob eas proscriptos dolo con-
cupiscentium. erubescant annales, qui bellum civile illud
talibus vitiis inputavere; nostra aetas fortior fuit. Claudii

---

Max. II 9, 4. Gell. IV 8, 7. XVII 21, 39. — Val. Max. IV 3, 7.
Plutarch. Aem. Paul. 28. (Val. Max. IV 4, 9). — § 144: cfr. Plin.
IX 39. XXXIV 9. (cfr. Cic. pro Mur. 36, 75. Val. Max. VII 5, 1).
— § 145: (cfr. Tertull. de pallio p. 119).

---

3 his dh *C*.　　.5 paulluſ **B**[1]. | ei **O**h*v*. **&** **B**. i *r*. eius **d**.
5. 6 resseo **VR**.　　7 ſeſe **BV***v*(*S*). se **R**dh*G*.　　8 eodem
enim **B**ah*v*. eo *r*. | omniſ **BV***S*. | genitauisse **B**.　　9 ad **B***D*. |
arelateſiſ **B**[1]. -te iſ **B**[2].　　10 pellitum *ll. H*. pulsum h*v*. | $\overline{\text{XII}}$
B*S*. xii *r*. quod xii h*v*.　　11 habuisset h*v*.*a*.*S*.　　13 quae-
dam *ll.v*. quidem **d**. *an* pridem?　　14 caruilios **V**. -llios **R**. |
polio **O***D*.　　15 opere aut h*v*.*a*.*B*. operire **B**. | delicata **R**h
v.*a*.*B*.　　16 punica h*v*.*a*.*H*.　　19 factae **B***U*. -ta *rv*. | lanceſ
B*U*. -esque *rv*. | et **VR**.　　20 cl **B***S*. clemens **V**. dem- **R**.
quingentas **d** *in ras.* h*v*.　　21 ob eaſ **B**[2]dh*v*. adbeaſ **B**[1].
habea **R**. ab ea **V**. ... ea **O**. | scriptos **V**.　　22 erube-
scunt **R**.

principatu servus eius Drusilianus nomine Rotundus, dispensator Hispaniae citerioris, quingenariam lancem habuit, cui fabricandae officina prius exaedificata fuerat, et comites eius octo ad CCL libras, quaeso, ut quam multi eas con-
5 servi eius inferrent, aut quibus cenantibus? Cornelius 146 Nepos tradit ante Sullae victoriam duo tantum triclinia Romae fuisse argentea, repositoriis argentum addi sua memoria coeptum. Fenestella, qui obiit novissimo Tiberii Caesaris principatu, ait et testudinea tum in usum
10 venisse, ante se autem paulo lignea, rotunda, solida nec multo maiora quam mensas fuisse, se quidem puero quadrata et conpacta aut acere operta aut citro coepisse, mox additum argentum in angulos lineasque per commissuras, tympana vero se iuvene appellata, tum a stateris et lances,
15 quas antiqui magides vocaverant.

(53) Nec copia argenti tantum furit vita, sed valdius 147 paene manipretiis, idque iam pridem, ut ignoscamus nobis. delphinos quinis milibus sestert*ium* in libras emptos C. Gracchus habuit, L. vero Crassus orator duos scyphos

---

§ 146: cfr. Plin. IX 39. XVI 233. 66. 231. XIII 91. — Varro l. L. V 120. — § 147: Plutarch. Tib. Gracch. 2 p. 825.

---

1 feruof **B**[1]*S*. | ei **V**. | drusillanus **d**(?)**h** *v. a. U*(*D*).   2 quingenariam **BRh** *C*. -neriam **V**. quinquagenariam **d** *v*. .... gentenariam **O**. quingente- *D*.   3 cui — fuerat *om*. **B**. | cui **dh** *v*. *cfr. XXXV 163*. cum **VR**. quam *D*. | fabricandae **dh** *v*. -do (*ortum ex* -de) **VR** *D*.   4 octo ad CCL **B** *S*. octo DCCCL *r H*. octo quinquaginta *G*. octingentas quinquaginta octauo (octo *v*) **h** *v*. | librarum **d**(?)**h** *v. a. S*. | multi[s] **B**[2].   4. 5 conserui eius **VR** *G*. -ruienf **B**[1]. -ruif **B**[2]. -rui **h** *v*.   6 syllae **B** *v. a. Brot*.   6. 7 tricliniarum ae **V**. -aria **d** *T*.   9 ait & **B** *S*. sed et **h** *v*. sed *r*.
    10 paullo **B**.   11 mensa **R**. | fuiffem (-ffe **B**[2]) equidem **B**.
    12 aut citro **B** *v*. a citro (cytro **R** **d**) *r* **O** **d**. | coepisses **O**. cepisse **d**. ciepsisse **R**. cyepsise **V**.   14 appellata tum a **B** *S*. -llatum a **OR**. -llata **dh** *v*. apellatum **V**. | stateres **d**. -ras *v. a. S*.
    16 furit **B** *Brot*. -ruit (*P*) *H*. fuerit *r G*. -rat **h** *v*. | uitae **h** *v. a. H*. | ualdius **B** *U*. -lidius *r v*. *cfr. XXXIV 178*.   17 poenae *v. a. G*. | manupr&iif **B**. -tium *G*. metii (-tu *v*) precium **h** *v*. *cfr. XXXIV 37*.   18 quinos **O**. | milibus *uncis inclusit J*. | sestertium *H*(*U*). -iis (-is **R**) *ll. v*(*SJ*). sester ... **O**.   19 duo **V**. | scyhos **V**. scyos **R**.

Mentoris artificis manu caelatos HS $\bar{c}$, confessus tamen est numquam iis uti propter verecundiam ausum. sci*mus* eundem HS $\overline{VI}$ in singulas libras vasa empta habuisse.
148 Asia primum devicta luxuriam misit in Italiam, siquidem L. Scipio in triumpho transtulit argenti caelati pondo mill*e* 5 *et* CCCC et vasorum aureorum pondo MD [anno conditae urbis DLXV]. at eadem Asia donata multo etiam gravius adflixit mores, inutiliorque victoria illa hereditas Attalo 149 rege mortuo fuit. tum enim haec emendi Romae in auctionibus regiis verecundia exempta est urbis anno 10 DCXXII, mediis LVII annis erudita civitate amare etiam, non solum admirari, opulentiam externam, inmenso et Achaicae victoriae momento ad inpellendos mores, quae et ipsa in hoc intervallo anno urbis DCVIII parta signa 150 et tabulas pictas invexit. ne quid deesset, pariter quo- 15 *que* luxuria nata est et Carthago sublata, ita congruentibus fatis, ut et liberet amplecti vitia et liceret. petiere et dignationem hinc aliqui veterum. C. Marius post victoriam Cimbricam cantharis potasse Liberi patris exemplo traditur, ille arator Arpinas et manipularis imperator. 20

---

§ 148: Liv. XXXIX 6, 7. XXXVII 59, 5. — § 150: cfr. Florus I 31, 5. — Val. Max. III 6, 6.

1 $\bar{c}$ $U(D)$. c $ll.v(J)$. *om.* d. | comfeffuf B[1]. confessum $U(JD)$ coll. II 68.   2 iif BS. his *r.* se his (iis *v*) hC. | scimus (*olim scriptum* fcīuf) *ego.* sicut $ll.v(S)$. constat Bas. scitum *coni.* J.   3 $\overline{VI}$ BS. VI M O. sex V. sex millibus R d(?)C. sex milia hv. | uafa empta B hv. una emptalia *r.* 4 dedota R.   5 post (*pro* pondo) V.   5. 6 mille & *ego.* millia B[1]. milia B[2]. M *rv.*   6 cccc BS. ccccL *rv(D)*. | pondo cc (c *v*) milia h$v.a.H.$ | ∞ $\bar{D}$. B. | anno—7 DLXV *om.* B SUJ.   7 at B[2]S. at n B[1]. *om. rv(D)*. *an* at non (= nonne)? | donata $ll.H$. doma- G. domi- hv.   8 adfixit B[1]. | talo B[1]. 10 regiis R h$v(U)$. -gif B V d$S(D)$.   11 DCXXXII B. DCXXVI h$v.a.H.$ urbis anno DCXXII *uncis incluserunt UJ.* | LVII VR d ThH. liuii B. LVI *v.*   12 admirati VR.   13 acaciae V. -atiae R. | monumenta B.   14 in *om.* h$v.a.S.$ 15 *dist. ego.* cfr. XII 9. XXXV 106. XXXVI 111. 48. 83. XVII 216. | deesse V.   15. 16 quoque *ego.* que $ll.v.$ (*an* cum? *cfr.* II 178. 229. XXX 39. 135).   17 ut & Bd TS. ut ex V. ut Bv. et h. | petiere BH *cum Lipsio.* -tere *r.* peccare hv.   18 ex $v.a.G.$ | dignationem BH. -ne *rv.* | alicui G.

12. (54) Argenti usum in statuas primum divi Augusti 151
temporum adulatione transisse falso existimatur. iam enim
triumpho Magni Pompei reperimus translatam Pharnacis,
qui primus regnavit in Ponto, argenteam statuam, item
5 Mithridatis Eupatoris et currus aureos argenteosque. ar- 152
gentum succedit aliquando et auro luxu feminarum plebis
compedes sibi facientium, quas induere aureas mos tritior
vetet. vidimus et ipsi Arellium Fuscum motum equestri
ordine ob insignem calumniam, cum celebritatem adsecta-
10 rentur adulescentium scholae, argenteos anulos habentem.
et quid haec attinet colligere, cum capuli militum ebore
etiam fastidito caelentur argento, vaginae catellis, baltea
lamnis crepitent, iam vero paedagogia in transitu virilitatis custodiantur argento, feminae laventur et nisi argen-
15 tea solia fastidiant, eademque materia et cibis et probris
serviat? | videret haec Fabricius et stratas argento mu- 153
lierum balineas ita, ut vestigio locus non sit, cum viris
lavantium! Fabricius, qui bellicos imperatores plus quam
pateram et salinum habere ex argento vetabat, videret
20 hinc dona fortium fieri aut in haec frangi! heu mores,
Fabrici nos pudet! |

---

§ 151: mon. Ancyr. 4, 51. Suet. Aug. 52. — Appiani Mithr.
116. — cfr. Plin. supra § 40. — § 152 extr.: cfr. Senec. ep. XIII
1, 6. Stat. silv. I 5, 48. — § 153: Quintil. inst. or. V 9, 14. Val.

---

1 usus (*om.* in) **R.**   2 temporum **B**S. in temp- *r*d**TO.** in
h*v*. | adulatione (-nem *v. a. H*) temporum h*v. a. S*. | trasisse **B**[1].
transtulisse **B**[2].   5 eupatris **R.** -ri **V.** | curruuf **B**[1]*D.*   6 aureo
B. | luxu *B.* -xus h*v.* luctuf **B.** -cius *r.* | eminarum **R**d. aem- **V.**
    7 compedef **B**h*v.* concedens *r.* | sibi **B**S. sibi ex eo *rv*(*D*). |
facientum **R.** | mons **V.** | tritior **B**[1]**VR**d*Dal.* tristior **B**[2]h*v*(*U*).
    8 uetat h*v. a. S*. | et in ipsi **VR.** | arellium **B***G.* aureli- *r***B**[1].
ualeri- *B*[2]. laleri- h. ial- *v.* | montum **B**[1].   9 ordinem **B**[1]. |
calumniam *om.* **VR***B.* | celebritatem **B**(*Verc.*)S. -ate *rv.*
    9. 10 assectationem (*B.* expectarentur *v*) *v. a. G.*   10 argen-
teof **B**S. ex argento *rv.*   11 ebore **B**h*v.* bere **R.** hore **O.**
bor **V**[1]. *del.* **V**[2].   12 fastidio **O**d*Lugd. Dal.* | scaelentur **B**[1]. |
catellif **B**S. catill- *r***O***v*(*H*). ba- *B.*   13 paedagogi **B**[2]. -ogis
(*praem.* a) h*v. a. G.* cfr. § 40. | ad transitum h*v. a. S*.   15 pro-
prif **B**[1].   18 bellicos **OVR**d. -cofof **B**h*v.* | imperat **VR.**
19 uideref **B.**   20 furtium **B**[1]. | heu **B**h*v.* hos **V**[2]. haec *r.*

154 (55) Mirum auro caelando neminem inclaruisse, argento multos. maxime tamen laudatus est Mentor, de
7,127 quo supra diximus. quattuor paria ab eo omnino facta sunt, ac iam nullum extare dicitur Ephesiae Dianae templi
155 aut Capitolini incendiis. Varro se et aereum signum eius habuisse scribit. proximi ab eo in admiratione Acragas et Boëthus et Mys fuere. exstant omnium opera hodie in insula Rhodiorum, Boëthi apud Lindiam Minervam, Acragantis in templo Liberi patris in ipsa Rhodo Centauros Bacchasque caelati scyphi, Myos in eadem aede Silenos et Cupidines. Acragantis et venatio in scyphis
156 magnam famam habuit. post hos celebratus est Calamis, et Antipatro qui Satyrum in phiala gravatum somno conlocavisse verius quam caelasse dictus est ..., Stratonicus mox Cyzicenus, Tauriscus. item Ariston et Eunicus Mitylenaei laudantur et Hecataeus et circa Pompei Magni aeta-

---

Max. IV 4, 3. — § 154: Cic. Verr. IV 18, 38. — § 155: cfr.
XXXIV 84. Paus. V 17, 4. I 28, 2. Athen. XI 19 p. 782^b. Martial.
ep. VIII 51, 1. Cic. Verr. IV 14, 32. — § 156: cfr. Plin. XXXIV
47. 71. XXXVI 36. — anthol. Gr. I 106, 16 (Planud. IV 248). —

---

1 auro B*S*. -rū *r*. in auro h*v*.   2 mentor B h*v*. merito *r*.   3 uasorum (*pro* omnino) *Thiersch*.   4 an at iam? |
aepesi O. | templum B h*v.a.H*.   5 aut *ll.H*. iacet h*v*. | capitolium h*v.a.H*. | incendii B². | se et *S e coni. J*. f& B. ex O.
et *rv*. | sinum *Havet* (*revue de philol. VIII 2 (1885) p. 146*).
6 fcribit B*S*. -ipsit *rv*. | in B*G*. om. *rv*. | agragaf (adgr- R¹)
B²V**R**.   7 boetus **R***v.a.C* (*item infra*). | mis **R**.   9 acragantis d h*v*. agr- *ll*.   9. 10 Bacchae Centaurique *v.a.S*.
10 chelati B. | scyphis **R**. in scy- h*v.a.S*. | mios V**R**. | aede et
T h*v.a.S*.   11 filenof B*S*. -nus *rv*. | cupidine d. -do h*v.a.G*. |
agragantif B. acragentis V. om. h*v.a.G*. | uenatus d**T** *H*.
12 magna fama d**T***v.a.G(H)*. | habuit B*G(S)*. est d. om.*rv(H)*. |
hoc B.   12. 13 calamif & B*G*. om.*rv*. et om.*SJ*.   13 antipatro qui *ego*. -ter quoq, B*S(D)*. -ter quoque qui *U*. -ter
quinque *r*. -ter quique d² *in ras*. h*v*. | pialū **R**.   14 *lac. ego*
indicavi; excidit Diodorus: *cfr. XXXIV 85. Oehmichen stud.*
Plin. p. 161.   15 tauriscus ha*G*. -icius d. -icus V**R***v*. laurif
cuif B. | afrifton B. auriston V¹. | eunicus a*G*. elin- B. un- f d.
onychus h*v*.   15. 16 mytileni d (-ne *v.a.G*). mityl- **R**. -til-
V a.   16 laudantur d h*G(J)*. -datur BV**R**a*v(U)*. | ecataeuf B.
haec ad eius **R**.

tem Pasiteles, Posidonius Ephesius [hedys], Thracides, qui
proelia armatosque caelavit, Zopyrus, qui Areopagitas et
iudicium Orestis in duobus scyphis HS |X̄Ī̄Ī̄| aestimatis.
fuit et Pytheas, cuius II unciae ✳ X̄ venierunt: Ulixes
5 et Diomedes erant in phialae emblemate Palladium sub-
ripientes. fecit idem et cocos magiriscia appellatos par- 157
volis potoriis *et* e quibus ne exemplaria quidem liceret
exprimere; tam opportuna iniuriae subtilitas erat. habuit
et Teucer crustarius famam, subitoque ars haec ita exo-
10 levit, ut sola iam vetustate censeatur usuque attritis cae-
laturis si*c*, ne figura discerni possit, auctoritas constet.
— (Argentum medicatis aquis inficitur atque adflatu salso, 158
sicut in mediterraneis Hispaniae.) —
    (56) In argenti et auri metallis nascuntur etiamnum
15 pigmenta, sil et caeruleum. sil proprie limus est. optimum ex eo quod Atticum vocatur, pretium in pondo
libras ✳ II; proximum marmorosum dimidio Attici pretio.

---

cfr. Plin. XXXIV 84. 85. 90. Athen. XI 19 p. 782ᵇ. Plin. XXXVI
33. XXXV 136. XXXVI 39. Cic. de div. I 36, 79. Plin. XXXIV 91.
— § 158: Th. lap. 51. 40. Diosc. V 108. Cels. V 14.

---

    1 praxiteles h*v.a.S.* cfr. *§ 130.* | Thracides *Furtwängler in
Fleckeiseni annal. 113, 508.* cfr. *Oehmichen stud. Plin. p. 160.*
hedyſtrachideſ **B** *D.* -atides *S.* haedistadices **a.** iedisthra-
cides (-tra- **R**) **VR.** laedus stratites (-iates *C*) h*v.*   2 areo-
phagitaſ **B¹.** argo- **B².** aregopag- **V.** ariop- **a.**   3 HS *ll.G.*
pondo h*v.* | |X̄Ī̄Ī̄| **BJ.** X̄Ī̄Ī̄ *GS.* XII *rv.*   4 fecit (*ad supe-
riora relatum*) *U.* | dein h*v.a.S.* | phytheaſ **B.** pyteas **R** *d.* |
duae *ll.v* (*Brot.*). binae *C.* | uinciae **B.** | ✳. x̄ **B** *S.* xx **V** h*v.*
x d**T** *H.* | uenerunt **B².**   5 diumedeſ **B¹.** | pelladium **B¹.**
6 et idem et **VR.**   7 et e *ego.* sed e **VR** dh*v.* e **B** *S.*
9 cruſtariuſ **B** h*v.* *om.* **r** d**TO.**   10 uſuque **B** *S.* usque **V** *d.*
nuſq; **R.** usque adeo h*v.* | attriteſ **B¹.** -ite ſ **B².**   11 ſic ne
ego. cfr. *XVII 154. XXX 108. 109.* ſi ne **B.** si nec *U.* ne
r*v*(*J*). | constat **VR.**   12 adq, **B¹.** atque (-uae **V**) etiam
(aet- **V**) **VR** dh*v.a.S.* | adflato **VR.**   13 in *om.* **VR.** | medi-
terraniſ (medt- **B¹**) **B.**   14 etiamnunc **V** d*v.a.G.*   15 ſil
B *B.* ſit *r.* ſic d*Ven.* fit h*v.* | ſil **B** *C cum B.* ſit *r.* fit d.
quod h*v.*   16 anticum **VR.** | post (*pro* pondo) **V.** *del. C.*
17 ✳ II (*Gron.*) *H.* XII *ll.* XXII h. (x. XII *B*). XXXII *v.* | mor-
moroſum **B¹.** marmoro sub **VR** d. -rosum sub h*v.a.H.*

159 tertium genus est pressum, quod alii Scyricum vocant,
ex insula Scyro, iam et ex Achaia, quo utuntur ad picturae umbras, pretium in libras HS bini; dupondiis vero
detractis quod lucidum vocant, e Gallia veniens. hoc autem
et Attico ad lumina utuntur, ad abacos non nisi marmo- 5
roso, quoniam marmor in eo resistit amaritudini calcis.
effoditur et ad XX ab urbe lapidem in montibus; postea
uritur pressum appellantibus qui adulterant. sed esse
falsum exustumque, amaritudine apparet et quoniam re-
160 solutum in pulverem est. sile pingere instituere primi 10
Polygnotus et Micon, Attico dumtaxat. secuta aetas hoc
ad lumina usa est, ad umbras autem Scyrico et Lydio.
Lydium Sardibus emebatur, quod nunc omittunt.
161 **13.** (57) Caeruleum harena est. huius genera tria
fuere antiquitus: Aegyptium maxime probatur; Scythicum 15
mox diluitur facile et, cum teritur, in quattuor colores
mutatur, candidiorem nigrioremve et crassiorem tenuio-
remve; praefertur huic etiamnum Cyprium. accessit his
Puteolanum et Hispaniense, harena ibi confici coepta.
tinguitur autem omne et in sua coquitur herba bibitque 20
sucum. reliqua confectura eadem quae chrysocollae.

---

§ 159: Vitruv. VII 7, 1 (Veget. mulom. V 26, 3. VI 28, 31).
VII 3, 10. — § 160: cfr. Plin. XXXV 42. — § 161: Diosc. V 106.
Vitruv. VII 11, 1. Th. lap. 55.

---

1 ali **V.** | scyricum h*v*(*S*). sty- (fti- **B¹**) *ll.* sy- *H.*
2 scyro h*v*(*S*). fty- **B.** ty- *r.* sy- *H.* | & B*S.* quod *r.* quidem
d. quidem et h*v* (*an recte?*). | acaia **B¹.** | ac **B¹.** 3 libra
Vd. | dupondif **B¹***D.* dip- **B²***v.a.H.* dupundius **V.** 4 tractif
B. 5 ad lumina utuntur ad **B**h*v.* adluminatui *r.* 6 refti-
tit **B.** 9 et *om.* h*v.a.S.* 10 puluere **Vda O.** 11 poly-
gnota sed **VR.** | attica **B².** 12 umbram **B¹.** | scyrico *v*(*S*).
sty- *ll.* sy- h*H.* | lydo **R.** 13 ludium **B.** | omittunt **Ra** *Brot.*
cfr. XXXI 107. XXXVI 69. ommitunt d. ommutuit **BV***D.*
obmut- h*v*(*S*). 15 aegypt' **R.** | maxime **B***S.* quod ma- *r*
v(*D*). | probatum **B***SJ.* | fcithicum **B.** 16 mox *ego.* *cfr.*
§ 156. hoc *ll.v. an potius* umore, *ut XXXV 187* (*vel* natiuum
hoc *e Theophr.*)? | facile—teritur *om.* **R.** | & cum **B***S.* cum *r.*
cumque h*v.* 17.18 & (*om.* h*v*) craffiorem tenuioremue (-que **B**)
Bha*v*(*S*). *om.* *r H.* 18 etiamnum h*v.* -unc *ll.J.* 19 con-
ficio **R.** 20 omni **V.** omia **R.** | et in fua *ll.v. an* cum ifati

Ex caeruleo fit quod vocatur lomentum, perficitur id 162
lavando terendoque. hoc est caeruleo candidius. pretia
eius ✳ X in libras, caerulei ✳ VIII. usus in creta; calcis
inpatiens. nuper accessit et Vestorianum, ab auctore
5 appellatum. fit ex Aegyptii levissima parte; pretium eius
in libras ✳ L. idem et Puteolani usus, praeterque ad
fenestras; cylon vocant. — Non pridem adportari et In- 163
dicum coeptum est, cuius pretium ✳ VII. ratio in pictura
ad incisuras, hoc est umbras dividendas ab lumine. —
10 Est et vilissimum genus lomenti, quod tritum vocant,
quinis assibus aestimatum.

Caerulei sinceri experimentum in carbone ut flagret;
fraus viola arida decocta in aqua sucoque per linteum
expresso in cretam Eretriam. vis in medicina ut purget
15 ulcera; itaque et emplastris adiciunt, item causticis.
teritur autem difficillime. — Sil in medendo leniter 164
mordet adstringitque et explet ulcera. uritur in fictilibus, ut prosit.

---

§ 162 med.: cfr. Plin. XXXV 49. — Vitruv. VII 11, 1. Isid.
XIX 17, 14. — § 163: cfr. Plin. XXXV 46. (Diosc. V 107). —
Vitruv. VII 14, 1. Diosc. V 106. — § 164 init.: Diosc. V 108.

(*fua orto e fau* = fati)? *de mendo cfr. XXVI 39, de re XX 59.*
(*XXII 2*). *Diosc. II 215.*   2 terendoque **B**(**a**?)*S*. -oue *r v.* |
candiduf **B**¹.   3 ✳ x *H*. xx *ll*. x d**T**. xxiii h*v*. | libra **VRa**
v. a. C. | ✳ viii *H*. xviii *ll*.h*v*. viii d**T**.   4 nestorianum h
v. a. H. | actore **V**. ha- **R**.   5 & (*pro* fit) **B**. | aegypti **BV***D*.
    6 in libras *om.* **VRdT***S*. | ✳ i *H*. xi *ll*. x. xi *Brot*. xl h*v*. |
ideo **B**. id est **R**. | praeter q̄. **B**².   7 cylon **B***S*. cyllon d**T**.
cylonon **V**. cynolon **R**. cyanon *Brot. e coni. Durandi.* coclon h.
coelon *v*.   8 ✳ vii *S*. xvii *ll*. xviii d**T**. x. viii *H*. xvii in
libras h*v*.   9 avt (*pro* ad) **B**². | incifura **B**. | diuidenda (-eda
V¹) sublimine **VR**.   10 uiliffimum **B***G*. util- *r*d**TO**. subtil-
h*v*. | quod **Bh***S*. quondam *r*. ....dam **O**. quidam *B*. quod
dant *v*. | adtritum **B**²*D*. trit.. **O**. | uocant **B**(**ad**?)*B*. *om. r*h*v*
(*in horum archetypo videtur scriptum fuisse* quoduocant tritum;
inde quondam tritum).   13 arida **B**¹. | lintium **B**¹. lenteum
R (*fere semper*).   16 interitur **R**. | autem *om.* h*v. a. H.* | diffi-
cillime fil (ffil **B**¹) **B***C*. -llime sile h*v*. -llime d**T**. -lem est *r*. |
dist. ego coll. Diosc. | leuiter h*v. a. S*.   17 acftringitq, **B**¹.
asft- **B**². | & **Bh***v. om. r*.

Pretia rerum, quae usquam posuimus, non ignoramus
alia aliis locis esse et omnibus paene mutari annis, **prout**
navigatione constiterint aut ut quisque mercatus sit **aut**
aliquis praevalens manceps annonam flagellet, non **obliti**
Demetrium a tota Seplasia Neronis principatu accusatum 5
apud consules; poni tamen necessarium fuit quae plerumque erant Romae, ut exprimeretur auctoritas rerum.

C. PLINI SECUNDI
NATURALIS HISTORIAE
LIBER XXXIV

1   **1.** (1) Proxime dicantur aeris metalla; cui et in usu
proximum est pretium, immo vero ante argentum ac paene
etiam ante aurum Corinthio, stipis quoque auctoritas, **ut** 10
$^{33,43}_{188}$ diximus. hinc aera militum, tribuni aerarii et aerarium,
obaerati, aere diruti. docuimus quamdiu populus Roma-
33, 42 sqq. nus aere tantum signato usus esset: et alia *re* ve-
tustas aequalem urbi auctoritatem eius declarat, a rege
Numa collegio tertio aerarium fabrum instituto.   15

§1: cfr. Isid. XV 5, 3. Paul. Diac. s. v. *dirutum aere* (p. 69).

2 in aliis h*v. a. S.* | mutari annif **B***S.* annis mut- *rv*(*D*).
3 nauigationes h*v. a. S.* | constituerint **VRd.** | ut *om.* **R.** |
mergatuf **B**^{1}. mercatus—4 aliquis *om.* **R.** 4 mancipiif **B**^{3}.
5 a **B** *G. om. rv.* | feplafia **B** *G.* s& lasia *r.* sell- a. hellade *B.*
-dia *v.* 7 erat **B**. 8 proxime **Ba** *G*(*S*). -mo **R** *e corr.* -ma
VdTh*v*(*H*). 10 ftipif **B**h*v.* stirpis *r.* 11 aerea **B**^{1}. | aerari
B^1*D.* 12 oberrati **Va.** | et aere **R**(?)*H.* ab aere h*v.* | dicti
h*v. a. H.* 13 sit. sed et *H.* | alia re *ego.* alia *ll. v.* alta
coni. *J. an potius* alio, *ut XIV 145, vel* alias? 14 declar&
Rd. -raret **VTh**(*v. a. H praem.* cum). 14. 15 regnum a **B.**
15 aerarium **B***S.* -iorum *rv*(*D*). | inftitutof **B.**

(2) Vena quo dictum est modo foditur ignique per- 2
ficitur. fit et e lapide aeroso, quem vocant cadmean,32, 95 sqq.
celebri trans maria et quondam in Campania, nunc et in
Bergomatium agro extrema parte Italiae; ferunt nuper
5 etiam in Germania provincia repertum. 2. fit et ex alio
lapide, quem chalcitim appellant in Cypro, ubi prima
aeris inventio, mox vilitas praecipua reperto in aliis terris
praestantiore maximeque aurichalco, quod praecipuam bonitatem admirationemque diu optinuit nec reperitur longo
10 iam tempore effeta tellure. proximum bonitate fuit Sal- 3
lustianum in Ceutronum Alpino tractu, non longi et ipsum
aevi, successitque ei Livianum in Gallia. utrumque a metallorum dominis appellatum, illud ab amico divi Augusti,
hoc a coniuge. velocis defectus Livianum quoque; certe 4
15 admodum exiguum invenitur. summa gloriae nunc in
Marianum conversa, quod et Cordubense dicitur. hoc a
Liviano cadmean maxime , sorbet et aurichalci bonitatem
imitatur in sestertiis dupondiariisque, Cyprio suo assibus
contentis. et hactenus nobilitas in aere naturalis se habet.
20 (3) Reliqua genera cura constant, quae suis locis 5

---

§ 2: cfr. Plin. infra § 100. 117. Isid. XVI 20, 2. 3. Aristot.
h. a. V 19 § 106 p. 552ᵇ. Antig. hist. mir. 84 (90).

---

1 effoditur hv.a.S. | dignique B.   2 cadmean B¹J. -mian
B². -meam rS. -miam hv. cfr. § 4. 100.   3 celebri tranſ B S.
-ritas rv. | maria BTS. -iam Va. in aria R. in asia dv. | nunc
& BS. nunc rv(J).   4 bergomatium Bv. perg- r. | italiam
efferunt R.   5 & Bahv. om. r.   6 quēquē VR. | chalciten
hv.a.S. -ceitem d. -cheitem V. -chettem R.   7 fuit aeris
v.a.S. ueteris h.   8 praestantiorem a. -oreſ B. | aurichal-
cho V.   10 effecta V¹Ra.   10. 11 ſaluſtianum B²Vv.a.C.
11 ceutronum B (ceu in ras.) B(J). cfr. XI 240. III 135.
ceuir- V¹. ēē uir- V²R. ebur- d² (eb in ras.). cubur- h. Centr-
v(Dal.)D. | longe B.   12 ei BG. et rv.   14 dist. Ven.
cfr. Madvig adv. crit. II 529. | defectuuſ B¹D.   15 ſummae
B. | gloria hv.a.S. cfr. XXXIII 89.   16 mari anxum V.
16. 17 aluiano VR.   17 cadmian B². -meā R. -miam h
v.a.S. | bonitate V.   18 dupundiariſque B¹V¹D. dipon-
B²V².   19 haec tenuſ B. | an naturali? cfr. XXXIII 86.
119. X 198; aliter XXXI 74. XXXIII 62. | sed R.
20 genere R. | cura BS. cum r. om. h. artificio v.

11⸱

reddentur, summa claritate ante omnia indicata.   quondam aes confusum auro argentoque miscebatur, et tamen
ars pretiosior erat; nunc incertum est, peior haec sit an
materia, mirumque, cum ad infinitum operum pretia cre-
verint, auctoritas artis extincta est. quaestus enim causa, 5
ut omnia, exerceri coepta est quae gloriae solebat —
ideo etiam deorum adscripta operi, cum proceres gentium
claritatem et hac via quaererent —, adeoque exolevit
fundendi aeris pretiosi ratio, ut iam diu ne fortuna quidem in ea re ius artis habeat.   10

6   Ex illa autem antiqua gloria Corinthium maxime laudatur. hoc casus miscuit Corintho, cum caperetur, incensa, mireque circa id multorum adfectatio furit, quippe
cum tradatur non alia de causa Verrem, quem M. Cicero
damnaverat, proscriptum cum eo ab Antonio, quoniam 15
Corinthiis cessurum se ei negavisset. ac mihi maior pars
eorum simulare eam scientiam videtur ad segregandos
sese a ceteris magis quam intellegere aliquid ibi supti-
7 lius; et hoc paucis docebo. Corinthus capta est olympiadis CLVIII anno tertio, nostrae urbis DCVIII, cum ante 20
haec saecula fictores nobiles esse desissent, quorum isti
omnia signa hodie Corinthia appellant. quapropter ad

---

§ 6: Florus I 32, 7 (II 16). Isid. XVI 20, 4. Seneca de brev.
vitae 12. — cfr. Quintil. XII 10, 3.

---

3. 4 an matea **V**. amamea **R**.   4. 5 creuerint **BG** (haec
praem. v). -rit a. hac (ac **R**) fuerit (-int d) *r* d.   5 quaeſtuuſ
B¹D. quę ius **R**. que ius **V**.   6 aut **VR**.   6—8 *dist. D*.
   7 ideo autem etiam **BSJ**. | procerus **VR**.   8 ac **V**. | ex-
olebit **R**. -bat **V**.   10 ea re **Ba S**. aere *rv*.   13 et adfecta-
tio **V**. | furit *S e coni. J coll.* XXXIII 147. fuerit *ll*. fuer .. **0**.
fuit h*v*.   14 quem M. **BS**. quem a h*v*. *om*. *r* **0**.   15 pro-
ſcriptu **B**. | cum eo **Ba** *G*(*S*). eum eum **R**. eum //// **V**. eum d **0**.
esse h*v*(*Brot*.). | quoniam *J*. qn̄m **B**. quam *r*. quam quod h*v*.
quam quoniam *coni. S*.   16 ac **Ba S**. at *rv*. | ars **VR**.
17 segreganda **VR**. -dum d² *in ras*. h.   18 si se **VR**. se dh
v. a. S.   19 tacebo **V**. staccho **R**.   20 clvili **B**. CLVI **Vd**
v. a. H. | noſtra **B**.   21 lęc **B**. *om. r G*. in h*v*. | saeculo *v.a*.
Dal. | defiiſſent **B²**. dediss- **VR**. | ista **Rh**(?)*H*.   22 cum
propter **VR**.

coarguendos eos ponemus artificum aetates; nam urbis
nostrae annos ex supra dicta comparatione olympiadum
colligere facile erit. sunt ergo vasa tantum Corinthia,
quae isti elegantiores modo ad esculenta transferunt, modo
5 in lucernas aut trulleos nullo munditiarum dispectu. eius 8
tria genera: candidum argento nitore quam proxime accedens, in quo illa mixtura praevaluit; alterum, in quo auri
fulva natura; tertium, in quo aequalis omnium temperies
fuit. praeter haec est cuius ratio non potest reddi, quam-
10 quam hominis manu est; at fortuna temperatur in simulacris signisque illud suo colore pretiosum ad iocineris
imaginem vergens, quod ideo hepatizon appellant, procul
a Corinthio, longe tamen ante Aegineticum atque Delia-
cum, quae diu optinuere principatum.

15 (4) Antiquissima aeris gloria Deliaco fuit, mercatus 9
in Delo celebrante toto orbe, et ideo cura officinis. tri-
cliniorum · pedibus fulcrisque ibi prima aeris nobilitas,
pervenit deinde et ad deum simulacra effigiemque hominum et aliorum animalium.

20 (5) Proxima laus Aeginetico fuit, insula et ipsa eo, 10

---

§ 8 init.: Isid. XVI 20, 4. — § 10 extr.: cfr. Plin. infra § 49.

---

1 artificium **VR.** | aetatis **V.** 2 ei (*pro* ex) **V.** 4 ele-
gantiore **B²dT.** | modo ad (*S.* in *G*) esculenta (fefc- **B**) **Ba** *G.*
modo desculpentia (-to h) *r.* nunc aes sculpendo *v.* 5 tul-
leos **R.** trullas **T** *v.a. G.* | dispectu *S.* diffp- **B** *D.* desp- *r v* (*Brot.*).
resp- **B.** | eius *om.* **R.** *an* aeris (*scriptum olim* eris?). 8 du-
centos (-tes **R**) peries **VR.** 10 manu est *ego. cfr. XXXV*
66. 91. 94. XXXVI 26 (bis). 28. 32. -nuf & **Ba.** -nu sed **dT** *S.*
-nus sed *r.* -nu facta *v.* | at **dT.** ad *ll. S.* a *CFWMüller p. 28.*
dederit *v.* | fortunā **B²***SJD. cfr.* § 5. *XXXV 103. 104.* | tem-
peratur **Ba** *S.* -atum *CFWMüller.* -amentum *r* **O** *v. om.* **h.** | in
om. **h** *v.a. S. cfr. XXXIII 24.* 10. 11 fimulacrif **B** *S.* -cro
ra O *v.* 11 *dist. ego.* 12 hepatizon **a** (?) *v.* -icon (c *in ras.*)
B². hipatizon **R.** hyp- **V.** 13 longa **V.** | aegeneticum **B².**
ag- **B¹.** 13. 14 deligacum **R.** -atum **V.** 15 mercatuuf
B¹ *D.* 16 co celebrante **V.** concel- **R** d **h** *v.a. S* (*J*). | *dist. S*
cum U. 17 pulchrisque **V.** | aeris *om.* **R.** 18 & ad **Ba** *S.*
ad *r* *v.* 20 aegeinetico **B.** | *dist. S.* | et *om.* **B** *v.a. G* (*S*). | eo
ego. est *ll. v* (*J*). *om.* d *G.* aere *S.*

nec quod ibi gign*e*retur, sed officinarum temperatura, nobilitata. bos aereus inde captus in foro boario est Romae. hoc erit exemplar Aeginetici aeris, Deliaci autem Iuppiter in Capitolio in Iovis Tonantis aede. illo aere Myron usus est, hoc Polycletus, aequales atque condisci- 5 puli; si*c* aemulatio et in materia fuit.

11   **3.** (6) Privatim Aegina candelabrorum superficiem dumtaxat elaboravit, sicut Tarentum scapos. in iis ergo iuncta commendatio officinarum est. nec pudet tribuno- rum militarium salariis emere, cum ipsum nomen a can- 10 delarum lumine inpositum appareat. accessio candelabri talis fuit Theonis iussu praeconis Clesippus fullo gibber et praeterea et alio foedus aspectu, emente id Gegania 12 HS $\overline{\text{L}}$. eadem ostentante in convivio empta ludibrii causa nudatus atque inpudentia libidinis receptus in torum, mox 15 in testamentum, praedives numinum vice illud candelabrum coluit et hanc Corinthiis fabulam adiecit, vindicatis tamen moribus nobili sepulchro, per quod aeterna supra terras Geganiae dedecoris memoria duraret. sed cum esse nulla Corinthia candelabra constet, nomen id praecipue in his 20 celebratur, quoniam Mummi victoria Corinthum quidem

---

§ 11: Varro rer. div. VIII ap. Macrob. III 4, 2.

---

1 quod ibi *S.* uod ibi **B**. est *r*. aes dh *G. del. v.* | gigne- retur *S.* ſignetur **B**. gignens **Vdha***v*. gimens **R**.   3 aegene- tici **BV**.   4 capitolio in **VRdh***v*(*D*). -lia in *a*. -lini// **B***S*. -lio *J coll.* § *79. XXXVI 50 cum* § *165.* [*XXXV 19*]*. XXXVI 58. XXXVII* [*75*] *161. sed cfr. etiam CFWMüller grat. p. 546 sqq.* | hede **V**. aere **B**. | aeri **R**. aery **V**.   5 myroco d. -ro cx **R**. miro ex **V**. miro **a**. | policlytus **R**. polyclytis **V**.   6 sic *ego.* ſit **B**[1]. set *rD*. sed d*TS. om.* h*v*. | et *om.* **B***SJ*.   8 iiſ **B**[1]*v*. hiiſ **B**[2]. his *rC.*   10 a **R**dah0*v*(*J*). e **V**. *om.* **B***S*.   11 no- mine **Bh**. | acceſſio **Ba** *G*. ....esio **O**. -ensio *rv*.   12 theo- niſ **Ba0***G*. heo- **V**. haeo- **R**. dionis **h**. ut auctor est Dion *v*. | iussum **V0**. iussu praeconis *om.* **B**. | fulgo **VRd**.   12. 13 gib- ber & **Bh***S*. -ere *rG*. -er *H*. -ere et *v*.   13 & albo **B**[1]. alios **h**. alio *v. a. G.*   14 $\overline{\text{L}}$ **B***S*. ʟ *vel* quinquaginta *rv*. | in **B***v*(*S*). *om. rG*. | empta **Rh***D*. -tam **B**[1]. emtam **V**. empta// in d. -tum **B**[2]*v*. | cauſam **B**[1].   15 inpudentia (ut p- **VR**) *ll. v*(*S*). impote- *G*. | thorum **B**[2]. totum **VR***v. a.* **B**.   16 prae diuiſ **B**[2]. | luminum **B**.   18 morbuſ **B**[1]. -biſ **B**[2].   21 nummi **VR**.

diruit, sed e compluribus Achaiae oppidis simul aera
dispersit.

(7) Prisci limina etiam ac valvas in templis ex aere 13
factitavere. invenio et a Cn. Octavio, qui de Perseo rege
5 navalem triumphum egit, factam porticum duplicem ad
circum Flaminium, quae Corinthia sit appellata a capitulis
aereis columnarum, Vestae quoque aedem ipsam Syracusana superficie tegi placuisse. Syracusana sunt in Pan-
theo capita columnarum a M. Agrippa posita. quin etiam
10 privata opulentia eo modo usurpata est. Camillo inter
crimina obiecit Spurius Carvilius quaestor, ostia quod
aerata haberet in domo. (8) nam triclinia aerata abacos- 14
que et monopodia Cn. Manlium Asia devicta primum in-
vexisse triumpho suo, quem duxit anno urbis DLXVII,
15 L. Piso auctor est, Antias quidem heredes L. Crassi
oratoris multa etiam triclinia aerata vendidisse. ex aere
factitavere et cortinas tripodum, nomine *et* Delphicas,
quoniam donis maxime Apollini Delphico dicabantur. placuere et lychnuchi pensiles in delubris aut arborum mala
20 ferentium modo lucentes, quale est in templo Apollinis

---

§ 13: Isid. XVI 20, 11. Liv. XLV 42, 2. Festus p. 178, 4—8.
Ovid. Fasti VI 277. — Plutarch. Camill. 12 init. — § 14: L. Piso
et Valer. Antias (Peter hist. Rom. fragm. p. 85. 175). Liv. XXXIX
6, 7. Diodor. XVI 26, 5.

---

1 e B*S. om. rv.* | cum pluribus **V***d.*   3 priſcy **B.**   4 a
cn. **R***dv.* ac. cn. **B**[1]. a. gn. **B**[2]. a coñ. **V.**   6 flamineum **R.** |
corintha **B.**   7 ueſte **B.**   7. 8 ſuracuſana/// **B**[1]. ſir- **B**[2] (*item
infra*). syracusanam **VR.**   8 placuiſſe **B***hv.* -sset *ra***0.**
11 obicit **VR***h.* | caruilluſ **B**[1].   11. 12 oſtia quod aerata **B***U.*
quod (quo **V***a*) aerata (erat **V**[1]) ostia (ho- a) *rav.*   12 haber&
B[2] *e corr.* **VR***av.* //e//& **B**[1].   13 manilium **VR***av.a.G.*   13. 14
inuexisset **V**[1]. -enisse **R**(?)*Dal.*   14 dlxvi **B.**   15 quidem
L. Crassum **h***v.a.S.* | heredeſ **B***S.* -dem **dh***v.* -de a. h. **V0.**
b. **R.**   17 tropeodum **0**[1]. -podum **0**[2]. triumphodum **V**[1]. | &
ego. a **V**[1]. ac **B** *cod. Poll. U. om. rv(D).*   18 quod **B***UJ.* |
donis **VR***d***h***av*(*D*). erat **B.** aeratae *U.* eae *J.* ludis *cod. Poll.*
locus nondum sanatus. | apollini *U cum J.* -nis *ll.v.* | del-
phico **B***U.* -ci *rv.* | dicebantur **VR***a* **Ven.**   19 lychnuci **R.**
luch- **V***d.*   20 quale **B**[2]**VR***a**G*(*SD*). -leſ **B**[1]. -lis **dh***v*(*UJ*).
qual. **0.** .

Palatini quod Alexander Magnus Thebarum expugnatione
captum in Cyme dicaverat eidem deo.

15   **4.** (9) Transiit deinde ars vulgo ubique ad effigies
deorum. Romae simulacrum ex aere factum Cereri primum reperio ex peculio Sp. Cassi, quem regnum ad-   5
fectantem pater ipsius interemerit. transiit et a diis ad
hominum statuas atque imagines multis modis. bitumine
antiqui tinguebant eas, quo magis mirum est placuisse
auro integere. hoc nescio an Romanum fuerit inventum;
16 certe etiam nomen non habet vetustum. effigies hominum 10
non solebant exprimi nisi aliqua inlustri causa perpetuitatem merentium, primo sacrorum certaminum victoria
maximeque Olympiae, ubi omnium, qui vicissent, statuas
dicari mos erat, eorum vero, qui ter ibi superavissent,
ex membris ipsorum similitudine expressa, quas iconicas 15
17 vocant. Athenienses nescio an primis omnium Harmodio
et Aristogitoni tyrannicidis publice posuerint statuas. hoc
actum est eodem anno, quo et Romae reges pulsi. excepta deinde res est a toto orbe terrarum humanissima
ambitione, et in omnium municipiorum foris statuae orna- 20
mentum esse coepere propagarique memoria hominum et
honores legendi aevo basibus inscribi, ne in sepulcris
tantum legerentur. mox forum et in domibus privatis

---

§ 15: Liv. II 41, 10. Val. Max. V 8, 2. — cfr. Plin. XXXV
182. — § 16: cfr. Paus. VI 18, 7. — Plin. infra § 70. (86).

---

1 quem *v. a. G.*   2 idem deo **V¹R²**. idem de eo **V²R¹**.
3 transit **V** *v. a. G. cfr. XXXIII 131.*   4 cereri **B**(a?)*v.*
caereri **O**. ceteri *r.*   6 interemerit **B** *S*. -rat *r v.* | tranſit
B V *D*. | ad *om.* **V R**.   7 imaginem **V R**. | bitumineſ **B**.
8 antiqua **V**. | pingebant *v. a. H*.   9 integre **V** d.   10 nomen
non **B** *U. cfr. § 65. XXX 49.* romae non *r v (D)*. romae
nomen *S*. | uetuſtum **B** *S*. -statem *r v (D)*.   11 industri **V**.
-iae d.   12 uictoriam **V**.   15 yconicaſ **B²**.   16 primi.
ſomnium **B**. -mi omnium d h *v. a. S*.   17 tyrannidiſ **B²**.
18 autum **V**. auctum **R**.   20 & in **B a d T** *S*. et iam **B** *v.*
aetiam **V**. et **O**.   21 propagarique (-quę **B³**) **B** *U*. prorog-
r v (J D). cfr. XV 49. XXXV 4. VII 188.   22 uasibus **V²**
R d. uassi- **V¹**.

factum atque in atriis: honos clientium instituit sic co-
lere patronos.

5. (10) Togatae effigies antiquitus ita dicabantur. 18
placuere et nudae tenentes hastam ab epheborum e gym-
⁵ nasiis exemplaribus; quas Achilleas vocant. Graeca res
nihil velare, at contra Romana ac militaris thoraces addere.
Caesar quidem dictator loricatam sibi dicari in foro suo
passus est. nam Lupercorum habitu tam noviciae sunt
quam quae nuper prodiere paenulis indutae. Mancinus
¹⁰ eo habitu sibi statuit, quo deditus fuerat. notatum ab 19
auctoribus et L. Accium poetam in Camenarum aede maxima forma statuam sibi posuisse, cum brevis admodum
fuisset. equestres utique statuae Romanam celebrationem
habent, orto sine dubio a Graecis exemplo. sed illi cele-
¹⁵ tas tantum dicabant in sacris victores, postea vero et qui
bigis vel quadrigis vicissent; unde et nostri currus nati
in iis, qui triumphavissent. serum hoc, et in iis non nisi
a divo Augusto seiuges, sicut elephanti.

(11) Non vetus et bigarum celebratio in iis, qui prae- 20
²⁰ tura functi curru vecti essent per circum; antiquior columnarum, sicuti C. Maenio, qui devicerat priscos Latinos,

---

§ 19 extr.: cfr. Liv. XXXVIII 35, 4. — § 20: Liv. VIII 13, 9.
Florus I 5, 10 (I 11). Nonius s. v. *Maeniana* (p. 65 M). Liv. ep. XVII.

---

1 atris **V¹**a O *D*. antrif **B**. | *dist. sustulerunt JD*. | honef **B¹**.
-nor d **O**. | colentium **Vdh**.   1. 2 colere **B²**a d h *v*. -lore *r*.
-lonos **O**.   3 ista **V²R**. sta **V¹**. statuae d h *v. a. G*.   4 ephde-
borum **B¹**. | e B a d *G*. a *r. om.* h *v*.   4. 5 gymnicis *v. a. G*.
5 res est h *v. a. S*.   6 ad **VO**. | thoracas **VR**d h *v. a. S*.
tor- **O**.   8 luper **VR**. | habitum **B**. | nouite **R**.   9 prodiere
Bd *v*. -idere *r Ven*.   10 eodem **R**(?)*v. a. S*. | quod **VR**.
11 est h *v. a. S*. | actium h *v. a. H*. Attium *SUJ*.   13 utique
Ba *G*(*S*). utriq. **O**. utique (itaq; **R**) uero **VR**. uero d **Th** *v*(*H*).
14 aegrecif **B¹**. -recif **B²**.   14. 15 celetas **V¹**a **B**. cael- **B**.
celitas **R**. -latas **V²**h *v*.   16 uel B a **O**h *v*. uel qui *r* d **T**. | unde
om. B **S**. | nostris *G*. | nati *del. G*.   17 iif **B¹***v*(*S*). hiif **B²**.
his *r C*(*U*).   18 sicut et *v. a. S*. aut *Sellers*.   19 iif **B¹**
v(*S*). hiif **B²**. is **V**. his *r C*.   21 sicut **R**d **O**h *v. a. S*. | menio
O*v. a. H*.

quibus ex foedere tertias praedae populus Romanus prae-
stabat, eodemque in consulatu in suggestu rostra devictis
Antiatibus fixerat anno urbis CCCCXVI, item C. Duillio,
qui primus navalem triumphum egit de Poenis, quae est
21 etiam nunc in foro, item L. Minucio praefecto annonae 5
extra portam Trigeminam unciaria stipe conlata — nescio
an primo honore tali a populo, antea enim a senatu erat —,
praeclara res, ni frivolis coepisset initiis. namque et Atti
Navi statua fuit ante curiam — basis eius conflagravit
curia incensa P. Clodii funere —; fuit et Hermodori 10
Ephesii in comitio, legum, quas decemviri scribebant,
22 interpretis, publice dicata. alia causa, alia auctoritas M.
Horati Coclitis statuae — quae durat hodieque —, cum
hostes a ponte sublicio solus arcuisset. equidem et Sibyllae iuxta rostra esse non miror, tres sint licet: una 15
quam Sextus Pacuius Taurus aed. pl. restituit; duae quas
M. Messalla. primas putarem has et Atti Navi, positas
aetate Tarquinii Prisci, ni regum antecedentium essent in
23 Capitolio, **6.** ex *i*is Romuli et Tatii sine tunica, sicut et

---

§ 21: cfr. Plin. XVIII 15. Liv. IV 16, 2. I 36, 5. Dion. Hal.
III 71. — cfr. Cic. Tusc. V 36, 105. Dig. I 2 de or. iur. § 4. —
§ 22: Liv. II 10, 12. (Gell. IV 5, 1). — § 23: Liv. VIII 13, 9.

1 praetiae **V**. -eciae **R**. | populus (p. d) r. (romanus d) **B d**
v(*S*). ro. po. *G*. P͞R. romano (-na **R**) *r*.   2 eosdemquae **V**.
          3 actiatibuſ **B²**. | ccccvi **B**. cc. cxv **O**. | duillio **B d h** *C̄*(*H*)*D*.
duilio **R T** *v*(*J*). -li. **O**. **D**. uilio **V**. Duellio *G*(*S U*).   4 pae-
niſ **B**.   5 L. **B***S*. P. *r v*.   6 trigeminae **V R**.   7 ante **V**. |
a *om*. **V R h**. | senatum **V**.   8 praeclara *om*. **R**. | niſi **B h** *v*. | in
illiſ **B**. | aetati **V R**. ...athi **O**. et Actii *v. a. H*.   9 nauii **R**(?)**h**
v. a. S. item infra. | ſed (*supra scr*.) baſiſ eiuſ **B²**. cuius basis
v. a. S.   10 hermapodori **O**. -phodori **a**.   11 epheſii **B** *v*.
-si **a**. etsi *r* **O**.   12 interpretes **V R**. | pulice **B**. | M. *H*(*D*).
ma **V R d**. *om*. **B** *S*. maior **h**. -or in *v*.   13 horati **B** *S*. -tii
Lugd. oratico **V¹**. -tio d. -tii *v*. cratico *r*. | coclitiſ **B** *v*. -lis
r **O h**. | ſtatuae **B** *H*. -ua *r* **O h**.   14 ſulpicio **B²**.   14. 15 ſibi
illae **B¹**. *cfr.* § 29. -bullae **V**.   16 ſe **B**. | pacuuius **R d h**
v. a. U. cfr. XXXV 19. | taraus **B**. | instituit **V d** *v. a. G*(*H*).
17 meſſalla **B** *v*(*D*). -ala *r C. cfr. XXXIII 50*. | attii **B**. *cfr.*
§ 21.   18 pripci **V**. | ni *U*. ne **B**. pi **V¹**. *om. r*. nisi **h** *v*.
19 iis *v*. iſ **B¹**. his *r C*. | & tatii **B a** *S*. aetati *r*. est **h** *v*.

Camilli in rostris. et ante aedem Castorum fuit Q. Marci
Tremuli equestris togata, qui Samnites bis devicerat capta-
que Anagnia populum stipendio liberaverat. inter anti-
quissimas sunt et Tulli Cloeli, L. Rosci, Sp. Nauti, C. Ful-
5 cini in rostris, a Fidenatibus in legatione interfectorum.
hoc a re p. tribui solebat iniuria caesis, sicut aliis et 24
P. Iunio, Ti. Coruncanio, qui ab Teuta Illyriorum regina
interfecti erant. non omittendum videtur, quod a n n a l e s
adnotavere, tripedaneas iis statuas in foro statutas; haec
10 videlicet mensura honorata tunc erat. non praeteribo et
Cn. Octavium ob unum SC, verbum. hic regem Antiochum
daturum se responsum dicentem virga, quam tenebat forte,
circumscripsit priusque, quam egrederetur circulo illo, responsum dare coegit. in qua legatione interfecto senatus
15 statuam poni iussit quam o c u l a t i s s i m o loco, eaque est
in rostris. invenitur statua decreta et Taraciae Gaiae 25
sive Fufetiae virgini Vestali, ut p o n e r e t u r ubi vellet,
quod adiectum non minus honoris habet quam feminae
esse decretam. meritum eius ipsis ponam annalium

IX 43, 22. Cic. Phil. VI 5, 13. — Liv. IV 17, 2. Cic. Phil. IX
2, 4. 5. Diodor. XII 80, 6. — § 24: cfr. Liv. ep. XX. Florus
I 21 (II 5). Polyb. II 8, 12. — cfr. Liv. XLV 12, 5. Val. Max.
VI 4, 3. Cic. Phil. VIII 8, 23. — § 25: Cic. Phil. IX 2, 4. —
cfr. Gell. VII (VI) 7, 1. (Plutarch. Popl. 8 extr.).

---

1 castrorum **V**d. | Q. **R**(?)a*G*. e **B**. *om.* **V**dh*v*(*S*). | marcii
R(?)*G*. M. *v*. 2 equestri **R**d. aeq- **V**. 3. 4 antiquissima
VR. 4 tullii **B**h*Verc*. | cloeli **V**d*S*. -lii **R**H. caelti **B²**. -lii
B¹v. | L. *v*(*S*). lucii **R**(?)*Dal*. b **V**dh. *om*. **B**. | roſcii **BR***v.a.S*. |
Sp. *v*. ſ. p. **B¹**. p. **B²**. spuri **V**dh*S*. -rii **R***Dal*. | nauti **VR***S*.
-tii **B**d*G*. Antii *C e Livio*. matici *v*. 4. 5 fulcinii **R**d*G*.
6 romano populo *v.a.H*. | aliiſ **B***S*. alut **V¹**. aliut **R**.
-iud **V²**. -ias h. *om*. d(?)*v*. et aliis *coni. S*. 7 T. **R**. et tito
h*v.a.S*. | coruntiano (corint- **V**) **VR**d. -ncano *G*. | teuta **B***S*.
teuſa *rv*(*Brot*.). teuca **B**. | llyriorum **B**. 9 iiſ **B***v*(*S*). is **V**.
his dh*C*. *om*. **R**. 10 & **B***S*. *om. rv*. | c. N. **B¹**. GN. **B²**. C. *v.a.H*.
11 ſc. **BV***S cum Gron*. scilicet **R**d**T**(?)*H*. *om. v*. 13 prius
V. et prius **R**dh*v.a.S*. 15 eaque eſt **BV***S*. aea quae **R**.
qui est h. *del. v*. 17 fufetiae **VR***U*. furet- **B***S*. ſuffet- dh*v*. |
ueſtale **V**. 18 habent **B***S*. 18. 19 femina esset (ē& **R**) **VR**.
19 decreta **V**. | in ipsis **VR**(?)*G*.

verbis: quod campum Tiberinum gratificata esset
26 ea populo. — (12) Invenio et Pythagorae et Alcibiadi in
cornibus comitii positas, cum bello Samniti Apollo Pythius
iussisset fortissimo Graiae gentis et alteri sapientissimo
simulacra celebri loco dicari. eae stetere, donec Sulla ₅
dictator ibi curiam faceret. mirumque est, illos patres
Socrati cunctis ab eodem deo sapientia praelato Pytha-
goran praetulisse aut tot aliis virtute Alcibiaden et quemquam utroque Themistocli.

27　　Columnarum ratio erat attolli super ceteros mortales, ₁₀
quod et arcus significant novicio invento. primus tamen
honos coepit a Graecis, nullique arbitror plures statuas
dicatas quam Phalereo Demetrio Athenis, siquidem CCCLX
statuere, nondum anno hunc numerum dierum excedente,
quas mox laceravere. statuerunt et Romae in omnibus ₁₅
33, 132 vicis tribus Mario Gratidiano, ut diximus, easdemque
subvertere Sullae introitu.

28　　(13) Pedestres sine dubio Romae fuere in auctoritate
longo tempore; et equestrium tamen origo perquam vetus
est, cum feminis etiam honore communicato Cloeliae sta- ₂₀
tua equestri, ceu parum esset toga eam cingi, cum Lu-
cretiae ac Bruto, qui expulerant reges, propter quos Cloelia
29 inter obsides fuerat, non decernerentur. hanc primam

---

§ 27: Strabo IX 1, 20 p. 398. Diog. Laert. V 75. — § 28:
Liv. II 13, 11. Seneca dial. VI 16, 2. Dion. Hal. V 35. — § 29
extr.: Plutarch. Popl. 19 p. 107.

---

2 e (*pro* ea) **B**.　　3 summiti **V**d. -itti **R**.　　4 iussit sed
VRd. | graiae—sapientissimo *om.* **Rh**.　　5 eae (*S.* ae e **B**¹.
hae e **B**². ea *H*) ſt&ere donec **B**.*H*. ea est & credo nec *r*.
donec *v*.　　7 ſacrati **B**¹. -tiˢ **B**². | de eo **V**.　　7. 8 pytha-
gora **V**. -ram **R**d**h***v.a.S*.　　8 alcibiadem **V**d*v.a.S*. | & **BRh***S*.
aut **V**(?)*v*. nec d.　　9 *an* utraque?　　10 attolli **B**d*v*. tolli
*r*D. *cfr. XIX 139*. | supra **V**d**h***v.a.S*.　　11 arcuuſ **B**¹D.
13 phalera eo **B**¹. | cccxʟ **BT**.　　15 & romae **B**a*S*. romae
enim *r*. -mae etiam **h***v*.　　16 gratiabano **V**d. -bona **R**. gra-
tiano **a**.　　17 ſulae **B**¹. ſillae **B**².　　19 et *om.* **R**(?)*v.a.S*.
20 cloeliae **B**¹**T**a*v*. clel- **B**² (*item infra*). cocl- *r*.　　21 ceo **V**.
cae o **R**. | togra **B**¹.　　21. 22 ingretiae **VR**¹. incre- **R**².
23 fuerant **V**. | decernentur **V**. | prima **VR**.

cum Coclitis publice dicatam crediderim — Atto enim ac
Sibyllae Tarquinium, ac reges sibi ipsos posuisse verisimile est —, nisi Cloeliae quoque Piso traderet ab iis
positam, qui una opsides fuissent, redditis a Porsina in
5 honorem eius. e diverso Annius Fetialis equestrem,
quae fuerit contra Iovis Statoris aedem in vestibulo Su-
perbi domus, Valeriae fuisse, Publicolae consulis filiae,
eamque solam refugisse Tiberimque transnatavisse ceteris
opsidibus, qui Porsinae mittebantur, interemptis Tarquinii
10 insidiis.

(14) L. Piso prodidit M. Aemilio C. Popilio iterum 30
cos. a censoribus P. Cornelio Scipione M. Popilio statuas
circa forum eorum, qui magistratum gesserant, sublatas
omnes praeter eas, quae populi aut senatus sententia
15 statutae essent, eam vero, quam apud aedem Telluris
statuisset sibi Sp. Cassius, qui regnum adfectaverat, etiam
conflatam a censoribus. nimirum in ea quoque re ambi-
tionem providebant illi viri. exstant Catonis in censura 31
vociferationes mulieribus statuas Romanis in provinciis
20 poni; nec tamen potuit inhibere, quo minus Romae quoque ponerentur, sicuti Corneliae Gracchorum matri, quae
fuit Africani prioris filia. sedens huic posita soleisque

---

§ 30: L. Piso ann. VII (Peter hist. Rom. fragm. p. 85). —
§ 31: cfr. Plutarch. C. Gracch. 4 p. 836.

---

1 dicata **VR**. *om.* a. | crederem *Gron.* | ante (*pro* Atto) h
v.a.H.   2 sibulle **V**. fibi. illae **B**. | ac **B**S. & *rv. an* at?
3 iif **Bv**(S). his *r C*.   4 posita **VR**. | quae *Gron.* | fuerant
h *v.a.S.* | porfina **B**[1](a?)S. -sena h. -senna *rv. cfr. § 139.
XXXVI 91.* | in *om.* **VR**h*v.a.B.*   5 eius *om.* **VR**d.   7 pu-
blice **VR**d. -ciae *v.a.B.*   8 refugiffe **B**d*G.* -sset a. fuisse *r.*
fugi- h*v.*   9 qui **BR**d*v*(S). quae **V**(?)h*G.* | porfinae **B**[1]S.
-sennae (pros- **V**) *rv.*   11 C. **B**dah*v*(*G*). CC. *r.* & C. **B**. |
iterum **B**S. ii **Va**. ii **R**dh*v*.   12 ac **V**. | ftuaf **B**.   13 ges-
serunt **VR**(?)*G.*   14 omnes *v.* -nis *ll.S.* | sententiā **R**.
15 statuae **VR**. | quam **B**h*Verc.* quae **V**d*av.* que **R**.   17 a
om. **VR**. | rem **VR**. *om.* a.   17. 18 ambitioni *v.a.S. cfr. § 40.*
   19 ftatuaf romanif **B**S. romanis statuas *r*d*a*D. (statuas
ponunt post prouinciis h*v*).   22 proprif **B**.

sine ammento insignis in Metelli publica porticu, quae
32 statua nunc est in Octaviae operibus. — (15) Publice
autem ab exteris posita est Romae C. Aelio tr. pl. lege
perlata in Sthennium Stallium Lucanum, qui Thurinos
bis infestaverat. ob id Aelium Thurini statua et corona 5
aurea donarunt. iidem postea Fabricium donavere statua
liberati obsidione, passimque gentes in clientelas ita re-
ceptae, et adeo discrimen omne sublatum, ut Hannibalis
etiam statuae tribus locis visantur in ea urbe, cuius intra
muros solus hostium emisit hastam. 10
33   7. (16) Fuisse autem statuariam artem familiarem
Italiae quoque et vetustam, indicant Hercules ab Euandro
sacratus, ut produnt, in foro boario, qui triumphalis vocatur atque per triumphos vestitur habitu triumphali, praeterea Ianus geminus a Numa rege dicatus, qui pacis belli- 15
que argumento colitur digitis ita figuratis, ut CCCLXV
dierum nota [aut per significationem anni temporis] et
34 aevi esse deum indicent. signa quoque Tuscanica per
terras dispersa quin in Etruria factitata sint, non est
dubium. deorum tantum putarem ea fuisse, ni Metro- 20
dorus Scepsius, cui cognomen a Romani nominis odio
inditum est, propter MM statuarum Volsinios expugnatos

§ 33 med.: Macrob. I 9, 10. Lydus de mens. 4, 1.

1 ammento B S. ame- r v. | porticū B². 2 ſtua B. |
non V. 4 ſthennium B (a?) S. stenium r H. stenn- v (G).
septimium B. | stallum R. statilium v. a. S. | turinoſ (u in ras.
ampla) B². 5 furini B. 6 idem B Ven. (D). 7 opſidione
B². | gentes ll. H. clientes G. statuae v. | clientela ſua (ſitae B².
ſunt v) B²d h v. a. G. 7. 8 repertae B. recepti G. 9 ea om.
R (?) G. 11 ſtatuarum B U. 12 uetusta V R d. | indicat h.
14. 15 praeter aianus genus V. 15 delatuſ B. 16 ccclv
H Brot. cum v. a. G. 17 uncos ego poſui. cfr. Bergk I 27. |
aut B S. om. r v (D). 18 aeui esse B (a?) S. acuisse O. aeui
se r v. | indicent B S. -icet r. -itet O. -icaret v. 19 terrasq.
O. | dispersa sa V¹. -rsa cesa V²R. | quin D. quae (que V²)
ll. O v. om. a. quae quin U J. | factita// B¹. facta B². | ſint B U.
om. r O v. 20 ni B O v. enim R. aenim V. ut a. 21 ſui
V R. | a om. V R v. a. G. | romaniſ B. 22 cxxx R. c et x
h v. a. G. duo millia G. | expugnataſ a. -ulsatos V²d. -to V¹R.
pulsatos h v. a. G.

obiceret. mirumque mihi videtur, cum statuarum origo
tam vetus Italiae sit, lignea potius aut fictilia deorum
simulacra in delubris dicata usque ad devictam Asiam,
unde luxuria.

5   Similitudines exprimendi quae prima fuerit origo, in 35
ea, quam plasticen Graeci vocant, dici convenientius 35, 151 sqq.
erit; etenim prior quam statuaria fuit. sed haec ad infinitum effloruit, multorum voluminum opere, si quis plura
persequi velit; omnia enim quis possit? (17) M. Scauri 36
10 aedilitate signorum MMM in scaena tantum fuere temporario theatro. Mummius Achaia devicta replevit urbem,
non relicturus filiae dotem; cur enim non cum excusa-
tione ponatur? multa et Luculli invexere. Rhodi etiam-
num $\overline{\text{III}}$ signorum esse Mucianus ter cos. prodidit, nec
15 pauciora Athenis, Olympiae, Delphis superesse creduntur.
quis ista mortalium persequi possit aut quis usus no- 37
scendi intellegatur? insignia maxime et aliqua de causa
notata voluptarium sit attigisse artificesque celebratos no-
minavisse, singulorum quoque inexplicabili multitudine,
20 cum Lysippus MD opera fecisse prodatur, tantae omnia
artis, ut claritatem possent dare vel singula: numerum
apparuisse defuncto eo, cum thesaurum effregisset heres;
solitum enim ex manipretio cuiusque signi denarios se-
ponere aureos singulos.

---

§ 36: cfr. Plin. XXXVI 115. Liv. ep. LII. Frontin. strat. IV 3, 15.

---

2 italiae B *S.* -lia **V**. in italia **R**(?) h *v.*   6 plasticen d h *v.*
-cem **VRa**. -ce **B**.   7 peior **V**.   8 operi **B**^{1}*SJ.* | pluras **V**.
-res d h *v. a. G.*   9 cauri **B**.   10 $\overline{\text{iii}}$ in senatu **VRd**. | tantum
om. h. *an* fuere, tantum?   10. 11 temporario tantum h *Bergk*
I 27.   11. 12 urbem ipse (*om.* h) excessit non h *v. a. S.*
13 ponatur **B**a *v.* conatur **V**. -aretur d h. concitus **R**. | r hodie
B^1. rhodii **B**^{2}.   13. 14 etiamnunc **VRdT**.   14 $\overline{\text{iii}}$ *ego.* tria
milia h *v.* $\overline{\text{LXXIII}}$ **BdT** *D.* LXXIII r *Ven.* (*an* pluf $\overline{\text{iii}}$ *vel* ∞ XIII?)
    17 infigna **B**.   18 sic **VRh**. | attingisse **V**. -igisset **a**.
18. 19 nonminauisse **V**O^2.   19 inexplicabile **R**. -plebili **a**.
20 ad DCX h *v. a. H.* | prodatur **B**a *G(S).* datur **Vd**T. dicatur
R(?) *H.* tradatur h *v.*   22 thenfaurum **BV** *D.* | here **V**. ere d.
heros **a**.   23 solutum **VRdh**. | manupretio **RdT**. inani (im-
mani *v*) pr- **B**^{2} *v. a. G. cfr. § 45. XXXIII 147. XXXV 148.*

38   Evecta supra humanam fidem ars est successu, **mox**
et audacia. in argumentum successus unum **exemplum**
adferam, nec deorum hominumve similitudinis **expressae.**
aetas nostra vidit in Capitolio, priusquam id **novissime**
conflagraret a Vitellianis incensum, in cella Iunonis **canem** 5
ex aere volnus suum lambentem, cuius eximium **mira-**
culum et indiscreta veri similitudo non eo solum **intel-**
legitur, quod ibi dicata fuerat, verum et satisdatione; **nam**
quoniam summa nulla par videbatur, capite tutelarios **ca-**
39 vere pro ea institutum publice fuit.   (18) audaciae **in-** 10
numera sunt exempla. moles quippe excogitatas **videmus**
statuarum, quas colossaeas vocant, turribus pares. **talis**
est in Capitolio Apollo, tralatus a M. Lucullo **ex Apollonia**
40 Ponti urbe, XXX cubitorum, D talentis factus; **talis in**
campo Martio Iuppiter, a Claudio Caesare dicatus, **qui** 15
devoratur Pompeiani theatri vicinitate; talis et **Tarenti**
factus a Lysippo, XL cubitorum. mirum in eo quod **manu,**
ut ferunt, mobilis ea ratio libramenti est, ut nullis **con-**
vellatur procellis. id quidem providisse et artifex **dicitur**
modico intervallo, unde maxime flatum opus erat **frangi,** 20

---

§ 39: Strabo VII 6, 1 p. 319. — § 40: Strabo VI 3, 1 p. 278.
Lucil. ap. Non. s. v. *cubitus* (p. 201 M). — Plutarch. Fab. Max. 22 extr.

---

1 euectas V^1R. -tio a. | ſucceſſum B^1a. -ccensu **R.** | uox
B^1.   2 & BaG. et in (inde **R**) *r.* etiam *v.* | ſucceſſuuſ B^1D.
-ccensus **R.**   3 hominumue Ba$G(S)$. -num uel *r.* -nisue d$T H$.
nec hominum *v.*   5 conflagrauit $V(?)G$.   7 discreta V**R**d. |
uiri **V.**   8 ubi **V**d**a.** | dicatus h*v.a.G.* | et noua *v.a.S.*
8. 9 nam quoniam BS. nouam **a.** nam *rv.*   10 eo h*v.a.G.* |
instituti h*v.a.S.* | publicae **B.** -ci h*v.a.S.*   11 excogitas V^1.
exagitatas **a.**   12 statuas **O.** | coloſſaeaſ BaJ. -sseas (-seas **V**)
*r*d**TO**H. -ssos h*v.* cfr. § 78. 54. XXXV 51. XXXVI 26.
XXXVII 75.   13 M. *om.* **V**h.   14 ponte **V.** -tio a. | D *ll.*T
aD. quingentis de h. -tis H. ta O^1. a O^2. cL *v.* L *Overbeck*
misc. arch. p. 6. | factis V**R.**   15 a B$hv(U)$. aulo *r*d**T**a**O.**
a diuo H *cum Gron.* | cl. **B.**   15. 16 qui ideo uocatur pom-
peianus a *v.a.S.*   17 inequod B^1. in equo B^2.   18 nobi-
lis **a.** mobiles **V.** moles *v.a.B.* | ratione B^2h*v.a.B(U)*. | ut
h*man.Dal.v(U). om. ll.G(J).* cfr. § 47.   19 *an* et pro-
uidisse?

opposita columna. itaque magnitudinem propter difficul-
tatemque moliendi non attigit eum Fabius Verrucosus,
· cum Herculem, qui est in Capitolio, inde transferret. ante 41
omnes autem in admiratione fuit Solis colossus Rhodi,
5 quem fecerat Chares Lindius, Lysippi supra dicti disci- 39
pulus. LXX cubitorum altitudinis fuit hoc simulacrum,
post LXVI annum terrae motu prostratum, sed iacens
quoque miraculo est. pauci pollicem eius amplectuntur,
maiores sunt digiti quam pleraeque statuae. vasti specus
10 hiant defractis membris; spectantur intus magnae molis
saxa, quorum pondere stabiliverat eum constituens. duodecim annis tradunt effectum CCC talentis, quae contigerant ex apparatu regis Demetrii relicto morae taedio
obsessa Rhodo. sunt alii centum numero in eadem urbe 42
15 colossi minores hoc, sed ubicumque singuli fuissent, no-
bilitaturi locum, praeterque hos deorum quinque, quos
fecit Bryaxis.

Factitavit colossos et Italia. videmus certe Tuscani- 43
cum Apollinem in bibliotheca templi Augusti quinquaginta
20 pedum a pollice, dubium aere mirabiliorem an pulchritudine. fecit et Sp. Carvilius Iovem, qui est in Capitolio,
victis Samnitibus sacrata lege pugnantibus e pectoralibus
eorum ocreisque et galeis. amplitudo tanta est, ut con-

---

§ 41: Polyb. V 88. 89. Strabo XIV 2, 5 p. 652. Hygin. fab.
223. — Plutarch. Demetr. 20. Suidas s. v. κολοccαεύc. — § 42:
Isid. XIV 6, 22. — § 43: cfr. Liv. X 38, 3.

---

2 mouendi **B²***Brot.* mollie- **VR**d.   4 omnif **B***S.* | rho-
dii **B.**   5 caref **B.** | dicti *om.* **R.**   6 fuit. Ruit **a.** | *dist. U.*
7 LXVI **B¹** (*ut videtur*) *U cum Scaligero.* ///LVI (L *in ras.*) **B².**
LVI *rv*(*J.*). | motum **VR.**   9 plerique **VR.** | fpecuif **B.** -uus *D.*
spectus **V.** pectus **a.**   11 ftabiliuf erat **B.** -liter et **a.** | eum
B¹*U.* cum **B².** *om.* *r* d **a** 0 *G.* illud **h** *v.* | conftituente **B³.**
12 MCCC *U.*   12. 13 contigerant **BR a** *S.* -tegerant **V** d **T** 0.
-tulerat **h.** -rant *v.*   13 ea (*pro* ex) **VR.** | demetri **B¹.**
14 obsessa (opf- **B***J*) **B** *U.* -sso **a.** -ssae *S cum Gron.* obesse **a** *r.*
del. v (*item* rhodo).   17 bryaxis **B** *coll.* § 73. -anxif **B.** bry-
saxis (bris- **R**) *r.* braxis *v.*   18 colosos **R** (*semper fere*).
20. 21 pulchritudinem **V.**   22 est (*pro* e) **VR** a.

spiciatur a Latiari Iove. e reliquiis limae suam statuam
44 fecit, quae est ante pedes simulacri eius. habent in
eodem Capitolio admirationem et capita duo, quae P. Len-
41 tulus cos. dicavit, alterum a Charete supra dicto factum,
alterum fecit ...dicus comparatione in tantum victus, ut 5
45 artificum minime probabilis videatur. verum omnem amplitudinem statuarum eius generis vicit aetate nostra Zeno-
dorus Mercurio facto in civitate Galliae Arvernis per annos
decem, HS |CCCC| manipretii, postquam satis artem ibi ad-
probaverat, Romam accitus a Nerone, ubi destinatum illius 10
principis simulacro colossum fecit CXIXS pedum *in* longitudinem, qui dicatus Soli venerationi est damnatis scele-
46 ribus illius principis. mirabamur in officina non modo
ex argilla similitudinem insignem, verum et de parvis
admodum surculis quod primum operis instaurati fuit. 15
ea statua· indicavit interisse fundendi aeris scientiam, cum
et Nero largiri aurum argentumque paratus esset et Zeno-
dorus scientia fingendi caelandique nulli veterum post-
47 poneretur. statuam Arvernorum cum faceret provinciae
Dubio Avito praesidente, duo pocula Calamidis manu cae- 20

---

§ 45: cfr. Caes. b. G. VI 17. — Suet. Nero 31. Vesp. 18.
Martial. spect. 2, 1. ep. I 70, 7. Ael. Spart. Hadr. 19, 13.

---

1 latiari **B¹***Brot.* -ali **B²**. -ario a*v.* latere *r.* | ioui **V.** |
e **B***S. om. rv.* | reliquif **B¹V**d*G.*   5 ...dicus *U.* //dicuf **B.**
dicus **a.** decus *r.* decius **d**h*v*(*J*). Prodicus *coni. S*, Pythodi-
cus *U coll.* § 85.   6 artificum **BT***S.* -cium *rv.* | probabilis
artificis *v. a. S.*   8 aluernif **B²**. auer- **VB.**   9 hs **B**d*B.*
zs **R²**. lc **R¹**. L//// **V.** pondo **h.** *om. v.* | |cccc| *J.* cccc *ll.* d**a**
v(*Brot.*). cccc *G.* | manupretii **B.** -nipretio d*in ras. G.* in magni
(-no *v.* immani *B*) pretio h*v. cfr.* § 37.   10 adcitus **R**(?)
Brot. | est a **R**h*v. a. S.*   11 fimulacro **B***S.* -crum *rv.* | cxixs *U.*
qui nonaginta (= cvixc) **B.** cui x *r.* cui. d. **a.** x d. cx h*v.*
cxix *J.* cvis *D.* | pedum in *ego.* -dum *ll. v.*   11. 12 longi-
tudinem **BV.** -ne *rv. cfr. XXVII 123.*   12 soli **B***S.* -lis *rv.*
       12. 13 celerius ipsius **R.**   ·14 de *ll.* d**a**h*B*(*S*). ex *v. an*
e?   15 inftaurati **B**d*v*(*S*). -tioni **h.** staurati *r.* in statua **a.**
instar *B.*   16 indicauit **R**(?)*v.* iud- *r*d**a.** | interiffe **B**a*v.*
inter se *r.* | fundent **R.**   17 argentique **V.**   18 cae laudif-
que **B¹**.   19 aruennorum **R.** | cum *om.* **V.**   20 uibio h*v. a. S.*
cfr. Tac. ann. XIII 54. Duuio *J Klein mus. Rhen. 33 p. 128.*

lata, quae Cassio Salano avunculo eius, praeceptori suo,
Germanicus Caesar adamata donaverat, aemulatus est, ut
vix ulla differentia esset artis. quanto maior Zenodoro
praestantia fuit, tanto magis deprehenditur aeris ob-
5 literatio.

8. Signis, quae vocant Corinthia, plerique in tantum 48
capiuntur, ut secum circumferant, sicut Hortensius orator
sphingem Verri reo ablatam, propter quam Cicero illo
iudicio in altercatione neganti ei, aenigmata se intellegere,
10 respondit debere, quoniam sphingem domi haberet. circum-
tulit et Nero princeps Amazonem, de qua dicemus, et 32
paulo ante C. Cestius consularis signum, quod secum
etiam in proelio habuit. Alexandri quoque Magni taber-
naculum sustinere traduntur solitae statuae, ex quibus
15 duae ante Martis Ultoris aedem dicatae sunt, totidem
ante regiam.

(19) Minoribus simulacris signisque innumera prope 49
artificum multitudo nobilitata est, ante omnes tamen Phidias Atheniensis Iove Olympio facto ex ebore quidem et
20 auro, sed et ex aere signa fecit. floruit autem olympiade
LXXXIII, circiter CCC urbis nostrae annum, quo eodem
tempore aemuli eius fuere Alcamenes, Critias, Nesiotes,
Hegias, et deinde olympiade LXXXVII Hagelades, Callon,
Gorgias Lacon; rursus LXXXX Polyclitus, Phradmon, Myron,

---

§ 48: Quintil. inst. or. VI 3, 98.

---

cfr. Herm. 12 p. 128. 1 falano **VRd**U. *cfr. Ovid. ep. ex
Ponto II 5.* cal- **B.** fol- **a.** filani h. -no *H.* syllano *v.* | auon-
culo **B¹**S. 2 ut **Rd**(?)**h**v. om. **r a.** (*an* uix ut?). 3 maior
—4 tanto *om.* **B.** 9 altercationem **B.** 10 habere **VR.**
12 consularis Laris *Fröhner mus. Rhen. 47 p. 292.* | signum
uncis inclusit U. *an* sphingem (*vel lacuna*)? | quam B*U.*
14 solita **V.** 15 aedem **B**h*v.* -dis *r.* 18 a nobilitate **VR.**
19 iouem **V**a. | olympio **B**S. *cfr. § 54. XXXVI 18.* -piae
Rdahv(*D*). -phiae **V.** 20 et ex a*C.* ex **BV**dh*v. om.***R.**
21 annum **VR**U(*D*). *cfr. XIV 73. 97. XVI 144.* anno.m. **B.**
anno **dah**v(*J*). | quo **B**h*v.* quod *r* d**a.** 22 nefiotef **B**S.
nestotes *r.* -ocles *v.* 23 hagellades **VR.** haleales **a.** Age-
lades *v.a.* U. *cfr. § 55. 57.* | gallon **VR.** 24 rurfuf—phrad-
mon **B**S. om. *r.* polycletus h. -tus phradmon (-agmon *B*) *v.* |
myro **V.** miro **R** (*fere semper*).

50 Pythagoras, Scopas, Perellus. ex iis Polyclitus discipulos
habuit Argium, Asopodorum, Alexim, Aristidem, Phrynonem,
[Dinonem], Athenodorum, Demean Clitorium, Myron Lycium.
LXXXXV olympiade floruere Naucydes, Dinomenes, Canachus,
Patroclus; CII Polycles, Cephisodotus, Leuchares, Hypato- 5
dorus; CIIII Praxiteles, Euphranor; CVII Aetion, Theri-
51 machus. CXIII Lysippus fuit, cum et Alexander Magnus,
item Lysistratus frater eius, Sthennis, Euphron, Eucles,
Sostratus, Ion, Silanion — in hoc mirabile quod nullo
doctore nobilis fuit; ipse discipulum habuit Zeuxiaden —; 10
CXXI Eutychides, Euthycrates, Laippus, Cephisodotus,
52 Timarchus, Pyromachus. cessavit deinde ars ac rursus
olympiade CLVI revixit, cum fuere longe quidem infra
praedictos, probati tamen, Antaeus, Callistratus, Polycles
Athenaeus, Callixenus, Pythocles, Pythias, Timocles.   15
53   Ita distinctis celeberrimorum aetatibus insignes raptim

---

§ 53 extr.: Lucian. imag. 4. 6.

---

1 phitagoras **VR** (*fere semper*). | perelluſ **B**S. -relius *rv*.
elius **a**. Perileus *Thiersch*. | iiſ **B**[1]*v*. hiiſ **B**[2]. his *rC*.   2 *dist.
post* Argium *sustulit S*. | alexin **R**. hal- **Vd**.   3 dinonem *om*. **B**.
del. U. | demeam **d**T*v*(*Brot*.). dam- *B*. | clitorum *B*. | miron **VR**.
muron **B**[1]. -onna **B**[2]. myronem *v. a. H*.   4 naucides **VR**[2]*v. a. B*.
-iades **R**[1]. | dinomeneſ **B a** *H*. -medes *rv*. | canachus **d h** *B*. cha-
B V. -cus **R** *v*.   5 patrocluſ **B V d h** *v*(*S*). -cles **R**(?) *B*. | cente-
sima secunda *ll. v*. | leuchareſ **B** *U*. leuih- **VR**[2]. le///uiades **R**[1].
leochares *B* (*cfr. § 79*). lemares **h**. leuia- *v*.   5. 6 hypato-
doruſ **B d h** *v*(*G*). -ris **R**. -dons **V**. Epatodorus *B*.   6 cen-
tesima septima *ll. v*. | aetion **B**S. etion *r*. echion **d**(?)*v*.
7 cxiii **B**(S)*U*. cxiiii **V**. centesima quartadecima **R d h** *v*.
8 lysis (lisis **R**) atrusi **VR d**. | et frater **h** *v. a. S*. | sthennis *B*(S)
e *Paus. cfr. § 90*. -nnius *v*. thenis *ll*. sthe- *C*(*U*). | euphron
eucles *S* e *coni. J*. -on fuclef **B**. -onicles *r*. -onides **d h** *v*. -on
sofocles *Loewy*.   9 silanion *om*. **VR**.   10 fit **R d**.   11 laip-
sus **V**. lahippus *v. a. S*. dah- *H*. *cfr. § 66. 87*. | cephisodotus
(-isso- *H*) S. *cfr. § 50*. cephiſicrotus (chepissi- **R**[2]. chephissi-
VR[1]) *ll*. -siodotus *B*. -sodorus *G* (*cfr. § 74. 87*). -siorotus *v*.
12 timarcus *B*. tym- **R**. | pyromachas **VR d**. Phyromachus
Keil. cfr. § 80. 84. XXXV 146. | rufuſ *B*.   13 clv **V** *v. a. S*. |
fluere **VR**.   14 antheus *v. a. H*. | pollycles **V d**. pollic- **R**. |
dist. sustulit Brunn.   15 atheneus **V**. | pithocleſ *B*. | pythias
h *v*(*D*). pytas **d**. pitas **VR**. *om*. **B U J**. | timocles **h** *G*(*D*). -oles
VR d. tomylos *B*. -les *v*. *om*. **B U J**.

transcurram, reliqua multitudine passim dispersa. venere
autem et in certamen laudatissimi, quamquam diversis
aetatibus geniti, quoniam fecerant Amazonas, quae cum
in templo Dianae Ephesiae dicarentur, placuit eligi pro-
5 batissimam ipsorum artificum, qui praesentes erant, iudicio, cum apparuit eam esse, quam omnes secundam
a sua quisque iudicassent. haec est Polycliti, · proxima
ab ea Phidiae, tertia Cresilae, quarta Cydonis, quinta
Phradmonis.

10 Phidias praeter Iovem Olympium, quem nemo aemu- 54
latur, fecit ex ebore aeque Minervam Athenis, quae est
in Parthenone stans, ex aere vero praeter Amazonem supra
dictam Minervam tam eximiae pulchritudinis, ut formae
cognomen acceperit. fecit et cliduchum et aliam Minervam,
15 quam Romae Paulus Aemilius ad aedem Fortunae Huiusce
Diei dicavit, item duo signa, quae Catulus in eadem aede,
palliata et alterum colossicon nudum, primusque artem
toreuticen aperuisse atque demonstrasse merito iudicatur.

Polyclitus Sicyonius, Hageladae discipulus, diadumenum 55
20 fecit molliter iuvenem, centum talentis nobilitatum, idem
et doryphorum viriliter puerum. fecit et quem canona

---

§ 54: cfr. Plin. supra § 49. VII 127. XXXVI 18. — Pausan.
V 10, 2. I 24, 5. 28, 2. Strabo IX 1, 16 p. 896. — cfr. Pausan.
VII 22, 9. — § 55: Lucian. philopseud. 18. Cic. Brut. 86, 296.

---

3 fecerat R. 4 deianae B. 6 tum *OJahn.* | eam B d v.
ea r. | qua B. 8 cresilae *S cum Rossio. cfr.* § 74. cressi-
lae h. -llae v. -le VRd. clefilae B. ctesi- *G.* -lai *H.* | cy-
doniis V. cidonus R. 9 phradmonis T v (*H*). phraem- B.
pradm- r. phragm- *B. cfr.* § 49. 11 et ex *v.a.S.* | aebore
B. | aeque *ll.v. an* auroque? 12 partenonia (-ias V) VR
*v.a.*B. | ſtanſ BR v (*S*). trans V. astans *B.* | amozonem B.
14 accepit V. | cliduchum h *B.* -cum *ll.* clyducum d. -dicum *v.*
15. 16 huiuſce diei (die d T) B d T *S. cfr.* § 60. -usce modi
ei r. -usque diei *H. om.* h v. 16 dedicauit h *v.a.S.* | aede
fuit h. aede posuit *v.a.S.* 17 *post* nudum *excidisse fere*
primus scientia aeris fundendi inclaruisse *coni. Brieger coll.*
§ 56. 46. 18 fore uticen// B. | apparuisse VR. | iudicatus R.
19 sicionib; R. | hegeladae R. agelade V. -dae T *H.* -dis
h v. *cfr.* § 49. 20 iuuenum VRd. 21 dorophorum V d.
dorofo- R. *cfr.* § 86. | et *del. U* (*puncto ante* fecit *sublato*).

artifices vocant liniamenta artis ex eo petentes veluti a
lege quadam, solusque hominum artem ipsam fecisse artis
opere iudicatur. fecit et destringentem se et nudum telo
incessentem duosque pueros item nudos, talis ludentes,
qui vocantur astragalizontes et sunt in Titi imperatoris 5
atrio — hoc opere nullum absolutius plerique iudicant —;
56 item Mercurium, qui fuit Lysimacheae, Herculem, qui
Romae, hagetera arma sumentem, Artemona, qui peri-
phoretos appellatus est. hic consummasse hanc scientiam
iudicatur et toreuticen sic erudisse, ut Phidias aperuisse. 10
proprium eius est, uno crure ·ut insisterent signa, ex-
cogitasse, quadrata tamen esse ea ait Varro et paene
ad exemplum.
57 Myronem Eleutheris natum, Hageladae et ipsum discipulum, bucula maxime nobilitavit celebratis versibus lau- 15
data, quando alieno plerique ingenio magis quam suo
commendantur. fecit et canem et discobolon et Perseum
et pristas et Satyrum admirantem tibias et Minervam,

Lucian. de saltat. 75. — § 56: Plutarch. Pericl. 27 p. 167. —
§ 57: Cic. Verr. IV 60, 135. anthol. Pal. IX 717. 718 al. — Lucian.

---

1 lineamenta **V**d*v.a.U.* -tis **R**. | uel. vn **V**. uel vi **R**. uelut
d*v.a.S. om.* **h**. 2 ipse d(?)h*v.a.S.* 3 distringentem **B**. |
se *ll.v*(*S*). *om.* **G**. | telo *Benndorf. cfr. Wölfflin (Archiv IX*
109 sqq.). talo *ll.v. de mendo cfr. XXIX* 87. 5 astragali-
gantes **R**. | in **B**h*v. om. r*. | cliti **B²**. | imperatores **V¹**. imp.////
B¹. in p **B²**. 6 hoc *S*(*J*). duo . hoc **B**. *om. r*. quo h*v*(*U*).
7 lysimacheae *S*. -chaeae **B**. -chiae d h*v*. -chae *r*.
8 hagetera **B***S*. age- *r*. hace- **T**. a terra d *in ras*. **h**. alexe-
tera *H*. Anteum a terra (*om.* arma) *v. dist. v.a.S.* | sustinentem
h*v.a.H.* 8. 9 periphar&of **B**. pheriphor- **V**d. 10 iudi-
catuſ **B²**. | eſt toreuticen **B¹**. eſt or- **B²**. | apparuiſse **R**.
11 uno crure ut **B***S*. ut (et **V**) uno crure *r v*. | inſiſter& **B**.
12 quadrata (-tā **B**) tamen (ea *add. G*) eſſe **B***G. om. r v*. |
ea **B¹***S*. eā **B²**. *om. r v*. | ait *ll.S.* ut ait h*v*. tradit *G*.
13 exemplum **B***S*. unum ex- *r v*(*D*). *cfr.* § 65. 14 ageladae
(-de **V**) **V R**d**T***H*. -dis h*v. cfr.* § 49. 55. 17 canem *ll.v*.
Ladam *Benndorf. cfr. anthol. Gr. IV* 185. *Catull.* 55, 25. |
perſeum **B***S*. -sea *r v*. 18 priscas **h**. cristas *v.a.B*. (*cfr.*
XXXVI 26). pyctas *Löschke obs. archaeol. nr. 4.* (*Murray*
class. review 1887 I 3).

Delphicos pentathlos, pancratiastas, Herculem, qui est apud
circum maximum in aede Pompei Magni. fecisse et cicadae
monumentum ac locustae carminibus suis Erinna signi-
ficat. fecit et Apollinem, quem ab triumviro Antonio sub- 58
5 latum restituit Ephesiis divus Augustus admonitus in quiete.
primus hic multiplicasse veritatem videtur, numerosior in
arte quam Polyclitus et in symmetria diligentior, et ipse
tamen corporum tenus curiosus animi sensus non expressisse, capillum quoque et pubem non emendatius
10 fecisse, quam rudis antiquitas instituisset.

Vicit eum Pythagoras Reginus ex Italia pancratiaste 59
Delphis posito; eodem vicit et Leontiscum. fecit et stadio-
dromon Astylon, qui Olympiae ostenditur, et Libyn, puerum
tenentem tabellam eodem loco et mala ferentem nudum,
15 Syracusis autem claudicantem, cuius ulceris dolorem sentire etiam spectantes videntur, item Apollinem serpentem-
que eius sagittis configi, citharoedum, qui Dicaeus appellatus est, quod, cum Thebae ab Alexandro caperentur,
aurum a fugiente conditum sinu eius celatum esset. hic
20 primus nervos et venas expressit capillumque diligentius.
— Fuit et alius Pythagoras Samius, initio pictor, cuius 60

---

philopseud. 18. Quintil. II 13, 10. — anthol. Pal. VII 190. — § 58
extr.: cfr. Suidas s. v. Ϲώϲτρατοϲ. — § 59: Pausan. VI 4, 3. 4. 2, 10.
13, 1. 18, 1. 13, 7. — cfr. anthol. Gr. IV 180. 294 (Plan. IV 112). —
Athenaeus I 34 p. 19ᶜ. —. § 60: cfr. Diog. Laert. VIII 46.

---

1 penthloſ **B.** | prancatiastas **V.** pancatihastas **R,**   3 car-
nibus **Vdh.** | erinna *G.* -imna **B.** -ina *rv.*   4 ab **B**S. a *rv.*
  5 quietem **V.**   7 artem **B.** | et (*ante* in) *deleri voluit S*
(*Gardner class. review 1894 II 69*). | in *om. v. a. H.*   11 regi-
nuſ **Bh**D. rhe- *rv. cfr. XII 7* (**M**). | et **V.**   12 eundem
v. a. S. eodem uicit *del. U.* | leontiſcum *ll. S (ut sit* suam Leon-
tisci statuam). -tius cum h*v.* -tius qui **B.** -tinus qui **H.** *an*
Leontiscum suum? *cfr. § 69. 71. XXXV 92.*   12. 13 ſtadia
dromon **BV.**   13 aſtulon **B.** | libyn *B(C) e Paus.* lybin **B** d
Ven. lipin **V.** lympin **R.** iolpum h. -pis *v.* | *dist. U.*   14 ta-
bellam **B**G. -llas *rv.*   17 configi *S e coni. J.* -git **B.** -fici *rv.*
de structura cfr. XXXV 144. | citharoedē **R.** | deceus **V.** dir-
caeus *v. a. B.*   18 quod **B**G. quoniam *rv. cfr. § 14.*
20 primum **VR**d.   21 ſamiuſ **B***v.* sa̅nius **R**h. samnius **V.** |
initiū **R.**

signa ad aedem Fortunae Huiusce Diei septem nuda et
senis unum laudata sunt. hic supra dicto facie quoque
indiscreta similis fuisse traditur, Regini autem discipulus
et filius sororis fuisse Sostratus.

61   Lysippum Sicyonium Duris negat ullius fuisse disci- 5
pulum, sed primo aerarium fabrum audendi rationem
cepisse pictoris Eupompi responso. eum enim interroga-
tum, quem sequeretur antecedentium, dixisse monstrata
hominum multitudine, naturam ipsam imitandam esse, non
62 artificem. plurima ex omnibus signa fecit, ut diximus, 10
37 fecundissimae artis, inter quae destringentem se, quem
M. Agrippa ante Thermas suas dicavit, mire gratum Tiberio principi. non quivit temperare sibi in eo, quamquam imperiosus sui inter initia principatus, transtulitque
in cubiculum alio signo substituto, cum quidem tanta 15
pop. R. contumacia fuit, ut theatri clamoribus reponi
apoxyomenon flagitaverit princepsque, quamquam adama-
63 tum, reposuerit. nobilitatur Lysippus et temulenta tibi-
cina et canibus ac venatione, in primis vero quadriga
cum Sole Rhodiorum. fecit et Alexandrum Magnum multis 20
operibus, a pueritia eius · orsus, quam statuam inaurari
iussit Nero princeps delectatus admodum illa; dein, cum
pretio perisset gratia artis, detractum est aurum, pretio-

---

1 deae h*v.a.H. cfr. § 54.* 2 ſeni **B**[1]. 2. 3 facile quoque & diſcr&a **B.** 4. 5 sostratius (-tii *v*) lysippus **VR***v.a.G.*
5 duris **B***v.* dux *r.* | ulliuſ **B**S. tull- *r*(*v add.* affirmat *post*
discipulum). 6 fabrum *om.* **B**[1]*SU coll. XVI 23. cfr. § 1.*
Vitruv. II 7, 4. | audenti **R.** 7 cepiſſe **B***H.* coep- *r v.* |
picturis **VR**d. | euponpi **V.** itupompi **R.** | responsio **VR**d. |
eo **B.** 8 monſtrata **B**S. demo- *r v.* 9 multitudinem **V.**
    11 fecundiſſime **B***Ven.* | interque **Rh***Brot.* | distringentem
Vd h*v.a.Brot.* distin- **R.** 12 anthe **B.** 14 transtulitque
B*v.* -lit qui *r.* 15 alio ibi (sibi h) d h*v.a.S.* 16 ut **BV²d**S.
ui *r.* ut (*om.* h) magnis h*v.* 17 apoxuomenon **V.** adapyoxyom-
B. | flagitauerat **R.** flaget- **V.** 18 lyſippiſ.**B.** | temulenta **B**h*v.*
-tia *r.* 19. 20 quadriga cum **B**[1]d h*v.* -gatum **B²**. -garum *r.*
    20 ſolē **B²**. | fecit—21 orsus *post* remanentibus (*p. 185, 2*)
transponi voluit Bergk I 4 sqq. 21 horſum **V.** 22 principis
VR. 22. 23 cum pretio **Rh***v.* -tiuo **B²**. cum praeti (-tii **V²**) **V.**
compretiū **B**[1]. pretio d. 23 operiſſ& **B**[1]d. -ris et **Vh.**

siorque talis existimabatur etiam cicatricibus operis atque
concisuris, in quibus aurum haeserat, remanentibus. idem 64
fecit Hephaestionem, Alexandri Magni amicum, quem quidam Polyclito adscribunt, cum is centum prope annis ante
5 fuerit; item Alexandri venationem, quae Delphis sacrata
est, Athenis Satyrum, turmam Alexandri, in qua amicorum
eius imagines summa omnium similitudine expressit; hanc
Metellus Macedonia subacta transtulit Romam. fecit et
quadrigas multorum generum. statuariae arti plurimum 65
10 traditur contulisse capillum exprimendo, capita minora
faciendo quam antiqui, corpora graciliora siccioraque, per
quae proceritas signorum maior videretur. non habet
Latinum nomen symmetria, quam diligentissime custodiit
nova intactaque ratione quadratas veterum staturas per-
15 mutando, vulgoque dicebat ab illis factos quales essent
homines, a se quales viderentur esse. propriae huius
videntur esse argutiae operum custoditae in minimis quoque rebus.

Filios et discipulos reliquit laudatos artifices Laippum, 66
20 Boëdan, sed ante omnes Euthycraten. quamquam is con-
stantiam potius imitatus patris quam elegantiam austero
maluit genere quam iucundo placere. itaque optume expressit Herculem Delphis et Alexandrum Thespiis vena-
torem et proelium equestre, simulacrum ipsum Trophoni

§ 64: Plutarch. Alex. 40. 16. Vellei. I 11, 3. 4. Iustin. XI
6, 13. — § 65 extr.: cfr. Quintil. XII 10, 9. — § 66: cfr. Plin.
infra § 87. 73. — cfr. Pausan. IX 39, 4.

1 exiftimabatur B S. -matur V d h v. -tus R.   2 haeferat
V R d h v (D). fuerat B S.   3 ephaeftionem B Ven. | quem B h v.
om. r.   5 idem d h v. a. S. cfr. § 69.   7 has d (?) v. a. S.
9 quadrigis R. | statuari ac (hac V²) asti V.   12 proicerit
af B¹.   13 custodiit ego. -dit ll. S (D). -diuit d h v (U). cfr.
nota ad XXXIII 131.   14 noua B d v. non r. de mendo
cfr. XIII 125.   19 laippum B d S. -psum r. Lahippum
v (Brot.). Dah- H. cfr. § 52. 87.   20 boedan B V S. baeda
ait R.   bedan d. -dam h v. cfr. § 73. | eutfcratem R.
23 thefpiis S e coni. J. -pif B D. -pim r. -pin h v.   24 et
B S. thespiadas V R. et thesp- d G. -dum h v. | simulacrum
om. G. | ipfum B S. om. rv. | troponi V R d.

ad oraculum, quadrigas complures, equum cum fiscinis,
67 canes venantium. — Huius porro discipulus fuit **Tisi-**
crates, et ipse Sicyonius, sed Lysippi sectae propior, **ut**
vix discernantur complura signa, ceu senex Thebanus **et**
Demetrius rex, Peucestes, Alexandri Magni servator, **dignus** 5
tanta gloria.

68   **Artifices, qui compositis voluminibus condidere haec,**
miris laudibus celebrant Telephanen Phocaeum, ignotum
alias, quoniam .... Thessaliae habitaverit et ibi opera
eius latuerint; alioqui suffragiis ipsorum aequatur Poly- 10
clito, Myroni, Pythagorae. laudant eius Larisam et Spin-
tharum pentathlum et Apollinem. alii non hanc ignobili-
tatis fuisse causam, sed quod se regum Xerxis atque
Darei officinis dediderit, existimant.

69   **Praxiteles** quoque, *qui* marmore felicior, ideo et clarior 15
fuit, fecit tamen et ex aere pulcherrima opera: Proserpinae
raptum, item catagusam et Liberum patrem, Ebrietatem

---

§ 67: cfr. Plin. infra § 89. — Diod. XVII 99 p. 237. Plutarch.
Alex. 63. Arrian. VI 10, 1. Curt. IX 5, 21. — § 69: cfr. Plin.
XXXVI 39. Cic. Verr. IV 2, 4.

---

1 quadrigaſ (-rag- **B**[1]) **B**S. -gas medei *r.* -gas medeae
dhv. (in aede eius *coni. J*). | fiſciniſ **B**v. fusc- *rUJ*. 2 caneſ
Bv. -em *r.* 3 lyſippiſ aetate **B**. | proprior **V**d. 4 & **B**d[s]
in ras. S. ea *r. om.* **hv.** 5 speucestes **VR**d. | magni *om.* **V**
dh. | seruatur **V**[1]. -tus **R**. | dignus **VR**d*G* (*et dist.*). -noſ **B**.
-ni **hv.** 8 celebrant et *v.a.S.* | telephanen *S.* (-nem *G*).
thel- **B**. telaph- **hv.** elaph- *r.* | phocaeum **B**S. -ceum *rv.*
9 *lac. indicavi cum CFWMüllero p. 21 oppidi parvi nomen ex-*
cidisse suspicante. in **VR**d**Th***v.a.S*(*D*). | thessaliae. **B**S. -lia
*r*d**Th**v(*D*). | & ibi **B**S. ibi **V**d**T**. ubi **R**(?)*H*. (ubi *ante* habi-
tauerit **hv**). 10 alioquin **B**[s]**V**d*v.a.H.* aliquin **R**. *an* atqui?
cfr. II 163. XVII 20. 10. 11 polyclito *S.* -tuſ **B**. -tū *r.*
-leto **dhv**. 11 pythagoraei **B**[s]. | larissam **dhv**.*a.S.* lasi-
R. 11. 12 ſpintharum **B** *H cum B*[s]. -narum *r v.a.B*(*G*).
-irarchum *B*[1]. 12 pentanthlum **B**. penthalū **R**. | apollonē **R**.
13 quod **B**S. quo **V**. *om.* **R**. quoniam **dhv**. *cfr. § 14.* |
e **R**. 14 officini **VR**h. | dederit **B**. 15 qui *ego. om. ll.v.*
an quamquam *pro* quoque (*scriptum olim* q̄q̄.), *ut § 84?*
16 fuerit **VR**. | & **B**S. *om. r v.* 17 item **B**[s]**dhv**. idem *r.*
cfr. § 64. 75. 76. 82. 89. | catagusam *B.* (-glysam *v*). -usa
VRd. -ussam h. caſtaguſam **B**. | patrem **B**S. -em et *rv*(*D*).

nobilemque una Satyrum, quem Graeci periboëton cogno-
minant, et signa, quae ante Felicitatis aedem fuere, Veneremque, quae ipsa aedis incendio cremata est Claudii
principatu, marmoreae illi suae per terras inclutae parem,
5 item stephanusam, pseliumenen, Oporan, Harmodium et 70
Aristogitonem tyrannicidas, quos a Xerxe Persarum rege
captos victa Perside Atheniensibus remisit Magnus Alexander. fecit et puberem Apollinem subrepenti lacertae
comminus sagitta insidiantem, quem sauroctonon vocant.
10 spectantur et duo signa eius diversos adfectus exprimen-
tia, flentis matronae et meretricis gaudentis. hanc putant
Phrynen fuisse deprehenduntque in ea amorem artificis
et mercedem in vultu meretricis. habet simulacrum et 71
benignitas eius; Calamidis enim quadrigae aurigam suum
15 inposuit, ne melior in equorum effigie defecisse in homine crederetur. ipse Calamis et alias quadrigas bigasque
fecit equis semper sine aemulo expressis; sed, ne videatur
in hominum effigie inferior, Alcumena nullius est nobilior.

Alcamenes, Phidiae discipulus, et marmorea fecit, sed 72
20 aereum pentathlum, qui vocatur encrinomenos; at Poly-

---

§ 70: Tatian. c. Graec. 56 p. 122. — Martial. ep. XIV 172.
— § 71 extr.: Pausan. VI 12, 1. Propert. III 9, 10. Ovid. ep. ex
Ponto IV 1, 33. — § 72: cfr. Plin. XXXVI 16. — Pausan. I 23, 2.

1. 2 cogminaꝶ **B.** 2 es (*pro* et) **VR.** | signaq; **R.**
3 ipipsa **V¹.** in ipsa **d.** cum ipsa *v. a. S.* et ipsa *U cum
OJahnio.* | aediſ **BS.** -de *rv.* 5 ſtephanuſam **BS.** -phuſam
Vdhv. sthefu- **R.** | pseliumenen *U cum OJahnio.* psellu- **V.**
spellu- **R.** spelliu- **d.** ſellu- **B.** spilu- *B.* spelu- *v.* | oporan
Rd. operan **V.** ephoram **B.** oporum **h.** oenophorum *v.* cane-
phoram *U coll. XXXVI 25. Cic. Verr. IV 2, 5.* | harmogiū **R.**
7 perside & **VR.** 8 petit **VR.** 9 ſauroctonon **B** *v.*
-tanon **R.** scauro octonon **Vdh.** 10 adfectuuſ **B** *D.* 13 in
uultu *deleri voluit OJahn.* 15 effigie quā efeciſſe **B².**
17 equis semper **VRdh** *v.* ſem̄ pari equiſ **B.** se impari, equis
Traube. | expreſſiſſ& . ɴe **B.** 18 alcumena *man. Dal. UJ.*
alchim- **Vd.** alchym- **R.** alcm- **h(?)** *B (D).* alcamen& **B¹.** -me
& **B².** Alcman poeta *Sellers.* achamene *v. aliter XXVIII 59.
XXXV 62.* 19 alcameneſ **B** *B.* alchim- **Vd.** alchym- **R.**
acham- *v.* | sed **B.** et *rv.* 20 petathlum **Vd.** -alum *v. a. B.* |
at **B²Rd** *v.* ad *rD.*

cliti discipulus Aristides quadrigas bigasque. **Amphicrates**
Leaena laudatur. scortum haec, lyrae cantu familiaris
Harmodio et Aristogitoni. consilia eorum de tyrannicidio
usque in mortem excruciata a tyrannis non prodidit;
quam ob rem Athenienses, et honorem habere ei volentes 5
nec tamen scortum celebrasse, animal nominis eius fecere
atque, ut intellegeretur causa honoris, in opere linguam
73 addi ab artifice vetuerunt. — Bryaxis Aesculapium et
Seleucum fecit, Boēdas adorantem, Baton Apollinem et
74 Iunonem, qui sunt Romae in Concordiae templo, Cresilas 10
volneratum deficientem, in quo possit intellegi quantum
restet animae, et Olympium Periclen dignum cognomine,
mirumque in hac arte est quod nobiles viros nobiliores
fecit. Cephisodorus Minervam mirabilem in portu Atheniensium et aram ad templum Iovis Servatoris in eodem 15
75 portu, cui pauca comparantur, Canachus Apollinem nudum,
qui Philesius cognominatur, in Didymaeo Aeginetica aeris
temperatura, cervumque una ita vestigiis suspendit, ut
linum subter pedes trahatur alterno morsu calce digitisque retinentibus solum, ita vertebrato dente utrisque in 20
partibus, ut a repulsu per vices resiliat. idem et celeti-
zontas pueros, Chaereas Alexandrum Magnum et Philippum

Plutarch. de garr. 8. Polyaen. strat. VIII 45. — § 73: Pausan.
I 40, 6. — § 74: Pausan. I 23, 3. 25, 1. (Val. Max. V 10 ext. 1).
— cfr. Pausan. I 1, 3. — § 75: cfr. Pausan. VIII 46, 3. (IX
10, 2). II 10, 4. Macrob. I 17, 49.

---

1 bigaſq; B d*H.* -gas qu **VR.** -gas et h. -gasque et *v.* |
amphicrateſ (-tiſ **B²**) *ll.S.* iphicr- h. -tis *v.a.S.* Tisicratis *H.*
de structura cfr. § *80. 81. 88. XXXV 138.* 2 laudatus **R.** |
cantum **VR.** | familiariſ B h*v(S).* -are *r G.* 3 *dist. ego.*
4 ad (*pro* in) h*v.a.S.* 7 lingua **VR.** 8 briaxis **R.**
9 bedas d*v.a.S. cfr.* § *66.* | botō **R.** batton *v.a.S. cfr.* § *91.*
10 ctesilas **V.** -laus *H Brot. cfr.* § *53.* 12 anima **R.** |
periclen B*S.* -lem d h*v.* -le *r.* 14 cephiſodoruſ B*G(D).*
-dotus *S.* -sidorus (-ssi- **VR**) **VR** d*v.* -ssodorus *Lugd.* -dotus *H.*
cfr. § *50. 87.* 15 in aedem **V.** 16 qui **B¹.** 18 ita *om.*
B*S.* 18. 19 ut inlitum **B.** 19 trahantur **B.** *locus nondum*
sanatus. 20 utriſque B h*C.* -iusque *rv.* 21 item **R.**
22 pueros fecit d(?)h*v.a.S.*

patrem eius fecit, Ctesilaus doryphoron et Amazonem vol-
neratam, Demetrius Lysimachen, quae sacerdos Minervae 76
fuit LXIIII annis, idem et Minervam, quae myctica appellatur — dracones in Gorgone eius ad ictus citharae
5 tinnitu resonant —; idem equitem Simonem, qui primus
de equitatu scripsit. Daedalus, et ipse inter fictores laudatus, pueros duos destringentes se fecit, Dinomenes
Protesilaum et Pythodemum luctatorem. — Euphranoris 77
Alexander Paris est, in quo laudatur quod omnia simul
10 intellegantur, iudex dearum, amator Helenae et tamen
Achillis interfector. huius est Minerva, Romae quae
dicitur Catuliana, infra Capitolium a Q. Lutatio dicata, et
simulacrum Boni Eventus, dextra pateram, sinistra spicam
ac papavera tenens, item Latona puerpera Apollinem et
15 Dianam infantes sustinens in aede Concordiae. fecit et 78
quadrigas bigasque et cliticon eximia forma et Virtutem
et Graeciam, utrasque colossaeas, mulierem admirantem
et adorantem, item Alexandrum et Philippum in quadrigis;
Eutychides Eurotam, in quo artem ipso amne liquidiorem

---

§ 76: Pausan. I 27, 4. — cfr. Xenoph. de re equ. 1. — cfr.
Plin. XXXVI 35. — § 78 med.: anthol. Plan. IX 709. — Quintil.
XII 10, 7. (cfr. Plin. V 141).

---

1 ctesilaus *v(S)*. c.teſ- **B**¹. G.teſ- **B**². des- *r H*. cres- *U*.
cfr. § 74. 53. | doryphoron **VR***dv.a.B*.   3 annis *om*. **VR**. |
et *om*. **R**. | neruam **R**. | myctica (*a verbo* μύζειν) *J*. myetica **B**.
musica *r v*(*D*). mystica *Fröhner mus. Rhen. 47 p. 293*. my-
cetica *Traube*.   4 draconeſ **B***S*. quoniam drac- *r v*(*D*). |
dist. S. | ad ictuſ (-uuſ **B**¹*D*) **B***v*. additus (-tos **V**²) *r dh*.
5 tinniturae sonant **B**. | item *U, ut § 64*. | simonem *H cum*
Turnebo e Xenoph. sem- **B***J*. serm- *r*. sarmenem *v*.   6 inter-
fectores **V**¹**R**. -tor est **V**². *cfr. XXXV 128*.   12 Catulina *S*
cum Manutio. -leana *v.a.G*. | a. q̄. **B***hv*. aque **V**. atque **R***d*. |
luctatio **R**.   13 euentuuſ **B**¹*D*.   14 papauera **B***S*. -uer *rv*.
   15 infantis **VR***S*.   16 cliticon **B***v.a.B(J)*. -cum *r*. cli-
duchon *B*.   17 & graeciam (grac- **B**²) **B***G*. aegregiam *r*.
egr- **d**T*v*. | coloſſaeaſ **B***J*. -sseas *B*. -streas **V***dv*. -strias **R**.
   19 eutychides **d***B*. & eut- **B**. euthichides **V**. -thyclides
R*v*. *cfr. supra § 51. XXXVI 34. (XXXV 141)*. | eurothan
VR. -tan *S*. | artem *ll.v. an* aereum? | ipso amne **B***G*. -sam
ne **V***d*. -sam+ne **R**. -sam amne *B*. -sam *v*.

plurimi dixere. — Hegiae Minerva Pyrrhusque rex laudatur et celetizontes pueri et Castor ac Pollux ante aedem
Iovis Tonantis, Hagesiae in Pario colonia Hercules, Isidoti
79 buthytes. — Lycius Myronis discipulus fuit, qui fecit
dignum praeceptore puerum sufflantem languidos ignes et   5
Argonautas; Leochares aquilam sentientem, quid rapiat in
Ganymede et cui ferat, parcentemque unguibus etiam per
vestem puero, Autolycum pancratii victorem, propter quem
Xenophon symposium scripsit, Iovemque illum Tonantem
in Capitolio ante cuncta laudabilem, item Apollinem dia- 10
dematum, Lyciscum mangonem, puerum subdolae ac fucatae
80 vernilitatis, Lycius et ipse puerum suffitorem. — Menaechmi
vitulus genu premitur replicata cervice. ipse Menaechmus
scripsit de sua arte. — Naucydes Mercurio et discobolo
et immolante arietem censetur, Naucerus luctatore anhe- 15
lante, Niceratus Aesculapio et Hygia, qui sunt in Concor-

---

§ 79: anthol. Palat. XII 221. Martial. ep. I 7. — (cfr. Athenaeus V 56 p. 216ᵈ). Pausan. I 18, 3. IX 32, 8. I 8, 4. — § 80:
cfr. Athenaeus II 68 p. 65ᵇ. Pausan. I 24, 2. — Loewy Inschr.
Griech. Bildh. 147. 496. 53. Pausan. I 23, 4.

---

1 mineruae V. -ue R. | phyrrufq. B. | rex *deleri voluit*
Heyne.   1. 2 laudatus R.   2 ac *ll.v*(*S*). et d(?)h *Hack.*
3 hagesiae V d *U*. -gisiae R. ageſiae B h *v*. *del. C.* hege-
siae *H cum B*. | *dist. v. a.B*(*S*). | pario V d h *v*. -ie R. paro B. |
isidori d h *v. a. S*.   4 buthytes B(*P*)*S*. -yres *r*. -yreus *v*.
Eleuthereus *H*.   5 praeceptore *v*. -rem *ll*. | ignis R.
6 leocharef B h *H*. -chras *r*. -cras *v*.   7 ganymede h *v*.
ganum- B¹. ganim- B². -den (-nym- R) *r* d. | ferat B h *v*.
fuerat *r*.   8 puero B*S*. -rum *rv* (*ad seqq. relatum*). | pan-
cratii *S*. -ti B*D*. -tis h. -tio *rv*. (Autolycum — 9 scripsit *in
v. 6 post* Argonautas *transposuit U*).   9 xenopho B*U*. ſeno-
phon R. | symphosium R. -posion d(?)h *G*.   10 laudabile
V R.   11 lyciſcum B*S*. -cus *G*. luciscus *r* d *v*. | mangonem
B*S*. lang- *r* d *v*. lag- h *B*. *cfr. Martial. IX 50, 5. an* Ly-
ciscum, Langonem puerum? | ſubdole B. | fugatae R.   12 ly-
cius *ll.v*(*S*). -cus *G*.   13 uultus *Dal.* (*errore*).   14 disco-
bulo V R.   15 immolantē aritem R. | cenſentur B. | Nauclerus
coni. H. | luctatore B *U*. -rem *r v*.   15. 16 anhelante *U*.
hanell- B¹. anell- B². anhelantem *r*. -tem fecit *v*. *lac. indicavit J*.   16 aesculapio et hygia *coni. J*. -pium et (*om.* V R)
hygiam *ll.v* (fecit *add. D*). | que V R.

diae templo Romae. — Pyromachi quadriga ab Alcibiade
regitur. Polycles Hermaphroditum nobilem fecit, Pyrrhus
Hygiam et Minervam, Phanis, Lysippi discipulus, epithyusan. — Styppax Cyprius uno celebratur signo, splanchnopte; 81
5 Periclis Olympii vernula hic fuit exta torrens ignemque
oris pleni spiritu accendens. Silanion Apollodorum fudit,
fictorem et ipsum, sed inter cunctos diligentissimum artis
et iniquum sui iudicem, crebro perfecta signa frangentem,
dum satiari cupiditate artis non quit, ideoque insanum
10 cognominatum — hoc in eo expressit, nec hominem ex 82
aere fecit, sed iracundiam — et Achillem nobilem, item
epistaten exercentem athletas; Strongylion Amazonem, quam
ab excellentia crurum eucnemon appellant, ob id in comi-
tatu Neronis principis circumlatam. idem fecit puerum,
15 quem amando Brutus Philippiensis cognomine suo in-
lustravit. — Theodorus, qui labyrinthum fecit Sami, ipse 83
se ex aere fudit. praeter similitudinis mirabilem famam
magna suptilitate celebratur: dextra limam tenet, laeva

---

§ 81: cfr. Plin. XXII 44. Plutarch. Pericl. 13. — cfr. Plin.
supra § 51, infra § 86. — § 82: cfr. Plin. supra § 48. Martial.
ep: IX 50, 5. XIV 171. II 77, 4. — § 83 extr.: cfr. Plin. VII 85.

---

1 phyromachi *v. a. G (Keil). cfr. § 51.* Pyromachi—regitur
pro parenthesi habuit U. 3 phanif **B** *S.* phenis *r.* phoenix *v.*
3. 4 epithyusan *S cum Keilio.* ephityufam **B.** epydhisam
(-sum **R**) *r.* epithersen *B.* -idyrsam *v.* 4 ftyppax **B** *S.* sty-
pax *r v.* stipax d h *G.* | celebratus **R.** | splanchnopte h *G.* -no//te
B. splachnorte *r v.* -nopte *B.* 5 exfta **B**¹. -tra **B**². | ignem-
que **B** *S.* -nem *r v.* 8 iniquum *vet. Dal.* -uom **B** *S.* inimicum
r v. 9 fatiari **B** d T *H.* -re **R** h *v.* saciare **V.** | cupiditatem
v. a. H. | non quit **B** d T *H.* nū (non **V**²) quid *r.* nequit *v.* |
ideoque **B** *S.* -eo *r.* et ideo d h *v.* | infanum **B** h *v.* -atum *r.*
10. 11 *dist. ego.* 11 et **V R** d h *v* (*S*). fedt **B**¹. fet **B**².
fed **B**³. *an* fecit et (*vel* idem et) *sublata parenthesi?* | achilen
V R. 12 strongilion **R.** -golion **V.** 13 ab *om.* **B** d *S.*
14 idem **B** *S.* item *r v. cfr. § 69.* 15 philippienfif **B** *J.*
-ppensis d h *v* (*D*). -pperses **R.** -penses **V.** 16 fecit, Sami *S*
cum O Müllero. | famii **B.** 17 fimilitudinif **B** *S.* -nem *r v.* |
mirabilem **B** d *G.* nobi- *v. om. r.* | famam **B** *S.* -ma *r v.*
18 magnam **B**¹. (magnae subtilitatis *v. a. S*). | celebratur *Müller*
emend. V 13. -tuf *ll. v. de mendo cfr. § 54. 56. 67. 72. 75. 78.*
81. 88. 89. 94. | tenet — p. 192, 1 quadrigulam **B** *v. om. r.*

tribus digitis quadrigulam tenuit, tralatam Praeneste par-
vitatis ut miracul*um*: pictam eam currumque et aurigam
integeret alis simul facta musca. — Xenocrates, Tisicratis discipulus, ut alii, Euthycratis, vicit utrosque copia
signorum. et de sua arte composuit volumina. 5

84   Plures artifices fecere Attali et Eumenis adversus
Gallos proelia, Isigonus, Pyromachus, Stratonicus, Antigonus, qui volumina condidit de sua arte. Boēthi, quamquam argento melioris, infans eximi*um* anserem strangulat.
atque ex omnibus, quae rettuli, clarissima quaeque in 10
urbe iam sunt dicata a Vespasiano principe in templo
Pacis aliisque eius operibus, violentia Neronis in urbem
convecta et in sellariis domus aureae disposita.

85   Praeterea sunt aequalitate celebrati artifices, sed nullis
operum suorum praecipui: Ariston, qui et argentum cae- 15
lare solitus est, Callides, Ctesias, Cantharus Sicyonius,
Diodorus, Critiae discipulus, Deliades, Euphorion, Eunicus

XXXVI 43. — § 84: cfr. Polyb. XXXII 27 (25), 4. — cfr. Plin.
XXXIII 155. — § 85: cfr. Plin. infra § 87. — (Tatian. c. Graec.
55 p. 120. Lucian. dial. meretr. 8, 3). — Pausan. VI 3, 6. 17, 7.
— cfr. Plin. XXXIII 156. XXXV 58. supra § 84.

1. 2 paruitatif B*U*. tantae par- *rv*(*J*). 2 ut *del. U*. |
miraculū *ego et dist.* -lo B*U. om. rv*(*D*). | pictam B*J*. -tam
ut *U*. totam *rv*(*D*). 3 onocratef B. 3. 4 tisycratis R.
4 aut ut d(?)*v.a.S*. | euthycratis h(?)*G*. eucty- B. euty-
rv. | utroque B. *an* utrūque? 6 attali *om.* B. | eumenef B.
7 Epigonus *A Michaelis. cfr. § 88.* | phyromachus *v.a.*
Lugd. | ftratonichuf B. 8 boethi B h*C*. -eti R*v*. -eoti V.
9 meliorif B*G*. -ores *r*. -or *v*. | eximiū *ego*. -mie R d h
v(*D*). -miae V. fex anno (annif B²) B (*ortum ex* eximio: *cfr.*
§ 106. XXXII 37. XXIX 56. XIX 121). ulnis *U cum Hauptio.*
ex animo *J*. sexennis *O Jahn*. annosum (γέροντα) *Bücheler*
ad Herodae mim. IV 31 (*idem olim* ui annisus). ui annosum
R Meister Herodae mim. p. 99 n. 1. ui *Kalb*. amplexando
Traube. 10. 11 in urbe B*v*(*S*). *om. r H*(*D*). 12 uiolentia
B*v*. -tis d. -ti *r*. | urbem B*v*. -be *r*. 13 fellarif B. | domuuf
B¹*D*. 15. 16 celari V R. 16 callides *ll.S*(*D*). -icles *U*.
-iades *H*. -ias *G*. callases h*v*. | ctefiaf B R d *H*. ete- V h. cle- B.
de- *v*. 17 diodoruf B*S*. dionysiodorus (dyonis- V) *r v*(*J*-
-sodorus h*G*. dionysius, diodorus *D*. (dyonis *ortum ex gemi*).
nato icyonius). | critae B. | diliades R. | eunichus R.

et Hecataeus, argenti caelatores, Lesbocles, Prodorus,
Pythodicus, Polygnotus, idem pictor e nobilissimis, item
e caelatoribus Stratonicus, Scymnus Critiae discipulus.

Nunc percensebo eos, qui eiusdem generis opera fe- 86
5 cerunt, ut Apollodorus, Androbulus, Asclepiodorus, Aleuas
philosophos, Apellas et adornantes se feminas, Antignotus
et perixyomenum tyrannicidasque supra dictos, Antimachus, 72
Athenodorus feminas nobiles, Aristodemus et luctatores
bigasque cum auriga, philosophos, anus, Seleucum regem.
10 habet gratiam suam huius quoque doryphorus. — Cephi- 87
sodoti duo fuere: prioris est Mercurius Liberum patrem
in infantia nutriens; fecit et contionantem manu elata
— persona in incerto est —; sequens philosophos fecit.
Colotes, qui cum Phidia Iovem Olympium fecerat, philo-
15 sophos, item Cleon et Cenchramis et Callicles et Cepis,
Chalcosthenes et comoedos et athletas, Daippus perixyo-

---

§ 86: cfr. Plin. supra § 81. XXXV 107. 80. (Pausan. VI
1, 6). C. I. Gr. I add. p. 911 nr. 370 B. Plin. XXXVI 38. Tatian.
c. Graec. 55 p. 119. — § 87: cfr. Pausan. IX 16, 2. Plin. XXXVI 24.
XXXV 54. 155. Pausan. V 17, 3. 4. VI 7, 1. 9. 12, 6. 16, 5. Diog.
Laert. IX 49. C. I. Gr. nr. 725.

---

1 haecataeuf B. | lesbocles cod. Par. det. v. -otef B. -oles r. |
produruf B.   2 iidem (idem V) pictores nobilissimi VRdh
v. a. S. cfr. § 91.   3 e BS. et r. ex dv. | critiae Bv. scrit-
Rdh. scryt- V.   5 aleuas v. -euuas ll.   6 philosophos hv.
-phuf Bd. -pus r. | apellas hv(G). appellas VRd. -at B. an-
helas C cum B. | sed V. | adornantef BD. adora- rv. | fe VD.
om. rv. | antignonus h. -gonus v. a. S.   7 & BdG. et lucta-
tores rv(D). cfr. v. 8. | peroximenum VR. periox- d. -xyomenon
v. a. B. | antimachus — 8 nobilef Bv. om. r.   8 aristodam VR.
-damus d. | & eluctatoref B.   9 bitasque R. | annuf B. anuus
D.   10 dorophorus Vd. cfr. § 55.   10. 11 chepisodoti V.
cephissodoti hH. -dori v. cfr. § 50. 52. 74.   11 priorif eft
BG. -res et (ut R¹) r. e priore est v.   12 in om. VRd.
13 in VRhv. uel B.   14 colotef BH cum B². -tas C. -lytes r.
celetas B¹. coclites v.   15 cenchramis ll. v. -mus Overbeck. |
callicles hB. cali- B. galli- V¹Rv. -ces V². | cepif BS. -phis
rv.   16 calcoftenef B. caecosthenes Overbeck. | daippus S.
-psius R. dippuf B. diaippus d. -ipus Vh. dahippus v.   16
et p. 194, 1 perixyomenon B. pexom- B¹. pexiom- B². perlayom-
Vdh. perlasom- R. pella iom- v. paralyom- Brot.

menon, Daiphron et Damocritus et Daemon philosophos.
88 — Epigonus omnia fere praedicta imitatus praecessit in
tubicine et matri interfectae infante miserabiliter blan-
diente. Eubuli mulier admirans laudatur, Eubulidis digitis computans. — Micon athletis spectatur, Menogenes 5
quadrigis. — Nec minus Niceratus omnia, quae ceteri,
adgressus repraesentavit Alcibiaden lampadumque accensu
89 matrem eius Demaraten sacrificantem. — Tisicratis bigae
Piston mulierem inposuit, idem fecit Martem et Mercurium, qui sunt in Concordiae templo Romae. Perillum 10
nemo laudet saeviorem Phalaride tyranno, cui taurum
fecit mugitus *inclusi* hominis pollicitus igni subdito et
primus expertus cruciatum eum iustiore saevitia. huc a
simulacris deorum hominumque devocaverat humanissimam
artem. ideo tot conditores eius laboraverant, ut ex ea 15
tormenta fierent! itaque una de causa servantur opera
90 eius, ut quisquis illa videat, oderit manus. — Sthennis

§ 88 med.: cfr. Plin. supra § 78. Pausan. I 2, 5. C. I. Gr.
I add. p. 916 nr. 666. Pausan. VI 6, 1. Tatian. c. Graec. 53
p. 115. — § 89 med.: Diodor. XIII 90. Cic. Verr. IV 33, 73. de
re p. III 30, 42. — § 90: cfr. Pausan. VI 16, 8. 17, 5. V 27, 1.

1 daipron **R**d. diap- **V**. | dainocritus **V²**. demo- **B²**d*v.a.U*. |
demon d. demo **VR**h. 2 epigonuſ **B**G. -gnous (et pi- **V**) **VR**d.
-gnoen h. -genon *v*. | omnia **B***v*. emina **R**. -nia **V**d. 3 tubi-
cinae **B**. | infante **B¹**G. -tem *r v*. 3. 4 blandiante **R**. -ientem
v. a. G. 4 eubuli — laudatur **B**S. *om. r v*. | eubulidiſ **B**S.
eubol- *r G*. -des *v*. 5 spectatus **R***v.a.H*. 6 nigeratus **VR**.
7 lampadeque *v.a. S*. | accenſu **B**S. (*cfr. XXXVII 103*).
-sū *r*. -sa *v*. 8 tiſicratiſ (-gratis **R**) *ll.H*. -tes *v.a.B*. pisi-
crates **B**. | bigae **B***v*. -gam **V²**d. bicam *r*. 9 piſton *ll.H*.
-to *v.a.B*. pitho *anon. ap. B*. | item **R**. idemque *v.a.S*.
11 laudet **B**S. -dat h*v*. -dati *r*. | cui **B¹VR**dTh*v*(*HD*). qui
B²G(S). 12 inclusi *ego. cfr. Cic. de rep. III 30, 42. om. ll.v*. |
igni **B**h.S. -ne *v*. signis *r*. | & **B**h*v*. est d. ex *r*. exprimere *D*.
13 ſcruatum **B¹**. | ſaeuitia **B**S. -tia in d*v*. saeuiam **V¹R**.
-ia **V²**. | hvc **B²**S. hoc *r v*. *cfr. X 131. XI 135. 138. XIV 140.
XXVIII 19.* | ad **B¹**. 14 deorum **B**S. decium *r*. deum h*v*. |
hominum quae **B¹**. | deuocauerant **V**d. | humanissimum **R**.
15 ideone *v.a. S*. | tot **B**d*v*. tui **V**. tu **R²**. tuo **R¹**. 16 ser-
uatus **R**. 17 illa *om*. **R**. | manuuſ **B¹**D. | sthenniſ **B**S. -enis **B**.
-enius *v*. stennis **V**d. -ntis **R**. -nius h. *cfr. § 51*.

'Cererem, Iovem, Minervam fecit, qui sunt Romae in Concordiae templo, idem flentes matronas et adorantes sacrificantesque. Simon canem et sagittarium fecit, Stra- 88,156
tonicus caelator ille philosophos, copas uterque; athletas 91
5 autem et armatos et venatores sacrificantesque Baton,
Euchir, Glaucides, Heliodorus, Hicanus, *I*ophon, Lyson,
Leon, Menodorus, Myagrus, Polycrates, Polyidus, Pytho-
critus, Protogenes, idem pictor e clarissimis, ut dice- 85,101 sqq.
mus, Patrocles, Pollis, Posidonius, qui et argentum caelavit
10 nobiliter, natione Ephesius, Periclymenus, Philon, Symenus, Timotheus, Theomnestus, Timarchides, Timon, Ti-
sias, Thrason.

Ex omnibus autem maxime cognomine insignis est 92
Callimachus, semper calumniator sui nec finem habentis
15 diligentiae, ob id catatexitechnus appellatus, memorabili
exemplo adhibendi et curae modum. huius sunt saltantes
Lacaenae, emendatum opus, sed in quo gratiam omnem
diligentia abstulerit. hunc quidem et pictorem fuisse tradunt. non aere captus nec arte, unam tantum Zenonis

---

§ 91: Pausan. VIII 14, 10. I 3, 5. IX 27, 4. Vitruv. III
praef. 2. Pausan. VI 19, 6. — cfr. Plin. XXXIII 156. — Tatian.
c. Graec. 55 p. 118. 121. — Plin. XXXVI 32. 34. XXXV 107. —
cfr. Strabo XIV 1, 23 p. 641. — § 92: Vitruv. IV 1, 10. Pausan.
I 26, 7. — extr.: cfr. Plin. VII 113.

---

3. 4 ſtratoniuſ **B**. *cfr. § 84. 85.* 4 copas *J cum Ger-*
hardo mus. Rhen. 9 p. 146. scopas *ll. v. om.* d. | uterque *ll. G(S)*.
utraque *H cum B²*. -rosque *B¹*. -rasque *v*. 5 batton *dv. a. S*.
botan **B**. *cfr. § 73.* 6 claudiceſ **B**. | iophon *U*. lop- **VRdT***v*.
olop- **B**. lep- **h**. leop- *S cum Keilio*. | liſon **R**. 7 polyiduſ
B*S*. polsid- *r*. polydorus *B*. -dus *v*. 8 pictor e **B***S*. -ture **R**.
-rae **Vdh**. -ra *v. cfr. § 85*. | clariſſimiſ **B***S*. -mus *G*. -mi d*v*.
-me *r*. -mae **h**. 9 patroclus *coni. S coll. § 50.* | polliſ *ll. S*.
polis h**B**. phyllis *v cfr. Vitr. VII praef. 14.* 10 pericly-
menuſ **B***v*. -clenus **r** d**h**. 10. 11 symenus **V***S*. ſum- **B**. sim-
Rd**h***v*. 11 limarchideſ **B**. 11. 12 thysias **V***v. a. G*.
14 ſup **R**. | habens *v. a. S*. 15 diligentia **VR**. | catatexi-
technus *S*. calatex- **B**. catotex- *r*. cacizotech- *v e Paus*. (texi-
technos *B*). | memorabili **B**h*H*. -lis *rv*. 16 adhibendi & **B***S*.
-dis *r*. -di d*C*. -dae *v*. 18 diligentiam **V**h. | quidem **BV**h
v(S). -dam **R**d(?)*C*. 19 captos **V**d**h**. | zezonis **R**.

13*

statuam Cypria expeditione non vendidit Cato, sed quia
philosophi erat, ut obiter hoc quoque noscatur tam in-
*sig*ne exemplum.

93   In mentione statuarum est et una non praetereunda,
quamquam auctoris incerti, iuxta rostra, Herculis tunicati, 5
sola eo habitu Romae, torva facie sentiensque suprema
tunicae. in hac tres sunt tituli: L. Luculli imperatoris de manubiis, alter: pupillum Luculli filium
ex S. C. dedicasse, tertius: T. Septimium Sabinum
aed. cur. ex privato in publicum restituisse.   tot 10
certaminum tantaeque dignationis simulacrum id fuit.

94   (20) Nunc praevertemur ad differentias aeris et mix-
turas. in Cyprio [coronarium et regulare est utrumque
ductile] coronarium tenuatur in lamnas, taurorumque felle
tinctum speciem auri in coronis histrionum praebet, idem- 15
que in uncias additis auri scripulis senis praetenui pyropi
brattea ignescit. regulare et in aliis fit metallis, itemque
caldarium.   differentia quod caldarium funditur tantum,
malleis fragile, quibus regulare obsequitur ab aliis ductile
appellatum, quale omne Cyprium est.   sed et in ceteris 20
metallis cura distat a caldario; omne enim diligentius
95 purgatis igni vitiis excoctisque regulare est. — In reli-

---

§ 94: Isid. XVI 20, 5—8. — § 95: Isid. XVI 20, 9.

---

1 expeditionē **R**.   2 erant **B**. | hoquoque **V**. hocque **B**.
2. 3. infigne *P*. inane *ll.v. cfr. XXXV 145 et VII 113.*
immane *Gron*.   5 auctorif **B***d v*. -res *r*.   6 fola eo **B** *S*.
-leo **d T**. suleo *r*. Eleo *v*. Oetaeo *Brot. cum Turnebo*. | fen-
tienfque **B** *S*. -ientique *r*. -teque *v*.   7 tunicae **B** *S*. -ca *r*
(*praem*. in *v*). | luculli *v*. -cilli **B**. -cullū *r*.   8 manubis **V**[1].
-nibus **d h**. -nib. illif **B**.   9 f. c. **B** *h v*. se *r*. | septimū **R**.
10 publicē **R**.   12 preuertemur **R**. reuer- **V²** *d v.a. S. cfr.*
XXVIII 123. | differentias **V²** *d a v*. -tia **V**[1]. -tiae **R**. -tiam
B h. | aerif **B** *d v*. eris **a**. sacris **V**[1]**R** *h*. -ras **V²**.   13 corona-
rium — 14 ductile **a** *v* (*S*). *om. ll.* **d Th** *H. nec Isid. habet*.
14 tunuatur **B**[1]. | lamna **V R**. -minas **a** *v.a. S*.   15 cinctum **R**.
    16 scripulum **R**. scrupulis **d**(?)*v.a. S*. | pyropi — 22 regu-
lare est *om*. **a**.   17 brattea **B** *v* (*S*). -atia **V R**. -actea *Verc*. |
idemque **V** *v.a. C*.   18 funditua **B**. -tus **R**.   19 fragili **B**.
    20 cipirum **R**.

quis generibus palma Campano perhibetur, utensilibus
vasis probatissimo. pluribus fit hoc modis. namque Ca-
puae liquatur non carbonis ignibus, sed ligni, purgaturque
roboreo cribro perfusum aqua frigida ac saepius simili
5 modo coquitur, novissime additis plumbi argentarii Hispaniensis denis libris in centenas aeris. ita lentescit coloremque iucundum trahit, qualem in aliis generibus aeris
adfectant oleo ac sale. fit Campano simile in multis parti- 96
bus Italiae provinciisque, sed octonas plumbi libras addunt
10 et carbone recocunt propter inopiam ligni. quantum ea
res differentiae adferat, in Gallia maxime sentitur, ubi
inter lapides candefactos funditur; exurente enim coctura
nigrum atque fragile conficitur. praeterea semel recoquunt,
quod saepius fecisse bonitati plurimum confert. 9. id
15 quoque notasse non ab re est, aes omne frigore magno
melius fundi. — Sequens temperatura statuaria est eadem- 97
que tabularis hoc modo: massa proflatur in primis, mox
in proflatum additur tertia portio aeris collectanei, hoc
est ex usu coempti. peculiare in eo condimentum attritu
20 domiti et consuetudine nitoris veluti mansuefacti. miscentur
et plumbi argentarii pondo duodena ac selibrae centenis
proflati. — Appellatur etiamnum et formalis temperatura 98
aeris tenerrimi, quoniam nigri plumbi decima portio additur et argentarii vicesima, maximeque ita colorem bibit,

---

§ 96 extr.: Isid. XVI 20, 10. — § 98 extr.: Isid. XVI 20, 2.

---

1 perhibetur — 8 campano B*S*. *om. rv.*   1 *dist. U 748.*
   4 perfusum—frigida *S cum J coll.* § 142. VI 54. X 157.
XV 16. XVIII 72. profuſum aquam frigidam B.   8 sale
coni. J coll. XXXIII 65. ſole B*S*. *de mendo cfr. XXXI 74*
extr. | similem multis in R.   9 prouintiisque (-nciis a) sed
V a. -ciae prouinciiſq. ſed B.   -ciisque sed prouinciae *U 749.*
cfr. Isid., de mendo § 131.   10 carbone B*S*. bene *rv.* | re-
coquunt d*v.*a.|*S*. se co- a. cogunt V R.   11 ubi B a h *v*. ibi *r*.
   12 candefactoſ B*v*. -to *r*. | exurente — 15 est *om*. a.
13 recogunt V¹Rh.   14. 15 id quod V h*v.a.G*.   15 aeſme-
frigore B¹.   16 temperatur V R.   19 ex ſuco empti B. |
attritu B h*v*. atritum a. arietu *r*.   21 plumbi B d*v*. plurimi *r*.
-mi et a. | ſex librae B²d. librae a.   22 proflati — p. 198, 1
uocant *om*. a.   22 etiamnunc V T*v.a.G*.

quem Graecanicum vocant. — Novissima est quae vocatur
ollaria, vase nomen hoc dante, ternis aut quaternis libris
plumbi argentarii in centenas aeris additis. — Cyprio
si addatur plumbum, colos purpurae fit in statuarum
praetextis.   5

99 (21) Aera extersa robiginem celerius trahunt quam
neglecta, nisi oleo perunguantur. servari ea optime in
liquida pice tradunt. usus aeris ad perpetuitatem moni-
mentorum iam pridem tralatus est tabulis aereis, in qui-
bus publicae constitutiones inciduntur.   10

100 10. (22) Metalla aeris multis modis instruunt medicinam, utpote cum ulcera omnia ibi ocissime sanentur,
maxime tamen prosunt cadmea. fit sine dubio haec et
in argenti fornacibus, candidior ac minus ponderosa, sed
nequaquam comparanda aerariae. plura autem genera sunt. 15
namque ut ipse lapis, ex quo fit aes, cadmea vocatur,
fusuris necessarius, medicinae inutilis, sic rursus in fornacibus existit alia, quae originis suae nomen recipit.
101 fit autem egesta flammis atque flatu tenuissima parte
materiae et camaris lateribusque fornacium pro quantitate 20
levitatis adplicata. tenuissima est in ipso fornacium ore

§ 99: Isid. XVI 20, 9. 1. — § 100: Isid. XVI 20, 12. Diosc.
V 84. — § 101 extr.—103: Diosc. V 84. (cfr. Plin. XXXVII 151 init.).

3 centenaſ B*v*. -na a. gentes *r*.   4 purpure B¹a. -re' B².
(colore purpureo *Isid.*). | statuariū Bh.   6 ex terra V. extera
ah. | tradunt VR.   7 nec lecta B. | hi ſi B. | in *om.* R. *cfr.*
nota ad XIX 115 (vol. III p. 495).   8. 9 monentorū B.
9 tam V.   10 incidunt R.   11. 12 medicina VR. -camen a.
12 ubi V.   13 prodest R(?)h*v.a.S.* | catmea B¹. cadmia
B²h*v.a.S* (*ut semper*). *cfr. § 2.*   16 fit VR. | aes d*Isid.v*(*J*).
es a. res *ll.S. cfr. § 2. 110. 117.* | cadmea *S.* -mia *ll.v*(*D*).
17 utilis B*S coll. § 104. om.* a. *sed cfr. Diosc.*   18 alia
quae B|V a*J.* -iamque Rdh*v.* et *Isid.* aliaque aliam *Müller*
emend. V 14. | originis suae nomen *ego.* nominis sui originem
ll.Isid.v (*mutatis inter se nominibus: cfr. XXXI 102. XXXV*
104. [XXXVI 56]. XXXVII 71. 84. 149. XX 251. XXII 17.
[XXI 45]. XXIV 15. 18. XVII 227. XII 9).   20 cammariſ
B¹. -mmeriſ B². camaribus a. -meris h*v.a.S* (*ut semper*). |
lateribuſque BaS. -usue *rv.* | fornatiū R (*item infra*). -acum
h*v.a.S. cfr. § 102. 128. 144. 167.*   21 more VR.

quam flammae eructarunt, appellata capnitis, exusta et
nimia levitate similis favillae. interior optuma, camaris
dependens et ab eo argumento botryitis nominata, pon-
derosior haec priore, levior secuturis — duo eius colores, 102
5 deterior cinereus, pumicis melior —, friabilis oculorumque
medicamentis utilissima. tertia est in lateribus fornacium,
quae propter gravitatem ad camaras pervenire non potuit.
haec dicitur placitis, et ipsa ab argumento, planitie crusta
verius quam pumex, intus varia, ad psoras utilior et
10 cicatrices trahendas. fiunt ex ea duo alia genera: ony- 103
chitis extra paene caerulea, intus onychis maculis similis,
ostracitis tota nigra et e ceteris sordidissima, volneribus
maxime utilis. omnis autem cadmea, in Cypri fornacibus
optima, iterum a medicis coquitur carbone puro atque,
15 ubi in cinerem rediit, extinguitur vino Ammineo quae ad
emplastra praeparatur, quae vero ad psoras, aceto. quidam 104
in ollis fictilibus tusam urunt et lavant in mortariis, postea

---

1 quam **B**. quae da. que *r*. qua h*v*. | flamma d**T**. | eructa-
runt *ego*. -antur **VBh***H*(*D*). -atur d**T**. fluctuantur **BJ**. elucta- *v*.
*de terminationibus mutatis cfr. XXXVI 161 extr. 181. XXXVII
85.*   3 ab eo **B**[1]**VBdh**a*v*(*J*). ea (a *in ras.*) ab **B**[2]*S*(*D*). | bo-
tryitis *B e Diosc. cfr. Celsus VI 6, 6*. -tyitif **B**. -trionis *r*.
-tirsotis a. -trysentos *v*.   4 fecurif **B**. prosecutis a. porro
secuturis *v.a.H*.   4. 5 *dist. U 750*.   5 punicis **VB**. -ceus
d(?)h*v.a.J*.   6 furnacum **B**. for- **B**d(?)h*v.a.S*.   7 ragui-
tatem **B**[1].   8 ipfa ab **B**a*v*(*S*). in ipsa *r Brot*. | argumentum
h*Brot*. | planitie (-tiae **V**) *ll.*d**Th** *Brot*. -tiei *Salm. om.* a*v*(*J*).
cfr. IX 109.   9 yumex **V**. iū ex **B**. | uarias a*Ven*. -ras **VB**d. |
psoras da*v*. foraf **B**. ysuras *r*.   10 trahenda **VB**. -dam a. |
fiunt **B***S*. fluunt *rv. cfr. XXXII 121*. | et ex a.   11 extra
—onychis *om*. a. | honichis **V**. onicis **B**.   12 e *om*.**VB**h*v.a.H*. |
ceterarum h*v.a.H*.   13 cadmia **B**[2]dh*v.a.S*. | *dist. ego*. | cypri
B(?)h*v. cfr. § 107. XI 119*. -rio **BV**d. -ria a.   15 rediit
Bd*v*. -dit *r D. cfr. XXXIII 131*. | amineo **B**(?)*v.a.D. forma
Ammineum constat etiam XIV 46 quater* (**M**). *47* (**M**). *95. XXIV
15; Aminneum XII 130. XIV 21. 41* (**M**). *XXVI 49* (**Vr**).
*XXX 71 (cfr. Cato 6, 4. 7, 1. 2 et Varro r. r. I 58); Amineum
(sed fide incerta) XIV 22. 25. XX 153* (**FdE**). *XXI 72* (**VB**d).
XXII 119.. XXVIII 177.   15. 16 qua eadem plafta **B**[1]. qua
emplaftra **B**[2].   16 praeparantur **B**[2]a. | psoras dah*v*. foraf **B**.
ysora **V**. isora **B**. *cfr. § 102*.   17 tufam (tunsa a) urunt **B**d[2]*in
ras.*a.*v*. ius aurunt **V**[1]**B**. ius hauriunt **V**[2]h. | & *ll.S*. ac d(?)*v. om.D*.

siccant. Nymphodorus lapidem ipsum quam gravissimum spississimumque urit pruna et exustum Chio vino restinguit tunditque, mox linteo cribrat atque in mortario terit, mox aqua pluvia macerat iterumque terit quod subsedit, donec cerussae simile fiat, nulla dentium offensa. eadem Iollae 5 105 ratio, sed quam purissimum eligit lapidem. (23) cadmeae effectus siccare, persanare, sistere fluctiones, pterygia et sordes oculorum purgare, scabritiam extenuare et quid-166 quid in plumbi effectu dicemus.

Et aes ipsum uritur ad omnia eadem, praeterque albu- 10 gines oculorum et cicatrices, ulcera quoque oculorum cum lacte sanat; itaque Aegyptii collyrii id modo terunt in 106 coticulis. facit et vomitiones e melle sumptum. uritur autem Cyprium in fictilibus crudis cum sulpuris pari pon-dere, vasorum circumlito spiramento, in caminis, donec 15 vasa ipsa percoquantur. quidam et salem addunt, aliqui alumen pro sulpure, alii nihil, sed aceto tantum aspergunt. ustum teritur in mortario Thebaico, aqua pluvia lavatur iterumque adiecta largiore teritur et, dum considat, relin-

---

§ 105: Diosc. V 84. 87. eupor. I 33. 46. Celsus V 7. VI 6, 4—6. 20—22. 24. Scribon. 23. 24. 26—28 al. — § 106: Diosc. V 87.

---

1 numphodoruſ B.   2 ſpeiſſiſſimumq. B¹. spissim- VR. ſiſſim- B². spirsum umquam a. | pruna et R(?)v(J). -na eſt B¹ (dū praem. B²). -ne et a. -na VdThS.   4 pluuiae B². cfr. § 106. | iterumque terit B a v. nigrumque sedit r. 5 caesurae R. | ſimile BdTS. -lis r v. | nulla—17 aspergunt om. a. | iollę B¹B. iolliae Rv. lo- Vd. ollę B².   6 ratio BS. actio r v. | elegit VRd. | cadmiae ll.v.a.S(D).   7 per-ſanare B(R?)G. san- VdThv. ulcera persanare vet. Dal. cfr. Diosc. et XX 244. XXVIII 227. XXX 52. 114. 117. | ptery-gia d v. ter- B. teria r.   8 ſcabritiam BS. -iem v. segni-tiam Vd. -iem R.   8. 9 quicquid B². quitquit B¹. 10 et om. BS. | praeterquae B¹. -quam v.a.G.   12 itaque BS. itemque Vh. atque d. idque R(?)v. | aegyptia B. | col-lyrii B²h v. -yri (-iri R) r S. -yrio d. | id om. d v.a.S. 15 uasorum ego. cfr. Diosc. uaso VRa. uaſe BdThv(S). del. C(J). (an dense?).   17 tantum B d v. -tum teritur r. 18 in ego. om. ll.v. cfr. § 104 bis. 111. 168. XXXIII 93. 103. 104. XXXV 43. XXXVI 177; aliter XXXIII 123. | pluuiae B². cfr. § 104.

quitur, hoc saepius, donec ad speciem minii redeat. tunc
siccatum in sole in aerea pyxide servatur.

11. (24) Et scoria aeris simili modo lavatur, minore 107
effectu quam ipsum aes. sed et aeris flos medicinae utilis
5 est. fit aere fuso et in alias fornaces tralato; ibi flatu
crebriore excutiuntur veluti milii squamae, quas vocant
florem; cadunt autem, cum panes aeris aqua refrigerantur,
rubentque similiter squamae aeris, quam vocant lepida, et
sic adulteratur flos, ut squama veneat pro eo. est autem
10 squama aeris decussa vi clavis, in quos panes aerei feru-
minantur, in Cypri maxime officinis. omnis differentia
haec est, quod squama excutitur ictu isdem panibus, flos
cadit sponte. squamae est alterum genus suptilius, ex 108
summa scilicet lanugine decussum, quod vocant stomoma.
15 (25) Atque haec omnia medici — quod pace eorum
dixisse liceat — ignorant. parent nominibus: in tantum
a conficiendis medicaminibus absunt, quod esse proprium
medicinae solebat. nunc quotiens incidere in libellos, com-

---

§ 107: Diosc. V 87. 88. eupor. I 41. (Isid. XVI 20, 13). 89.
— § 108 init.: cfr. Celsus VI 6, 5.

---

1 minii a*v.* -nimı h. -nime **VR**d. anni **B.** | redeant **B.** |
tum d.　　3 minore **R**(?)*G.* -or *rv*(*D*). cfr. *XXV 93.*
4 utilis d**a***v.* -le *r.*　　5 acere **B**[1]. aceto re **B**[2]. | furnacef **B.** |
flato **R.**　　6 ueluti **B**a*J.* -ut **R**d*v.* -ud **V**h. | milii *v.* -li a*S.*
milli **B**[1]. melli **B**[2]. similli **V.** -ili **R.**　　7 florem — 8 uocant
*om.*a*v.a.B.*　　8 fquamae (-ma h) aerif **B**h*S.* quam ex aeris *r.*
ex eis fit *B.*　　9 quama **R.** spuma *H.* | ueneat *v.* -neant **B.**
-niat *r.* | pro — 10 aeris (haec *B*) **B**a*v*(*S*). *om. rH.*　　10 de-
cursa **R.** *de mendo cfr. XXXII 13.* | pane **R.** | aeret **VR.**
10. 11 feri minantur **B**[2].　　11 cypriis *v.a.H.* | *dist. ego.* | omnis
ego. -ia *ll.v. an* summa? *cfr. § 144. XXXI 90.*　　12 hoc
B*J.* (*saltem* in hoc). | ictu **B**a*J.* -tus **VR.** -tibus dh*v.* | isdem
(iisd- *v*) a*D.* idem *ll.*　　14 languine **B**[1].　　15 pavcif **B**[2].
16 parent *U 751.* par& **B***S.* pars maior et *rv*(*J*). pars maior
paret *D.* (*saltem* paret maior pars: *cfr. § 6. X 201. XVII 185.
XVIII 120. 237. 58. XXV 7. XXX 99*). | nomina *v.a.G*(*H*).
17 medicaminibus d(?)*G. add.* iif (*ortum ex* uf) **B**[1]*D.* his *r*;
praem. iis (his *C*) *v.a.G*(*S*). | apfunt **B.**　　18 folebant **BV**[1]. |
incide in **B**[1]. -derit **B**[2]. | libellos commentariaque *U 751. cfr.
p. 202, 2.*

ponere ex *iis* volentes aliqua, hoc est inpendio miserorum
experiri commentaria, credunt Seplasiae omnia fraudibus
corrumpenti. iam quidem facta emplastra et collyria
mercantur, tabesque mercium aut fraus Seplasiae sic
ex*ci*tetur!　　　　　　　　　　　　　　　　　　　　　　5

109　　Et squama autem et flos uruntur in patinis fictilibus
106 aut aereis, dein lavantur ut supra ad eosdem usus; *squama*
et amplius narium carnosa vitia, item sedis, et gravitates
aurium per fistulam in eas flatu inpulsa et uvas oris farina
admota tollit et tonsillas cum melle. fit ex candido aere 10
squama longe Cypria inefficacior. nec non urina pueri
prius macerant clavos panesque quidam excussuri squa-
mam, teruntque et aqua pluvia lavant. dant et hydropicis eam drachmis II in mulsi hemina et inlinunt cum
polline.　　　　　　　　　　　　　　　　　　　　　　15

---

§ 109: Diosc. V 88. 89. eupor. I 64. 86. 85. 190. Scribon.
50. 51. 133.

---

1 iis *v*. if **B**^{1}. his *rC*. | miferorum **B**a*v*. -eratum *r*.
2 experiri **a***v*. -ediri (-ini **R**) *ll*.(*U*)*D*. *de re cfr. XXIX 18,
de mendo ib.* § 15. | *dist. v. a. D.* | commentariaque **B**. *transp.*
U 751. cfr. p. 201, 18. an -taria praeceptaque? | seplassiae **a**.
simplasiae (sem- *v*) **Vd T***v. a. B*. -sia **R**.　　3 corrumpenti iam
BTH. -pentiam **V**^{1}**R**. -tia **V**^{2}d. -ti *v*. -punt iam **a**. | quidem
om. **R**. pridem *v. a. H*(*D*). | implastre **R**.　　4 mergantur **B**.
-rcant **R**. | dabesque **V**^{1}**R**. dape- **V**^{2}. | seplassiae **a**. semplasiae
VR*v. a. B*.　　4. 5 sic excitetur *ego*. fic cexatetur **B**^{1}. sicce
taxetur *J*. ficce fane dur[&]. **B**^{2}. sic (*om.* **a**) exteritur *rdhv*.
sic adteritur *D*. sic uexat et ur[it] *U 751*. sic habetur *Müller*
emend. V 14.　　6 et *om.* **a**[**B**^{2}*U*].　　7 eosdemque *h*. | ufuuf
B^1*D*. us **VR**. | squama *ego*. que **VR**. *om. rv. de mendo cfr*.
v. 12. 13 et § 107. *XXXVI 162*.　　8 narium *ll.v*(*S*). ad na-
C. | idem **R**. | fedat **B**^{2}*D*. *sed cfr. Diosc*.　　9 in af **B**^{1}. in
aef **B**^{2}. | inpulsa *h v*. -su **VR**. -so *d*. -fum **B**a*D*. | ulcera
oris *v. a. H*.　　10 et ex **R**(?)*v. a. S*. | candida **B**^{1}.　　10. 11
eref quam alonge **B**^{1}. erea longe quam **B**^{2}.　　12 excuffuri
B^2*J*. -ffurif **B**^{1}. -ssum *d*. -ssu **Oh**. -ssus **a**. -ssas **V**. -ssam
R(?)*v*.　　12. 13 fquamam **BR***v*. -ma **V**^{2}d *h*. quama **V**^{1}.
quam **O**. qua **a**.　　13 teruntque **BV**d*S*. atterunt quae **O**.
aterunt **R**. terunt *h v*. macerant quam **a**. | aquam **B**^{1}. |
pluuia **B**^{1}*v*. -iae **B**^{2} (*cfr*. § 104). -iali *r*.　　13. 14 hydro-
pifcif **B**^{1}.　　14 eam *om.* **Vd***h v. a. G*. | drachmis *om.* **VR**d*h*. |
duabus *ll. v*.

(26) Aeruginis quoque magnus usus est. pluribus fit 110
ea modis. namque et lapidi, ex quo coquitur aes, deraditur, et aere candido perforato atque in cadis suspenso
super acetum acre opturatumque operculo. multo pro-
5 batior est, si hoc idem squamis fiat. quidam vasa ipsa
candidi aeris fictilibus condunt in acetum raduntque decumo die. alii vinaceis contegunt totidemque post dies 111
radunt, alii delimatam aeris scobem aceto spargunt ver-
santque spathis saepius die, donec absumatur. eandem
10 scobem alii terere in mortariis aereis ex aceto malunt.
ocissime vero contingit coronariorum recisamentis in acetum
id additis. adulterant marmore trito maxime Rhodiam 112
aeruginem, alii pumice aut cummi. praecipue autem fallit
atramento sutorio adulterata; cetera enim dente deprehen-
15 duntur stridentia in frendendo. experimentum in vatillo
ferreo, nam quae sincera est, suum colorem retinet, quae
mixta atramento, rubescit. deprehenditur et papyro galla
prius macerato, nigrescit enim statim aerugine inlita. deprehenditur et visu maligne virens. sed sive sinceram 113
20 sive adulteram aptissimum est elui siccatamque in patina

---

§ 110: Vitruv. VII 12, 1. Th. de lap. 57. Isid. XVI 20, 14. —
§§ 110—112: Diosc.V 91. (92). — § 113: Diosc.V 92 extr. — ib. med.

---

1 eſt Ba.S. sed rv.   2 quo om. Vav.a.C.   4 aceto B. |
acre BRdTa.S. aere VO. -reo hv. | obturatis C.   4. 5 pro-
batior est (ē/// B²) ſi B²S. -or eſti B¹. -ore si dTa. -ores VR.
-ore quam si hv.   6 aceto hv.a.S.   6. 7 decimo B²VR
v.a.S.   7 totidem (a?)v.a.G.   8 ſcrobem B.   9 ſpathiiſ B.
-tis V¹dv.a.C. -ties V². spaciis ah. | abſumat B².   9. 10
eadem scobe (-bae V) VR.   11 ocissime — p. 204, 7 desinat
om. a.   11 coronariorum B¹RTH. cona- V̄d. c v̄ era- B².
coronarium (-rum Dal.) aeruginem v.   13 punice V. | gummi
B²Rv.a.S.   14 ſutolario B¹. ſub tal- B².   15 stridenda R. |
in uatillo VdS. in bat- Rhv. (cfr. XXXIII 127). ut in illo
B. ut uratur in uatillo Müller emend. V 15. sed cfr. § 163.
XXXVI 147.   16 an feruenti? | est hv. sunt (ortum ex st)
ll.dOS(D). del. J. | retinet (det- O) hOv(J). -nent ll.dS(D).
    17 mixtam O. | rubescunt d. | deprehendentur B (item
v. 18. 19).   19. 20 sinceram siue om. B.   20 adulteram
ll.v(S). -atam d(?)hG. cfr. XXXIII 114. | elui BS. eius VR
dThv. del. G. | siccatam dThv.a.S.

nova uri ac versari, donec favilla fiat; postea teritur ac
reconditur. aliqui in crudis fictilibus urunt, donec figlinum percoquatur. nonnulli et tus masculum admiscent.
106 lavatur autem aerugo sicut cadmea. vis eius collyriis
oculorum aptissima et delacrimationibus mordendo pro- 5
ficiens, sed ablui necessarium penicillis calidis, donec
114 rodere desinat. — (27) Hieracium vocatur collyrium, quod
ea maxime constat. temperatur autem id hammoniaci unciis IIII, aeruginis Cypriae II, atramenti sutorii, quod chal-
canthum vocant, totidem, misyos una, croci VI. haec 10
omnia trita aceto Thasio colliguntur in pilulas, excellentis
remedii contra initia glaucomatum et suffusionum, contra
caligines aut scabritias et albugines et genarum vitia.
115 cruda autem aerugo volnerariis emplastris miscetur. oris
etiam gingivarumque exulcerationes mirifice emendat et 15
labrorum ulcera cum oleo. quod si et cera addatur, purgat et ad cicatricem perducit. aerugo et callum fistularum erodit vitiorumque circa sedem sive per se sive
cum hammoniaco inlita vel collyrii modo in fistulas ad-
acta. eadem cum resinae terebinthinae tertia parte sub- 20
acta lepras tollit.

---

§ 114 init.: cfr. Celsus VI 6, 28. — §§ 114. 115: Diosc. V 92.
cfr. eupor. I 183. 185. 207. Celsus V 7. 9. 18, 2. 19, 8. Scribon.
35. 205. 207 al.

---

1 ac B*S*.   ae **V**.   & **R**d*v*.   1. 2 aere conditur **V**.   &
rec- **R**d*v.a.S*.   2. 3 figulinum **Vd**O*D*.   4 cadmia *ll.v.a.S*
(*D*). | collyriis *om*. **R**.   6 si (*pro* s;) **R**.   7 designat **R**.
8 ea *ego*. (*cfr. XXXI 91*). ita *ll.v*. illa *vet. Dal.* (quo *uita
Müller emend. V 16*). | id *om*. **a**. idem **VR**d*h v.a.G*. | hammo-
niacis **a**. muniaci **VR**.   9 quattuor *ll.v*. | duabus *ll.v*. | fu-
tori **B**[1]. -ici **VR**d**h**.   9. 10 chalcantum **R***Ven*. calcanthum **V**.
10 misyos **T***S*. -ons **R**. -os uero *C*. myſioſ **B**. -sions **V**.
-sion **a**. -si uero *v*. | sex *ll.C*.   11 collinuntur **B**. *sed cfr.
XVII 207*.   12 amitia **R**. uitia **h**. | claueomatum **VR**.
13 & *ll.S*. ac d(?)*v*(*J*). | generum **B**[1]. -ne um **B**[2].   14 uul-
nerariiſ **B**[2]**R**d*v.a.S*. -ra iis (his **V**[2]) **V**h. ....ri **O**. | emplastri **O**.
16 labrorum **B***J*. *cfr. nota ad XXIV 14*. -biorum *r v*.
lauio .... **O**. | quo **B***S*. *sed cfr. III 67; de mendo § 13. 49.
117. 127. 131. XXXV 81. 95 al*. | cera **B**[2].   20 resina et **V**O.
-nae et **R**d. | therebinthinae **B**. terebentinae **V**O.

12. (28) Est et alterum genus aeruginis, quam vo- 116
cant scoleca, in Cyprio aere trito alumine et sale aut
nitro pari pondere cum aceto albo quam acerrimo.　non
fit hoc nisi aestuosissimis diebus circa canis ortum. teritur
5 autem, donec viride fiat contrahatque se vermiculorum
specie, unde et nomen.　quod viti*a*tum ut emendetur, II
partes quam fuere aceti miscentur urin*ae* pueri inpubis.
idem autem in medicamentis et santerna efficit, qua
diximus aurum feruminari.　usus utriusque qui aeru- ss, 93
10 ginis.　scolex fit et per se derasus aerario lapidi, de quo
nunc dicemus.

　　(29) Chalcitim vocant, ex quo et ipso aes coquitur. 117
distat a cadmea, quod illa super terram ex subdialibus
petris caeditur, haec ex obrutis, item quod chalcitis friat
15 se statim, mollis natura, ut videatur lanugo concreta.　est
et alia distinctio, quod chalcitis tria genera continet, aeris
et misyos et soreos, de quibus singulis dicemus suis locis. $\frac{120}{121}$
habet autem aeris venas oblongas.　probatur mellei coloris, 118
gracili venarum discursu, friabilis nec lapidosa.　putant et

---

　　§ 116: Diosc. V 92 init. — § 117: cfr. Plin. supra § 2. —
§§ 117. 118: Diosc. V 115. (cfr. Celsus V 7).

---

　　1 est *om.* **B.**　　2 ſcoleca **Ba** *H.* -ciam *v.* coleca **O.** -eaca
VR. | *an in* Cyprio *mortario* Cyprio aere? *cfr. Diosc. et XXXIII*
93. | trito **B** *S.* hic tr- **Vda Oh.** hoc tr- *v.* intr- **R** (*an recte?*
cfr. Diosc. et XXX 77. 81. XXIV 7).　　3 acerrime **V.**
4 aeſtiuoſiſſimiſ **B** *D.* *cfr. II 126. XVI 137. XVII 187.*
XVIII 268. 295. 329. XXIII 104; de mendo XVII 139.
XVIII 33. 83.　　5 putride **V.**　　6 uitiatum *ego.* uitium *ll. v.*
locus nondum sanatus; cfr. Diosc. et U 753. Müller emend.
V 16. | duae *ll. v.*　　7 quam *ll. v* (*J*).　quae **h** *C. cfr. XXXV*
16. | fiere **VR.** | *post* miscentur *lac. indicavit J cum Dal.* |
urinae *Müller emend. V 16.* -na *ll. v.*　　7. 8 pubis idem autem
in *om.* **B.**　　8 santernam **a.** -ter **B.**　　9 ususque **d**(?)*v. a. S.*
　　10 ſcolex **B** *S.* -le **a.** -lea *r.* -lecia *v.* | derasa (rasa *v. a. G*)
ab h *v. a. S.* | erano **R.** | lapi **R.** -ide **dh** *v. a. S.*　　12 chalcitim
Ba *v* (*S*). -tin **dh** *H.* calcitim **V.** -tio **R.** | uocant **B** *S.* -nt la-
pidem *rv.* | et (*del. H*) ipsum **dh** *v. a. S.*　　13 ſubdialibuſ **B** *v.*
subsid- *r.*　　14 idem **Vdh.** | quo **h.** | fricat **a.** frangat **B²**.
　　15 ſe **B** *dv.* si *r.* sed **a.**　　17 myſioſ **BV** *v. a. C.* | sorecis **R.**
-rios (-ryos *C*) *v. a. S.*　　19 friauilis **V.** fricabi- **Ra.** fragi- **B²**.

recentem utiliorem esse, quoniam inveterata sori fiat. vis
eius ad excrescentia in ulceribus, sanguinem sistere, gingivas, uvam, tonsillas farina compescere, volvae vitiis in
vellere inponi. cum suco vero porri verendorum additur
119 emplastris. maceratur autem in fictili ex aceto, circum- 5
lito fimo diebus XL, et colorem croci trahit. tum admixto cadmeae pari pondere medicamentum efficit psori-
con dictum. quod si II partes chalcitidis tertia cadmeae
temperentur, acrius hoc idem fiat; etiamnum vehementius,
si aceto quam vino temperetur; tosta vero efficacior fit 10
ad eadem omnia.
120   (30) Sori Aegyptium maxime laudatur, multum superato
Cyprio Hispaniensique et Africo, quamquam oculorum curationi quidam utilius putent Cyprium; sed in quacumque
natione optimum cui maximum virus olfactu, tritumque 15
pinguiter nigrescens et spongiosum. stomacho res contraria in tantum, ut quibusdam olfactum modo vomitiones
moveat. et Aegyptium quidem tale, alterius nationis con-
tritum splendescit ut misy et est lapidosius. prodest
autem et dentium dolori, si contineatur atque colluat, et 20

---

§ 119: Diosc. V 115 [116]. cfr. Celsus VI 6, 31. Scribon. 32.
Marc. 8, 69. 125. Celsus V 9. — § 120: Diosc. V 118. (116). cfr.
eupor. I 71. 73. 77.

---

1 fori *ll.* O *v* (*D*). -ry *C.* | fiat **Bdhv.** -ant *r* **O.**   1. 2 *an* usus
eius?   3 farinam **V.**   4 imponitur *v.a.S.* inponi—uero *om.*
VRh. | porro **VRh.**   5 *an* ex aceto in fictili? | fictilibus **V².**
   6 tunc **VRh***v.a.S.* *cfr.* § *106.*   7 cadmiae *ll.v.a.S*(*D*).
   7. 8 soricon **VRh***v.a.B.*   8 quod si II *om.* **a.** | duae **Bv.**
-as *r.* | tertiae **Rh.**   9 fiet **Bdhv.***a.S.* | etiamnum **BdTv.**
-nunc *r.*   10 fi aceto **BdTa***G.* factu *r.* -tum h. -tum si
aceto *v.* | *an* si uino? | temperetur (-tus **R**) *ll.S.* -rentur d**T**
h**v.** | tota **V².** poftea **B.**   12 psori **a.** sory **R**(?)*C.* *cfr. v. 1.*
   13 cyprium **Vh.** principum **R.** | que *om.v.a.S.*   14 puterit
R. -tant *v.a.S.*   15 uirus in *G.* | olfactum **B¹h.** | tritumque
—17 olfactum *om.* **VRh.**   15 trituque a *v.a.S.*   17 olfactū
B*S.* -tu d a *v.*   18 talem **B¹.** -le est *man. Dal. an recte?* |
nationif **Bhv.** -ne *r.*   19 ut **B***H.* at h. et *rv.* | misi **R.** |
e teste **R.** este **V.** est *v.a.H.*   20 fi **Bav.** *om. r.* | colluatur
h *v.a.G.*

ulceribus oris gravibus quaeque serpant. uritur carbonibus ut chalcitis.

(31) Misy aliqui tradiderunt fieri exusto lapide in 121
scrobibus, flore eius luteo miscente se ligni pineae fa-
5 villae. re vera autem e supra dicto fit lapide, concretum
natura discretumque vi, optimum in Cypriorum officinis,
cuius notae sunt friati aureae scintillae et, cum teratur,
harenosa natura sine terra, chalcitidi similis. hoc admiscent qui aurum purgant. utilitas eius infusi cum rosa-
10 ceo auribus purulentis et in lana inpositi capitis ulceribus.
extenuat et scabritias oculorum inveteratas, praecipue utile
tonsillis contraque anginas et suppurata. ratio ut XVI 122
drachmae in hemina aceti coquantur addito melle, donec
lentescat. sic ad supra dicta utile est. quotiens opus sit
15 molliri vim eius, mel adspergitur. erodit et callum fistularum ex aceto foventium et collyriis additur, sistit et
sanguinem ulceraque quae serpant quaeve putrescant, ab-
sumit et excrescentes carnes. peculiariter virilitatis vitiis
utile et feminarum profluvium sistit.

20 (32) Graeci cognationem aeris nomine fecerunt et 123
atramento sutorio; appellant enim chalcanthon. nec ullius

---

§ 121: Diosc. V 116. Pl. iun. 14, 1. — § 122: Marc. 8, 199.
Diosc. eupor. I 189. 196. — § 123: Diosc. V 114. Isid. XVI 2, 9.

---

1 oris Bav. *om. r S.* | serpant *ego.* -punt *ll.v. (cfr. § 122).* |
uritur *om.* Rh. ur V. 1. 2 carnibus VR. *de mendo cfr.* XXXI
111. 2 ut Bav. at Vh. ac *r.* | calchitis VRh. 4 sorori-
bus V¹. sori- V²R. | miscentesque (*om.* se) R. 5 e Bdhv.
et *r.* 6 ui B*S.* ut *r.* et *v.* | optimum in cypriorum *om.* B. |
an cypri (*cfr. § 103. 107*), *ut causa omittendi appareat?* | offi-
cialif B. 7 friati a*v.* -atri B. -at V. fiati R. | auritae B.
laureae V(a?). 8 fine (fin B¹*J*) *ll.* siue h*v*(*D*). *cfr. § 171.*
118. | terrae a. terrea *Lugd.*(*D*). torreatur *J non apte coll.*
Diosc. et § 119. | chalcidi B. -citidis R. | simis R. 10 & in
lana Ba*G.* et lana Vd*T*h*v.* *om.* R. *cfr. notae ad* XXVIII 73
et 248. 12 anguinas VRh. | fupporata B. 13 emina a.
heminam (hae- V) VRd. 15 mollirium eius VR. | erodit
—21 enim *om.* a. 16 fuentium B¹. flue- B². (*cfr. § 103 et*
XXXII *121*). | collyrif B¹. | additum B. -tus h. 17. 18
apfumit B. 18 excrefcentif B*S.* | uitii B. 19 profluui B¹.
21 chalcanton (cal- V) VR. -thum d*v.a.S.*

aeque mira natura est. fit in Hispaniae puteis stagnisve id genus aquae habentibus. decoquitur ea admixta dulci pari mensura et in piscinas ligneas funditur. immobili*bus* super has transtris dependent restes lapillis extentae, quibus adhaerescens limus vitreis acinis imaginem quandam 5 uvae reddit. exemptum ita siccatur diebus XXX. color est caeruleus perquam spectabili nitore, vitrumque esse 124 creditur; diluendo fit atramentum tinguendis coriis. fit et pluribus modis: genere terrae eo in scrobes cavato, quorum e lateribus destillantes hiberno gelu stirias sta- 10 lagmian vocant, neque est purius aliud. sed ex eo, candi- 125 dum colorem sentiente viola, lonchoton appellant. fit et in saxorum catinis pluvia aqua conrivato limo gelante; fit et salis modo flagrantissimo sole admissas dulces aquas cogente. ideo quidam duplici differentia fossile aut facti- 15 cium appellant, hoc pallidius et quantum colore, tantum 126 bonitate deterius. probant maxime Cyprium in medicinae usu. sumitur ad pellenda ventris animalia drachmae pondere cum melle. purgat et caput dilutum ac naribus instillatum, item stomachum cum melle aut aqua mulsa 20 sumptum. medetur et oculorum scabritiae dolorique et caligini et oris ulceribus. sistit et sanguinem narium, item haemorroidum. extrahit ossa fracta cum semine

---

§§ 124. 125: Isid. XVI 2, 9. 10. Diosc. V 114. cfr. Plin. XXXI 81. — § 126: Diosc. V 114. Marc. 8, 20. 25. Diosc.

---

1 aq, mira **B**. equa **a**. | stagneisue **VR**.   2 habentis **R**.
3 merura **B¹**. | immobilibus *v*. -lis *ll.D*.   4 has trans-
tiris **V**. haſ trãſtiſ **B¹**. abſtractiſ **B²**. *om*. **a**. | dependens **V**d.
7 expectabili **V R**. | nitrumque **V R**. (utr- *Dal. errore*).
-rum **a**.   9 e (*pro* et) **B**. | scrobeſ **B a** *G*. -be (-ue **V¹**) *rv*.
10 deſtillanteſ **B** *H*. dist- *rv*. | furiaſ **B²**.   11 & ſpuriuſ
B. | aliuſ **B¹**. | ſed **B** *v*. si (*pro* s;) *r*.   12 ſentiente **B** *S*. -ntem
rv. | uiolam *v.a.S*. | lonchoton **B** h *H* e *Diosc*. -coton **V R** d **T**.
longothon **a**.   leucoion *B*. -canthon *v*.   13 conriuato *S*.
corr- **B** d *v(D)*. contr- *r*.   15 differentie **R**.   18 usū **V R** h. |
pellenda **B** *S*. *cfr. XXVI* 54. dep- *rv(D)*.   18. 19 drachme
pendere **B**.   21 ſcabritie **B²R** d **T**. -tiei h *v.a.S*. | dolirimque
B¹. -rique **B²**. doloriue d **T** *H*. -ri **R**. | nec (*pro* et) **V**. ne// **R**.
23 haemoroidum **B**. heromoi- **V**.   23 *et* p. 209, 1 femine

hyoscyami, suspendit epiphoras penicillo fronti inpositum, efficax et in emplastris ad purganda volnera et excrescentia ulcerum. tollit et uvas, vel si decocto tangantur, cum 127 lini quoque semine superponitur emplastris ad dolores 5 tollendos. quod ex eo candicat, in uno usu praefertur violaceis, ut gravitati aurium per fistulas inspiretur. volnera per se inlitum sanat, sed tinguit cicatrices. nuper inventum ursorum in harena et leonum ora spargere illo, tantaque est vis in adstringendo, ut non queant 10 mordere.

13. (33) Etiamnum in aerariis reperiuntur quae vo- 128 cant pompholygem et spodon. differentia, quod pompholyx lotura separatur, spodos inlota est. aliqui quod sit candidum levissimumque pompholygem dixere et esse aeris 15 ac cadmeae favillam, spodon nigriorem esse ponderosioremque, derasam parietibus fornacium, mixtis scintillis, aliquando et carbonibus. haec aceto accepto odorem aeris 129 praestat et, si tangatur lingua, saporem horridum. con-

---

eupor. I 79. 166. 189. — § 127 extr.: Isid. XVI 2, 10. — §§ 128. 129: Diosc. V 85. — Scribon. 26. 49. 220.

---

hyphoraſ hyoſcyami **B**. 2 uulnera **B²a** v. ulcera r H. 3 et uas **VR**. | cum—10 mordere om. a. 5 quod **BdTh** D. quo r. quodque v. | in uno **BdT** S. uno r. in eo v. | usu om. **R**. 6 ut **B** S. et r v. si d T H. | grauitate **VR**. | per fistulas inspiretur om. **B**. | inspiratur v. a. H. 6. 7 uulnera etiam dh v. a. S. an etiam uolnera, ut in B omittendi causa appareat? 7 tinguit **BT** v (S). -git r H. stringit C. | nuperque dh v. a. S. 8 suorum **R**. (uersorum Dal. errore). | ſpargere **Bd Ta** S. aspar- **R**. asper- **Vh** v. inspa- G. 9 illo tantaque dh v. -toque **VRa**. illaq. tanta **B**. | in **B** v. om. r. | adstringendi h. 11 etiamnunc **VRf** v. a. G. 12 pompolicem a. -pygem **VR**. | spodion h v (item infra). ſpondon **Ba**. 12. 13 pompholux **Vd**. -polyx **B**. -polix a. 13 latura se a. | ſeparatur **Ba** S. par- v. asper- h. splur- (-tus **V²R**) r. | id quod **Bd**(?) v. a. S. | fit **V¹R**. 14 pomphylocem **V**. -hilocem **R**. | esse om. **R**. 15 ac J e coni. S. ad **Ba**. a r. & dh v. | spondon **VRda**. 15. 16 esse ponderosiorem om. **VRh**. 16 dē rasa **R**. | scintillis ll. v. an lapillis (vel cinere, pilis)? cfr. Diosc. 17 accepto om. **VdTh**. cfr. XXIX 38. 56. XXXV 194. 18 tangantur **B**.

venit oculorum medicamentis, quibuscumque vitiis occur-
rens, et ad omnia quae spodos. hoc solum distat, quod
huius elutior vis est. additur et in emplastra, quibus
lenis refrigeratio quaeritur et siccatio. utilior ad omnia
quae vino lota est.   5

130 (34) Spodos Cypria optima. fit autem liquescentibus
cadmea et aerario lapide. levissimum hoc est flaturae
totius evolatque e fornacibus et tectis adhaerescit, a fuligine distans candore. quod minus candidum ex ea, in-
maturae fornacis argumentum est; hoc quidam pompho- 10
lygem vocant. quod vero rubicundius ex iis invenitur,
acriorem vim habet et exulcerat adeo, ut, cum lavatur,
131 si attigit oculos, excaecet. est et mellei coloris spodos,
in qua plurimum aeris intellegitur. sed quodcumque genus
lavando fit utilius; purgatur ante pinna, dein crassiore 15
lotura digitis scabritiae excernuntur. *eximia* vis est eius,
quae vino lavatur. est aliqua et in genere vini differentia. leni enim lota collyriis oculorum minus utilis putatur, eademque efficacior ulceribus, quae manent, vel oris,
quae madeant, et omnibus medicamentis, quae parentur 20
132 contra gangraenas. fit et in argenti fornacibus spodos,

---

§ 131: cfr. Diosc. V 85. eupor. I 32. 33. 48. Celsus V 7.

---

1. 2 occurrenſ **B**d*v*. -ent **a**. -erit **Th**. -erent *r*.   2 spondos **VR**. spodium **a**. -ios *C*. -ion *v*.   3 in *om*. **B**¹.   4 ſiccа-
rio **B**¹.   5 luta **V**¹**R**.   6 spondos **VR** (*semper*). spodium **a**.
-ios *v.a.G.* | liquieſcentibuſ **B**.   7. 8 efflatur et ocius **RdT**
v.a.S.   8 e **Bd**h*v*. et *r*.   9 eo d(?)*H*.   9. 10 inmature
efornaciſ **B**¹.   10 quidem **Va**.   11 his **V**. hiiſ **B**².   12 &
B*S. om. rv*.   13 si attigit *om*. **R**. | attingat h*v.a.S.* | spon-.
dos **VR**. spodium **a**. -ios *v.a.G.*   14 aqua **B**¹*Ven*. | quocum-
que **Ra**.   15 pinna **B**¹**V**a*v*(*S*). penna *rH*. | craſſiore **BR***v*.
-ior **Vd**h. crossiora **a**. *an* crebriore?   16 *dist. ego. cfr.*
Diosc. | scabritiem *v.a.S.* ſcabritiſ ſcabritiae **B**. *de mendo*
cfr. § 96. | excernit *C*. exterunt *v.a.S.* | eximia *ego e Diosc.*
cfr. § 129. & media **B***S*. media *rv*(*D*).   17 que **B**. | ali-
qua & **B**a*G*. et (ut **V**) aliqua *rv*.   18 leui enim **h**. liniem
V. | minus utilis *ll.S*. minus apta *H*. nimium uigiliis fatiga-
torum apta h*v*.   19 man& **B**¹. -nant a**dh***v.a.S.*   20 quē **R**. |
madent h*v.a.S.* aderant **R**. maneant **a**. | parent ut **R**. -nt ui **V**.
-rantur d(?)*v.a.S.*   21 cancraenaſ **B**².

quam vocant Lauriotim. utilissima autem oculis adfirmatur
quae fiat in aurariis, nec in alia parte magis est vitae
ingenia mirari. quippe ne quaerenda essent metalla,
vilissimis rebus utilitates easdem excogitavit.

5   (35) Antispodon vocant cinerem fici arboris vel capri- 133
fici vel myrti foliorum cum tenerrimis ramorum partibus
vel oleastri vel oleae vel cotonei mali vel lentisci, item
ex moris inmaturis, id est candidis, in sole arefactis vel
e buxi coma aut pseudocypiri aut rubi aut terebinthi vel
10 oenanthes. taurini quoque glutinis aut linteorum cinerem
similiter pollere inventum est. uruntur omnia ea crudo
fictili in fornacibus, donec figlina percoquantur.

(36) In aerariis officinis et smegma fit iam liquato 134
aere ac percocto additis etiamnum carbonibus paulatimque
15 accensis, ac repente vehementiore flatu exspuitur aeris
palea quaedam. solum, quo excipiatur, stratum esse
debet marilla.

(37) Ab ea discernitur quam in isdem officinis di- 135
phrygem vocant Graeci ab eo, quod bis torreatur. cuius
20 origo triplex. fieri enim traditur ex lapide pyrite cremato
in caminis, donec excoquatur in rubricam. fit et in Cypro
ex luto cuiusdam specus arefacto prius, mox paulatim
circumdatis sarmentis. tertio fit modo in fornacibus aeris

---

§ 133: Diosc. V 86. — §§ 135. 136: Diosc. V 119.

---

1 lauriotin d h v. a. S. -othim a. -oṅ R. taulariotim B.
4 utilissimis BVdh.   5 antispodion h v. a. G. | arborif Bav.
om. r.   7 oleaftry B. -ris a. oleas VR. | uel oleae Ba S.
om. r v. | cotonei d T H. -naei B. -ni Ra. ceotoni V. citonii h.
cydo- G. cyto- v.   9 pseudocypiri (a?) S. -cupiri B¹. -cii
piri B². -cypri d T. -peri h v. -cipri r.   10 oenanthis V v. a. C.
11 ea Ba d v. a r.   12 figvlina B² D. cfr. § 113. | per-
coquatur VR. -uetur a.   13 fmeg//na B². psegma B e Diosc.
V 88.   14 etiamnunc R.   15 flatuque G. | expuritur VR.
16 fteatum B¹. statum R. -tim B².   17 marilla J². -rila
S cum J¹(D). -ili B. maxili r. -illa v. a. B. Facile B (ad seqq.
referens).   18 quam h G. qua B. aqua r v. cfr. § 131. |
hisdem V.   18. 19 difrygem B. -phryga v. a. G.   21 rubrica
VRa. | in om. R. | cypro Ba h v. -rio r.   22 ulto B¹. alto
B². | pecuf B¹. spectus VR. | prio V.   23 aere R.

faece subsidente. differentia est, quod aes ipsum in
catinos defluit, scoria extra fornaces, flos supernatat,
136 diphryges remanent. quidam tradunt in fornacibus glo-
bos lapidis, qui coquatur, feruminari, circa hunc aes fervere, ipsum vero non percoqui nisi tralatum in alias 5
fornaces, et esse nodum quendam materiae; id, quod ex
cocto supersit, diphryga vocari. ratio eius in medicina
similis praedictis: siccare et excrescentia consumere ac
repurgare. probatur lingua, ut eam siccet tactu statim
saporemque aeris reddat.   10

137   (38) Unum etiamnum aeris miraculum non omitte-
mus. Servilia familia inlustris in fastis trientem aereum
pascit auro, argento, consumentem utrumque. origo atque
natura eius incomperta mihi est. verba ipsa de ea re
Messallae senis ponam: Serviliorum familia habet 15
trientem sacrum, cui summa cum cura magnifi-
centiaque sacra quotannis faciunt. quem ferunt
alias crevisse, alias decrevisse videri et ex eo
aut honorem aut deminutionem familiae significare.   20

138   **14.** (39) Proxime indicari debent metalla ferri.

---

§ 136 extr.: Diosc. eupor. I 189. 183. 79. 125 al. Celsus V 7. 8.
— § 137: Messalla de famil. Rom. (Peter hist. Rom. fragm. p. 266).

---

1 differentiae **dT** *H*. | eſt quod *ll.S.* siquidem **dT.** est
(si *H*) quidem quod *v.*   2 catinoſ **B** *S.* -tino (-tmo **V**) *rv.*
cfr. XXXIII 88. | ſcorea **B.**   3 remanent *ll.* **da.** -et h*v.* |
quidamq, radunt **B.**   4 coquantur **R** d h*v. a. S.* | feruminari *S.*
ferrum mi- **B²V.** ferrumi- *rv*(*D*). | est (*pro* aes) **VR.**   5 tra-
latum *J.* -to **B¹.** translatum d h*v.* -to *r.*   6 nudum **VR** d h.
(*an* nucleum, *ut § 144?*). | quendam **B** a *v.* qued- **Rh.** quaed-
V.   7 cocto *om.* **R.** | diphryga **BV** d h*v*(*J²*). -ges **R**(?) *G.* -gem
S cum J¹ coll. § 135. | uocari **BR** a *G.* -ant **V** d *v.*   8 con-
sumare **R.** | ac **B** a *S.* et h*v. om. r.*   9 repurgare **B** *S.*
-ugnare a. ppurgare *rv.* | aut **BR.** | tactus **VR** a.   11 etiam-
nunc **R.**   13 consument eum **V¹.** -te **V²** da.   15 messallae
(meſa- **B¹**) *v.* -alae **B²** h *C.* -alis *r.* mesale a. *cfr. § 22.*
17 quodanniſ **B¹V¹** *D.*   19 deminutione **V.** diminutionem **B²**
a h*v. a. Brot.*   19. 20 significare *coni. S.* -r& **B.** -ri *rv.*
21 metalli **R.** | *dist. CFWMüller p. 17.*

optumo pessimoque vitae instrumento *est*, siquidem hoc
tellurem scindimus, arbores serimus, arbusta tondemus,
vites squalore deciso annis omnibus cogimus iuvenescere,
hoc exstruimus tecta, caedimus saxa, omnesque ad alios
5 usus ferro utimur, sed eodem ad bella, caedes, latrocinia,
non comminus solum, sed etiam missili volucrique, nunc
tormentis excusso, nunc lacertis, nunc vero pinnato, quam
sceleratissimam humani ingenii fraudem arbitror, siquidem,
ut ocius mors perveniret ad hominem, alitem illam feci-
10 mus pinnasque ferro dedimus. quam ob rem culpa eius 139
non naturae fiat accepta. aliquot experimentis probatum
est posse innocens esse ferrum. in foedere, quod expulsis regibus populo Romano dedit Porsina, nominatim
comprehensum invenimus, ne ferro nisi in agri cultu
15 uteretur. et tum stilo *osseo* scribere institutum vetustissimi auctores prodiderunt. Magni Pompei in
tertio consulatu extat edictum in tumultu necis Clodianae
prohibentis ullum telum esse in urbe. (40) et *ars anti*- 140
qua ipsa non defuit honorem mitiorem habere ferro quo-
20 que. Aristonidas artifex, cum exprimere vellet Athamantis
furorem Learcho filio praecipitato residentem paenitentia,

---

§ 139 extr.: Isid. VI 9, 2. — § 140: cfr. Plin. XXXV 146.

---

1 est *ego. om. ll. v. cfr. § 135. (an* est, hoc quidem? *cfr.
Ludewig stud. philol. Prag. III p. 45 nr. 3).* 2 arboreſ feri-
muſ **B** *S.* serimus **d a** *v. om. r.* | tondemuſ **B** *S.* pone- **V d a.**
pomeria nemus *h.* ponemus (-nimus *v*) pomaria **R** (?) *v.*
4 omniſque **B** *S.* | aliaſ **B**¹. 5 caedis **R.** 7 excuso **V R.** |
pennato **B**² *v. a. S.* pinnae **a.** 10 pennaſque **B**² *v. a. S.* | de-
dicimus **V**¹. didic- **R.** *de mendo cfr. XVI 1.* | culta **V R.**
11 aliquod **B**¹ *D.* 13 porſina **B**¹ *S.* -sena **d h** *G.* -senna (pers-**V**)
τaυ(*H*). *cfr. § 29.* 14 in *om.* **B**¹. | cultura **d** (?) *v. a. S.*
15 tum *ll. S.* cum **d T h** *v* (*Brot.*). *del. C.* | osseo *inserui ex Isid.
cfr. U* (*Quellenregister p. 11*). *om. ll. v.* | inſtitutū **B** *D.* intutum
(-utu **R h**) **r d a h** *S.* -utum ut *v* (*H*). -utum est ut *C.* 17 coſ.
B¹. conſ. **B**². (*cfr. XIX 24*). | edicto **B.** | glodianae **R.** 18. 19
et ars antiqua *ego.* & tamen uiquea (-que **B**²) **B.** & tamen uita
r v. (*saltem* etiam uita). 19 deſinit *h.* 20 artifices **V R.** |
athamantiſ **B h** *v.* athamnis **d.** ada- *r.* 21 et residentis **d**²
in ras. **h** *v. a. G.* | poenitentiamque (*G.* -iam *v*) *v. a. H.*

aes ferrumque miscuit, ut robigine eius per nitorem aeris
relucente exprimeretur verecundiae rubor. hoc signum
141 exstat hodie Rhodi. est in eadem urbe et ferreus Hercules, quem fecit Alcon laborum dei patientia inductus.
videmus et Romae scyphos e ferro dicatos in templo 5
Martis Ultoris. obstitit eadem naturae benignitas exigentis
ab ferro ipso poenas robigine eademque providentia nihil
in rebus mortalius facientis quam quod esset infestissi-
mum mortalitati.
142   (41) Ferri metalla ubique propemodum reperiuntur, 10
quippe etiam insula Italiae Ilva gignente, minimaque diffi-
cultate adgnoscuntur colore ipso terrae manifesto. ratio
eadem excoquendis venis; in Cappadocia tantum quaestio
est, aquae an terrae fiat acceptum, quoniam perfusa Ceraso fluvio terra neque aliter ferrum e fornacibus reddit. 15
143 differentia ferri numerosa. prima in genere terrae cae-
live: aliae molle tantum plumboque vicinum subministrant,
aliae fragile et aerosum rotarumque usibus et clavis maxime
fugiendum, cui prior ratio convenit; aliud brevitate sola
placet clavisque caligariis, aliud robiginem celerius sentit. 20

---

§ 141: (cfr. Athenaeus XI 35 p. 469ᵃ. Ovid. met. XIII 683).
— cfr. Isid. XVI 21, 4. — § 142: Isid. XVI 21, 2. Serv. ad
Verg. Aen. X 174. — (cfr. Aristot. mir. ausc. 48). — § 143:
Isid. XVI 21, 3. — Verg. Aen. VIII 420. Varro ap. Serv. ad

---

1 res **VR**. | robigine *S*. rub- d h *v*. robiginem **B¹V¹**. rvb- *r*.
2 relucente d h(?)*v*. -tem *ll*. | exprimetur **VR**.   3 exta
R. | hodie rhodi **B***S*. -ierno die *rv* (*add*. Thebis *H*). Thebis
hodie *C cum B*.   6 natura **B**. | exientif **B¹**.   7 ab **B**a*S*.
a *rv*. | poene **R**.   8 mortaliuf **B***C(S)*. -ibus *rv*(*Dal*.). | fa-
cientis h*man.Dal.S*. -tem **V**. -te *rv*. | quam *om*. h. | effet **B**d
Th*S*. esse **V**a. *om*. **R**(?)*v*.   10 mella **B¹**. | propemodo **VR**.
      11 ilua **B¹***v*. silua **a**. illa *r*.   12 adgnofcuntur **B¹***D*.
agn- *rS*. cogn- *v*. | manifesto **B***v*. -ta *rS*. | sed ratio *v.a.S*.
      13 excoquendif **B**d**a***v*(*D*). *cfr*. § *166 extr*. 146. -di *r*h*J*
coll. XI 231.   14 aquae **B***v*. -ua *r*. | terrae **B***v*. -rra *r*. |
fiat *om*. **R**.   14. 15 Ceraso *U 755*. certo *ll.v.a.D*.   15 et
VR.   16 innumerosa **VR**h. | genera **VR**.   16. 17 caeli-
uae **B**.   17 uicinius h*v.a.S*.   20 galligaris **VR**d. | rubi-
ginem **V²R**d h*v.a.S*. ab origine **B**. *de mendo cfr*. § *149*. |
fefntit **B¹**. fe fentit **B²**. (a robigine .. senescit *coni. J*).

stricturae vocantur hae omnes, quod non in aliis metallis,
a stringenda acie vocabulo inposito. et fornacium magna 144
differentia est, nucleusque quidam ferri excoquitur in iis
ad indurandam aciem, alioque modo ad densandas incudes
5 malleorumve rostra. summa autem differentia in aqua,
cui subinde candens inmergitur. haec alibi atque alibi
utilior nobilitavit loca gloria ferri, sicuti Bilbilim in Hispania et Turiassonem, Comum in Italia, cum ferraria
metalla in iis locis non sint. ex omnibus autem generi- 145
10 bus palma Serico ferro est; Seres hoc cum vestibus suis
pellibusque mittunt; secunda Parthico. neque alia genera
ferri ex mera acie temperantur, ceteris enim admiscetur
mollior complexus. in nostro orbe aliubi vena bonitatem
hanc praestat, ut in Noricis, aliubi factura, ut Sulmone,
15 aqua ubi diximus, quippe cum exacuendo oleariae cotes 144
aquariaeque differant et oleo delicatior fiat acies. mirum- 146
que, cum excoquatur vena, aquae modo liquari ferrum,
postea in spongeas frangi. tenuiora ferramenta oleo restingui mos est, ne aqua in fragilitatem durentur. a ferro
20 sanguis humanus se ulciscitur, contactum namque eo celerius robiginem trahit.

───────────

Aen. X 174. Nonius p. 21, 10 M. cfr. Lucil. fragm. III 29 (Müller).
— § 144: Isid. XVI 21, 3. — §§ 145. 146: Isid. XVI 21, 2. 4.

───────────

　　1 haec **B**[1]**VR**. eae *v.a.H.* 　　2 a **B**[2]**ah** *Isid.v.* ad *r.* |
maxima **R**(?)h *v.a.S.* 　　3 quidam **BT** *S.* -dem *rv(H).* equi-
dem *G.* | iif *ll.S.* his dh *H. om. hoc loco v.* 　　4 alioque **Ba**
G(S). -iquem **VR**. -que **T**. -quae *v(H).* 　　5 malliorumue **B**.
　　6 alibe **B**[1]. aqua alibi *v.a.G.* | aquae **V**. aqua d. *om.*
Ven. | alibe **B**[1]. *om. Ven.* 　　7 bilbilim **B** *S.* -in *v.* birbilium *r.*
　　8 tyri iasonem **a**. turiasso **VR** dh. 　　9 iif **B** *v(S).* his
r C. | funt **R**. fiant h. 　　9. 10 generalibus **R**. 　　10 prima **B**.
sed cfr. § 95 et Isid. | fenco **B**[1]. 　　12 ex mera **B** *B ex Isid.*
ex mira *r.* ex nimia **a**. eximia *v.* | acie **B** d **a** *v.* atia (acie **V**[2])
aeta (& a **R**) *r. an* acie *ita?* 　　13 in **B a** *v. om.r.* | aliube **B**[1].
-ibi **B**[2]. (*item deinceps*). 　　14 *dist. S cum J.* 　　15 uti *v.a.S.* |
cum in **R** dh *v.a.S.* | quippe—16 acies *fortasse pertinent post* du-
rentur (*v.19*). *cfr. etiam Isid.* 　　15 oleare **VR** d. -res h *v.a.S.* |
cotef **B** h *v.* coctaes *r. om. a.* 　　17 uene **R**. 　　18 fpongiaf **B**[2]**V** d
v.a.S. 　　20 contactum d **a** h *Isid.v.* -tectum **B**. -tractum **VR**[2].
-trac **R**[1]. 　　20. 21 celeriuf **B** *Isid. S.* -ius subinde *r* d **a** h *v(D).*

147   (42) De magnete lapide suo loco dicemus concordia-
36,126 sqq. que, quam cum ferro habet. sola haec materia virus
ab eo lapide accipit retinetque longo tempore, aliud ad-
prehendens ferrum, ut anulorum catena spectetur interdum. quod volgus imperitum appellat ferrum vivum, 5
148 vulneraque talia asperiora fiunt. hic lapis et in Cantabria nascitur, non ut ille magnes verus caute continua,
sed sparsa bulbatione — ita appellant —, nescio an vitro
fundendo perinde utilis, nondum enim expertus est quisquam; ferrum utique inficit eadem vi. — Magnete lapide 10
architectus Timochares Alexandriae Arsinoes templum con-
camarare incohaverat, ut in eo simulacrum e ferro pendere in aëre videretur. intercessit ipsius mors et Ptole-
149 maei regis, qui id sorori suae iusserat fieri. — (43) Metallorum omnium vena ferri largissima est Cantabriae. 15
maritima parte, qua oceanus adluit, mons praealtus —
incredibile dictu — totus ex ea materia est, ut in am-
4,112(?) bitu oceani diximus.

    15. Ferrum accensum igni, nisi duretur ictibus, cor-
rumpitur. rubens non est habile tundendo neque ante- 20

---

§ 147: Isid. XVI 21, 4. 4, 1. Lucret. VI 911. — § 148 med.:
Isid. XVI 21, 4. — § 149 med.: Isid. XVI 21, 4.

---

2 uirus *ll.* **Tav**(*S*). *cfr.* § 120. 160. 177. -res á(?)h*B*. uim
Isid. *cfr. v. 10.* *XXXVI 128.*   3 aliud **Bav.** aut *r*.
4 acolorum **VR**.   6 tali d*v.a.S.* | hic *om.***VRdh**.   6. 7 can-
tabri **B**.   7 ut **B***S. om.rv.*   8 bulbatione **B**. bull- *r H cum B.*
bubb- *v.* | appellantes scio **VRa**. | uitro *B. cfr. XXXVI 192.*
ultro (-ra a) *ll.***dahv**.   9. 10 quicquam **VRh**.   10 ferri
v.a.H. | aciem *v.a.H.* | ui **BT***H cum Gron.* ut *rv.* | magnetē
*B*². | lapidē *B*². -def *B*¹.   11 artitectus **R**. | timocharef **B** *S*.
-ohares (tym- d*T*) *r*d*T*. -ocrates **ah**. Dinochares *H*. -ocrates *G*.
chirocr- *v.* (*cfr. V 62. VII 125*). | alexandreae **V**. -dri **d**.
12 incohauerat *ego.* incola- **B**. inchoa- *r v. cfr. XIV 61.*
XXXVI 75. 122. | eo **BR***Isid.v.* ea *r*.   13 in aere h*Isid.v.*
aere **VRda***S. om.* **B.** *cfr. X 111. XXXI 31. 30. XIV 12.*
XXXVI 118.   13. 14 tolemaei *B*¹. -mei *B*². tholomei **R**.
tphol- **V**.   14 regis *om.* h*v.a.S.* | sororis uitie iussit **R**.
15 *dist. ego.* | canthabriae **B**.   16 maritimae *S J*(*errore*). |
quam d h*v.a.S.* | alluut **R**. | praerupte altus h*v.a.S.*   17 ma-
terie d h*v.a.S.*   20 estabile **V**.

quam albescere incipiat. aceto aut alumine inlitum fit
aeri simile. a robigine vindicatur cerussa et gypso et 150
liquida pice. haec est ferro a Graecis antipathia dicta.
ferunt quidem et religione quadam id fieri et exstare
5 ferream catenam apud Euphraten amnem in urbe, quae
Zeugma appellatur, qua Alexander Magnus ibi iunxerit
pontem, cuius anulos, qui refecti sint, robigine infestari,
carentibus ea prioribus.

(44) Medicina e ferro est et alia quam secandi. 151
10 namque et circumscribi circulo terve circumlato mucrone
et adultis et infantibus prodest contra noxia medicamenta,
et praefixisse in limine evulsos sepulchris clavos adversus
nocturnas lymphationes, pungique leviter mucrone, quo
percussus homo sit, contra dolores laterum pectorumque
15 subitos, qui punctionem adferant. quaedam ustione sanantur, privatim vero canis rabidi morsus, quippe etiam
praevalente morbo expaventesque potum usta plaga ilico
liberantur. calfit etiam ferro candente potus in multis
vitiis, privatim vero dysentericis.

20   (45) Est et robigo ipsa in remediis, et sic proditur 152

---

§ 150 init.: Isid. XVI 21, 7. — cfr. Plin. V 86. — § 151 med.:
Pl. iun. 36, 8—10. 86, 1. 54, 4. Diosc. V 93 extr. Celsus IV 96 (9).
Scribon. 146. — § 152: cfr. Plin. XXV 42.

---

1 incipit **B** *S*. | accepta **VR**. *de mendo cfr. § 129. 168.* |
ut **VR**d. et h*v.a.G*. | palumine **B**.   2 aeri h*v*. -ris *ll.S*.
cfr. nov. luc. p. 26. | a rubigine **V²**a*v.a.S*. ab origine **B**. |
ceruiſſa **B¹**.   3 ferri d. temperatura h*v.a.S*. rerum *U 756*.
    4 quidam h*v.a.D*.   5 apoteo pratenam nam **VR**. | urbem
B¹.   6 zeugma **B***v*. zeuma *r*. | *an* appelletur? | quia **V²Th**. |
iunxerit **B**d**Ta***S*. -rat *r H*. uinxerit *v*. -rat *C*.   7 an (*pro*
qui) **B**. | ſunt **B¹**h*v.a.S*.   9 medicinae **B**. | efferro **B¹**.
9. 10 fecvndina quę **B²**.   10 et *om*. h*v.a.S*. | circulo **B***v(S)*.
-los *r H*.   12 praefixiſſe **B***G*. -xe *r*. -xae **a**. -xit d. -xo h.
-xos *v*. | in **B**a*v. om. r*. | aeuulsos **V¹**. -sis **V²**.   13 mucro-
nem **B¹**. | quę **VR**.   14 pectorumue **VTh**. -uel **R**.   15 sub-
ditos **V**d. -tus **R**. | adferantque. Bam **V¹**. -que. Nam **V²**.
16 rapidi **V**. | morſuuſ **B¹***D*.   17 morſo **B**. | expauescentesque
h*v.a.S*. | tusta **V**.   18 calefit **R**d*h.v.a.S*.   20 proditum **B**.
de mendo cfr. § 122. 175.

Telephum sanasse Achilles, sive id aerea sive ferrea cuspide
fecit; ita certe pingitur ex ea decutiens gladio. sed robigo
153 ferri deraditur umido ferro clavis veteribus. potentia eius
ligare, siccare, sistere. emendat alopecias inlita. utuntur
et ad scabritias genarum pusulasque totius corporis cum 5
cera et myrteo oleo, ad ignes vero sacros ex aceto, item
ad scabiem, paronychia digitorum et pterygia in linteolis.
sistit et feminarum profluvia inposita velleribus, plagis
quoque recentibus vino diluta et cum murra subacta, con-
dylomatis ex aceto. podagras quoque inlita lenit.   10
154   (46) Squama quoque ferri in usu est ex acie aut
mucronibus, maxime simili, sed acriore vi quam robigo,
quam ob rem et contra epiphoras oculorum adsumitur.
sanguinem sistit, cum volnera ferro maxime fiant. sistit
et feminarum profluvia. inponitur et contra lienium vitia, 15
et haemorroidas compescit ulcerumque serpentia. et genis
155 prodest farinae modo adspersa paullisper. praecipua tamen
commendatio eius in hygremplastro ad purganda vulnera
fistulasque et omnem callum erodendum et rasis ossibus
carnes recreandas. componitur hoc modo: propolis oboli 20

---

§ 153: Diosc. V 93. eupor. I 95. 46. 48. 168. 190. II 83.
I 162. 219. 235. — § 154 init.: cfr. Diosc. V 90. eupor. I 209.
II 61. I 212.

---

1 elephum **VR**. | sanas sed (red **R**) ac miles **VR**. | id era **a**.
ad aere **VR**.   3 ferri **B**d*a.v*. -rro *r*. | clauisue **B²**.   4 strin-
gere h. restri- *v.a.S.* | alopetias **V**. -phiaſ **B**.   5 ſcabritia
B. | puſtulaſque **B²***v.a.H*.   6 murteo **R**. | ignis **R**.   8 uel-
leribus *ll.v. an* in uellere, utilis? *cfr. XXVI 144 et nota ad
XXVIII 248*.   9 subacto **VR**.   10 aceto prodest h*v.a.S.* |
inlita **B***S*. -tas **V¹R**a. illitas **V²dh**. -ta *v*.   12 similis et
Vd.   14 ſanguinem **Ba***S*. -emque *rv*.   15 contra *om*. **R**. |
lienium **B***S*. liconium **a**. lienum **V²dh***v*. ali- *r*.   16 & **Ba***S*.
om. rv. | emoroidaſ **B**.   19 omnē **Ba***v*(*S*). -ne *r*Brot.
20 propolis *ego coll. XXII 107. Scribon. 209*. pari **VR**d**Ta***D*
(*coll. XXXVI 158*). pal. **B**. *om*. h*v*. picis *H*. panis *J coll.
XXII 138*. aluminis *coni. S* (*coll. § 149 de mendo*). *conici
possit etiam* galbani: *cfr. XXIV 21 (XI 16). Scribon. 210 (vel
panacis: cfr. Diosc. eupor. I 188*).   20 *et* p. 219, 1 oboliſ ſex
B¹. -lis ex **V**h*v.a.H*. -lis et **d**T.

VI, Cimoliae cretae drachmae VI, aeris tusi drachmae II,
squamae ferri totidem, cerae X, olei sextarius. his adicitur,
cum sunt repurganda volnera aut replenda, ceratum.

16. (47) Sequitur natura plumbi, cuius duo genera, 156
5 nigrum atque candidum. pretiosissimum *in* hoc candidum,
Graecis appellatum cassiterum fabuloseque narratum in
insulas Atlantici maris peti vitilibusque navigiis et cir-
cumsutis corio advehi. nunc certum est in Lusitania gigni
et in Gallaecia summa tellure, harenosa et coloris nigri.
10 pondere tantum ea deprehenditur; interveniunt et minuti 157
calculi, maxime torrentibus siccatis. lavant eas harenas
metallici et, quod subsedit, cocunt in fornacibus. invenitur
et in aurariis metallis, quae alutias vocant, aqua inmissa
eluente calculos nigros paullum candore variatos, quibus
15 eadem gravitas quae auro, et ideo in calathis, quibus
aurum colligitur, cum eo remanent; postea caminis sepa-
rantur conflatique in plumbum album resolvuntur.   non 158

---

§ 156: cfr. Isid. XVI 22, 1. Plin. IV 104. VII 206. Diodor.
V 38, 4. 22, 5. Strabo III 2, 9 p. 147. — §§ 157. 158: Isid. XVI
22, 1. 2. — § 158: cfr. Plin. XXXIII 94. — Homerus Λ 25. Ψ 561.

---

1 cimolia creta duobus, drachmis *v.a.H.* | duae (*pro* sex)
H. | ex aere *v.a.H.* sex aeris — drachmae *om.* **B.** | tusi **VR**d
H(*D*). tunsi *S.* tritus **a.** totidem *v.* | duae *ll.H.* ex (*del.*
drachmae) *v.* 2 squama *v.a.H.* | ferri **B a** *v*(*S*). -rreae **R**d
T H. -rreae et **V.** | cera **a.** | x *ego.* XL **B**[1]. XI **B**[2]. ex *rv.* sex
d *T H.* | oleo h *v.a.G.* | sextario *v.a.H.* (*fortasse* obolis x ..
drachmis x .. drachmis II .... sextariis [*sc.* singulis]).
5 in hoc *ego.* hoc *ll.S.* *om.* h *v.* | candidum *om.* h *S.* 6 a
graecis **d** h *v.a.S.* | appellatus **R.** | cassityrum **VR**d. | in *om.* **B**
Ven. cfr. *XXXII 63. XXXI 17.* 7 utilibufque **B** *Ven.* uit.
Huiusque **a.** | nauis **R.** | & **B** *S. om. rv.* 8 lufitaniae **a.** ly-
sinia **V**d. lis- **R.** 9 galacia **B**[2]. galleciae **V.** -ia *B*(*edd.a.*
Lugd.). -lliciae (-cie **a**) **d** a h *Isid.*(*v*). -lleta **R.** Callaecia *J coll.*
XXXIII 78 (*item infra*). | coloref **B.** 13 alutiaf **B** *S.* -tia
r a *v*(*Brot.*). -ta **d** *T H.* elutia *C cum* **B.** *cfr. XXXIII 67.*
14 tluente **V**[1]. lu- **V**[2]. eluenti **B.** -uunt h *v.a.B.* | paululum **d.**
cfr. nota ad XXVIII 133. 15 calathis h **B.** -tis **d** *Ven.* co-
latis **VR** *v.* cutalif **B.** cloacis **a** *D. om. Isid.* scutulis *U 757.*
locus nondum sanatus. 16 posita **VR** h. | caminis *v.* -millif
B[1]*J.* -mellis **d a.** cvm illif **B**[2]. gamellis *r.*

fit in Gallaecia nigrum, cum vicina Cantabria nigro tantum
abundet, nec ex albo argentum, cum fiat ex nigro. iungi
inter se plumbum nigrum sine albo non potest nec hoc
ei sine oleo ac ne album quidem secum sine nigro. album
habuit auctoritatem et Iliacis temporibus teste Homero, 5
159 cassiterum ab illo dictum. plumbi nigri origo duplex
est; aut enim sua provenit vena nec quicquam aliud ex
sese parit aut cum argento nascitur mixtisque venis conflatur. huius qui primus fuit in fornacibus liquor stagnum
appellatur; qui secundus, argentum; quod remansit in 10
fornacibus, galena, quae fit tertia portio additae venae;
haec rursus conflata dat nigrum plumbum deductis partibus nonis II.

160   17. (48) Stagnum inlitum aereis vasis saporem facit
gratiorem ac compescit virus aeruginis, mirumque, pondus 15
33,180 non auget. specula etiam ex eo laudatissima, ut diximus,
Brundisi temperabantur, donec argenteis uti coepere et
ancillae. nunc adulteratur stagnum addita aeris candidi
tertia portione in plumbum album. fit et alio modo mixtis
albi plumbi nigrique libris; hoc nunc aliqui argentarium 20
appellant. iidem et tertiarium vocant, in quo duae sunt
nigri portiones et tertia albi. pretium eius in libras ✕ XX.
161 hoc fistulae solidantur. inprobiores ad tertiarium additis
partibus aequis albi argentarium vocant et eo quae volunt

---

§ 159: Isid. XVI 22, 2. — § 160 init.: Isid. XVI 23, 2.

---

1 callaecia B¹J. gallicia dav.a.B. gall///ia V. gallea R.
cfr. § 156. | uinia Vd.   4 eifin B¹. fine (f et ne in ras.)
B²SJ.   5 habuit et VRa.   8 fe feparit (-rat B²) B.
9 eius hv.a.S. | fluit V²hv. cfr. § 168. | stannum d(?)C. item
infra semper. cfr. XXIX 35.   10 quod BV²aIsid.G. quid r.
qui dThv.   11 fit BS. eft rv. | addita v.a.H (cfr. Isid.).
    12 haec ll.v. an ac (vel haec .. dant)? cfr. Isid. et
Blümneri technol. IV 150 n.2.   12.13 partif B.   13 nonif
BS. non rBrot. del. v. | duabus ll.v.   14 aereis ll.Verc.(S).
-rif B²Ven. aeneis C.   15 ac BS. ad VR. aut a. et dhv.
    16 secula VR. | etiam BS. quoque rv.   17 bryndisi
VRd.   20 plumbib; R.   21 iidem RdhLugd. id- rv(D). |
quod VR. | st R. an sint?   22 libras Bav. -ris r. | ✕ xx BS.
xxx rv. x. x dH.   23 tertiarum B¹V.   24 aequi VR.

incoquunt. pretium huius faciunt in p. ✕ LXX. albo per
se sincero pretium sunt ✕ LXXX, nigro ✕ VII.

Albi natura plus aridi habet, contraque nigri tota
umida est. ideo album nulli rei sine mixtura utile est.
5 neque argentum ex eo plumbatur, quoniam prius liquescat
argentum, confirmantque, si minus albo nigri, quam satis 162
sit, misceatur, erodi ab eo argentum. album incoquitur
aereis operibus Galliarum invento ita, ut vix discerni possit
ab argento, eaque incoctilia appellant. deinde et argentum
10 incoquere simili modo coepere equorum maxime ornamentis
iumentorumque ac iugorum in Alesia oppido; reliqua gloria
Biturigum fuit. coepere deinde et esseda sua colisataque 163
ac petorita exornare simili modo, quae iam luxuria ad
aurea quoque, non modo argentea, staticula pervenit, quae-
15 que in scyphis cerni prodigum erat, haec in vehiculis
adteri cultus vocatur. plumbi albi experimentum in charta
est, ut liquefactum pondere videatur, non calore, rupisse.
India neque aes neque plumbum habet gemmisque ac
margaritis suis haec permutat.

---

§ 163 extr.: Isid. XVI 22, 3.

---

1 incoquont **B***J*. -cocum **V**. -cocunt *S*. | praetiū **B**. -tio **V**.
pretia **R**d h*v.a.S*. | huius — 3 nigri to **B²** (*ead. m.*) *in trium vss.*
spatio raso (contraq. *et* nigrito *ad marg.*).   1 p. **B²**D. pondo
r v. | xLxx /// **B²**J. cx (cxx. **V**) Lxx **VR**. xLx. x *S*. cLx. x d**T** *H*.
cxxx h*v. om.*a. | albo *om.***B²**.   2 pretia **R**d**T**h*v.a.S*. praetio **V**. |
xLxxx **B²***S*. xcx **V**. cx d**T**. c. x. a. xxx **R**v. x. x *H*. | x. vii *fS*.
xvii *ll.v*. xvi *C*. vii *H*.   5 ex eo — 6 argentum *om.* **B**.
5 quia d² *in ras.* quam **T**. | liquescat·d**T**a. -uiscat **V**.
R(?)h*v*.   6 confirmantque (quod d**T**h*H*)—7 argentum *ucto aut*
om.Bas. (*errore, ut videtur*).   7 prodi **B**.   10 & q*r*d(?)*v.a.S*.
    11 ac iugorum **B***S*. adiu- *r*. iugis h*v*. | in h*a*lpure **B¹**J.
cfr. CFWMüller p.24 n.2.   11. 12 gloria bitur·   8. 9 sul-
B²) **B**(d?)*v*. -iabitur iugum *r*.   12. 13 fua *n* ueru ferreo
B*S*. suaculis atque acre (hoc a) *r*a. et uehicula *XXXIII 107*.
baculis et *v*.   13 pecorita **R**. | quae iam **B***fina* **V**. formica
inani *r. om.*h*v*. | luxuriam **B¹**. -xoria **V**. *om.* ' 760.   11 *dist.*
genta **VR**. | ftaticula **Ba***B*. taticola **F**. ///! **R**. | plumbi **Vd T**
uehicula d² *in ras.*h*v*. | inanis luxuria p*e* & (*pro* in) **B**.
15 scyphis d*v*. cy- **B**. scypis **V**. scipis **R**.*iario* **VR**. | plum-
gum **B¹Vda**v(*S*). -gium *r G*. | heac **V**. h*diosc*. | pistillo d h
16 ad terri **Vd**. art- **R**. | cartha **V**. -ta **B**.

164   (49) Nigro plumbo ad fistulas lamnasque utimur, laboriosius in Hispania eruto totasque per Gallias, sed in Brittannia summo terrae corio adeo large, ut lex ultro dicatur, ne plus certo modo fiat. nigri generibus haec sunt nomina: Iovetanum, Caprariense, Oleastrense, nec 5 differentia ulla scoria modo excocta diligenter. mirum in

165 his solis metallis, quod derelicta fertilius revivescunt. hoc videtur facere laxatis spiramentis ad satietatem infusus aër, aeque ut feminas quasdam fecundiores facere abortus. nuper id conpertum in Baetica Samariensi metallo, quod 10 locari solitum ✗ $\overline{CC}$ annuis, postquam obliteratum erat, ✗ $\overline{CCLV}$ locatum est. simili modo Antonianum in eadem provincia pari locatione pervenit ad HS $\overline{CCCC}$ vectigalis. mirum et addita aqua non liquescere vasa e plumbo, eadem, si in aqua*m* addantur calculus ve*l* aereus qua- 15 drans, peruri.

166   **18.** (50) In medicina per se plumbi usus cicatrices reprimere adalligatisque lumborum et renium parti lamnis

---

§ 164 init.: Isid. XVI 22, 3. — § 166: Cels. V 26, 36. Theod. Prisc. eupor. II 33 p. 131, 17 (Rose). — Suet. Nero 20.

---

1 nigrum **VR**.   8 curio **B**.   3. 4 lex custodiatur *D*. lex cauere dicatur *U 758*. lege interdicatur *Brunn*. lex interdicat ut *M Hertz*. *an* nec interdicatur? (*cfr. XXXIII 78. 49*).   5 iouetanum **B***v*(*S*). -antum *r*. Ouetanum *H*. | oleafterenfe **B**.   6 illa **V**. | excocita **B**[1].   8 ac **B**[1]. | infus **V**.   9 aeque *v*. .-ue h. atque (-uae **V**) *ll*.   10 famarienfi **BJ**. samiarenci **V**..   1 onensi *a*. santarensi **R** d(?)*v*. *an* Salutariensi? *cfr. III 15. cfr.* § *15*ocari **B**. | x libras (-ris *v*) h*v.a.H*. | $\overline{cc}$ *J*. cc. **M**. **VR**[2]*H*. **B**[2]*SJ*.   ⁊ **B** dah*v*. | annuif **Ba***H*. -us *r*. annos d Th*v*.   12 ✗ 9 eius h*v.a.*ᴄLV *H cum Gron*. XXXLV **R**. ✗ XLV **B**. XXLV **V**. *infra semper.* $\overline{XIV}$| *D*. XL. *v a*. LV *v*. | locatum est *om*. **VR** h. qui d Th*v*.   *a D*. *cfr. U 759*. | ʜꜱ — 14 et ad [dita] **Ba***v*.   12 haec *ll.*⁊ **Ba***S*. cccc *v*. $\overline{MM}$ *D*.   14 uasa e **V**[1]**R**d*v*(*J*). *Blümneri technol.* fi in (sin **V**) *ll.Brot*. in h*v*. | aquam *CFW* **BS**. non *r Brot*. ꜱaqua *ll.v*. (*an* si cum aqua?). | addantur **B**. -rif **B**[2]*Ven*. aeneis | uel *S*. ue **Bd***a*. ua *r*. *om*. h*v*. | cereus   16 secula **VR**. ꞃeusue *v.a.S*.   15. 16 quadraf **BV**. si **VR**d.   20 plumbibrans *Brot*.) addatur h*v.a.S*.   16 uas quod **VR**. | st **R**. *an* *v.a.Brot*.   18 plumborum **B**. | parti xxx *rv*. x. x d.*H*

frigidiore natura inhibere inpetus veneris visaque in quiete
veneria sponte naturae erumpentia usque in genus morbi.
his lamnis Calvus orator cohibuisse se traditur viresque
corporis studiorum labori custodisse.   Nero, quoniam ita
5 placuit diis, princeps, lamna pectori inposita sub ea
cantica exclamans alendis vocibus demonstravit rationem.
coquitur ad medicinae usus patinis fictilibus substrato 167
sulpure minuto, lamnis inpositis tenuibus opertisque sulpure et ferro mixtis.   cum coquatur, munienda in eo
10 opere foramina spiritus convenit; alioqui plumbi fornacium halitus noxius sentitur.   et pestilens est, canibus
ocissime, omnium vero metallorum muscis et culicibus,
quam ob rem non sunt ea taedia in metallis.   quidam in 168
coquendo scobem plumbi lima quaesitam sulpuri miscent,
15 alii cerussam potius quam sulpur.   fit et lotura plumbi
usus in medicina.   cum se ipso teritur in mortariis plum-
beis addita aqua caelesti, donec crassescat; postea super-
natans aqua tollitur spongeis; quod crassissimum fuit, siccatum dividitur in pastillos.   quidam limatum plumbum
20 sic terunt, quidam et plumbaginem admiscent, alii vero
acetum, alii vinum, alii adipem, alii rosam.   quidam in 169
lapideo mortario et maxime Thebaico plumbeum pistillum
terere malunt, candidiusque ita fit medicamentum.   id

---

§ 167: cfr. Diosc. V 96. — § 168: Diosc. V 95. — § 169:
Diosc. V 95. 96. 95. eupor. I 182. 189. 212.

---

1 inhibere **B**d*C*. -ri *rv*.   2 *dist. S. (sublato puncto aut*
se *delendum aut* tradit *scribendum erat*).   3 se *om.* d(?)*v.a.S*.
4 labori **Ba***G*. -re *rv*.   5 dis **V***J*.   8 sulpure **B**¹*J*.
-phure **B**²h*v*(*S*). -ri a. -furi **VR**. -phuris d**TH**.   8. 9 sul-
fore **R**.   9 & ferro **B**da*v*. est et foro *r. (an* ueru ferreo
mixtis, cum coquuntur? *cfr. Diosc. et § 176. XXXIII 107.*
U 760). | coquatur **B***S*. -uitur *rv*.   10 formamina **V**. formica
B¹. -cia **B**².   10. 11 fornacium *del. voluit U 760*.   11 *dist.*
ego. | est *ego.* et *ll.v*.   15 fit ei **V**. ficti **R**. | plumbi **V**d**T**
a**h***v*(*S*). pumbi **B**. plurimi **R**(?)*B*.   16 & (*pro* in) **B**.
21 acceptum **B**¹. (*cfr. § 149*).   22 moriario **VR**. | plum-
beo **R**dh*v.a.S*. -bum *U 762*. lapideo *Diosc*. | pistillo d**h**
v.a.S(*U*).

33, 103
34, 104 autem quod ustum est plumbum lavatur ut stibis ·et
cadmea. potest adstringere, sistere, contrahere cicatrices; usu est eodem et in oculorum medicamentis,
maxime contra procidentiam eorum et inanitates ulcerum
excrescentiave rimasque sedis aut haemorroidas et con- 5
170 dylomata. ad haec maxime lotura plumbi facit, cinis
autem usti ad serpentia ulcera aut sordida, eademque
quae chartis ratio profectus. uritur autem in patinis per
lamnas minutas cum sulpure, versatum rudibus ferreis
aut ferulaceis, donec liquor mutetur in cinerem; dein 10
refrigeratum teritur in farinam. alii elimatam scobem in
fictili crudo cocunt in caminis, donec percoquatur figlinum. aliqui cerussam admiscent pari mensura aut hor-
168 deum teruntque ut in crudo dictum est, et praeferunt
sic plumbum spodio Cyprio. 15
171 (51) Scoria quoque plumbi in usu est. optima quae
maxime ad luteum colorem accedit, sine plumbi reliquiis
aut sulpuris specie et terra carens. lavatur haec in mortariis minutim fracta, donec aqua luteum colorem trahat,
et transfunditur in vas purum, idque saepius, usque dum 20
subsidat quod utilissimum est. effectus habet eosdem quos

---

§ 170: Diosc. V 96. (103). — § 171: Diosc. V 97. Celsus
V 15. Scribon. 48.

---

1 labatur **V**. | ut *B*(*S*). ui **B**. et *rv*(*H*). | ſtibiſ **B***S*. -bi *B*.
-biis **a***v*. istius *r*. teritur *H*. | et *ll.v*(*S*). uis **h**. ˙ut *H*.
2 cadmiae (cathm- h) **dh***v.a.B*. 3 usu est *ego*. usus et *ll*.
usus ex (enim ex *v*) *S*. 4 procidentiam **B a***v*. -tia *r*. cfr.
XXIII 56. | inanitateſ **B***S*. -tate **VT**. -tatem **R d a***v*. 5 he-
moroidaſ **B**. hae- *D*. 8 chartis *ll.v*. spodi *Diosc. an* chal-
citidis? cfr. *§ 118. 119*. | profectuſ **B²d***v*. -tuuſ **B¹***D*. pro-
uectus *r*. | in *om*. **R**. 11 alie **R a**. -iae **V**. | elimatam **B***v*(*S*).
lima- **T***H*. linea- **h**. lianitam **a**. lanit- *r*. 12 fictile **VR**. |
crudo **B** *B e Diosc*. cado **d a h***v*. -du **V**. tadu **R**. | cocont **R**.
13 miscent **VR d h***v.a.S*. 15 ſi **B¹**. sic tritum **h***v.a.S*. |
spondio **R h**. -ion **V d**. 16 ſcor//ea **B¹**. | quae **B***S*. que quae
R h*v*. quaeque **V d**. *om*. **a**. 17 accendit **B**. | reliquiſ **B¹V**
v.a.C. 18 *an* ac uitri specie? cfr. *Diosc*. aut sulpuris
speciem (*transpositum post* colorem) *U 763*. | ſpecie terrae **B**.
21 effectuuſ **B¹***D*.

plumbum, sed acriores. mirarique succurrit experientiam
vitae, ne faece quidem rerum excrementorumque foeditate
intemptata tot modis.

(52) Fit et spodium ex plumbo eodem modo quo ex 172
5 Cyprio aere; lavatur in linteis raris aqua caelesti separa- 180
turque terrenum transfusione; cribratum teritur. quidam
pulverem eum pinnis digerere malunt ac terere in vino
odorato.

(53) Est et molybdaena, quam alio loco galenam ap- 173
10 pellavimus, vena argenti plumbique communis. melior $^{33,\,95}_{34,\,195}$
haec, quanto magis aurei coloris quantoque minus plum-
bosa, friabilis et modice gravis. cocta cum oleo iocineris
colorem trahit. adhaerescit et auri argentique fornacibus;
hanc metallicam vocant. laudatissima quae in Zephyrio
15 fiat; probantur minime terrenae minimeque lapidosae.
coquuntur lavanturque scoriae modo. usus in lipara ad 174
lenienda ac refrigeranda ulcera et emplastris, quae non
inligantur, sed inlita ad cicatricem perducunt in teneris
corporibus mollissimisque partibus. compositio eius e
20 libris III et cerae libra, olei III heminis, quod in senili
corpore cum fracibus additur. temperatur cum spuma

---

§ 173: Diosc. V 100. — § 174: Diosc. V 100. cfr. Celsus
V 19, 26. Diosc. eupor. I 182. II 52.

---

1 plumbum — 4 modo quo B a v. om. r.　　1 cariores a. |
mirarique B¹a J. -raque B²S. -rari v. cfr. XVII 1. XVIII 291.
XXXVI 200. XXXV 49. | experientiam a v(J). -tia B S.
2 rerum B B. ne (neu v) rerum a v.　　4 & B v. om. a. | ex B²v.
& B¹. est a. | modo B C. om. a v.　　5 laudatur B a.　　5. 6
feparanturq. B. (an recte et deinde terrena, ut XXX 116. IX
140? contra XXX 32. XXXVII 194).　　6 crebratum B¹.
　　7 eum B V a S. eam R. cum d h v. del. G. | detergere
v. a. S.　　10 uena B h v. -nam r.　　14 in h man. Dal. v. om.
ll. S. cfr. CFWMüller p. 24 n. 2.　　15 lapidiose V. -sae Ven.
　　16 cocuuntur B¹. -cuntur S. uocantur V. | in lipara (lipp-
d Ven. lypp- a) ll. d a v(J). illi par B². in liparas C. cfr.
XXXIII 105. XXIII 162, sed singul. num. etiam ap. Scribon.
222. 223.　　18 alligantur V d(?)v. a. S. | temporis R.　　19 mol-
liffimafq. B¹. | compofito B¹. | e B S. est r v.　　20 tribus
ll. v (bis).　　21 fraucibus R. | eum B S. et cum r v(D).

argenti et scoria plumbi ad dysenteriam et tenesmum
fovenda calida.

175   (54) Psimithium quoque, hoc est cerussam, plum-
bariae dant officinae, laudatissimam in Rhodo. fit autem
ramentis plumbi tenuissimis super vas aceti asperrimi in-   5
positis atque ita destillantibus. quod ex eo cecidit in
ipsum acetum, arefactum molitur et cribratur iterumque
aceto admixto in pastillos dividitur et in sole siccatur
aestate. fit et alio modo, addito in urceos aceti plumbo
opturatos per dies X derasoque ceu situ ac rursus reiecto, 10
176 donec deficiat materia. quod derasum est, teritur et cribratur et coquitur in patinis misceturque rudiculis, donec
rufescat et simile sandaracae fiat. dein lavatur dulci aqua,
donec nubeculae omnes eluantur. siccatur postea similiter
et in pastillos dividitur. vis eius eadem quae supra dictis, 15
lenissima tantum ex omnibus, praeterque ad candorem
feminarum. est autem letalis potu sicut spuma argenti.
postea cerussa ipsa, si coquatur, rufescit.

177   (55) Sandaracae quoque propemodum dicta natura
est. invenitur autem et in aurariis et in argentariis me- 20
tallis, melior quo magis rufa quoque magis virus *sulpuris*

---

§ 175: Diosc. V 103. (cfr. Isid. XIX 17, 28). Vitruv. VII 12, 1.
cfr. Plin. XXXV 37 extr. — § 176: Diosc. V 103. — cfr. Martial.
ep. II 41, 12. VII 25, 2. — § 177: cfr. Plin. XXXV 39. — Diosc.
V 121. Isid. XIX 17, 11. Pl. iun. 15, 10. Marc. 6, 29. Pl. iun.
37, 15—17. Marc. 16, 51.

---

2 fouemda **V**. -em uia **R**. -endo a*v.a.S.*   3 psinthium
VR. psimmythium h(?)*v.a.S.* apsyntium a.   4 danda effi-
cinae **B**. | ladatiſſimam **B**¹. laudatissima a. -mum h*v.a.S(JD)*. |
ripdo **R**.   5 tenuissimi **VR**.   7 mollitum **B**. (*cfr. § 152*).
cribatur **VR**.   8 mixto h*v.a.S.* | ei **VR**.   10 decem *ll.v.*
au (*pro* ceu) **R**. | acraſuſ **B**¹. | itiecto **R**. deie- *v.a.H*.   11. 12
cribatur **V**. scri- a.   13 rubescat d**T** *H*. | ſimili **B**¹.   14 nubi-
culae **R** d. | eluantur **B** d*v*. eluent- a. eleuat- **R**. aluat- **V**.
15 dictis *ll.v. de structura cfr. XXVII 93.*   16 leuissima
h*v.a.S.* | tamen h.   17 feminarum *om.* **R**. | potu **B** a *S*. -tus
r*v*. | ſputa **V**¹**R**. spumae h(?)*Lugd.*   19 dic tantura **B**¹.
21 rufa quoque magis *om.* **B**. | sulpuris *ego e Diosc. et Isid.*
om. ll.v.

redolens ac pura friabilisque. valet purgare, sistere, excalfacere, erodere, summa eius dote septica. explet alopecias ex aceto inlita; additur oculorum medicamentis;
fauces purgat cum melle sumpta vocemque limpidam et
5 canoram facit; suspiriosis et tussientibus iucunde medetur
cum resina terebinthina in cibo sumpta, suffita quoque
cum cedro ipso nidore isdem medetur.

(56) Et arrhenicum ex eadem est materia. quod opti- 178
mum, coloris etiam in auro excellentis; quod vero palli-
10 dius aut sandaracae simile est, deterius iudicatur. est et
tertium genus, quo miscetur aureus color sandaracae.
utraque haec squamosa, illud vero siccum purumque,
gracili venarum discursu fissile. vis eadem quae supra,
sed acrior. itaque et causticis additur et psilotris. tollit
15 et pterygia digitorum carnesque narium et condylomata
et quidquid excrescit. torretur, ut valdius prosit, in
nova testa, donec mutet colorem.

---

§ 178: Diosc. V 120. Isid. XIX 17, 12. (cfr. Plin. XXXIII 79.
VI 98). Diosc. V 121. Marc. 34, 57.

---

1 plura **VE**h. | fragilifque **B³**.   2 erodere **B**S.. pro- *r*.
pro- d*v*. | dos h*v.a.S*. | ftiptica **B²**h*Ven*.   4 uocemque—6
fumpta **B**a*v*(*S*). *om. r*. uocemque — 5 facit *om. H*.   5 ca-
norem **B¹**. | iocunde **B²**. iucum de **B¹**.   6 cibo a*v*. quo **B**. |
sufficita **V**.   7 ifdem **B**a*D*. eisd- **V**. iisd- **R**d**T**(?)*H*. itid- *G*.
eius *C*. eis h*v*. | uid&ur **B**.   8 arrhenicum **B***J*. arren- d a*Brot*.
arsen- *v*. arreoi- **V**h. arroi- **R**.   9 excellentius a*v.a.Brot*.
12 utraeque **B**. | illum **VR**.   14 psilotris (fil- **B**) **B***Ven*.(*S*).
-thris dh*Verc*. -tri a. -lutris *r*.   15 ei (*pro* et) **V**. i **R**. |
carnes **R**.   16 et *om*. **R**. | *an* excrescat? | valdiuf (ald- **B¹**)
B*J*. ualid- *rv. cfr. XXXIII 147; contra XXXVII 106. XXXI
108. XXX 14. XXVIII 20. XVII 108. 258. XVI 186. XI 54.*
16. 17 innouat teftam **B¹**.

C. PLINI SECUNDI
NATURALIS HISTORIAE
LIBER XXXV

1   (1) Metallorum, quibus opes constant, adgnascentium-
que iis natura indicata propemodum est, ita conexis rebus,
ut inmensa medicinae silva officinarumque tenebrae et mo-
rosa caelandi fingendique ac tinguendi subtilitas simul di-
cerentur. restant terrae ipsius genera lapidumque vel 5
numerosiore serie, plurimis singula a Graecis praecipue
voluminibus tractata. nos in iis brevitatem sequemur
utilem instituto, modo nihil necessarium aut naturale
2 omittentes, **1.** primumque dicemus quae restant de
pictura, arte quondam nobili — tunc cum expeteretur 10
regibus populisque — et alios nobilitante, quos esset
dignata posteris tradere, nunc vero in totum marmoribus
pulsa, iam quidem et auro, nec tantum ut parietes toti
operiantur, verum et interraso marmore vermiculatisque
3 ad effigies rerum et animalium crustis. non placent iam 15

---

§§ 2. 3: cfr. Plin. XXXVI 47. 50. Seneca exc. controv. II

---

1 adgnaſcentium (-tum B) B S. agna- V¹H. adna- v. ac
na- V²Rh. na- dT Brot.   2 que BTH(S). quae r. que in
d Brot. quoque v. | iis S. iſ B D. eis r v. | indi (spat. vac.)
modum B.   3 officanarumque V.   4 ac tinguendi B Brot.
-gendi R v. attingenti V.   6 numeroſiore G. -iores ll.v. |
serie G. -iae B. erie R. aerie d. -riae V¹. -reae V². erariae
(aer- v) h v. | an a delendum?   8 inſtituto B S. -uti eo r.
-uti v. -uto hoc d Brot. | nic il B.   9 deo B¹.   10 arti B. |
quando V. | denobili R. (an et nobili?).   11 regibuſ B S.
a reg- r v(D). cfr. XXXIII 112. XXXVII 60. XXV 92.
VIII 34. XVI 18. XIX 64. VI·173. | alios ll.v(S). illos C.
    12 totum a B S. cfr. § 184. an totum est?   13 pulſa
iam B G. -sa tum v. postulatum r. | auro B d v. -rum r. |
pabeites V¹. pabert R.   14 uermiculatiſque B d v(H). -tis G.
-tosque h. -colastiq. (quod V) r.

abaci nec spatia mont*es* in cubiculo dilatantia: coepimus
et lapide pingere. hoc Claudii principatu inventum, Neronis vero maculas, quae non essent in crustis, inserendo
unitatem variare, ut ovatus esset Numidicus, ut purpura
5 distingueretur Synnadicus, qualiter illos nasci optassent
deliciae. montium haec subsidia deficientium, nec cessat
luxuria id agere, ut quam plurimum incendiis perdat.

2. (2) Imaginum quidem pictura, qua maxime similes 4
in aevum propagabantur figurae, in totum exolevit. aerei
10 ponuntur clipei argentea facie, surdo figurarum discri-
mine; statuarum capita permutantur, volgatis iam pridem
salibus etiam carminum. adeo materiam conspici malunt
omnes quam se nosci. et inter haec pinacothecas veteribus tabulis consuunt alienasque effigies colunt, ipsi ho-
15 norem non nisi in pretio ducentes, ut frangat heres
furisque detrahat laqueo. itaque nullius effigie vivente 5
imagines pecuniae, non suas, relincunt. iidem palaestras
athletarum imaginibus et ceromata sua exornant, Epicuri
voltus per cubicula gestant ac circumferunt secum. natali

1, 12. epist. 86, 6. 114, 9. 115, 9. Vitruv. VII 3, 10. — Strabo
XII 8, 14 p. 577. — § 5: Cic. de fin. V 1, 3. II 31, 101. Diog.
Laert. X 18.

---

1 abaci nec **BR**d**h**v. -cina **V** *D*. | spacia **V**. ſpatio **B**. |
montes *ego*. -tis *ll.v*. (*cfr. infra et XXXVI 1*). | dilatantia
(-tatata **R**) *ll.v*(*S*). -latant.iam *D*. -latata *coni. J*[1]. delitentia *B*.
2 lapidem **d**h**v**.*a.J*. *cfr. XXII 4*.   3 maculis **R**. | eſſent
Bv. esse *r*.   4 unitatem **B**h**v**. -ate *r*. | esse **VR**.   5 di-
ſtingueamur **B**[1]. -uamur **B**[2]. | ſymnadicuſ **B**.   6 haec **B**d*v*.
ac *r*. | difficientium **V**. | nec **B**d*v*. age *r*.   8 imaginum **B**d**T**v.
-nem *r*. | quam d**h**v.*a.S*. | similis **VR**.   9 in deum **B**. | quod
in totum *v.a.S*. | aurei *Durandus*. *sed cfr. § 14*.   10 dist.
ego. | argentea facie *ego*. -teae facies *ll.v*. *cfr. Blümneri techn.*
IV 244 sqq. 318. | figurabunduſ crimine **B**.   11 *dist. G*. | uvl-
gatiſ **B**[2]v.*a.S*. mulg- **VR**.   13 se *om*. **B**. | in apothecaſ **B**[2].
    14 conferciunt *vet. Dal*.   14. 15 honore **VR**.   15 fragat
VR.   16 forasque h. -risque *D*. furis *v.a.Brot*. -risue *coni*.
Brot. | laqueo *ego cum D* (*sed pro dat. accipiendum*). -eū **BV** *S*.
-eus **R**(?)d**h**v. -eis *U*.   17 relinquit **R**. -qunt **B**[2]. | iidem d*C*.
id- *ll.v*(*D*). | *an* palaestrae?   18 epicuri *v*. -curi ui **B**[1]. -curioſ
B[2]*S*. -culi *r*.

eius* sacrificant, feriasque omni mense *vicesima luna*
custodiunt, quas icadas vocant, ii maxime, qui se ne
viventes quidem nosci volunt. ita est profecto: artes de-
sidia perdidit, et quoniam animorum imagines non sunt,
6 negleguntur etiam corporum. aliter apud maiores in atriis 5
haec erant, quae spectarentur; non signa externorum artificum nec aera aut marmora: expressi cera vultus singulis
.disponebantur armariis, ut essent imagines, quae comi-
tarentur gentilicia funera, semperque defuncto aliquo totus
aderat familiae eius qui umquam fuerat populus. stem- 10
7 mata vero lineis discurrebant ad imagines pictas. tabulina
codicibus implebantur et monimentis rerum in magistratu
gestarum. aliae foris et circa limina animorum ingentium
imagines erant adfixis hostium spoliis, quae nec emptori
refigere liceret, triumphabantque etiam dominis mutatis 15
aeternae domus. erat haec stimulatio ingens, exprobrantibus
tectis cotidie inbellem dominum intrare in alienum trium-
8 phum. exstat Messalae oratoris indignatio, quae pro-
hibuit inseri genti suae Laevinorum alienam imaginem.

---

§ 6 extr.: cfr. Seneca de benef. III 28, 2. — § 7: cfr. Suet.
Nero 38. — § 8: M. Valerius Messala: cfr. Peter hist. Rom.
fragm. p. 265. — cfr. Plin. VII 54. Plutarch. Caes. 52. Suet.

1 uicesima luna *huc transposui. post eius habent ll.v, post*
feriasque *U, post* custodiunt (*v. 2*) *J. cfr. Cic. et CFWMüller*
grat. p. 553.   2 igadaſ **B²**. | ii **dhv**(*Brot.*). hii **V**. hi **R**(?)*C*(*S*).
in B *spat. vac.* | si ne **R**.   3 noci **V**. | & (*pro* est) **B**. | artis
VRh*S*.   4 sint **R**.   5 negleguntur (neglig- *v*) *J*. nec leg- **B**.
legentur *r*.   8 amaris **R**.   10. 11 ſtemmata **Bh***v*. ite- *r*.
    11 linteis *Fröhner anal. crit. p. 17 coll.* § *51*. | tabulina
ll.v(*S*). -blina **h**(?)*B*.   13 amicorum **d²***in ras*. domitarum *H*
cum Gron. | ingentium **B***v*(*S*). gent- *r H*.   14 orant **V**.
15 refringere *v.a.H*. | licent **R**. -ere **V**. | triumphabantque *ll. G*.
·quae *v*.   16 aeternae *ego*. & me (etiã **B²**) *ll*. ipsae *G*(*D*).
·ornamenta erant (*post* domus) *man. Dal. v*. emptae *U cum J*.
tamen *coni. S*. | erat **BS**. et erat (he- **V**) *rG*. eratque *v*. |
stimulatio *G* (summa et *add. v*). ſtimmatio **B¹**. eſtima- (*del.*
haec) **B²**. stima (summa **d**) ratio *rd*. | probrantibus **R**. ex-
probant reb, **B**.   17 imbellem **dh***v*.*a.S*. in bellum **VR**.
18 quae *ll.v*(*S*). qua **dh**(?)*G*.   19 laeuinorum *B*. blae- **V²**.
ble- **B¹d***v*. belui- **R**. blaenio- **V¹**. plebino- **B²**.

similis causa Messalae seni expressit volumina illa quae
de familiis condidit, cum Scipionis Pomponiani transisset
atrium vidissetque adoptione testamentaria Salvittones —
hoc enim fuerat cognomen — Africanorum dedecori in-
5 repentes Scipionum nomini. sed — pace Messalarum
dixisse liceat — etiam mentiri clarorum imagines erat
aliquis virtutum amor multoque honestius quam mereri,
ne quis suas expeteret.

Non est praetereundum et novicium inventum, siqui- 9
10 dem non ex auro argentove, at certe ex aere in biblio-
thecis dicantur illis, quorum inmortales animae in locis
iisdem locuntur, quin immo etiam quae non sunt finguntur,
pariuntque desideria non traditos vultus, sicut in Homero
evenit. quo maius, ut equidem arbitror, nullum est feli- 10
15 citatis specimen quam semper omnes scire cupere, qualis
fuerit aliquis. Asini Pollionis hoc Romae inventum, qui
primus bibliothecam dicando ingenia hominum rem publicam fecit. an priores coeperint Alexandreae et Pergami
reges, qui bibliothecas magno certamine instituere, non
20 facile dixerim. . imaginum amorem flagrasse quondam testes 11
sunt Atticus ille Ciceronis edito de iis volumine, M. Varro
benignissimo invento insertis voluminum suorum fecundi-

Caes. 59. — § 9: Suet. Tib. 70. — § 10: cfr. Plin. VII 115. Isid.
VI 5, 2. — § 11: Corn. Nep. Attic. 18, 5. 6.

---

3 saluittones *U cum Oudendorpio.* -nis **V**v(S). faeuittonif
B. saluitiones d. -nis **R**. salutiones *H*. -nis *C.*   4 dedecore
d**Th**v.*a.S.*   4. 5 inrepentes **B**(?)**T** *H cum Gron.* -te *r*d**h**. -tem
(*praem.* notam *v*) *J.*   5 nomine **B**¹. (*de dativo cfr. XIX 128.
XXIX 74*). | pacem **V.**   8 exteret **B.**   10 non *ll.* d**Th**cod.
Poll. S. nunc *J(U).* icones *D.* non solum *v.* | argentumue **B**¹. |
at *ego.* aut *ll.v.* .   11 ducantur **VB.** | illi *v.a.S.*   12 qui
immo **VB.**   13 traditi *v.a.Brot.* | sicuti **VB.**   14 deuenit **B.**
id eu- *J coll. IX 159.* | quo *ll.v. an* utique?   15 qualef **BV.**

16 fuerint **B.** | polionif **B***S.*   17 re d¹. rei **B**²d².   17. 18
publicam *v.* -cae **V.** -ce **R**d**h.** .p. **B.**   18 coeperunt **B.**
19 regef **B**v. om. *r.*   20 amorem **B***G(S).* -re *rv(H).* | quos-
dam *Brot.*   21 et atticus **R**hv.*a.S.* | et M. d**h**v.*a.U.*   22
benignissimo **B**d*v.* -me *r.* | uoluminum **B***v.* -nibus *r.*   22 *et*
p. 232, 1 fecunditati etiam *ego.* -atium **B**¹**VR.** -ati **B**²*S.* -ati
hominum *D.* -antium (-ati *v*) non nominibus tantum d*v.*

tati *etiam* septingentorum inlustrium aliquo modo imaginibus, non passus intercidere figuras aut vetustatem aevi
contra homines valere, inventor muneris etiam dis in-
vidiosi, quando inmortalitatem non solum dedit, verum
etiam in omnes terras misit, ut praesentes esse ubique 5
ceu di possent. et hoc quidem alienis ille praestitit.

12   **3.** (3) Verum clupeos in sacro vel publico dicare
privatim primus instituit, ut reperio, Appius Claudius
[qui consul cum P. Servilio fuit anno urbis CCLVIIII].
· posuit enim in Bellonae aede maiores suos, placuitque 10
in excelso spectari in titulos honorum legi, decora res,
utique si liberum turba parvulis imaginibus ceu nidum
aliquem subolis pariter ostendat, quales clupeos nemo non
13 gaudens favensque aspicit. (4) post eum M. Aemilius
collega in consulatu Quinti Lutatii non in basilica modo 15
Aemilia, verum et domi suae posuit, id quoque Martio
exemplo. scutis enim, qualibus apud Troiam pugnatum
est, continebantur imagines, unde et nomen habuere clu-
peorum, non, ut perversa grammaticorum suptilitas voluit,
a cluendo. origo plena virtutis, faciem reddi in scuto 20
14 cuiusque, qui fuerit usus illo. Poeni ex auro factitavere
et clupeos et imagines secumque vexere. in castris certe

---

§ 12: cfr. Liv. X 19, 17. — § 13: cfr. Charis. p. 77, 20 K.
Velius Longus p. 68, 11 K. Caper p. 97, 14 K. (Beck Plin. libr.
dub. serm. rell. p. 62). — § 14: Liv. XXV 39, 13. 17.

---

1 ſeptingintorum **B**. | sed et aliquo h*v.a.S.*   3 inuentor
ll.H. -tione *B.* -ni *v.* | muneriſ **BT***v.* munquis **B.** mumqu- **V**[1].
numqu- **V**[2].   3. 4 inuidiosi *ll.H.* -sus *B.* -sis *v.*   5 omniſ
B *SJ.*   6 ceu di *U cum M Hertzio.* cludi *ll.* credi d[2]*in ras.* h
(*praem. et Brot.*). et claudi (cludi *S*) *v(S).* | lineis *coni. O Jahn.*
     7 uerum **B** *S.* suorum *r D.* suorum uero d**h***v.* | clupeoſ **B**[1] *D.*
clyp- **V***v.* clip- *r (Verc.) S.* (*item semper deinceps*).   9 *uncos*
posuit U cum Gesnero.   12 liberorum d[2]*in ras.* h*v.a.S.* | turba
ll. G (S). -bae *v.* om. d**T***H.* | paruulis *om.* **B.**   13 oſtendat
B h *G.* -ant *rv.*   15 quintii **B**[2]. | liitati **V.**   17 troianum **B**[1].
     18 habere **B.**   20 plena **B h** *G.* -am *rv.*   21 eiuſque
B[2] *Ven.* eius *D.* | ex **B** d*v.* et ex *r D.*   22 uexere. in castris
ego. in castris uexere (**B** *S.* uenere *r.* tulere h*v*) *ll.* h*v.* cfr.
§ 5. *XXXIV* 48.

captis talem Hasdrubalis invenit Marcius, Scipionum in
Hispania ultor, isque clupeus supra fores Capitolinae aedis
usque ad incendium primum fuit. maiorum quidem nostro-
rum tanta securitas in ea re adnotatur, ut L. Manlio, Q.
5 Fulvio cos. anno urbis DLXXV M. Aufidius tutelae Capitolio redemptor docuerit patres argenteos esse clupeos,
qui pro aereis per aliquot iam lustra adsignabantur.

(5) De picturae initiis incerta nec instituti operis 15
quaestio est. Aegyptii sex milibus annorum aput ipsos
10 inventam, priusquam in Graeciam transiret, adfirmant,
vana praedicatione, ut palam est; Graeci autem alii Sicyone, alii aput Corinthios repertam, omnes umbra hominis lineis circumducta, itaque primam talem, secundam
singulis coloribus et monochromaton dictam, postquam
15 operosior inventa erat, duratque talis etiam nunc. in- 16
ventam liniarem a Philocle Aegyptio vel Cleanthe Corinthio primi exercuere Aridices Corinthius et Telephanes
Sicyonius, sine ullo etiamnum hi colore, iam tamen spar-
gentes linias intus. ideo et quos pinxere adscribere in-

---

§ 15: Isid. XIX 16, 2. Quintil. inst. or. X 2, 7. Philostr.
vita Apoll. Tyan. II 22. — Strabo VIII 3, 12 p. 343. — § 16:
cfr. Aelian. var. hist. X 10.

---

1 cap//tif **B**. -ptis eis **h** *v. a. S.* 2 spania **V**. scapanca
R. | ulciorisque **VR**. 3 maiorem **VRh**. 3. 4 nostrorum **d** *v*.
-trum **BVh** *D*. nŕam **R**. 4 ea re **Bdh** *v*. aere **V**. ere **R**. |
manlio **B²** *v*. -nilio *r*. | Q. **d** *v*. que **B**. *om. r*. 5 confulib. **B**.
5. 6 capitolio **B** *S*. -li **V**. -lii **Rdh** *v (an recte?)*. 7 aereif
Bd *B*. -ris *r v*. aureis *D*. | aliquod **B¹V** *D*. 8 incerta *om.* **R**.
10 transiret **B²dh** *v*. -rent **B¹**. -sieret **V**. -ssieret **R**.
13 lineif **B** *v*. -nteis *r*. | circumducta **Bh** *v*. -dicta *r*. 14 e
(*om.* et) monochromato **B** (*prob. U 764*). | dicta **V**. 15 ope-
riofior **B**. | etiannunc **B**. etiamnum *v. a. G*. 16 liniarem
(linea- **h** *v*) *S*. -aurem **VR** **d**. -auro em **B**. | dicunt a **d** *v. a. S.* |
filocle **B**. pil- **R**. | aegypti **R**. | cleanthe **d**(?) *Bas*. -te *ll. v.*
16. 17 corinthio **B** *v*. oriontio *r*. 17 exercuere **B²** *v*. exerque
r. | Aridices *S cum Keilio*. arad- **B**. ard- *r v*. | et **dh** *v (J)*.
om. ll. U. | telephanes **dh** *v*. teliph- **B**. telepa- *r*. 18 etiam-
num **dh** *v*. -unc **VR**. ei annum **B**. *an* etiamtum? 19 pinxere *ego*. *cfr. XXXVII 119*. pingere *ll*. -rent *v*.

stitutum. primus in*l*evit eas colore testae, ut ferunt, tritae
E*c*phantus Corinthius.   hunc eodem nomine alium fuisse
quam tradit Cornelius Nepos secutum in Italiam Damaratum, Tarquinii Prisci regis Romani patrem, fugientem
¹⁵² a Corintho tyranni iniurias Cypseli, mox docebimus.   5
17   (6) Iam enim absoluta erat pictura etiam in Italia.
exstant certe hodieque antiquiores urbe picturae Ardeae
in aedibus sacris, quibus equidem nullas aeque miror,
tam longo aevo durantes in orbitate tecti veluti recentes.
similiter Lanivi, ubi Atalante et Helena comminus pictae 10
sunt nudae ab eodem artifice, utraque excellentissima
forma, sed altera ut virgo, ne ruinis quidem templi con-
18 cussae.   Gaius princeps tollere eas conatus est libidine
accensus, si tectori*i* natura permisisset.   durant et Caere
antiquiores et ipsae, fatebiturque quisquis eas diligenter 15

---

§ 16 extr.: [cfr. Loewy Inschr. Gr. Bildh. 5]. — Corn. Nep.
fragm. 35 Halm. (Cic. de rep. II 19, 34). — § 17: cfr. Plin. infra
§ 115. Serv. ad Verg. Aen. I 44. — § 18 extr.: cfr. Plin. XXXIII 115.

---

1 inleuit *U*(*D*) *cum M Hauptio.* inuenit *ll. v.* cfr. § 97.
XXII 2. *X* 71. *VI* 190. | eos **V**²*v. a. G.* | colore **B***S*(*D*). -res
rv. -rare *G.* -rare colore *J.* | te*f*tae **BV***S.* -ta *G.* -te **R** d h *v.* |
feruntur **VR**. | tritae *S.* -ta *G.* tri*f*t*ę* **B**¹. -te **B**². ita **V** h. it **R**.
aratus d²*in ras.* -to *v.*   2 ecphantus *S cum O Jahnio.* eph- **B**.
eleph- *r.* cleph- **d**. cleoph- *v.* | hunc *ll. S.* hunc aut (autem *v*)
G. | eundem nomine alio *Schultz in Jahnii annal. XI p.* 77.
an recte? de dictione cfr. § 133. *XVI* 39. | nominum **R**.
3 quam *ll.* quem **d** h *v.* quam quem *S cum J. cfr. XXXIV* 116
et nov. luc. p. 53 (*XIV* 86. *XII* 112). | italiam **B** *G.* -ia *rv.*
3. 4 demaratum **d** h *v. a. S.*   6 enim *om.* **R**.   7 antiqui-
oris **R**.   8 in aequibus (equ- **R**) **VR**. | eo quidem **B**.   ego
qu- *D. sed cfr. XXXIII* 12 *et Ludewig stud. philol. Prag. III
p.* 36. (*an nullas equidem?*) | aeque **B** h *v.* equi *r.* | miror **B** h
v(*S*). minor *r.* demiror *G.*   9 durantes **d** h *v.* -tis *ll. D.* -tibus
coni. S. an durant et? | ueluti *om.* **B**. | recentes **d** h *v.* -tis *ll. D.*
-tibus *coni. S.*   10 laniui **B**¹*U.* -nuui *rv.*   12 *post* ut *ex-
cidisse* adultera altera ut *putavit J coll.* § 136. | ruini*f* **B** *v.*
minis *r.* | templi **B** *v.* -pti *r.*   13 gaiu*f* **B** *S.* gatus **V**. caius
R d **T** *H.*   potius (pont- *v*) legatus (Caii *add. v*) h *v.* | principis
v. a. H. | liuidine **B**.   14 tectorii *B.* -turi **VR**. lectori **B**.
tecti d²*in ras.* h *v.* | durant **B** *G.* -ra *r.* -rauere h *v.*   15 ipsae
d *v.* -se *ll.* | fatebitur quae **B**.

aestimaverit nullam artium celerius consummatam, cum
Iliacis temporibus non fuisse eam appareat.

4. (7) Apud Romanos quoque honos mature huic arti 19
contigit, siquidem cognomina ex ea Pictorum traxerunt
5 Fabii clarissimae gentis, princepsque eius cognominis ipse
aedem Salutis pinxit anno urbis conditae CCCCL, quae
pictura duravit ad nostram memoriam aede ea Claudi
principatu exusta. proxime celebrata est in foro boario
aede Herculis Pacui poetae pictura. Enni sorore genitus
10 hic fuit clarioremque artem eam Romae fecit gloria scaenae. postea non est spectata honestis manibus, nisi forte 20
quis Turpilium equitem Romanum e Venetia nostrae aetatis
velit referre, pulchris eius operibus hodieque Veronae ex-
stantibus. laeva is manu pinxit, quod de nullo ante me-
15 moratur. parvis gloriabatur tabellis extinctus nuper in
longa senecta Titedius Labeo praetorius, etiam proconsu-
latu provinciae Narbonensis functus, sed ea re inrisa etiam
contumeliae erat. fuit et principum virorum non omitten- 21
dum de pictura celebre consilium, cum Q. Pedius, nepos

---

§ 19: Val. Max. VIII 14, 6. — Hieron. ad Euseb. chron. Ol.
156, 3 p. 129 Schoene. — § 21: cfr. Suet. Caes. 83.

---

1 nullum **R**. | confummatam **dh** *C*. -umatam **B***v*. -umma-
tum *r*. 2 in iliacis **R**. | appareat **Bh***v*. -ret *r*. 3 honor
V. | maturae **B**. nat- *v.a.B.* |. arte **V²R**. 4 & ea **B¹**.
5 fabi **B¹**. -bie **d**. -bia **VR**. | gentis **Bd***v*. -tes *r*. 6 aedens
V. edens **R**. 7 aede ea *S cum J*. -dem (-de⁸ **B²**) ea **B**. aede
a **R**. medea **V¹d**. edem a **V²**. aede *v*. 8. 9 boario aede **B***v*.
aeri **VR**. 9 pacui **B¹***J*. *cfr. XXXIV 22.* -uuii **B²h***v*. -ubii
V². -ubi *r*. 10 clarioremq. **Bdh***v*. -em qui *r*. 10. 11
scaenae *S*. -na **B**. scenae **dh***v*. -na *r*. 12 turpilium **Bh***v*.
-illum *r*. 13 uelit **B***G*. uellet **dTh**. hellet **R**. belleae (-lle *v*)
V*v*. | referret **V²R**. -erat *v.a.G.* 14 quod e nulo **B**. 14. 15
moratur **VR**. 15 paruiffe **B**. *an paruis ipse?* 16 fecta **B**. |
titediuf **B***J*². sit edius (aed- **V**) *r*. Titidius *S cum J¹ coll. Tac.*
ann. II 85. Antistius *H*. Aterius *v*. | labeo **R***v*. babeo **BV**.
17 fructus **R**. | re **BS**. res *rv*. | inrisa *ego.* inlifa **B**. in
risu *rv*. irrisu (inr- *S*) **dS**. | etiam *ll.J*. et iam *v(S)*. et *Dal.*
18 contumeliae (-tim- **B¹**) **BS**. -lia *rv*. | fugit ad **R**. | prin-
cipium **Bh***Ven*. | uirorum **B***v*. uiuo- *r*. 19 *dist. ego*. | cum-
que **B**. Qu. **h***v.a.S.* 19 *et* p. 236, 1 nepoftq. **B**. nepusque **V**.

Q. Pedii consularis triumphalisque et a Caesare dictatore
coheredis Augusto dati, natura mutus esset. in eo Messala orator, ex cuius familia pueri avia fuerat, picturam
docendum censuit, idque etiam divus Augustus compro-
22 bavit; puer magni profectus in ea arte obiit. dignatio 5
autem praecipua Romae increvit, ut existimo, a M'. Valerio
Maximo Messala, qui princeps tabulam [picturam] proelii,
quo Carthaginienses et Hieronem in Sicilia vicerat, proposuit in latere curiae Hostiliae anno ab urbe condita
CCCCXC. fecit hoc idem et L. Scipio tabulamque victoriae 10
suae Asiaticae in Capitolio posuit, idque aegre tulisse fratrem Africanum tradunt, haut inmerito, quando filius eius
23 illo proelio captus fuerat. non dissimilem offensionem et
Aemiliani subiit L. Hostilius Mancinus, qui primus Carthaginem inruperat, situm eius oppugnationesque depictas 15
proponendo in foro et ipse *ads*istens populo spectanti
singula enarrando, qua comitate proximis comitiis consulatum adeptus est. habuit et scaena ludis Claudii Pul-

---

§ 22 extr.: Liv. XXXVII 34, 5. Val. Max. II 10, 2. — § 23
extr.: Val. Max. II 4, 6.

---

1 pedii **B**h*v*. perii **V**d. perrii **R**. | confularif **B**h*v*. -latus
(-sol- **R**¹) *r*. | & a a **B**. a *v.a.S*. | dictatoref **B**. 2 cum na-
tura h*v.a.S*. | mutus d²*in ras.*h*v*. multis *ll*. | *dist. ego.* | in eo
*ll.J*². ideo *U cum J*¹. eum *v*. 2. 3 messalla **V***Verc*.
3 fuerit **R**. erat h*v.a.S*. 4 *an* docendum eum? 4. 5 com-
probauerit **B**. 5 obid **B**¹. obit **B**². 6 a **M'**. *S*. a m̄ **B**.
a m. d*v*. om. *r*. 7 qui **B***G*(*S*). om. *r*. cum *v*(*Brot*.). | tabula
B². | *uncos ego posui. cfr. infra v. 10 et* § 25. picturā **B**. -rae
v. pictam *rS*. 8 heronem **R**. | siciliam **VR**. | uexerat **V**. de-
uicerat *v.a.S*. 10 ccccLX **R**. ccccXL d. | quidem h*v.a.H*. |
et *om. Dal.* (*errore*). | L. **B**dh*v*. ly **V**. *om.***R**. 11 aegre (egre
d²) tuliffe **B**d²*in ras.*h*v*. haec retulisset (hęc r&t- **R**) *r*.
11. 12 frs **R**. 12 aut **B**¹**V**. 13 in illo *v.a.S*. | diffimilem
Bd*v*. disseminem *r*. 14 aemilianif **B**. -liam **V**. | fubit **B**. |
hoftili'. m . S **B**. -lius M. F. *coni. J*¹. | mancinuf **B**h. -cius *r*.
15 fitum **B***v*. sicum d²*in ras*. si tunc *r*. | oppugnationef-
que **B**d*H*. exp- *r*G. -emque *v*. 16 adsistens *v*. abstinens
ll. | fpectanti **B**²d*v*. -tif **B**¹. -te *r*. 17 narrando **B**². | proxi-
mif **B**d*v*. -me *r*. | comitif **B**¹. 18 ademptus **VR**. | et *om.***B**. |
cludii **B**.

chri magnam admirationem picturae, cum ad tegularum
similitudinem corvi decepti imagine advolarent.

(8) Tabulis autem externis auctoritatem Romae publice 24
fecit primus omnium L. Mummius, cui cognomen Achaici
5 victoria dedit. namque cum in praeda vendenda rex Atta-
lus ✕ |$\overline{\text{VI}}$| emisset tabulam Aristidis, Liberum patrem, pre-
tium miratus suspicatusque aliquid in ea virtutis, quod
ipse nesciret, revocavit tabulam, Attalo multum querente,
et in Cereris delubro posuit. quam primam arbitror pictu-
10 ram externam Romae publicatam, deinde video et in foro
positas volgo. hinc enim ille Crassi oratoris lepos agentis 25
sub Veteribus; cum testis compellatus instaret: dic ergo,
Crasse, qualem me noris? talem, inquit, ostendens
in tabula inficetissime Gallum exerentem linguam. in foro
15 fuit et illa pastoris senis cum baculo, de qua Teutonorum
legatus respondit interrogatus, quantine eum aestimaret,
donari sibi nolle talem vivum verumque. (9) sed prae- 26
cipuam auctoritatem publice tabulis fecit Caesar dictator
Aiace et Media ante Veneris Genetricis aedem dicatis, post

---

§ 24: cfr. Strabo VIII 6, 23 p. 381. Plin. infra § 100. VII
126. — § 25: cfr. Cic. de or. II 66, 266. Quintil. inst. or. VI
3, 38. — § 26 init.: cfr. Plin. infra § 136. VII 126.

---

1 pictore **V**. 2 curui **V**d. | imagine **dh***v*(*U*). -ini *J*[1].
-inem *ll.S*(*D*). *cfr. § 66*. | aduolarent **d**h*v*. -rant *ll. an* ad-
uolaſſent? *cfr. § 66*. 4 cognomina **V**d. | achalci **B**. caici
Vd. 5 cum *om.***R**. 5. 6 rex attaluſ **B**d*G*(*S*). rexat aliu *r*.
rex attalus distraxisset et h*Brot.* res distraxisset et rex atta-
lus *v*. 6 ✕ |$\overline{\text{VI}}$| *D*. x. $\overline{\text{vi}}$ *H cum Gron.* XVI **BV**d[2]*in ras.* XIII **R**.
VI. **M**. sestertium *v*. | ariſtidiſ **B**d*hv*. -des *r*. 6. 7 pretium
Bh*v*. -io *r*. 9 primam d*G*. -mum *ll.v*. 11 lepoſ **B**d*hv*.
-pus *r*. | agentiſ **B***v*. eg- *r*. 12 cum teſtiſ (textis h) **B**h*.B*.
contextis *rv*. 13 me noriſ **B***S*. mensores (mems- **V**) *r*. me
reris *v*. | inquid **B**[1]. | oſtendeſ **B**. 14 tabula *U*. -lam **B**.
-la (-lam **V**) pictum **V**d*v*. tapabulā pſictum **R**. *cfr. § 22*. |
inficietissime **V**d. | exerentem **B***v*. exerce- *r*. 15 pastores
senes **V****R**. | uaculo **V**. | teutonorum (tau- **B**) **BT***v*. teho- **R**F**d.
in **V** *evanidum*. 16 quanti h*v.a.S*. 17 non l&alem **B**. |
niuom **B***S*. 18 publicae **B**. | dictator *om.***B**. 19 media
B*U*. -dea *rv*. | genetriciſ **B**d*hv*. -trix *r*.

eum M. Agrippa, vir rusticitati propior quam deliciis. exstat certe eius oratio magnifica et maximo civium digna de tabulis omnibus signisque publicandis, quod fieri satius fuisset quam in villarum exilia pelli. verum eadem illa torvitas tabulas duas Aiacis et Veneris mercata est a Cyzi- 5 cenis HS |XII|. in thermarum quoque calidissima parte marmoribus incluserat parvas tabellas, paulo ante, cum
27 reficerentur, sublatas. (10) super omnes divus Augustus in foro suo celeberrima in parte posuit tabulas duas, quae Belli faciem pictam habent et Triumphum, item Castores 10
91 ac Victoriam. posuit et quas dicemus sub artificum mentione in templo Caesaris patris. idem in curia quoque, quam in comitio consecrabat, duas tabulas inpressit parieti. Nemean sedentem supra leonem, palmigeram ipsam, adstante cum baculo sene, cuius supra caput tabella bigae 15 dependet, Nicias scripsit se inussisse; tali enim usus est
28 verbo. alterius tabulae admiratio est puberem filium seni patri similem esse aetatis salva differentia, supervolante aquila draconem complexa; Philochares hoc suum opus esse testatus est, inmensa, vel unam si tantum hanc 20 tabulam aliquis aestimet, potentia artis, cum propter

§ 27: Serv. ad Verg. Aen. I 291. — cfr. Plin. infra § 131.

1 propior h*v*. proprior **VR**d*Ven*. prior **B**. 3 fierit **V**¹**R**. -ret **V²**. | ſatiuſ **B**d**h***v*. -tis *r*. 4 aedem **V**. 5. 6 cyziceni **B**. 6 HS *G*(*S*). h//// **B**¹. hiſ **B²**. *om*. *rv*(*H*). | |XII| *J*. XII. **B**. XII *S*. XII M. *G*. XIII *r*. X. III *H*. XIII M. pondo *v*. 8 reficerentur **B***G*. refig- *d*. refrig- *r*. reſtring- *v*. | omniſ **B***S*. 9 tabulis **VR**. 10 habent **B**h*v*. -bet *r*. | idem **R**(?)*v*.*a*.*U*. | caſtoriſ **B²**. 11 ac **B**¹*v*. ac .p. **B²**. ad *r*. | *dist*. *U* auctore *Bergkio II p. 8.* 12 curia **B**d**h***v*. -iam *r*. 13 quomitio **V**. 13—16 *dist. Traube.* 14. 15 adstante *v*. -tem *ll*. 15 sene **V**h*v*. ſine **BR**. | tabella **B***S*. -bula *rv*. | bige **V**. bigere **B**¹. palmigere **B²**. 16 *an* ascripsit? *cfr. § 16.* | se intus isset ali enim **V**. se inusis sed alienū **R**. 18 patri **B**d**h***v*. -ris *r*. | aetatis *om*. **R**. | ſuperuolantē **B**. -ti **R**. 19 aquilam **B**. | draconem (-cc- **B**) **B**d**h***v*. -one *r*. | complexa **R**d**h***v*. -xam **B**. conuexa **V**. | philochares h*v*. -riſ **B**. -caeres *r*. 20 inmensa **B**. -sam *ll*.*v*(*U*). *cfr. § 158.* | si quis *v*.*a*.*S*. 21· aliquis *ll*.*S*. quis **h**. *del*.*v*. | potentia **B***B*. -iam *rv*(*U*).

Philocharen ignobilissimos alioqui Glaucionem filiumque
eius Aristippum senatus populi Romani tot saeculis spectet!
posuit et Tiberius Caesar, minime comis imperator, in
templo ipsius Augusti quas mox indicabimus. hactenus 131
5 dictum sit de dignitate artis morientis.

5. (11) Quibus coloribus singulis primi pinxissent 29
diximus, cum de *ii*s pigmentis traderemus in metallis, 33,117
qu*ae* mono*chr*omata a gener*e* picturae vocantur. qui deinde
et quae invenerint et quibus temporibus, dicemus in 53 sq.
10 mentione artificum, quoniam indicare naturas colorum
prior causa operis instituti est. tandem se ars ipsa
distinxit et invenit lumen atque umbras, differentia colorum alterna vice sese excitante. postea deinde adiectus
est splendor, alius hic quam lumen. quod inter haec et
15 umbras esset, appellarunt tonon, commissuras vero colorem
et transitus harmogen.

6. (12) Sunt autem colores austeri aut floridi. utrum- 30
que natura aut mixtura evenit. floridi sunt — quos do-
minus *p*ingenti praestat — minium, Armenium, cinnabaris,
20 chrysocolla, Indicum, purpurissum; ceteri austeri. ex
omnibus alii nascuntur, alii fiunt. nascuntur Sinopis,

---

§ 29 extr.: Isid. XIX 16, 2. — § 30: Vitruv. VII 7, 1. 5, 8.
Th. lap. 55. — Isid. XIX 17, 2.

---

1 philodiaren **R**. | ignobiliſſimvſ **B²**. | alioqui h*H* (-uin *v*).
-iqui **BR²**. -iq. **R¹**. -iquis **V**.   2 et populus h. populusque
v.a.S. | romani **BdT***S*. -nus *rhv*. | *an* tot post?   3 & **Bdhv**.
ei *r*.   5 sic **V**. | dignate **VR**.   7 iis *ego*. iſ **B**. his *rS*.
om. d(?)*v*. | *dist. ego*.   8 quae *S*. qui (*ortum ex* que) *ll.v*(*U*).
del. Littré. | monochromata a *ego*. *cfr.* § 56. -atea h(?)*v*. -ta
ea *Littré* (*item D*). mox neogrammatae a **B**. -atea *rS*. mox
—qui *uncis includi voluit U 764*. (*an* monogrammata a?). |
genere *ego*. -ra *ll.v*. | uocantur **B***S* (quae *praem. J*). -auerunt
r. -rint h*v*.   13 uiceſ **B¹**. uie **R**. uiae **V¹**. uia **V²**. | ſeſe
B²h*v*. se **V²**. eſſe *r*. | excitant & **B**. | postea *om*. h*v.a.S.*
14 quod (quem *v*) quia h*v.a.S.* | hoc *v.a.S.*   15 umbraſ **B***S*.
-ra **V**. -ram **Rd**h*v*. | eſſ& **B**h*v*. -ent *r*.   16 armogen **VR***v*.
a.H.   18 aque (*pro* que) **R**. | uenit **B²**.   18. 19 dominos **V²**.
19 pingenti *Bas*. fi- (-ent **V**) *ll.v*. | praestant **R**. | meinium
B¹. | armenium *om*. **B¹**. *cfr.* § 47.   20 purpuriſſi **B**. -issimum
v.a.B.   21 sinopus **VR**.

rubrica, Paraetonium, Melinum, Eretria, auripigmentum;

$^{83,111.}_{158\,al.}$ ceteri finguntur, primumque quos in metallis diximus,
praeterea e vilioribus ochra, cerussa usta, sandaraca,
sandyx, Syricum, atramentum.

31   (13) Sinopis inventa primum in Ponto est; inde nomen 5
a Sinope urbe. nascitur et in Aegypto, Baliaribus, Africa,
sed optima in Lemno et in Cappadocia, effossa e speluncis.
pars, quae saxis adhaesit, excellit. glaebis suus colos, extra
maculosus. hac usi sunt veteres ad splendorem. species
Sinopidis tres: rubra et minus rubens atque inter has 10
media. pretium optimae ✕ II, usus ad penicillum aut si
32 lignum colorare libeat; eius, quae ex Africa venit, octoni
asses — cicerculum appellant —; magis ceteris rubet,
utilior abacis. idem pretium et eius, quae pressior vocatur, et est maxime fusca. usus ad bases abacorum, in 15
medicina vero blandus .... emplastrisque et malagmatis,
sive sicca compositione sive liquida facilis, contra ulcera
in umore sita, velut oris, sedis. alvum sistit infusa, feminarum profluvia *p*ota denarii pondere. eadem adusta siccat
scabritias oculorum, e vino maxime. 20

---

§ 31: Isid. XIX 17, 8. Th. lap. 52. 53. Diosc. V 111. Vitruv.
VII 7, 2. — § 32: Diosc. V 111. eupor. II 48.

---

1 rubricata (rob- **V**) raetontum (ret- **R**) **VR**. | eretria **h***v*.
fer- **VR**d. fretia **B***Isid*. (*cfr.* § *37. 38. 192. XXXIII 163*).
2 figuntur **B**.   3 uiltoribuſ **B**¹. cul- **B**². | ochra **B**h*v*.
-re *r*. -rea d.   4 ſiricum **BV**.   5 inde **B***Isid.v*(*S*). in *r*.
om. d h *Brot*.   6 balliaribus **V**. balla- **B**. ·balea- d h*v.a.S*.
7 lemno d h*v*. temno (-nio **B**¹) *ll*. | e *G*(*J*). & **B***S*. et in
rv. | ſpelucif **B**.   8 parſ **B***S*. trans *r*. *om.* h*v*. | que **R**d. |
athaeſit **B**¹. adheſit **B**². adesit **V**. | excellit d h*v*. -ll& **B**. -lli *r*.
(*an* excellit et glaebis ibi suus?).   9 ac **R**. hacque *v.a.S*.
10 rubras **VR**.   11 optimae in libras *v.a.S*. (*an* in pondo,
ut § *36?*). | xiii denarii *v.a.H*.   12 eiuſ quae **B***v*. et usque
r. | octoni **B**d*v*. octi **V**. oti **R**.   13 circum **B**.   14 et *om.*
d h*v.a.S*. | praeſior **V**¹. praecisior **V**².   15 et *om.* **R**. (*an* set
vel haec?). | usus eius **R**d*v.a.S*. | baſiſ **B**¹**R***S*.   16 *lac. ego*
indicavi. excidisse videtur pastillis; *cfr. Diosc*. | inplastrisque
VR.   17. 18 ulcerai numore **B**¹. -ra tum- **B**².   18 ſi ita **B**. |
uolut **R**. ueluti **V***C*. | ſed hiſ **B**².   19 pota *v*. tota *ll*. | pon-
dera **B**¹.   20 e **VR***G*(*J*). & **B***S*. *om.* d*v*.

(14) Rubricae genus in ea voluere intellegi quidam 33
secundae auctoritatis, palmam enim Lemniae dabant. minio
proxima haec est, multum antiquis celebrata cum insula,
in qua nascitur. nec nisi signata venumdabatur, unde et
5 sphragidem appellavere. hac minium sublinunt adulterant- 34
que. in medicina praeclara res habetur. epiphoras enim
oculorum mitigat ac dolores circumlita et aegilopia manare
prohibet, sanguinem reicientibus ex aceto datur bibenda.
bibitur et contra lienum reniumque vitia et purgationes
10 feminarum, item et contra venena et serpentium ictus
terrestrium marinorumque, omnibus ideo antidotis familiaris. — (15) E reliquis rubricae generibus fabris utilis- 35
sima Aegyptia et Africana, quoniam maxime sorbentur
tectoriis. *rubrica* autem nascitur et in ferrariis metallis.
15 (16) ea et fit ochra exusta * in ollis novis luto circum-
litis. quo magis arsit in caminis, hoc melior. omnis
autem rubrica siccat ideoque ex emplastris conveniet igni
etiam sacro.
(17) Sinopidis Ponticae selibrae silis lucidi libris X 36
20 et Melini Graecensis II mixtis tritisque una per dies duo-

---

§§ 33. 34: Diosc. V 113. — § 35: Diosc. V 112. Th. lap. 52.
— Isid. XIX 17, 13. Th. lap. 53. 54. Diosc. V 111. — § 36 med.:
Vitruv. VII 7, 8. — cfr. Plin. XXXIII 91.

---

1 rubricae v. -ca ll. | quidem B. 2 secunda B. | lam-
niae B. | dabunt B. 3 celebratam B¹. 4 nisi om. B.
5 phragidem B. | fubruunt B. 6 epiforaſ B. 7 ac S.
hac B. et V²dhv. e r. | aegilopia S (-pas C. -pias v). egil- ll. |
manare Bdhv. -nere r. 8 bibendo B. 11 marinorumque
Bv. que r. 12 e BS. ex rv(D). | relinquiſ B¹. | fabris om. B.
13. 14 dist. (P) H. 14 tectoriis ego. cfr. § 36 et 45. 150,
de mendo § 18. XXXVI 177. picturis ll.v. | rubrica huc trans-
posui. in textu olim omissum et margini adscriptum irrepsit
(duobus versibus infra) post exusta (v. 15). | autem nascitur ll.S.
nascitur autem dT H. autem apta nascitur h v. 15 ea et
fit ochra ego. ex ea fit ochra ll.v. ochra; ex ea fit dT Brot.
cum P. cfr. Theophr. et Diosc. | exusta rubrica ll.v. 17 ex
VB. et dhv. om. BS. | conueniet (vel -iat) ego. cfr. XXV 145.
-nit & ll.S. -nil v. 19 selibrae (vi. li- B²) B. -bra rv. -bra
et U 765. | faliſ B². cfr. § 38. | lucidis VB. 20 graeciensis h
v.a.J. | duabus ll.v. 20 et p. 242,1 duodenos ego. -niſ B. XII rv.

denos leucophorum fit. hoc est glutinum auri, cum inducitur ligno.

    (18) Paraetonium loci nomen habet ex Aegypto. spu-
mam maris esse dicunt solidatam cum limo, et ideo conchae minutae inveniuntur in eo. fit et in Creta insula 5
atque Cyrenis. adulteratur Romae creta Cimolia decocta
conspissataque. pretium optimo in pondo VI ✕ L. e candidis coloribus pinguissimum et tectorii tenacissimum propter
levorem.

37   (19) Melinum candidum et ipsum est, optimum in 10
Melo insula. in Samo quod nascitur, eo non utuntur
pictores propter nimiam pinguitudinem; accubantes effo-
diunt ibi inter saxa venam scrutantes. in medicina eundem usum habet quem Eretria creta; praeterea linguam
tactu siccat, pilos detrahit smectica vi. pretium in libras 15
sestertii singuli.

    Tertius e candidis colos est cerussa, cuius rationem
34, 175 in plumbi metallis diximus. fuit et terra per se in
Theodoti fundo inventa Zmyrnae, qua veteres ad navium
picturas utebantur. nunc omnis ex plumbo et aceto fit, 20
38 ut diximus. (20) usta casu reperta est in incendio

---

    § 37: Isid. XIX 17, 21. Vitruv. VII 7, 3. Th. lap. 62. 63.
Diosc. V 179 (171). Vitruv. VII 7, 4. — § 38: Vitruv. VII 11, 1.
(cfr. Diosc. V 103). Th. lap. 53. Vitruv. VII 11, 2. — Diosc.

---

    1 leucophorum h*B*. leuchoporum **B**[1]. -phorum **B**[2]**V**. eucha-
R. euco- *v.a.B*.   3 paraetonium *S*. -ion h*v*. -aeconioni **R**.
paretonium **B** d. -iom **V**.   5 inuenitur **VR**. | fiat in Cre ac **R**.
    6 cimolea **B**[2].   7 confpiffataque **B** *v*. -ssa aque (aquae **V**)
VR. | VI ✕ L *S*. VI·XL **B**. VI·XI **VT**. VI **R**. X. I *H cum Gron*.
sex X *G*. sex librarum *v*.   8 pinguiffimum **B** d*v*. -mis *r*. *cfr*.
XXXIII 91. | tectorii *ego*. -ri *ll.S*. -riis *v*.   9 liuorem **B**[2]h
v.a.B.   11 quod *ego*. quoque *ll.v*. *cfr. Theophr*. | sed eo
v.a.S.   13 uenas d h*v.a.S*.   14 eretria h*v*. fre- **VR**d. fre-
tia **B**. *cfr. § 30*.   15 tactus **VR**. | smectica ui *U 766 coll*.
Diosc. et XXX 29. m&cica ut **R**. meccica ut **V**d. metica ut **B**.
medica ui *coni. S*. et (*om. S*) mitigat *v.a.D*.   17 e **B** *v*. et *r*. |
candidif **B** *v*. -idus *r*. *cfr. § 48*. | ceruffa (caer- **B**) **B** *S*. cerussae
(caer- **V**) *r*.   18 plumbif **B**[1].   19 theodoti **B** *v*. -te *r*. | in
cum spat. vac. (*pro* inuenta) **B**.   21 ufta **B** *v*. & a **R**[1]. ut a *r*. |
in *del. B*.

Pirae*ei* cerussa in urceis cremata. hac primum usus est
Nicias supra dictus. optima nunc Asiatica habetur, quae 27
et purpurea appellatur. pretium eius in libras ✕ VI. fit
et Romae cremato sile marmoroso et restincto aceto. sine .
ꜱ usta non fiunt umbrae.

(21) Eretria terrae suae habet nomen. hac Nicomachus et Par*r*hasius usi. refrigerat, emollit, explet volnera; si coquatur, ad siccanda praecipitur, utilis et capitis
doloribus et ad deprehendenda pura; subesse enim ea
ꜱ intellegunt, si ex aqua inlita *continuo* arescat.

(22) Sandaracam et ochram I u b a tradidit in insula 39
Rubri maris Topazo nasci, sed inde non pervehuntur ad
nos. sandaraca quomodo fieret diximus. fit et adulte- 34, 177
rina ex cerussa in fornace cocta. color esse debet flam-
ꜱ meus. pretium in libras asses quini. (23) haec si tor- 40
reatur aequa parte rubrica admixta, sandycem facit, quamquam animadverto V e r g i l i u m existimasse herbam id esse
illo versu:

S p o n t e   s u a   s a n d y x   p a s c e n t i s   v e s t i a t   a g n o s.

V 170. Hippocr. de morb. III 27 p. 116. (cfr. Plin. infra § 192). —
§ 39: Isid. XIX 17, 11. 13. Vitruv. VII 12, 2. — § 40: Isid. XIX
17, 12. (cfr. Diosc. V 103). Vergil. Buc. IV 45. — Isid. XIX 17, 6.

1 piraeei *G.* pira & *ll.* pyrae *v.* | urceiſ **B²***D cum U* 767.
cfr. XXXIV 175. urciſ **B¹.** orcis *r* **B.** hortis *v.* | primum **B** *S.*
-us *r v.*   3 x. vi *H.* xvi **V B.** aut **B** (*cfr. XXXIII 51*). aeris *v.*
4 ſille **B¹.** ſale **B².** *cfr. § 36.* | nec tincto **V.**   5 ſunt **B.**
6 eraetria **V.** fretria **B.** *cfr. § 30. 37.*   7 parrhasius *v* (*H*).
parna- **B.** parinta- *r.* parintha- *d.* parra- *S.* para- *C.* | emollit-
que **B** *v. a. S.* aemollit quae (que **V²**) **V.**   8 praecipitur, utilis
ego. cfr. XXVII 140. XXXII 54. XXXI 122. XXVIII 205.
XXV 29. -coquitur utiliſ **B.** -cipue utilis *v.* utilis praecipua
r H.   9 deprehendenda **B** *v.* -dam **B** d *h.* depraehendam **V.**
10 inlita continuo *ego.* inlita (illita **V²** *v. a. S*) non **V B** d *v.*
inlinunt non **B.** inlita linteum *U 768 ex Hippocr.* (*saltem* lin-
teo). | areſcat **B** d *v.* aer- **V.** er- **B.**   11 ocham **V** d. | tradidit
B *S.* tradit *r v.*   12 topaizo **B.** -azono *v. a.* **B.** | ſed **B** h *v* (*S*).
et **V T.** *om.* **B** d **T** *H.* | nunc d **T** *H.*   13. 14 et adulterina *G.* ad-
ulterina et *ll. v* (*J*). *an lacuna ante* et?   14 colos d **h** *v. a. S.*
15 aſſeſ **B** *v.* ses *r.*   16 ſandygem **B.** -dicem **V.**   17 uirgi-
lium **B²** *v. a. S.*   18. 19 illo ponte uersus **B.**   19 pascentes
h *v. a. S.* | uestiet **h** *Verg. v. a. J.*

pretium in libras dimidium eius quod sandaracae. nec
sunt alii colores maioris ponderis.

(24) Inter facticios est et Syricum, quo minium sub-
33,120 lini diximus. fit autem Sinopide et sandyce mixtis.

41 (25) Atramentum quoque inter facticios erit, quam- 5
quam est et terrae, geminae originis. aut enim salsuginis
modo emanat, aut terra ipsa sulpurei coloris ad hoc probatur. inventi sunt pictores, qui carbones infestatis sepulchris effoderent. inportuna haec omnia ac novicia. fit
enim e fuligine pluribus modis, resina vel pice exustis, 10
propter quod etiam officinas aedificavere fumum eum non
emittentes. laudatissimum eodem modo fit e taedis. adulteratur fornacium balinearumque fuligine quo ad volu-
42 mina scribenda utuntur. sunt qui et vini faecem siccatam
excoquant adfirmentque, si ex bono vino faex ea fuerit, 15
Indici speciem id atramentum praebere. Polygnotus et
Micon, celeberrimi pictores, Athenis e vinaceis fecere,
tryginon appellantes. Apelles commentus est ex ebore
43 combusto facere, quod elephantinum vocatur. adportatur

---

§ 41: Diosc. V 117. — Vitruv. VII 10, 2. 3. Diosc. V 182.
Isid. XIX 17, 17. — § 42: Vitruv. VII 10, 4. Isid. XIX 17, 18.

---

2 alii h v. alii duo (*i. e.* II *ortum ex* ii) *ll. S.* **cfr.** *Müller*
emend. V 17. 3 siricum **V.** firyc- **B².** firuc- **B¹.** 4 et in
VR. | sandice. **V.** -duce **B.** 5 in **VR.** 6 terrae **BVh** *S.*
-rre **R.** -rra d v. terrena *U 769* (*saltem* terrenum). e terra
Madvig adv. crit. III 212. | geminis **V.** | autem **V.** 7 modo
B v. domo d. -mo et r. 8 infeftatif *ego.* -ectant *ll.* -ectos
d h v. iniectos *coni. S.* adfectarent *D.* *an potius* infestantes
sepulchra? *de mendo cfr. XXXVI 86.* (e [*om.* h] sepulchris
carbones infectos h v. a. J). 9 effoderent **Th** v. -re **B** J D.
infoderet r. -rent d. | inportuna **BT** v. in for- r. 10 e **BV**
d **T** *Brot.* et **Rh** v. | fulgine **B¹** *SJ.* flig- **R.** folig- **V¹.** 12
emittentef **B** v. omi- r. | laudatissimum d h v. -mam **B¹VR.**
-ma **B²** *S.* | e taedis v. e tedis **VR** d. & aedef **B¹.** & eadē **B².**
13 fornacum d h *G.* | palearumq. **B².** | fulgine **B¹**(**R** d?)*SJ.* |
quo d h v. qua *ll. D.* 15 affirmantque **Rh** v. a. *S.* adfirmant
quae **F.** *de* **V** *non constat.* | faex ea *ego.* facta **B** *S.* faex **R** d v.
fex **V** *Ven.* 16 polignoius **V.** 18 etriginon **V** d. strigmon
v. a. *B.* | appellantef **B** *S.* -ant r v. | appellef **BV** v. a. *C.* 19
uocatur **B** *S.* -auit r *H.* -ant v.

et Indicum ex India inexploratae adhuc inventionis mihi.
fit etiam aput infectores ex flore nigro, qui adhaerescit
aereis cortinis. fit et ligno e taedis combusto tritisque
in mortario carbonibus. mira in hoc saepiarum natura,
5 sed ex iis non fit. omne autem atramentum sole perficitur, librarium *cumme*, tectorium glutino admixto. quod
aceto liquefactum est, aegre eluitur.

(26) E reliquis coloribus, quos a dominis dari diximus 44
propter magnitudinem pretii, ante omn*es* est purpurissum. 30
10 creta argentaria cum purpuris pariter tinguitur bibitque
eum colorem celerius lanis. praecipuum est primum, fervente aheno rudibus medicamentis inebriatum, proximum
egesto eo addita creta in ius idem et, quotiens id factum
.est, elevatur bonitas pro numero dilutiore sanie. quare 45
15 Puteolanum potius laudetur quam Tyrium aut Gaetulicum
vel Laconicum, unde pretiosissimae purpurae; causa est
quod hysgino maxime inficitur rubia*que*, quae cogitur
sorbere. vilissimum a Canusio. pretium a singulis denariis in libras ad XXX. pingentes sandyce sublita, mox
20 *ex* ovo inducentes purpurissum, fulgorem minii faciunt.

---

§ 43: Isid. XIX 17, 16. Vitruv. VII 10, 3. Isid. XIX 17, 20.
— § 44: Isid. XIX 17, 15. — § 45: Isid. XIX 17, 15. Vitruv.
VII 14, 1.

---

1 ex indie **B**. *om.* d**T** *Brot.*   3 cvrtiniſ **B²** (*item* § 46). |
& **B** *v.* et in *r.* | ligno e taedis (ted- **R**) *ll. S.* e taedis ligno *v.* |
combuſti **B**.   5 iiſ **B¹** *v.* his *r C.* | omnia **V**.   6 cumme *S.*
gummi *G.* comme **VB** d. me **B¹**. et **B³** h *v.*   7 eſt **B** *v. om. r.* |
aegrae elutur (elot- **B²**) **B**.   8 reliquiſ **BV²** d **Th** *v* (*H*). ril- **V¹**.
riquis **R**. liquidis *G.* | quas **R**. | a domniſ **B¹**. ad omnib; **R**.
9 pretii **B²** *v.* -ti **B¹** *S. om. r.* | omnes *v.* -nis *ll. S.*   10 e
reca **R**. e creta *v. a. S.* | purpuriſſo **B**.   11 cum **R**. | aniſ **B¹**.
aliiſ **B²**.   11. 12 feruentem **B¹**. -ti **VR** d h *v. a. G.*   13 addito **B**.   14 eleuatur **B** *Isid. S.* leua- (leba- **V¹**) *r v.*   15 putio-
lanum **B¹**.   16 pretioſiſſimum **B**.   17 hysgino *B.* hyg- **B**.
yyg- **V¹R**. yog- **V²**. id genus d²*in ras.* h *v.* iscino *Isid.* | rubia-
que quae *J.* rubia (-bea **B²**) quae **BV**. -iaque **RTh**. -iamque
d(?)*v.* rubramque *B. cfr. Isid.*   18 a (*ante* singulis) **BV** d *S.*
hac h. huic a **R**(?)*v.*   19. 20 mox ex *ego.* mox *ll. v. cfr.*
infra. an tum ex?   20 fulgore **V** d.

si purpurae facere malunt, caeruleum sublinunt, mox purpurissum ex ovo inducunt.

46   (27) Ab hoc maxima auctoritas Indico. ex India venit
harundinum spumae adhaerescente limo. cum cernatur,
nigrum, at in diluendo mixturam purpurae caeruleique 5
mirabilem reddit. alterum genus eius est in purpurariis
officinis innatans cortinis, et est purpurae spuma. qui
adulterant, vero Indico tingunt stercora columbina aut
cretam Selinusiam vel anulariam vitro inficiunt. probatur
carbone; reddit enim quod sincerum est flammam excel- 10
lentis purpurae et, dum fumat, odorem maris. ob id quidam e scopulis id colligi putant. pretium Indico ✳ xx
in libras. in medicina Indicum rigores et impetus sedat
siccatque ulcera.

47   (28) Armenia mittit quod eius nomine appellatur. 15
lapis est, hic quoque chrysocollae modo infectus, optimumque est quod maxime vicinum et communicato colore
cum caeruleo. solebant librae eius trecenis nummis taxari.
inventa per Hispanias harena est similem curam recipiens;
itaque ad denarios senos vilitas rediit. distat a caeruleo 20
candore modico, qui teneriorem hunc efficit colorem. usus
in medicina ad pilos tantum alendos habet maximeque in
palpebris.

---

§ 46: Diosc. V 107. Isid. XIX 17, 16. (cfr. Plin. XXXIII
163). — Vitruv. VII 14, 2. Diosc. V 107. — § 47: Diosc. V 105.

---

1 purpurae *ego*. -ra *ll*. -ram d h *v*. | *an* malint? | cerulem
sublinuit V.   1. 2 purpurius sum V¹R. -rae usum V².
2 & B¹.   4 spumam R. | cum teritur *v. a. S.*   5 ad B¹.
ab V. | caeruleique R h *v*. -lique *r S.*   6 redd& VR.   redit
B¹.   7 innatam cattinis R.   8 indico B f *v* (*G*). -cum V²h *B*.
-cunt V¹R. | tingunt *ll. v* (*H*). *del.* B. | stercoret V¹. -re V²h. |
columbino V²h.   9 silenusiam BV d *v. a. B*. | uel alunariam V.
om. B. | uitro B *B* (*H*). ultro *r v* (*G*).   10 reddi VR. | flamma
VR.   11 fumat V.   11. 12 quodam V.   12 e B d *v*.
om. r. | ✳ xx B *v* (*S*). xxx V. xx R d T. x. x *H*.   14 siccatq.
B *G*. -at oris *r v*.   16 & B.   16. 17 optimumque B *v* (*S*).
-usque (opi- V) *r H*.   17 qui *H*. | uicinum *ll. S*. -nus d h *H*.
uiret *G*. uiride *v*. | & B. est *r v* (*H*). *del. G*.   18 trecenis
B *D*. tric- *r v*.   20 redit B.   21 usum h *v. a. S*.

(29) Sunt etiamnum novicii duo colores e vilissimis: 48
viride *est* quod Appianum vocatur et chrysocollam mentitur, ceu parum multa dicta sint mendacia eius; fit e creta
viridi, aestimatum sestertiis in libras. (30) anulare quod
5 vocant, candidum est, quo muliebres picturae inluminantur;
fit et ipsum e creta admixtis vitreis gemmis e volgi anulis,
inde et anulare dictum.

7. (31) Ex omnibus coloribus cretulam amant udoque 49
inlini recusant purpurissum, Indicum, caeruleum, Melinum,
10 auripigmentum, Appianum, cerussa. cerae tinguntur isdem
his coloribus ad eas picturas, quae inuruntur, alieno parietibus genere, sed classibus familiari, iam vero et one-
rariis navibus, quoniam et pericula expingimus, ne quis
miretur et rogos pingi, iuvatque pugnaturos ad mortem
15 aut certe caedem speciose vehi.

Qua contemplatione tot colorum tanta varietate subit
antiquitatem mirari. (32) quattuor coloribus solis immor- 50
talia illa opera fecere — ex albis Melino, e silaciis Attico,
ex rubris Sinopide Pontica, ex nigris atramento — Apelles,
20 Aetion, Melanthius, Nicomachus, clarissimi pictores, cum

§ 48 extr.: Isid. XIX 17, 22. — § 49: cfr. Plin. XXXIII
162. — § 50: Cic. Brut. 18, 70. Plutarch. def. orac. 47 p. 436 B.
— cfr. Plin. XXXIII 116.

1 etiamnunc Rh. | coloris VB. | e uiliſſimiſ B*v*(*S*). et (e V)
uilissimi *r H. cfr. § 37. XXXIV 85. 91.* 2 uiride est *ego.*
-des *ll.* -de d(?)*v.* | cryſocolla B¹. -ſa colla B². chrysocollam
latum (h. lotum *v.* luteam *B*) *v.a.H.* 3 parum ñ multa B². |
dicta *ll.S. del. v. an* ficta? | e *ego.* & *ll.S.* ex *v*(*D*). et ex *G.*
4 ſeſtertii B. -rt. п *U 770.* 6 e (*ante* creta) *ego.* et VB*d.*
*om.*B*S.* ex h*v.* 8 aman V*d.* -are *v.a.H.* 9 in leni VB.
illini d*v.a.S.* | purpurosum R. 10 uripigmentum B. | ad pla-
num (plen- V) BV. | caeruſſa B(*ut semper fere*)*v.a.C.* | caere V.
11 hiſ B*G*(*S*). s V. *om.*R dh*v*(*H*). | inheruntur (*vel* inbe-)
B¹. inge- B². 12 generi V. 12. 13 honorariis V. 13 ex
VB. | fericula *D. cfr. X 28. an* uehicula? *cfr. infra et XXXIV*
163. | expinguimus VB. 14 miremur V. | iubatque B¹.
15 ſpecioſae B. -si R. 16 quã B. (*an* quoniam?). 18 alta-
bis R. | mellino B. | ſilaci B. | attico dh*v.* sa- VB. *om.* B.
19 ex (*ante* rubris) *om.*B. et V. | appelleſ B V *Ven.* 20 aetion *J.*
cfr. § 78. etion *ll.d.* echion h*v.* | melanthiuſ B dh *B.* -nchius *v.*

tabulae eorum singulae oppidorum venirent opibus. nunc
et purpuris in parietes migrantibus et India conferente
fluminum suorum limum, draconum elephantorumque saniem nulla nobilis pictura est. omnia ergo meliora tunc
4 fuere, cum minor copia. ita est, quoniam, ut supra diximus 5
mus, rerum, non animi pretiis excubatur.

51   (33) Et nostrae aetatis insaniam in pictura non omittam.
tam. Nero princeps iusserat colosseum se pingi CXX
pedum linteo, incognitum ad hoc tempus. ea pictura,
cum peracta esset in Maianis hortis, accensa fulmine cum 10
52 optima hortorum parte conflagravit. libertus eius, cum
daret Anti munus gladiatorium, publicas porticus occu-
pavit pictura, ut constat, gladiatorum ministrorumque
omnium veris imaginibus redditis. hic multis iam saeculis summus animus in pictura, pingi autem gladiatoria 15
munera atque in publico exponi coepta a C. Terentio Lu-
cano. is avo suo, a quo adoptatus fuerat, triginta paria
in foro per triduum dedit tabulamque pictam in nemore
Dianae posuit.

53   8. (34) Nunc celebres in ea arte quam maxima 20
brevitate percurram, neque enim instituti operis est talis

---

melantius **V**. uoca- **R**.   1 coram **V**. | uenerent d. -niſſent **B**.
    2 conferte **VR**.   3 et draconum **T**$v.a.D.$ | elephantorum
quae **VR**. et elephantorum $v.a.S.$ 3. 4 sanie **R**. -iae **V**.
    5 quoniā **Bdh**v. quorum **V**. cor- **R**.   7 insania **R**. | in
om.**R**. ex $v.a.Brot.$ | picturam **B**[1]**R**.   7. 8 omittam **B**v. mi- **V**.
nimitam **R**.   8 nemo **R**. | colosseum dv. -oſeum **BV**. om.**R**.
an coloſſum? | ſe $del.$**B**[2].   9 in linteo $v.a.U.$ | pa (pro ea) **B**[1].
eq. **B**[2].   10 esse **V**. | malaniſ **B**. lamianis $v.a.H.$ 11 pare
V[1]. pure **R**. | conflagrata **V**[2]. -fraglata **V**[1].   12 anti **B**$S.$ -tii $v.$
tanti d. ati **V**[1]**R**. $del.$**V**[2]h. | gladiatorum **B**$S.$ $sed\ cfr.\ infra\ et$
XXXVII 45. VIII 4 (bis). XIX 23. XV 78. VII 81.
12. 13 occupauit **Bd T**$v(S)$. ecurauit (aec- **V**[1]) r. inuestiuit hB.
    14 ueriſ **B**v. uiris r.   15 animus $ll.v.$ an ambitus, ut
XXV 22?   16 a C. d**h**v. ac **B**[1]. agi **VR**. a **B**[2].   17 auo
ſuo **Bdh**v. aquo suo **V**. aquoso **R**. | a om.**B**. | adoptatur **B**[1]. |
paria om.**B**[1].   18 nemore **Bh**v. merore r.   20 quam — 21
breuitate om. **B**.   21 percurrant **B F**. -rra //// **V**. | insti-
tutio **B**[1]. -ui **V**. | taliſ **B**d$v(S)$. iatis r. ampla h$Brot.$ an
artis?

executio; itaque quosdam vel in transcursu et in aliorum
mentione obiter nominasse satis erit, exceptis operum
claritatibus quae et ipsa conveniet attingi, sive exstant
sive intercidere.

5 Non constat sibi in hac parte Graecorum diligentia 54
multas post olympiadas celebrando pictores quam statuarios ac toreutas, primumque olympiade LXXXX, cum et
Phidian ipsum initio pictorem fuisse tradatur clipeumque
Athenis ab eo pictum, praeterea in confesso sit LXXX
10 tertia fuisse fratrem eius Panaenum, qui clipeum intus
pinxit Elide Minervae, quam fecerat Colotes, discipulus
Phidiae et ei in faciendo Iove Olympio adiutor. quid? 55
quod in confesso perinde est Bularchi pictoris tabulam,
in qua erat Maguetum proelium, a Candaule, rege Lydiae
15 Heraclidarum novissimo, qui et Myrsilus vocitatus est,
repensam auro? tanta iam dignatio picturae erat. circa
Romuli id aetatem acciderit necesse est, *et*enim duode-
vicensima olympiade interiit Candaules aut, ut quidam tradunt, eodem anno quo Romulus, nisi fallor, manifesta iam
20 tunc claritate artis, adeo absolutione. quod si recipi ne- 56
cesse est, simul apparet multo vetustiora principia eosque,

---

§ 54: cfr. infra § 57. XXXVI 177. (Strabo VIII 3, 30 p. 354).
— § 55: cfr. Plin. VII 126. — § 56 med.: Aelian. var. hist. VIII 8.

---

1 uel *ll. G* (*S*). uelut d h *v* (*Brot.*).　　2 mentionio inter **R**.
　　3 & **B** d *v*. et in *r*.　　5 constant **V**.　　7 ac toraeutaſ **B**.
actore (auctores h) ut has **V** d **Th**. auctores *v. a. H*.　　8 phi-
dian **B** h *v*. pidia (pyd- **V**) an *r*. | elipeumque **V**[1]. -ptumque **R**.
olympiumque h *H Brot*.　　9. 10 LXXX tertia **B** *S*. octogesima
d h *v*. -ginta *r*.　　10 panenum **V**. paneum d[2] *in ras.* h. -naeum
v. a. H. paenū num **B**[1]. paene unum **B**[2]. | quid **VR**.　　11 elide
VR d **Th** *v* (*H*). -dae **B**. in aegide *B*.　　12 ei **B**[2] *S*. e **B**[1]. *om. r v*.
　　13 bulachi **B**. —liarchi **V**. | tabula **BV** *v. a. C*.　　14 in *om*.
R. | querat **R**. | candaule h *v*. -aute **B**. cantauele **V**. -tale **R**.
　　15 nouiſſima **B**. | myrſpluſ **B**.　　16 auram **R**.　　17 id
aetatem *om*. **R**.　　17. 18 etenim duo *coni. S*. enim duo *ll*. duo
enim h *v. a. U*.　　20 tum d *v. a. S*. | adeo *ll. v* (*Brot.*). atque *G*. |
absolutione **VR** *G* (*S*). -oni **B**. -ore d h *v*. non absolutae *Brot*.
(*an ante absolutionē?*). | recipi **B** *G*. -pitur *C*. praecipi *r*. -pitur
h *Ven*. perc- d *Verc*.　　21 apparet *ll. G* (*D*). -reat h *v* (*S*). | multa
R. -tū d. | uetuſtiora **B** d **T** *v*. -or *r*.

qui monochromatis pinxerint, quorum aetas non traditur, aliquanto ante fuisse, Hygiaenontem, Dinian, Charmadan et, qui primus in pictura marem a femina discreverit, Eumarum Atheniensem, figuras omnes imitari ausum, quique inventa eius excoluerit, Cimonem Cleonaeum. hic 5 catagrapha invenit, hoc est obliquas imagines, et varie formare voltus, respicientes suspicientesve vel despicientes; articulis membra distinxit, venas protulit, praeterque in

57 vest*ibus* rugas et sinus invenit. Panae*n*us quidem frater Phidiae etiam proelium Atheniensium adversus Persas 10 apud Marathona factum pinxit. adeo iam colorum usus increbru̇erat adeoque ars perfecta erat, ut in eo proelio iconicos duces pinxisse tradatur, Atheniensium Miltiadem, Callimachum, Cynaegirum, barbarorum Datim, Artaphernen.

58 **9.** (35) quin immo certamen etiam picturae florente eo 15 institutum est Corinthi ac Delphis, primusque omnium certavit cum Timagora Chalcidense, superatus ab eo Py-

---

§ 57: Pausan. V 11, 6. Aelian. nat. an. VII 38. Diog. Laert. I 2, 8. Plutarch. de gloria Athen. 3.

---

1 monochromatiſ (-nonch- **R**) *ll.* **T** *S.* -ta d(?)h*v.* *cfr. § 29.* | pinxerunt **T**h*v.a.G.* | trahitur **VR.**   2 aliquando **R.** | hygiae- nontem **B¹**G(*S*). -ortem **B².** -iemontem **R.** -onem h*v(H).* higiae- montem **V.** | dinian **B**S. -am *G.* dianian *r. om. v.* | charma- dan *S.* -dam *H.* -mam *G.* chramadan **B.** cramȧdam (-tam **V¹**) *r.* comadam h. monochromadam *v.*   3 & qui **B**G. qui dh*v.* et *r.* | matrē **B¹.** | a **B**S. *om. r v.* | feminam **VR.** -namque h *v.a.S.*   4 omniſ **B**S.   5 cleoneum **B***v.a.G.*   6 eatha- grapha **VR.**   7 uvltuſ **B²R***v.a.S.* uulgus **V**dh. | reſpicienteſ **B***v.* recipi- *r.* | suspicientesue *v(J).* -tesque *Dal.* -tes *S.* ue **B.** suscipientes *r.* | et (*pro* uel) *v.a.S.*   8 protulit **B**d*v.* praet- *r.*

9 uestibus rugas *Traube.* -te brugaſ **B¹.** -te rugaſ **B²**d**T** *v(S).* -te et rugas *G.* uerrugas *r.* | panaenus *H.* -naeuſ **B***v.* -neus **V**dh. -netis **R.** *cfr. § 54.*   10 aduersum **R**dh*H.* 11 marathona **BR**h*G.* -nam d. -nem *v.* maraiona **V.**   12 in- crebruerat **B**d*v(H).* -buerat *r*S. percre- *G.* | adeoque — erat *om.* **B**h*Brot.*   13 iconicoſ **B***v.* inco- d. in eo inco- *r.* | mil- tiadem (milit- **B**) *v.* -den *S.* mitridaten *r.*   14 cynaegirum **B**S. cyneg- *r v.* | dativm **B².** darium *v.a.G.* | atrapernem **VR.** tisafernem h. thissaphe- *v.a.G.*   17 timacora **V¹.** timoc- **R.** | chalchidenſe **B.** calch- **V.**   17 *et* p. 251, 1 pythis **V**d.

thiis, quod et ipsius Timagorae carmine vetusto apparet,
chronicorum errore non dubio.

Alii quoque post hos clari fuere ante LXXXX olym-
piadem, sicut Polygnotus Thasius, qui primus mulieres
5 tralucida veste pinxit, capita earum mitris versicoloribus
operuit plurimumque picturae primus contulit, siquidem
instituit os adaperire, dentes ostendere, voltum ab antiquo
rigore variare. huius est tabula in porticu Pompei, quae 59
ante curiam eius fuerat, in qua dubitatur ascendentem
10 cum clupeo pinxerit an descendentem. hic Delphis aedem
pinxit, hic et Athenis porticum, quae Poecile vocatur,
gratuito, cum partem eius Micon mercede pingeret. vel
maior huic auctoritas, siquidem Amphictyones, quod est
publicum Graeciae concilium, hospitia ei gratuita de-
15 crevere. — Fuit et alius Micon, qui minoris cognomine
distinguitur, cuius filia Timarete et ipsa pinxit. —

(36) LXXXX autem olympiade fuere Aglaophon, Ce- 60
phisodorus, Erillus, Euenor, pater Parrhasii et praeceptor
maximi pictoris, de quo suis annis dicemus, omnes iam 67
20 inlustres, non tamen in quibus haerere expositio debeat
festinans ad lumina artis, in quibus primus refulsit Apollodorus Atheniensis LXXXXIII olympiade. hic primus species
exprimere instituit primusque gloriam penicillo iure contulit. eius est sacerdos adorans et Aiax fulmine incensus,

§ 59: Pausan. X 25, 3. I 15, 3. Plutarch. Cimon 4. Harpocr.
s. v. Πολύγνωτος. — § 60: Plutarch. Alcib. 16. Cic. de or. III
7, 26. (Quintil. inst. or. XII 10, 3). — Pausan. I 28, 2. Juba
ap. Harpocr. s. v. Παρράσιος. — Plutarch. de gloria Athen. 2.

1 appareo V.   4 polignotuſ B.   5 tralucida (tranſl-
B²) B S. luc- rv. | uerſiˢcoloribuſ B².   9 dubitatur an B S.
10 clupeo B¹D. clip- rVerc. cfr. § 12.   11 tenis B. |
poecile BB. poecle r. poetile v.   12 uel ll.S. unde dhv.
14 ei Bdhv. et r.   17. 18 caephisodorus V. cephisso-
B d(?)Lugd.   18 erilluſ B S. frillus d. frilius r. phryllus
Brot. -ylus v. Herillus coni. S e Diog. Laert. VII 37. 165.
166. | pharrasii B. -ſi B.   20 tam enim VR.   21. 22 ab-
dilodorum V. abidolorū R.   24 aiax v. alax B. axis r. |
flumine V.

quae Pergami spectatur hodie. neque ante eum tabula
ullius ostenditur, quae teneat oculos.

61   Ab hoc artis fores apertas Zeuxis Heracleotes intravit
olympiadis LXXXXV anno quarto, audentemque iam aliquid penicillum — de hoc enim adhuc loquamur — ad 5
magnam gloriam perduxit, a quibusdam falso in LXXXVIIII
olympiade positus, cum fuisse necesse est Demophilum
Himeraeum et Nesea Thasium, quoniam utrius eorum
62 discipulus fuerit ambigitur. in eum Apollodorus supra
60 scriptus versum fecit, artem ipsis ablatam Zeuxim ferre 10
secum. opes quoque tantas adquisivit, ut in ostentatione
earum Olympiae aureis litteris in palliorum tesseris in-
textum nomen suum ostentaret. postea donare opera sua
instituit, quod nullo pretio satis digno permutari posse
diceret, sicuti Alcmenam Agragantinis, Pana Archelao. 15
63 fecit et Penelopen, in qua pinxisse mores videtur, et
athletam adeoque in illo sibi placuit, ut versum sub-
scriberet celebrem ex eo, invisurum aliquem facilius

---

§ 61: (Babrius II prooem. 9. Cic. Brut. 18, 70. Aelian. var.
hist. XIV 17). — § 62 extr.: cfr. Aelian. var. hist. XIV 17. —
§ 63: cfr. Plutarch. de gloria Athen. 2.

---

1 quae B*S*. qui *rv*. cfr. § 69.   2 quae B*hv*. qui *r*.
3 ad B. | teuxis B. | heracleotas V.   4 audientemque VB*h*.
5 loquamur B*S*. -uimur d*hv*. -uitur *r*.   7 cum (= quo
tempore) *ll.v*. (*an* tum?). cum quo *U cum Ritschelio*. *plura
excidisse coni. J*. (confuisse *Traube*). | fuisset V.   8 hime-
raeum d(?)*v*. -reum BV*v.a.Bas*. emer- B. | nefea B*S*. -e ad *r*.
-eam d(?)*v*. | tasium B.   9 fuit B. | apollodorum B.   10
fcriptuf B d*hS*. -tos *r*. dictus *v*. cfr. *III 114. V 59*. | zeuxim
BV[1]*S*. -in d*hC*. -is V[2]. zeusim B*v* (*sic fere semper*).   11 ad-
quifiit VB. | ostentationem *UJD cum Gron*.   12. 13 intex-
tum B*v(S)*. in fext- V. infert- B d*hBrot*.   13 nomine VB. |
ostentare V. gestaret *Gron*.   14 nullum V. | dignū B. | per-
mutari B[2]d*v*. -re *rv*.   15 acmina B. agmena V d. | agra-
gantinis T. -gentinif B*S*. cfr. *§ 64. 179. XXIX 5. VII 200*.
aggrag- B. agrig- d*hv*. agygragrant- V. | archelao B*v*. rohe- d.
roe- V. arceluo B.   16 mores *ll.v(G)*. amo- d B.   17 athle-
tam B*hv*. -lean *r*. | adeoque in B (*om*. in) *v*. a deo quin (qui *r*)
r d*h*. | illo fibi B d*S*. illos V*h*. illo B. sibi in illo *v*.   18 eo
B*hv*. co V d. quo B. | inuisorum V*h*.

quam imitaturum. magnificus est et Iuppiter eius in
throno adstantibus diis et Hercules infans dracones II
strangulans Alcmena matre coram pavente et Amphitryone.
reprehenditur tamen ceu grandior in capitibus articulis- 64
5 que, alioqui tantus diligentia, ut Agragantinis facturus tabulam, quam in templo Iunonis Laciniae publice dicarent,
inspexerit virgines eorum nudas et quinque elegerit, ut
quod in quaque laudatissimum esset pictura redderet.
pinxit et monochromata ex albo. aequales eius et aemuli
10 fuere Timanthes, Androcydes, Eupompus, Parrhasius.
10. descendisse hic in certamen cum Zeuxide traditur 65
et, cum ille detulisset uvas pictas tanto successu, ut in
scaenam aves advolarent, ipse detulisse linteum pictum
ita veritate repraesentata, ut Zeuxis alitum iudicio tumens
15 flagitaret tandem remoto linteo ostendi picturam atque
intellecto errore concederet palmam ingenuo pudore, quoniam ipse volucres fefelliset, Parrhasius autem se artificem. fertur et postea Zeuxis pinxisse puerum uvas 66
ferentem, ad quas cum advolassent aves, eadem ingenui-
20 tate processit iratus operi et dixit: uvas melius pinxi

---

§ 64: Cic. de inv. II 1, 1—3. Dion. Halic. de prisc. script.
cens. 1. — Quintil. inst. or. XII 10, 4. — § 66: cfr. Senecae
controv. X 5 (34), 27. — Liv. XXXVIII 9, 13 (XXXIX 5, 15). —
Val. Max. III 7 ext. 3. Aelian. var. hist. IV 12. XIV 47.

---

1 mittaturum **V**. | est et *ll.S.* est d**T***v*.   2 dracones II
ego. -nem **B**. -nes in *r*d. -nes h*v*.   3 stragulas **V**. tra- **R**. |
acmena **VR**.   4 reprehenditur **B***S*. dep- (-praeh- **V**) *rv*. | ceu
ll.S. zeuxis h*v*. | capitulif **B**.   5 alioquin **B**² *v.a.H.* | quantus
R. | agragantinis d. -gentinif **BR***S*. agrig- **V**(?)h*v*. *cfr. § 62*.
6 quamquam **VR**. | laciniae **B**d*v*. bati- *r*. | publicae **B**.
7 nudasset **V**. | ut **B**d*v*. ut in *r*.   8 laudatum **B***SUJ*.
9 monochromata **B***v*. *cfr. XXXIII 117*. -tas *r*. -tos h. |
et *om*. **B**.   10 androcydes h*v*. -ogydef **B**. -ogides *r*. | teu-
pompus h. tumpo- **B**. | parraharius **VR**.   11 hic *om*. **B**.
13 scenam **V**dh*v.a.S*. cenam **R**. | aduolassent d**T**.   14 ueri-
tatem **B**¹. | zeufif **B***v.a.C*. | timens **VR***v.a.B*.   15 romoto
B. | pictura **VR**. | adq. **B**¹.   16 ingenio **V**.   17 ipse *om*. **B**¹.
18 postea *post* puerum *iteraverunt* **VR**.   19 aduolaffent
B*Lugd.*(*S*). -sset **T**f*G*(*H*). -arent h*v*. -aret **R**. -arit **V**. | auef
Bh*v*(*Lugd.*)*S*. auis *r G*(*H*).

quam puerum, nam si et hoc consummassem, aves
timere debuerant. fecit et figlina opera, quae sola in
Ambracia relicta sunt, cum inde Musas Fulvius Nobilior
Romam transferret. Zeuxidis manu Romae Helena est
in Philippi porticibus, et in Concordiae delubro Marsyas 5
religatus.

67   Parrhasius Ephesi natus et ipse multa contulit. primus
symmetrian picturae dedit, primus argutias voltus, elegantiam capilli, venustatem oris, confessione artificum in
liniis extremis palmam adeptus. haec est picturae summa 10
suptilitas. corpora enim pingere et media rerum est
quidem magni operis, sed in quo multi gloriam tulerint;
extrema corporum facere et desinentis picturae modum
68 includere rarum in successu artis invenitur. ambire enim
se ipsa debet extremitas et sic desinere, ut promittat 15
alia et post se ostendatque etiam quae occultat. hanc ei
gloriam concessere Antigonus et Xenocrates, qui de
pictura scripsere, praedicantes quoque, non solum con-
fitentes; et alias multa graphidis vestigia exstant in tabulis
ac membranis eius, ex quibus proficere dicuntur artifices. 20
minor tamen videtur sibi comparatus in mediis corporibus
69 exprimendis. pinxit demon Atheniensium argumento quo-

---

§ 67: Harpocr. s. v. Παρράςιος. — cfr. Quintil. inst. or. XII
10, 4. — § 68 extr.: Quintil. inst. or. XII 10, 5. — § 69 med.:
cfr. infra § 129. Plutarch. Thes. 4.

---

1 hūc *man. Dal.* | aueſ **Bh**v(*Lugd.*)*S.* auis *r G*(*H*).
2 debuerant **Bh**v(*Lugd.*)*S.* -rat *r G*(*H*). | et *om.* **B.** | friglina **B.**
    4 zeuſidiſ **B**v.*a.C.*   7 contulit **B***S.* constituit *rv.*
8 ſymmetrian **B***S.* -iam **R**dh v. -ia in **V.**   9 uenuſtatem **BR**
v(*H*). -ustem **V.** uetustat- d*Dal.* | artificum **B**dv. -cium *r.*
cfr. § 83.   10 linis **V.** -neiſ **B²R**dv.*a.S.* | picturae **B***S.* in
pictura *rv.*   11 ſuptilitaſ **B**v(*S*). sublimi- *r H.*   13 desi-
nentes **V.**   14 includere *ll.v. cfr. XXXVI 31. an* condere?
cfr. § 127. 129.   16 alia et *ego.* -iae **V¹.** -ia *rv.* | post se
V²Rh*G.* post e **V¹.** //post/// d. posse *v.* ſponſe (-nte **B²**) **B.**
pone se *coni. J.*   18 pictura **B***G*(*S*). -ras **V.** -ris dh v(*Brot.*).
om. **R.**   19 & **B***S*(*J*). ut *U. om. rv.* | alias **VR**h. -ia **B**dv. |
dist. **B.** *cum antecedd.* iunxerunt v(*S U*). | grapidis **V**d h.
20 eiuſ **B**d*G. om. r v.*   22 daemonem *v.a.G.*

que ingenioso. ostendebat namque varium: iracundum
iniustum inconstantem, eundem exorabilem clementem
misericordem; gloriosum ...., excelsum humilem, ferocem
fugacemque et omnia pariter. idem pinxit et Thesea, quae
5 Romae in Capitolio fuit, et nauarchum thoracatum, et in
una tabula, quae est Rhodi, Meleagrum, Herculem, Persea;
haec ibi ter fulmine ambusta neque obliterata hoc ipso
miraculum auget. pinxit et archigallum, quam picturam 70
amavit Tiberius princeps atque, ut auctor est Deculo,
10 HS |L̄X̄| aestimatam cubiculo suo inclusit. pinxit et
Thressam nutricem infantemque in manibus eius et Philiscum et Liberum patrem adstante Virtute, et pueros
duos, in quibus spectatur securitas aetatis et simplicitas,
item sacerdotem adstante puero cum acerra et corona.
15 sunt et duae picturae eius nobilissimae, hoplites in cer- 71
tamine ita decurrens, ut sudare videatur, alter arma
deponens, ut anhelare sentiatur. laudantur et Aeneas
Castorque ac Pollux in eadem tabula, item Telephus,
Achilles, Agamemnon, Ulixes. fecundus artifex, sed quo
20 nemo insolentius usus sit gloria artis, namque et cognomina usurpavit habrodiaetum se appellando aliisque

---

§ 70: cfr. Tzetz. chil. 8, 399. — Suid. s. v. οὐδὲν πρὸς τὸν
Διόνυσον. — § 71 med.: cfr. Plin. XXV 42. — Clearch. ap.
Athen. XII 62 p. 543^{d f}.

---

1 ingeniose **V** h. | oſtendebat **B** S. debebat *r*. uolebat *v*.
2 incontinentem *O Jahn* (*Hermae II 248*). | exortabilem **V**.
3 *lac. ego indicavi; excidit fere* modestum. (gloriosum *uncis
inclusit* U *cum* OJahnio). 4 fugacemque **B** d*v*. fucemque *r*. |
pariter **B** S. -iter ostendere *rv*. | & B*v*(S): et **R²**. e *r. om.* d H. |
theſia **B¹**. -iam *v. a.* B. | quae **B** S. qui *r v*. *cfr.* § 60.
5 nauarcum **V**. 6 rhod **B¹**. -doſ **B²**. 7 flumine **B¹**. flam-
B². | ambita **R**. 9 deculo **B** S. *cfr. index*. depulo **V**. de
populo **R**. Decius *G*. Decius Eculeo *B*. Decius Epulo *v*.
10 |L̄X̄| *J*. L̄X̄ **B** S. LX *rv*. 11 threſſam **B** S. chre- *r*. cre-
d h*v*. 12 uirtute *om*. **R**. 13 expectatur **V**. | aetatis et *U*.
et aetatis *ll. G* (*J*). (et simplicitas aetatis *v*). 15 hopliteſ
(po- **B²**) **B** S. -itites *r H*. -itides *v*. 17 hanelare **V**. -ellare
B. | laudantur **B** *G*. -atur *rv*. 18. 19 elephuſ acile **R**.
20 uſuſ (uſ **B²**) ſit *ll. U*. et arrogantius sit usus *v*. 21 abro-
dia & uer **R**. -iaetum h*v. a. S*.

versibus principem artis et eam ab se consummatam, super omnia Apollinis se radice ortum et Herculem, qui est Lindi, talem a se pictum, qualem saepe in quiete vidisset,

72 et, *cum* magnis suffragiis superatus a Timanthe *esset* Sami in Aiace armorumque iudicio, herois nomine se 5 moleste ferre dicebat, quod iterum ab indigno victus esset. — (Pinxit et minoribus tabellis libidines, eo genere petulantis ioci se reficiens). —

73 Nam Timanthi vel plurimum adfuit ingenii. eius enim est Iphigenia oratorum laudibus celebrata, qua stante ad 10 aras peritura cum maestos pinxisset omnes praecipueque patruum et tristitiae omnem imaginem consumpsisset, patris ipsius voltum velavit, quem digne non poterat

74 ostendere. sunt et alia ingenii eius exempla, veluti Cy- clops dormiens in parvola tabella, cuius et sic magnitu- 15 dinem exprimere cupiens pinxit iuxta Satyros thyrso pollicem eius metientes. atque in unius huius operibus intellegitur plus semper quam pingitur et, cum sit ars summa, ingenium tamen ultra artem est. pinxit et heroa absolutissimi operis, artem ipsam complexus viros pin- 20 gendi, quod opus nunc Romae in templo Pacis est.

---

§ 72 med.: Athen. XII 62 p. 543ᵉ. Aelian. var. hist. IX 11. — Suet. Tib. 44. — § 73: Cic. or. 22, 74. Quintil. inst. or. II 13, 13. Val. Max. VIII 11, ext. 6.

---

1 uerſibuſ **B** *S.* uerbis *rv.* 2 appolliniſ **BV**. 3 indi tatem **B**. | pictuͫ **B**. 4 et cū *ego.* ergo *ll.v.* | timanthe esset *ego.* -theſeſt **B**¹. -the (thimante **VR**) eſt *rv.* -the *G.* 5 *an* in *delendum?* 7 pinxit — 8 reficiens *ut alieno loco inserta uncis inclusi auctore Bergkio I 3; post* Ulixes *(p. 255, 19) transposuit U.* 7 et libidines (lipi- **V**¹**R**) **VRh**. 8 petu- lantibus **dh** (*praem.* et) *v.a.G.* | ioci *G.* -cis *cod. Poll.v.* loci **B**. -cis **Vdh**. *om.* **R**. 9 thimanti **d**. -ati **R**. thi////// **V**. | ingenii **Bhv**. -niis *r.* 10 ephigenia **B**². | quae stante **V**. quē (quae est **h**) ante **Rh**. 11 ſpinxiſſet **B**. pincx- **V**. | praecipueque **B** *S.* -pue *rv.* 12 patrē **B**. 13 uulgo **F**. 14 exempla **B** *U.* -aria *rv.* 14. 15 cyclobſ **B**. 15 cū et **VR**. 16 ſa- turoſ **B**¹. | thyrso *v.* thyſo **B**. -yrco **V**. thirco **R**. 17 men- tientes **V**¹**d**. metiens **R**. 19 ultro **V**¹**R d**. 21 est *om.* **B** *S U.*

Euxinidas hac aetate docuit Aristiden, praeclarum arti- 75
ficem, Eupompus Pamphilum, Apellis praeceptorem. est
Eupompi victor certamine gymnico palmam tenens. ipsius
auctoritas tanta fuit, ut diviserit picturam: genera, quae
5 ante eum duo fuere — Helladicum et Asiaticum appellabant —, propter hunc, qui erat Sicyonius, diviso Hella-
dico tria facta sunt, Ionicum, Sicyonium, Atticum. Pam- 76
phili cognatio et proelium ad Phliuntem ac victoria
Atheniensium, item Ulixes in rate. ipse Macedo natione,
10 sed ..... primus in pictura omnibus litteris eruditus,
praecipue arithmetica et geometria, sine quibus negabat
artem perfici posse, docuit neminem talento minoris —
annuis ✕ D —, quam mercedem et Apelles et Melanthius
dedere ei. huius auctoritate effectum est Sicyone primum, 77
15 deinde in tota Graecia, ut pueri ingenui omnia ante gra-
phicen, hoc est picturam in buxo, docerentur recipere-
turque ars ea in primum gradum liberalium. semper

---

§ 75: cfr. infra § 98. supra § 64. XXXIV 61. — § 76: cfr.
infra § 123. Suid. s. v. Πάμφιλος. Quintil. inst. or. XII 10, 6. —
§ 77: cfr. Plutarch. Arat. 13. Aristot. polit. VIII 2, 3. 6. 3, 2.

---

1 euximidas R. euxeni- h G.   2 eupomphuſ BV.
3 cymnico V.   4 picturam ego. -ra in V. -ras in h. -ram
in rv. | dist. ego. | genera tria d(?)v.a.U.   5 helladicum Bv.
helia- r. | aſiaticum (ticum in ras.) Bv(S). ˙ asiticum quod
asiaticum (-con V) r. quod asiaticum G.   6 deuſo B. di-
misso B.   7 lonicum BV.   7. 8 pamphilo R.   8 cognatio
ll. H. (cfr. § 136). pictura est cognatio v. an cognationem
celebrant (propter accusativos sequentes in B)? | ad philimitem
h. -liuntem v.a.B. ampliantē B². | uictoriam B.   9 ulixem
B. (ulysses dh(?)H). | nationis R.   10 lac. ego indicavi; ex-
ciderunt fere educatus Sicyone et. cfr. etiam § 114 extr.
11 arithmeticae (-heme- V¹) V. -ce Rdhv.a.S. | geometrice dh
v.a.S.   12 dist. ego.   13 annuis ll.S. -uo Brot. annis v. |
✕ D BVS. D Th. om. RBrot. dta d. decem v. (dist. D). | ei
(pro et ante Apelles) d(?)H. | melantius Vv.a.C. merent- R.
14 ei BS. et rv. (dist. S).   15 in BS. et in rv(D). |
omnia ante (B. -ti r) ll.S. ante omnia v. omnes artem CFHer-
mann. (an omissā ante?).   15. 16 graficen B. diagraphicen
G. antigr- v.a.B.   16 hoc est picturam uncis inclusit U.
16. 17 reciperenturq. (-quae V) BV.   17 ass V. poſt B.
17 et p. 258, 1 an semperque idem?

quidem honos ei fuit, ut ingenui eam exercerent, mox
ut honesti, perpetuo interdicto ne servitia docerentur.
ideo neque in hac neque in toreutice ullius, qui servierit,
opera celebrantur.

78   Clari et centesima septima olympiade exstitere Aetion 5
ac Therimachus. Aetionis sunt nobiles picturae Liber
pater, item Tragoedia et Comoedia, Semiramis ex ancilla
regnum apiscens, anus lampadas praeferens et nova nupta
verecundia notabilis.

79   Verum omnes prius genitos futurosque postea superavit 10
Apelles Cous olympiade centesima duodecima. picturae
plura solus prope quam ceteri omnes contulit, voluminibus etiam editis, quae doctrinam eam continent. praecipua eius in arte venustas fuit, cum eadem aetate maximi
pictores essent; quorum opera cum admiraretur, omnibus 15
conlaudatis deesse illam suam venerem dicebat, quam
Graeci χάριτα vocant; cetera omnia contigisse, sed hac
80 sola sibi neminem parem. et aliam gloriam usurpavit,
cum Protogenis opus inmensi laboris ac curae supra
modum anxiae miraretur; dixit enim omnia sibi cum illo 20
paria esse aut illi meliora, sed uno se praestare, quod

---

§ 78: cfr. supra § 50. Lucian. de merc. cond. 42. — § 79 extr.:
Quintil. inst. or. XII 10, 6. — § 80 med.: Cic. or. 22, 73. — Vitruv.
VII praef. 14 (?). Diog. Laert. IV 18. — cfr. infra § 107.

---

1 eam *om.* d(?)*HBrot.*   2 honeſtiſ **B.** | ſeruitia **B** d *v.*
-tio **Vh.** -tione **R.**   3 id **B.** | in hanc **V.** hanc **R.** | uilius
VR.   5 etiam **h** *v. a. J.* | aetion **B** S. etion *r.* echion **h** *v.*
cfr. § 50.   6 et d(?)*v. a. S.* | terimachus **R.** | actionis **h.**
eti- d. echi- *v. a. S.*   7 tragydia **B**[1]. -gedia **B**[2]. | & (*pro* ex) **B.**
    8 apiscens **V** S. aſpicenſ **B**[1]. -cienſ **B**[2]. adipiscens **R** d h *v.*
    10 uerum **B** G(U). -um et *rv*(S)*J.*   11 couſ **B** h *H.* caus
V. coes **R.** eo usque *v.* | centesima *om.* **B.** | picturae *ll. H.* in
pictura prouectus ut *v.*   12 prope quam **B** h *v.* -pinquam *r.* |
contulerit *v. a. H.*   14 uetustas **R.**   16 collaudatis d *v. a. S.*
conlauiatis **VR.** | illam ſuam **B** S. sillam uam **V**[1]. sillam **V**[2]**R.**
iis unam illam (*del. H*) *v.* | uenustatem *Fröhner mus. Rhen.* 47
p. 293. gratiam *Quintil.*   17 haec **V.** hoc d.   18 ſola **B** S.
-li *rv.*   19 protogeneſ **B.** | curā **B**[2]. core **V.**   20 anxie **V.**
-iam **B.**   21 pari **R.** | eſſe **B** d h *v.* ei se **V**[1]. est **V**[2]**R.**

manum de tabula sciret tollere, memorabili praecepto
nocere saepe nimiam diligentiam. fuit autem non minoris
simplicitatis quam artis. Melanthio dispositione cedebat,
Asclepiodoro de mensuris, hoc est quanto quid a quoque
5 distare deberet.

    Scitum inter Protogenen et eum quod accidit. ille 81
Rhodi vivebat, quo cum Apelles adnavigasset, avidus co-
gnoscendi opera eius fama tantum sibi cogniti, continuo
officinam petiit. aberat ipse, sed tabulam amplae magni-
10 tudinis in machina aptatam una custodiebat anus. haec
foris esse Protogenen respondit interrogavitque, a quo
quaesitum diceret. ab hoc, inquit Apelles adreptoque
penicillo lineam ex colore duxit summae tenuitatis per
tabulam. et reverso Protogeni quae gesta erant anus in- 82
15 dicavit. ferunt artificem protinus contemplatum subtili-
tatem dixisse Apellen venisse, non cadere in alium tam
absolutum opus; ipsumque alio colore tenuiorem lineam
in ipsa illa duxisse abeuntemque praecepisse, si redisset
ille, ostenderet adiceretque hunc esse quem quaereret.
20 atque ita evenit. revertit enim Apelles et vinci erubescens tertio colore lineas secuit nullum relinquens amplius subtilitati locum. at Protogenes victum se confessus 83
in portum devolavit hospitem quaerens, placuitque sic

---

    1 unū **B**. manum ille *v. a. S.* | ſciret **B** *S*.   non sc- *r H*.
nesc- *v*.   1. 2 praeceptores docere **B**.   2 diligentiae **V**.
-ie **B**.   3 melanthio **B** *Brot. e Quintil.* miamphio *r*. amphi-
oni *v*. | de dispositione **h** *v. a. D*. | adebat **B**.   4 de *fortasse
delendum. an potius* dimensuris (*ut* dimetiens *II 86. 87*)?
*quippe noviciam vocem et inusitatam Plinius ipse putavit egere
explicatione.* | quo d(?)*v. a. S.*   5 debet **B**.   6 ſcitum **B** *U*.
-tum est *r v*(*D*). | protogene nec **V B**. | e (*pro ille*) **B**¹. *del.* **B**².
    7 uidebat **V B**. | quod **B**¹**V**. *cfr. XXXIV 115.*   10 una
B *S*. picturae una *r v*(*D*). *an* picturae nouae? | unus **V**.
12 arreptoque **V**²**B** *v. a. S*. erep- **B**.   13 liniam **B** *S*. *an* ex
colore lineam? *cfr. § 89.*   14 et *ll. U D. del. v.*   15 contemplatum (-pta- **B**) **B** h*v*. -tam *r*. -ta **d**.   15. 16 ſubtilita-
tate **B d**.   16 apellem **d** h *v. a. S*. appellen **B V**.   17 liniam *S* (*ut infra semper*).   19 qua diceret qui **V**.   20
& **B** *S*. sed *r v*.   22 ſubtilitati **B d** *v*. -atis **V**²**h**. -atem *r*. |
ad **B**¹.

eam tabulam posteris tradi omnium quidem, sed artificum
praecipuo miraculo. consumptam eam priore incendio
Caesaris domus in Palatio audio, spectatam *Rhodi* ante,
spatiose nihil aliud continentem quam lineas visum effu-
gientes, inter egregia multorum opera inani similem et 5
eo ipso allicientem omnique opere nobiliorem.

84   Apelli fuit alioqui perpetua consuetudo numquam tam
occupatum diem agendi, ut non lineam ducendo exerceret
artem, quod ab eo in proverbium venit. idem perfecta
opera proponebat in pergula transeuntibus atque, ipse post 10
tabulam latens, vitia quae notarentur auscultabat, vulgum
85 diligentiorem iudicem quam se praeferens; feruntque re-
prehensum a sutore, quod in crepidis una pauciores intus
fecisset ansas, eodem postero die superbo emendatione
pristinae admonitionis cavillante circa crus, indignatum 15
prospexisse denuntiantem, ne supra crepidam sutor iudicaret, quod et ipsum in proverbium abiit. fuit enim et
comitas illi, propter quam gratior Alexandro Magno fre-
7,125 quenter in officinam ventitanti — nam, ut diximus, ab
alio se pingi vetuerat edicto —, sed in officina imperite 20
multa disserenti silentium comiter suadebat, rideri eum
86 dicens a pueris, qui colores tererent. tantum erat auctori-

---

§ 85: Val. Max. VIII 12 ext. 3. — Plutarch. de adul. et am. 15.
de tranqu. an. 12. — § 86: cfr. Lucian. imag. 7.

---

1 artificium **VRh.** *cfr. § 67.*   2 eam constat *v.a.H.* |
priore **BT***v.* -rem *r.*   3 audio **BdT***H.* -di *r.* auide h*v.* |
rhodi *ego. de mendo cfr. § 101 init. (an potius* orbi *vel* urbi,
ut III 17?). nobis *ll.S.* a nobis h*v.* olim *H cum Gron. uncis
inclusit U e coni. S.* | tanto *HBrot. cum P.*   4 ſpatioſe **B¹V**
d*TS.* -iore **R.** -io. ſed **B².** -io *H cum P.* -ioſiore amplitudine
h*v. cfr. nota ad XXV 92.* | quam **BdTh***v*(*U*). quam in *r.*
quam ɪɪɪ *S cum Gron.* | liniaſ **BR***S.*   6 alligientem **B¹.**
callici- **V.**   7 apelle **VR.** | alioquin **B²***v.a.H.*   8 occupatam
Rd(?)*v.a.S.*   11 aut ſcultabat **B¹.**   12 diligentiorum **V.** |
quem **B¹.**   13 a **Bh***v. om. r.* | crepidiſ una **B***v.* -dini sunt
(ſ **R**) a (*om.* d) *r*d h.   14 ſuperbo **B***G.* -be *v.* -er uocem *r.* |
emendatione **BR***G.* -onem **V**d h*v.*   16 crepidem **B¹.**   18
magno erat *v.a.S. (sqq. dist. S).*   19 uen/titati// **B¹.**   21 dis-
ſerente **V**d h.   22 *et* p. 261,1 auctoritatis et *v.a.G.*

tati iuris in regem alioqui iracundum. quamquam Alexander
honorem ei clarissimo perhibuit exemplo. namque cum
dilectam sibi e pallacis suis praecipue, nomine Pancaspen,
nudam pingi ob admirationem formae ab Apelle iussisset
⁵ eumque, dum paret, captum amore sensisset, dono dedit
e*i*, magnus animo, maior imperio sui nec minor hoc facto
quam victoria alia, qu*i*a ipse se vicit, nec torum tantum 87
suum, sed etiam adfectum donavit artifici, ne dilectae quidem respectu motus, cum modo regis ea fuisset, modo
¹⁰ pictoris esset. sunt qui Venerem anadyomenen ab illo
pictam exemplari putent. Apelles et in aemulis benignus
Protogeni dignationem primus Rhodi constituit. sordebat 88
suis, ut plerumque domestica, percontantique, quanti liceret opera effecta, parvum nescio quid dixerat, at ille
¹⁵ quinquagenis talentis poposcit famamque dispersit, se
emere, ut pro suis venderet. ea res concitavit Rhodios
ad intellegendum artificem, nec nisi augentibus pretium
cessit.

Imagine*s* adeo similitudinis indiscretae pinxit, ut —
²⁰ incredibile dictu — Apio grammaticus scriptum reliquerit, quendam ex facie hominum divinantem, quos

---

1 alioquin **B²**v.a.H.   2 ei **Bd**H. et r. (ei honorem v). |
praebuit **d**(?)v.a.Brot.   3 dilecta **V**. | e **B**S. ex rv(D). | pal-
lagif **B³**. | praecipuam **B**. | pancafpen **BJ**. -sten S cum Peri-
zonio ad Aeliani var. hist. XII 34. campaspen **Rdh**v(H). -spem
VDal.   5 captam **V**.   6 ei S cum J. et ll. eam v. (eam
dedit G). | imperii **B**.   7 alia quia ego (et MHertz). de mendo
cfr. XXXVII 121. alia qua **B**. aliqua rv(J). alia U. | ipse
BUJ. quippe rv(D). | lorum **B**.   8 dilecte **V**. -ti **B**.   9 re-
spectum **V**. | cum **BdTh**S. com **R**. quo **V**. ut quae v. | ea del.
v.a.S. | modo ll.v. an mox?   10 anadyomene **Vd**. | ab **B**S.
om.rv.   11 exemplario **B**. (o fortasse ortum ex ͞e͞e = esse). |
putent **Bd**S. -tant rv.   13.14 licerent U e coni.S. licitaretur
v.a.H. cfr. XII 123. (XVII 6).   14 parum **B**. | quod **V**. |
illa **R**.   16 et (pro ut) **VR**. | conciauit **Vd**.   19 imagines
G(S). -nem ll.H. -num v. (an imagines idem?). | similitu-
dines **V**v.a.G. -ni **R**. | indiscretae (pid- **R**) ll.G. -te v.
20 dictum **B**. | appio **VR**. -ion (apion G) v.a.S.   21 homi-
num **B**v. -nem r. | a (del. **V²**) diuinamtem **V**. addiuinantem
Rdhv.a.S.

metoposcopos vocant, ex iis dixisse aut futurae mortis
89 annos aut praeteritae *vitae*. non fuerat ei gratia in comi-
tatu Alexandri cum Ptolemaeo, quo regnante Alexandriam
vi tempestatis expulsus, subornato fraude aemulorum plano
regio invitatus, ad cenam venit indignantique Ptolemaeo 5
et vocatores suos ostendenti, ut diceret, a quo eorum invitatus esset, arrepto carbone extincto e foculo imaginem
in pariete delineavit, adgnoscente voltum plani rege in-
90 choatum protinus. pinxit et Antigoni regis imaginem altero
lumine orba*ti* primus excogitata ratione vitia condendi; 10
obliquam namque fecit, ut, quod deerat corpori, picturae
deesse potius videretur, tantumque eam partem e facie
ostendit, quam totam poterat ostendere. sunt inter opera
eius et exspirantium imagines. quae autem nobilissima
91 sint, non est facile dictu. Venerem exeuntem e mari divus 15
Augustus dicavit in delubro patris Caesaris, quae anadyo-
mene vocatur, versibus Graecis ta*nt*opere dum laudatur,
aevis victa, sed inlustra*ta*. cuius inferiorem partem cor-
ruptam qui reficeret non potuit reperiri, verum ipsa iniuria cessit in gloriam artificis. consenuit haec tabula 20

---

§ 90: Quintil. inst. or. II 13, 12. — § 91: Strabo XIV 2, 19
p. 657 extr. — anthol. Planud. IV 178—182. (cfr. Petron. 83 init.).

---

1 metopoſcopoſ **B²h** *B*. -poſcoſ **B¹**. -pus *v*. metocopos *r*. |
hiiſ **B²**. his **VR**.   2 uitae *D cum Brunnio (hist. artif. Graec.
II 224)*. om. *ll.v*.   3 cum **B***v*. om. *r*. | ptolemae **R²**. -lomae
VR¹. -aeo *v.a.C*. | que **V²**.   4 ſubornatv **B²**. -ta **V²R**.
5 inuitatu **B²**.   6 oſtendenti ut **B***dv*. -dunt aut *r*.   7 ab-
repto **B¹**. are- **V**. | e om. **B**.   8 deliniauit **B***S*.   8. 9 in-
choatum **B***S*. ex inchoato *rv*.   10 orbati *ego*. -am *ll.v*. |
prius **R** *h ed. princ. Brot*. | excogitatam **V**.   11 corporis **R**.
12 potius. deesse *v.a.S. (an vero* adesse potius?). | tantumque
B*h v(G)*. laniu- **V** *d B*. lamu- **RT**. | e **B T** *G*. a *r v*. | facſe **B¹**.
14 & **B** *G*. om. *rv*.   15 dictum **B¹**. -ta **V¹**.   17 tantopere *Fröhner mus. Rhen. 47 p. 293.* tali opere *ll.v. (cfr. XVIII*
74. *XVII* 34). | aeuo dum *Müller emend. V* 18.   18 aeuis *ego*.
cfr. *XVI* 6. 43. *XIV* 9. *XXIV* 17. (*Pliniana p. 31*). om. *ll.v*.
non *Brot*. | uicta *v*. -to *ll. B*. inuicto *Schneidewin*. uitio
Fröhner. sed *ll.v*. est *Fröhner*. | inlustrata *v (Fröhner)*. -ato
ll. B. | huius *v.a.S*.

carie, aliamque pro ea substituit Nero in principatu suo
Dorothei manu. Apelles inchoaverat et aliam Venerem 92
Coi, superaturus etiam illam suam priorem. invidit mors
peracta parte, nec qui succederet operi ad praescripta
5 liniamenta inventus est. pinxit et Alexandrum Magnum
fulmen tenentem in templo Ephesiae Dianae viginti talentis auri. digiti eminere videntur et fulmen extra tabulam esse — legentes meminerint omnia ea quattuor
coloribus facta —; manipretium eius tabulae in nummo
10 aureo mensura accepit, non numero. pinxit et megabyzi, 93
sacerdotis Dianae Ephesiae, pompam, Clitum cum equo
ad bellum festinantem, galeam poscenti armigerum porri-
gentem. Alexandrum et Philippum quotiens pinxerit,
enumerare supervacuum est. mirantur eius Habronem
15 Sami; Menandrum, regem Cariae, Rhodi, item Antaeum;
Alexandreae Gorgosthenen tragoedum; Romae Castorem
et Pollucem cum Victoria et Alexandro Magno, item Belli
imaginem restrictis ad terga manibus, Alexandro in curru
triumphante. quas utrasque tabulas divus Augustus in 94

---

§ 92: Cic. de off. III 2, 10. ad fam. I 9, 15. — Plutarch.
Alex. 4. Cic. Verr. IV 60, 135. — § 93 extr.: cfr. Verg. Aen.
I 295 et Servius ad h. l.

1 in *cod. Burbon. om. ll. v. cfr. Frobeen p. 74.* 2 et *om.
v. a. S.* 3 cui **V**. cois **R** *v. a. S.* | etiam **VR**d h *v* (*D*). famam
B*SJ.* -ma *U.* | mores **V**. 4 opera **B**[1]. 6 in templum **V**h.
om. **R**. 7 auri **B**d *e corr. v.* -ri ar **V**. auiar **R**. 8 sed
legentes **T**(?)*v. a. H.* 9 facta **B** *G. om. r.* constare *v.* | mani-
pretium (-nupr- **B**[2]) eiuſ **B** *G* (*S*). *om. rH.* immane *v* (*Brot.*). |
tabulae *ll. G* (*S*). -lae pretium *v* (*H*). | in nummo **BVd T** *Lugd.* (*S*).
immane **R**. in numero h *G*[2]. in *G*[1]. *om. v.* 10 aureo *ll. G*[2] (*S*).
-ro *G*[1]. -reos *v* (*H*). | menſuram **B**d **T**. | megabyzi d h *B*. -yxi **B**.
-alysi *v*. migabyxi *r. cfr. § 132.* 11 ſacerdotiſ **B***v.* -tes *r.* |
clitum (gli- **B**) cum **B***S*. cliticum *r.* cliducum *B.* clitum *Ven.* (*H*).
clytum *v* (*C*). | equo **B***v.* quod *r.* 12 et ei galeam *v. a. H.*
12. 13 *an* armigero porrigente? 14 ſuperuacum **B**. | mi-
ratur **VR**. | habronem **B T** *S.* abr- d h *v.* -nen *r.* 15 samii et
v. a. S. | regi **B**. | icariae **B**. charie **V**d. | rhodi **B***S*. -do *r.* -dii
v. | antaeum **B***U.* ancae- **R**h *G.* ance- **V**d *v.* 16 tragydum **B**[1].
cfr. § 78. 106. 17 pollucen **B**. | uictoria et **VR**d h *v.* -riam
B[1]. -ria **B**[2]. 18 reſtrictiſ **B**d *v.* rescriptis *r.*

fori sui celeberrimis partibus dicaverat simplicitate mode-
rata; divus Claudius pluris existimavit utrisque excisa
Alexandri facie divi Augusti imagines addere. eiusdem
arbitrantur manu esse et in *Dianae* templo Herculem
aversum, ut, quod est difficillimum, faciem eius ostendat 5
verius pictura quam promittat. pinxit et heroa nudum
95 eaque pictura naturam ipsam provocavit. est et equus
eius, sive fuit, pictus in certamine, quo iudicium ad mutas
quadripedes provocavit ab hominibus. namque ambitu
praevalere aemulos sentiens singulorum picturas inductis 10
equis ostendit: Apellis tantum equo adhinnivere, idque et
postea semper evenit, ut experimentum artis illud osten-
96 taretur. fecit et Neoptolemum ex equo adversus Persas,
Archelaum cum uxore et filia, Antigonum thoracatum cum
equo incedentem. peritiores artis praeferunt omnibus eius 15
operibus eundem regem sedentem in equo et Dianam
sacrificantium virginum choro mixtam, quibus vicisse
Homeri versus videtur id ipsum describentis. pinxit et
quae pingi non possunt, tonitrua, fulgetra fulguraque;
97 Bronten, Astrapen et Ceraunobolian appellant. — Inventa 20

---

§ 95: cfr. Aelian. var. hist. II 3. nat. an. IV 50. — § 96:
Homerus ζ 102 sq. — cfr. Philostr. imag. 1, 14 init.

---

2 pluris B*v*. -res **V²**. -ra B d. pure **V¹**. | utrique B*D*. |
excissa **B¹**. 3 imaginef B h*v*(*S*). -neas **V** d. -nem R*B*. | ad-
dere B*S*. dedere *rv*. subdere *B*. 4 manum B*J*. (*an ortum
e manuuf?*). *cfr.* § *66. 91. XXXVI 26. 28.* | dianae *D cum
Prellero* (*myth. Rom. 284 n. 1*). annae B*S*. antoniae *rv*(*U*).
5 ostendit **VR**. 6 heroanum dum **V**. 7 natura ipsa
VR(*v.a.B*). 8 quo B*S*. quod *rv*. 9 quadripedef **B¹V¹***J*.
quadrup- *rv. cfr.* § *133.* 10 inductif B d*v*. -tas *r*. 12 euenit
ut B*S*. uinis *r*. illius d*v*. | illud *del.v.a.S.* 12.13 ostentatur
d(?)*v.a.S.* 13 & B d h*v*. ei *r*. | *an* pugnantem ex? *cfr. VII
202. post* Persas *lac. indicavit U.* | quo **R**. 14 thorachatum
B. 16 euntem **B¹V** d. | ////// in **B**. *om*. **R**. | eo equo **B¹**. | & B*S*.
om. rv. 18 uideretur **V** h. | pingit et **V¹R** d. 19 fulgetra
B²*v*(*S*). -traf **B¹**. -tra et d**T**. -gura **Rh** *Brot*. -gora **V**. *del. H*. |
fulgura **BT***v*(*S*). -gora d. -gera **V¹R**. *del.* **V²**. -getra h*H*. |
que **RTh***v*. qu/// **B¹**. quae **B²**d*S*. *de* **V** *non constat*. 20 &
B*U. om. rv*(*J*). | ceraunobolian *H*. -liam **B**. -lon *v*. ceranobti-
tan **R**. -bcitan **V**.

eius et ceteris profuere in arte; unum imitari nemo potuit, quod absoluta opera atramento inlinebat ita tenui, ut id ipsum, *cum* repercussum claritatis colorum *omnium* excitaret custodiretque a pulvere et sordibus, ad manum
5 intuenti demum appareret, sed et *luminum* ratione magna, ne claritas colorum aciem offenderet veluti per lapidem specularem intuentibus et e longinquo eadem res nimis floridis coloribus austeritatem occulte daret.

Aequalis eius fuit Aristides Thebanus. is omnium 98
10 primus animum pinxit et sensus hominis expressit, quae vocant Graeci ἤθη, item perturbationes, durior paulo in coloribus. huius opera ..... oppido capto ad matris morientis ex volnere mammam adrepens infans, intellegiturque sentire mater et timere, ne emortuo *e* lacte san-
15 guinem lambat. quam tabulam Alexander Magnus transtulerat Pellam in patriam suam. idem pinxit proelium 99 cum Persis, centum homines tabula ea conplexus pactusque in singulos mnas denas a tyranno Elatensium Mnasone. pinxit et currentes quadrigas et supplicantem paene

---

§ 97: cfr. supra § 42. — § 98: cfr. supra § 74. — anthol. Gr. II 251, 1. Palat. VII 623. — § 99 extr.: cfr. supra § 24. Strabo VIII 6, 23 p. 381.

---

1 et *om.* **R**. | artē **R**.   3 ipsum, cum *ego*. ipsum *ll.v.* | repercuſſum **B**[1]. -ussu (-ursu **V**) *rv*. | claritatiſ **Bh***S*. -tes *rv*. | colorum **VR**dh*G*. -rem **B***S*. oculorum *v*. | ōnium *ego*. aluum **B**[1]. alium **B**[2]*S*. *om. rv*. album *Traube*.   5 intuenti & **B**. (*an ortum ex* intuentib.?). et *ante* ad manum *transposuit U*. | et luminum *ego*. (*cfr. XXXIII 159. 160*). etium **B**[1]. et cum *rv*(*S*). *cfr. XXVIII 53*. et tum *B*. etiam **B**[2]*Sellers*.   7 & e **B***S*. e *rv*. | eodem **B**. et eadem *v.a.S.*   10 primum **V**[1]**R**. | census **VR**.   11 greci **B**. -ce **V**[2]. gregi **V**[1]. | ethe **R**d*v*. hethe **B**. ethae **V**[1]. pathae **V**[2]. | idem **V**[1]h. id est **V**[2]. | turbationis **V**. | pallor **B**.   12 opera *BUJ*. pictura *rv*(*S*)*D*. -ra est *C*. | *lac. ego indicavi; exciderunt fere* cetera longe superat. *cfr.* § *96. 102 al.*   13 inans **V**[1]. inanis **V**[2].   14 matre **V**. | e lacte *ego*. flacte **B**[1]. lacte **B**[2]d*v*. facta *r*.   14. 15 ſanguinem **B**dh*v*. -ne *r*.   16 pellan **B**. | inde (*pro* idem) **B**.   17 hominis **V**h. | tabula ea **B***S*. -lae (-le **R**) *r*. ea tabula *v*.   18 mnas **V**dh*v*. minaſ **B***S*. omas **R**. *cfr.* § *107. XXI 185*. | elatenſium **B***v*. flate- **R**. flatie- **V**d h.

cum voce et venatores cum captura et Leontion Epicuri
et anapauomenen propter fratris amorem, item Liberum
et Ariadnen spectatos Romae in aede Cereris, tragoedum
100 et puerum in Apollinis, cuius tabulae gratia interiit pictoris
inscitia, cui tergendam eam mandaverat M. Iunius praetor ⁵
sub die ludorum Apollinarium. spectata est et in aede
Fidei in Capitolio senis cum lyra puerum docentis. pinxit
et aegrum sine fine laudatum tantumque arte valuit, ut
Attalus rex unam tabulam eius centum talentis emisse
tradatur.   10

101   Simul, ut dictum est, et Protogenes floruit. patria
81 ei Caunus, gentis Rhodiis subiectae. summa paupertas
initio artisque summa intentio et ideo minor fertilitas.
quis eum docuerit, non putant constare; quidam et naves
pinxisse usque ad quinquagensimum annum; argumentum ¹⁵
esse, quod cum Athenis celeberrimo loco Minervae delubri propylon pingeret, ubi fecit nobilem Paralum et
Hammoniada, quam quidam Nausicaan vocant, adiecerit
parvolas naves longas in iis, quae pictores parergia ap-

---

§ 100 extr.: Strabo VIII 6, 23 p. 381. Plin. VII 126. — § 101:
Pausan. I 3, 5. — extr.: Cic. Verr. IV 60, 135. (Plin. VII 207).

---

1 leontion epicuri B*S*. *cfr. § 144.* -ione (-io R) picturi *r*.
-ionem pictori (-rem *v*) h*v*.   2 propter fratris amorem *post*
uoce (*v.1*) *transposuit U, post* Ariadnen (*v. 3*) *Dilthey mus. Rhen.*
25 p. 151 (cfr. 26 p. 283). | liberum patrem R d(?)*v. a. S* (*ut con-*
stanter locis 38 praeter § 140 et IV 25).   3 ariadnen VR h
v(D). artamenen B*S*. artom- *Dilthey*. arianen d. | caererif B.
     4 interit V.   5 eam *om.* R.   7 imago senis R(?)*v. a. S*. |
docentes V.   8 tantumque B*S*.   que R h.   quae V.   qua d.
qua in *v*. | arte tantum *v. a. S*.   9 talentis B²d h*v*. -tum *r*.
     11 fic fimul B. (*an* huic *vel* ei simul?)   12 ei caunuf
B B. fi caunus h. phic- *v*. frica (afr- V²) unus *r*. | gendis V. |
rhodiif B*v*. obi/// R. obi V d h. | fubiectae B*v*. -biecia R.
-blecia V d. -bletia h.   13 inuentio R. | deo V¹. dꝺ R.
17 propylon B V U *coll.* XXXVI 32. -pilon R d. -pylaeon h(?)*B*.
popyleon *v*. | paralum d h*v*. phara- B. parha- V. parba- R.
     18 hammoniada B h *H*. -dam R *v. a. B*. hamo- V. hemi-
onida *B*. | nausicaan *S*. -cān B. -cam *rv*. -caam d h(?)*G*.
19 is V¹. his V². | parergia *ll. J*. -ga h*v*.   ·

pellant, ut appareret, a quibus initiis ad arcem ostenta-
tionis opera sua pervenissent. palmam habet tabularum 102
eius Ialysus, qui est Romae dicatus in templo Pacis.
cum pingeret eum, traditur madidis lupinis vixisse, quo-
5 niam *sic* simul et famem sustineret et sitim nec sensus
nimia dulcedine obstrueret. huic picturae quater colorem
induxit *ceu tria* subsidia iniuriae et vetustatis, ut decedente superiore inferior succederet. est in ea canis mire
factus, ut quem pariter et casus pinxerit. non iudicabat
10 se in eo exprimere spumam anhelantis, cum in reliqua
parte omni, quod difficillimum erat, sibi ipse satisfecisset. ·
displicebat autem ars ipsa: nec minui poterat et vide- 103
batur nimia ac longius a veritate discedere, spumaque
pingi, non ex ore nasci. anxio animi cruciatu, cum in
15 pictura verum esse, non verisimile vellet, absterserat saepius mutaveratque penicillum, nullo modo sibi adprobans.
postremo iratus arti, quod intellegeretur, spongeam inpegit
inviso loco tabulae. et illa reposuit ablatos colores qualiter cura optaverat, fecitque in pictura fortuna naturam.
20 hoc exemplo eius similis et Nealcen successus spumae 104

---

§ 102: Cic. Verr. IV 60, 135. orat. 2, 5. Strabo XIV 2, 5
p. 652. — § 104: Val. Max. VIII 11, 7. — cfr. Plin. VII 126.

---

1 appareret **B** d *v*. -aret *r*. 1. 2 artis ostentationem
Rochette. 2 palmam **B** h *v*. al- *r*. | hab& **B** h *v*. -ent *r*.
3 ialyfuſ **B** d *v*. talisus *r*. 4 madildiſ **B**¹. madid **V** h. | uixiſſe
B *v*. pinx- **R** d h. pincx- **V**. 4. 5 quo *Traube*. 5 sic simul
ego. cfr. *§ 101 init.* (**B**). simul *ll. v*. | sustiner& *ll*. -rent *v*. | nec
V R h U. & **B**. ne d *v*. 6 obſtruer& **B** h *v*. -rent *r U*. 7 ceu
tria *ego*. contra *ll. v* (*S*). *del. B*. contrahens *U*. *de mendo cfr*.
XVII 201. | subsidia *ll. v* (*Brot.*). -dio *B*. obsidia *D cum Gron*.
· 7. 8 decidente **B**. *an recte? sed cfr. XVII 107*. 9 &
caſuſ **B** *S*. casus *r H*. casus et ars *v*. ars et casus *Weil*.
10 anhelantis *ll. v* (*Brot.*). -tis posse *C*. 12 parſ **B**. 13
ſpuma. quae **B**. 14 pingi **B** *S*. illa pingi *r v* (*D*). 15 ueri
similem uellet h. -lem eſſ& **B**. 17 intellegeretur **B** *v*.
-egitur **V**. -igitur **R** d h. | spongeam *S*. -geam (-giam **V** *v*)
eam *ll. v*. 18 in ipſo loco **B**. | & **B** *G*. ex *r v*. *an* ecce? |
illaque *v. a. G*. 20 succensus **R**. | ſpumae **B** *S*. in spuma
(-me *r*) *r v*.

equi similiter spongea inpacta secutus dicitur, cum pin-
102 geret poppyzonta retinentem eum. ita Protogenes mon-
stravit et fortunam. propter hunc Ialysum, ne cremaret
tabulam, Demetrius rex, cum ab ea parte sola posset
Rhodum capere, non incendit, parcentemque picturae fugit 5
105 occasio victoriae. erat tunc Protogenes in suburbano suo
hortulo, hoc est Demetrii castris, neque interpellatus
proeliis incohata opera intermisit omnino nisi accitus a
rege, interrogatusque, qua fiducia extra muros ageret, respondit scire se cum Rhodiis illi bellum esse, non cum 10
artibus. disposuit rex in tutelam eius stationes, gaudens
quod manus servaret, quibus pepercerat, et, ne saepius
avocaret, ultro ad eum venit hostis relictisque victoriae
suae votis inter arma et murorum ictus spectavit artificem; sequiturque tabulam illius temporis haec fama, 15
106 quod eam Protogenes sub gladio pinxerit: Satyrus hic
est, quem anapauomenon vocant, ne quid desit temporis
eius securitati, tenentem tibias. fecit et Cydippen *et*
Tlepolemum, Philiscum, tragoediarum scriptorem, medi-
tantem et athletam et Antigonum regem, matrem Aristo- 20

§§ 104. 105: Gellius XV 31. Plutarch. Demetr. 22. — § 106:
Strabo XIV 2,5 p. 652. (anth. Planud. IV 244).

1 equi h*v.* qui **BV**d. quia **R.** | dicitur d*hv.* -cuntur **VR.**
difcer& **B.** dum celetem *Traube.* 1. 2 pingitur **B².** -gatur
B¹. -git ac *Traube.* 2 popyzonta **VR**h. popiz- *v.a.B.* |
retinentem **B***B.* -nte *v.* -nt *r Gron.* | eum **BU**(*D*). pane cum
rd**Th***v.a.B.* equum. cum *B.* equum. canem *C.* par ecum *SJ*
cum Seidlero. Parii equum *Gron.* an habena eum? 3 fortu-
nam **B***S.* -na *rv.* uti et fortuna *Weil.* | ialyfum **B**h*v.* paly- **V.**
palusium **R.** | ne cremaret **B***v.* nec remanere *r.* 4 tabulam
Bd*S.* -la *r.* -las *v.* | poff& **B***v.* -sse **V.** -se **R.** 5 trhodum
B¹. (*an* capere Rhodum?). | incendit **B**h*v.* -di *r.* | fuit **R.**
7 hoc — castris *uncis includi voluit U 772. an* non procul a
(*pro* hoc est)? | demetre **V¹R.** 8 incohata *ego.* incoata **B.**
incho- *rv.* *cfr. XXXVI 122.* 12 manuf feruar& **B***S.* posset
manus seruare *rv*(*D*). 13 nauigar& **B***U.* 14 fpectaui **B.**
18 tenens *v.a.H.* | et *om.* **R.** | cydipen **V***Ven.* eaydipen **R.** |
et *S e coni. J.* fi (*ortum ex* ei) **B.** *om. rv*(*D*). 19 philifcum •
B*G.* thilli- **R.** zhilli- **V**d. cyli- *v.* | tragydiarum **B.** *cfr. § 93.*
20 Alcetam *Gron.* | et imaginem matris *v.a.S.*

telis philosophi, qui ei suadebat, ut Alexandri Magni opera
pingeret propter aeternitatem rerum — impetus animi et
quaedam artis libido in haec potius eum tulere —; novissime pinxit Alexandrum ac Pana. fecit et signa ex
5 aere, ut diximus.   34, 91

Eadem aetate fuit Asclepiodorus, quem in symmetria 107
mirabatur Apelles. huic Mnaso tyrannus pro duodecim
diis dedit in singulos mnas tricenas, idemque Theomnesto
in singulos heroas vicenas.

10 His adnumerari debet et Nicomachus, Aristidis filius 108
ac discipulus. pinxit raptum Proserpinae, quae tabula
fuit in Capitolio in Minervae delubro supra aediculam
Iuventatis, et in eodem Capitolio, quam Plancus imperator
posuerat, Victoria quadrigam in sublime rapiens. Ulixi
15 primus addidit pilleum. pinxit et Apollinem ac Dianam,
deumque matrem in leone sedentem, item nobiles Bacchas 109
obreptantibus Satyris, Scyllamque, quae nunc est Romae
in templo Pacis. nec fuit alius in ea arte velocior. tradunt namque conduxisse pingendum ab Aristrato, Sicyo-
20 niorum tyranno, quod is faciebat Telesti poetae monimentum praefinito die, intra quem perageretur, nec multo
ante venisse, tyranno in poenam accenso, paucisque diebus

---

§ 107: cfr. supra § 80. — § 108: cfr. supra § 38. 50.
Vitruv. III praef. 2.

---

2. 3 *dist. ego.*   4 planxit **B**. | Alexandream *Fröhner anal.*
crit. p. 17. | pana **B** *dv*. -ne **V**[1]**R**. paene **V**[2].   6 fuit **B** *dv*.
om. r.   7 mnaſo **B** *S*. -son *rv*.   8 diiſ **B** h *v*. his *r*.
9 heroaſ **B** *v*. -ratos *r*.   10 et *om.* **R**(?)*v. a. S.* | nicomachus *v*.
nicho- *ll*. | aristidis *ego*. -di *U* (*sed cfr. § 111. 122*). -dae illius
Oehmichen stud. Plin. p. 239. ariſtiaci **B** *J*. -tiaei *S*. -ticheimi **R**.
-techeimi **d F** h. -te///// **V**. -todemi *v*. (*an Aristidis Thebani?*).
12 fuit *om. Dal.* (*errore*). | supra *ll. v*(*S*). -per **d** h(?)*Hack*.
13 iuuentatis **R**(?)*H*. -tutis *v*. neniatiſ **B**. inentalis **V** h. |
imperatori **B**. -tur **V**[1].   14 ulixi **B** *v*(*S*). -xin *r*. ulyssi *H*.
15 pilleū **B**[2]**V** h *D*. pell- **B**[1]. pil- **R** *dv*. (Ulixi — pilleum
post Pacis [*v. 18*] *transposuit U*). | pinxit **d**[2]*v*. scripsit *ll*. -sit
. pinxit **d**[1]. | ac **B**[2]*S*. ad **B**[1]. et (e **V**[1]) *rv*.   16 deamque **R**. |
nobilis **R** *S*.   17 obreptantibuſ **B** *S*. adr- **V**[1]. arr- *rv*.   18
ne **B**.   19. 20 socyoniorum **V R**.   21 ne **V** h.

110 absolvisse et celeritate et arte mira. — Discipulos habuit
Aristonem fratrem et Aristiden filium et Philoxenum Ere-
trium, cuius tabula nullis postferenda, Cassandro regi picta,
continuit Alexandri proelium cum Dario. idem pinxit et
lasciviam, in qua tres Sileni comissantur. hic celeritatem   5
praeceptoris secutus breviores etiamnum quasdam picturae
111 conpendiarias invenit. — Adnumeratur his et Nicophanes,
elegans ac concinnus ita, ut venustate ei pauci conparen-
tur; cothurnus et gravitas artis multum a Zeuxide et
Apelle abest. — (Apellis discipulus Perseus, ad quem de   10
hac arte scripsit, huius fuerat aetatis). — Aristidis Thebani discipuli fuerunt et filii Niceros et Ariston, cuius
est Satyrus cum scypho coronatus, discipuli Antorides et
128 Euphranor, de quo mox dicemus.
112   (37) Namque subtexi par est minoris picturae cele-   15
bres in penicillo, e quibus fuit Piraeicus arte paucis post-
ferendus: proposito nescio an dist*in*xerit se, quoniam hu-
milia quidem secutus humilitatis tamen summam adeptus

---

§ 111 init.: cfr. infra § 137. — § 112: (cfr. Propert. IV 8, 12
[III 9, 12], ubi tamen scriptum est *Parrhasius*).

---

1 & arte **B**d*v. om. r.*   2 ariftonem **B***S.* -tidem **R**d**h***v.*
taristiden **V.** | ariftiden **B***S.* -toden **V.** -toclem **R**d**h***v.* | filo-
xenum **B.**   2. 3 eretrium **B***v.* dere- *r.*   3 tabulam **B**¹. |
potest ferenda **VRh.** | regi **B***v.* rege *r.*   5 comiffantur **B**¹*S.*
comess- h*v.* cōmeff- **B**². commiss- *r.*   7 uias et compendia-
rias *v. a. Brot.* | nicophanes d**h***v.* nichopa- **VR.** encho & pa- **B.**
cfr. § *137.*   8 ac **B***S.* & *rv.* | ita ut **B**²**RdT***v.* ita **B**¹. fi aut
V. fit aut h. | uetustate **Vd**h. -sta *v. a. H.* ei' tate **R.** | ei *ll.* d
Th*H.* opera pingeret propter aeternitatem rerum, impetuosi
animi et cui *codd. dett. v (falso iterata e* § *106).*   9 cothurnuf
d**h***C.* cotu- **B***v.* ctu- **R.** cortu- **V.** | & B*U.* ei et *rv(JD).*
10. 11 *uncos ego posui. dist. S.*   11 fuit *v. a. H.* | ariftidif
B*v(S).* -des **RdTh***H.* -tedes **V**¹. -tades **V**².   12 difcipuli
BVh*v(S).* -lus **RdT***H.* | filiniceros **Vd.**   13 antoricles **R.**
-tenorides *U cum Letronnio.*   14 euphranor **RdTh***v.* -non **B.**
-nos **V.**   16 piraeicus *S e coni. J.* piraficuf **B.** praeicus **V.**
prei- **RdT.** peritus h. Pyreicus *v.* Graficus *A Schöne.*   17
dist. v. a. S. | proposito **B***v.* -tio *r.* | distinxerit *ego.* (*cfr.* § *29).*
diftrux- **BVh.** destrux- **R**d*v.* distrinx- *Fröhner anal. crit. p. 16.*
de mendo cfr. XXXVII 143. 150. 195. XXXIV 62.

est gloriam. tonstrinas sutrinasque pinxit et asellos et
obsonia ac similia, ob haec cognominatus rhyparographos,
in iis consummatae voluptatis, quippe eae pluris veniere
quam maximae multorum. e diverso Maeniana, inquit 113
5 Varro, omnia operiebat Serapionis tabula sub
Veteribus. hic scaenas optime pinxit, sed hominem
pingere non potuit. contra Dionysius nihil aliud quam
homines pinxit, ob id anthropographos cognominatus.
parva et Callicles fecit, item Calates comicis tabellis, 114
10 utraque Antiphilus. namque et Hesionam nobilem pinxit
et Alexandrum ac Philippum cum Minerva, qui sunt in
schola in Octaviae porticibus, et in Philippi Liberum
patrem, Alexandrum puerum, Hippolytum tauro emisso
expavescentem, in Pompeia vero Cadmum et Europen.
15 idem iocosis nomine Gryllum derediculi habitus pinxit,
unde id genus picturae grylli vocantur. ipse in Aegypto
natus didicit a Ctesidemo.

Decet non sileri et Ardeatis templi pictorem, prae- 115
sertim civitate donatum ibi et carmine, quod est in ipsa
20 pictura his versibus:

---

§ 113: cfr. Festus p. 134. — cfr. infra § 148. — § 114
init.: Varro de vita p. R. I apud Charisium p. 126, 25 K. —
cfr. infra § 138. Varro r. r. III 2, 5. Quintil. inst. or. XII
10, 6. — extr.: cfr. infra § 140.

---

1 tonſtrinaſ Bv. trostri- (-ti- F) RFdh. *de* V *non con-
stat.* | ſuſtrinaſque Bd. sutiri- F.   2 rhopicographos *U*.
3 his V. hiiſ B². | uoluptatis dv. uolunt- *ll*. | pluriſ Bv. pe-
turis V. -toris R. | ueniere B¹v. -nere B². -nire *r*.
5 oportebat B.   8 antropographos V. -afoſ B.   9 parua
Bdv. -uae V. -ue' R. | calicles R$v.a.C$. -ides Vh. | calates
ll.Brot. -ades *H*. -aces *C*. -eces v.   10 anthiphiluſ B. |
namq. *ll. U(D)*. nam $v(J)$.   12 schola Rhv. ischo- B². isco-
B¹. ocho- Vd.   13 hippolitum V. philippi olympum B.
15 iocoſiſ *ll. J*. -so v. locosis d h. (*sc.* tabellis: *cfr. v. 9*). |
gryllum v. grytlum B¹. -tulum B². egrillum *r*. | habitu B².
16 id B*S*. hic V¹Rd. hoc V²hv. | picturae Bdv. -tores
h. -torum V². -tor V¹R. | grylli Bd*G*. -llus v. aegrilli V.
egr- Rh.   18 decet Bdh$v$. dicet V. dicit R.   19 carmen
Schneidewin.

Dignis digna. Loco picturis condecoravit
reginae Iunonis supremi coniugis templum
Plautius Marcus, cluet Asia lata esse oriundus,
quem nunc et post semper ob artem hanc Ar-
dea laudat,   5

116 eaque sunt scripta antiquis litteris Latinis, non fraudand*a*
et Studio divi Augusti aetate, qui primus instituit amoe-
nissimam parietum picturam, villas et porticus ac topiaria
opera, lucos, nemora, colles, piscinas, euripos, amnes,
litora, qualia quis optaret, varias ibi obambulantium spe- 10
cies aut navigantium terraque villas adeuntium asellis aut
vehiculis, iam piscantes, aucupantes aut venantes aut etiam

117 vindemiantes. sunt in eius exemplaribus nobiles palustri
accessu villae, succollatis sponsione mulieribus labantes,
trepidis quae feruntur, plurimae praeterea tales argutiae 15
facetissimi salis. idem subdialibus maritimas urbes pingere instituit, blandissimo aspectu minimoque inpendio.

118 sed nulla gloria artificum est nisi qui tabulas pinxere.

---

§ 116: cfr. Vitruv. VII 5, 2. (Plini epist. V 6, 22).

---

1 *dist. M Hertz (de Plautio poeta p. 12)*. | digna *ll.v(G)D*.
-nu' *B(S)*. | loco *ll.v(Brot.)*. loca *G*.   2 supremae *v.a.H*.
3 plautiuſ (-uciuſ *B*) marcuſ *BS*. mareus plautis marcus *r*.
marcus ludius *v*. | cluet asia lata *J cum Bergkio II 10*. cluetaſ
alata *B*. cloet (do & *R*) asia lata *r*. Cleoetas Alalia *S*. Elotas
Aetolia *v*.   6 ea quae *B*. | fraudanda *ego coll. V 112*. -do
ll.v. (cfr. XVIII 35).   7 ſtudio *BD*. ludio *r v*. S. Tadio
UJ.   8 porticus **d** (?) *v* (*corruptum olim in* portuus). -tus
rUD. cfr. XXXI 6 et de plur. num. § 114. 132. 144. (et portus
transponi debebat post colles). | toparia *R*.   10 litora **B**h*v*.
-ria *r*. | obtaret *V*. optarat *v.a.H*.   12 aucupanteſ *BS*.
-tesque (aucopantes quae *V*[1]) *rv(D)*.   13 nobileſ *B*h*v*. -lis
r. | paluſtri *BB*. paul- *r*. plaustri *v*.   14 acceſſu *Bv*. ac
(a *V*) censu *r*. | succollatis *R*d**h***H*. -olatis *V*. ſuae collatiſ *B*.
subcollantium *B*. -llium *v*. | sponsione *ll.v(H)*. specie *B*. |
mulieribus **d**T**h***H*. -ebribus *ll*. -eres *v*. | labentes *v.a.H*.
15 trepidiſ quae *BVU*. -disque *r Brot*. -dique *H(S)*. -daeque
v. | tales *G*. fatales *ll*. faciles h*v*.   16 facetissimi *v*. -me
(facit- *B*[1]) *B*. facilissimi *r*. | sales *v.a.H*. iſ aliiſ *B*[1]. hiſ ·/ aliiſ
B[2]. | ſubdialibuſ *B*d*v*. subsid- *r*. *de mendo cfr. XXXIV 117*.
18 gloria *Bv*. om. *r*.

eo venerabilior antiquitatis prudentia apparet. non enim
parietes excolebant dominis tantum nec domos uno in
loco mansuras, quae ex incendiis rapi non possent. casa
Protogenes contentus erat in hortulo suo; nulla in Apellis
5 tectoriis pictura erat. nondum libebat parietes totos tinguere; omnium eorum ars urbibus excubabat, pictorque
res communis terrarum erat. — Fuit et Arellius Romae 119
celeber paulo ante divum Augustum, ni flagitio insigni
corrupisset artem, semper ei lenocinans feminae, cuius
10 amore flagra*ret*, et ob id deas pingens, sed dilectarum
imagine. itaque in pictura eius scorta numerabantur.
fuit et nuper gravis ac severus idemque floridis *t*umidus 120
pictor Famulus. huius erat Minerva spectantem spectans,
quacumque aspiceretur. paucis diei horis pingebat, id
15 quoque cum gravitate, quod semper togatus, quamquam
in machinis. carcer eius artis domus aurea fuit, et ideo
non extant exempla alia magnopere. post eum fuere in
auctoritate Cornelius Pinus et Attius Priscus, qui Honoris
et Virtutis aedes Imperatori Vespasiano Augusto restituenti
20 pinxerunt, Priscus antiquis similior. — **11.** (38) Non 121
est omittenda in picturae mentione celebris circa Lepidum fabula, siquidem in triumviratu quodam loco deductus
a magistratibus in nemorosum hospitium minaciter cum

---

2 uno B*v*. una *r*.   3 menfuraf **B**. | *an* quaeque? | cara
R. casula *v.a.S.*   4 contemptus **V**. | nulla **BR**d*v*. -llo **Vh**. |
apellif B*v*. -lles (app- **Rh**) *rh*.   5. 6 pingere d(?)*v.a.S.*
8 ni **BV²d***S*. ne *r*. nisi *v*.   9 corrupisset et **V¹R**. -umpiffet
B. | ei lenocinanf B*U*. ali *rv*. | feminae cuius *ego*. cuius feminae
ll.v. feminae *post* ei *transposuit U.* (*an potius* ei [*sc.* arti] lenocinans, si cuius feminae? *cfr. § 145. XX 160*).   10 flagraret
U. -grans *ll.v*. | et *del. D*. esset *coni. S.* | eas **V²R**. | dilectarum
Bd*v*. dele- **Vh**. le- **R**.   11 imagines **V²**.   12 floridis tumidus *coni. J*. -dif (-dvf **B²**) umiduf **B**. -dus umidis (hum- **R**.
humilis **d**. -lis rei h*v*) *r*d*hv*. floridus *S*. -dissimus *U*. -dus et
uiuidus *Traube*. -dis S. Ummidius *Fröhner anal. crit. p. 17*.
13 Famuluf **BV**d*D*. fam- *Fröhner*. -ulis **R**. Fabullus *ed.
princ. U*. Amulius *v*.   16 carcere **B**. | etus **R**. | artif B*v*.
ortis *r*.   18 attius *ll.S*. accius *H*. actius *v*. | quin **B¹**.
19 in . p. **B**. imp. *D*. | augusto **R**d*hv*. -ti **V**. ac **B¹**. has **B²**.
Aug. *D*.   20 pristus **R**. sed Priscus *v.a.S.*

iis postero die expostulavit somnum ademptum sibi volucrum concentu; at illi draconem in longissima membrana
depictum circumdedere luco, eoque terrore aves tunc
siluisse narratur et postea posse compesci.

122　(39) Ceris pingere ac picturam inurere quis primus 5
excogitaverit, non constat. quidam Aristidis inventum
putant, postea consummatum a Praxitele; sed aliquanto
vetustiores encaustae picturae exstitere, ut Polygnoti et
Nicanoris, Mnesilai Pariorum. Elasippus quoque Aeginae
picturae suae inscripsit ἐνέκαεν, quod profecto non fe- 10
123 cisset nisi encaustica inventa. (40) Pamphilus quoque,
Apellis praeceptor, non pinxisse solum encausta, sed etiam
docuisse traditur Pausian Sicyonium, primum in hoc genere
nobilem. Bryetis filius hic fuit eiusdemque primo discipulus. pinxit et ipse penicillo parietes Thespiis, cum 15
reficerentur quondam a Polygnoto picti, multumque comparatione superatus existimabatur, quoniam non suo genere
124 certasset. idem et lacunaria primus pingere instituit, nec
camaras ante eum taliter adornari mos fuit; parvas pingebat
tabellas maximeque pueros. hoc aemuli interpretabantur 20

---

§ 122: cfr. supra § 98. — § 123: cfr. Horat. sat. II 7, 95. —
§ 124: cfr. Pausan. II 27, 3.

---

1 iiſ (hiiſ B²) poſtero Bv. spontero V. spont͞ho R. | ad-
eptum B¹V.　2 contentu B¹V. cantu B².　3 luco BdTS.
loco rv. | terrorem B¹.　4 narratur BVG(S). -antur RdTh
v(Brot.). | potuisse D cum U 773. cognitum est ita posse v.
5 caeris Vv.a.C. cereriſ B. | hac V. | pictura minuere BV. |
qui d(?)Brot.　8 encauſtae B¹U. -te VR. -ticae v. incauſtae
B². -teae d.　9 mnesilai ego. menſ im B. ae (e Rd) mane-
silai rd. ac mnasi- D. et maresi- v.a.B. et arcesi- h(?)Lugd.
et archesi- B. | periorum B. | elasippus S cum Schneidewino,
eiaſ- B. lass- (-ipus V) r. lys- v.　10 enecaen B(S). enaecen
d. enean R. -eten v. aeneten V¹. -nean V². ἐνέκαυcεν G. en-
causen B. | preſto R.　11 incauſtica B²G (errore).　12 en-
causta dH. -to hman.Dal. (cfr. § 149). -tica v. incausta ll.
13 paſian B.　14 bryetiſ BS. brie- rv. | eiuſdem qui B.
15 ipſi B. | pinicillo V. •-lloſ B. | thespiis B(S). -piſ BD.
thepis r. thebis dv(Brot.).　16 pylignoto R.　18 lacuna-
riam B¹.　19 amaras R. cameras dhv.a.S.

facere eum, quoniam tarda picturae ratio esset illa. quam
ob rem daturus *ei* celeritatis famam absolvit uno die
tabellam, quae vocata est hemeresios, puero picto. amavit 125
in iuventa Glyceram municipem suam, inventricem coro-
5 narum, certandoque imitatione eius ad numerosissimam
florum varietatem perduxit artem illam. postremo pinxit
et ipsam sedentem cum corona, quae e nobilissimis tabula
est, appellata stephanoplocos, ab aliis stephanopolis, quoniam Glycera venditando coronas sustentaverat paupertatem.
10 huius tabulae exemplar, quod apographon vocant, L. Lucullus duobus talentis emit .... Dionysius Athenis. Pausias 126
autem fecit et grandes tabulas, sicut spectatam in Pompei
porticu boum immolationem. eam primus invenit picturam,
quam postea imitati sunt multi, aequavit nemo. ante omnia,
15 cum longitudinem bovis ostendi vellet, adversum eum
pinxit, non traversum, et abunde intellegitur amplitudo.
dein, cum omnes, quae volunt eminentia videri, candi- 127
canti faciant colore, quae condunt, nigro, hic totum bovem
atri coloris fecit umbraeque corpus ex ipsa dedit, magna
20 prorsus arte in aequo extantia ostendente et in confracto
solida omnia. Sicyone et hic vitam egit, diuque illa fuit

1 illi **V**. 2 daturus *ll.v*(*S*). arti dat- *G*. | ei *ego*. & **B** *G*.
om. *r v*. 3 tabulam **V**. *an recte?* | hemeriſioſ **BV**. 4 gly-
ceram **B***v*. clice- *r*. | municerem **B**. 6. 7 pinxit & **B** *S*. pinxit
r v. *an* et pinxit? 7 cerona **R**. 8 appellata est d h *v. a. D*. |
stephanoplocos *v*. -pio coſ. **B**. -neplocos *r H*. | stephanopolis
d h *v*. -potis (staph- **V**) *ll*. 9 clicera **R**. | uendo **B**¹. 10
exemplar **B***v*. -la *r*. | apografon **V**. -grapo **B**¹. -crapho **B**².
  10. 11 lucilius lucullus **V** h. 11 *lac. ego indicavi. ex-
ciderunt fere* fecerat id. *cfr. § 148*. | dionysius (-nisius **R**.
dyo- **V**) *ll*. -siis (*P*) *H*. a dionysio *v*. | panſiaſ **B**. 12 grandiſ
B *S*. | ſceptatam **B**. 13 porticibus d h(?)*v. a. S, ut § 132*. |
bouum **V**. bo **R**. | inuenit in **B**. *an* -nit ibi? 14 multiſ **B**¹.
-ti ſed **B**². | aut **R**. 15 longitudinem **B** h *v*. -ne *r*. | bouiſ
B h *v*. -ues *r*. 17 Nein **B**. | eum **BV**. | que **BV**. qui d. |
uolent **R**. 17. 18 candicantia d h *v. a. S*. 18 facient **V R**. |
colore **B** *S*. -rem *r v*. | quae **BV** *S*. que *r v*. | condunt *ll. S*. -dant
d h *H*. -diant *v*. 19 umbrae quae **B**. | ipſa **BT** *S*. -so *r v*.
  20 equo d h *v. a. B*. | extantia **B**²*v*. -anita **B**¹. -atica **R**¹. -at
ita *r* d. | oſtendente **B** *S* (-dens *v*). extond- *r*. 21 ſycyone **B**.
sicyonem **V**. | et *del*. **B**².

patria picturae. tabulas inde e publico omnes propter
aes alienum civitatis addictas Scauri aedilitas Romam
transtulit.

128   Post eum eminuit longe ante omnes Euphranor Isthmius
84,50 olympiade CIIII, idem qui inter fictores dictus est nobis. 5
fecit et colossos et marmorea et typos scalpsit, docilis ac
laboriosus ante omnes et in quocumque genere excellens
ac sibi aequalis. hic primus videtur expressisse dignitates
heroum et usurpasse symmetrian, sed fuit in universitate
129 corporum exilior et capitibus articulisque grandior. volu- 10
mina quoque composuit de symmetria et coloribus. opera
eius sunt equestre proelium, XII dei, Theseus, in quod
dixit eundem apud Parrhasium rosa pastum esse, suum
vero carne. nobilis eius tabula Ephesi est, Ulixes simu-
lata insania bovem cum equo iungens et palliati cogi- 15
tantes, dux gladium condens.
130   Eodem tempore fuere Cydias, cuius tabulam Argonautas

---

§ 128: Quintil. inst. or. XII 10, 6. 12. Vitruv. VII praef. 14.
— § 129: Pausan. I 3, 3. Val. Max. VIII 11 ext. 5. — Plutarch.
de glor. Athen. 2. — Lucian. de domo 30. — § 130: (cfr. Th.
lap. 53). Eustath. ad Dionys. Perieg. 526. — cfr. supra § 27.

---

1 e *om.* **B.** | omnif **B** *S* (*ter deinceps*).   4 isthismius **V.**
is thyfm- **R.**   5 cimi *S.* cilli **BV.** cLi d. centesima quarta
(**R**?)*v.* | fictoref **B***v.* fect- *r. cfr. XXXIV 76.*   6 marmora
h*v.a.S, ut XXXVI 15.* | & *ll.S.* ac h*v.* | typof **BdT***U.* thipos
R. pos **V.** scyphos h*v.* (*an* colossos e marmore et ectypos?). |
sculpsit d**T***v.a.G.*   7 laboriosis **R.** | et *om.* **R.**   8 & ex-
pressisse **VR**h*v.a.G.* | dignitatef **B²**d*v.* -tif **B¹***S.* -natis *r.*
9 eroum **B.** eorum h. | ut usurpasset **V.** | uniuerfitatem **B¹.**
-satate **V.**   10 & **B***S.* e *r. om.* dh*v.*   11 fymetria **BV.**
12 equaeftre **B².** aequa eftra e **B¹V.** | thefaeuf **B.** | quod
B *U coll. § 62. XXXVI 46.* quo *rv*(*J*).   13 paftum **B***v.*
passum *r.*   14 carnef **B.** | nobilif **B²VR**h*v*(*S*). -lef **B¹**(d?)*G.* |
eius est h*v.a.G.* | tabula *ll.v*(*S*). -lae *G.* | ephesi est d*² in ras.S.*
ephaefi (-fiae **B¹**) eft **B.** ephesius & (e **V¹**) *r.* -esi h*v.*   14. 15
fimulata **B***v.* -lat *r.*   15 uesania h*v.a.S.* | aequo **BV.** | pal-
liati **B** *G.* palati *r.* palamedes h*v.*   15. 16 cogitantef (-tif **B²**)
ll. G. om. h*v. an* uocitantes? *cfr. Lucian.*   16 glandium **V**d.
fasce gladium *v.a.G.* | *an* educens?   17 fuit *v.a.J.* | cydias
D. cydi (cidi **VR**) & cydias (cid- **VR**) *ll.* et cydias *v* (*lac. ante
indicata J*). et cydias cythnius *U cum Bergkio II 8.*

HS $\overline{\text{CXXXXIIII}}$ Hortensius orator mercatus est eique aedem
fecit in Tusculano suo, Euphranoris autem discipulus Anti-
dotus. huius est clipeo dimicans Athenis et luctator tubicen-
que inter pauca laudatus. ipse diligentior quam numero-
5 sior et in coloribus severus maxime inclaruit discipulo
Nicia Atheniense, qui diligentissime mulieres pinxit. lumen 131
et umbras custodiit atque ut eminerent e tabulis picturae
maxime curavit. oper*um* eius Nemea advecta ex Asia Romam a Silano, quam in curia diximus positam, item Liber 27
10 pater in aede Concordiae, Hyacinthus, quem Caesar Augustus
delectatus eo secum deportavit Alexandrea capta, et ob id
Tiberius Caesar in templo eius dicavit hanc tabulam et
Danaen, Ephesi vero est mega*byzi*, sacerdotis Ephesiae 132
Dianae, sepulchrum, Athenis necyomantea Homeri. hanc
15 vendere Attalo regi noluit talentis LX potiusque patriae
suae donavit abundans opibus. fecit e*t* grandes picturas,
in quibus sunt Calypso et Io et Andromeda; Alexander
quoque in Pompei porticib*u*s praecellens et Calypso sedens
huic *e*idem adscribuntur. quadripedum prosperrime canes 133

§ 131 extr.: cfr. Pausan. III 19, 4. (Martial. ep. XIV 173).
— § 132: anth. Pal. IX 792. Plutarch. non p. suav. viv. sec.
Epic. 11, 2. — anth. Planud. IV 147. — § 133: Pausan. I 29, 15.

1 cxliiii V d h *v. a. S.* cliv R.   2 euphranoris *v.* -noniſ B.
-phenoris *r.* | *dist. S.*   2. 3 fuit Antidotus *v. a. S.*   3 clypeo
B. | lucato*r* B¹V.   3. 4 tubicemq. B. iab- V. tibicenque d h
v. a. S.   4 diligentior d*v.* deli- B. diligentiā *r.*   4. 5 numerio-
ſior B.   5 ſeueruſ *ll. v* (S). -rior d Th(?) *Brot.* | inclarui id B¹.
· 6 nicia d*v.* nincta B. nia V¹R. uia h. ni V². | atheniense
RhS. -sae V. -ſeſ B¹. -ſiſ B². -si d*v. cfr.* § 58.   7 custo-
diuit d*v. a. S.* -dit VRh. | adque B¹. | iminerent Vh. | picturae
ll. v. an figurae? *cfr.* § 4. XXXIII 157.   8 operū *ego.* -ra
ll. v. (*dist. ego*). *cfr.* § 132 Ephesi vero est.   9 a *om.* R. ma
B¹. | posita V.   11 alexandreae B¹. -ria B²Rdh*v. a. S.*
13 danaen BFU *coll.* § 28. -nae// V S(J). -nen R. diana d(?)G.
-nae (*del.* et) *v.* | megabyzi B. -agyſi B. -alysi V d*v.* -sis R.
cfr. § 93.   14 necromantia (nechr- V) VRdh*v. a. S.*   15 non
luit B. | ix B.   16 pictoras V¹. -res R.   17 androm& B.
     18. 19 *dist. Madvig adv. crit. III 212.*   19 eidem *S cum
Schultzio.* fidem *ll.* quidem *v.* | quadripedum *Madvig.* -dē RF.
-deſ B*v. de* V *non constat.* | prosperime V. -erarime B.

expressit. hic est Nicias, de quo dicebat Praxiteles interrogatus, quae maxime opera sua probaret in marmoribus:
quibus Nicias manum admovisset; tantum circumlitioni eius tribuebat. non satis discernitur, alium eodem
nomine an hunc eundem quidam faciant olympiade CXII. 5

134   Niciae conparatur et aliquando praefertur Athenion
Maronites, Glaucionis Corinthii discipulus, austerior colore
et in austeritate iucundior, ut in ipsa pictura eruditio
eluceat. pinxit in templo Eleusine phylarchum et Athenis
frequentiam, quam vocavere syngenicon, item Achillem 10
virginis habitu occultatum Ulixe deprendente et in una
tabula VI signa, quaque maxime inclaruit, agasonem cum
equo. quod nisi in iuventa obiiset, nemo compararetur.

135   Est nomen et Heraclidi Macedoni. initio naves pinxit
captoque Perseo rege Athenas commigravit. ubi eodem 15
tempore erat Metrodorus, pictor idemque philosophus, in
utraque scientia magnae auctoritatis. itaque cum L. Paulus
devicto Perseo petiisset ab Atheniensibus, ut ii sibi quam
probatissimum philosophum mitterent ad erudiendos liberos,
item pictorem ad triumphum excolendum, Athenienses 20

Demetr. Phal. de eloc. 76. — § 134: (cfr. Pausan. I 26, 3 extr.).
— § 135 init.: cfr. infra § 146. — cfr. Cic. de or. I 11, 45.
Acad. II 6, 16.

---

1 hic eonitias **B.**   2 que **B.** quam **V.** | armoribuſ **B.**
3. 4 circumlitioni d*v.* -ne **B.** -licione **V.** -lycinione **R.**
4 alium **R**(?)*G.* -ut **B¹.** -ud **B²Vdh.** -us **T***v.*   5 an hunc
B*G.* ad (at *v*) hunc **Vh***v.* adhuc **R**d**T.** | faciant d(?)*G.* -iunt
ll.v.   6 comparatur d*v.* conparantur **B.** -rabatur *r.* | aliquanto
Rdh*v.a.S.*   6. 7 atheniona amroniteſ **B.**   7 et austerior
v.a.S.   9 eleuſſine **BV.** | phylarchum dh*Lugd.* -cum **BR.**
philartum **V.** -rchum *v.*   10 frequentia **B.** | ſyngenicon **B**
(*P*)*H.* lyng- d**T.** ling- *r.* polygynaecon *v.*   11 deprendente
(-ti **B**) **B***S.* -rehendente *r v.*   12 tabulam **B¹.** | VI signa *H*
cum Gron.(*S*)*.* ut signa *ll. del. v.* insigni *Brot. cum Durando.*
locum nondum sanatum puto.   13 nisi inuenta **R.** | obisset
V. | nequo **R.** nemo ei dh*v.a.S.*   16 philoſophuſ **B***v.* -phos
(phyl- **V¹**) *r.*   17 utramque **B¹.** | ſcientia **B**dh*v.* -tiae *r.*
18 petisset **VR**dh*v.a.S.* | ut ii **B¹***S.* uti **B²V***U.* ut **R**dh*v.*
     19 miterent **V.** met- **R.**   20 idem **R.** itemque *v.a.S.* |
excolendum **B***v.* excoge- **Vd**h. exquoge- **R.**

Metrodorum elegerunt, professi eundem in utroque desi-
derio praestantissimum, quod ita Paulus quoque iudicavit.

Timomachus Byzantius Caesaris dictatoris aetate Aiacem 136
et Mediam pinxit, ab eo in Veneris Genetricis aede positas,
5 LXXX talentis venundatas. talentum Atticum ✳ $\overline{\text{VI}}$ taxat
M. Varro. Timomachi aeque laudantur Orestes, Iphigenia
in Tauris et Lecythion, agilitatis exercitator, cognatio nobilium, palliati, quos dicturos pinxit, alterum stantem,
alterum sedentem. praecipue tamen ars ei favisse in
10 Gorgone visa est.

Pausiae filius et discipulus Aristolaus e severissimis 137
pictoribus fuit, cuius sunt Epaminondas, Pericles, Media,
Virtus, Theseus, imago Atticae plebis, boum immolatio. —
Sunt quibus et Nicophanes, eiusdem Pausiae discipulus,
15 placeat diligentia, quam intellegant soli artifices, alias durus
in coloribus et sile multus. nam Socrates iure omnibus
placet; tales sunt eius cum Aesculapio filiae Hygia, Aegle,

---

§ 136: cfr. supra § 26. VII 126. — Cic. Verr. IV 60, 135.
Ov. trist. II 525 sq. anthol. Planud. IV 83. 135—140. 143. 128.
— § 137: cfr. supra § 111. Polemo ap. Athen. XIII 21 p. 567^{b}.
— cfr. Plin. XXXVI 32. — cfr. Pausan. X 29, 1. Propert. V 3, 21.

---

1. 2 unumque desiderium B.   3 timomacus V. -ochracuſ
B. | aiacem dThv. ata- V. macem B. om. R.   4 & BdTH.
ei V. om. R. ei pinxit et hv. | mediam BU. -ia r. -deam dT
hv. | pinxit om. hv.a.H. | ab ecinue naeris V. | genitriciſ B².
     5 uenumdatas R(?)dhH. | x. $\overline{\text{VI}}$ H(S). ✳ VI. M. BBrot. XVI
rv.   5. 6 taxat M. G. taxatum VRd. -tur v. om. B.
6 ephigenia B².   7 et om. R(?)G. pertinet fortasse post
Orestes (v. 6). | lecythion Bdv. laec- V. lethition R. | agili-
tatis dhv. aeg- BV. eg- R. | exercitatur V. -ato B.   7. 8
nobilum VR.   8 palliati Bv. cfr. § 129. palpa- r. | dicturoſ
Bv. -rus r. | inſtantem B¹.   9 ei V²dv. et r.   11 e seue-
rissimis dhv. e saeuer- V. e uer- R. eſſe ueriſſimiliſ B (partim
in ras.).   12 sunt om. B. | epimanondaſ B. | medea dhv.a.U.
     13 bouom B¹.   14 nicophaneſ BS. mechopa- Rdhv.
inech- V. cfr. § 111.   16 et sile ll.(P)H. sed et v. | nam
—17 placet parenthetice dicta putaverunt SJ. de partic. nam
et de Socrate pictore cfr. XXXVI 32.   17 talesque v.a.S. |
ſculapio V. scol- R. | filiae hv. -iae & ll. | hygia aegle v.
thygiaegle B. hygiagle r.

Panac*ea*, Ias*o* et piger, qui appellatur Ocnos, spartum torquens, quod asellus adrodit.

138   Hactenus indicatis proceribus in utroque genere non silebuntur et primis proximi: Aristoclides, qui pinxit aedem Apollinis Delphis.   Antiphilus puero ignem conflante lau- 5 datur ac pulchra alias domo splendescente ipsiusque pueri ore, item lanificio, in quo properant omnium mulierum pensa, Ptolemaeo venante, sed nobilissimo Satyro cum pelle pantherina, quem aposcopeuonta appellant, Aristophon Anca*eo* vulnerato ab apro cum socia doloris Asty- 10 pal*ae*a numerosaque tabula, in qua sunt Priamus, Helena,
139 Credulitas, Ulixes, Deiphobus, Dolus.   Androbius pinxit Scyllum ancoras praecidentem Persicae classis, Artemon Danaen mirantibus eam praedonibus, reginam Stratonicen, Herculem et Deianiram, nobilissimas autem, quae sunt in 15 Octaviae operibus, Herculem ab Oeta monte Doridos exusta mortalitate consensu deorum in caelum euntem, Laome-

---

§ 138: cfr. supra § 114. — § 139 init.: Herod. VIII 8. Pausan. X 19, 1.

---

1 panacea iaso *B*. panaca iaſuſ (lacus d) **Bd**. penaca lacus (locus **R**) *r*. pane calasus *v*. | quia **B¹V**.   2 arrodit *v. a. Brot.* arodi **V**. rodi **d**. rodit **T**.   3 haectenuſ **B**. act-**V¹**.   4 oriſtoclideſ **B**. | *an* qui *delendum? cfr.* § *139*. | eadem **R**.   5 anthiphiluſ **B**. antipilus **Vd**. | comſlante **B**. conflantem **V**.   5. 6 laudatus *H Brot*.   6 pubchra **B¹**. pulchre **h** *v. a. G*. | domos **Vd**. (ac pulchra aliaſ domo *corrupta videntur; an* e pictura atra foculo?).   7 in quo ferant **B**.

8 ptolomaeo **R**. -meo **V**. | uerante **B¹**. uelante **B²**. | nobiliſſimo **B** *H*. et nobil- *v*. non (n̄ **R**) uil- *r*.   9 pello **B¹**. | panterina **VR**. | aposcopeuonta **Vdh** *B* (*H*). -omte **R**. -oponta *G*. apocoptonta *v*. poſcoleuonta **B**.   10 ancaeo *G*. -aeum *D* (*claudicante structura*). ancaiu **B¹**. angaiu **B²**. ancalū *r*. -chalo *v*. | uulnerato *v*. -tū **VR d** *D*. muineratumo **B**. | atro **B**.   10. 11 astypalaea *D cum Brunnio* (*hist. artif. Gr. II 53*). -pale *ll. v*.

11 numeroſaque (quae **B**) **BR** *v* (*G*). -ros atque **Vd**. -rosa aeque *B*. | quo **B**. | primamus **V**. primuſ **B**. | helena **Bd** *v. om. r*.

12 deiphobi **V**. | Dolon *C*.   13 ſcyllum **BVS**. -llam **R** *v*. -llin *B e Paus. X 19, 1*. | precidentem **B**. | persice classi **V**.

14 danen **R** *v. a. Bas*.   15 delianiram **V**. | nobilissimis **R**.   16 ab oeta **R** *v*. auoeta **Vdh**. a boeotia **B**. | exuta **dh**(?) *C*.   17 *et* p. 281, 1 idomedoniſ **B**.

dontis circa Herculem et Neptunum historiam; Alcimachus
Dioxippum, qui pancratio Olympiae citra pu*l*veris iactum,
quod vocant ἀκονιτί, vicit; Coenus stemmata.   Ctesi- 140
lochus, Apellis discipulus, petulanti pictura innotuit, Iove
5 Liberum parturiente depicto mitrato et muliebriter in-
gemescente inter obstetricia dearum, Cleon Cadmo, Ctesi-
demus Oechaliae expugnatione, Laodamia, Ctesi*cl*es reginae
Stratonices iniuria.   nullo enim honore exceptus ab ea
pinxit volutantem cum piscatore, quem reginam amare
10 sermo erat, eamque tabulam in portu Ephesi proposuit,
ipse velis raptus.   regina tolli vetuit, utriusque similitudine mire expressa.   Cratinus comoed*os* Athenis in
pompeo pinxit; Eutychides bigam: regit Victoria.   Eudorus 141
scaena spectatur — idem et ex aere signa fecit —, Hippys
15 Neptuno et Victoria.   Habron amicam et Concordiam pinxit
et deorum simulacra, Leontiscus Aratum ·victorem cum
tropaeo, psaltriam, Leon Sappho, Nearchus Venerem inter

---

§ 140 init.: cfr. Suid. s. v. ᾽Απελλῆc. — § 141 init.: cfr.
Athen. XI 48 p. 474ᵈ.

---

1 historiam *ll. v. an* iniuriam?   1. 2 alchimacus (alclum- **R**)
diosippum **VR**.   2 olympiae **B**d*v*(*S*). -phiae **V**. -pia **R**(?)h *H*. |
pulueris *v.* pueris *ll.* | lactum **V**. tactum *H Brot.*   3 tem-
mata **B**. teminata **V**.   3. 4 ctefilochuſ **B**d*v*. etaesilocus **V**.
ethes- **R**.   4 picturae **B²VR**.   5 mulieriter **B**.   5. 6 in-
gemiscente **R**d h*v. a. S.*   6 obstetricia **R**d *G*. -rices **T**h*v* (*add.*
et). -ricaea (-stretr- **V**¹) **V**. optr&iola **B²**. -oda **B¹**. | cleon
cadmo (clad- **B**. admeto *G*) *ll. H.* clamorem h*v. a. G.*   6. 7
ctestidemus **VR**.   7 oechalle **V**. clech- **R**. | laodimia **R**. |
ctesicles *S e coni. J.* eteſideſ **B**. clesides *rv.* | regina **V**.
8 iniuriam **R**.   9 uolutantem d *G*(*S*). -untatem **B**. -untantem
r. -uptantem h *Brot.* -atem *v.* | piſator **B**. -ture **V**. | reginas
VR.   11. 12 similitudinē irae **B**.   12 comoedos *C cum B*(*D*).
-moedus (-medus **V**) *ll. v*(*S*). cfr. *§ 147.* | im **B**. *om.* h*v. a. B.*
    13 pompeo *G*(*H*). -pio **B**. -peio *ll. Dal.*(*S*). -peium h*v.* |
eutychides *B* (*D*). -dis **R**(?) *H* (*dist. sublata*). euthycideſ **B**.
eith- **V**. euclides h. euchi- *v.* | biccam **VR**. | *dist. G.* | regis
h*v. a. G* (*add.* cum). quam regit *vet. Dal.*   14 caena **V**. cena
R. | hippys *S cum Keilio.* hyppis d. hyppuſ **B**. hypis *r.* iphis *v.*
hippias *H*.   15 amicitiam *v. a. J.*   16 leontiſcum **B**.   17
propaeo **B**. tropheo (-aeo *Bas.*) *r v. a. Brot.* | pſaltria **B**. | ſappo
B. | nearchuſ **B** *S.* cfr. *§ 147.* nicarcus **R**. nicaearcus **V**. -chus

Gratias et Cupidines, Herculem tristem insaniae paeni-
142 tentia, Nealces Venerem, ingeniosus et sollers, ... ime
siquidem, cum proelium navale Persarum et Aegyptiorum
pinxisset, quod in Nilo [cuius est aqua maris similis]
factum volebat intellegi, argumento declaravit quod arte 5
non poterat: asellum enim bibentem in litore pinxit et
143 crocodilum insidiantem ei; Oenias syngenicon, Philiscus
officinam pictoris ignem conflante puero, Phalerion Scyllam,
Simonides Agatharchum et Mnemosynen, Simus iuvenem
requiescentem, officinam fullonis quinquatrus celebrantem, 10
144 idemque Nemesim egregiam, Theorus se inungentem, idem
ab Oreste matrem et Aegisthum interfici, bellumque Ilia-
cum pluribus tabulis, quod est Romae in Philippi porticibus, et Cassandram, quae est in Concordiae delubro,
Leontium Epicuri cogitantem, Demetrium regem, Theon 15
Orestis insaniam, Thamyram citharoedum, Tauriscus disco-
bolum, Clytaemestram, Paniscon, Polynicen regnum repetentem et Capanea.
145   Non omittetur inter hos insigne exemplum. namque
Erigonus, tritor colorum Nealcae pictoris, in tantum ipse 20

---

§ 144: (cfr. Aelian. var. hist. II 44. Plutarch. de audiend.
poet. 3). Quintil. inst. or. XII 10, 6. — cfr. Plin. XXXVI 33.

---

v. nice- d*G.*   1. 2 paenitentia *S.* pen- (-tiae **VR**) *ll.* poen-
d*v*(*D*).   2 follerſ **B***v.* soppers *r. in* d *ras.* opere h. | *lac. ego
indicavi et dist.* ime **VR**. inte **B.** *in* d *ras.* in arte *v*(*G*). hic
arte *C.* iste *D.* *an* prosperrime (*prioribus litteris absorptis*)?
cfr. § 133.   3 in (*pro* cum) **B.**   4 nilo cuius *v.* cuius
nilo *ll.* | aquam **BVh.** | mari **R**(?)*v. a. S.* | *uncos posui cum U 775.*
     6 et *om.* **B.**   7 corcodillū **B.** | & (*pro* ei) **B.** | syngenicon
d h*v.* -cū **R.** ſingecnicon **B¹.** -genicon **B².** -cum **V.**   8 pale-
rion cillam **VR.**   9 agatharchum d h*Bas.* -cum **V.** -rgū **R.**
-tarcum **B.** -chum *v.* | mnemosinen **V***v. a. Bas.* nemo- **B.**
10 quinquatruuſ **B***D.*   11 itemque **R.** | nemesin d*v. a. S.* |
theodorus **Th***v. a. S.* | se inungentem *SJ.* emung- **B***v.* et inung-
RTh*H.* et mung- **V**d. erumpentem *D cum Benndorfio.* | item
VRh.   12 matriſ **B.**   12. 13 illam cum **B.**   14 casandram
V. -rū **R.**   15 teon **VR.**   17 clytemeſtram **B.** -taemnestram
R(?)d*v. a. D.* (*post* Oreste *v. 12 transponi voluit U 776*). | paniſcon
B*S.* -cum *rv.*   17. 18 repetentem **B**h*v.* repen- *rVen.* peten- **d.**
     19 omittemur **V.**   20 origonuſ **B**d h.

profecit, ut celebrem etiam discipulum reliquerit Pasiam,
fratrem Aeginetae fictoris. illud vero perquam rarum ac
memoria dignum est, suprema opera artificum inperfectasque tabulas, sicut Irim Aristidis, Tyndaridas Nicomachi,
5 Mediam Timomachi et quam diximus Venerem Apellis, in 92
maiore admiratione esse quam perfecta, quippe in iis
liniamenta reliqua ipsaeque cogitationes artificum spectantur, atque in lenocinio commendationis dolor est manus,
cum id ageret, exstinctae.

10 Sunt etiamnum non ignobiles quidem, in transcursu 146
tamen dicendi Aristocydes, Anaxander, Aristobulus Syrus,
Arcesilas, Tisicratis filius, Coroebus, Nicomachi discipulus, ·
Charmantides Euphranoris, Dionysodorus Colophonius, Dicaeogenes, qui cum Demetrio rege vixit, Euthymides,
15 Heraclides Macedo, Milon Soleus, Pyromachi statuarii
discipuli, Mnasitheus Sicyonius, Mnasitimus, Aristonidae

---

§ 146: cfr. Pausan. I 1, 3. — Plin. supra § 108. 135. XXXIV 140.

---

1 proficit VB. | pasiam dhv. -ftam B. -sian rS. 2 aegi-
netae dv. -na& e B. -geniten V. eg- R. | fictoris dhv. -res
VB. pictoref B. -ris D. | rarum Bv. paruam r. 3 eft BS.
et r. etiam d(?)v. 3. 4 inperfectasque v. inter- ll. 4 ta-
bulis siat R. | tyndariadaf nichomachi B. 5 media B. -deam
dv.a.J. | pellif B. 6 feffa (pro esse) B. | perficta B. | iis dhv.
if BD. his r. 9 agerent extinctae desiderantur v.a.S.
10 &ianum B²Vv(S). -annum B¹. -amnunc Rd(?)Brot. -am
Dal. 11 ariftocydef BS. -oquides RF. -o quidem V. -onides
hv. | syrus v. surus ll.D. 12 arcefillaf B. -ilaus hHBrot. |
tisicratis dv. tisigr- VB. tuf figr- B. | coroebus S cum Keilio.
corbiof Bd. -ius Rh. cordius V. corybas (Lugd. corib- v)
v.a.S. | nicomachif B. nichomachi V. 13 charmantides S
cum Keilio. -nidef B. carma- rv. | euphranorif Bv. eufr- h.
eutr- d. eitr- R. ettr- V. | dionysodorus S cum Keilio. -siodorus
(-nisi- V) ll.v. 13. 14 dicaeogenes S cum Keilio. dicaog- ll.
diog- hv. 14 euthymides d(?)S cum Keilio. (-medes hv).
eutym- B. eutim- V. eitim- R. 15 midon h. mydon v.a.S. |
soleus G. folaeuuf B. (an folenfif?). solus rv. | pirhomachi
VB. philo- v.a.G. cfr. XXXIV 51. | ftatyari B. 16 disci-
pulus B(?) d h v.a.J. | mnasiteos VB. mnesitheus H Brot. |
sicyonius (sicio- R) mnasitimus (-idemus v) RdG. om. B. sici-
onius mnasitius sicionius mnasitimus V. | ariftonide BV. -dis
v.a.H.

filius et discipulus, Nessus, Habronis filius, Polemon
Alexandrinus, Theodorus Samius et Stadios, Nicosthenis
discipuli, Xenon, Neoclis discipulus, Sicyonius.

147　　Pinxere et mulieres: Timarete, Miconis filia, Dianam,
quae in tabula Ephesi est antiquissimae picturae; Irene,
Cratini pictoris filia et discipula, puellam, quae est Eleusine, Calypso, senem et praestigiatorem Theodorum, Al-
cisthenen saltatorem; Aristarete, Nearchi filia et discipula,
Aesculapium. Iaia Cyzicena, perpetua virgo, M. Varronis
iuventa Romae et penicillo pinxit et cestro in ebore imagines mulierum maxime et Neapoli anum in grandi tabula,
148 suam quoque imaginem ad speculum. nec ullius velocior
in pictura manus fuit, artis vero tantum, ut multum manipretiis antecederet celeberrimos eadem aetate imaginum
pictores Sopolim et Dionysium, quorum tabulae pinacothecas inplent. pinxit et quaedam Olympias, de qua hoc
solum memoratur, discipulum eius fuisse Autobulum.

---

§ 148: cfr. Cic. ad Att. IV 16, 12. Plin. supra § 113.

---

1 hadronif B.　　2 samius hv. sannus V. -nnos Rd. -nos
B. | ſtadioſ BdJ. -ius R(B)G. -ieus H. statius V. tadius v.
　　4 mulier aeſtimare B. | miconis ll.H. nic- G. myc- v. |
filiam B.　·　5 quae (que R) ll.S. om. hv. | tabula quae h
v.a.S. | ephaeſi B. | antiquiſſimae BG(S). -mis (praem. in dhv)
r dhv(Brot.).　　6 cratini hv. -niſ B². gratinis r. cfr. § 140. |
quae Rv. qua r. | eſt BVv. aet R.　　　7 dist. Fröhner anal.
crit. p. 15. cfr. § 132. (fortasse et delendum. an vero Calypso
senex intellegitur opposita puellae?). | ſinem B. | praestreglatorem
Vd. | theodorum theodorum B.　　7.8 alchiſtenen B. alcistenen r.
-nem d. -sthene v.a.S.　　8 ariſtareti B.　　9 iaia BS. lala
rv. Laia Schneidewin. Maia Fröhner l.l. p. 18. | perpetua Bhv.
-tuo r. | M. BC(D). marci dhLugd. -cia r. martia M. v. |
uarrone R in ras.　　10 inuenta Rochette (Fröhner l.l. p. 18). |
ceſtro BhB. cesiro rv. | e hore B. aebore V.　　11 neapoli
anum H cum Petito. -itanum ll.v.　　13. 14 manipretiiſ (-raet-
BV) S. manvp- B². manipretii R. -tio G. immanitate pretii
hv. cfr. XXXIV 37.　　14 eadem BVv(D). om. R(?)S. | state
V¹. aest- V².　　15 ſopolim BRTS. -lin dhH. -lym V. so-
pylon v. | dionisidium R.　　15. 16 pinachotechas V. -apothecaſ
(bine a- B²) B.　　16 ei quadam V.　　17 autobulum dG.
autobolum VR. auteb- B. antob- hv.

(41) Encausto pingendi duo fuere antiquitus genera, 149
cera et in ebore cestro, id est vericulo, donec classes
pingi coepere. hoc tertium accessit resolutis igni ceris
penicillo utendi, quae pictura navibus nec sole nec sale
5 ventisve corrumpitur.

(42) Pingunt et vestes in Aegypto, inter pauca mira- 150
bili genere, candida vela, postquam attrivere, inlinentes
non coloribus, sed colorem sorbentibus medicamentis. hoc
cum fecere, non apparet in velis, sed in cortinam pigmenti
10 ferventis mersa post momentum extrahuntur picta. mirumque, cum sit unus in cortina colos, ex illo alius atque
alius fit in veste accipientis medicamenti qualitate mutatus, nec postea ablui potest. ita cortina, non dubie
confusura colores, si pictos acciperet, digerit ex uno pin-
15 gitque, dum coquit, et adustae eae vestes firmiores usibus
fiunt quam si non urerentur. — **12.** (43) De pictura 151
satis superque. contexuisse his et plasticen conveniat
eiusdem operae terrae.

Fingere ex argilla similitudines Butades Sicyonius

---

§ 151: Isid. XIX 15. — cfr. Athenag. legat. pro Chr. 17
p. 18 (Schwartz).

1 incaufto **B²**. | fuere **B** *S.* fuisse *r v.* | genera constat
v. a. S.   2 castro **R.** | ides **Vd.** | uericulo (*Salm. p. 163ᵇ D*)*S.*
cfr. *XXXIII 107.* uir- *ll. v.* | classis **R.**   4 in nauibus h
v. a. S.   5 uentisue *CFWMüller p. 16.* -ifque **B**d*v.* uestis-
que *r.*   6 ueftif **B¹***S.*   6. 7 mirabile **B¹.**   7 atriuere **BV.**
8 f& **B.**   9 uelif & in **B.** | pigmenti **B²***G.* -tif **B¹.** -gemici
R. -gemut **V.** pingi in h*v.*   10 feruentes aquas h*v. a. G.*
11 ilio **B.**   12 fit **Vd.** | medicamini **VR**d. -nis h*v. a. G.*
14 confufara **B.** | digerit **B**d**T***v.* -ret *r.* | uno **B**d*Verc.* uino *r*
v. a. H.   15 coquit **R**dh*v.* -ui **B¹V.** -uitur **B²***D.* | eae **B¹***S.*
he **B².** *om. r v.* | firmioref ufibuf **B***S.* -oribus *r.* -ores dh*v.*
17 satis *om.* **R.** | his *om.* **R.** | plastice **V.** | *distinxi cum O Jahnio.*
cfr. *Fröhner mus. Rhen. 47 p. 294.*   18 operae **BV²** (*genet.*
qualit.). cfr. § 183. -re *r v* (*ad seqq. relatum*). *fortasse operis*
scribendum est, ut § 74. XV 131. XXVII 1. XXXVI 13,
aut post conueniat (v. 17) exciderunt quae constat, ut fuerit
quae constat opere (cfr. *XI 224. X 94. XIV 55. IX 151.*
XXXIII 95 al.).   19 et (*pro* ex) **Vh.** | similitudinis **VR.** |
butades (-aref **B**) **B***S.* cfr. § 152. debu- *r.* dibu- dh*v.*

figulus primus invenit Corinthi filiae opera, quae capta
amore iuvenis, abeunte illo peregre, umbram ex facie
eius ad lucernam in pariete lineis circumscripsit, quibus
pater eius inpressa argilla typum fecit et cum ceteris
fictilibus induratum igni proposuit, eumque servatum in 5
Nymphaeo, donec Mummius Corinthum everterit, tradunt.
152 sunt qui in Samo primos omnium plasticen invenisse
Rhoecum et Theodorum tradant multo ante Bacchiadas
Corintho pulsos, Damaratum vero ex eadem urbe profugum, qui in Etruria Tarquinium regem populi Romani 10
genuit, comitatos fictores Euchira, Diopum, Eugrammum;
ab iis Italiae traditam plasticen. Butadis inventum est
rubricam addere aut ex rubra creta fingere, primusque
personas tegularum extremis imbricibus inposuit, quae
inter initia prostypa vocavit; postea idem ectypa fecit. 15
hinc et fastigia templorum orta. propter hunc plastae
appellati.
153   (44) Hominis autem imaginem gypso e facie ipsa
primus omnium expressit ceraque in eam formam gypsi
infusa emendare instituit Lysistratus Sicyonius, frater Ly- 20
34, 61 sippi, de quo diximus. hic et similitudines reddere instituit; ante eum quam pulcherrimas facere studebant.
idem et de signis effigies exprimere invenit, crevitque
res in tantum, ut nulla signa statuaeve sine argilla fierent.

---

§ 152: (cfr. Pausan. IX 41, 1. X 38, 5. III 12, 10). —
extr.: Isid. XX 4, 3.

2 et (*pro* ex) **V.** | fac **B**[1]. -ciem **V.**   4 expressa **R.** |
tyrum **B.** | et circum **V.**   6 euerteret d h *v. a. S.*   8 tradant
B *v.* -dunt *r G (errore).* | mulio **BV.** | bachiadaſ **BVT.** batti-
v. a. H.   11 euchira diopum **B** *S.* heucira opū *r.* euchira et
B. -rapum et *v. a. Bas.* | eugramum **BV.**   12 is **V**[1]. his **V**[2]. |
butidis **R.** dibutadis *v. a. S.*   13 rubra *ll. Brot.* -rica d *v.* |
cretam **V** h *v. a. Brot.*   14 q, **B**[1]. eq, **B**[2].   15 prostipa **V.**
protypa *v. a. Brot.* | ecrypa **B.**   16 fastidia **V**[1]**R.** | arta **B.** |
plaſte **BV** *v. a. B.*   17 appella **R.** -ata *v. a. B.*   18 effacie **V.**
     20. 21 lyssippi **V.** iusi- **B.**   21 similitudines *S.* -niſ **B.**
-nem *r v.* *an* similitudini (*sc.* imagines)? *cfr.* pulcherrimas (*v. 22*).
     22 studebant (spond- **T**) d h **T** *G.* -bat **B.** -batur *v (D).*
spudebatur *r.*   23 effigieſ **B** *S.* -em *r v.*   24 argila **B.**

quo apparet antiquiorem hanc fuisse scientiam quam fundendi aeris.

(45) Plastae laudatissimi fuere Damophilus et Gorga- 154
sus, iidem pictores, qui Cereris aedem Romae ad circum
5 maximum utroque genere artis suae excoluerant, versibus
inscriptis Graece, quibus significarent ab dextra opera
Damophili esse, ab laeva Gorgasi. ante hanc aedem
Tuscanica omnia in aedibus fuisse auctor est Varro, et
ex hac, cum reficeretur, crustas parietum excisas tabulis
10 marginatis inclusas esse, item signa ex fastigiis dispersa.
fecit et Chalcosthenes cruda opera Athenis, qui locus ab 155
officina eius Ceramicos appellatur. M. Varro tradit sibi
cognitum Romae Possim nomine, a quo facta poma et
uvas *nemo posset* aspectu discernere a veris. i d e m
15 magnificat Arcesilaum, L. Luculli familiarem, cuius proplasmata pluris venire solita artificibus ipsis quam aliorum
opera; ab hoc factam Venerem Genetricem in foro Cae- 156
saris et, priusquam absolveretur, festinatione dedicandi

---

§ 154: cfr. supra § 61. — Vitruv. III 3, 5. — (cfr. Vitruv.
II 8, 9). — § 155: cfr. Plin. XXXIV 87. — XXXVI 41. — § 156:
cfr. Plin. XXXIV 69. XXXVI 39. — XXXIII 156. XXXVI 40.

---

1 quo — 2 aeris *post* traditam plasticen (*§ 152 med.*) *trans-*
posuit U.   3 plaſtae B*v.* -trae *r.* | damophiluſ B²*G* (diamo-
B¹. dimo- *v*). -pilus *r.*   3. 4 gorgasus (cor- d) d*v.* -auſ B.
-anus (cor- V) *r.*   4 idem BRD. iidemque h*v.a.S.* | ceteris
V. cereris — 5 utroque *om.* R. | edem B.   5 excolerant R.
-luerunt h*v.a.S.*   6 significarunt Rh*v.a.S.* | ab *ll.S.* a dh*v.* |
extra V¹R. -tera V². | opera *om.*B*S.*   7 dimophili h*v.a.G.* |
ab laeua *H cum Gron.* ab imia B. aplane V. aplone R.
a parte laeua h*v.*   8 uiſſe B¹. liſſe B². | auctores uarro V. |
et *om.* R d*v.a.S.*   10 dispersa *om.* R.   11 calchoſteneſ B V. |
theniſ B.   13 poſſim *ll.S.* posim *G.* possum h. -unium *v.* |
fac V d T. -tas *v.a.H.* | poma et *ll.H.* romae *v.*   14 nemo
posset *ego.* item piſceſ (B. -cis *r S.* poscis d) *ll.*d*v.* ut non
posses (-ssis *Gron.*) *H U cum Gron.* alitem nescisse *Traube.*
addiderunt quos *cod. Poll. v*(*Brot.*). ita ut non sit *G* (*S*). non
possis *J D.* | ueris *ll.G* (*S*). ueris uix posses (*cod. Poll.*) *v*(*Brot.*).
15 archesilan V. -aū B²*v.a.G.* asch- R. | L. *om.* R.
15. 16 proplasmata *G.* propriaſm- B. plaurosamta *r.* plastica h.
proplasticen *v.*   18 solueretur V. | feſtinate B.

positam; eidem a Lucullo HS |X̅| signum Felicitatis loca-
tum, cui mors utriusque inviderit; Octavio equiti Romano
cratera facere volenti exemplar e gypso factum talento.
laudat et Pasitelen, qui plasticen matrem caelaturae et
statuariae scalpturaeque dixit et, cum esset in omnibus 5
157 iis summus, nihil umquam fecit ante quam finxit.　praeterea elaboratam hanc artem Italiae et maxime Etruriae;
Vulcam Veis accitum, cui locaret Tarquinius Priscus Iovis
effigiem in Capitolio dicandam; fictilem eum fuisse et
ideo miniari solitum; fictiles in fastigio templi eius quadri- 10
28,6 gas, de quibus saepe diximus; ab hoc eodem factum Herculem, qui hodieque materiae nomen in urbe retinet.　hae
enim tum effigies deorum erant lautissimae, nec *paenitet*
nos illorum, qui tales eos coluere; aurum enim et ar-
158 gentum ne diis quidem conficiebant.　(46) durant etiam 15
nunc plerisque in locis talia simulacra; fastigia quidem
templorum etiam in urbe crebra et municipiis, mira

---

§ 157: cfr. Plin. XXXIII 111. Liv. X 28, 12. (Cic. de divin.
I 10, 16). — cfr. Martial. ep. XIV 177. — Liv. XXXIV 4, 4.

---

1 HIS B. | |X̅| *D.* IXI B. LX *r* d h *v.* I̅X̅ *S.*　　2 utriufque
B *v.* -isque *r.* | romani B.　　3 talento B d *v.* -tū *r.*　　4 e
(*pro* et) V. | pasitelem V d *v. a. S.*　　5 fcalpturaeque B¹ *G (J).*
fcvlpt- B² d *v* (*Brot.*). scalt- *r.* | dix̅ B.　edixit d.　esse dixit
v. a. Brot.　　6 iif B¹ R. hiif B². hii V. his d h *v.* | antiquam B.
　　7 elauoratam V¹. & labo- B. *an* elaboratam iam? | etru-
ria V². -ria et d T. -riae et *S U.* truriat V¹.　　8 uulcam B¹ *U.*
-ani B². uulgam *r.* uolcanium *S cum J¹.* turianum h. -mque *v.*
del. Brot. | ueif B *J.* ulis *r.* ueiis *S.* a fregellis (frigil- h) h
cod. Poll. v. | cui locaret V R d h *v.* cull- B¹. coll- B².　　9 in
h *v.* om. *ll.* d *D.* at cfr. *XXXVII 11. XXXV 64. 94. 9. 12.*
XXXVI 196. 27. 28. 36. 58. 98. XXXIV 53. 84. 27. (33. 54).
XVI 10. XII 94. VII 126. II 16 cum XXXIV 14. 27.
XXXVII 178. XXIX 4. 71. XV 127. | capitolio B h *v.* -li *r.*
-lii d. | eam h *v. a. G.*　　10 deo B. | miniari *G.* -nari B. mi-
rari *r v.* | solere h *v. a. G.*　　10. 11 quadrigiae V. -gie R. -gae
h *v. a. G.*　　11 saepe *ll. v.* supra *coni. J.*　　12 hodie quae
B. | hae d T *v.* haec *ll.*　　13 laudatissimae R(?) h *v. a. U (J).* |
paenitet *S.* pen- B. poen- *r* (?) *v.* cfr. § 141.　　14 eof B V¹
R d Th *S.* deos V² *H (U). del. v.*　　15. 16 etiamnum B¹ *S.*
16 quaedam B.

caelatura et arte suique firmitate, sanctiora auro, certe
innocentiora.

In sacris quidem etiam inter has opes hodie non
murrinis crystallinisve, sed fictilibus prolibatur simpulis,
5 inenarrabili Terrae benignitate, si quis singula aestimet,
etiam ut omittantur in frugum, vini, pomorum, herbarum 159
et fruticum, medicamentorum, metallorum generibus beneficia eius, quae adhuc diximus. neque adsiduitate satiant
figlinarum opera, * doliis ad vina excogitatis, ad aquas
10 tubulis, ad balineas mammatis, ad tecta *imbricibus*,
coctilibus laterculis fundamentisque aut quae rota fiunt,
propter quae Numa rex septimum collegium figulorum
instituit. quin et defunctos sese multi fictilibus soliis 160
condi maluere, sicut M. Varro, Pythagorio modo in myrti
15 et oleae atque populi nigrae foliis. maior pars hominum

---

§ 159: Isid. XX 4, 3. XIX 10, 14. — § 160: Isid. XX 4, 3.
(6). 5. — Martial. ep. XIV 97. 101. 146. 107.

---

1 ſuique B*S*. aeuique *r v*. | ſanctiora auro (-or muro B)
ll. B(*H*). certiora auro *v*(*G*). 2 innocentiora d*v*. -ior *ll*.
3 &iam B*v*. iam *r*. 4 crystallinisue d*hv*. cryſſt- (gr- B[1])
B. crisitali- R. cypsit- V. | simpulis *v*(*D*). ſin pulſ B[1]. -lſa B[2].
simpuis *r J*. -puuiis h *G*. 5 inerrabili V. -le B. | ter sae V. |
quis VR d*hv*. qui B*S*. | *sqq. dist. v. a. H. cfr. XXXVI 1.*
6 et iam *S*. | ut *om*. B. | ſtagum R. | pymorum B[1]. 7 et
om. R*hv. a. S*. 7. 8 ueneficia B. 8 quae B(?)*H*. quaeque
B d*hv*(*S*). que quae V. quaequae *D*. *an* quaeque alia? *cfr.*
XX 2. | ad hoc B. | neque *ego*. uel quae B*v*. uel *r H*. | ad-
siduitatiſ B. (*de sententia cfr. XII 81*). 9 doluis V[1].
10 tubuliſ BV*B*. tab- R d**Th***v*. (tegulisque *add. v. a. H*). | mam-
matis *ll. v*(*H*). hamatis B. | imbricibus *huc transposui e coni. S.*
post opera (*v.* 9) *habent ll. v* (*librarii primo ab* opera *ad* tecta
aberrantis errore mox cognito, sed non correcto). *del. H.* 11
fundamentisque (-quae V) *ll. v*(*S*). frontatisque *B.* ad funda-
menta *D ex Isid.* (*saltem* ad parietes fundamentaque). | aut
quae *ll. v*(*S*). ob quae *H.* quae aut *D.* 11. 12 rota fiunt
propter quae B(*v*)*S. om. r H. post* fiunt *transposuerunt* doliis
— aquas *v. a. H,* doliis — mammatis *J. plura mutavit trans-*
ponendo addendoque D. cfr. etiam U 780. 12 VII BV.
13 soliis *om.* V. 14 sicuti maluerunt V. | marcvs B[2]. -co
B[1]. | pythagorio B*S*. -reo h*Brot*. -rico *v*. pitagodio *r*. | in-
mitti R. 15 fodis VR.

terrenis utitur vasis. Samia etiam nunc in esculentis laudantur. retinent hanc nobilitatem et Arretium in Italia
et calicum tantum Surrentum, Hasta, Pollentia, in Hispania
161 Saguntum, in Asia Pergamum. habent et Trallis ibi opera
sua et in Italia Mutina, quoniam et sic gentes nobilitantur 5
et haec quoque per maria, terras ultro citro portantur,
insignibus rotae officinis. Erythris in templo hodieque
ostenduntur amphorae duae propter tenuitatem conse-
cratae discipuli magistrique certamine, uter tenuiorem
humum duceret. Cois *ea* laus maxima, Hadrianis firmi- 10
tas, nonnullis circa hoc severitatis quoque exemplis.
162 Q. Coponium invenimus ambitus damnatum, quia vini
amphoram dedisset dono ei, cui suffragi latio erat. atque
ut *e* luxu quoque aliqua contingat auctoritas figlinis: tri-
patinium, inquit Fenestella, appellabatur summa 15
cenarum lautitia; una erat murenarum, altera
luporum, tertia mixti piscis, inclinatis iam scilicet
moribus, ut tamen eos praeferre Graeciae etiam philo-
sophis possimus, siquidem in Aristotelis heredum auctione

---

§ 162: Fenestella: cfr. Peter fragm. hist. Rom. p. 277. —
Diog. Laert. V 1, 16.

---

1 samiae **V**. | etiamnunc (&iann- **B**) *S*. -num *rv*. | sicu-
lentis **R**.   scul- **V**.   2 retinet *v.a.S(J)*. | aretium **B²**.
3 caldaicum **V²**. -dei **R**. | furrentum **V**. | hafta **B**d*D*. -tam *r*.
Asta *v*. cfr. *III 49*. | polientia **B**.   4 sagunt in **V**. -gunt
tum en (tamen **B²**) **B**. | trallis *v(S)*. trailif **B**. tralis *r*. (*cfr.*
§ 172). tralles dh*H*. -eis *C*. | ibi *ll.S*. om. d**h**v. sibi *Fröhner*
mus. Rhen. 47 p. 294.   5 mutina **B***C*. utinā *r* (*v ante* in
italia). | fig gentef **B¹**. inge- **B²**.   6 terrasque *et* citroque
v.a.S.   7 erythrif **BT**h*v*. -theris *r*.   8 amphorae **B***v*. ap-
piore *r*.   10 dumū **B¹**. dom- **B²**. | ea laus *ego*. illa laus *D*
cum *U 782*.   laus *ll. v*.   leuitas *Fröhner anal. crit. p. 19*. |
adrianis **V¹**dh*H*. adiutoris **V²R**.   11 quoque seueritatis d(?)
Brot.   12 Q. h*v*. quintum **B**. quan- *r*. | copionū **B**. -nium **V**.
      13 cui fufragi **B**. cuius fragi **Vdh**. cuius suffragii *v.a.H*.
      14 e luxu *S e coni. J*. luxu *v*. fluxu *cod. Poll*. fruxu **B¹**d.
-xo **VR**. frucu **B²**. | aliquo **B**.   14. 15 tripatinium **B***S*. -num *v*.
tispatiniū *r*.   16 cenarum *S*. coen- d(?)*v*. gen-**VR**. generū **B**.
-ra h. cfr. *§ 165 extr*.   17 mixa d. myxonis *v.a.S*.   18
gratiae **VR**.

septuaginta patinas venisse traditur. nos cum unam Aesopi 163
tragoediarum histrionis in natura avium diceremus HS $\bar{C}$ 10,141
stetisse, non dubito indignatos legentes. at, Hercules,
Vitellius in principatu suo |$\bar{X}$| HS condidit patinam, cui
5 faciendae fornax in campis exaedificata erat, quoniam eo
pervenit luxuria, ut etiam fictilia pluris constent quam
murrina. propter hanc Mucianus altero consulatu suo 164
in conquestione exprobravit patinarum paludes Vitelli memoriae, non illa foediore, cuius veneno Asprenati reo
10 Cassius Severus accusator obiciebat interisse convivas
CXXX. nobilitantur his quoque oppida, ut Regium et 165
Cumae. Samia testa Matris deum sacerdotes, qui Galli
vocantur, virilitatem amputare nec aliter citra perniciem,
M. Caelio credamus, qui linguam sic amputandam obiecit
15 gravi probro, tamquam et ipse iam tunc eidem Vitellio
malediceret. quid non excogitat vita fractis etiam testis
utendo, sic ut firmius durent, tunsis calce addita, quae
vocant Signina! quo genere etiam pavimenta excogitavit.
13. (47) Verum et ipsius terrae sunt alia commenta. 166

---

§ 163 extr.: cfr. Suet. Vitell. 13. — § 164 extr.: cfr. Suet.
Aug. 56. — § 165: Martial. ep. XIV 113. III 81. Suet. Vitell.
3 extr. — cfr. Colum. I 6, 12. — § 166: Vitruv. II 6, 1. Seneca
nat. qu. III 20, 3. Isid. XVI 1, 8.

---

1 LX *v.a.H.* | nam nos h*v.a.S.* | unam d h*v.* una (a *in ras.*)
B. un *r.* | esophi **VR**d. 2 stronis **VR.** | $\bar{c}$ **V***S.* [c] **B.** |$\bar{\bar{c}}$| *D.*
c' d. centum **R***v(G).* DC (h)*B.* 4 |$\bar{x}$| **B***J.* $\bar{x}$ **R**d*H.* x **V**T h.
cc *v.* | condidit d h*v.* condit *ll.* 7 murina **R.** unina **V.** |
macianus **R.** 8 conquestione *ll.v(S).* -quisitione *G.* 8. 9
memoriae **B**h*G.* -ria *v.* memacriae (-aer- **V**[1]) **V.** -rie **R.**
9 illae **B.** | asprenati h*v.* -pernati **BR.** -tis **V**[2]. -pere nati d.
-tis **V**[1]. | eo **V.** 10 gaffiuf **B.** 11 iis oppida quoque h
v.a.S. | regium **V***v(D).* -gum **B.** rhegium **R**(?)d h*C.* | ex **VR.**
12 cum.e **B.** cuma **V.** 13 amputant h*v.a.H.* 14 si M.
v.a.H. | sic — 15 graui **VR**d h*v.* fic **B**[2]. *om.* **B**[1]. 15 probro
d[2] *in ras.* h*v.* -bra **B.** -ba *r.* 16 quid? non (= nonne) *J.* |
excogitat uita **B***S(D).* -tauit a *r.* -tauit uita *J.* -tauit ars
h*v.* 17 tunfif **B***S.* tusis d*v.* uis **V**[1]. ur his **V**[2]. oris **R.**
om. h. 18 figni ina **B.** | quo **B**[2]d*v.* quo e **T.** qua **B**[1]. quae
Vh. q. **R.** | genere **B**d**T***v.* cen- **V**[1]**R.** cin- **V**[2]. certe h. *cfr.*
§ 162. | palmenta **B.** 19 segmenta *v.a.H.*

quis enim satis miretur pessumam eius partem ideoque
pulverem appellatam in Puteolanis collibus opponi maris
fluctibus, mersumque protinus fieri lapidem unum inex-
pugnabilem undis et fortiorem cotidie, utique si Cumano
167 misceatur caemento? eadem est terrae natura et in Cyzi- 5
cena regione, sed ibi non pulvis, verum ipsa terra qua
libeat magnitudine excisa et demersa in mare lapidea
extrahitur. hoc idem circa Cassandream produnt fieri, et
in fonte Cnidio dulci intra octo menses terram lapidescere. ab Oropo quidem Aulida usque quidquid attingitur 10
mari terrae mutatur in saxa. non multum a pulvere
Puteolano distat e Nilo harena tenuissima sui parte, non
ad sustinenda maria fluctusque frangendos, sed ad de-
168 bellanda corpora palaestrae studiis. inde certe Patrobio,
Neronis principis liberto, advehebatur. quin et Cratero 15
et Leonnato ac Meleagro, Alexandri Magni ducibus, solitum
hoc portari cum reliquis militaribus commerciis reperio,
plura de hac parte non dicturus, non, Hercules, magis
quam de terrae usu in ceromatis, quibus exercendo iuventus
169 nostra corporis vires perdit animorum. 14. (48) quid? 20
non in Africa Hispaniaque e terra parietes, quos appellant

---

§ 167 extr.: Suet. Nero 45. — § 169: Isid. XV 9, 5. cfr.
XIX 10, 1. Pallad. I 34, 4. — extr.: cfr. Plin. II 181.

1 ideoque **B**G. medioque *rv*.   2 puluere **V**d. | appell-
latum *v. a. S.* | in *ll. v.* an e? (colligitur *add. Isid.*).   3 flucti-
bus *om.* **R.** | lapidem **B**dv. -itiā *r*.   3. 4 expugnabilem **B.**
4 quo cotidie **V.**   5 cemento **V²***v. a. G.* cim- **V¹R.**
6. 7 qualibet **d**h*v. a. S.*   8 caffandream (casa- **R**) *ll. v* (*S*).
-driam **d**(?)*C.*   9 cnidio **VR**d*G*(*S*). cned- **B.** gnid- *v* (*Lugd.*).
9. 10 lacere **B.**   10 quitquid attigitur (anti- **B¹**) **B.**
11 mutur **B¹.**   12 diftate **B¹.** -ante **B².** | niho **V**d.   13 fufti-
nendam **B¹.** | fluctibusque frangendo **VR.**   13. 14 ebellanda
V¹. debellando **B¹.** -dv̄ **B².**   14 palaestrae **d***v.* palef- **B V**
Ven. plas- **R.** | *an* ideo?   16 melae (e *eras.*) agro **B¹.** mel
agro **B².** | solitum *ego.* fabium **B.** sablum *rS.* -bulum **d**h*v.*
17 hoc *sc.* commercium. | portari h*v.* -are *ll.* -auere *Müller*
emend. V 19 (*puncto post* commerciis *posito*). | relitaribuf (*om.*
quis mili) **B¹.** relat- **B².** | commercif **B¹***D.*   19 inuentuf **B¹.**
20 corpora **d**h*v. a. S.*   21 non **B**G(*J*). non et **B**d**T**h*v*
(*Brot.*). *in* **V** *lacuna.* | e **B**S. *om. r.* ex *v.*

formaceos, quoniam in forma circumdatis II utrimque tabulis inferciuntur verius quam struuntur, aévis durant,
incorrupti imbribus, ventis, ignibus omnique caemento
firmiores? spectat etiam nunc speculas Hannibalis Hispania
5 terrenasque turres iugis montium inpositas. hinc et cae-
spitum natura castrorum vallis accommodata contraque
fluminum impetus aggeribus. inlini quidem crates parietum luto et lateribus crudis exstrui quis ignorat?

(49) Lateres non sunt ex sabuloso neque harenoso 170
10 multoque minus calculoso ducendi solo, sed e cretoso et
albicante aut ex rubrica vel etiam e sabulo, masculo certe.
finguntur optime vere, nam solstitio rimosi fiunt. aedificiis non nisi bimos probant, quia et intritam ipsam
eorum, priusquam fingantur, macerari oportet. genera 171
15 eorum *fiunt* tria: Lydion, quo *nos* utimur, longum sesqui-
pedem, latum pedem, alterum tetradoron, tertium penta-
doron. Graeci enim antiqui δῶρον palmum vocabant et
ideo δῶρα munera, quia manu darentur; ergo a quattuor
et quinque palmis, prout sunt, nominantur. eadem est
20 et latitudo. minore privatis operibus, maiore in publicis

---

§ 170: Vitruv. II 3, 1. 2. 3. — § 171: Vitruv. II 3, 4.

---

1 formaceof **Bd**G. forna- *rv.* | in forma *ll.* G. fornacium
modo **h** *v.* | duabuf utrimque **B**S. utrimque (-rumque **V**) dua-
bus *rv.* *cfr. Isid.*   2 striuntur **R.** instruuntur **h**(?)*v.a.J ex
Isid.*   5 turref **Bd**h*v.* terras *r.*   6 ualis **V**[1]. aliif **B.** |
contraque **B**S. -tra *rv.*   7 aggeribuf **Bd**v. ac generibus
(genibus **R**) *r.*   8 extrui **B**[1]*D.*   9 lateris **VB.** | ex **B**S.
ea *r.* e **dh**v. | saboloso **R.** sob- **V.**   10 calculo **VB.** | folof
B[1].   11 etiam **B**S. *cfr. Vitruv.* si iam *rv.* | ex *v.a.S.* | sa-
bulo *ll.v*(*J*). -loso *G.* sablo *S.* | e masculo *v.a.S.*   12 fintur
B. | non (*pro* nam) **B.**   13 nifi bimof **B**G. sibi mos *r.* ido-
neos **h**v. | quia *ego.* quin *ll.v.*   15 fiunt *ego e Vitruv.* qui
BJ. que *r.* quae *S.* om. **d**v(*D*). | lydion *ll.H.* lidron **h.**
-doron *v.* didoron **B.** | nos *ego coll. Vitruv.* (nostri). uolgo
Müller emend. V 20. om. *ll.v.*   15. 16 fefquipedem **Bd**S. -de
in *r.* -de **h**v.   16 pede **R**h*v.a.S.*   16. 17 tertium penta-
doron *om.* **B.**   17 graeci **dh**v. greci **B.** graecia **V.** ttia **R.** |
psalmum **V**[1]**R.**   18 dora mūcera **R.** doromum caera **V.** |
odorentur **R.**   20 latitudine **B.** | in priuatis **h**v.a.*S.* | maiore
Bh*v.* a ma- *r.*

utuntur in Graecia. Pitanae in Asia et in ulteriore Hispania civitatibus Maxilua et Callet fiunt lateres, qui siccati
non merguntur in aqua. sunt enim e terra pumicosa,
172 cum subigi potest, utilissima. Graeci, praeterquam ubi
e silice fieri poterat structura, latericios parietes prae- 5
tulere. sunt enim aeterni, si ad perpendiculum fiant.
ideo et publica opera et regias domos sic struxere:
murum Athenis, qui ad montem Hymettum spectat, Patris
aedes Iovis et Herculis, quamvis lapideas columnas et
epistylia circumdarent, domum Trallibus regiam Attali, 10
item Sardibus Croesi, quam gerusian fecere, Halicarnasi
173 Mausoli, quae etiam nunc durant. Lacedaemone quidem
latericiis parietibus excisum opus tectorium propter excel-
lentiam picturae ligneis formis inclusum Romam deporta-
vere in aedilitate ad comitium exornandum Murena et 15
Varro. cum opus per se mirum esset, tralatum tamen
magis mirabantur. in Italia quoque latericius murus Arreti
et Mevaniae est. Romae non fiunt talia aedificia, quia
sesquipedalis paries non plus quam unam contignationem

---

§ 172: Vitruv. II 8, 9. 10. — § 173: Vitruv. II 8, 9. 16. 17.

---

1 et in h*v*. aut in *ll. an* sicut in? 2 maxilua *ll.H.*
cfr. Vitruv. -lia d. massilia h*v*. massia *B*. | callet *D cum*
U 783 coll. III 12. -ent **B**. canlent *r*. -to d. calento h*v*. |
que (quę **R**) siccat **VR**. 5 est licefieri (lique- **V**) **V**d. |
ſtructura **B***v*. -tu *r*. 6 frant **B**. 7 ideo et **Bh**S. de eo
et *r H*. ideo et ad (in *G*) *v*. | damos **B**. | ſic **Bd**T*S*. ie **R**.
del. **V²h**H. adduntur. sic *v*. | *dist. H.* | ſtrucſere **B¹**. -cxere **V**.
extruꭓ- **Th***v.a. G*. 8 montem **Bd***v*. monente **V**. -ent **R**. |
hymettum *C*. -metum **BV***v*. heym- **R**. 10 epyſtylia **B**.
aepistilia **V**. | trailibuſ **B**. tral- **V**. *cfr. § 161*. 11 coeſy **B**. |
gerusian *C*. -sia **VR***v*. -ſta **B**. | alicarnaſi **B**. 12 mausoli
G. -luſ **BR**. -lea *v*. masolus **V**. -liis d. | quae **R**dh*v*. que **B**.
qui **V**. (*an* iisque *sc.* lateribus?). | etiannunc **B¹**. 13 tecto-
rum **B**. 15 exorandum **V**d. | munera **R**. muraena d h(?)
Lugd. 16 translatum **B²R**d*v.a.S*. 17 mirabuntur **B**. |
arreti *J*. -tii *H*. arrecti **B**. acreti *rv*. aretii *B*. -ti *S*.
18 & meuaniae **B***v*. eume- d. eum euagine (aeuaginae **V**) *r*.
19 ualan (*pro* unam) **B**. 19 *et* p. 295, 1 condignationem
ꞇvlerat **B²**.

tolerat, cautumque est, ne communis crassior fiat, nec
intergerivorum ratio patitur.

15. (50) Haec sint dicta de lateribus. in terrae 174
autem reliquis generibus vel maxime mira natura est
5 sulpuris, quo plurima domantur. nascitur in insulis Aeoliis inter Siciliam et Italiam, quas ardere diximus, sed 3,92 sq.
nobilissimum in Melo insula. in Italia quoque invenitur
in Neapolitano Campanoque agro collibus, qui vocantur
Leucogaei. ibi e cuniculis effossum perficitur igni.
10 genera IIII: vivum, quod Graeci apyron vocant, nascitur 175
solidum solum — cetera enim liquore constant et conficiuntur oleo incocta —; vivum effoditur tralucetque et
viret. solo ex omnibus generibus medici utuntur. alterum
genus appellant glaebam, fullonum tantum officinis familiare.
15 tertio quoque generi unus tantum est usus ad lanas suffiendas, quoniam candorem mollitiamque confert. egula
vocatur hoc genus, quartum caute ad ellychnia maxime
conficienda; cetero tantum vis est ut morbos comitiales

---

§ 174: Isid. XVI 1, 9. Diosc. V 123. — § 175: (Cels. V
18, 14). — §§ 175. 176: Isid. XVI 1, 9. 10.

---

1 ne B h v. nec r. 2 intergerriuor V. -erinorum v. a. H.
4 reliquif B v. regionis r. om. h. 5 sulphuris R d(?)
v. a. J (ut semper). | quod V¹R. 7 milo VR. 8 neopoli-
tano B. expo- V. | campoque B. 9 leucogaei R(?) B. -geli V.
-gely d T. -gei h. -oceli B. | ibi e B(R?) H cum Gron. bie Th.
biae V d. (lybiae B). quod est (vel e) v. | efossum V. efuss- R.
11 solidum D cum U 784. solidum hoc est glaeba (B S.
gleba r H. -bosum v) ll. v. | folum B¹V R S. -lo B². del. D cum U.
quo solum d T(?) H. eo solo v. | dist. ego. | cetera V²S cum Gron.
ex omnibus generibus (om. B) medici utuntur. alterum genus
cetera B V¹R (errore praecepta ex v. 13 sqq.). ex omnibus—utuntur cetera d Th v. 12 translucetque B²R d v. a. S. 13 ui//r&
B. | solo—utuntur ll. S. om. d Th v. (generibus om. S cum B²).
14 gleba V. 15 generi B h v. -re r. 15. 16 suffiendas
G. cfr. Isid. -iciendas ll. v. 16 candorem h D cum U 785.
-rem tantum ll. v. | mollitiāq. B S. -iam R (praem. et) d. -iemque
h v. in V litt. evan. 17 quartum ll. D. -to h v. | caute (cate V)
ll. D. autem h v. (aptum Isid.). an καυτήρ? | hellychnia B.
hely- V. 18 tantum ll. -ta h v ex Isid. an tamen (vel uis
tantum)? | uis om. V.

deprehendat nidore inpositum igni. lusit et Anaxilaus
eo, addens in calicem vini prunaque subdita circumferens,
exardescentis *r*epercussu pallorem dirum velut defunctorum
176 effundente *in* conviviis. natura eius excalfacit, concoquit,
sed et discutit collectiones corporum, ob hoc talibus em- 5
plastris malagmatisque miscetur. renibus quoque et lumbis
in dolore cum adipe mire prodest inpositum. aufert et
lichenas faciei cum terebinthi resina et lepras; harpax
ita vocatur a celeritate praebendi, avelli enim subinde
177 debet. prodest et ' suspiriosis linctu, purulenta quoque 10
extussientibus et contra scorpionum ictus. vitiligines
vivum nitro mixtum atque ex aceto tritum et inlitum
tollit, item lendes, et in palpebris aceto sandaracato admixtum. habet et in religionibus locum ad expiandas
suffitu domos. sentitur vis eius et in aquis ferventibus, 15
neque alia res facilius accenditur, quo apparet ignium

---

§ 176: Diosc. V 123. Pl. iun. 58, 16. Seren. 456. — § 177
init.: Diosc. V 123. eupor. II 31. — Homerus χ 481. Iuvenal.
II 157. Ovid. fast. IV 739. — cfr. Plin. XXXI 59. — Seneca
nat. qu. II 21, 2.

---

1 anasilaus **R**. 2 addenſ **B** *S*. candens *rv*. | calicem **B** *S*.
-ce *rv*. | uini **B²** *Isid. Brot.* uici **B¹**. uino *r*. nouo *v*. | prunaque
d *v*. -na quae **B**. -naeque **V**. -neque **R**. 3 exardeſcentiſ **B** d *v*.
-tes *r*. | repercussu *v ex Isid.*(*J*). se pc- **R** d. superc- **V**. perc-
B *S*. 4 effundente in *ego. cfr. XXXIV 12*. -tem **B** *S*. -te *r v*.
offundente **h**(?)*G*. | conuiuiſ **B** *J* *D*. 5 talibus *ll. v*. albis
Fröhner anal. crit. p. 19. cfr. XXXIII 110. 8 faciei **B** *S*.
e (ae **F**. a *v*) facie (-iae **F**) **RF** d **h** *v*. om. **V** (*hic deficiens usque
ad § 194* bitumini). | terebinti **F**. -benti **B**. | resine **R**. ne
sine **F**. | lebhraſ **B¹**. | harpax **B** *B* (*S cum J ad praecedd. re-
ferens*). arpax *r*. harpacticon (*om.* ita) *v*. 9 uocatur **B** *v*.
-antur *r*. | praebendi **B** *S*. *cfr. XXVIII 3 extr*. praeuelli *r*.
uellendi **h** *B*. auell- *v*. prendendi *J*. | uelli **h**. a **R**. 10
suspiriosus **R**. | linctu *S cum J*. unctu **B**. linctum **d** **h** *v*. -tus
R² **F**. lictus **R¹**. *cfr. XXXVI 133. XXXIII 92. XXXI 104.
105. XXIX 120*. 11 extussia eā tibus **R** **F**. | utiligines **R**.
uellig- **B¹**. uel lentig- **B²**. 12 uium **B¹**. cum **B²**. 13 et
in **B** *S*. in *r v*. et **h**. 13. 14 admixtum **B** *S*. (amm- **d** **h**).
-tom **F**. -to **R** *v*. *cfr. XXIX 137*. 14 et *om*. **B**. | expianda
B. 15 modo **B**.

vim magnam ei inesse. fulmina, fulgura quoque sulpuris
odorem habent, ac lux ipsa eorum sulpurea est.

(51) Et bituminis vicina natura est. aliubi limus, 178
aliubi terra est, limus e Iudaeae lacu, ut diximus, emer- 5, 72
5 gens, terra in Syria circa Sidonem oppidum maritimum.
spissantur haec utraque et in densitatem coeunt. est vero
liquidum bitumen, sicut Zacynthium et quod a Babylone
invehitur; ibi quidem et candidum gignitur. liquidum est
et Apolloniaticum, quae omnia Graeci pissasphalton appel-
10 lant ex argumento picis ac bituminis. gignitur et pingue 179
oleique liquoris in Sicilia Agragantino fonte, inficiens
rivum. incolae id harundinum paniculis colligunt, citissime sic adhaerescens, utunturque eo ad lucernarum lumina olei vice, item ad scabiem iumentorum. sunt qui
15 et nap*h*tham, de qua in secundo diximus volumine, bitu- 2, 235
minis generibus adscribant, verum eius ardens natura et
ignium cognata procul ab omni usu abest. bituminis 180
probatio ut quam maxime splendeat sitque ponderosum,
graveolens, a*t*rum modice, quoniam adulteratur pice. vis

---

§ 178: Isid. XVI 2, 1. Diosc. I 99. 100. Vitruv. VIII 3, 8. —
§ 179: Diosc. I 99 (101). Solin. 5, 22. Verg. georg. III 451.
Colum. VI 32, 2. — § 180: Diosc. I 99. 101.

---

1 ei **B²***S*. & *r*. etiam **dh**. -am ei *v*. | et fulgura *v. a. J*.
2 fulfurea **B²**. sulpura **RF**. -phurea **d**(?)*v. a. S*.　3 aliubi
S. -be **B¹**. alibi *rv*. | limis **R**.　　4 aliubi *S*. -be **B¹**. alibi
B²d*v*. *om*. *r*. | terrae **R**. | est *om*. **h***v. a. S*. | libuf **B¹**. | e (*G*.
a **Rh***v*) iudaeae **Rh***v*. e (a **F**) iudea **Fd**. eiufde ae (*del*. **B²**)
B. | lacu **Bh***v*. flacu **F**. flatu **Rd**.　　6 est uero et *Bergk*
I 23.　　7 ab **B¹**.　　8 et *om*. **B**.　　9 umū (*pro* omnia) **R**. |
piffafphalton (fpi- **B¹**) **Bdh***v*. -palton *r*.　　10 pifcif **B¹**. | ac
ll. S. et **dh***v*. | & **BFh***v*(*S*). et in (im **T**) **RdT**. etiam *H*.
11 oleique **B***S*. dieique *r*. (liquorisque oleacei *v*). | agragan-
tino **RF***v*(*D*). agragent- **B¹***S*. agrigent- **B²**. *cfr*. § 62. | in-
f//icienf **B²**. infpic- **B¹**.　　13 fi **B¹**.　　14 ad fcabiē (-em ad **d**)
B²dh*v*(*D*). fcabie (-iae **F**. -iem *S*) ad *rS*. (*an* item in scabie
b o u m a c iumentorum?).　　15 naphtham *G*. -then *v*. nap-
tham **B²**. napham **B¹**. -pha *r*. *cfr*. II 235. XXIV 158.
17 cognatio **R**.　　18 ponderosum ac *v. a. J*.　　19 graueolens
ego e Diosc. graue leue (lene **h**) *ll.* **dh***v*. graueolens, leue *Kül-*
bius. grauedinosum, leue *Müller emend*. *V 21*. | atrum *ego e*

quae sulpuri: sistit, discutit, contrahit, glutinat. **serpentes**
accensum nidore fugat. ad suffusiones oculorum et albugines Babylonium efficax traditur, item ad lepras, lichenas
pruritusque corporum. inlinitur et podagris. omnia **autem**
eius genera incommodos oculorum pilos replicant, dentium 5
181 doloribus medentur simul nitro in*trito.* lenit tussim veterem et anhelitus cum vino potum; dysintericis **etiam**
datur eodem modo sistitque alvum. cum aceto vero **potum**
discutit concretum sanguinem ac detrahit. mitigat lumborum dolores, item articulorum, cum farina hordeacia 10
inpositum emplastrum peculiare facit suo nomine. **san-**
guinem · sistit, volnera colligit, glutinat nervos. utuntur
etiam ad quartanas bituminis drachma et hedyosmi **pari**
182 pondere cum murrae obolo subacti. comitiales **morbos**
ustum deprendit. volvarum strangulationes olfactu **discutit** 15
cum vino et castoreo, procidentes suffitu reprimit, **purga-**
tiones feminarum in vino potum elicit. in reliquo **usu**
34, 15 aeramentis inlinitur firmatque ea contra ignes. diximus
et tingui solitum aes eo statuasque inlini. calcis quoque
usum praebuit ita feruminatis Babylonis muris. placet in 20

---

§ 180 extr.: Diosc. eupor. I 235. 53. 71. cfr. Scribon. 54.
Marc. 12, 2. — § 181: Diosc. I 101. eupor. II 31. 39. cfr. **Marc.**
16, 67. — § 182: Diosc. I 101. — extr.: Vitruv. VIII 3, 8. I 5, 8.

Diosc. autem *ll. v.*   1 sulpuri **F** *J.* -rei **B.** -phuri **B** *S.* -ris
h *v.*   2. 3 albugine **R.**   3 babylonis **R.** babill- **F.** | idem
B. | lebhraſ **B**¹.   4 pluritusque **B**¹.   6 medetur h *S.* | simul
cum h *v. a. S.* | intrito. lenit *ego coll. Diosc. eupor. I 71 et XXX*
77. 81. inlituſ **B.** -to *J.* -tum *S.* -tum lenit *D* (*cum sqq.*
iungens coll. XXXI 121). inlini **F.** illini **R.** illitum dh. -ta *v.*
     7 potum *ll. J* (*cum lac. signo*). potum emendat *v.*   8 ali-
tum **B.**   9 ac **B** *S.* & dh *v. om. r.*   11 inplaſtrum **B**¹. |
peculare **B.** | ſuo **B** h *S.* sui *r v.* | nominis *v. a. S.*   12 colligat
v. a. S. | utantur **R.**   13 dracma **B.** | hedyoſmi **F** d. hedro- **R.** |
patori **R F.**   15 uſtum **B** d *v.* usum *r.* | olfactum h *v. a. S.*
16 uinū **B.** | procidentes **B** T *H.* -te **F** d. -cedenteſ **B.** -cidenti
(-tia *v*) sedi (-dis *v*) h *v.*   17 elicit **B** *v.* eiec- *r.*   18 firmat-
que dh *v.* -quae **F.** -maq. **R.** fit atq. **B.** | ignis **R F** *S.*   19
solitas *v. a. S.* | aeſ **B** *S.* ex *r v.* | eoſ **B**¹. | statuas et *v. a. S.*
20 feminatiſ **B**¹. ferrumin- **R** d *v. a. S.* | babylonii **R.** | in **B** d h
v (*S*). et **R** *G.* et in **F** *D.*

ferrariis fabrorum officinis tinguendo ferro clavorum capitibus et multis aliis usibus.

(52) Nec minor est aut adeo dissimilis aluminis opera, 183
quod intellegitur salsugo terrae. plura et eius genera. in
5 Cypro candidum et nigrius, exigua coloris differentia, cum
sit usus magna, quoniam inficiendis claro colore lanis
candidum liquidumque utilissimum est contraque fuscis
aut obscuris nigrum. et aurum nigro purgatur. fit autem 184
omne ex aqua limoque, hoc est terrae exudantis natura.
10 conrivatum hieme aestivis solibus maturatur. quod fuit
ex eo praecox, candidius fit. gignitur autem in Hispania,
Aegypto, Armenia, Macedonia, Ponto, Africa, insulis Sardinia, Melo, Lipara, Strongyle. laudatissimum in Aegypto,
proximum in Melo. huius quoque duae species, liquidum
15 spissumque. liquidi probatio ut sit limpidum lacteumque,
sine offensis fricandi, cum quodam igniculo caloris. hoc
phorimon vocant. an sit adulteratum, deprehenditur suco
Punici mali; sincerum enim mixtura .... alterum genus
est pallidi et scabri et quod inficiatur *et* galla, ideoque
20 hoc vocant paraphoron. liquidi aluminis vis adstringere, 185
indurare, rodere. melle admixto sanat oris ulcera, papulas

---

§ 183: Isid. XVI 2, 2. — § 184: Isid. XVI 2, 2. Diosc. V
122. — Galen. κατὰ τόπ. VI 8. — § 185: Diosc. V 122. Seren.
81. Marc. 18, 21. Pl. iun. 100, 14—16. 5.

---

1 clauorum B*S*. -umque **F**d h*v*(*D*). duorumque **R**. (*dist.
sustulit J*).   3 aut *om*. **R**. | ab eo d**T***v.a.S*. | aluminis **RF**dh
v(*D*). -ni B*S*.   5 nigricis **T**. -rum dh*v.a.S*. | coloribufque **B**.
(*an* coloris uisusque?).   6 magna *G*. -ni *ll.v*. | inficiendif
Bd*v*. -do h. -entes *r*.   8 auro **R**.   9 exundantis **F**. -tur **R**.
11 praecoctū **B**². | candidiuf B*G*. -dus *r*. -dum dh*v*. |
fuit **B**.   12 aegyto **B** (*item infra*).   13 ſtrongylae **B**. -gule **R**.
16 fricandi *ll.v*(*S*). -ntium h*C*. | dū **R**. | caloris *v e Diosc.
col- ll*.   17 phorimon *v e Galeni* κατὰ τόπουϲʹ*VI 3 p. 495*.
porthmon **R**d. -tmon **B**. pontinon h. posthonon **F**. (*phormion
Dal. errore*). | ſint **B**¹.   18 pumici **B**. | mixtura **BF**d. -ram
fugit h. -ra ea nigrescit **R**(?)*v. lac. ego indicavi; excidit fere*
inficitur.   19 et quod **RF**dh*v*. id quod **B**. | inficitur h*v.a.H.* |
& *ego*. a B*S. om. rv. cfr. § 2*. | gallif **B**¹.   20 liquidi B*J.
uis liq- r v*(*D*). | uis *J. om. ll.v*(*D*).   21 melli **B**. (*an* melli
admixtum? *cfr. § 177*). | ſenatorif **B**.

pruritusque. haec curatio fit in balneis II mellis partibus,
tertia aluminis. virus alarum sudorisque sedat. sumitur
pilulis contra lienis vitia pellendumque per urinam sanguinem. emendat et scabiem nitro ac melanthio admixtis.

186   Concreti aluminis unum genus cχιcτòν appellant Graeci, 5
in capillamenta quaedam canescentia dehiscens, unde quidam trichitim potius appellavere. hoc fit e lapide, ex
quo et aes — chalcitim voca*nt* —, u*l* sudor quidam eius
lapidis in spumam coagulatus. hoc genus aluminis minus
siccat minusque sistit umorem inutilem corporum, et auri- 10
bus magnopere prodest infusum; vel inlitum et oris ulceribus dentibusque et si saliva cum eo contineatur. et
oculorum medicamentis inseritur apte verendisque utriusque sexus. coquitur in catinis, donec liquari desinat.

187 inertioris est alterum generis, quod strongylen vocant. 15
duae et eius species, fungosum atque omni umore dilui
facile, quod in totum damnatur. melius pumicosum et
foraminum fistulis spongeae simile rotundumque natura,

---

§§ 186—188: Diosc. V 122. — § 186: cfr. Plin. XXXIV 2.
— Marc. 9, 20. 12, 4. 49. Diosc. eupor. I 82.

---

1 duabus *ll.v.*   2 fudorifque **B** *D.* -resque *rv.* | edat **B.**
3 pipulif **B¹.**   4 scabiam **R.** | mellantio **R.** -amtio **F.**
5 concreti **B** *v.* -te *r.* | chiston **F²R** d. hi- **B¹.**   7 trichitim
B *S.* -tin *v.* -chlithim **F².** -chlitem **F¹.** tryclitim **d.** triclinon **R.**
    8 ef **B²** *S.* hef **B¹.** *om. r G.* id *v.* | calcitim **R.** | uocant
ut *ego.* -amuf **B** *S.* -atus **F.** -atur **R** d h. -ant ut sit *v.* *cfr.*
XXXIV 117.   9 coagulatuf **B** d *G.* -taes **F.** -ti est *(del. v)*
h *v.* coēgula ē **R.**   9. 10 minuf ficcat **B** *S. om.* **F**(?). minus
R d **Th**(?) *H.* siccat *v.*   10 minufque fiftit **BF** *v*(*S*). sistit **R** d
Th(?) *H.* | corporum **B** *S.* -ris *r Brot.* -ribus **T** *v.* | et *ll.S.* sed *v.*
an at?   11 *dist. ego. an* uel *delendum?* | inlifum **RF.** | & **B** *S.*
uel *r v.*   12 et si *ego.* & if **B¹.** & hif **B².** et *r.* si h *v.*
13 insenut **R**; | uescendisque **R.**   14 fexuuf **B¹** *D.* | catinif **B** *S.*
pat- *rv. (an recte? cfr. XXXII 101. XXXIV 109. 113. 167.*
170. 176. XXVIII 132. XXIX 49. XXX 47. XIX 129 al.). |
liquari **B** *v.* -re *r.* | definaſ **B.**   15 inertiorif **B** d *v*(*S*). -res **F.**
interioris **R**(?) h *Lugd.* | strongylen d *B.* -gulen **B.** -ncylen **F.**
-ncilen **R.** stringilin *v.*   16 & **B** *S. om. r v.* | fungofum **B**
d *v.* fing- *r.* | omā or& dui **R.**   18 spongete **R.** -ge se **F².**
sponte se **F¹.**

candido propius, cum quadam pinguitudine, sine harenis,
friabile, nec inficiens nigritia. hoc coquitur per se carbonibus puris, donec cinis fiat. — Optimum ex omnibus 188
quod Melinum vocant ab insula, ut diximus. nulli vis 184
5 maior neque adstringendi neque denigrandi neque in-
durandi, nullum spissius. oculorum scabritias extenuat,
combustum utilius epiphoris inhibendis, sic et ad pruritus
corporis. sanguinem quoque sistit intus *potum*, foris inlitum. evulsis pilis ex aceto inlinitur renascentesque
10 mollit in languinem. summa omnium generum vis in ad- 189
stringendo, unde nomen Graecis. ob id oculorum vitiis
aptissima sunt, sanguinis fluctiones inhibent cum adipe.
putrescentia ulcerum compescit cum adipe — sic et infantium ulcera et hydropicorum eruptiones siccat — et
15 aurium vitia cum suco Punici mali et unguium scabritias
cicatricumque duritias et pterygia ac perniones, phage-
daenas ulcerum ex aceto aut cum galla pari pondere
cremata, lepras cum suco olerum, cum salis vero II partibus vitia, quae serpunt, lendes et alia capillorum animalia
20 aquae permixtum. sic et ambustis prodest et furfuribus 190

---

§ 189 extr.: Diosc. V 122. Marc. 34, 25. — § 190: Diosc.
V 122. Theod. Prisc. I 19 (59). — Marc. 14, 18.

---

2 quoq.tur **B**[1]. 3 cinnif **B**[1]. | flat **B**. 3. 4 ex omnibuf
quod **B**[2]*v*. quod ex omn- *r*. 4 uoca//// **B**[1]. | insula Melo
v.a.S. 5 abftringendi **B**. adstringendis **F**. 6 scabritia
RF. 7 utilius *om.* **R**. | ephiporif **B**[1]. epi- **B**[2]. 8 intus *ll.S.*
in h*v*. | potum *S cum J*. totum **BFh**v. tutum **R**d. 8. 9 in-
litū **B**[2]*S* (ill- h*v*). -tuf in **B**[1]**R**d. inclitus 7n **F**. 9 euulfif
B[2]*S*. uulfif **B**[1]d**T***v*. ulpis *r*. | renascentem h*v.a.S.* 10 in
om. h*v.a.S.* | lanuoinem **F**[1]. lanuci- **F**[2]. lanaci- **R**. | summam
d**T***v.a.Brot.* (*ad praecedd. relatum*). 12 inhibet h*G*. 13. 14
sic et infantium ulcera *ante* putrescentia *ponunt* h*v.a.S.* | *dist.
ego.* 15 aurium **Bdh***v*. audium **R**. urinam **F**. 16 ptery-
gia d**h***v*. -rigia **B**. peterigia *r*. | pniciones **R**. perlionef **B**[1].
16. 17 phragedenaf **B**. 17 auc tum gallia **B**[1]. 18
lephaf **B**[1]. | olerum **B***v*. oleor- **F**d. oculor- **R**. | duabus *ll.v.*
19 lindenf **B**[1]. -der **RF**. | capillorum animalia *om.* **B**.
20 aquae *J e coni. S. cfr. Diosc.* aque **B**[2]. atq. **B**[1]. quae **F**.
que **R**d**h**. *del. v.* | permixtum aquae d(?)*v.a.J*. | furribuf **B**[1].

corporum cum sero picis. infunditur et dysintericis uvam-
que in ore comprimit ac tonsillas. ad omnia, quae in
ceteris generibus diximus, efficacius intellegatur ex Melo
advectum, nam ad reliquos usus vitae in coriis lanisque
188 perficiendis quanti sit momenti, significatum est.　　　　5

191　**16.** (53) Ab his per se ad medicinam pertinentia
terrae genera tractabimus. Samiae II sunt, quae collyrium
et quae aster appellantur. prioris laus ut recens sit ac
levissima linguaeque glutinosa, altera glaebosior; candida
utraque. uritur, lavatur. sunt qui praeferant priorem. 10
prosunt sanguinem expuentibus; emplastrisque, quae siccandi causa componuntur, oculorum quoque medicamentis
miscentur.

192　(54) Eretria totidem differentias habet, namque est
alba et cinerea, quae praefertur in medicina. probatur 15
mollitia et quod, si aere perducatur, violacium reddit
38 colorem. vis et ratio eius in medendo dicta est inter
193 pigmenta. — (55) Lavatur omnis terra — in hoc enim
loco dicemus — perfusa aqua siccataque solibus, iterum

---

§ 191: Diosc. V 171. (cfr. Marc. 8, 5). Isid. XVI 1, 7. Th.
lap. 62. 63. — §§ 192. 193: Diosc. V 170.

---

1 sero *ll. B* (*H*). sero et *C. del. v.* | piſciſ **B²**. pice h
v. a. H. | infungitur **B¹**.　　1. 2 uuamque *ego.* quamque **B¹**.
-quā **B²**. uuam quoque *rv.*　　2 inprimit **R**. | tonſilliſ **B**. | ut
(*pro* ad) **R**.　　3 intelligitur h*v. a. S.* | melo **B***dv.* mero *r*.
4 reliquoſ **B***dv.* -uas *r*. | uitae **B***dv.* -ta *r*.　　6 per ſe **B***S*.
pense *r*. paene **d**. paene omnia h*Brot.* per se omnia *v.* |
medicinam **B***S*. -nas (medec- **F¹**) *rv*.　　7 duae *ll. v.* duo
U 787. cfr. § 195. | collyrium *ll.* (*B*) *H. cfr. Diosc.* syropi-
con *v*.　　8 priorib. **B**.　　9 leuissima *D cum U 787.* leniss-
ll. Brot. leuis *B*. lenis h*v*. | linguae quae **B¹**. | glaebosior *S*.
gleb- **B R***d B*. glob- **F**h*v*.　　9. 10 *dist. U*.　　10 uritur **B***S*. -tur
ac *rv* (*D*). | labatur **F**. -but **R**.　　11 emplaſtriſque (-que **B¹**) **B²**. |
quae *om.* **B**.　　12 medicaminis **F**. *om.* **R** (*hic deficiens usque*
ad § 196 *nascitur et*).　　13 miscentur **d**h(?)*v*. -etur **B F**.
14 eretria **d***v*. fret- **B**. fretma **F**. | differentia **F**.　　14. 15 eſt
alba **B F d***S*. et alba h. et alba est *v*.　　15 cineraque **F**. |
praefertur **B***dv*. -runtur **F**h.　　16 & quod **B**h*v*. quod et **d**.
quod **F**. | perducatur **B F d T***H*. praed- *v*. (aera) -antur *B*. *cfr*.
§ 199. | reddit **d***v*. -didit **B**. -di **F**.　　19 salibus **F**.

ex aqua trita ac reposita, donec considat et digeri possit
in pastillos.   coquitur in calicibus crebro concussis.

(56) Est in medicaminibus et Chia terra candicans. 194
effectus eius *idem* qui Samiae; usus ad mulierum maxime
cutem.   idem et Selinusiae.   lactei coloris haec et aqua
dilui ce*l*errima; eadem lacte diluta tectoriorum albaria
interpolantur.   pni*g*itis Eretriae simillima est, grandioribus
tantum glaebis glutinosaque.   effectus eius idem qui Cimoliae, infirmior tantum.   bitumini simillima est a*m*pelitis.
experimentum eius, si cerae modo accepto oleo liquescat
et si nigricans colos maneat tostae.   usus ad molliendum
discutiendumque, et ad haec medicamentis additur, praecipue in calliblepharis et inficiendis capillis.

17. (57) Cretae plura genera.   ex iis Cimoliae duo 195
ad medicos pertinentia, candidum et ad purpurissum in-
clinans.   vis utrique ad discutiendos tumores, sistendas
fluctiones aceto adsumpto.   panos quoque et parotidas
cohibet et lienem inlita pusulasque, si vero aphronitrum

---

§ 194: Diosc. V 173. 174. 176. 180. — cfr. Marc. 7, 18. —
§ 195: Diosc. V 175. Marc. 5, 6. 10, 75. Celsus I 3 (p. 20, 22).
Pl. iun. 79, 21. 20, 16.

---

1 sidat **Fh**.   2 concuſſiſ **BdT***Brot*. -ssit **F**. -ssu h*v*.
8 & (*pro* est) **B**.   4 eius idem *ego*. eiusdem *ll.H*. eius *v*. |
samiae — 8 eius idem qui *om*. **B**.   5 selinusiae d**B**. -sa h.
silinuste **F**. | haec **FD**. hac **h**. est haec d*v*.   6 celerrima *v*.
ceterr- **F**. teterr- d. ceterum h. | diluta et *v.a.S*. | aluaria d.
7 pnigitis *B(H) e Diosc*. ponitis **F**1. pnitis **F**2d**T**. phini-
cis **h**. -nitis *v*. pignitis *Bas*. (*errore*). | eretriae d*v* (fer- h).
-ia **F**. | similima **F**. | est d*h*v. es **F**.   8 glebis et h*v.a.S*. |
glutinosaque d**TS**. -sae qui **F**. -sa cui h*v*. | eius **FdT***S*. om.
h*v*. | qui d**Th***v*. quae **F**.   9 tantum **B**1**FTh***J*. ta**m** **B**2d(?)
v(D). | bitumini **B**d*v*. -ne **Fh**. | ampelitis *B e Diosc*. appell-
BVdh*v*.   10 ſincerẹ **B**1. -ra h. si in cera *v.a.B*.   11 nigri
canis **V**. | molliendum d*h*v. moli- **BV**.   12 & ad **BdT***S*. ad
Vh*v*.   13 calliblepharis d*h*v. -pariſ **B**. -brepharis **V**.
14 duae h. *cfr. § 191*.   15 medicos usus *U 788. cfr. XXII
163*. | purissum **V̄**.   16 tumores et d*h*v.a.S*.   17 pannoſ **B**.
18 lienem **B**d**S**. lenam **V**. lichenam h. -nas *v*. | inlita **B***v*.
-tam **V**. | puſtulaſque **B***v.a.H*. | aphronitrum h*v*. afon- **B**. ad
afon- **Vd**.

et cyprum adiciatur et acetum, pedum tumores ita, ut in
sole curatio haec fiat et post VI horas aqua salsa abluatur.
196 testium tumoribus cypro et cera addita prodest. et re-
frigerandi quoque natura cretae est, sudoresque inmodicos
sistit inlita atque ita papulas cohibet ex vino adsumpta 5
in balineis. laudatur maxime Thessalica. nascitur et in
Lycia circa Bubonem.

Est et alius Cimoliae usus in vestibus. nam Sarda,
quae adfertur e Sardinia, candidis tantum adsumitur, inutilis versicoloribus, et est vilissima omnium Cimoliae 10
generum, pretiosior Umbrica et quam vocant saxum.
197 proprietas saxi quod crescit in macerando; *i*taque pondere emitur, illa mensura. Umbrica non nisi poliendis
vestibus adsumitur. neque enim pigebit hanc quoque
partem adtingere, cum lex Metilia extet fullonibus dicta, 15
quam C. Flaminius L. Aemilius censores dedere ad popu-
198 lum ferendam. adeo omnia maioribus curae fuere. ergo
ordo hic est: primum abluitur vestis Sarda, dein sulpure suffitur, mox desquamatur Cimolia quae est coloris veri. fucatus enim deprehenditur nigrescitque et 20
funditur sulpure, veros autem et pretiosos colores
emollit Cimolia et quodam nitore exhilarat contristatos
sulpure. candidis vestibus sax*um* utilius a sulpure, in-

---

§ 196 init.: Cels. III 19. — Diosc. V 175. Pl. iun. 100, 16. —
§ 198 extr.: Isid. XVI 1, 6. Th. lap. 62. 64.

---

1 cyprum *ll.S.* -rus *Brot.* -rium h*v.* nitrum *G.* | et *om.* **B.** |
tumores sanat h*v.a.S.*   1. 2 in ſole **B***v.* insule **d.** -lae **V.**
2 sex *ll.v.*   3 cypria *v.a.H.* | & cafra **B.** cera *v.a.H.*
4 creta **Vd.**   5 pabulas **V.** | cohibeat **V²**.   6 theſalica
B. | et in **VRd***B.* & **Bh***v.*   9 adferior **R.**   9. 10 inutilis-
ſima (*om.* uersicoloribus et est uilissima) **B.**   10 *an* ea *pro*
et? | uilissima **R**(?)*G.* util- **VdTh***v.*   12 creſcit **B***v.* gres
est **d.** tres quod est *r.* est **h.** | itaque *ego.* atque *ll.v.*
15 metilia **B²R***Brot.* -t//llia **B¹**. -tella **V***v.* -talla **dh.** | dictam
B.   16 C. **B¹d***v.* **G. B².** e **F.** /// **V.** *om.* **R.**   19 diſſqua-
matur **B².**   21 uerus **Vh.** | pretiosus **Vh.** | coloris **V¹.** -los is
V².   22 emolit **V.** | id (*pro* et) **B.** | contriſtatoſ **B***v.* -iblatus
VdT. -ibulatus **Rh.** *cfr. Isid.*   23 saxum *v.* -xo *ll.* | a *v.*
ac *ll.*

imicum coloribus.　Graecia pro Cimolia Tymp*h*aico utitur gypso.

　(58) Alia creta argentaria appellatur nitorem argento 199
reddens, set vilissima qua circum praeducere ad victo-
5 riae notam pedesque venalium trans maria advectorum
denotare instituerunt maiores; talemque Publilium *Anti-*
*o*chium, mimicae scaenae conditorem, et astrologiae con-
sobrinum eius Manilium Antiochum, item grammaticae
Staberium Erotem eadem nave advectos videre proavi.
10 **18.** sed quid hos referat aliquis, litterarum honore com- 200
mendatos? talem in catasta videre Chrysogonum Sullae,
Amphionem Q. Catuli, *H*ectorem L. Luculli, Demetrium
Pompei, Augenque Demetri, quamquam et ipsa Pompei
credita est, Hipparchum M. Antoni, Menam et Menecraten
15 Sexti Pompei aliosque deinceps, quos enumerare iam non
est, sanguine Quiritium et proscriptionum licentia ditatos.
hoc est insigne venaliciis gregibus obprobriumque inso- 201
lentis fortunae.　quos et nos adeo potiri rerum vidimus,
ut praetoria quoque ornamenta decerni a senatu iubente

---

　§ 199 init.: Isid. XVI 1, 6. — (Seneca ep. 108, 32). — (cfr.
Suet. de gramm. 13). — § 200: Seneca de tranqu. an. 8, 6.

---

　1 tymphaico *B e Theophr. cfr. XXXVI 182.* -paigo **B.**
-pauco *r.* -panico *v.*　　4 set *ego.* & **B.** est et *rv.*　　5 maria
B*S.*　-ri **V.**　-re **R**d*Th*v.　　6 publilium **BV***S.* publium **R**d**T**
h*G.* plocium *v.*　　6. 7 antiochium *D cum OJahnio.* lochium
ll.S. lucilium h*Brot. del. v.*　　7 mimicae *om.* **V.**　　8 man-
lium *v.a.H. om.* **V.** | anthiocum **B.** man- **V.**　　9 ſtaberium
Bd**T***v*(*H*).　ē tab- **V.** tiab- **R.** tab- *B.* | protem **B.**　　9. 10
pro auiſ. & **B.**　　10 quis **R.** | refero aliquo *v.a.S. om.* **V.** |
honorem **V.**　　11 chrysogonum d*h*v. -gorum **B.** grisogonum
R. -gosium **V.** | ſylle **B.**　　12 Q. **R**d*h*v. que **B.** quinti **V.** |
hectorem *D cum U 789.* rect- *ll.S coll. XXVIII 56.* inter-
fectorem d**T.** -fectorem, Heronem *v.* Heronem *Bas.*　　13
augemque **B.**　　14 hipparchum **B***v.* hillarcum *r.* | menecratem
(-egr- **V**) **VR**d*h*v.*a.S*(*D*).　　16 est e d(?)*v.a.S.* | ditatos **R**d*v.*
dila- **B.** dica- h. dicta- **V.**　　17 grecibuſ **B.** graec- **V.** | ob-
probrium (-opri- **V**) qui **B**[1]**V**d.　　18 quos d[2] *in ras.* h *U 789.*
quod *ll.G*(*J*). qua *v.* | et nos *om.* h. elnus **V.**　　19 ornamenta
d*h*v. -to **B.** -ti *r.* | decent **B.** | a **B***v. om. r.*

Agrippina Claudi Caesaris videremus tantumque non cum laureatis fascibus remitti illo, unde cretatis pedibus advenissent.

202 **19.** (59) Praeterea sunt genera terrae proprietatis
3, 78 suae, de quibus iam diximus, sed et hoc loco reddenda 5
5, 42 natura: ex Galata insula et circa Clupeam Africae scorpiones necat, Baliaris et Ebusitana serpentes.

C. PLINI SECUNDI
NATURALIS HISTORIAE
LIBER XXXVI

1   **1.** (1) Lapidum natura restat, hoc est praecipua morum insania, etiam ut gemmae cum sucinis atque crystallinis murrinisque sileantur. omnia namque, quae 10 usque ad hoc volumen tractavimus, hominum genita causa videri possunt: montes natura sibi fecerat *ut* quasdam compages telluris visceribus densandis, simul ad fluminum impetus domandos fluctusque frangendos ac minime quietas partes coercendas durissima sui materia. caedimus hos 15 trahimusque nulla alia quam deliciarum causa, quos trans-

---

§ 202 extr.: cfr. Plin. III 78. V 42. Solin. 23, 11. Vitruv. VIII 4, 24.

---

1 agrippinae **V**(?). | caeſ. **B.** | uiderimus **dh.** -imus libertis *v. a. S.* | tantum qui **B.**   2 remitti **d***v.* -ttit *ll.* | illo unde *v.* leo unde **B.** inde (unde **d**) illo *r.* | creatis **Vh.** ocr- **dT.** 4 propietatiſ **B**[1].   6 natura **B d**[2] *in ras. v.* -rae *r.* | africae **B** *v.* ericae *r.*   6. 7 ſcorpioniſ **B.**   7 baliaris *S.* balea- **h** *v.* ballia- **R.** bellia- **V.** galla- **B.** | ebuſitana (-naſ **B**) **B** *v.* bu- *r.*   8. 9 praecipuam eorum **V.**   9 gemma **VR.**   10 silentur **VR.**   11 causa genita **dT** *v. a. S.* (*an* genita hominum causa?). 12 ut *Fröhner anal. crit. p. 19.* et *ll. S.* ad *v.* cfr. *XXXVII 1.* 13 denſandiſ **B d** *v*(*S*). -do *r.* -das *G.*   14 domanda **R.** | fluctuuſ refrangendoſ **B.**

cendisse quoque mirum fuit. in portento prope maiores 2
habuere Alpis ab Hannibale exsuperatas et postea a Cim-
bris: nunc ipsae caeduntur in mille genera marmorum.
promunturia aperiuntur mari, et rerum natura agitur in
5 planum; evehimus ea, quae separandis gentibus pro ter-
minis constituta erant, navesque marmorum causa fiunt,
ac per fluctus, saevissimam rerum naturae partem, huc
illuc portantur iuga, maiore etiamnum venia quam cum
ad frigidos potus vas petitur in nubila caeloque proximae
10 rupes cavantur, ut bibatur glacie. secum quisque cogitet, 3
et quae pretia horum audiat, quas vehi trahique moles
videat, et quam sine iis multorum sit beatior vita. ista
facere, immo verius pati mortales quos ob usus quasve
ad voluptates alias nisi ut inter maculas lapidum iaceant,
15 ceu vero non tenebris noctium, dimidia parte vitae cuiusque, gaudia haec auferentibus!
     (2) Ingens ista reputantem subit etiam antiquitatis 4
rubor. exstant censoriae leges Claudianae in cenis glires
et alia dictu minora adponi vetantes: marmora invehi,
20 maria huis rei causa transiri quae vetaret, lex nulla lata

---

§ 2: cfr. Plin. XII 2. — Seneca ep. 114, 9. — § 4: cfr.
Plin. VIII 223.

---

     2 alpis **V** *S.* -piiſ **B.** -pes **R** d h *H.* -peis *v.* | ab **B** *v.* *om. r.*
     4 promontoria **R** d *v. a. D.* | natura **B** d h *v.* -rae **V.** -re **R.**
5 eaque **B²**.   6 in auesque **R.**   8 ſuga montium *v. a. H.* |
etiamnunc **RT.** &iannum **B¹.** | uesania *v. a. H.*   9 potuſ **B²** d
h *v.* ut potuuſ **B¹.** portus *r.* (*in* ut *latet fortasse* modo).   10
glacie secum **VR** d h *v.* -ieſ. & cum **B.** -ies. secum *D.* (*an* set
secum?). *de* glacie *cfr. XXXVII 23. 26.*   11 & quae **B** J.
quae *r v*(*S*). cum *H.* | quas *ll. v*(*S*). cum *H.*   12 uideam
VR. | & **B** *S.* at d. ad *r. om.* h *H.* sed et *v.* | hiiſ **B².** his **R** d
v. a. S. tis **V.** | multorum *om. Brot.* | ſit *ll. S.* fuerit *v.* | beatior
B *v.* uiator *r.* | uita *ll. H*(*S*). uita (uia d) ad (necem ad d²)
quam (quamque *v*) multorum neces (*om.* d²) sit necesse d² *in
marg.* h *v*(*Brot.*).   13 immo **B** *v*(*S*). *om. r Brot.* | pati **B** d h *v.*
parti **V.** parci **R.** | ob *ll. H.* ab h. ad *v.*   14 ut *om.* **B.**
15 dimidiae parti *v. a. S.*   18 robur **V** d. | claudianae **B** *D*
cum U 790. glandia *r v*(*J coll. VIII 209*). | glireſ **B** *S.* -resque
(quae **V¹**) *r v.*   20 in maria **R.** et maria h *v. a. S.* | in-
ulla **B¹.**

5 est. **2.** dicat fortassis aliquis: non enim invehebantur.
id quidem falso. CCCLX columnas M. Scauri aedilitate ad
scaenam theatri temporari et vix mense uno futuri in usu
viderunt portari silentio legum. sed publicis nimirum in-
dulgentes voluptatibus. id ipsum cur? aut qua magis via 5
inrepunt vitia quam publica? quo enim alio modo in pri-
vatos usus venere ebora, aurum, gemmae? aut quid om-
6 nino diis reliquimus? verum esto, indulserint publicis
voluptatibus. etiamne tacuerunt, maximas earum atque
adeo duodequadragenum pedum Lucullei marmoris in atrio 10
Scauri conlocari? nec clam id occulteque factum est.
satisdare sibi damni infecti coegit redemptor cloacarum,
cum in Palatium eae traherentur. non ergo in tam malo
exemplo moribus caveri utilius fuerat? tacuere tantas
moles in privatam domum trahi praeter fictilia deorum 15
7 fastigia! **3.** (3) nec potest videri Scaurus rudi et huius
mali inprovidae civitati obrepsisse quodam vitii rudimento.
iam L. Crassum oratorem illum, qui primus peregrini marmoris columnas habuit in eodem Palatio, Hymettias tamen
nec plures sex aut longiores duodenum pedum, M. Brutus 20
8 in iurgiis ob id Venerem Palatinam appellaverat. nimirum
ista omisere moribus victis, frustraque interdicta, quae
vetuerant, cernentes nullas potius quam inritas esse leges
maluerunt. haec atque quae secuntur meliores esse nos

---

§ 5: cfr. Plin. infra § 50. 115. XXXIV 36. — § 7: cfr. Plin. XVII 6.

---

2 ſcaurii **B²**.   3 temperari **B²Vd**.   4 uiderunt **Bd**v.
-rint *r*. | *dist. v. a. S. (cfr. U 790).*   5 quam magiſ **B**.
7 uſuuſ *D*. uſuſuſ **B¹**. | uenere **B**S. illa (ille **V**) uenere *rv*(*D*). |
quid *om.* **B**. qui **d** *in ras.*   8 relinquimus **B**(?)*G*.   9 &ianne
B¹. ne **R**.   10 luculli **B²**. -lle in **V**.   11 id *ll. S.* illud **h**v.
     12 ſatiſdare **B**S. -ri *rv*(*D*). | egit *v. a. H.*   13 eae **B¹**S.
hẹ **B²**. ex *rv*. | non **B**v. nec *r*.   14 caueri **B**v(S). -re *rBas.* |
an fuerat. at? | tacuere *ll. H.* quam tacere *v*.   17 inprouidi
VR. -de **B¹**. | obrepiſſe **B**h. | uiti **V**S. uitae *v. a. H.*   19 pa-
latio **B** *G*. matrio **V̄¹**. in atrio **R**. atrio **V²dT**h*v*. | hymettias *v*.
hymm&iaſ **B**. hime- **R**. hiemettias **V**.   21 iurgiſ **B¹***D*. lurgis
Vd. iugis **R**.   24 haec *om.* **h**v. *a. Brot.* sed *H̄*. | atque quae
BS. atque *r*. et quae (que **T**) **dT** *Brot.* et qui *H*. qui nos **h**v. |
sequentur **h** *Verc.* | melioriſ **B**. | nos (non *v*) esse **h**v. *a. H.*

probabunt.　quis enim hodie tantarum columnarum atrium
habet? sed priusquam de marmoribus dicamus, hominum
in iis praeferenda iudicamus pretia.　ante igitur artifices
percensebimus.

5　　　**4.** (4) Marmore scalpendo primi omnium inclaruerunt 9
Dipoenus et Scyllis, geniti in Creta insula etiamnum Medis
imperantibus priusque, quam Cyrus in Persis regnare in-
ciperet.　hoc est Olympiade circiter quinquagensima.　hi
Sicyonem se contulere, quae diu fuit officinarum omnium
10 talium patria.　deorum simulacra publice locaverant iis
Sicyonii, quae priusquam absolverentur, artifices iniuriam
questi abiere in Aetolos.　protinus Sicyonem fames invasit 10
ac sterilitas maerorque dirus.　remedium petentibus Apollo
Pythius respondit: si Dipoenus et Scyllis deorum
15 simulacra perfecissent.　quod magnis mercedibus
obsequiisque impetratum est.　fuere autem simulacra ea
Apollinis, Dianae, Herculis, Minervae, quo*d* de caelo postea
tactum est. — **5.** Cum hi essent, iam fuerat in Chio 11
insula Melas scalptor, dein filius eius Micciades ac deinde

---

§ 9: cfr. Pausan. II 15, 1. 22, 5. Clem. Alex. προτρεπτ. IV
p. 42. — § 11: Loewy Inschr. Gr. Bildh. 1. C. I. A. IV 373, 95.
schol. Aristoph. av. 573. Suid. s. v. Ἱππῶναξ. Hor. epod. 6, 14.

---

2 moribuſ **B**[1].　　3 praeferenda **BR***v*(*D*).　profer- dh*H*.
. . . fer- **V**. (*an vero* praeuertenda? *cfr. XVI 1 et nota ad
XXVIII 123*). | dicemus *G*.　　4 percensibimus **V**[1]. -biumuſ
B[1].　　5 marmori **R**. | ſcvlpendo **B**²*S*. | primū **R**.　　6 diepe-
nuſ **B**². diede- **B**[1]. | ſcylliſ **B***B*(*S*). -llus *v*. -lus *r*. -lis *Brot*.
scillis *H*. | genita **R**. | &iannū **B**[1]. -amnunc **R**. *an* etiamtum? |
mediiſ **B**[1]**V**[1]**R**.　　8 quinquagenſima (-geſ- **B**²) **B***D*. ʟ *r*(?)*v*. |
ii **R**dh*v.a.S*.　　10 talium **B***S*. metallum *r*. -llorum h*v*. | lo-
cauerant *cod. Poll. G*. -rat **B**. simulauerant *r*. simul locaue-
v. | iiſ **B**[1]*S*. hiiſ **B**². *om. rv*.　　11 sicyonis **V**. -ni **B***D*. | quae
Bdh*v*. qui *r*. | obſoluerentur **B**[1].　　12 quaeſti **B***v.a.Bas*. | ab-
iere **B**d*S*. -runt h*v*. abere **R**. abiec/// **V**. | protenuſ **B**[1].　　13
ſterelitaſ **B**. 14 scyllus d*v.a.B*. scelus **R**. oylus **V**.　　16 ob-
sequqosque **V**. | imperatum **B**[1]. | simulacrea (*om*. ea) **V**.　　17
quod de *U*. quo// de **B**[1]. quod e *rv*(*J*).　　18 ii dh*v.a.S*.
g **R**. | fuerant h*v.a.Brot*.　　19 melaſ **B***S*. malas **V**dh*v*. -la
R. | ſcvlptor **B**²*v.a.J*.

nepos Archermus, cuius filii Bupalus et Athenis vel clarissimi in ea scientia fuere Hipponactis poetae aetate, quem
certum est LX olympiade fuisse. quodsi quis horum familiam ad proavum usque retro agat, inveniat artis eius
12 originem cum olympiadum initio coepisse. Hipponacti 5
notabilis foeditas voltus erat; quam ob rem imaginem
eius lascivia iocosam hi proposuere ridentium circulis,
quod Hipponax indignatus destrinxit amaritudinem carminum in tantum, ut credatur aliquis ad laqueum eos
conpulisse. quod falsum est. conplura enim in finitimis 10
insulis simulacra postea fecere, sicut in Delo, quibus
subiecerunt carmen non vitibus tantum censeri Chion,
sed et operibus Archermi filiorum. ostendunt et Iasii
13 Dianam manibus eorum factam. in ipsa Chio narrata est
operis eorum Dianae facies in sublimi posita, cuius voltum 15
intrantes tristem, abeuntes exhilaratum putant. Romae
eorum signa sunt in Palatina aede Apollinis in fastigio
et omnibus fere, quae fecit divus Augustus. patris quoque
14 eorum et Deli fuere opera et in Lesbo insula. Dipoeni
quidem Ambracia, Argos, Cleonae operibus refertae fuere. 20

---

§ 12 extr.: Pausan. IV 30, 6. IX 35, 6. — § 14: Pausan. II
22, 5. 15, 1. — Isid. XVI 5, 8. Pollux VII 100. (Athen. V 39
p. 205ᶠ). — Cic. de divin. I 13, 23.

---

1 anthermus *v.a.Brot.* | culus **Vdh.** chius cuius *v.a.Brot.* |
fili **V¹**. -lius **V²dh.** | bupaluſ **B**v. buta- *r.* | et — 2 hipponactiſ
Bv. *om. r.* 1 atheniſ **B**P. anthermus *v.a.Brot.* | uel **B**S.
om. v. 2 poeta ea **V.** 4 proauom **B¹**S. -oſ **B²**. | inueniet
V²dhv.a.S. 5 olympia in **R.** | initio **B**S. origine *rv.*
6 foditaſ uoltuuſ **B¹**. 7 iocoſam *OJahn.* -corum **R**hv. lo-
corum *r. cfr. XXXV 114, de mendo etiam ib. 72.* | ii *d*v.a.S.
8 distringit **R.** -nxit *v.a.Brot.* 9 aliquis *ll.S.* -uibus *G.*
-uos eorum (ex iis *v*) h*v.* | laqueum eoſ **B**G. -ueos *r.* -ueum *v.*
10 in *om.***Vd.** 12 chion **B**S. cion *r.* chium d*v.* 13 et
om. **B.** | archermi **B***Brot.* ach- *r.* anth- *v.* | iasii **R**v. (*cfr. IX*
33. V 107). laſii **B**S. lasi **Vd.** 14 facta **V¹R.** 16 triſte **B.** |
exeuntes *G.* | exhilaratum **B**v(S). hil- **RFdh**H. *in* **V** *lac.*
18 ex (*pro* &) **B².** | omnibus *ll.v.* (ex) manubiis (quas) *Löschke.*
an operibus? *cfr. § 15. 27. XXXIV 31. 84. XXXV 139.* |
fere *ll.v. an* fori? *cfr. § 102. XXXV 94. XVI 191. VII 183.*
II 94. 19 lesbo h(?)*B.* lebedo *ll.v.*

Omnes autem candido tantum marmore usi sunt e
Paro insula, quem lapidem coepere lychniten appellare,
quoniam ad lucernas in cuniculis caederetur, ut auctor
est Varro, multis postea candidioribus repertis, nuper
5 vero etiam in Lunensium lapicidinis. sed in Pariorum
mirabile proditur, glaeba lapidis unius cuneis dividentium
soluta, imaginem Sileni intus extitisse.

Non omittendum hanc artem tanto vetustiorem fuisse 15
quam picturam aut statuariam, quarum utraque cum Phi-
10 dia coepit octogensima tertia olympiade, post annos circiter CCCXXXII. et ipsum Phidian tradunt scalpsisse marmora, Veneremque eius esse Romae in Octaviae operibus
eximiae pulchritudinis. Alcamenen Atheniensem, quod 16
certum est, docuit in primis nobilem, cuius sunt opera
15 Athenis complura in aedibus sacris praeclarumque Veneris
extra muros, quae appellatur Ἀφροδίτη ἐν κήποις. huic
summam manum ipse Phidias inposuisse dicitur. eiusdem 17
discipulus fuit Agoracritus Parius, et aetate gratus, itaque
e suis operibus pleraque nomini eius donasse fertur. cer-
20 tavere autem inter se ambo discipuli Venere facienda,

---

§ 15: cfr. Plin. XXXIV 49. XXXV 54. — cfr. Aristot. eth.
Nicom. VI 7. — § 16: cfr. Plin. XXXIV 49. 72. Pausan. I 19, 2.
Lucian. imag. 4. 6. — § 17: Pausan. IX 34, 1. Tzetz. chil. VII
931 sqq. — Strabo IX 1, 17 p. 396. Antig. Caryst. ap. Zenob.
V 82 (paroem. Gr. I p. 135). Suid. s. v. Ῥαμνουσία Νέμεσις.
(Pausan. I 33, 2 sqq. Pomp. Mela II 46). — Pausan. I 3, 5.

---

1 tantum candido VRdhv.a.S. | & B.   2 lichniten B.
lycn- V.   3 cederetur B².   5 uero BS. om.rv. | lapicidinis
RFdhH. lapidicinif Bv(D). cfr. § 46. 57. 78. XXXI 77.
VII 195. III 30, contra § 55. XXXVII 105. | parcorum Vd.
pharto- B.   7 intuf Bv(S). in his r. del. H.   9 aut om. R. |
ftatuarum B.   10 octogenfima (-gef- B²V²Rdv) tertia (teria V¹)
ll.v(D). LXXXIII C(S). -II Brot. | olympiade Bv. ludorum ol- (olim
ita de R) r.   11 cccxxxIIf. Et ipfum B. | scalpisse V. fcvlpfi-
B²v.a.Lugd.(S).   12 eius esse om. BS.   14 funt BdG. om.
rv.   15 praeclarumque BS. -raque rG. -ramque v. | uenus
R(?)G. -neris imaginem (posuere) v.   16 ἐν κήποις h(B)G.
ence poes (pues VR) ll. exopolis v.   17 eiufdem BG. ipse r.
-sius v.   18 parus V. | et ll.Brot. ei Tv. | gradus R.   19 e
om. V. | pluraque V.

vicitque Alcamenes non opere, sed civitatis suffragiis contra peregrinum suo faventis. quare Agoracritus ea **lege**
signum suum vendidisse traditur, ne Athenis esset, et
appellasse Nemesin. id positum est Rhamnunte **pago**
Atticae, quod M. Varro omnibus signis praetulit. est et 5
in Matris Magnae delubro eadem civitate Agoracriti opus.
18 Phidian clarissimum esse per omnes gentes, quae Iovis
Olympii famam intellegunt, nemo dubitat, sed ut laudari
merito sciant etiam qui opera eius non videre, proferemus
argumenta parva et ingenii tantum. neque ad hoc Iovis 10
Olympii pulchritudine utemur, non Minervae Athenis factae
amplitudine, cum sit ea cubitorum xxvi — ebore haec
et auro constat —, sed in scuto eius Amazonum proelium
caelavit intumescente ambitu, *in* parmae eiusdem concava
parte deorum et Gigantum dimicationes, in soleis **vero** 15
Lapitharum et Centaurorum. adeo momenta omnia capa-
19 cia artis illi fuere. in basi autem quod caelatum est,
Πανδώρας γένεϲιν appellant: dii sunt nascenti ....s **xx**
numero. Victoria praecipue mirabili, periti mirantur et

---

§ 18: cfr. Plin. XXXIV 49. 54. — §§ 18. 19: Pausan. I
24, 5. 7. (Hesiod. ἔργα κ. ἡμ. 81. 82).

---

1 uicitque B*v*. -ctiusque *r*. | alchamenef B*v.a.C*.　　2 fa-
uentis (pa- **B**) B*dv*. -tes *r*.　　3 et *om*. **R**.　　4 rhamnum te **B**.
hramnunte **V**.　　5 M. **VR**d*hv*(*D*). *om*. B*S*.　　7 quae B*v*.
quae de (dei d*h*) *r*. (*an* quae quidē?).　　8. 9 merito laudari
VRd*hv.a.S*.　　9 uidere B*S*. *cfr*. § *125*. -rint **V**. -runt **R**d
hv. | proferemuf B*hv*. -rimus *r*.　　13 in *ll.v*(*S*). *del. Bas.* |
eiuf B*dS*. ei is **V¹**. eris **R**. aenis **V²**. eius in quo *hv*.　　14
intumefcente B*dv*. inte **V¹**. inter **V²R**. *om*. *h*. | ambitu in
Michaelis. -tum B**V²**. -tu *rv.a.D*. | *dist. U*. | parme **V**. par-
uae **B**.　　15 dimicationef B*S*. -nem (-igatione **V¹**) *rv*. | foliif
B. | uero B*hv*. uerbis *r*.　　16 omnia B*dv*. -iū *r*.　　16. 17
capacia B*Gron*. catacia **V**. -acta d**T**. -atita **R**. *om*. *h*. com-
pacta *v.a.H*.　　17 uafi **B**.　　18 appellant B*S*. -aui **R**. -auit
d*hv*. apellaui **V¹**. -auit **V²**. | di **R**S*. om. d*. ibi dii *hv*. | ad-
sunt *U cum Böttigero*. | nascenti *UJ*. -tis **R**. -tes *r*B. noscentes
v. adstantes *D cum Letronnio. cfr. XXXV 27. 63. 70.* | *lac.
ego indicavi; excidit fere* fauentes (*cfr. XXXV 12*) *vel* dona
ferentes. *supplevit* adstantes *J cum Panofka*.　　19 praecipue
B*B*. -ua & *r*. | *dist. S cum Gerhardo*.

serpentem ac sub ipsa cuspide aeream sphingem. haec
sint obiter dicta de artifice ñumquam satis laudato, simul
ut noscatur illam magnificentiam aequalem fuisse et in
parvis.

5 Praxitelis aetatem inter statuarios diximus, qui mar- 20
moris gloria superavit etiam semet. opera eius sunt [34,50.69]
Athenis in Ceramico, sed ante omnia est non solum Praxitelis, verum in toto orbe terrarum Venus, quam ut viderent,
multi navigaverunt Cnidum. duas fecerat simulque vende-
10 bat, alteram velata specie, quam ob id praetulerunt quorum condicio erat, Coi, cum eodem pretio detulisset,
severum id ac pudicum arbitrantes; reiectam Cnidii eme-
runt, inmensa differentia famae. voluit eam a Cnidiis 21
postea mercari rex Nicomedes, totum aes alienum, quod
15 erat ingens, civitatis dissoluturum se promittens. omnia
perpeti maluere, nec inmerito; illo enim signo Praxiteles
nobilitavit Cnidum. aedicula eius tota aperitur, ut conspici possit undique effigies deae, favente ipsa, ut creditur,
facta. nec minor ex quacumque parte admiratio est. ferunt
20 amore captum quendam, cum delituisset noctu, simulacro

---

§ 20: Pausan. I 2, 3. 4. Cic. Verr. IV 60, 135. — Cic. or.
2, 5. — § 21 extr.: cfr. Plin. VII 127. Val. Max. VIII 11 ext. 4.

---

1 fer per tem **B**. | ac *ll.H.* et *v. del. J. transposuerunt
UD cum Panofka ante* sphingem. | supra ipsam cassidem
Meursius. sub cristae cuspide *Bursianus. excidisse* et in cas-
side *putavit J.* an sub crista cassidae? | aeream *ll.v(J).* -eum
Panofka. aureum *U(D). an* eboream? *ipsius Plinii errorem
statuit S.* | pigem **B**. 2 sint *ll.S.* sunt *G.* licet sint h *v.*
7 eft **B** *S.* et *rv.* 7. 8 praxitele **B**. 8 uerum et h *v. a. S.*
9 gnidum h *v. a. S* (*item infra*). 10 alteram **B** *v.* -ra *r.* |
ob d **R**. ob id quidem d(?)*v. a. S.* | praetulerunt optione h *v.
a. H.* 11 era **B**. | cum *S.* tū **B**. cum etiam (alteram *add. v*)
r v. 12 cnidii *S.* -di **V** d *D.* nidi **B**¹. gnidi **B**². -dii **R** h *v.*
13 eam **B** d *v.* etiam *r.* 15 ciuitatis *post* alienum (*v. 14*)
ponit **V**, *post* aes (*v. 14*) h *v. a. S. om.* d. 16 praxitelif **B**²**V**.
pha- **B**¹. 17 nidum **B**. 18 deae (duae **V**¹) **V R** d h *v.* dea
B *S.* 19 facto **V**(?)*v. a. S.* | admiratio **B** d *v.* -ta *r.* 20 quen-
dam captum *S U J* (*errore*). | delituiffet **B** *v.* detulisset d. -sse
r. | nocto **V**¹. -te **R**.

22 cohaesisse, eiusquc cupiditatis esse indicem maculam. sunt
in Cnido et alia signa marmorea inlustrium artificum,
Liber pater Bryaxidis et alter Scopae et Minerva, nec
maius aliud Veneris Praxiteliae specimen quam quod inter
haec sola memoratur. eiusdem est et Cupido, obiectus a 5
Cicerone Verri ille, propter quem Thespiae vise-
bantur, nunc in Octaviae scholis positus; eiusdem et
alter nudus in Pario colonia Propontidis, par Veneri Cni-
diae nobilitate et iniuria; adamavit enim Alcetas Rhodius
atque in eo quoque simile amoris vestigium reliquit. 10
23 Romae Praxitelis opera sunt Flora, Triptolemus, Ceres in
hortis Servilianis, Boni Eventus et Bonae Fortunae simulacra in Capitolio, item Maenades et quas Thyiadas vocant
et Caryatidas, et Sileni in Pollionis Asini monimentis et
24 Apollo et Neptunus. — Praxitelis filius Cephisodotus et 15
artis heres fuit. cuius laudatum est Pergami symplegma
nobile digitis corpori verius quam marmori inpressis.
Romae eius opera sunt Latona in Palatii delubro, Venus
in Pollionis Asini monumentis et intra Octaviae porticus
in Iunonis aede Aesculapius ac Diana. 20

---

§ 22: Strabo IX 2, 25 p. 410. Pausan. IX 27, 3. Cic. Verr.
IV 2, 4. 60, 135. — cfr. anth. Plan. IV 207. — § 23: cfr. Aelian.
var. hist. IX 39. anth. Pal. IX 756. — § 24: cfr. Propert. II 31, 15.

---

1 coheſiſſe B. | esse *om.* R. | sunt h*v. om. ll. an* extant
(*post* maculam)? 3 bryaxidis d h*v.* bruaxi- B. briasi- *r.* |
ſcopae B d*v.* co- *r.* 4 praxiteliae B*H.* -lia *r.* -li est d.
-licae *v.* 5 re moratur B. | abiectus V. 6 propter B*v.*
grauiter *r.* | quem B h*v.* quā *r.* 7 octauia VB. 9 enim
eum *v. a. S.* | alcetaſ B*S.* -edas d. alchedas (el- R) *r.* -chidas *v.*
10 reliquid BV. 11 flore V. Cora *vel* Horae *anon. ap.*
B. | treptolemuſ B. trito- V. 12 ſeruilianiſ B h*v*(*S*). -lia *r.*
-lii *H.* | euentuuſ B¹*D.* | bona et V. 13 item et h*C.* | thyia-
daſ B*B*(*S*). tyla- R. tila- V. thya- *G.* theula- *v.* 14 carya-
tidas *B.* carsa- VR d*v.* cariatydaſ B. *cfr. § 38.* | ſyleni B.
15 nec ptunuſ B¹. | cephisodotus (-iſid- B) B*S.* -douae *r.* -do d.
-dorus (-isso *B*) T*Ven.* -do et rei *v.* 16 ciuſ B. | pergami
B h*v.* -mis *r.* | symplegma *Bas. e codd.* B. -egam B¹. -ega B²
h*B.* -egarum *v.* syplegam V. si pl- R. *cfr. § 35.* 17 signum
nobile d(?)*v. a. S.*

Scopae laus cum his certat. is fecit Venerem et Po- 25
thon, qui Samothrace sanctissimis caerimoniis coluntur,
item Apollinem Palatinum, Vestam sedentem laudatam in
Servilianis hortis duosque campteras circa eam, quorum
5 pares in Asini monimentis sunt, ubi et canephoros eiusdem.
sed in maxima dignatione delubro Cn. Domitii in circo 26
Flaminio Neptunus ipse et Thetis atque Achilles, Nereides
supra delphinos et cete aut hippocampos sedentes, item
Tritones chorusque Phorci et pistrices ac multa alia marina,
10 omnia eiusdem manu, praeclarum opus, etiam si totius
vitae fuisset. nunc vero praeter supra dicta quaeque
nescimus Mars etiamnum est sedens colossiaeus eiusdem
manu in templo Bruti Callaeci apud circum eundem, praeterea Venus in eodem loco nuda, Praxiteliam illam ante-
15 cedens et quemcumque alium locum nobilitatura.

Romae quidem multitudo operum et iam obliteratio 27
ac magis officiorum negotiorumque acervi omnes a con-

---

§ 25: (cfr. Pausan. I 43, 6). — Propert. II 31, 5.

---

1 certat. is v. -atis **VR**d. -atuſ **B**.   1. 2 pothon **B**S.
photon r. phetontem h. pothon et phaetontem v.   2 famo-
trace **B**. -thraces CFWMüller p. 21. -ciae v.a.H. (an -cae?
cfr. XXXVII 181).   4 duasque h v.a.S. | campteraſ **B**S coll.
Polluce III 30, 147. camit- r. chametaeras v. lampteras J
coll. Hom. c 307. τ 63. | quarum v.a.S.   5 anii **B**. | cane-
phoroſ **B**dh(B)H. -rus (chane- **R**) r v.   6 indignatione d.
(an sed maxima dignatione in?). | delibro **B**¹.   7 thetiſ **B**v.
cethis d. -tis r.   8 aut **B**S. om. r. et v. | ippocampos d.
ipo- **VR**.   9 tritonis coruque **R**. | phorci **B**v. po- r. | pristes
B.   10 manu **B**S. -us d v. magnus r.   12 &iannum **B**¹.
-amnunc **VR**d. | e **R**. | coloſſiaeuſ **B**¹S. -ſſeuſ **B**²**R**d G. -seus **V**.
-ssus v. cfr. XXXIV 39.   13 manu S cum J. manci **B**.
om. r v. | callaeci **B**S. -aici d v. calaici r. | eundem **B**dT H.
euntem r. eundem ad Labicanam portam eunti v.   14 an
post nuda excidit quibusdā (vel aetate post illam)? cfr. de
Plinii iudicio § 20. | praxitelia **V**h. -licam v.a.H.   15 quem-
cumque **B**H. -unque **R**d G. quae cum **V**. -unque v. | nobili-
tatura **B**h G. -atur r. -ant v.   16 multitudo **B**S. magnit-
RFd**Th**v. in **V** lac. | et iam ego. etiam ll.S. eam G. est
iam v. | obliteratio ll.S. -rat G. -rata d T v.   17 ac **B**G.
a r v. | magis (-gi **B**¹) ll.S. magni G. -nis v. | negotiorumque
Bd v. -iatorum quia r. | omniſ **B**S. an homines?

templatione tamen abducunt, quoniam otiosorum et in
magno loci silentio talis admiratio est.　qua de causa
ignoratur artifex eius quoque Veneris, quam Vespasianus
imperator in operibus Pacis suae dicavit antiquorum
28 dignam fama.　par haesitatio est in templo Apollinis So- 5
siani, Niobae liberos morientes Scopas an Praxiteles fecerit; item Ianus pater, in suo templo dicatus ab Augusto
ex Aegypto advectus, utrius manu sit, iam quidem et auro
occultatus.　similiter in curia Octaviae quaeritur de Cupi-
dine fulmen tenente; id demum adfirmatur, Alcibiaden 10
29 esse, principem forma in ea aetate.　multa in eadem schola
sine auctoribus placent: Satyri quattuor, ex quibus unus
Liberum patrem palla velatum umeris praefert, alter
Liberam similiter, tertius ploratum infantis cohibet, quartus cratere alterius sitim sedat, duaeque Aurae velificantes 15
sua veste.　nec minor quaestio est in Saeptis, Olympum
et Pana, Chironem cum Achille qui fecerint, praesertim
cum capitali satisdatione fama iudicet dignos.
30　　　Scopas habuit aemulos eadem aetate Bryaxim et Timo-
theum et Leocharen, de quibus simul dicendum est, quo- 20
niam pariter caelavere Mausoleum.　sepulchrum hoc est
ab uxore Artemisia factum Mausolo, Cariae regulo, qui

---

§ 28: (cfr. anth. Plan. IV 129. Auson. epitaph. 28). — anth.
Plan. IV 250. — § 30: (cfr. Diodor. XVI 36). — Val. Max. IV 6
ext. 1. Vitruv. II 8, 11. VII praef. 13.

---

1 tamen B S. tali R F d Th. *in* V *lac.* talium v.　2 magno
B d G. -ni R F h v. | talif B S. latis r. -ta d. apta v. | talis est
d v. a. S.　5. 6 fofiani B v. -ia r.　6 niobae B T S. -ben v.
nitobe R. intobe d h. incobe F. *in* V *lac.* | liberof B d T S.
-rus r. -riis h. cum liberis v. | morientem v. a. S.　8 manu
V R h v(S). -nuf B d G.　9 occultatuf *ll.* v(S). -tur d(?) h *Brot.*
11 edem B¹. eodem V.　12 faturi B.　13 pala B. |
uelatus G. | umeris (hu- G) J. -ri B. ueneris r B(H). -ri v.
ulnis S.　14 liberam *ll. H.* -rum v.　15 aure V. uare R.
17 cironem V d h. chironemque v. a. S.　19 scophas R.
21. 22 maufoleum (muf- B¹) fepulchrum hoc eft (hoc est
sep- *cod. Poll.* v) ab uxore artemisia (-mefia B) factum B *cod.
Poll.* v(S). om. r(P) H. mausoleum h.　22 ausolo V d. | carte
V. | quo B.

obiit olympiadis CVII anno secundo. opus id ut esset
inter septem miracula, hi maxime fecere artifices. patet
ab austro et septentrione sexagenos ternos pedes, brevius
a frontibus, toto circumitu pedes CCCCXXXX, attollitur in
5 altitudinem XXV cubitis, cingitur columnis XXXVI. pteron
vocavere circumitum. ab oriente caelavit Scopas, a septen- 31
trione Bryaxis, a meridie Timotheus, ab occasu Leochares,
priusque quam peragerent, regina obiit. non tamen re-
cesserunt nisi absoluto, iam id gloriae ipsorum artisque
10 monimentum iudicantes; hodieque certant manus. accessit
et quintus artifex. namque supra pteron pyramis altitudinem inferiorem aequat, viginti quattuor gradibus in
metae cacumen se contrahens; in summo est quadriga
marmorea, quam fecit Pythis. haec adiecta CXXXX pedum
15 altitudine totum opus includit. — Timothei manu Diana 32
Romae est in Palatio Apollinis delubro, cui signo caput
reposuit Avianius Evander.

In magna admiratione est Hercules Menestrati et He-
cate Ephesi in templo Dianae post aedem, in cuius con-
20 templatione admonent aeditui parcere oculis; tanta mar-

---

§ 32: Propert. II 31, 15. Cic. ad fam. XIII 2. 27, 2. Horat.
sat. I 3, 90. — cfr. Strabo XIV 1, 23 p. 641. — Pausan. I 22, 8.
IX 35, 7. Diog. Laert. II 19. Suid. s. v. Cωκράτης.

---

1 cvn B*S*. cui *r.* c/// d. centesimae h*v.* | id ut B*v.* ut
id *r.* idem h. 2 ii d*v.a.S.* 3 sexagenos ternos *ll.v.* centenos *praemisit* U(D). *an* cxxs (*pro* LXIII)? 4 quadringentos
undecim V(?)R d h*v.a.S.* 5 xxv B*v*(S). uiginti. xx. quinque
V. uiginti quinque R d(?)*H.* xxxx *U.* xxxv *D.* 5. 6 pteron
uocauere circumitum *ll.S. om.* h*v.* circumitum *del.H.* 6 ad
V. | copas R. 7 brixas R. 8 regina *ll.S.* regina artemi-
sia quae mariti memoriae id opus exstrui iusserat h*v.* | obit
B*D. cfr. XXXIII 131.* 9 *dist.U.* 11 pteron B d*v.* iteron *r.*
11. 12 altitudinem *U cum OJahnio.* ·-ine *ll.v.* 12 aequat
B*S.* -ant V. -auit R d h*v.* 14 pytis R. pitis F. *in* V *lac.*
15 totum B d*v.* totum pedum V. pedum R. | deiana B¹.
17 auianiuſ B*S.* aula- RF d*v. in* V *lac.* 18 meneſtrati
B d h*B.* mnest- *v.* mensestraty V. -ses strat' R. 18. 19
haecate B. aehc- V. 19 ephesi B¹*v.* -ſii B². ethisi F h.
//&hisi R. 19. 20 contemplationem h*v.a.G.* -nes R. -acio-
nes V.

moris radiatio est. — (Non postferuntur et Charites in
propylo Atheniensium, quas Socrates fecit, alius ille quam
$^{35,137}_{34,57}$ pictor, idem ut aliqui putant). — nam Myronis illius,
qui in aere laudatur, anus ebria est Zmyrnae in primis
incluta.   5

33   Pollio Asinius, ut fuit acris vehementiae, sic quoque
spectari monumenta sua voluit. in iis sunt Centauri Nym-
phas gerentes Arcesilae, Thespiades Cleomenis, Oceanus
et Iuppiter *H*eniochi, Appiades Stephani, Hermerotes Tau-
33,156 risci, non caelatoris illius, sed Tralliani, Iuppiter hospi- 10
34 talis Papyli, Praxitelis discipuli, Zethus et Amphion ac
Dirce et taurus vinculumque ex eodem lapide, a Rhodo
advecta opera Apollonii et Taurisci. parentum hi certamen
de se fecere, Menecraten videri professi, sed esse naturalem Artemidorum. eodem loco Liber pater Eutychidis 15
laudatur, ad Octaviae vero porticum Apollo Philisci Rhodii
in delubro suo, item Latona et Diana et Musae novem et
35 alter Apollo nudus. eum, qui citharam in eodem templo

---

§ 33: cfr. Plin. infra § 41. Cic. Verr. IV 2, 5. — cfr. C. I. Gr.
n. 6169. Ovid. ars amat. I 79. — § 34 extr.: cfr. Plin. XXXIV
51. 78. (Pausan. VI 2, 6). — § 35: cfr. Plin. XXXIV 91. Pausan.
X 34, 6. 7. VI 4, 5. — cfr. Plin. XXXIV 51. 91. — (cfr. Arrian.

1—3 *uncos posui cum Furtwänglero.*   1 non *om.* **V.** |
referentur **V.** | carites **R.**   2 propylo **B***S. cfr. XXXV 101.*
-pyro *r.* -pylaeo *G.* -aeis *v.*   4 in **Bd***G. om. rv. (an alio-*
quin?).   5 incluta **B¹V***S.* induta **Rh.** inclita **B².** -lyta *v.*
6 agris **V.** | *an post* uehementiae *exciderunt* ad artis opera
colligenda?   7 iis **B¹dh***v.* his *rS.*   8 arcesilae *S e coni. H.*
-cae (-chae **B²**) filae **B.** -chesitae *rv.* | thespiades **dh**(?)*v.* īes-
R. def- **B.** tespya- (ies- **V¹**) **V.** | cliomenif **B.** deo- **V.**
9 heniochi *S cum J.* enio- **B.** entho- *rVen.* ento- *v.* antiochi
U(*D*) *coll. C. I. Gr. n. 6135.* | appiadef **B**(*codd. B*)*S.* hippiades
B. *om. rv.* | ftephani **B***G. om. rv.*   10 traliani **B¹V.** traiani
B².   11 papyli **B***S.* -puli *h.* -pli *r.* papypi **d.** pappipi *v.*
pamphili *G.* | fraxitelif **B.** praxiteli **V**d. Pasitelis *coni. U*
(*Quellenregister p. 8*). | zetus **VR***v.a.H.* | ampion **B.** āp- **R.**
12 diree **B.** -rcae **V.** | tauris **VR.**   13 apollonii **dh***v.*
-ni **B***D.* -llini *r.*   14 menecraten (-egr-**VRh**) *ll.S.* -tem **d***v.* |
uidere **Bh.**   15 euthidis **R.**   16 rhodii *v.* -di **B***D.* -diodi *r.*
18 nodus **VR.** | cytharam **B.**

tenet, Timarchides fecit, intra Octaviae vero porticus
aedem Iunonis ipsam deam Dionysius et Polycles aliam,
Venerem eodem loco Philiscus, cetera signa Praxiteles.
*ii*dem Polycles et Dionysius, Timarchidis filii, Iovem, qui
5 est in proxima aede, fecerunt, Pana et Olympum luctantes
eodem loco Heliodorus, quod est alterum in terris sym- 24
plegma nobile, Venerem lavantem sese Daedalsas, stantem
Polycharmus. ex honore apparet, in magna auctoritate 36
habitum Lysiae opus, quod in Palatio super arcum divus
10 Augustus honori Octavi patris sui dicavit in aedicula columnis adornata, id est quadriga currusque et Apollo ac
Diana ex uno lapide. in hortis Servilianis reperio laudatos Calamidis Apollinem illius caelatoris, Dercylidis 38, 155
pyctas, Amphistrati Callisthenen historiarum scriptorem. —
15 Nec deinde multo plurium fama est, quorundam claritati 37
in operibus eximiis obstante numero artificum, quoniam
nec unus occupat gloriam nec plures pariter nuncupari
possunt, sicut in Laocoonte, qui est in Titi imperatoris

---

ap. Eustath. ad Dionys. Perieg. 793). — § 36 extr.: cfr. Plin.
XXXIV 47. 71. (Pausan. I 3, 4). — cfr. Tatian. c. Graec. 52
p. 34 Schwartz. — § 37 extr.: cfr. Plin. XXXIV 86.

---

1 timachides **R**.   2 aedem **B***UD*. -de *r*. in aede h*v*.
cfr. § 24. | dyonifiuf **B F**. -omedem **V²** *in ras*. | *ante* aliam
*comma posuit U (Quellenregister p. 8) coll. § 15 de Venere Phi-
diae*.   3 pasiteles d**T**(*P*)*UD*. Praxitelis filii *coni. U ibid.
p. 8. (cfr. § 24)*.   4 iidem (*U e coni. J.* idem **B***S*. item *v*)
— dionyfiuf **B***v*(*S*). om. *r H*. | timarcidif **B**. marchi- **V**d**h**. |
filii **R**h*v*(*U*). fili **B¹V**d*D*. fili' **B²**. -lius *cod. Poll. SJ*. | iouem *v*.
quem **B**. iouis *r*.   6 heuodoruf **B**.   6. 7 fymplecama **B¹**.
-egama **B²**.   7 labantem **V**. | se *S*. | daedalfaf **B**. -lüs aliam *J*.
-lus ac *U*. -lum h *cod. Poll. v*. dedalsa *r*. sed et aliam *S*. |
astantem h *cod. Poll. Ven. (v. a. G)*.   8 polycharimuf **B**. poli-
charmus **V**.   12. 13 laudatus **V**h.   13 clamidif **B²**. | apol-
line **B**. | dercylidif **B***H*. -lis d**T**. -cilis **V**. decilis **R**. dacty-
lidis *v*.   14 pyctas *H cum P*. pictas **B**d. pycias *r*. pythias
v. | ampistrati **V**h. | callif tenenf **B**. -nem **V**. | storiarum **V**.
torta- **B**.   15 nec deinde *ll. S. cfr. XXXVII 6*. nec *H*.
deinde h *v*. | multorum obscurior h *v. a. H*. | quorumdā **B**.
-undem **V**.   16 eximif **B¹**. | obftanti **B**.   18 sicuti **V***v. a. C*. |
lacoonte **B**. | quif **B¹**.

domo, opus omnibus et picturae et statuariae artis praeferendum. ex uno lapide eum ac liberos draconumque
mirabiles nexus de consilii sententia fecere summi artifices Hagesander et Polydorus et Athenodorus Rhodii.

38 similiter Palatinas domos Caesarum replevere probatissi- 5
mis signis Craterus cum Pythodoro, Polydeuces cum Her-
molao, Pythodorus alius cum Artemone, at singularis
Aphrodisius Trallianus. Agrippae Pantheum decoravit Dio-
genes Atheniensis; in columnis templi eius Caryatides
probantur inter pauca operum, sicut in fastigio posita 10

39 signa, sed propter altitudinem loci minus celebrata. in-
honorus est nec in templo ullo Hercules, ad quem Poeni
omnibus annis humana sacrificaverant victima, humi stans
ante aditum porticus ad nationes. sitae fuere et Thespiades ad aedem Felicitatis, quarum unam amavit eques 15
Romanus Iunius Pisciculus, ut tradit Varro, admirator et
Pasitelis, qui et quinque volumina scripsit nobilium

40 operum in toto orbe. natus hic in Graeca Italiae ora
et civitate Romana donatus cum iis oppidis, Iovem fecit
eboreum in Metelli aede, qua campus petitur. accidit ei, 20

---

§ 39: cfr. Serv. ad Verg. Aen. VIII 720. — cfr. Plin. XXXIV
69. XXXV 156. XXXIII 156.

---

1 in (*pro priore* et) **B**. *an* uel?   1. 2 praeferendum **B**
G(S). praeponen- *r v(H)*.   2 ac *ll. S*. & **d h v**. | liberus **V R**.
3 nexuuſ **B** *D*. | conſuli **B**¹. -lis **B**².   4 hageſander **B** *J*.
age- *r v*. | polydoris **R**. | rhodii **d** *v*. -di **B** *D*. hodi *r*.   5 simi-
liter — 11 celebrata *post* scriptorem (*§ 36 extr*.) *transposuit U*.
        6 crateriſ **B**². | phythodoro **B**. pythoro **R**. | polydeuces *S*
cum P. -deucheſ (polly- **V T**) **B V T**. -decuches **R**. -dectes **d**(?)*v*.
        7 pyhodoruſ **B**. | at *ego*. & *ll. v*.   8 pantheum **B** *h v*.
phath- *r*.   9 athenienſiſ **B** *d v*. amen- *r*. | caryatides *B*.
cariatidaſ **B**. carsatides *r v*. cfr. *§ 23*. (*praem*. et *posuerunt*
ante in columnis *v. a. S*).   13 ſacrificauerunt **V R** *v. a. S*. |
humitans **V R**.   14. 15 teſſpiadeſ **B**. hiesp- **V**.   15 una
V R. | adamauit *G*.   16 piscicillis **V**. | & (*pro* ut) **B**. | ad-
mirator **B**(*P*). -tur *r v*.   17 pasitelis **T**(*P̄*). passi- **V R d**.
paxi- *h*. fraxiteleſ **B**. pasi- *G*. praxi- *v*.   18 graeca (gre- **B**)
B *S*. -cia *r v(H)*. -ciae *G*.   19 iis **d h v**. iſ **B**¹. his *r D*.
20 eburneum *v. a. H*. | et itur **V R**. (qua campus petitur *uncis*
inclusit U). | accidit **B d** *v*. -cedet *r*. | et (*pro* ei) **V h**.

cum in navalibus, ubi ferae Africanae erant, per caveam
intuens leonem caelaret, ut ex alia cavea panthera erum-
peret, non levi periculo diligentissimi artificis. fecisse
opera complura dicitur; quae fecerit, nominatim non re-
5 fertur. Arcesilaum quoque magnificat Varro, cuius se 41
marmoream habuisse leaenam aligerosque ludentes cum
ea Cupidines, quorum alii religatam tenerent, alii cornu
cogerent bibere, alii calciarent soccis, omnes ex uno
lapide. idem et a Coponio quattuordecim nationes, quae
10 sunt circa Pompeium, factas auctor est. — Invenio et 42
Canachum laudatum inter statuarios fecisse marmorea. 34, 50. 75
nec Sauram atque Batrachum obliterari convenit, qui
fecere templa Octaviae porticibus inclusa, natione ipsi
Lacones. quidam et opibus praepotentes fuisse eos putant
15 ac sua inpensa construxisse, inscriptionem sperantes, qua
negata hoc tamen alio modo usurpasse. sunt certe etiam
nunc in columnarum spiris inscalptae nominum eorum
argumento lacerta atque rana. in Iovis aede ex iis pictura 43
cultusque reliquus omnis femineis argumentis constat; erat
20 enim facta Iunoni, sed, cum inferrentur signa, permutasse

---

§ 41: cfr. Plin. XXXV 155. — cfr. Suet. Nero 46. — § 42
extr.: cfr. Vellei. I 11, 3. — § 43 extr.: cfr. Plin. VII 85. Athen.
XI 19 p. 782ᵇ. Aelian. var. hist. I 17. Varro l. L. VII 1. Cic.
acad. prior. II 38, 120.

---

2 alea **V**.　　　4 sed quae *v. a. S.*　　　4. 5 refertur **B** d *v*.
fertur *r*.　　　6 leaenam tradit **R**(?)*v. a. S.*　　　7 ali religatam
V D. aure lig- **B**. | ali **V D**. | e cornu *v. a. S.*　　　8 ali **V D**. |
sociis **V R**.　　　9 coponio *v*. coro- **B**. copunio (quop- **R**) *r*. |
quattuordecim — 10 inuenio *om*. **B**.　　　10 pompeium **V R** d h
v (*J*). -pei *G*. -pei theatrum *Brot*. (*cfr. Suet. Nero 46*). | et
uenio et **V**.　　　11 chanacum **B**. | laudatim **B**¹. -ti **B**².　　　12
Sauron *v. a. Brot*.　　　13 fere **V R**. | incluta **B**¹. -lita **B**².
16. 17 etiamnunc d. -num (&iann- **B**¹) *ll. v*.　　　17 spiris (-riiſ **B**¹)
ll. G cum **B**. epistyliis h *v*. | inſcalptae **B**¹ **D**. -pta (-pia **V**) *r G*.
-cvlptae **B**² *S*. -pta *v* (*U J*).　　　18 argumenta **R**(?)*v. a. S*. | ex
iiſ (hiiſ **B**²) **B** *S*. exstitisse (extit- **V**) *rv*. *de mendo cfr*. § 82. |
picturam (**R** d?) h *v. a. S*.　　　19 relicuuſ **B**¹. -iqus **V**. -iquos **R** h
v. a. S. | omniſ **B** *S*. -nes *rv*. | conſtat erat **B** *S*. -tanter ad *r*.
-tat at (Et *v*) d *v*.　　　20 iunoni ſed **B** *S*. -nis sed *r*. -nis aede
h *v*. | inferentur **B**¹ **V**.

geruli traduntur, et id religione custoditum, velut ipsis
diis sedem ita partitis. ergo et in Iunonis aede cultus
est qui Iovis esse debuit.

Sunt et in parvolis marmoreis famam consecuti Myr-
mecides, cuius quadrigam cum agitatore operuit alis musca, 5
et Callicrates, cuius formicarum pedes atque alia membra
pervidere non est.

44   **6.** (5) Haec sint dicta de marmoris scalptoribus
summaque claritate artificum, quo in tractatu subit mentem non fuisse tum auctoritatem maculoso marmori. fecere 10
et e Thasio, Cycladum insularum aequo, et e Lesbio; livi-
dius hoc paulo. versicolores quidem maculas et in totum
marmorum apparatum etiam Menander, diligentissimus
45 luxuriae interpres, primus et raro attigit. columnis demum
utebantur in templis, nec lautitiae causa — nondum enim 15
ista intellegebantur —, sed quia firmiores aliter statui non
poterant. sic est inchoatum Athenis templum Iovis Olympii,
ex quo Sulla Capitolinis aedibus advexerat columnas. fuit
tamen inter lapidem atque marmor differentia iam et
46 apud Homerum; dicit enim marmoreo saxo percussum, 20

---

§ 44: cfr. Seneca ep. 86, 6. — Isid. XVI 5, 14. — Menandri
fragm. inc. 344 (Meineke). cfr. Phaedri fab. V 1, 12. — § 45:
cfr. Suet. Aug. 60. — Homerus Π 735. — § 46: cfr. Plin. XXXIII 81.

---

1 id *om.* B *S.* | religione (-leg- B) B *C.* -ni h *v.* regioni **Vd.**
reioni **R.**   4 paruvlif **B².** paruis **VRd** h *v. a. S.* | eburneis
coni. B *coll. VII 85.* | flammam **B.**   4. 5 miremercides **V.**
    5 aliif **B¹.**   6 gallicratef **B.** calligr- **V.**   8 marmorum
h *v. a. S.* | fcvlptoribuf **B²** *v. a. G(S).*   9 con (*pro quo* in) **R.** |
tractatu B *B.* -ctu *v.* structus *r.* | subit B *v.* ubita *r.*   10
maculofo B d h *v.* -su **V.** -sū **R.**   11 et *om.* **R** d *v. a. S.* | e thafio
B *G.* -so *B.* e thapso (ta- *v*) d *v.* et abso **R¹.** et apro **V.** et
abciso **R².** | aequo (*sc.* marmori Cycladum) *ego.* -ue *ll. G.* una
aeque h *v.* | *dist. ego coll.* § 14 *et IV 65—67. 73.* | & helefbio **B.**
    11. 12 leuidiuf **B¹.**   12 quidem B d *v.* quaede *r.*   13
diligentiffimuf B d *v.* -mū *r.*   14 inter tres **Vh.** | et *ll. v. an*
set? | attigit B h *v.* -ingit *r.*   15 in templif nec lautitiae
(-iliae **B**) — 16 intellegebantur (-atur *v. a. G*) B *v. om. r.*   -18
fylla **B.** silla **R.**   20 enim *ll. H.* enim paridem (-dis *Verc.*)
os h *v. an* enim Cebrionem? *cfr. Hom.* | marmoreus **RF.**

sed hactenus, regias quoque domus, cum lautissime, praeter
aes, aurum, electrum, argentum ebore tantum adornans.
primum, ut arbitror, versicolores istas maculas Chiorum
lapicidinae ostenderunt, cum exstruerent muros, faceto in
5 id M. Ciceronis sale — omnibus enim ostentabant ut
magnificum —: multo, inquit, magis mirarer, si Ti-
burtino lapide fecissetis. et, Hercules, non fuisset
picturis honos ullus, non modo tantus, aliqua marmorum
auctoritate.

0 (6) Secandi in crustas nescio an Cariae fuerit in- 47
ventum. antiquissima, quod equidem inveniam, Halicarnasi domus Mausoli Proconnesio marmore exculta est
latericiis parietibus. is obiit olympiadis CVII anno secundo, urbis Romae CDIII.

15 (7) Primum Romae parietes crusta marmoris operuisse 48
totos domus suae in Caelio monte Cornelius Nepos
tradit Mamurram, Formiis natum equitem Romanum, prae-
fectum fabrum C. Caesaris in Gallia, ne quid indignitati
desit, tali auctore inventa re. hic namque est Mamurra

---

§ 47: Vitruv. II 8, 10. — § 48: cfr. Plin. XXXV 2. — Corn.
Nep. fragm. 14 (Halm). Catullus 29, 3.

---

1 *an post* hactenus *exciderunt* mentionem habet (*vel* facit)
eius? | domos **d**h*v.a.S.* | cum *om. v.a.G.* | lautiſſime **B**(*P*)*S.*
laudati- **RFd***G.* -mo tum **V²**. -me tum *v.* 4 lapidicinae
v.a.H. *cfr.* § *14.* | in *eras.* **V²**. 5 mi (*pro* M.) **B¹**. 6 in-
quit **BRd**h*v.* inthis (*om.* magis — 7 fecissetis) **V.** | mirarer
B*G.* mire sit (esset **h**) **Rd**h. mira res esset *v.* 7 & **B** d
h*v. om. r.* 8 picturae h*v.a.S.* | aliuſ (*pro* ullus) **B.** | ali-
qua *ll.v*(*S*). sine al- h**B.** in al- *G.* 10 secandi marmor
h*v.a.S.* | cariae **R***v.* castae **V.** // arte d. arte **B¹**. ante **B²**.
11. 12 alicarnaſi **B.** 12 mauſolii **B²**. | proconnesio *C.* -oneſio
B². -onneſcio **B¹**. -esso h. -eso *v.* -cunesto *r.* | exulta **R.**
exal- **V.** 13 latericeiſ **B.** | is ob id **V.** ///oui. id **B¹**. ioui. id
B². | cvn **B²***S.* cui i **B¹**. cvr **T***v*(*H*). cui *r.* cm d. c *G*(*Brot.*).
14 cdm **B***S.* ccccm **V.** -mm **Rd T***H.* -n h*v.* ccclxxv *Brot.*
15 cruſta **B**d*v.* fru- **R.** -tra **V.** 16 totoſ **B***S.* -tus (-tas **R¹**) *r.*
-tius h*v.* | domuuſ **B¹***D.* 17 tradit **B***S.* -didit *rv.* | formiis
Rh*v.* -mis *r Ven.*(*D*). 18 fabruum **B¹**. -rorum h**B.** | ne quid
(quit **B¹**) **B***S.* neque id *r.* neque d*v.* | indignitati **B***S.* -nati *r.*
-natio d*v.* 19 desit *ll.S. om.* d. sit *v.* | marmura **VR.**

Catulli Veroniensis carminibus proscissus, quem, ut res
est, domus ipsius clarius quam Catullus dixit habere
quidquid habuisset Comata Gallia. namque adicit
idem Nepos primum totis aedibus nullam nisi e marmore columnam habuisse et omnes solidas e Carystio aut 5
49 Luniensi. (8) M. Lepidus Q. Catuli in consulatu conlega
primus omnium limina ex Numidico marmore in domo
posuit magna reprensione. is fuit consul anno urbis
DCLXXVI. hoc primum invecti Numidici marmoris vestigium invenio, non in columnis tamen crustisve, ut supra 10
48 Carystii, sed in massa ac vilissimo liminum usu. post
hunc Lepidum quadriennio L. Lucullus consul fuit, qui
nomen, ut ex re apparet, Luculleo marmori dedit, admodum delectatus illo, primusque Romam invexit, atrum
alioqui, cum cetera maculis aut coloribus commendentur. 15
50 nascitur autem in Melo insula, solumque paene hoc marmor ab amatore nomen accepit. inter hos primum, ut
arbitror, marmoreos parietes habuit scaena M. Scauri, non

---

§ 49: Isid. XVI 5, 16. 17. 1. — § 50: Isid. XVI 5, 17. —
cfr. Plin. supra § 5.

---

1 catuli **Bh**. | ueronensis d**h**v.a.J. cfr. XIV 16. 67. XV 48.
II 209. (infra et § 135. XVII 25). | que **VR**.   2 ipsius **VR**
dv. iuſ **B¹**. uiſ **B²**. om. h. an eius? | clariuſ **B**v. ca- r. | catu-
lus **VRh**.   3 adhicit **VR**. adiecit v.a.S.   4 nepost **VR**. |
primuſ **B**. eum primum hv.a.S.   5 habuiſſe & B**S**. -sset **V**.
-sse **R**dv. | omniſ B**S**. | e om. **BV**dVen. | caryſtio **B**v. caristo
r. | aut **BR**v. au **V**.   6 luniensi J. -ſe **B**. -nensi rv. | Q. B**S**.
om. rv.   7 numidi quo **V**.   8 magnam **B¹**. an magna cum?
cfr. III 1. | his **V**.   9 DCLXXVI dTcod.Poll.H. -LXVI ll.v.
10 inuento **V**h. | tantum v.a.H. | crustis uelut (-ud **R**) **VR**h. |
mamurra (pro ut supra) v.a.H.   11 carystii sed **RT**H. -tiſ
& **B**. -ti sed **V**dD. -tis (-tium v) posuit sed hv. | minasso **V**.
12 ferme quadriennio hv.a.S. | coſ **B¹**. conſ **B²**. sos **V**.
13 appar& & **B**. | luculleo d**h**v. -llaeo **B**. loculeo r. | mar-
morei **B**.   14 primuſ qui **B**. | aduexit S (errore).   16 Melo
S cum P. heo **B**. millo cod.Poll. nilo dThv. -li C. ilo r.
Chio H ex Isid. | hoc **B**Isid.S. horum **RF**dhv.   16. 17
marmor **R** d Isid.S. -rinor **F**. -rmore **B**. -rmorum hv.
17 ab **BT**hv. om. **RF**d. | amatore **B**hv. atore **RF**dT.   18
M. om. **Bh**S.

facile dixerim secto an solidis glaebis polito, sicuti est
hodie Iovis Tonantis aedis in Capitolio.   nondum enim
secti marmoris vestigia invenio in Italia.

(9)   Sed quisquis primus invenit secare luxuriaque 51
5 dividere, inportuni ingenii fuit.   harena hoc fit et ferro
videtur fieri, serra in praetenui linea premente harenas
versandoque tractu ipso secante.   Aethiopica haec maxime
probatur, nam id quoque accessit, ut ab Aethiopia usque
peteretur quod secaret marmora, immo vero etiam in
10 Indos, quo margaritas quoque peti severis moribus in-
dignum erat.   haec proxime laudatur; mollior tamen quae 52
Aethiopica.   illa nulla scabritie secat, Indica non aeque
levat, sed combusta ea polientes marmora fricare iubentur.   simile et Naxiae vitium est et Coptitidi, quae vocatur
15 Aegyptia.   haec fuere antiqua genera marmoribus secan-
dis.   postea reperta est non minus probanda ex quodam
Hadriatici maris vado, aestu nudante, observatione non
facili.   iam quidem quacumque harena secare e fluviis 53
omnibus fraus artificum ausa est, quod dispendium ad-
20 modum pauci intellegunt.   crassior enim harena laxioribus
segmentis terit et plus erodit marmoris maiusque opus
scabritia politurae relinquit; ita sectae attenuantur crustae.
rursus Thebaica polituris accommodatur et quae fit e poro

---

§ 51: Isid. XIX 13. — § 53: Isid. XIX 13.

---

1 sectos **R**(?)h*v.a.S.* | polito *ll.S.* -tos **Thv.** positos *G.*
2 aediſ **Bd***S.* -des **Rh***v.* haedis **V.**   3 ſepte **B**¹. | ueſti-
gia inuenio in **BdT***Brot.* -gio inuento in *r.* -gia inuenerat *v.*
4 ſe **B**¹. | primum dh*v.a.S.* **cfr. XXXV 126. 151. 152.** |
luxuriaque *Müller emend.* **V 22.** -iamque *ll.v.* *an* luxuriaeque
(*dat.*)?   5 non (*pro* hoc) **B.**   7 gractu **V.** | ipſo **Bd***v.* -sas
*r***h.** | aethiopicae **B.** aetiophica **V.** | haec **BVd***G*(*D*). ad haec
R *H.* ad hoc h*v.*   8 ab **Bh***S.* ad *rv.* | aethiopias **d.** -pas
B*v.a.S.* aetiophies **V.**   9 ſecaret *P.* faceret *ll.v.*   10 pe-
tisse uersis **V.**   10. 11 indigne **B**¹.   13 leuigat *v.a.S.* | ċvm-
bustea **R.** | potienteſ **B.** polli- **Vd.**   14 et *om.* **BS.** | naxio **d.** |
coptiidi **B***S.* coptidi *rv.*   16 est *ll.S.* est ars h*v.* est harena *C.*   17 esto **V.**   18 eſluuiſ **B.**   20 graſſior **B**¹. groſſ-
B².   22 reliquit **V.**   23 tebaica **B.** | fit **BVThv**(*S*). ſit **R**
d(?)*G.* | e poro **B***B.* e toro **Vd***v.* ex oro **R.**

54 lapide aut e pumice. — 7. (10) Signis e marmore poliendis gemmisque etiam scalpendis atque limandis **Naxium**
diu placuit ante alia. ita vocantur cotes in Cypro insula
genitae. vicere postea ex Armenia invectae.

   (11) Marmorum genera et colores non attinet dicere 5
in tanta notitia nec facile est enumerare in tanta multitudine. quoto cuique enim loco non suum marmor invenitur? et tamen celeberrimi generis dicta sunt in am-
55 bitu terrarum cum gentibus suis. non omnia autem in
lapicidinis gignuntur, sed multa et sub terra sparsa, pre- 10
tiosissimi quidem generis, sicut Lacedaemonium viride
cunctisque hilarius, sicut et Augusteum ac deinde Tibereum, in Aegypto Augusti ac Tiberii primum principatu
reperta. differentia eorum est ab ophite, cum sit illud
serpentium maculis simile, unde et nomen accepit, quod 15
haec maculas diverso modo colligunt, Augusteum undatim
crispum in vertices, Tibereum sparsa, non convoluta, cani-
56 tie. neque ex ophite columnae nisi parvae admodum inveniuntur. duo eius genera: molle candidi, nigrica*ntis*
durum. dicuntur ambo capitis dolores sedare adalligati 20
et serpentium ictus. quidam phreneticis ac lethargicis

---

   § 54: Diosc. V 165. Pind. Isthm. 6, 107 c. schol. Th. lap.
44. — § 55: Isid. XVI 5, 2. 4. — § 56: Isid. XVI 5, 3. Diosc.
V 161 (eupor. II 132). — Isid. XVI 5, 18. 4, 14. Diosc. V 157.

---

   2 fcvlpendiſ **B²**. | naxium **d h** *v. cfr. XXXVII 109.* -xum
ll.   3 Creta *coni. J.*   4 inuectae **B d** *S.* uectae *r v.*   7 coto
V. | cuique *ll. H.* quoque *v.*   9 tamen **R**(?)*v. a.'S.*   10 lapidi-
ciniſ **B d** *v. a. H*(*D*). | terras prasa **V d.**   11 quaedam *H.* | ſicut
B *S.* -ti *r H.* om. *v.*   12 ſicut **B** *S.* sic *r v.* | auguſtaeum **B¹**
(*item infra*). -tum *v. a. Brot.*   12. 13 tibereum **B** *S.* -rium
r Isid. v. -rianum **h** *Brot. an* Tibereium? *cfr. Stat. Silv. III
3, 66.*   13 tiberi **B¹** *D.*   14 ofite **B²**. -ti **B¹**. | cum **B** *v.*
ctum *r.* dum **d.**   15 unde **B h** *v.* inde *r.*   16 colligunt *ll. v.*
an collocant?   17 aut (*vel et*) in *Schneider ad Theophr. V
p. 270.* | uertice *Isid. cfr.* § *61.* | tiberium **d T** *v.* -rianum **h** *Brot.*
   17. 18 cauite **V**.   18 opite **V d.**   19 molli **V R.** | candi-
dum **h** *Isid. v. a. S.* | nigricantis *Müller emend. V 23.* -cans *ll. v.*
   20 durum **h** *v* (*Müller l. l.*). -ri *ll. S.*   21 ictuuſ **B D.** | aut
(*pro* ac) **B.**

adalligari iubent candicantem. contra serpentes autem a
quibusdam praecipue laudatur ex iis quem tephrian appellant a colore cineris. vocatur et Memphites a loco, gem-
mantis naturae. huius usus conteri et iis, quae urenda
5 sint aut secanda, ex aceto inlini; obstupescit ita corpus
nec sentit cruciatum. rubet porphyrites in eadem Aegypto; 57
ex eodem candidis intervenientibus punctis leptopsephos
vocatur. quantislibet molibus caedendis sufficiunt lapicidinae. statuas ex eo Claudio Caesari procurator eius in
10 urbem ex Aegypto advexit Vitrasius Pollio, non admodum
probata novitate; nemo certe postea imitatus est. invenit 58
eadem Aegyptus in Aethiopia quem vocant basaniten, ferrei
coloris atque duritiae, unde et nomen ei dedit. numquam
hic maior repertus est quam in templo Pacis ab impera-
15 tore Vespasiano Augusto dicatus argumento Nili, sedecim
liberis circa ludentibus, per quos totidem cubita summi
incrementi augentis se amnis eius intelleguntur. non ab-
similis illi narratur in Thebis delubro Serapis, ut putant,

---

§ 57: Isid. XVI 5, 5. 6. — § 58: cfr. Philostr. imag. I 5
p. 383. — Strabo XVII 1, 46 p. 816. Tac. ann. II 61. cfr.
Philostr. vita Apoll. Tyan. VI 4 p. 233.

---

2 laudatur B*v. om. r.* | iiſ **B**¹*S.* hiiſ **B**² *(item infra).* his
r v. Lunensis *vel* Limensis *Isid.* | quem **B**d*v.* quā *r.* | tephrian
B *S.* -am *v.* tepriam **R**d. -periam **V.** 　　4 conteri & **B**(**R**?)*G.*
-tenet **V.** -tinet d. -uenit *v.* 　　5 ſecunda **B**¹. | & ex **R.** | inter-
line **B.** *an* interlini, *ut XXVIII 132?* 　　6 crucutum **B**¹. |
porpyriteſ **B**¹**V.** | eadem **B**d*T G. om. r v.* 　　7 ex eodem **B***J.*
ex ead- **V**d. exad- **R.** *om.* **T***S.* ex eo *v.* | leptopsephos h(*P*)*H.*
-osephos *ll.* leucostictos *v.* 　　8. 9 lapicidinae h*H.* -cedeae **T.**
-cede & **R**d. -caede et **V.** -idicinae **B***v*(*D*). 　　10 uitrasius *H.*
cfr. Dio Cass. 58, 19, 6. -riasius **V R**d*Th.* -riariuſ **B.** triarius *G.*
tris asinius *v.* | polio **V**d. 　　11 immittatus **V.** iminitatus **R.** |
Aɴuenit **B**¹. (*an* iam inuenit?). 　　12 eadem eadem aegyptoſ **B.** |
baſaniten **B** *S. cfr. Isid.* -salten (-te **V**) *r v.* 　　14 hic **B** *G.* id *r.*
is *v.* 　　15 nili **B**T h*G.* nym **V.** ny **R.** in d. *del. v.* 　　16 liberis
om. **B.** laboris *v. a. B.* 　　17 augentiſ **B R**d*G.* -ti **V.** -tes *v.*
arguentes *B.* | se *om.* d*B.* | amniſ **B**¹**R**h*G.* -neſ **B**². annis **V***v.*
-ni d² *in ras.* -nos *B.* | eiuſ **B V**h*v*(*S*). *om.* **R**(?)d*Lugd.*
17. 18 abſimili **B.**

Memnonis statuae dicatus, quem cotidiano solis ortu contactum radiis crepare tradunt.

59   (12) Onychem in Arabiae tantum montibus nec usquam
aliubi nasci putavere nostri veteres, Sudines in Carmania.
potoriis primum vasis inde factis, dein pedibus lectorum 5
sellisque, Nepos Cornelius tradit magno fuisse miraculo, cum P. Lentulus Spinther amphoras ex eo Chiorum
magnitudine cadorum ostendisset, post quinquennium deinde
60 XXXII pedum longitudinis columnas vidisse se. variatum
in hoc lapide et postea est, namque pro miraculo insigni 10
quattuor modicas in theatro suo Cornelius Balbus posuit;
nos ampliores XXX vidimus in cenatione, quam Callistus
Caesaris Claudi libertorum, potentia notus, sibi exaedifi-
caverat. 8. hunc aliqui lapidem alabastriten vocant, quem
cavant et ad vasa unguentaria, quoniam optume servare 15
61 incorrupta dicatur. idem et ustus emplastris convenit.
nascitur circa Thebas Aegyptias et Damascum Syriae. hic
ceteris candidior, probatissimus vero in Carmania, mox
in India, iam quidem et in Syria Asiaque, vilissimus
autem et sine ullo nitore in Cappadocia. probantur quam 20
maxime mellei coloris, in vertices maculosi atque non tralu-

§ 59: cfr. Plin. XXXVII 90. — Athen. XI 83 p. 495ᵃ. Corn.
Nep. fragm. 16 (Halm). — § 60 extr.: Diosc. V 152. Isid. XVI
5, 7. cfr. Plin. XIII 19. Catull. 66, 83. Horat. od. IV 12, 17.
Martial. ep. VII 94. — § 61: Isid. XVI 5, 7. cfr. Plin. XXXVII 143.

1 memnoni **Vd**.   2 dicunt **d**(?)h*v. a. S*.   3 onychim **Vd**.
-ydum **R**. | in arabiae tantum **BdT***S*. -ia &iantum *r*. etiam-
tum in arabiae h*v*.   4 alibi **B²**h*v. a. G(S)*. | ſudineſ **BG**.
sudes *r*. sed et *v*. sed h*C*. | carmania **Bd***S*. ger- *r v*. *cfr*.
XXXVII 39.   5 potoriſ **BD**.   6 trahit **V**.   7 spinten
R. spisten **V**. | chruorum **V**.   9 longitudinis *ll*. -ne *v*.
10 & **B***S. om. r v*.   12 caliſtuſ **B²V***v. a. C.* -ixtus d.   13
potentia notuſ **B***G*. potent panotus *r*. potentissimus h*v*.
    15 & **B***S. om. r v*.   16 dicitur h*v. a. S*. | & uſtuſ **Bh***G*.
exustus **Vd**T(*v*)*H*. exetus **R**.   18 ceretiſ **B**. | uero *om*. **R**.
    18. 19 carminiam ex inendia **V**.   20 et ſine — cappa-
docia **B***v. om. r*.   21 uertice **B²d²***cum ras. v. a. H(D)*. *cfr*.
§ 55. *XIII 96*.   21 *et* p. 329, 1 tralucidi **B¹***J*. si tral- **V**.·
transl- *r v*.

cidi. vitia in iis corneus colos aut candidus et quidquid
simile vitro est.

　　(13) Paulum distare ab eo in unguentorum fide multi 62
existimant lygdinos, in Paro repertos amplitudine qua lances
5 craterasque non excedant, antea ex Arabia tantum advehi
solitos, candoris eximii. magnus et duobus contrariae
inter se naturae honos, corallitico in Asia reperto mensurae non ultra bina cubita, candore proximo ebori et
quadam similitudine. e diverso niger est Alabandicus
10 terrae suae nomine, quamquam et Mileti nascens, ad purpuram tamen magis aspectu declinante. idem liquatur
igni funditurque ad usum vitri. Thebaicus lapis inter- 63
stinctus aureis guttis invenitur in Africae parte Aegypto
adscripta, coticulis ad terenda collyria quadam utilitate
15 naturali conveniens, circa Syenen vero Thebaidis syenites,
quem antea pyrrhopoecilon vocabant.

　　·(14) Trabes ex eo fecere reges quodam certamine, 64
obeliscos vocantes Solis numini sacratos. radiorum eius
argumentum in effigie est, et ita significatur nomine
20 Aegyptio. primus omnium id instituit Mespheres, qui
regnabat in Solis urbe, somnio iussus; hoc ipsum in-

---

　　§ 62: Isid. XVI 5, 8. 9. — § 63: Isid. XVI 5, 10. 11. —
§ 64: Isid. XVI 5, 11. (XVIII 31, 1). Joseph. c. Apion. I 15.

---

　　1 his **VR**. | colof **B**S. -or *rv*. | quidquid **VR**d*H(J)*. quicq-
h*v*. quid **B**¹. quod **B**²*S*.　　2 fimili **B**¹. -lif **B**²*S*.　　4 existi-
mans **V**. | lygdinos d*G* (-nus *v*). tyg- **B**. lig- *r*. | paro **B**H.
taro *r*. tauro h*v*. | amplitudi **B**¹. -dinē **B**².　　6 eximit **V**.
exhi- **R**. | duabuf **B**.　　7 corollitico **B**. corali- **V***v.a.Brot*.
8 proxume **B**¹. -xime **B**².　　9 alabam dicus **V**.　　11 liquatur
B*v*. -tu **RF**h.　　12 igni — p. 330, 9 dicuntur *om*. **VFR**h. | ad
usum — 20 aegyptio *om*. d**L**¹. | lapif **B**S. *om*. a*v*.　　12. 13
interftinctuf **B**H. interci- a*v*. interti- *G*.　　13 africae a*v(J)*.
-ca e **B**S.　　14 asscriptae (adsc- *v*) a*v.a.S*.　　15 naturali
BG. -rae alii (alia *v*) a*v*. | circa fyenen uero **B***v*. *om*. a. |
fyenitef **B**B. simi- *v*. hisetites a.　　16 antea **B**S. -te a*v*. |
pyrrhopoecilon *v*. -phoecilion **B**. pyrropocilon a.　　19 est et
a*v(D)*. eft **B**S.　　20 mefpheref **B**J. mestres d**T**H. mitres
a*v*. mesphres *S cum Zoëga. cfr.* § 69.　　21 et hoc **L***v.a.H*. |
ipsum *om*. a.　　21 *et* p. 330, 1 infcriptum **B**d*H*. -tum est
La*v(D)*.

scriptum in eo, etenim scalpturae illae effigiesque quas
65 videmus Aegyptiae sunt litterae. postea et alii excidere
reges. statuit eos in supra dicta urbe Sesothes quattuor
numero, quadragenum octonum cubitorum longitudine,
Rhamsesis autem, quo regnante Ilium captum est, CXXXX 5
cubitorum. idem ..... digressis inde, ubi fuit Mnevidis
regia, posuit alium, longitudine quidem CXX cubitorum,
sed prodigiosa crassitudine, undenis per latera cubitis.
66 **9.** opus id fecisse dicuntur $\overline{\text{CXX}}$ hominum. ipse rex, cum
surrecturus esset verereturque, ne machinae ponderi non 10
sufficerent, quo maius periculum curae artificum denun-
tiaret, filium suum adalligavit cacumini, ut salus eius apud
molientes prodesset et lapidi. hac admiratione operis
effectum est, ut, cum oppidum id expugnaret Cambyses
rex ventumque esset incendiis ad crepidines obelisci, ex- 15
tingui iuberet molis reverentia qui nullam habuerat urbis.
67 sunt et alii duo, unus a Zmarre positus, alter a Phio sine
notis, quadragenum octonum cubitorum. Alexandriae statuit

---

§ 65: Tac. ann. II 60. — Strabo XVII 1, 22 p. 803. 27 p. 805.
— § 67: cfr. Diodor. I 61. — cfr. Vitruv. VII praef. 12. Strabo

---

1 ſcalpturae **B**[1]**dTL***G*. ſcvl- **B**[2]a*v*.   2. 3 excidere regeſ
ſtatuit **B***S*. *om*. d**TL**a*v*.   3 eoſ **B***S*. eorum d**T**a. orum **L**.
regum *v*. | ſeſotheſ **B***S*. efotis d**L**. ſothis a*v*. sochis *B*.
5 rhamſeſiſ **BL***S*. -ses is *U*. ramesesis a. ramisesis d. -ises
cod.Poll.v. | autem is *v.a.S*. | cxxxx **B***S*. xl **L**a. quadraginta
d(?)*v*.   6 idemque **L***v.a.G*. | *lac. ego indicavi; excidit men-
surae significatio* (d *passus ad meridiem vel tale quid*). | di-
greſſiſ **B**a. -ssus d*v*. d gressus *D cum Bursiano*. | mneuidis
d*v*. *cfr. Strabo XVII 1, 22. 27 (p. 803. 805)*. mneuuidiſ **B**[1].
inne- **B**[2]. neuida a.   7 regia **B**d*v*. rex a. | quidem — 8 pro-
digioſa (-dioſa **B**[1]) craſſitudine (croſſ- **B**[2]) **B***S*. *om*. d**L**a*v*.
8 undeniſ **B**d**TL**a*S*. -ecenis *v*. -ecentenis *Brot*. | per latera **B**
d**T***S*. -ra pedibus **L**. pedibus per latura (-tera *v*) a*v*. | cubitiſ
Bd**T**a*S*. -tis iiii **L***v*.   9 $\overline{\text{cxx}}$ *S*. cxx **B**d**T**. cxx. м **R**(?)*H*.
xx. м *v*.   10 ſurrecturuſ **B***J*. subr- **R***F*dh*v*. | uerebaturque
B. -erenturque *v.a.C*.   11 maiuſ **B**d*v*. matiriuſ *F*. matur-
R.   14 opidum **B***F*.   15 ad **BR***v*. ac **V**d h. | crepidinis
VR.   17 et *om*. **B***S*. | Smarre *v.a.Brot*. | a phio *ll.v*(*S*).
a raphio d*cod.Poll.Brot*. ab eraphio *B*.   18 octogenum **B**.
-onumque **L**.

unum Ptolemaeus Philadelphus octoginta cubitorum. exciderat eum Necthebis rex purum, maiusque opus in de-
vehendo statuendove *inven*tum est quam in excidendo. a
Satyro architecto aliqui devectum tradunt rate, Callixenus
5 a Phoenice, fossa perducto usque ad iacentem obeliscum
Nilo, navesque duas in latitudinem patulas pedalibus ex 68
eodem lapide ad rationem geminati per duplicem mensuram ponderis oneratas ita, ut subirent obeliscum pen-
dentem extremitatibus suis in ripis utrimque; postea
10 egestis laterculis adlevatas naves excepisse onus; statutum
autem in sex talis e monte eodem, et artificem donatum
talentis L. hic fuit in Arsinoeo positus a rege supra
dicto munus amoris, coniuge eademque sorore Arsinoe.
inde eum navalibus incommodum Maximus quidam prae- 69
15 fectus Aegypti transtulit in forum, reciso cacumine, dum
vult fastigium addere auratum, quod postea omisit. et alii
duo sunt Alexandreae ad portum in Caesaris templo, quos
excidit Mesphres rex, quadragenum binum cubitorum.

Super omnia accessit difficultas mari Romam devehendi,

XVI 4, 5 p. 769. — § 68 extr.: cfr. Plin. XXXIV 148.

---

1. 2 exciderat eum *cod. Poll. Brot.* ceciderat (caec-**V**) eum
ll. D. quem h. quem exciderat *v.* 2 nectabis *v. a. Brot.*
-tanebis *U.* | opus fuit *v. a. Brot.* 3 inuētum est *D cum*
U 791. multum eſt **B.** -to est (fuit *Brot.*) *r.* -to *v(S).* | exi-
dendo **B¹.** exed- **B².** 3. 4 a ſatyro **B**v. nat- *r.* 4 aliqui
Bv. alio qui *r.* 5 phonice d. -cae **V.** | perducta **R**h*v. a. S.* |
obiliſcum **B.** oboel- **V** (*item infra*). 6 e nilo *v. a. S.* | altitu-
dinem d. -ne **R.** | pedalibus spatiis **L**v*. a. G.* (laterculis *add. P.*
an trabibus? *cfr. § 64*). 8 i& aut **B¹.** 10 alleuataſ **BT**G.
-ta *v.* adleuatis *r.* | naueſ **B²T**G. -uis *r S.* -ue *v. del. D cum*
Mario Matt. | excepiſ **B¹.** -cipi **B².** | *dist. Brot.* | ſtatum **B.**
11 excisos autem sex tales *cod. Poll. v. a. Brot.* | artificem **B**h*v.*
-cum *r.* 12 arſinoeo **B¹VR**(*Gron.*)*H.* -noe **B²**v. -neo d**T***P.*
13 coniuge *ego.* in coniuge *ll. v* (*accusativos cum P posue-*
runt H Brot.). 14 in commodum *Mahaffy in Athenaei nr. 3618*
(*1897*) *p. 285.* | quidem *S. del. U 792.* 15 pharum *Mahaffy l. l.*
16 uoluit **B** (*in ras., ut videtur; ortum ex* uolt) *S.* *cfr. Fro-*
been p. 24. 17 templum **B¹.** 18 meſphreſ **B***S.* *cfr. § 65.*
mestres **T***H.* -tires **V**d**h.** -tyres **R.** mesphees *v.* 19 romam
Bh*v.* -ma *r.*

70 spectatis admodum navibus. divus Augustus eam, quae
priorem advexerat, miraculi gratia Puteolis perpetuis navalibus dicaverat; incendio consumpta ea est. divus Claudius aliquot per annos adservatam, qua C. Caesar inpor-
taverat, omnibus quae umquam in mari visa sunt mira- 5
biliorem, in ipsa turribus Puteolis e pulvere exaedificatis,
perductam Ostiam portus gratia mersit. alia ex hoc cura
navium, quae Tiberi subvehant, quo experimento patuit
71 non minus aquarum huic amni esse quam Nilo. is autem
obeliscus, quem divus Augustus in circo magno statuit, 10
excisus est a rege Psemetnepserphreo, quo regnante Pythagoras in Aegypto fuit, LXXXV pedum et dodrantis
praeter basim eiusdem lapidis; is vero, quem in campo
Martio, novem pedibus minor, a Sesothide. inscripti ambo
rerum naturae interpretationem Aegyptiorum philosophia 15
72 continent. — **10.** (15) Ei, qui est in campo, divus
Augustus addidit mirabilem usum ad deprendendas solis
umbras dierumque ac noctium ita magnitudines, strato

---

§ 70 extr.: Suet. Claud. 20. cfr. Plin. XVI 201. 202. — § 71:
cfr. Diog. Laert. VIII 1, 3.

---

1 spectatis — nauibus *ad seqq. referri vult Fröhner anal.
crit. p. 16.* | eam quae **B** *cod. Poll. S.* eam quam h. eam *r.
del. v.*   2 perpetui *U.*   3 dicauerat, sed h*v. a. S.* (an at?). |
incendiae **RF.**   4 quā **B²** *Verc.* quae **V.**   5 uisa *ll. v(S).*
-sae h*Lugd.*   5. 6 mirabilioreſ **B.**   6 in ipſa **B** *S.* in **R.**
it **V.** *om.* d h*v.* | puteolis *ll. v(S).* -lano *C e XVI 202.*   7 oſtia
B². | portuuſ **B¹** *D.* | gratiam **B¹.**   8 tiberi **B¹**d*v.* -rii **B².**
-ris *r.* | ſubuehant **BR** d h*G.* -ueant **V.** -ueherant **L.** -rent *Brot.*
-hebant *v.* (alia .. cura .. quo *corrupta videntur; an* alta
[*vel* lata] .. carina .. quod? *cfr. III 54*). | patuit **B** *G(S).*
pati ſit *r.* palam ſit (fuit *v*) h*Brot.*   9 amni **B²**h*v.* -niſ **B¹.**
omnia **F** d. cō ma **R.**   11 eſt **B** d*G.* sit **R.** sed **V.** *del. v.* |
psemetnepserphreo (ſpem&- **B**) **B** *J D.* -pherphreo *U.* semetn-
pserteo *r.* semenps- **L** *S.* semneserteo *v.*   12 LXXXV **B** *S.*
cxxv **F**h*v.* xxcv **R** d. LXXXII *Brot.*   13 pr&er **B.** | baſaim **B¹.**
    14 pedibus **B** h*Lugd.* ped. *G.* -dum *r v.* | minor a **R** *G.*
-or aſ **B.** -or est a *v.* in oras **V** d. | ſeſothide *ll. S coll.* § 65.
-tide *v.* sesostride *B.* | inſcripti **B** *G.* -tus h. -tam *v.* -ribi *r.*
    15 philosophia *ll. H* (-iae *B*). opere et (-ra *G*) philoso-
phiae *v.*   18 ac noetium **V.** anno etiū **R.** | ita *ll. H. del. v.*

lapide ad longitudinem obelisci, cui par fieret umbra
brumae confectae die sexta hora paulatimque per regulas,
quae sunt ex aere inclusae, singulis diebus decresceret
ac rursus augesceret, digna cognitu res, ingenio Facundi
5 Novi mathematici. is apici auratam pilam addidit, cuius
vertice umbra colligeretur in se ipsam, alias enormiter
iaculante apice, ratione, ut ferunt, a capite hominis intellecta. haec observatio xxx iam fere annis non con- 73
gruit, sive solis ipsius dissono cursu et caeli aliqua
10 ratione mutato sive universa tellure a centro suo aliquid
emota (ut deprehendi et aliis in locis accipio) sive urbis
tremoribus ibi tantum gnomone intorto sive inundationibus
Tiberis sedimento molis facto, quamquam ad altitudinem
inpositi oneris in terram quoque dicuntur acta funda-
15 menta. — **11.** Tertius est Romae in Vaticano Gai et 74
Neronis principum circo — ex omnibus unus omnino
fractus est in molitione —, quem fecerat Sesosidis filius
Nencoreus. eiusdem remanet et alius centum cubito-

---

§ 74: cfr. Plin. XVI 201. — Diodor. I 59, 4. Herodot. II 111.

---

1 longitudinem B*S.* magnit- *rv.* | obelifcy **B**. oboelisci **V**. |
fier& **B**v. -re *r.*   1. 2 umbra brumae **B²R**H. -rarum ae **B¹V**.
-ra romae *B*. -rarum romae d**T**v.   2 confecto *v.a.H.*
3 decrefcere **VR**.   4 et ingenio Th*v.a.S.* (*an* inuento? *cfr.*
XXXII 1). | fecundi **T**. -do *v.a.S.*   5 noui B*S.* non. L. **V**.
ū L **R**. *om.* d**T**H. manilius h*Brot.* manlius *v.* | mathematici
if B*S.* -cis *r.* -cus h*v.*   6 in se **VRh**H. ipfe **B**. in semet
cod.Poll.v. | ipfam **B***cod.Poll.v*(*S*). -sa *rH.* | alias *ll.H.* -ia
Dal. -ia atque alia *v.* | enormiter *ll.H.* incrementa *cod.Poll.v.*
7 iaculantem *v.a.H.*   8 obferuatio **B**d*G.* deser- *r.* dierum
obser- *v.*   9 foli **B²**. | curfuf **B¹**.   10 aliquit **B¹**.   11 di-
mota h*v.a.Brot.* | alif **B¹VR***D.* | orbif **B**.   13 altitudinem
Bd*v.* actit- (-ne **V**) *r.*   14 inpofiti onerif **BR**(*P*)*H.* -res **V**
d**T**. -tae rei *v.* | dicantur h*v.a.S.* | iacta h*v.a.H.*   15 eft *om.*
R(?)*G.* | romae *om.* h*v.a.G.*   16. 17 *dist. S.*   16 ufuf **B**.
17 factus *H.* | est *om. v.a.G.* | in molitione (immo- **V**) **VR**d
G(*S*). in immolat- **B**. imitat- h*H.* in molitudine *v.* | quem
ll.G(*S*). eius quem h*v*(*H*). | sesosidis **VR**d*S.* -odif **B**. -othidis
U coll. § *71.* -ostridis *v. cfr. Diod.*   18 nencoreuf **B** *U.*
nonc- (ei’ **R**) *r.* nunc- *v.*

rum, quem post caecitatem visu reddito ex oraculo Soli
sacravit.

75   **12.** (16) Dicantur obiter et pyramides in eadem
Aegypto, regum pecuniae otiosa ac stulta ostentatio, quippe
cum faciendi eas causa a plerisque tradatur, ne pecuniam 5
successoribus aut aemulis insidiantibus praeberent aut ne
plebs esset otiosa. multa circa hoc vanitas hominum il-
76 lorum fuit. vestigia complurium incohatarum extant. una
est in Arsinoite nomo, duae in Memphite, non procul
84 labyrintho, de quo et ipso dicemus, totidem ubi fuit 10
Moeridis lacus, hoc est fossa grandis, sed Aegyptiis inter
mira ac memoranda narrata. harum cacumina *cc cubita*
extra aquam eminere dicuntur. reliquae tres, quae orbem
terrarum inplevere fama, sane conspicuae undique ad-
navigantibus, sitae sunt in parte Africae monte saxeo 15
sterilique inter Memphim oppidum et quod appellari
5,48 diximus Delta, a Nilo minus IIII milia passuum, a Memphi $\overline{\text{VII}}$ D, vico adposito quem vocant Busirin; in eo sunt
adsueti scandere illas.

77   (17) Ante est sphinx vel magis narranda, de qua 20

---

§ 75: cfr. Martial. spect. 1, 1. — § 76: Herodot. II 149.
Diodor. I 52, 4. cfr. Plin. V 50. Pomp. Mela I 9, 55.

---

1 uiſui **B**. -so **R**.   4 pecunia **B**. | odiosa ac *Perizonius*.
otiosae *Burmannus*.   7 plepſ **B**. | onerosa **V**.   8 incoha-
tarum *ego*. incoat- **B**[1]. inchoat- *rv*.   9 in arsinoite **B**[1]*T B*.
-ino itē **B**[2]. -inote **R**. -ienote *d*. -inoe *v*. marsi note **V**. | duo
VB. | procul a *dv.a.G.*   10 & **B***v*. om. *r*.   11 sed *ll.v.*
et *U e coni. J*. | aegyptiiſ **B***S*. -tis **V**. -tus **R***dv*.   12 narrata
h*S*. -atio **B**. -ato **V***dT*. -at **R***v* (*ad seqq. relatum*). | cc cubita
ego coll. Herod. om. ll.v. lac. indic. J, ʟ ulnas *excidisse ratus*
coll. § 87.   13 extra aquam **B***S*. extrema quā (quae *dTv*)
r d Tv. | treſ **B***dv*. res *r*.   14 inplebere **V**. implere **R**. | ſanae
B.   15 montes ex eo **V***dh*.   17 delta a nilo **BR***v*. delacam
lo **V**. | ɪɪɪɪ **V**h*S*. illi **B**. quattuor **R***d*(?)*v*. | milia **B**[2]*S*. m. **V**
C(*D*). millia *r G*. milibus h*v*. | paſſum **B**. p. **V***D*.   17. 18
ad memphim **B**.   18 $\overline{\text{VII}}$ D **B***S*. VII. D *rv*. VII. M. D *H*. sex *G*. |
uocantibus **V**. -ib; **R**. | buſirin **B***dv*. -rim *S*. irim **V**h. uisirim **R**.
   20 ante **B***S*. -tea *r*. -te has *v*. cfr. *§ 8*. | de *om.* h*v.a.S.*
an recte? | qua **BV***dTv*(*S*). quasi **R***G*. quae h. *an quia?*
cfr. *§ 106*.

siluere, numen accolentium. Harmain regem putant in
ea conditum et volunt invectam videri; est autem saxo
naturali elaborata. rubrica facies monstri colitur. capitis
per frontem ambitus centum duos pedes colligit, longi-
5 tudo pedum CXLIII est, altitudo a ventre ad summam
aspidem in capite, LXIS.

Pyramis amplissima ex Arabicis lapicidinis constat. 78
CCCLX milia hominum annis XX eam construxisse pro-
duntur. tres vero factae annis LXXXVIII, mensibus IIII.
10 qui de iis scripserint — sunt Herodotus, Euhemerus, 79
Duris Samius, Aristagoras, Dionysius, Artemi-
dorus, Alexander polyhistor, Butoridas, Anti-
sthenes, Demetrius, Demoteles, Apion —, inter
omnes eos non constat, a quibus factae sint, iustissimo
15 casu obliteratis tantae vanitatis auctoribus. aliqui ex iis
prodiderunt in raphanos et alium ac cepas MDC talenta
erogata. amplissima septem iugera optinet soli. quattuor 80
angulorum paribus intervallis DCCLXXXIII pedes singu-

---

§ 78: Diodor. I 63, 9. (cfr. Herodot. II 124). — § 79: Diodor.
I 64, 13. Herodot. II 125. Diodor. I 63, 4. Pomp. Mela I 9, 55.
— § 80: (Herodot. II 127). Diodor. I 64, 7. Herodot. II 134.

---

1 ſiluere B S. siluestre VdT G. -stria h v. siuestra R. desunt
fortasse aliqua. | numen BdG. nā̄ R. māmen V. sunt h v. |
harmain B S. arm- r. amasin h v.   3 rubrica B v(S). lu-
V d. et lu- R h B. | facieſ B S. capitis r v. | colitur — 4 frontem
om. h v. a. S.   4 ambitus per frontem h v. a. S.   5 pedum
CXLIII (CCXLIII B) eſt altitudo B v. om. r. | summum h B.
6 aſpidem BR v(S). -de V. apsidem dT(B²Gron.)H. apicem
h B¹. | LXIſ B S. LXII r v.   7 ampliſſimi B. | lapidicinis V(?)
dh v. a. H. cfr. § 14.   8 hominum millia R v. a. S. hominum
VdTh.   9 LXX IX B. | menſib. IIII B S. mepte r. nempe d.
et mensibus IIII G (add. nempe v).   10 hiiſ B¹. his V R h. |
ſcripſerint BG. -runt r v. | dist. ego. | eurhodotuſ B. | euche-
merus V. euth- R.   11 dionisius V.   12 butoridaſ B S.
-iadas r. -ides G. -tarides v.   13 demoteleſ apion B v.
-thele (-lae R) raton (-thon R) r.   14 eos om. B.   15 iiſ
B v(S). his r G.   16 rhaphanoſ B. | allium B²R v. a. S. | MDC
R dT(B)H ex Herodoto. CƆƆC V. MD B S. octingenta (praem.
mille v) h v.   17 septem ll.(B)S. octo v(J) ex Herodoto.
18 paribus — singulorum om. B. | DCCCLXXXIII d v. a. Brot.(S).

lorum laterum, altitudo a cacumine ad solum pedes DCCXXV colligit, ambitus cacuminis pedes XVIS. alterius intervalla singula per quattuor angulos pedes DCCLVIIS comprehendunt. tertia minor quidem praedictis, sed multo spectatior, Aethiopicis lapidibus adsurgit CCCLXIII pedibus inter 5

81 angulos. vestigia aedificationum nulla exstant, harena late pura circa, lentis similitudine, qualis in maiore parte Africae. quaestionum summa est, quanam ratione in tantam altitudinem subiecta sint caementa. alii nitro ac sale adaggeratis cum crescente opere et peracto fluminis in- 10 rigatione dilutis; alii lateribus e luto factis exstructos pontes, peracto opere lateribus in privatas domos distributis, Nilum enim non putant rigare potuisse multo humiliorem. in pyramide maxima est intus puteus LXXXVI

82 cubitorum; flumen illo admissum arbitrantur. mensuram 15 altitudinis earum omnemque similem deprehendere invenit Thales Milesius umbram metiendo, qua hora par esse corpori solet. haec sunt pyramidum miracula, supremumque illud, ne quis regum opes miretur, minimam ex iis, sed laudatissimam, a Rhodopide meretricula factam. Aesopi 20 fabellarum philosophi conserva quondam et contubernalis

§ 81: Diodor. I 63, 7. 8. — § 82: Plutarch. conv. sept. sap. p. 147ª. — Diodor. I 64, 14. Herodot. II 134. Strabo XVII 1, 33 p. 808. Aelian. var. hist. XIII 33.

1 latitudo h G. | a cacumine (-nae B) — 2 cacuminiſ B S. a cacuminis r. a -ine d T v. 2 xviſ B R S. xvi sed V. xvs d T H. xxv v. 3 singulae V R. | pedeſ B S. pares R d v. om. V. partes h. | DCCXXXVIIS V (om. s h v. a. S). DCCCXXXVIIS d (om. s R). 6 interaedificationum B. in terra aed- coni. J. 7 circa B S. -cum r v. | lendis P. | ſimilitudinem B V S. 8 rationem V. 9 subuecta h v. a. S. | ſalem B. 10 cum B d v (S). con r B. | ac V h v. a. S. | fluminiſ — 12 ponteſ B v (S). fluminiſ — 11 factis T H. om. r. 12 peracto opere B G. opere r. om. v. | lateribuſ B S. -bus e luto (lucto R) factis r. om. v. 12. 13 distributos v. a. H. 14 xxcvi B. 15 admisso V R. 16 omnem qui B. -niumque h v. a. S. | similium h v. a. S. 18 ex (pro haec) V h. 19 opus V d (?) G. | ex iiſ (hiiſ B². his G) ſed B (G) S. ex istis set r D. extitisse d h v. de mendo cfr. § 43. 20 rhodopide S. -pede B. -pe R h v. rodoper V. 21 fabularum R v. a. S. om. V. | serua R. | condam V.

haec fuit, maiore miraculo, tantas opes meretricio esse conquisitas.

(18) **Magnificatur** et alia turris a rege facta in insula 83 Pharo portum optinente Alexandriae, quam constitisse DCCC
5 talentis tradunt, magno animo, ne quid omittamus, Ptolemaei regis, quo in ea permiserit Sostrati Cnidii architecti structura ipsa nomen inscribi. usus eius nocturno navium cursu ignes ostendere ad praenuntianda vada portusque introitum, quales iam compluribus locis flagrant, sicut
10 Ostiae ac Ravennae. periculum in continuatione ignium, ne sidus existimetur, quoniam e longinquo similis flammarum aspectus est. hic idem architectus primus omnium pensilem ambulationem Cnidi fecisse traditur.

13. (19) Dicamus et labyrinthos, vel portentosissimum 84
15 humani inpendii opus, sed non, ut existimari potest, falsum. durat etiam nunc in Aegypto in Heracleopolite nomo qui primus factus est ante annos, ut tradunt, III DC a Petesuchi rege sive Tithoe, quamquam Herodotus totum opus XII regum esse dicit novissimique Psammetichi. causas
20 faciendi varie interpretantur, Demoteles regiam Moteridis

---

§ 83: Isid. XV 2, 37 (XX 10, 10). cfr. Strabo XVII 1, 6 p. 791. Lucian. quom. sit hist. conscr. 62. — Suet. Claud. 20. — § 84: Herodot. II 148. Strabo XVII 1, 37 p. 811.

---

2 conquesitas **V**. consequitas **R**. conquisitas quaestu h *v. a. S.*   3 facta et in **B**.   4 phoro porto **V**.   5 talentis *om.* **B¹**.   6 quo B*S*. quod *r v*. | cnidii (gni- *B*) *S*. gnidi **B**. casidi *r*. cassidis *v*.   7 ſtructura **BVdh**(*B*)*S*. -rae **R**(?)*v*. | ipsa *ll.*(*B*)*S*. -sius *v*.   8 cursui h*Isid. v. a. Hack.* | portuuſque **B¹D**.   9 locis *om.* **B**. | flagrant B h*v*. -ran *r*.   9. 10 ſicut (ut *H*) oſtiae **B**(*H*)*S*. sicueo sitae *r*. ut puteolis **B**. utpote uedsice h. ut potneosice *v*.   13 gnidi fecisse **R***v. a. S.* omni difficisse **V**.   14 & **B***v. om.* **RFdh**. | portentiſſimum **B**.   15 inpendii Bd**T***H*. incendi *r*. ingenii *v*.   16 etiamnum B*S*. | in B h*v. om. r*. | in **BFR**h*v. om.* d(?)*JD*.   17 ante *om.* **R**. | ut ē **RF**. | III. DC **RF**. IIII. DC d**T**. ∞∞∞∞ DC **B** (*sine lineola S*). III M. DC *v*.   17. 18 peteſuchi B*S*. -uci **RF**d. -uco *v*.   18 tithoe B*v*. titho **V**. thito **R**.   19 XII B*S. om. r v*. | psammetichi d h*v*. pſamethichi **B**. spammetici **F**. spame- **R**. | causam h*v. a. S.*   20 moteridiſ B*S*. -turudis *r*. -ridis d. -therudis *v*. motaindis *U*. *an* motendis?

fuisse, Lyceas sepulchrum Moeridis, plures Soli sacrum
85 id exstructum, quod maxime creditur. hinc utique sumpsisse Daedalum exemplar eius labyrinthi, quem fecit in
Creta, non est dubium, sed centensimam tantum portionem eius imitatum, quae itinerum ambages occursusque 5
ac recursus inexplicabiles continet, non — ut in pavimentis puerorumve ludicris campestribus videmus — brevi
lacinia milia passuum plura ambulationis continentem, sed
crebris foribus inditis ad fallendos occursus redeundumque
86 in errores eosdem. secundus hic fuit ab Aegyptio laby- 10
rinthus, tertius in Lemno, quartus in Italia, omnes lapide
polito fornicibus tecti, Aegyptius, quod miror equidem,
introitu lapidis e Paro columnisque, reliqua e syenite
molibus compositis, quas dissolvere ne saecula quidem
possint, adiuvantibus Heracleopolitis, quod opus invisum 15
mire spectavere.
87 Positionem operis eius singulasque partes enarrare non
est, cum sit in regiones divisum atque praefecturas, quas
vocant nomos, XXI nominibus eorum totidem vastis domi-

---

§ 85: Diodor. I 61, 3. Isid. XV 2, 36. Pomp. Mela I 9, 56.
— § 86: Herodot. II 148. Isid. XV 2, 36. — § 87: cfr. Strabo
XVII 1, 3 p. 787. 1, 37 p. 811. Herodot. II 148.

---

1 sepulcrum B *v. a. J.*   2 exftructum B*v.* extremum *r.*
5 itinerum B*v.* iterum *r.*   6 in *om.* B.   7 ludigrif
B¹.   8 lacinef B¹. lagi- B². | sed milia *U.* | *an* continente?
8. 9 federe brif B¹. sed *del. U.*   9 foribuf B*v.* -ris *r.*
10 eofdem B d h *v.* eod- *r.* | aegyptio d*v.* -to *ll.*   11
omnif B*D.*   12 *an* tectis? | quod B d h *v.* quo *r.* | mirer R h.
13 lapidif B R d T *S.* -de V(?) *H. del. G.* -deis h *v.* | e paro
ll. v (*S*). e pario d(?) *H. del. G.* | columnifque B *G.* -nis domo-
que *S.* -nis (-mpnis V) *r v* (*H U*). | reliqua B *S* (*J*). cfr. § 189.
-que V d T. -quis R(?)h *G* (*U*). -quae *v.* | e B¹ *G.* ex B². *om. r.*
erant *v.* | syenite R(?) *H* (*U*). -tae *v* (*S*). ftenite B¹. fie- B² *r.*
del. G.   15 quod B h *S.* quid V. qui id R d(?) *v.* | inuifum
B *B.* in usu d T h. in uisu *v.* in uso *r. locus nondum sanatus.*
16 fpectauere B *U.* cfr. § 69. 33. XXXV 169. infect- R.
infeft- V d *v.* (*de mendo cfr.* XXXV 41). suspectauere *CFW
Müller p. 28.*   18 atque in R d(?) *v. a. S.*   19 uocant B h
v (*S*). -aui *r H coll.* V 49. | xxi *J.* xxl B *S.* xvi *r v.* xxvii *U*
e *Strab.*

bus adtributis, praeterea templa omnium Aegypti deorum
contineat superque Nemesis XL aediculis incluserit pyramides complures quadragenarum ulnarum senas radice
ἀρούρας optinentes. fessi iam *e*undo perveniunt ad via-
5 rum illum inexplicabilem errorem, quin et cenacula clivis 88
excelsa, porticusque descenduntur nonagenis gradibus; intus
columnae porphyrite lapide, deorum simulacra, regum statuae, monstrificae effigies. quarundam domuum talis est
situs, ut adaperientibus fores tonitrum intus terribile exi-
10 stat, maiore autem in parte transitus est per tenebras.
aliae rursus extra murum labyrinthi aedificiorum moles;
pteron appellant. inde aliae perfossis cuniculis subterraneae domus. refecit unus. omnino pauca ibi Chaeremon, 89
spado Necthebis regis, D ante Alexandrum Magnum annis.
15 id quoque traditur, fulsisse trabibus spinae oleo incoctae,
dum *in* fornices quadrati lapides adsurgerent.

---

§ 88: Isid. XV 2, 36. — § 89: cfr. Plin. supra § 67. XIII 63.

---

1 omniū h*v*. -ia *ll*.   2 super quae *U*. | nemeſiſ *ll. J.*
-ses h*v*. Amenemesis *U*. | XL B*S*. XI *r*. quindecim *v*. | dist. *U*.
3 quadrangenarum B[1]. quadrin- (i *in ras*.) B[2]. quadrig-
(-nerum V[1]) V. *cfr. Herod.* | binarum B. | sanas F. senagi R.
senos *v.a.H*.   3. 4 radice aruraſ B[1]*S*. a radice rura B[2].
radicem uras (oras R) RF. -icum oras d T *H*. -ce muros *v*.
4 eundo *v*. fundo *ll*.   5 cliuiſ BRd T *Brot*. diuis V h. prius *v*.
6 porticuſque B*v*(*D*). -cus eiusque *r*. -cus quoque h*Brot*. |
ascenduntur *v.a.Brot*.   7 columnae *U*. -na (-mpna V) *ll.S*.
-na de h. -nae de *v*.   8 monstrificae B*Isid.v*(*S*). -ferae *r H*. |
domuum Th*S*. -mv̄um B[2]. -mum *r*. -morum *v*.   9 tonitrum
B*D*. *cfr. II 192. XXV 21*. -uum *r Isid.v*.   11 extremarum
V d.   12 pteron Bh*v*(*S*). iteron V d. -ren R. itron *Brot*.
13 refecit Bh*v*(*S*). ficit V. fecit R*Brot*. | chaeremon (-rẹm- B[2])
B*S*. circummon *r H*. circam- *G*. ex monte *v*.   14 necthebis
ll.Brot. et thebis d h. nectabis *G*. -tanebis *U coll. § 67*. the-
bis *v*. | regiſ B*G*. om. *r*. rex *v*. | D *ll.S*(*J*). L *U. del. v*. | annis
VR d h*S*. *om*. B. annis quinquagenis *Brot*. -is quingentis *v*.
15 *an* fulcra fuisse e? | olei V.   16 dum in *ego*.
dum *ll. v*. *cfr. XXIV 59. XIII 123*. | lapideſ B. -dis *v*.
lapic V. lopi R. lopic. d. | adſurgerent B*v*. adurg- R d. adus
gerunt V.

22*

90 Et de Cretico labyrintho satis dictum est. Lemnius
similis illi columnis tantum CL memorabilior fuit, quarum
in officina turbines ita librati pependerunt, ut puero cir-
cumagente tornarentur. architecti fecere Zmilis et Rhoecus
et Theodorus indigenae. exstantque adhuc reliquiae eius, 5
91 cum Cretici Italicique nulla vestigia exstent. namque et
Italicum dici convenit, quem fecit sibi Porsina, rex Etruriae, sepulchri causa, simul ut externorum regum vanitas
quoque Italis superetur. sed cum excedat omnia fabulo-
sitas, utemur ipsius M. Varronis in expositione ea verbis: 10
Sepultus sub urbe Clusio, in quo loco monimen-
tum reliquit lapide quadrato quadratum, singula
latera pedum tricenum, alta quinquagenum. in
qua basi quadrata intus labyrinthum inextrica-
bile, quo si quis introierit sine glomere lini, 15
92 exitum invenire nequeat. supra id quadratum
pyramides stant quinque, quattuor in angulis et
in medio una, imae latae pedum quinum septua-
genum, altae centenum quinquagenum, ita fasti-
gatae, ut in summo orbis aeneus et petasus unus 20
omnibus sit inpositus, ex quo pendeant exapta

---

§ 90: cfr. Plin. XXXV 152. XXXIV 83. — § 91: Isid. XV 2, 36.

---

1 *an* et *delendum?* | de aegyptio et cretico labyrinthis h
v. a. S. | lemniuſ B*v.* -ium RF d. Samius *coni. Hirt coll.*
XXXIV 83. 2 illi B*S.* illis *rv.* | ut B d h*v.* om. *r.* 4 &
ornarentur B¹. orn- B². | zmilis *J.* -lus VR d h*v.* miluſ B.
smilis *S.* | rhoecuſ B*S.* rholus *rv.* 5 indigenae B²*S.* -na
VR*v.* -gnae B¹. | *an* exstant quoque? 6 extent V. exſtant
B. 7 porſina B*S.* -inna *r.* -enna d h(?)*H.* -ena *v. cfr.*
XXXIV 29. 8 sepulchris V d. -cri R(?)*v. a. S.* 9 italis
VR d T*U.* ab ita- h*v.* taliſ B*S.* | superaretur *v. a. H.* 10 ea
ego. ex *ll. om.* d*S.* eius h*v.*(*J.*) | urbiſ B¹. 11 sepultus est
inquit *v. a. U.* 12 quadratum B d *Brot. om. rv.* 13 tre-
cenum V. lata tric- *v. a. Brot.* 13. 14 inque d(?)h*v. a. S*(*U*).
14. 15 inextricabilem R(?)h*v. a. D.* 15 introierit B *Isid. S.*
improperet (inp- V) *rv.* 18 imae B*S.* ime *r.* in uno (imo *v*)
h*v.* 19 centum R d*v. a. S.* 19. 20 faſtigatae B d h*v.*(*H*).
-giatae *r Verc. cfr. nota ad XIX 70.* 20 in B h*v. om. r.*
21 excepta h*v. a. H.*

catenis tintinabula, quae vento agitata longe
sonitus referant, ut Dodonae olim factum. supra 93
quem orbem quattuor pyramides insuper singulae stant altae pedum centenum. supra quas uno
5 solo quinque pyramides. quarum altitudinem Var-
ronem puduit adicere; fabulae Etruscae tradunt eandem
fuisse quam totius operis ad eas, vesana dementia, quae-
sisse gloriam inpendio nulli profuturo, praeterea fatigasse
regni vires, ut tamen laus maior artificis esset.

0 (20) Legitur et pensilis hortus, immo vero totum 94
oppidum Aegyptiae Thebae, exercitus armatos subter edu-
cere solitis regibus nullo oppidanorum sentiente; etiamnum hoc minus mirum quam quod flumine medium oppidum interfluente. quae si fuissent, non dubium est
15 Homerum dicturum fuisse, cum centum portas ibi prae-
dicaret.

14. (21) Graecae magnificentiae vera admiratio exstat 95
templum Ephesiae Dianae CXX annis factum a tota Asia.
in solo id palustri fecere, ne terrae motus sentiret aut
20 hiatus timeret, rursus ne in lubrico atque instabili funda-
menta tantae molis locarentur, calcatis ea substravere
carbonibus, dein velleribus lanae. universo templo longi-
tudo est CCCCXXV pedum, latitudo CCXXV, columnae

---

§ 94 extr.: Homerus *I* 381. — § 95: cfr. Plin. XVI 213.
Liv. I 45, 2. — Diog. Laert. II 8, 19. — Strabo XIV 1, 22
p. 640. Vitruv. VII praef. 16.

---

1 tintinnabula **R**d**h***v.a.S.* 2 dodonae **B***v.* eodone **d.**
-dene *r.* 3 piramides **V.** pyramydeſ quarum **B** (*cfr. infra v.* 5).
3. 4 ſingulaſ **B.** 4 ſtint **R.** exstant *v.a.S.* | altae **B***v.*
-ta **h.** alie **d.** ale **R.** ele **V.** 5 quinque **B**d**h***v.* quis neque *r.*
6 eandem **B***v.* ead- *r.* 7 ad eas *ll.J.* adeo **h***v.* | uae-
ſana **B***JD.* 10 ortus **V.** 11 subter **VR**d**T***G.* ſub terra
BD. subito **h***v.* *cfr. § 104.* 12 opidanorum **BV.** 15 ibi
Bd*v.* ubi *r.* 17 graecae *ll.v*(*S*). -ciae *C.* om. a*G.* 18
diana **V.** | cxx **BT***S.* ccxx *rv.* | a **B**h*v.* om. *r.* 19 paluſtri
Bd**h***v.* plau- *r.* 20 meret **R.** 21 locarentur **B**h*v.* cola-
r. | tante (ante **h***v*) calcatis **VR**d**h***v.a.G.* 23 cccxxv **B.** |
ccxxv **B***S.* ccxx a*v.* cxx *r.*

CXXVII a singulis regibus factae LX pedum altitudine,
ex *iis* XXXVI caelatae, una a Scopa. operi praefuit
96 Chersiphron architectus. summa miraculi epistylia tantae
molis attolli potuisse; id consecutus ille est aeronibus
harenae plenis, molli clivo super capita columnarum ex- 5
aggerato, paulatim exinaniens imos, ut sensim opus in
loco sederet. difficillime hoc contigit in limine ipso, quod
foribus inponebat; etenim ea maxima moles fuit nec sedit
97 in cubili, anxio artifice mortis destinatione suprema. tradunt in ea cogitatione fessum nocturno tempore in quiete 10
vidisse praesentem deam, cui templum fieret, hortantem,
ut viveret: se composuisse lapidem. atque ita postera
luce apparuit; pondere ipso correctus videbatur. cetera
eius operis ornamenta plurium librorum instar optinent,
nihil ad specimen naturae pertinentia.   15

98   **15.** (22) Durat et Cyzici delubrum, in quo millum
aureum commissuris omnibus politi lapidis subiecit artifex, eboreum Iovem dicaturus intus coronante eum marmoreo Apolline. translucent ergo iuncturae tenuissimis
capillamentis lenique adflatu simulacra refovent, et praeter 20

---

1 a singulis — 2 xxxvi B*av*. *om*. *r*.   2 iis *v*. if **Ba** *D*. |
xxxvii **a**. | una a ſcopa **B**h*v*. una scopa *r*. a scopa **a**. uno
scapo *U cum Winckelmanno*.   3 chersiphron *G*. chereſi- **B**.
cresiphro *r*. -pheon d**T**. -ichon **a**. ctesiphon *v*. | ſummam
B[1]. | miracula d(?)h*v*.*a*.*S*. | epyſtilia **B**.   4 moleſ **B**[1]. | ille
eſt **B***S*. est ille *rv*. *om*. **a**. | aeronibus **R**d*H*. ero- **BT**a. hero-
V. pero- *B*. bero- *v*.   5 arena **R**dh*v*.*a*.*S*. | melle **V**. | cliuo
ll.(*B̃*)*H*. puluino *v*.   5. 6 ex aegy//erato **B**[1].   6 imos — 7
loco *om*. **a**.   6 opuſ **B***H*. otus *r*. totum *v*.   6. 7 in loco
B*cod*.*Poll*.*S*. in colo d**T**. in cole *r*. in colle h*v*. in cubili
B(*H*). *del*. *G*.   7 insedere et **a**. insideret *v*.*a*.*H*.   8 maxime
VR.   9 anxio B*av*. anno *r*. | artifice **B***G*. -ci *rv*. -ces **a**.
     11 fiebat d(?)h*v*.*a*.*S*.   12. 13 poſtera luce **B***S*. -erat ut
Vd. -era ait **R**. -ero die h*v*.   13 ipſo correctuſ **B***B*. -eptus
Ra*v*. incorruptus **V**h. | *post* cetera *desinit* **V**.   15 ſpeciemen
B[1]. -ciem dh*Lugd*.   16 millum *J coll. XXXIII 23*. milium
B. in illud **d**. illud **R**. illut **V**. illum **a**. filum h*v*.   17 po-
litis **a**. poſilici **B**.   18 eburneum *v*.*a*.*H*. | coronantem **B**. |
cum **B**. eo **F**d*v*.*a*.*B*.   19 translucet **RF**d**T***H*. | iuncturae
B*G*(*S*). pu- **F**. pictura **R**dh*H*. -re **a**. -rae *v*. | tenuſſimiſ **B**.
     20 adflatus **F**. -tos **R**. | refouent & **B***S*. -te **R**dh*v*. -tem **F**.

ingenium artificis ipsa materia ingenii quamvis occulta in
pretio operis intellegitur. — (23) Eodem in oppido est 99
lapis fugitivus appellatus; Argonautae eum pro ancora usi
reliquerant ibi. hunc e prytaneo — ita vocatur locus —
5 saepe profugum vinxere plumbo. — Eadem in urbe iuxta
portam, quae Thracia vocatur, turres septem acceptas
voces numeroso repercussu multiplicant. nomen huic
miraculo Echo est a Graecis datum. et hoc quidem lo- 100
corum natura evenit ac plerumque convallium; ibi casu
10 accidit, Olympiae autem arte, mirabili modo, in porticu,
quam ob id heptaphonon appellant, quoniam septiens
eadem vox redditur. Cyzici et buleuterium vocant aedi-
ficium amplum, sine ferreo clavo ita disposita con-
tignatione, ut eximantur trabes sine fulturis ac repo-
15 nantur. quod item Romae in ponte sublicio religiosum
est, posteaquam Coclite Horatio defendente aegre re-
volsus est.

(24) Verum et ad urbis nostrae miracula transire 101
conveniat DCCCque annorum dociles scrutari vires et sic
20 quoque terrarum orbem victum ostendere. quod accidisse
totiens paene, quot referentur miracula, apparebit; universitate vero acervata et in quendam unum cumulum
coiecta non alia magnitudo exurget quam si mundus alius

---

§ 99: cfr. Strabo XII 8, 11 p. 575. Liv. XLI 20, 7. — Dio
Cass. LXXIV 14 extr. — § 100: Plutarch. de garr. p. 502.

---

1 ingenii *ll.S.* ingeriei *J. om.* h$v(D)$.   3 argonaute **B¹**.
-ta **F.** -na ut **R.** | eo h$v.a.D.$ 4 relinquerant **R.**   5 plum-
bum **F.** -bam **R.**   6 thracia **R**$v.$ trachia d**T.** -cia **BFa.**
7 repercuſſum **B¹.** | uocem nomen **R.** nomenque *v.a.S.*   9 ac
BS. ad **RF.** at d. et $v.$ 11 heptaphonon **B¹**$v.$ //epta- **B²**
(d**h**). eita- **F.** ita- **R.**   12 buleutemū **R.**   13 *dist.* U *794.*
13. 14 continatione **RF.**   14 ut et **F.** ita **a.** | eximantur
B$v.$ existim- $r.$ -mentur d. | futuriſ **B.**   15 in pontem **F.** |
ſublicio **B¹a**h$v.$ ſupl- **B².** publicanio $r.$ | religioſum **Ba**h$v.$
reg- $r.$ 16 cocliti **B.** | horatio **R**d$v.$ or- $r.$ 18 noſtra e// **B.**
19 nongentorumque d h$v.a.Brot.$ | et **Ba**$v.$ id $r.$ 21
quot **B²R**d$v.$ quod $r.$ 22 aceruatae **B¹.**   23 exurget **B**
$v(S).$ -git **F.** exsurgit **R**d**Ta**$H.$

102 quidam in uno loco narretur. nec ut circum maximum
a Caesare dictatore exstructum longitudine stadiorum trium,
latitudine unius, sed cum aedificiis iugerum quaternum,
ad sedem $\overline{\text{CCL}}$, inter magna opera dicamus: non inter
magnifica basilicam Pauli columnis e Phrygibus mirabilem 5
forumque divi Augusti et templum Pacis Vespasiani Imp.
Aug., pulcherrima operum, quae umquam vidit orbis?
non et tectum diribitori ab Agrippa facti, cum theatrum
ante texerit Romae Valerius Ostiensis architectus ludis
103 Libonis? pyramidas regum miramur, cum solum tantum 10
foro exstruendo HS |$\overline{\text{M}}$| Caesar dictator emerit et, si quem
inpensa moveat captis avaritia animis, HS |$\overline{\text{CXLVIII}}$| domo
104 empta Clodius, quem Milo occidit, habitaverit. quod equidem non secus ac regum insaniam miror; itaque et ipsum
Milonem HS |$\overline{\text{DCC}}$| aeris alieni debuisse inter prodigia animi 15
humani duco. sed tum senes aggeris vastum spatium,

---

§ 102: Suet. Caes. 39. Dion. Hal. III 68. — cfr. Plin. XXXV
13. Cic. ad Att. IV 16, 14. — Suet. Aug. 29 init. Plin. XXXIV 84.
XVI 201. — § 103: Suet. Caes. 26. — § 104: cfr. Plin. III 67.
Dion. Hal. IX 68. — Liv. VI 4, 12. — Dion. Hal. III 66. Cassiod.
var. III 30. — Dio Cass. XLIX 43.

---

1 narretur B a v (S). -rraretur R d T H. nasceretur F. | nec
ut F d T a (B) S. ne ut B J. nam ut R(?) h v. an ne uel (et)?
4 cclx millium v. a. Brot. | non inter B²a S. nonne ter R.
non ter B¹F d. nonne inter h v.   5 e B a v. et r.   6 eorum-
que B. forum a. | templum B a h v. diui r.   7 uidit — 8 et
(ut B) tectum B S. om. r v.   8 diribitori S e coni. S. dilib- B.
ultori r. pantheum (-eon v) ioui ultori h v. | factif B. -tum
d h v. a. S.   9 oftienfif B d h v. -tensis r. cfr. § 125.   11 hs
R d a v. he. B. hy F. | |$\overline{\text{M}}$| J. ∞ B. li R F. om. a. millies d(?) G.
mille ducentis v. | quem B S. quidem r v. quis a.   12 in-
penfa B F U. -sae R d h v. inspiciente a. | moueat ego. -ent ll. v.
-et a U. | captif B R d h (B) S. -tos v. capitis F a. | animif B a
(B) S. -mi r. -mos v. | |$\overline{\text{CXLVIII}}$| B (F?) J. $\overline{\text{CXLVIII}}$ S. centies et
quadragies octies (R d?) G. cxlvii milibus v.   12. 13 domo
empta B v. domo emit a r. om. a.   13 clonius R d.   14 et
om. B S.   15 hs |$\overline{\text{DCC}}$| (F a?) D. H. $\overline{\text{DCC}}$. B. sestertium septin-
genties R(?) G. -rtia dccm v.   16 duco R F d h v (U). dico
B a S (J) coll. § 102. cfr. nov. luc. p. 101; de mendo etiam
XVIII 337. IX 183. | tum B S. tunc r v. | spatium et d(?)
v. a. D.

substructiones Capitolii mirabantur, praeterea cloacas, opus
omnium dictu maximum, subfossis montibus atque, ut
paullo ante retulimus, urbe pensili subterque navigata 94
M. Agrippae in aedilitate post consulatum. permeant 105
5 conrivati septem amnes cursuque praecipiti torrentium
modo rapere atque auferre omnia coacti, insuper imbrium
mole concitati vada ac latera quatiunt, aliquando Tiberis
retro infusus recipitur, pugnantque diversi aquarum impetus intus, et tamen obnixa firmitas resistit. trahuntur 106
10 moles superne tantae non succumbentibus cavis operis,
pulsant ruinae sponte praecipites aut inpactae incendiis,
quatitur solum terrae motibus, durant tamen a Tarquinio
Prisco annis DCC prope inexpugnabiles, non omittendo
memorabili exemplo vel magis, quoniam celeberrimis rerum
15 conditoribus omissum est. cum id opus Tarquinius Priscus 107
plebis manibus faceret, essetque labor incertum maior an
longior, passim conscita nece Quiritibus taedium fugienti-
bus, novum, inexcogitatum ante posteaque remedium invenit ille rex, ut omnium ita defunctorum corpora figeret

---

§ 107: Cass. Hemina ap. Serv. ad Verg. Aen. XII 603 (Peter
fragm. hist. Rom. p. 70). Liv. I 56, 2. Cic. Verr. V 19, 48.

---

1 substructiones insanas *v. a. D.* | capitolii **Bh**B. -ptiosi
rv. | mirabuntur **B.** | opuſ **B**S. opum **a.** -umum **Fd.** operum
Bhv. 2 omnium **B a h**v. -ibus *r.* | dictu **B²ah**v. -tum *r.* |
suffossis **RF d a h**v. *a. S.* ſubfoſſa **B.** 4 agrippae **B**S. -ppa *rv*
(*praem.* a *G*). | permeant **B**S. -nti **da.** -maneant **R.** -nti **F.**
per meatus *v.* 5 conriuati **d**S. corr- **B**G(D). conriuatis
(corr- *v*) *rv.* | amnibus cursu h*v. a. G.* 6 coactis h*v. a. G.* |
inſuper **B**v. su- *r.* 7 latere **B¹.** -reˢ **B².** 8 infusi *v. a. S.* |
recipitur **B d Th**S. -pitis *r.* -piunt (*add.* fluctus *v*) **a**v. 8. 9
impetuuſ **B¹**D. 9 intus *om.* **B**U 796. | reſtitit **B.** 10 superne
J. -nae **B**S. internae *rv.* | cauis S *cum Reinesio.* cautiſ **B.**
causis *rv.* *cfr.* § 108. 13 DCCC **d**v. *a. H.* 14 memorabile
B¹Fa. | uel eo magis h*v. a. S.* *cfr.* § 77. 16 faceret **Bh**v.
fecerit *r.* | maior an **Ba**S. an *r.* *om.* h*v.* 17 longior an
periculosior h*v. a. S.* | concita **Fa**h. 18 nouvm **B².** -uom **B¹.**
-uum (-uom S) et *rv.* | ante **BFa**v(S). -tea **R d**h(?)*C.* | reme-
diis **RF.** 18. 19 menienit **R.** meminit **F.** 19 figeret **B d**
h*v.* frigere *r.* ingeret **a.**

cruci spectanda civibus simul et feris volucribusque la-
108 ceranda. quam ob rem pudor Romani nominis proprius,
qui saepe res perditas servavit in proeliis, tunc quoque
subvenit, sed illo tempore *vi* post vitam erubescens, cum
puderet vivos, tamquam puditurum esset extinctos. ampli-   5
tudinem cavis eam fecisse proditur, ut vehem faeni large
onustam transmitteret.

109   Parva sunt cuncta, quae diximus, et omnia uni comparanda miraculo, antequam nova attingam. M. Lepido
Q. Catulo cos., ut constat inter diligentissimos auctores, 10
domus pulchrior non fuit Romae quam Lepidi ipsius, at,
Hercules, intra annos XXXV eadem centensimum locum
110 non optinuit. computet in hac aestimatione qui volet
marmorum molem, opera pictorum, inpendia regalia et
cum pulcherrima laudatissimaque certantes centum domus 15
posteaque ab innumerabilibus aliis in hunc diem victas.
profecto incendia puniunt luxum, nec tamen effici potest,
ut mores aliquid ipso homine mortalius esse intellegant.
111   Sed omnes eas duae domus vicerunt. bis vidimus
urbem totam cingi domibus principum Gai et Neronis, 20
huius quidem, ne quid *deesset*, aurea. | nimirum sic habi-
taverant illi, qui hoc imperium fecere tantum, ad devin-

§ 108 extr.: Strabo V 3, 8 p. 235. — § 111: cfr. Plin. XXXIII 54.
Suet. Nero 31 init. 34. Martial. spect. 2, 4. — Val. Max. IV 4, 7.

1 crucibus h*v.a.S.* | fimul ciuibuf **Ba** *S.*   2 propiuf **B**
v.a.B.   3 proelif **B**¹.   4 illo in *U.* | ui post uitam *ego.*
in (*del.* **B²***U*) poft uitam **B** *J.* inposuit iam (tamen **a.** tum *G*)
rdTah*v.*   5 uiros **Bdh.**   6 eam **B***v.* ea *r. om.* **a.** | pro-
ditur — 7 transmitteret *om.* **a.**   6 faeni **B** *S.* feni **F.** foeni **B**
dh*v.*   7 honuftam **B.**   8 una **B¹R.** uno **a.**   11 ad **BD.**
12 hercule **Bdh***v.a.S.* | intrannof **B.**   13 optinuit **B a***v.*
cont- *r.* | haec **B.**   15 domos d(?)*v.a.S.*   16 huc **B¹.**
17 incendio **B¹.** | offici **B.**   18 mortaliuf **BT***v.* -ibus **a** (*deinde*
deficiens usque ad § 126). -ralius **Bdh.** -liis **F.**   19 omnif
B *S.* | domuuf **B¹***D.* | his **R.**   20 tutam **R.**   21 deesset *v.*
effet **Bdh.** esse *r.* | aurea — p. 347, 1 gentef **B***v.* repertum *r.*
21. 22 habitauerant **B** *U.* -runt *S*(*J̃*). -arunt *v.*   22 tan-
tum **B** *S.* -tas *v.* | *dist. Bergk I 26.*   22 et p. 347, 1 uin-
cendas *v.a.S.*

cendas gentes triumphosque referendos ab aratro aut foco
exeuntes, quorum agri quoque minorem modum optinuere
quam sellaria istorum! |subit vero cogitatio, quota portio 112
harum fuerint areae illae, quas invictis imperatoribus de-
5 cernebant publice ad exaedificandas domos; summusque
illarum honos erat, sicut in P. Valerio Publicola, primo
consule cum L. Bruto, post tot merita et fratre eius, qui
bis in eodem magistratu Sabinos devicerat, adici decreto,
ut domus eorum fores extra aperirentur et ianua in publi-
10 cum reiceretur. hoc erat clarissimum insigne inter triumphales quoque domos. `

   Non patiar istos duos ne hac quidem gloria famae 113
frui, docebimusque etiam insaniam eorum victam privatis
opibus M. Scauri, cuius nescio an aedilitas maxime pro-
15 straverit mores maiusque sit Sullae malum tanta privigni
potentia quam proscriptio tot milium. in aedilitate hic 114
sua fecit opus maximum omnium, quae umquam fuere
humana manu facta, non temporaria mora, verum etiam
aeternitatis destinatione. theatrum hoc fuit; scaena ei
20 triplex in altitudinem CCCLX columnarum in ea civitate,
quae sex Hymettias non tulerat sine probro civis amplis-

---

§ 112 extr.: Dion. Hal. V 39 extr. Plutarch. Popl. 20. —
§ 113: cfr. Plin. XXXVII 11. — § 114 med.: cfr. Plin. supra
§ 7. XVII 6. infra § 189.

---

   1 ab aratro — 2 modum **B** *v. om. r.*   3 celaria h. cella-
v. a. H. | subit (-iit **B** *S*) uero **B** *v.* subituquo d. -tuque *r. an*
subit utique?   5 exaedificandaſ **B** *v* (*S*). aed- (ed- **F**) *r H.*
   6 P. **F** *Brot.* L. *rv.*   7 L. **B** *v.* M. *r.* | poſt tot **B** *dv.*
posito *r.* | frater **B.**   9 aperientur **B**¹.   9. 10 publicum
B *dv.* -cocom **F.** pulico **R.**   10 reicerentur **R** *d.* | clarissimum
— trium[phales] *om.* **R** *dh.*   12 patiar iſtoſ **B** *S.* -iaris post *r.*
-iemur *v.* | duos *J cum Bergkio I 27.* duoſ neroneſ **B.** duos
gaios uel duos nerones *rv. del. U.*   14 opibuſ **B** *h S.* operibus
rv. | m. ſcauri **B** *hv.* isauri *r.*   15 mores ciuiles *h v. a. S.* |
maiuſq. (malu- **B**¹) ſit **B** *v.* maius ciues id *r.* | ſyllę **B** *v. a. Brot.* |
priuignae **R.**   17 suae **RF.**   18 uero **R.**   19 deſtinationem
B¹. -nes **RF.**   20 in **B** *G. om. rv.* | altitudinem **B** *G.* -ne *rv.* |
nea (*pro* in ea) **B.**   21 hymetiaſ **B.** him- **F.**   21 *et* p. 348, 1
amplissi **F.**

simi. ima pars scaenae e marmore fuit, media e vitro,
inaudito etiam postea genere luxuriae, summa e tabulis
6 inauratis; columnae, ut diximus, imae duodequadragenum
115 pedum.   signa aerea inter columnas, ut indicavimus,
34, 36 fuerunt $\overline{\mathrm{III}}$ numero; cavea ipsa cepit hominum $\overline{\mathrm{LXXX}}$, 5
cum Pompeiani theatri totiens multiplicata urbe tantoque
maiore populo sufficiat large $\overline{\mathrm{XXXX}}$ sedere.   relicus apparatus tantus Attalica veste, tabulis pictis, cetero choragio
fuit, ut, in Tusculanam villam reportatis quae super-
fluebant cotidiani usus deliciis, incensa villa ab iratis 10
servis concremaretur HS $|\overline{\mathrm{CCC}}|$.

116   Aufert animum et a destinato itinere degredi cogit
contemplatio tam prodigae mentis aliamque conectit maiorem insaniam e ligno. C. Curio, qui bello civili in
Caesarianis partibus obiit, funebri patris munere cum 15
opibus apparatuque non posset superare Scaurum — unde
enim illi vitricus Sulla et Metella mater proscriptionum
sectrix? unde M. Scaurus pater, totiens princeps civitatis
et Mariani sodalicii rapinarum provincialium sinus? cum
iam ne ipse quidem Scaurus sibi par esse posset, quando 20

---

1 ima B C. imam F. iam R d h v. | e om. B. | mediae
uitro B.   2 fummam e B¹. -mae v. a. H.   3 duodecī
quadragenum B². 5 $\overline{\mathrm{III}}$ S. ɪɪɪ B. tres r. tria milia v. |
numero B²h v. -rum r. | $\overline{\mathrm{LXXX}}$ S. ʟxxx B. ʟxxx milia r(?)v.
     7 $\overline{\mathrm{XXXX}}$ B S. xʟ milia (v. millibus Hack.) r(?)v. | federe
ll. C (SD). sed et Ven.(G). (milium) sedi U cum B. sede J
coll. § 102. | relicuſ B¹S. -iquſ B². -iquus rv.   8 choragio
C cum Budaeo. chora B. corago r. cura v.   10 aeratiſ B.
     11 hy F. cfr. § 103. ad HS v.a.Brot. | $|\overline{\mathrm{ccc}}|$ J. ccc B.
$\overline{\mathrm{ccc}}$ S. millies (R d?)Lugd. ᴍ v.   12 auferat B¹. aut fert
F. | a deſtinato B¹h v. ab eſt- B². ab deſt- D. ab estimato
(aest- F) r. | degredi B¹J. digr- B²v. decredi F. -eti R.
13 aliaque R F. | connecti h v.a.S.   13. 14 maiore B.   14
c. curio h v. cicu- R F d. cu- B.   15 obit B D. cfr. XXXIII
131. | funebri B v. -ris r.   16 possit R F.   17 fylla B²
v.a.Brot. | metella d v. metalla B. mit- r.   17. 18 pro-
fcriptionum fectrix B d v. -one sectis r.   19 mariani B d T S.
-itani r. -ianis v. | sodalitii R T. -tiis v.a.S. | rapinarum B v.
-rumque r D. | prouincialium B v. -cia (-tia F) itum r.   20
iam ne B v. fane R. lanae F d. | ſibi par eſſe B S. sibi parasse r.
comparari sibi v. | poſſet B v. -sse r.

hoc certe incendi illius praemium habuit convectis ex
orbe terrarum rebus, ut nemo postea par esset insaniae
illi — ingenio ergo utendum suo Curioni et aliquid ex- 117
cogitandum fuit. operae pretium est scire, quid invenerit,
5 et gaudere moribus nostris ac verso modo nos vocare
maiores. theatra iuxta duo fecit amplissima ligno, cardi-
num singulorum versatili suspensa libramento, in quibus
utrisque antemeridiano ludorum spectaculo edito inter
sese aversis, ne invicem obstreperent scaenae, repente
10 circumactis — ut constat, post primos dies etiam sedentibus aliquis —, cornibus in se coeuntibus faciebat amphitheatrum gladiatorumque proelia edebat, ipsum magis aucto-
ratum populum Romanum circumferens. quid enim miretur 118
quisque in hoc primum, inventorem an inventum, arti-
15 ficem an auctorem, ausum aliquem hoc excogitare an su-
scipere an iubere? super omnia erit populi sedere ausi
furor tam infida instabilique sede. en hic est ille terrarum victor et totius domitor orbis, qui gentes, regna
diribet, iura exteris mittit, deorum quaedam immortalium
20 generi humano portio, in machina pendens et ad periculum suum plaudens! quae vilitas animarum ista aut quae 119
querella de Cannis! quantum mali potuit accidere! hauriri
urbes terrae hiatibus publicus mortalium dolor est: ecce

---

3 ergo **BT**G. erat r. ergo suo erat v. | utendum **BT**v.
pute- **F** d. pude- **R** h. | suo — 3. 4 excogitandum ll.(v)S. del. G.
   3 & aliquid (-uit B¹) B S. et (ex **R**) aliquo r. que aliud
h v. eique aliud B.   5 uerſo B S. nostro **R** d v. uestrum **F**.
   6 ampliſſima B S. -me **F**. -ma e **R** d h v.   7 uerſitali B.
   8 edito B d h v. -tio **R**. aedicio **F**.   9 obſtreperent B d h v.
-pere r. | ſcaenae B v. gere r.   10 conſtat **BF**dhU. contra
stat **R**. -tra starent B. constiterant v. | poſt primoſ B U. post
trinos **d T**. positrimos **F**. postremos **R**. -emo h v.   10. 11 dies
etiam (& &iam **R**. et aet- **F**) sedentibus ll.U. iam die disce-
dentibus (descend- C) v(H).   11 aliquis ll. U. -uibus h. tabu-
lis v. | et cornibus h v.a.S.   12 proelia B d S. proaelia **F**.
pel **R**. spectacula h v.   16 an iubere ll.J. parere an iubere
v. | auſi B h v. aut si r.   18 gentes et **R**(?)h v.a.S.   19
dirib& B¹G. -rig& B². -riperet r v. | externis d(?)h v.a. S. |
mittit om. **R**. mitteret h v.a. G.   21 istarum **R** d.   22 quaeq.
rella B¹. quaerela B².   23 dolorem ecce **R**.

populus Romanus universus, veluti duobus navigiis inpositus, binis cardinibus sustinetur et se ipsum depugnan-
tem spectat, periturus momento aliquo luxatis machinis!
120 et per hoc quaeritur tribuniciis contionibus gratia, ut
pensiles tribus quatiat, in rostris quid non ausurus apud 5
eos, quibus hoc persuaserit! vere namque confitentibus
populus Romanus funebri munere ad tumulum patris eius
depugnavit universus. variavit hanc suam magnificentiam
fessis turbatisque cardinibus et amphitheatri forma custo-
dita novissimo die diversis duabus per medium scaenis 10
athletas edidit raptisque e contrario repente pulpitis eodem
die victores e gladiatoribus suis produxit. nec fuit rex
Curio aut gentium imperator, non opibus insignis, ut qui
nihil in censu habuerit praeter discordiam principum.
121   Sed dicantur vera aestimatione invicta miracula.   Q. 15
Marcius Rex, iussus a senatu aquarum Appiae, Anienis,
Tepulae ductus reficere, novam a nomine suo appellatam
cuniculis per montes actis intra praeturae suae tempus
adduxit; Agrippa vero in aedilitate adiecta Virgine aqua
ceterisque conrivatis atque emendatis lacus DCC fecit, 20
praeterea salientes D, castella CXXX, complura et cultu
magnifica, operibus iis signa CCC aerea aut marmorea
inposuit, columnas, e marmore CCCC, eaque omnia annuo
spatio. adicit ipse aedilitatis suae conmemoratione

---

§ 121: Frontin. de aqu. urb. Rom. I 7. — cfr. Plin. XXXI
41 sqq. — Dio Cass. XLIX 43, 3.

---

4 quaeritur **BdT**v. apperi- **F**. per- **R**. | tribuniciif **B²**G(S).
-cif **B¹**D. in trib- rv(H̄).   5 quatiat **B**S. qualia et r.
faceret. Qualia (-lis C) hic v. | *dist. J.*   6 uera **R**(?)v.a.J.
   7 tumultum **B**.   9 amphitheatrum **B**.   10 diuersis **BF**
d**Th**v(*Brot.*). uerfif **B**J. diuisis C. del. G(U).   11 e **B**v.
om.r.   12 e **Bd**v. se r.   15 uera **Bh**v. uero r. | Q. **Fh**S.
quae r. quae Q. v.   16 Rex fecit. is iussus v.a.S. | appiae
Bv. nithe **R**. nite **F**. | anienif **Bh**v. ali- r.   17 tepulae **Bh**G.
tegulae r. -la v. | refugere **B**.   20 ceteris **R**(?)v.a.S. | lacuuf
B¹D.   21 salientes C̄ *cum Budaeo.* pfallentef **B**. sapientes
(-tis **F**) r. fontes v. | D **B**S. cui **Fh**. cvi **R**Brot. cv v. | cxx
Rh. | c̄clura **R**. conc- **F**. | etiam hv.a.S.   23 columnate **B**.
   24 ipse in hv.a.S.

et ludos diebus undesexaginta factos et gratuita praebita
balinea CLXX, quae nunc Romae ad infinitum auxere
numerum. — Vicit antecedentes aquarum ductus novis- 122
simum inpendium operis incohati a C. Caesare et peracti
a Claudio, quippe a XXXX lapide ad eam excelsitatem, ut
omnes urbis montes lavarentur, influxere Curtius atque
Caeruleus fontes et Anien novus, erogatis in id opus
HS |MMM| D. quod si quis diligentius aestumaverit ab- 123
undantiam aquarum in publico, balineis, piscinis, euripis,
domibus, hortis, suburbanis villis, spatia aquae venientis,
exstructos arcus, montes perfossos, convalles aequatas,
fatebitur nil magis mirandum fuisse in toto orbe terrarum. — Eiusdem Claudi inter maxime memoranda equi- 124
dem duxerim, quamvis destitutum successoris odio, montem
perfossum ad lacum Fucinum emittendum inenarrabili profecto impendio et operarum multitudine per tot annos,
cum aut conrivatio aquarum, qua terrenus mons erat,
egereretur in verticem machinis aut silex caederetur quan-
taque intus in tenebris fierent, quae neque concipi animo
nisi ab iis, qui videre, neque enarrari humano sermone

---

§ 122: Suet. Claud. 20 init. — § 124: Suet. Claud. 20.

---

2 quae nunc B*v*(*S*). quae F d h. que R. nunc *Brot.* (*errore*).
4 incohati *ego.* -oathi B. -oatio R. inchoatio F. -ti *v.*
cfr. XXXIV 148. XXXV 105.   5 claudi B¹. | xxxx B*S*
(*post* lapide *v*). *om. r.* | ut in R(?)*v. a. S.*   6 omnibus *Ven.* |
lauarentur B d*v*(*S*). -retur *r.* leuarentur *Verc.*   7 caerulaeſ
(car- B¹) B. | & anien B*S.* et ante (-to R) *r.* et anio *Brot.*
om. v. | nouus *Brot.*(*U*). nouos *ll.S. om. v.* | erogatis *D.* -atoſ
B. -at *r.* -ata h*v.* -atum *G.*   8 |∞∞∞∞∞| D B*D.* |MMMD| *J.*
MMMD̄ *S.* LŪ. D. F. L̄V̄. D̄. R d(?)*H.* LV. D. T.   ter milies *G.*
quingenta LV milia *v.*   9 quarum R F. | balneiſ B²*v. a. Hack.*
10 spatia aquae *ego.* -ia quae F. -iaque d Th *D.* -ia B*S.*
-ioque R(?)*v.* -iaque aquae *Fröhner anal. crit. p. 20.* | ad-
uenientis *v. a. S.*   11 arcuuſ B¹*D.* | perfoſſoſ B d*v.* -ssū *r.*
13 maxime *G.* -ma *ll.* (*add.* ac) *v. cfr. IX 183.*   15. 16
profectv B². -tum h.   16 impendi (-dio B²) d& B.   18 uertice
R(?)*v. a. S.* | maciniſ B¹. | cederetur B².   18. 19 quantaque B*S.*
omniaque *rv*(*D*).

,125 possunt! nam portus Ostiensis opus praetereo, item vias
per montes excisas, mare Tyrrhenum a Lucrino molibus
seclusum, tot pontes tantis inpendiis factos. et inter
plurima alia Italiae ipsius miracula marmora in lapicidinis
crescere auctor est Papirius Fabianus, naturae rerum 5
peritissimus, exemptores quoque adfirmant compleri sponte
illa montium ulcera. quae si vera sunt, spes est numquam defutura luxuriae.

126   16. (25) A marmoribus degredienti ad reliquorum
lapidum insignes naturas quis dubitet in primis magnetem 10
occurrere? quid enim mirabilius aut qua in parte naturae
100 maior inprobitas? dederat vocem saxis, ut diximus, re-
spondentem homini, immo vero et obloquentem. quid
lapidis rigore pigrius?· ecce sensus manusque tribuit illi.
127 quid ferri duritia pugnacius? pedes ei inpertivit et mores. 15
trahitur namque magnete lapide, domitrixque illa rerum
omnium materia ad inane nescio quid currit atque, ut
propius venit, adsilit, tenetur amplexuque haeret. side-
ritim ob id alio nomine vocant, quidam Heraclion. magnes

---

§ 125: Suet. Claud. 20 extr. — § 127: Nicand. fragm. 101
(O Schneider p. 128). Th. lap. 4 extr. Isid. XVI 4, 1.

---

1 portuuſ **B**¹*D*. | ostensis **R**. -sus **F**. *de mendo cfr. § 102.* |
praeterea **B**. | item **F***v*. inter *r*.   2 per **B***S*. e et **F**. & **R**d**h**.
inter *v*. | montiſ **B**¹*S*. | excifaſ **B***v*. -itas **R**. -ita **F**. | tyrreniū **B**.
    4 ipsius *ll.S. om. v.* | miracula marmora **B***S*. marmora
(-ris **h**) miracula **R**d**h**. *de* **F** *non constat.* miracula, ipsa mar-
mora *v*. | lapidiciniſ **BF**d*v.a.H*(*D*).   8 defutura **B***S*. -ra de *r*.
-ram **h***v*. | luxuriae **B**d*S*. -am **h***v*. luxoria *r*.   9 a **h***v*. E **B**.
om. r. | degredienti (-te **F**) **B**¹**RF***J*. digr- **B**²d**h***v*.   10 lapide
RF. -dem *v.a.C.* | in igneſ **B**¹. | magnitem **B**¹. *cfr. § 128. 129.*
    11. 12 natura eo maior **B**.   13 immo uero **B**d**a***v*. im
more **R**. in////re **F**. | obloquentem **B**d**a***v*. ob id lo- *r*.   14
ſenſuuſ **B**¹*D*.   15 pedes ei *S* e *coni. J*. -deſ & **B**. cedet sed
(sed et **a**) *r*d**Ta**. sed cedit et **h***v*. | inpertiuit (imp- **a**) **RF**d**T**
a*S*. pert- **B**. patitur **h***v*. | & *ll.S. om. v.* | moriſ **B**.   16 nam-
que *ll.v*(*D*). *om.* **h***Brot*. | a magnete **h***v.a.S*.   17 ad *om.* **F**a. |
aut (*pro* ut) **B**¹.   18 adſilit **B***S*. assistit (ads- **F**) *rv*. | tene-
turque **h***H*. -que et *v*. | amplexuque (amplie- **B**¹) *ll.S*. com-
h*H*. que *del. v*.   19 appellant **h***v.a.S*. | heraclion **B***S*. -leon
d**h***B* (-adion *v*). -leen **F**. -lian **a***D cum U 797*. eraclem en **R**.

appellatus est ab inventore, ut auctor est Nicander —
in Ida, *ut* reper*io*, namque et passim inveniuntur, in
Hispania quoque —; invenisse autem fertur clavis crepi-
darum, baculi cuspide haerentibus, cum armenta pasceret.
5 quinque genera magnetis Sotacus demonstrat: Aethiopi-128
cum et a Magnesia Macedoniae contermina ab *Euboea*
Iolcum petentibus dextra, tertium in Hyetto Boeotiae,
quartum circa Alexandriam Troadem, quintum in Magnesia
Asiae. differentia *est* prima, mas sit an femina, proxima
10 in colore. nam qui in Magnesia Macedonica reperiuntur
rufi nigrique sunt, Boeoti vero rufi coloris plus habent
quam nigri. is, qui *in* Troade invenitur, niger est et
feminei sexus ideoque sine viribus, deterrimus autem in
Magnesia Asiae, candidus neque attrahens ferrum similis-
15 que pumici. conpertum tanto meliores esse, quanto sint
magis caerulei. Aethiopico palma datur pondusque argento 129
rependitur. invenitur hic in Aethiopiae Zmiri; ita vocatur
regio harenosa. ibi et haematites magnes sanguinei coloris sanguinemque reddens, si teratur, sed et crocum.

---

§ 128 extr.: Isid. XVI 4, 2. Diosc. V 147.

---

2 in india *Isid.v.a.B.* | ut reperio *ego* (*cfr. XXXV 12*).
reperto (repto **F**) *ll.* -tus h*v.* | inuenitur h*v.a.S.* | in **BdJ.** ut
in *rv(D)*.   4 baculique *Isid.* et baculi h*v.a.S.*   5 magni-
ti∫ **B¹**.   6 & a **B***S.* e **R**(?)*G.* et **Fdh**a*v.* | magnesiacum h
v.a.G. | e macedonia ei *B.* | ab euboea *ego.* (*de mendo cfr.*
XXXII 18). abo ebone **BR.** -nae **F.** abebonie d. -noea *v.a.*
B. ebone a. a Boebe *S.* ab Eione Bolben *J.* Boebeida *B.*
-beium *D.*   7 iolcum *S.* iolanū *B.* locatum *rv.* lacum
B(JD). | hy&to **B***S.* -etio *r.* hyrtio d**T.** hyrietico *H.* ethio
a. echio *v.* | boeoetiae **B¹**.   9 differentia est *ego.* -tiam **B¹**
RFd. -tia **B²**h*av.* | prima **B**h*v.* -am *r.* | ma∫ ∫it **B**h*av.* an
sit *r.* | am **R.** | proxima **B**d*hv.* -am *r.*   10 namque **BR.**
11 boeoti **B***S.* -tius d*hv.* boetius **F.** -tus **R.** obedien-
tius a. | habet d*hv.a.S.*   12 //i∫ qui **B***v.* qui h. *om. r.* | in *v.*
om. ll.S. cfr. *CFWMüller p.21.*   13 ∫exuu∫ **B¹***D.*   14 a∫iae
B*v. om. ll.*   15 confertum **B.** comperto a. | sunt h*v.a.S.*
16 aethiopico (-thip- **B**) **B**d*G.* -icis h*v.* -ia **R.** aetiophi. CC.
F. et etiopia a. | palma **B***S.* in summa *r.* laus summa *v.*
17 zimiri *v.a.S.*

in adtrahendo ferro non eadem haematiti natura quae
magneti. Aethiopici argumentum est, quod magneta quo-
130 que alium ad se trahit. omnes autem hi oculorum medicamentis prosunt ad suam quisque portionem, maximeque epiphoras sistunt. sanant et adusta cremati tritique. 5
alius rursus in eadem Aethiopia non procul *magnes* ferrum omne abigit respuitque. de utraque natura saepius
2, 211
20, 2 diximus.

(26) Lapidem e Syro insula fluctuari tradunt, eundem
comminutum mergi. 10

131　17. (27) In Asso Troadis sarcophagus lapis fissili
vena scinditur. corpora defunctorum condita in eo absumi constat intra XL diem exceptis dentibus. Mucianus
specula quoque et strigiles et vestes et calciamenta inlata
mortuis lapidea fieri auctor est. eiusdem generis et in 15
Lycia saxa sunt et in oriente, quae viventibus quoque
adalligata erodunt corpora.

132　(28) Mitiores autem servandis corporibus nec absumendis chernites ebori simillimus, in quo Darium conditum ferunt, Parioque similis candore et duritia, minus 20

---

§ 130: Diosc. V 147. Pl. iun. 84, 15. — cfr. Plin. XXXIV
147. — cfr. Plin. II 233. Isid. XVI 4, 10. — § 131: cfr. Plin.
II 211. Th. de igne 46. Diosc. V 141. Isid. XVI 4, 15. Cels.
V 7. — § 132: Th. lap. 6. Isid. XVI 4, 24. — Th. lap. 7. —
Cels. IV 31 p. 158, 18. Diosc. V 141.

---

1 ſerro **B a** *G.* -rru **F.** -rrū **B d h** *v.* | haematitae **R**(?)**d T**
v. a. S. 2 magniti **B**[1]. 4 ſuam **B d h** *v.* euam *r.* ea *a.* |
portionū **R.** 6 in eadem in **R F.** | magnes *U 798 ex Isid.*
mons *ll. D.* mons gignit lapidem theameden qui **h** *v.* 7 re-
poſuitque **B.** respuit *a.* 9 lapidem — 18. 19 absumendis *om.* **a.**
9 syro *ll. (P) D.* sichro **h.** scyro *v coll. Eustath. ad Dionys.*
perieg. 521. sed cfr. index et II 233. | insula *ll. (P) D.* -la in-
tegrum **h**(?)*v ex Isid.* | fluctuari *ll. G* (*S*). -re **h** *v* (*H*). fluitare *P.*
11 aſſo **B d** *v.* asa *r.* 14 & **B d** *v.* *om. r.* | ſtrigileaſ **B.** |
inlata **B** *S.* ill- **Th** *v.* in lana *r.* 15 mortuis *del. G.* cum
mortuis *coni. S. sed cfr. II 163. VI 127. XXXVII 182.* |
eiuſdem **B** *S.* eius *r v.* 16 et oriente **R.** 18 mitior est
d(?)*v. a. S.* | mitiores — *p. 355, 4* reperiuntur *videntur pertinere*
ad finem § 133 (*post* lomento). *cfr. index.* 19 chernites *B*
e Theophr. chemi- *ll. v. cfr. XXXVII 191.* chiri- **a.**

tantum ponderosus, qui porus vocatur. **Theophrastus**
auctor est et tralucidi lapidis in Aegypto, quem Chio
similem ait. fortassis tunc fuerit, quoniam et desinunt
et novi reperiuntur.

5 . **Assius** gustatu salsus podagras lenit, pedibus in vas
ex eo cavatum inditis. praeterea omnia crurum vitia in
iis lapicidinis sanantur, cum in metallis omnibus crura
vitientur. eiusdem lapidis flos appellatur, in farinam 133
mollis ad quaedam perinde efficax. est autem similis
pumici rufo. admixtus cerae Cypriae mammarum vitia
sanat, pici autem resinaeve strumas et panos discutit.
prodest et p*h*thisicis linctu. cum melle vetera ulcera ad
cicatrices perducit, excrescentia erodit et a bestiarum
morsu repugnantia curationi suppurata siccat. fit cata-
5 plasma ex eo podagricis mixto fabae lomento.

18. (29) Idem **Theophrastus** et **Mucianus** esse 134
aliquos lapides, qui pariant, credunt; **Theophrastus** et
ebur fossile *e* candido et nigro inveniri et ossa e terra
nasci invenirique lapides osseos.

Palmati circa Mundam in Hispania, ubi Caesar dictator
Pompeium vicit, reperiuntur idque quotiens fregeris. sunt 135

---

§ 133: Diosc. V 141. — § 134: Th. lap. 37. — § 135: cfr.
infra § 158. Strabo VIII 5, 7 p. 367. — Isid. XVI 4, 31. 33. 34.

---

1 tamen h*v.a.S.* | ponderoſum **B**. | poruſ **Bav**. to- *rv*.
2 tralucidi **B**¹*J*. transl- *rH*. -dos *v*. | lapides *v.a.H*. | quem
BdTaH. quam *r*. inueniri quos *v*. | chio **Ba**(*P*)*H*. phio **FdT**.
phito **Rh**. ophitae *B*. -ionitae *v*.   3 simile **RF**. -les *v.a.H*. |
ait quod *v.a.S*.   5 asius **RF***dv.a.Verc*. | gustu h*v.a.S*. | uaſ
Ba*S*. uase *rv*.   6 cauato h*v.a.S*.   8 uitientur *v*. uicie- **a**.
uitia- **B**. uide- *r*. | *de v*. appellatur *cfr. XXXI 92*. | farinam
redigendam *v.a.G*.   9 *an* molitus? (*cfr. Fröhner anal. crit*.
p. 16).   10 aeri (eri h) cyprio h*v.a.S*.   12 phthisicis *v*.
pthi- *U*. | Unctu **B²**. lenetu **F**. linctus **a**.   13 a **B***S*. ad *rv*.
      14 morſu **B***S*. -us *r*. -us utilis *v*. | curationiſ **B***D*. -ni ac
v.a.S.   17 pariant **B***dav*. -ient *r*. | et *om*. h. auctor est et
d(?)*v.a.S*.   18 e *ego*. *de dictione cfr. XXXVII 151. 176*.
om. ll.v. | inueniri **BF***da*. colore inueniri **R**(?)h*v*. uarium *D*. |
et ossa — 19 inueniri[q.] *om*. **B**.   18 e **Rdh***v*. *om*. **F***a*.   20
cir **B**¹. circi **a**. | mundam **B**¹h*av*. myn- *d*. min- **RF**. muti-
nam **B²**.

et nigri, quorum auctoritas venit in marmora, sicut Taena-
rius. Varro nigros ex Africa firmiores esse tradit quam
in Italia, e diverso albos Coranos duriores quam Parios,
idem Luniensem silicem serra secari, Tusculanum dissilire
igni, Sabinum fuscum addito oleo etiam lucere. idem 5
molas versatiles Volsinis inventas; aliquas et sponte motas
136 invenimus in prodigiis. (30) nusquam hic utilior quam
in Italia gignitur lapisque, non saxum, est. in quibusdam
vero provinciis omnino non invenitur. sunt quidam in
eo genere molliores, qui et cote levantur, ut procul in- 10
tuentibus ophites videri possit, neque est alius firmior,
quando et lapidis natura ligno similiter imbres solesque
aut hiemes non patitur in aliis generibus atque aliis.
sunt et qui lunam non tolerent et qui vetustate robiginem trahant coloremve candidum oleo mutent.   15
137   **19.** Molarem quidam pyriten vocant, quoniam pluri-
mus sit ignis illi, sed est alius spongiosior tantum et
alius etiamnum pyrites similitudine aeris. in Cypro eum
reperiri volunt metallis, quae sint circa Acamanta, unum
argenteo colore, alterum aureo. cocuntur varie, ab aliis 20

---

§ 137: Isid. XVI 4, 5. cfr. Diosc. V 142. — Cels. V 11.

---

1. 2 taenariuſ B d v. gena- r. ianua- a.   3 & (pro e) R. |
coranoſ B Isid. v(S). -nios h. coronas r. tornis G. | duritioreſ B.
    4 lunienſem B J. lume- F. lumne- a. lune- R d h v. | ſerra
ſeri B¹. ferrari B². | tiſculanum R F. tusculano a.   5 item
d(?) h G.   6 uolsiniis R(?) G. -nae v.   7 hic ll. G. autem h.
autem hic v. an his (sc. molis)?   8 italias R F. | signitur R.
    9 prouincias R. -ntias F.   10 mollioreſ B d a v. meli- r. |
lauantur B¹. leuigantur v. a. S. de mendo cfr. § 154, ceterum
§ 52. 139 et XIII 81. XVII 101. XX 20. XXXI 57.
11 ophitae R(?) v. a. S. | possint h v. a. S.   12 naturae B¹. | ut
lignum v. a. S. | imbre R F.   13 aliis atque aliis generibus h
v. a. S.   14 tolerent B d v. tulerint F. -runt a. telerin' R.
15 coloremue B h v. -mue & R F d. -mque a. | oleum uitent
(utenus R) R d T.   16 corallium lapidem quidam h v. a. G.
17 aliuſ B d a v. alnus r. | ſpongioſior — 18 aliuſ B S. om. r v.
    17 tantum B S. an tactu?   18 etiannum B¹.   19 uolunt
et in metallis R(?) h v. a. S. | ſint B. sunt r v. | acamanta R F d
T S. -menta B. -mania a. -iam v. acarnaniam h G.   20 uarie
B d a C. -ae v. uiriae r.

iterum tertiumque in melle, donec consumatur liquor, ab
aliis pruna prius, dein *in* melle, ac postea lavantur ut
aes. usus eorum in medicina excalfacere, siccare, 34, 106
discutere, extenuare et duritias in pus vertere. utuntur
5 et crudis tusisque ad strumas atque furunculos. pyri- 138
tarum etiamnum unum genus aliqui faciunt plurimum
ignis habentis. quos vivos appellamus, ponderosissimi
sunt, hi exploratoribus castrorum maxime necessarii. qui
clavo vel altero lapide percussi scintillam edunt, quae
10 excepta sulpure aut fungis aridis vel foliis dicto celerius
praebet ignem.
    (31) Ostracitae similitudinem testae habent. usus 139
eorum pro pumice ad levandam cutem. poti sanguinem
sistunt et inliti cum melle ulcera doloresque mammarum
15 sanant. — Amiantus alumini similis nihil igni deperdit.
hic veneficiis resistit omnibus, privatim Magorum. —
(32) Geoden ex argumento appellant, quoniam conplexus 140
est terram, oculorum medicamentis utilissimum, item mammarum ac testium vitiis. — (33) Melitinus lapis sucum
20 remittit dulcem melleumque. tunsus et cerae mixtus

---

§ 138: Isid. XVI 4, 5. — § 139: cfr. Plin. XXXVII 151. 177.
Diosc. V 164. Isid. XVI 4, 25. — Diosc. V 155. Geopon. XV 1, 33.
Isid. XVI 4, 19. — § 140: Diosc. V 168. cfr. ib. 150. Isid. XVI 4, 26.

---

    1 donec — 2 melle *om.* a.   2 dein in *J.* dein *ll.v.*
4 difcutere **B**d a v. -sumere *r.* | humorem extenuare h v. a. S. |
& *ll.v*(D). *del. H.* | in puf **B**(*P*)S. intus **a.** innius **R.** in inius
F. nimias h v. | uertere *ll.* S. mollire h v.   5 e (*pro* et) **B.** |
tuffifq. **B¹a.** tunf- **B²**S.   5. 6 pyritarum — 8 sunt *om.* a.
6 &iannum **B¹.** | unum **B** d v. una *r.*   7 ignis habentis (-ti **d¹**)
d²T. -nis habent ii **B**S. -nis hapenti *r.* habent (-ns *v*) ignis
h v. *de structura cfr.* § 147. | appellamus et **R**(?)h v. a. S.
8 hii **B³.** ii **B²** *in ras.* S. if **B¹.**   9 scintillas *Isid.* h v. a. S.
    10 exceptae *Isid.* h v. a. S. | follif **B.** | celerim **R.**   11
praebet **B**a *Isid.* S. -bent **G.** trahent *r.* -hunt **d** T h v (*H*).
12 oftracite **B.**   13 lauandam **B¹d T.** leuigandam *v.a.* S. |
potii **B¹.**   16 ueneficif **B¹***D.*   17 geoden **B***H.* ceo- **a.**
gaeo- *v.* geomer *r.*   19 melitines *h.* -tites *v.a.* S *e Diosc.*
    20 melleumque **B**a S. melliu- (-eliu- **F**) *r.* -itumque h v. |
tunfuf **B**S. tusus *rv.* (*dist. H*). | caere **BF.**

eruptionibus pituitae maculisque corporis medetur et fau-
cium exulcerationi, epinyctidas tollit, volvarum dolores in-
141 positus vellere. — (34) Gagates lapis nomen habet loci
et amnis Gagis Lyciae. aiunt et in Leucolla expelli mari
atque intra XII stadia colligi. niger est, planus, pumi- 5
cosus, levis, non multum a ligno differens, fragilis, odore,
si teratur, gravis. fictilia ex eo inscripta non delentur;
cum uritur, odorem sulpureum reddit; mirumque, accen-
142 ditur aqua, oleo restinguitur. fugat serpentes ita recreat-
que volvae strangulationes. deprendit sonticum morbum 10
et virginitatem suffitus. idem ex vino decoctus dentibus
medetur strumisque cerae permixtus. hoc dicuntur uti
Magi in ea, quam vocant axinomantiam, et peruri negant,
143 si eventurum sit quod aliquis optet. — (35) Spongitae
lapides inveniuntur in spongeis et sunt marini. quidam 15
eos tecolithos vocant, quoniam vesicis medentur, calculos
rumpunt in vino poti. — (36) Phrygius lapis gentis habet
nomen; est autem glaeba pumicosa. uritur ante vino
perfusus, flatus follibus, donec rufescat, ac rursus dulci
vino extinguitur ternis vicibus, tinguendis vestibus tan- 20
tum utilis.

§ 141: Diosc. V 145. Isid. XVI 4, 3. Solin. 22, 11 (19). Prisc.
581 sqq. Geopon. XV 1, 32. — § 142: Nicand. ther. 37 c. schol.
Orphei Lith. 479. Damig. 20. Diosc. V 145. Isid. XVI 4, 3. cfr.
Plin. XXX 14. — § 143: Diosc. V 162. Seren. 595. cfr. Plin.
XXXVII 184. — Diosc. V 140. Isid. XVI 4, 9.

2 epinyctidas dv. epynuct- B. epinit- a. -dis r.   3 uel-
lere BS. -ri rv. an in uellere? cfr. nota ad XXVIII 248. |
habet Ba(h)v. om. r.   4 gacis F. gangis a. gagatis hv. a. B. |
leucola B. -cocolla Tv. cfr. V 96. 131.   7 inscripta Bdv.
in inscr- r. scr- a.   9 oleo ex B¹. oleo ex eo B².   11
item RFv. a. G.   13 ea Bv. eam r. | axinomantiam BdhB
(necyom- v). -ntiant F. -nciant R. | & BaG. id r. | periuri B¹.
14 euenturum (-torum F) RFdhav(D). uent- BS non apte
coll. XVII 233 et Liv. IX 12, 1. | fpongitae (span- a) BaS.
-iae rv.   15 natiui hv. a. S.   16 tecolithos G (cysteo- v).
tego- (-tos B) Bdh. -thus r. | uesicae dhv. a. S.   18 uri B.
19 perfufuf Bdhv. -so r. | flatus ego. -tur BS. -turque
dav(D). -tusque rIsid. | rufescat ll.v(S). rube- h(?)Dal.
20 ternif BhaS. ext- r. et hoc trinis (ternis H) v.

20. (37) Schistos et haematites cognationem habent. 144 haematites invenitur in metallis, ustus minii colorem imitatur, uritur ut Phrygius, sed non restinguitur vino. adulteratum haematiten discernunt venae rubentes et friabilis
5 natura. oculis cruore suffusis mire convenit. sistit pro- 145 fluvia mulierum potus. bibunt et qui sanguinem reiecerunt cum suco Punici mali. et in vesicae vitiis efficax bibitur et in vino contra serpentium ictus. infirmiora omnia eadem in eo, quem schiston appellant. *oculorum vitiis*
10 commodior croco similis, peculiaris explendis ulcerum lacunis in lacte muliebri, procidentesque oculos praeclare cohibet. haec est sententia eorum, qui nuperrime scripsere; (38) S o t a c u s e vetustissimis auctoribus quinque genera 146 haematitarum tradit praeter magnetem. principatum dat
15 ex iis Aethiopico, oculorum medicamentis utilissimo et iis, quae panchresta appellat, item ambustis. alterum androdamanta dicit vocari, colore nigrum, pondere ac duritia insignem, et inde nomen traxisse praecipueque in Africa repertum; trahere autem in se argentum, aes, ferrum.
20 experimentum eius esse in cote ex lapide basanite — 147

---

§ 144: Diosc. V 143. cfr. Solin. 30, 34. Plin. XXXVII 168. — § 145: Diosc. V 144. Orphei Lith. 666 sqq. Damig. 9. cfr.). Isid. XVI 4, 18. — § 146: Isid. XVI (8, 5) 4, 17.

---

1 scistos **a.** scisichos **R.** -ihos **F.** | haematites **d** *v.* hen**B** *S.* **BF.** emathi- **R.** haec emati- **a.** | habet **Ra.**   2 uftuf **B d**ætur ost- **F.** host- **R.** | mini **B¹** *S.*   3 et (*pro* ut) **R F** *Ven. XIV* 3. 4 adulteratum *H cum Salm.* -tur **BR d a** *v.* -tor **F.** -tus h *v.* (*add.* schisto *v. a. S*).   4 haematiten **B²** *v.* -ite (hem- **F a**) ichaba friabiles **F d.** -lis est *v. a. H.* feriabilis **a.** fragilif **B².**   it mons profluuiam **F.** -ium **R h** *v. a. S.*   6 potuf — fanguinem -tera **a.** *om. r.*   8 ictuuf **B¹** *D.*   8. 9 infirmior ad omnia ha eat **F**) ad *Ven.*) eadem *v. a. S.*   9 in eo *ll. S.* est *v.* | quem **d T** ilimuf **B d B.** quam *r.* | scisthon **R.** fcifton **B².** | oculorum uitiis **d a.** tene- § 152 *et Diosc.* in iis (his **B² R**) *ll.* (*praem.* sed) *v.*   m et haremodior **B a** *v.* -otior (-omo- **R**) *r.* | peculiarius h *v. a.* 2 pelliculif plendif **B** *S.* -dit **F d.** -det **R.** -pendit **a.** -plendet (sp   13 conficit h *v.* | ulcerum *D cum U 801.* cfr. § 152. 156 14 excidunt oculorum *ll. v.*   11 lacrymis h *v. a. S.*   15 hifiant (-rea- **B¹**) *infra*).   16 panchrefta (-char- **B¹**) **B d** *v.*(*H*). -cromathi **B.** appellant **d** h *v. a. S.*   17 dicitur **B.** | nigrum **B** *S.*

reddere enim sucum sanguineum —, et esse ad iocineris
vitia praecipui remedii. tertium genus Arabici facit, simili duritia, vix reddentis sucum ad cotem aquariam,
aliquando croco similem. quarti generis hepatiten vocari,
quamdiu crudus sit, coctum vero miltiten, utilem ambustis,
ad omnia utiliorem rubrica; quinti generis schiston, hae-
148 morroidas reprimentem in potu. omnes autem haematitas
tritos in oleo III drachmarum pondere a ieiunis bibendos
ad vitia sanguinis. idem schiston et alterius generis
quam haematiten tradit, quem vocat anthraciten; nasci in 10
Africa nigrum, attritum aquariis cotibus reddere ab ea
parte, quae fuerit ab radice, nigrum colorem, ab altera
parte croci. ipsum utilem esse oculorum medicamentis.
149 **21.** (39) Aëtitae lapides ex argumento nominis
magnam famam habent. reperiuntur in nidis aquilarum, 15
10,12 sicut in decumo volumine diximus. aiunt binos inveniri,
marem ac feminam, nec sine iis parere quas diximus
aquilas, et ideo binos tantum; genera eorum quattuor: in
Africa nascentem pusillum ac mollem, intra se velut in
alvo habentem argillam suavem, candidam. ipsum fria- 20

---

§ 149: Isid. XVI 4, 22. Solin. 37, 15. — cfr. Diosc. V 160.
Solin. 37, 14. Prisc. 985. 986.

2 praecipui B d v. -ue r. | tertium—p. 361, 7 generis om. a.
4 hepatiten B S. ela- (aela- F) r. | uocare B¹. 5 quan-
diu crudū (-du B¹) B. | miltiten B C. -liten r. -tem h v.
6 rubricae B. 6. 7 haemoroidaſ B. 7 in potu B S. in
totum r v. an potu vel in potione? 8 tritoſ B v. -tas r. |
triun ll. v. 9 idem auctor h v. a. S. | & ll. S. del. B. esse v.
10 quem (quā R) uocant R d h v. a. S. | anthraciten d h G
(-tin B). -chiten (int- R) R F. andracithen B. 11 attritum
B d v. tertium F. at ciū R. | aquariſ B¹ D. 12 quae — 13
parte om. B¹. (suppl. ead. man. in marg.). 13 parte del. G. |
eucolorē B. 14 aetitae H. -ite B. -ites R v. aethi- F. (lapis
habet v. a. G). | ex B d G. et r. etiam h v. 16 decumo
om. B. 17 marem et d h v. a. S. marmae R F. | iis d h v. iſ
B¹ D. his r. 18 binoſ B d v. -nas r. | quattuor B v. quabi-
turur F¹. qua bibitur r. 19 ſe B h S. senet F (ortum ex
iterato uel). se et (ac v) R G. semet d D. | in om. Rh. 20
aluo B v. alto r. 20 et p. 361, 1 fragilem B².

bilem feminei sexus putant, marem autem, qui in Arabia
nascatur, durum, gallae similem aut subrutilum, in alvo
habentem durum lapidem. tertius in Cypro invenitur 150
colore illis in Africa nascentibus similis, amplior tamen
5 atque dilatatus; ceteris enim globosa facies. habet in alvo
harenam iucundam et lapillos, ipse tam mollis, ut etiam
digitis frietur. quarti generis·Taphiusius appellatur, nascens
iuxta Leucada in Taphiusa, qui locus est dextra navigantibus ex Ithaca Leucadem. invenitur in fluminibus candidus
10 ac rotundus. huic est in alvo lapis, qui vocatur callimus,
nec quicquam terren*i*. aëtitae gravidis adalligati mulieri- 151
bus vel quadripedibus pelliculis sacrificatorum animalium
continent partus, non nisi parturiant removendi; alioqui
volvae excidunt. sed nisi parturientibus auferantur, omnino
15 non pariant.

(40) Est et lapis Samius in eadem insula, ubi terram 152
laudavimus, poliendo auro utilis, in medicina oculorum 35,191
ulceribus cum lacte quo supra dictum est modo et contra 145
veteres lacrimationes. prodest et contra vitia stomachi
20 potus, vertigines sedat mentesque commotas restituit.

---

§ 151 extr.: Isid. XVI 4, 22. Solin. 37, 15. Prisc. 986.
Damig. 1. cfr. Diosc. V 160. Geopon. XV 1, 30. Plin. XXX 130.
— § 152: Diosc. V 172. Isid. XVI 4, 13.

---

1 quem feminei *v.a.S.* | ſexuuſ **B**[1]*D*.   2 naſcatur **B***S*.
-citur *rv*. | galle **B**[1]. -lliae **B**[2]. | ſubrutilium **B**[1].   7 frietur
RFd*G*. frig&ur **B**[1]. fric&ur **B**[2]h*v*(*D*). *cfr.* § 166. *XXXIV*
117, 121. XXXVII 60. XII 49. 65. 92. | taphiusius h*v*.
thapi- *ll*.   8 leucada **Fda***S*. -dam **Rh**. -dem *v*. leuchaba
B. | in taphiusa qui (-uſ aeq. **B**) locus *ll.v*(*S*). ubi est mons
capius (taphius *H*) qui locatus h*H*. | dextra **RFd**h*v*. -tera **a**.
extra **B***D*.   9 ex ithaca (itacha **B**) **B***S*. ex hac (hat **F**) ad
ll.v. ad h*H*. | leucadam **Rh**a. | in *om*. **B**[1].   10 callimuſ **Bd**
a*v*. calamus *r*.   11 terreni *ego*. -ent (torr- a) *ll.*d*a*. tene-
rius h*v*. teretius *S e coni. J*. (*cfr. supra* argillam *et* hare-
nam). | grauitis **R**. omnes grauidis h*v.a.S*.   12 pelliculiſ
Ba*v*. -la *r*. fellicolis **d**. | sacrificati uteri h*v.a.G*.   13 con-
tin& **B**. | partuuſ **B**[1]*D*. | alioquin **B**[2]**T***v.a.Bas*.   14 excidunt
ll.C(*S*). -dium fit **d***Tv*(*H*). | omni **RF**.   15 pariant (-rea-**B**[1])
BF[1]*S*. -riunt *rv*.   19 lacrumationeſ **Bd**. | ſthomathi **B**.
20 mentes **R**(?)**h***G*.

quidam et morbis comitialibus utiliter dari putant et ad
urinae difficultates. et acopis miscetur. probatur gravitate, candore. volunt et partus contineri adalligato eo. —
153 (41) Arabus lapis, ebori similis, dentifriciis adcommodatur
crematus. privatim haemorroidas sanat cum lanugine lin- 5
teorum aut super linteolis inpositis.

154   (42) Non praetermittenda est et pumicum natura.
appellantur quidem ita erosa saxa in aedificiis, quae mu-
saea vocant, dependentia ad imaginem specus arte redden-
dam, sed ii pumices, qui sunt in usu corporum levan- 10
dorum feminis, iam quidem et viris, atque, ut ait
Catullus, libris, laudatissimi sunt in Melo, Nisyro et
155 Aeoliis insulis. probatio in candore minimoque pondere
et ut quam maxime spongiosi aridique sint, teri faciles
nec harenosi in fricando. vis eorum in medicina ex- 15
tenuare, siccare, trina ustione ita, uti torreantur carbone
34, 106 puro, totiens vino restinguantur albo. lavantur deinde ut
cadmia et siccati conduntur quam minime uliginoso loco.

---

§ 153: Diosc. V 148. cfr. Isid. XVI 4, 11. Plin. XXXVII
145. — § 154: cfr. Plin. epist. I 9, 6. Ovid. ars am. I 506.
Martial. ep. XIV 205. V 41, 6. Catull. 1, 2. 22, 8. — § 155:
Th. lap. 21. Diosc. V 124.

3 uolunt *ll.S.* uuluas **h**v. | eo tradunt **h**v.*a.S.*   4 ara-
bius *v.a.G.* | adcommodatur (-omo- **B**) **B**d**a**v. -tus **R**. -tos **F**.
     5 haemoroidaſ **B**.   6 aut ſuper **B**S. insuper *r v*. *cfr.*
XVII 76 et nota ad XXX 107. an & insuper? | impositis **R**
ha. -tus d*D*.   8 quidem **B**d**a***B*. -dam *r* (*praem.* lapides)
v. | ita (*S*. et ita *G*) eroſa ſaxa in (samin **R**F) *ll.*a*G*. et cetera
saxa erosa annis in *B*. ita erosi amne **h** (*add.* in) *v*. | aedi-
ficiiſ **B²**a*v*. -ciſ **B¹***D*. ae (e **F**) diffusis *r*.   8. 9 musea **R**d**h**
v.a.J. *cfr. XXXVII 14*.   9 ſpecuuſ **B¹***D*.   10 ii d*S*. io **F**.
hi **B**a. hic **R**. et ii *v*.   10. 11 lauandorum **B¹**d**Th**. leuigand-
v.a.S.   11 tä **R**.   12 laudatiſſimiſ **B**. | sunt *om*. **R**. | in syro
d**T**. scyro *v.a.H*. *cfr. Theophr*.   14 & ut **B***v*. & *r*. ut **T**. |
ariq. **B¹**. -idi **a**. | ac teri d(?)*v.a.S*. eri **F**R. | facile **B¹**.
15 *an* friando? *cfr. Theophr*.   16 trina — 17 lauantur *om*. **a**.
     16 trina (tertia *H*) uſtione **B***G*. tur in austri natione
(nit- **F**) *r*. in austro (in ustrina ter *v*) siccantur **h**v. | ut **R**(?)
v.a.J. *de* uti *cfr. nota ad XXXI 7*. | torreant **B**. -tur et (ac *v*)
hv.*a.S*.   17 aluo **B**. *om*. **R**. | labantur **F**. alb- **R**.   18 ſic-
catiſ **B**.

usus farinae *ex iis* oculorum maxime medicamentis: ul- 156
cera purgant eorum lenitér explentque, cicatrices emendant. — (Quidam a tertia ustione refrigeratos potius quam
restinctos terere malunt ex vino). — adduntur et in ma-
5 lagmata capitum verendorumque ulceribus utilissimi. fiunt
ex *iis* et dentifricia. Theophrastus auctor est potores
in certamine bibendi praesumere farinam eam, sed, nisi
universo potu inpleantur, periclitari, tantamque refrige-
randi naturam esse, ut musta fervere desinant pumice
10 addito.

22. (43) Auctoribus curae fuere lapides mortariorum 157
quoque, nec medicinalium tantum aut ad pigmenta perti-
nentium. Etesium lapidem in iis praetulere ceteris, mox
Thebaicum, quem pyrropoecilon appellavimus — aliqui 63
15 psaranum vocant —, tertium ex chalazio chrysiten, medicis autem ex basanite. hic enim lapis nihil ex sese remittit. ii lapides, qui sucum reddunt, oculorum medicamentis utiles existimantur; ideo Aethiopici ad ea maxime
probantur. Taenarium lapidem et Phoeniceum et haema- 158
20 titen iis medicamentis prodesse tradunt, quae ex croco

---

§ 156: Diosc. V 124. Th. H. lX 17, 3. Isid. XVI 3, 7. —
§ 157: Isid. XVI 4, 36. (cfr. Plin. XXXVII 189). — § 158: cfr.
Plin. supra § 185. Diosc. V 152.

---

1 ex iis *ego.* eius *ll.v.*   2 purgant B d a*v.* -gat R(?)h
Verc. pugnant F. | expletque *Verc.* | cicatrices et R(?)h*v.a.D.*
(*dist. D*).   2. 3 emendat R(?)*Verc.*   3—4 *uncos ego posui;*
pertinere videntur verba post loco (*p. 362, 18*).   3 a B*S.* om.
rv.   4 terrere B¹. | & in B d a*S.* etiam F. etiam ad R(?)h*v.*
5 utilissima d(?)*v.a.S* (*ad seqq. relatum*).   6 iif *v*(*S*). if
B¹(Fa?)*D.* his *rC.* | ad (*pro* et) h. om. d(?)*v.a.S.* | auctor B
a*G.* autem auctor *rv.*   7 bibendo B¹.   8 uniuerfo *ll.v*(*S*).
immenso h*Verc. locus adhuc corruptus videtur.* | tantumq. B.
-taque F. (*an* ficcandi? *cfr. Theophr.*).   12 ne (*pro* nec) B.
om. h.   13 etesium *ll.H.* eth- T (*add.* que) *v.* ephesiumque
G. | mox et d h *v.a.S.*   15 pfaranum B*S.* -ronum F d. -nium
R h*v.* -ron a. | tertium — p. 364, 4 faciunt *om.* a. | & (*pro* ex)
B. | chryfiten d*v.* -tem B. -te R. dirysitae F.   15. 16 medici
autem et basaniten *cod.Poll.v.a.S.* (*hic desinit* R).   17 hii B².
ii autem h*v.a.S.*   19 tenarium lapide m (-dē B²) B. | phoeni-
ceum B*S.* poenicum d h*v.* pen- F.

componantur; ex alio Taenario, qui niger est, et ex Pario
lapide non aeque medicis utilem, potioremque ex alabastrite
Aegyptio vel ex ophite albo. est enim hoc genus ophitis,
ex quo vasa et cados etiam faciunt.

159   (44) In Siphno lapis est, qui cavatur tornaturque in 5
vasa vel coquendis cibis utilia vel ad esculentorum usus,
quod et in Comensi Italiae lapide viridi accidere scimus,
sed in Siphnio singulare quod excalfactus oleo nigrescit
durescitque natura mollissimus. tanta qualitatium differentia est, nam mollitiae trans Alpis praecipua sunt 10
exempla. in Belgica provincia candidum lapidem serra,
qua lignum, faciliusque etiam secant *tant*um ad tegularum
et imbricum vicem vel, si libeat, quae vocant pavonacea
tegendi genera.

160   (45) Et hi quidem sectiles sunt, specularis vero, 15
quoniam et hic lapidis nomen optinet, faciliore multo
natura finditur in quamlibeat tenues crustas. Hispania
hunc tantum citerior olim dabat, nec tota, sed intra c̄
passuum circa Segobrigam urbem, iam et Cypros et
Cappadocia et Sicilia et nuper inventum Africa, post- 20

---

§ 159: Th. lap. 42. Isid. XVI 4, 35. — § 160: Isid. XVI
4, 37. (cfr. Strabo XII 2, 10 p. 540).

---

1 tenario F. taenareo B. | et Fdh*v*. *om*. B.   2 non eq.
B. | potioremque B*S*. -orem F*v*. -or est d. | alabaſtrite B d*v*.
labasaente F.   3 aegypto F. | ophite h*v*. opithe B. phite
Fd. | ophitiſ Bh*v*. -hotis Fd.   4 ex *om*. h. eo F.   5 ſipno
B. syphino a. -phno *v. a. C*.   6 uel *om*. h*v. a. S*. | cocendiſ B¹.
quoque- F. | esculentorum (desc- F) Fdh*v* (*D*). -toſ B*S* (*ortum
fortasse ex* -toῤ). excolendorum a.   7 & B*S*. *om. r v*. | con-
menſi B. comm- a. | uiridi B*G*. -de a. uendi Fh. *del. v*.
8 siphnio h*G*. -no *v*. ſipnio B. sitnio Fd. sithinio a.   9 na-
tura *om. S J* (*errore*). | moliſſimuſ B¹. | qualitatum B²dh*v. a. J*.
    10 et trans *v. a. S*. | alpiſ B¹a*v* (*S*). -peſ B²*C*. latis Fdh.
    12 secant tantum *ego*. ſecantiũ B da*v. a. B*. sicc- F. secant
h(?)*B*. (secant. sunt et schisti lapides, quibus utuntur *Habets*). |
at B. | tegularem F. regularum a.   13 ad quae h*v. a. J*.
. 14 tegendi (-ntii F) Fha*v*. leg- B.   16 lapidis *ll. S*. -pis d(?)
h*v*.   17 funditur B¹. | quamlibet dh*v. a. S*.   18 c̄ *ego*. c B F
d*D cum U* 803. c. milia ah*v*.   19 passuum h*v*. -ſſum B¹.
-us *r D*. | ſegobrigam B*J*. -icam Fd*v*. sebogic- a. *cfr. III 25*.

ferendos tamen omnes Hispaniae, Cappadocia amplissimos
magnitudine, sed obscuros. sunt et in Bononiensi Italiae 161
parte breves, macula complexu silicis alligata, quorum
tamen appareat natura similis. puteis in Hispania effo-
5 ditur e profunda altitudine, nec non et saxo inclusus sub
terra invenitur extrahiturque aut exciditur, sed maiore
ex parte fossili natura, absolutus in se caementi modo,
numquam adhuc quinque pedum longitudine amplior.
umorem hunc terrae quadam anima crystalli modo gla-
10 ciari et in lapidem concrescere manifesto apparet, quod
cum ferae decidere in puteos tales, medullae in ossibus
earum post unam hiemem in eandem lapidis naturam
figurantur. invenitur et niger aliquando, sed candido 162
natura mira, cum sit mollitia nota, perpetiendi soles
15 rigoresque, nec senescit, si modo iniuria absit, cum hoc
etiam in caementis multorum generum accidat. invenere
et alium usum in ramentis squamaque, Circum maximum ludis Circensibus sternendi ut sit in commenda-
tione candor.

20   (46) Nerone principe in Cappadocia repertus est 163

---

§ 161: Isid. XVI 4, 37. — § 163: Isid. XVI 4, 23. (cfr.
Suet. Domit. 14).

---

1 et Cappadociae *v.a.S.* | ampliſſimoſ **B**S. -mae **a**. mel-
lissimos **F**d. moll- **T**. mollissimis et amplissimae *v*.   2 magni-
tudinis **a**v.*a.S.* | obscuris *v.a.S.* | & **B**d*v*. om. *r*.   3 macula **B**.
-losae **F**. -se **d** h. -si **a** *v*. | *dist. ego.* | alligata *ego*. -tae **B**.
-te *r*. -ti *v*. *de dictione cfr. XXXII 66.* | quorum h*v*. qua-
rum *ll*.   5 e **B**S. et **a**. *om.* **F**dh*v*.   6 extrahiturque (ex-
iturque **F**. *an* eruiturque?) aut exciditur **F**d S (*plurali numero*
h*v*). *om.* **B**. *in* **a** *lacuna usque ad* repertus *in v*. 20.   6. 7
maiore ex *ego*. -rae **B**¹. -re *r*S. -ri *v*.   7 in ſe caementi
BS. in sem- **F**d. in segm- **T**. segm- *v*.   9 humorem **B**
v.a.S. | quadam anima **BF**d**TS**. quidam autumant h*v*. | cry-
ſtelli **B**¹. crustalli **F**.   10 manifeſto **B**d*v*. -te h. -tae **F**.
12 uam **B**¹. | eandem **BT**h*G*. ead- **F**d*v*. | natura d*v.a.G*.
   13 figurantur **BT***v*. -rarunt **F**d. | candida **B**.   14 natu-
ram **F**.   14. 15 solis rigorisque *v.a.H.*   15 ///// nec **B**. |
iniuria **B***v*(S). -riam **F**. -ria in **T**. -ria non d h*H*. | abſit **B**
v(S). arsit **F**d**T**h*H*.   17 squamaque S. -ma quae **B**. quamque **F**d. quoque h*v*.

lapis · duritia marmoris, candidus atque tralucens · etiam
qua parte fulvae inciderant venae, ex argumento phengites
appellatus. hoc construxerat aedem Fortunae, quam Seiani
appellant, a Servio 'rege sacratam, amplexus aurea domo;
quare etiam foribus opertis interdiu claritas ibi diurna 5
erat alio quam specularium modo tamquam inclusa luce,
non transmissa. — In Arabia quoque esse lapidem vitri
modo tralucidum, quo utantur pro specularibus, Iuba
auctor est.

164   (47) Nunc ad operarios lapides transisse conveniat 10
primumque cotes ferro acuendo. multa earum genera:
Creticae diu maximam laudem habuere, secundam Laco-
nicae e Taygeto monte, oleo utraeque indigentes. inter
aquarias Naxiae laus maxima fuit, mox Armeniacae, de
54 quibus diximus. ex oleo et aqua Ciliciae pollent, ex 15
165 aqua Arsinoiticae. repertae sunt et in Italia aqua tra-
hentes aciem acerrimae effectu, nec non et trans Alpis,
quas passernices vocant. quarta ratio est saliva hominis
proficientium in tonstrinarum officinis. Laminitanae ex
Hispania citeriore in eo genere praecipuae.   20
166   (48) E reliqua multitudine lapidum tofus aedificiis

---

§§ 164. 165: Isid. XVI 3, 6. cfr. Plin. XVIII 261. — § 166:
Isid. XIX 10, 6. — cfr. Plin. XIV 120.

---

3 quam — 4 appellant *om*. a.   3 feiani B*B coll. VIII 197*
(*D*). seiam dh*v*(*G*). *cfr. XVIII 8*. si iam F.   4 appellant
BF d*v*(*G*). -atione dicebat h*B*.   5 opertif Bd T*H*. ap- *r v*.
clausis *Isid*. | indura F.   6 haud alio *v. a. H*.   8 utuntur
dh*v. a. S*.   10 operarum F.   11 aquendo B[1].   12 creticae
(-iae a) diu Bd a*v*. -ca aedium F.   13 e taygeto *v*. & aug-
B. e tagg- Fd. et ayeto a. | utraeque Bh*v*. -raque FdTa.
14 maxima Bha*v*. -marum Fd. | armeniacae Bda*v*. armis
eniaese F.   15 ciliciae Bdh*v*. cel- F. cal- a.   16 arfinoi-
ticae Ba*S*. -oeticae h*v*. arxinoitice F. | repertae ah*v*. -ta *r*.
    17 acerrimae a*D*. -ma *r*. -me d. -mo h*v*.   18 omnis
F.   19 in *om*. a. quae in *v. a. G*. | tonftrinarum (toft- B[1]) B*v*.
lust- Fd. *om*. a. | officinif B*v*. -ciis Fdh. -cinas a. *add*. in-
utilis est (*del. G*) fragili mollitia *v. a. D*. | laminitanae B*S*. *cfr*.
III 6. 25. flam- h*v*. -tante Fd. *in* a *lac. usque ad* aedificiis
(*v. 21*).   21 e B*H*. *om*. FdTh*v*. | multitudo h*v. a. H*. | tofuf
B*H ex Isid*. totus dT. -tis F. -tum h. in totum *v*.

inutilis est mortalitate, mollitia. quaedam tamen loca non
alium habent, sicuti Carthago in Africa. exestur halitu
maris, friatur vento, everberatur imbri. sed cura tuentur
picando parietes, quoniam et tectorii calce eroditur, scite-
5 que dictum est ad tecta eos pice, ad vina calce uti, quoniam sic musta condiunt. alia mollitia circa Romam 167
Fidenati et Albano. in Umbria quoque et Venetia albus
lapis dentata **serra** secatur. hi tractabiles in opere laborem quoque tolerant, sub tecto dumtaxat; aspergine et
10 gelu pruinisque rumpuntur in testas, nec contra auram
maris robusti. Tiburtini, ad reliqua fortes, vapore dis-
siliunt.

(49) Nigri silices optimi, quibusdam in locis et ru- 168
bentes. nonnusquam vero et albi, sicut in Tarquiniensi
15 Anicianis lapicidinis circa lacum Volsiniensem et in Sta-
toniensi, quibus ne ignis quidem noce*at*. *ii*dem et in
monimentis scalpti contra vetustatem quoque incorrupti
permanent; ex iis formae fiunt, in quibus aera funduntur.

---

§ 167: Vitruv. II 7, 1. 2. — §§ 168. 169: Vitruv. II 7, 3. 4.
Isid. XIX 10, 12. 13.

---

1 morositate *v.a.G.* | mollitia **B a** *S.* -tiae *G. om.* **F d T**
h *v.* | quaedam — 18 aera funduntur *om.* **a.**   2 sicut **h** *v.a.S.* |
in africa — 3 uento *om.* **d T h.**   2 exeſtur **B**¹*S.* -tuſ **B**². efer-
tur **F**². -tum **F**¹. exercetur *cod. Poll. v.* | halitum **F.**   3 fria-
tur **B**¹*D cum U 804.* -tum **F.** fricatur **B**²*v.* | euerberatur **B** *S.*
uerb- (-tor **F**) **F d h.** et uerb- *v.*   4 tectorii *G.* -ri **B**¹**F d** *S.*
-ria **B**²*v(D).* | calx *v.a.G.* | eroditur **B**²*D.* rod- **B**¹*v.* prod-
F d T h.   5 tecteos pice **d.** tecta spiccae **F.**   7 fidenasti **F.**
-anti **d.** | umbri **d.** liguria **h** *v.a.S.* | quoque umbria *v.a.S.*
8 opere **B h** *v.* -ra **F d.**   8. 9 labore **F.** in hoc **h.**   9 tole-
rant **B** d*v.* laborant **F h.**   10 prunisque **F d.** | contra humores
et auram *v.a.S.*   13 optimi — lociſ **B** *v. om.* **F d h.** | et *om.* **d.**
14 albi **B** *v.* ibi **F d h.** | in *om.* **d.**   15 lapicidinis **d**(?)*H.*
lapidici- **B F h** *v(D).* | latiam **F.**   15. 16 statoniensi **T h** *B.*
-tionenſi **B.** -tonensi (stra- *v*) **F**(*v*)*D.* -sem **d.** *cfr. II 209.*
XIV 67; contra III 52 et codd. Vitr.   16 igniſ **B**¹**F h** *Isid.*
Vitr. v. -neſ **B**²**d T** *S.* | noceat *ego.* -ceͮ **B F d T** *S.* -cet **h** *v.* |
iidem *v.* idem **B** *D. om.* **F d T h.** | in **B h** *v.* hi **F d T.**   17
monumentiſ (-nim- **B**¹*S*) **B F d T h** *H.* -ta *v.* | scapti **F.** ſcvlpti
B²*v.a.G.*

169 est et viridis lapis vehementer igni resistens, sed nusquam copiosus et, ubi invenitur, lapis, non saxum, est.
e reliquis pallidus in caemento raro utilis, globosus contra
iniurias fortis, sed structurae infidelis, nisi multa suffre-
natione devinctus.   nec certior fluviatilis, semper veluti 5
170 madens.   (50) remedium est in lapide dubio aestate eum
eximere nec ante biennium inserere tecto, domitum tem-
pestatibus.   quae ex eo laesa fuerint, subterraneae structurae aptentur utilius; quae restiterint, tutum est vel
caelo committere.   10
171   (51) Graeci e lapide duro aut silice aequato struunt
veluti latericios parietes.   cum ita fecerunt, isodomon
vocant genus structurae; at cum inaequali crassitudine
structa sunt coria, pseudisodomon. tertium est emplecton;
tantummodo frontibus politis reliqua fortuita conlocant. 15
172 alternas coagmentationes fieri, ut commissuras antecedentium medii lapides optineant, necessarium est, in medio quoque pariete, si res patiatur; si minus, utique
a lateribus.   medios parietes farcire fractis caementis

---

§ 170: Vitruv. II 7, 5. Isid. XIX 10, 14. — § 171: Vitruv.
II 8, 5. 6. 7 — § 172: Vitruv. II 8, 7. 1.

---

1 uiridiſ lapiſ **Bhav**(*D*). lapis uiridis d. lapis **F**. uiridis
silex *H ex Isid.* uiridis *SJ.* (*an* talis *pro* lapis?).   3 e
om. **B.** | reliquiiſ **B².** | fallidus **F.** | caemento (cem- *v*) **Ba** *G.*
crem- **Fdh** *Ven.*   4 ſed **B***S.* sed ad h*v.* sed contra (-ra in **a**)
r. | ſtructurae **B***S.* -ra *r.* -ras d. -ram h*v.* | nisi *om.* **B.**
6 rubro *H e Vitr.* | aeſtate eum **Bhav.** est ante eum d. state
cum **F.**   8 subterraneae *S.* -naeę **B².** -nae **B¹.** -nea est **a.**
-nea in d.   (in subt- h*v*). -teraniae in **F.**   8. 9 ſtructurae
B*S.* -ra **Fdh***v.* tracturae **a.**   9 aptentur **Bha***S.* (-tantur
T*v*). capt- **Fd.** | quae h*v.* que **Fda.** q. **B.** | reſiſterent **B.**
11 graeci (gre- **B**) e **Bh***v.* gretie **F.** gratie d. -iae **a.** | silicc
F. | aequo **FT***v.a.G.* equo d. *om.* h. | construunt h*v.a.S.*
12 iſodomon **B***G.* -mos *v.* isidomos *r.*   13 ad **F.** *om.* **a.**
14 ſ (*pro* ſunt) **B.** | coria **B***S.* *cfr. Vitr.* cona d h. *om.* *r v.* |
pseudisodomon *v.* //// ſeudiſ- **B.** pseudips- d h. absseudips- **F.**
om. **a.**   15 fortuita **B².** -to **B¹Fdh***v.* -tu **a***D.* (ita ut sunt
nata cum materia *Vitr.*).   16 coavgmentationeſ **B².** aug- **a** h.
    18 patiatur **B***v*(*S*). -itur *r G.*   18. 19 utique alteribus
(-rius h) **Fh.**

diatonicon vocant. reticulata structura, qua frequentissime
Romae struunt, rimis opportuna est. structuram ad nor-
mam et libellam fieri, ad perpendiculum respondere
oportet. **23.** (52) cisternas harenae purae asperae V 173
5 partibus, calcis quam vehementissimae II construi, fragmentis silicis non excedentibus libras; ita ferratis vectibus
calcari solum parietesque similiter. utilius geminas esse,
ut in priore vitia considant atque per colum in proximam
transeat pura aqua.

10   (53) Calcem e vario lapide Cato censorius inprobat; 174
ex albo melior. quae ex duro, structurae utilior; quae
ex fistuloso, tectoriis; ad utrumque damnatur ex silice.
utilior eadem effosso lapide quam ex ripis fluminum col-
lecto, utilior e molari, quia est quaedam pinguior natura
15 eius. mirum aliquid, postquam arserit, accendi aquis. —
(54) Harenae tria genera: fossicia, cui quarta pars calcis 175
addi debet, fluviatili aut marinae tertia. si et testae tusae
tertia pars addatur, melior materia erit. ab Appennino

---

§ 173: Vitruv. VIII 7 (6), 14. 15. — § 174: Cato 38, 2.
Vitruv. II 5, 1. Pallad. I 10, 3. Isid. XVI 3, 10. (cfr. Vitruv.
II 4, 2). — § 175: Vitruv. II 5, 1. (Pallad. I 10, 1. 2. 3). II 6, 5.

---

1 diatonicon *J²coll. Vitr.* -nichon **B.** -toichon *S cum J¹.*
diemedion **F.** -mechon d. diamicton *H cum P.* diothecon **a.**
dictyotheton *v (ad seqq. relatum).* | reticulata **BTa** *H.* -atam *v.*
-la **Fd.** | structuram *hv.a.H.* | qua — 2 structuram *om.* **a.** |
qua **BT** *H.* que **Fd.** quam *hv.*   2 opportuna est **BFdT** *H.*
-nam *v.*   3 libella **B².**   4 oportet et *hv.a.S.* | et asperae
v.a.J. om. **h.** | quinque *ll.v.*   5 quam *hv.a.H.* | uehementis-
simae *v.* -me (uehent- **F**) *ll.* | duabus (duobus **a**) — 5. 6 frag-
mentis (fracm- **B**) **Ba** *L²v(J). om.* **FdhL¹.** [construi conuenit
L²v.a.J(D)].   6 excidentib, **B.** ced- d.   7 calcari **Bd** *hv.*
-cati **a.** -ciari **F.**   8 in *om.* **BSJ.** | proximam *C.* -ma d.
-mas *ll.v. om.* **h.**   9 maxime pura *hv.a.S.*   11 alio **F.** |
melior. quae *H.* -or qua **a¹T.** -or quam *rv.*   12 pistuloso
Fd.   13 ex effosso *v.a.S.*   14 *an* uilior? (*cfr. Vitr. II
4, 3 extr. de pinguitudine*). | e *om.* **F.**   14. 15 natura eiuf
Bv. -rae uis **dT.** -ra ē *r.*   15 aliquit **B¹.**   16 qui (*pro
cui*) **B¹.**   17 marinae **Ba** *v.* -na **dh.** -rma **F.** | fi et **Bv.** sit
et *r.* si **h.**

ad Padum non invenitur fossicia, nec trans maria. —
176 (55) Ruinarum urbis ea maxume causa, quod furto calcis
sine ferumine suo caementa componuntur. intrita quoque
ea quo vetustior, eo melior. in antiquorum aedium legi-
bus invenitur, ne recentiore trima uteretur redemptor; 5
ideo nullae tectoria eorum rimae foedavere. tectorium,
nisi quod ter harenato et bis marmorato inductum est,
numquam satis splendoris habet. uliginosa et ubi salsugo
177 vitiet testaceo sublini utilius. in Graecia tectoriis etiam
harenatum, quo inducturi sunt, prius in mortario ligneis 10
vectibus subigunt. experimentum marmorati est in sub-
igendo, donec rutro non cohaereat; contra in albario
opere, ut macerata calx ceu glutinum haereat; macerari
non nisi ex glaeba oportet. Elide aedis est Minervae, in
qua frater Phidiae Panaenus tectorium induxit lacte et 15
croco subactum, ut ferunt; ideo, si teratur hodie in eo
saliva pollice, odorem croci saporemque reddit.

---

§ 176: Vitruv. VII 2, 1. 3, 6. (Pallad. I 15). VII 4, 1. —
§ 177: Vitruv. VII 3, 10. 6. 2, 1. Pallad. I 15. — cfr. Plin.
XXXV 54. 57.

---

1 padum **Bav.** earum **FdT.** *om.* h. | non *om.* **BSJ.** *sed*
cfr. Vitr. | trans *om.* h*v.a.G.* | marina d h*v.a.G.*   2 furto
Bav. fulto **FdTh.**   3 intrita — 6 ideo *om.* a.   4 ea **BS.**
et a **Fd.** *om.* h*v.* | quod **B¹.** | antiquorum **BS.** *cfr. XXV 147.*
-quarum d h*v.* anquarum **F.**   5 retentiore **F.** recenſi- **B.**
6 indeo **B¹.** deo **F.** | nulla a d h*v.a.S.* | tectoria eorum **B¹Fd*v.***
-riorum **B².** -ria a.   7 niſi quod **BS.** quod (que quod *v.*
que *G*) nisi *rv.* quidem nisi (ubi h) d Th *H.* | per **B.** | & biſ
marmorato **Bav.** *om.* **Fdh.**   8 numquam **BS.** non *rv.* | uli-
ginoſa et **Bav.** -osae **F.**   9 uitiet *ego.* -tiat *B.* -tia **Fdh*v***
(*ortum ex* uiti&). -tia. at **B.** | teſtaceo ſublini **B*v.*** -eosum lini
d. -ta sublimi a. -cio silini **F.** | graecia **Fdha*v*(*D*).** greciae
(grae- *S*) **BS.** | tectoriiſ **Bdh*v.*** -ris **FD.** -turis a.   10 quod
h*v.a.S.*   11 experimento **F.**   11. 12 ſubigiendo **B¹.**   12
rutro **B*v.*** rubró a. ultro **FdTh.** | contra — 15 phidiae *om.* a.
        13 glutinum **FdhL***Vitr.v*(*D*). -na **BS.**   14 ex (*H.* a *v*)
glaeba **FdhL***H*(*D*). glaeba **BS.** -bam *J. an* eximia glaeba?
(glaebae calcis optimae *Vitr.*). | in Elide aedes *v.a.S.*   15
patenus h. paneus *vel* pannaeus *v.a.H.* | lacte et **Fdha**
v(*D*). late e. **BS.** lacte e *J. an* tale e?   16 ferunt **Bd*v.***
-rent *r.*

(56) Columnae eaedem densius positae crassiores vi- 178
dentur. genera earum quattuor: quae sextam partem altitudinis in crassitudine ima habent, Doricae vocantur; quae
nonam, Ionicae; quae septimam, Tuscanicae; Corinthiis
5 eadem ratio quae Ionicis, *set* differentia, quoniam capitulis Corinthiarum eadem est altitudo, quae colligitur
crassitudine ima, ideoque graciliores videntur; Ionicis
enim capituli altitudo tertia pars est crassitudinis. anti- 179
qua ratio erat columnarum altitudinis tertia pars latitu-
10 dinum delubri. in Ephesiae Dianae aede, quae prius fuit,
primum columnis spirae subditae et capitula addita, placuitque altitudinis octava pars in crassitudine et ut spirae
haberent crassitudinis dimidium septimaeque partes de-
traherentur summarum crassitudine. praeter haec sunt
15 quae vocantur Atticae columnae quaternis angulis, pari
laterum intervallo.

24. (57) Calcis et in medicina magnus usus. eligitur 180
recens nec aspersa aquis. urit, discutit, extrahit incipien-
tesque serpe*ntium* ulcerum impetus coercet; aceto et rosa-
20 ceo mixta atque inlita, mox cera ac rosaceo temperata
perducit ad cicatricem. luxatis quoque cum liquida resina

---

§ 178: Vitruv. III 2 (3), 11. IV 1, 6. 8. 7, 2. 1, 1. — § 179:
Vitruv. IV 1, 1. 11. 1. 7, 2. 1, 7. (III 5, 1. IV 12). Isid. XV
8, 14. — § 180: Diosc. V 132. eupor. I 200. Pl. iun. 78, 9—12.
Marc. 4, 58. Pl. iun. 81, 19. Marc. 15, 59.

---

1 eaedem **B²T** *S.* ead- **B¹**. aed- *r.* heed- **dL**. in aede h*B*.
cedere *v.*   3 crassitudine **dL**a*v*. -nem (croffi- **B²**) *r.* | ima
ll.v. una h. nimia **dL**.   4 corinthiis **dh***v*. -this **Fa***D*. -thi **B**.
     5 set *vet.Dal.* et *ll.v.*   5. 6 capitulif **BB**as. -laris *rv*.
     6 corinthearū **B**.   7 croffitudine **B²**. | ima *v*. imae *ll*.
nimia **dL**. | ionicis — 8 crassitudinis *om.* a.   7 ionici *B*.
8 altitudo **B***v*. -ito **F**. -i ut **dL**. | parf eft **B***B*. prestet **FdL**.
praestat *v.* | croffitudinif **B²**.   10 quae — 14 praeter *om.* a.
     10 quae **B***S*. qua **F***d*L. de qua *v.* | fuit sermo *v.a.S*.
11 fpirae **B***v*. -inae **Fdh**.   12 occulta ua **B**. | ut *om.* **B**.
     13 partis **dh***v.a.G*.   13. 14 detraherentur **BG**. -hentibus
Fdh*v*.   14 crassitudini *B*. | has h*v.a.S*.   15 angutif **B**.
     19 serpentium *ego.* -pere *ll.v.* cfr. *Pl. iun. et Marc.* | im-
petuuf **B¹***D*.   20 mixta — rofaceo **B***S*. *om. rv.* cfr. *Pl. iun.*
et Marc.   21 perducit **Fh**a*v*. -ulcta **B**. -uxit **dL**.

aut adipe suillo ex melle medetur, eadem compositione
et strumis.

181 (58) Maltha e calce fit recenti. glaeba vino restinguitur, mox tunditur cum adipe suillo et fico, duplici
lenimento. quae res omnium tenacissima et duritiam 5
lapidis antecedens. quod malthatur, oleo perfricatur ante.

182 (59) Cognata calci res gypsum est. plura eius genera.
nam et e lapide coquitur, ut in Syria ac Thurïis, et e
terra foditur, ut in Cypro ac Perrhaebia; e summa tellure
et Tymphaicum est. qui coquitur lapis non dissimilis 10
alabastritae esse debet aut marmoroso. in Syria durissimos ad id eligunt cocuntque cum fimo bubulo, ut celerius
urantur. omnium autem optimum fieri compertum est e

183 lapide speculari squamamve talem habente. gypso madido
statim utendum est, quoniam celerrime coit; tamen rursus 15
tundi se et in farinam resolvi patitur. usus gypsi in al-
bariis, sigillis aedificiorum et coronis gratissimus. exemplum inlustre *est*, C. Proculeium, Augusti Caesaris fami-
liaritate subnixum, in stomachi dolore gypso poto consci-
visse sibi mortem. 20

§ 181: Pallad. I 17, 3. (41, 1). — § 182: Th. lap. 64. 65. 69.
Isid. XVI 3, 9. — § 183: Th. lap. 66. 67. Isid. XVI 3, 9. —
cfr. Diosc. V 133.

3 malta F. 4 ficu d h v. a. S. *an* pice? *cfr. Pall. I*
17, 3. 5 lenimento *S* e *coni. J.* lenam- B. linam- Fv. liniam-
a d Th L *Brot.* linim- *coni. H.* | tenacissime B. 6 malthatur d v.
-tharum B. -tatur r. | perfricatur B h a G. -igatur F. -ficitur
d L v. 7 cognata B *B.* -nita r v. 8 et e F d L a G. & B h.
e v. | cocitur B¹. | in *om.* F. si in a. | thuriis v. -ris *ll. D.*
turis d. -inis h. | & B v. *om.* r. 9 ut B h a. v. *om.* F d L. |
perraebia B S. -rhaebis v. 10 et *om.* h S. | tympha//icum
B B. *cfr. XXXV 198 et Theophr.* tymeiacum F. ymeicum d L.
hymeti- v. thimeialicum a. 11. 12 durissimos a d L v. -mus
B h. -rosissimos F. 12 ad — 13 urantur *om.* a. 12 at B². |
eligunt B d v. fli- L. fri- F. | cum B S. *om.* F d L h v. 14 specu-
liari B². -laris a. -lare F. 15 coit B d L *Brot.* copii F. coqui
a. siccatur h. coit ac siccatur v. 16 tundi se B³ D. -dif B¹.
-dit F. -di B³ d L a v. 16. 17 albarif B¹ D. 17 coronif B a
Isid. v. cornis F d h L. 18 inluftre est *ego.* -trem B F d L. -tre
a h v. | gaium B S. | caerif B¹. caesaris in F L. 18. 19 fami-
liarem (*om.* subnixum) h v. a. G. 19 in maximo h v. a. S.

25. (60) Pavimenta originem apud Graecos habent 184
elaborata arte picturae ratione, donec lithostrota expulere
eam. celeberrimus fuit in hoc genere Sosus, qui Pergami
stravit quem vocant asaroton oecon, quoniam purgamenta
5 cenae in pavimentis quaeque everri solent velut relicta
fecerat parvis e tessellis tinctisque in varios colores.
mirabilis ibi columba bibens et aquam umbra capitis in-
fuscans; apricantur aliae scabentes sese in canthari labro.
— (61) Pavimenta credo primum facta quae nunc voca- 185
10 mus barbarica atque subtegulanea, in Italia festucis pavita.
hoc certe ex nomine ipso intellegi potest. Romae scutulatum in Iovis Capitolini aede primum factum est post
tertium bellum Punicum initum, frequentata vero pavimenta ante Cimbricum magna gratia animorum indicio
15 est Lucilianus ille versus:

Arte pavimenti atque emblemate vermiculato.

---

§ 184: Isid. XV 8, 10. XIX 14. (cfr. Stat. silvae I 3, 53). —
§ 185: Lucilii fragm. inc. 34 (Müller). Cic. de or. III 43, 171.
or. 44, 149. Brut. 79, 274.

---

2 arte *ll.v.* ante *D* (*cfr. § 185 extr.*). | raptione done B[1].
aut donec ratione *aut lac. statuit U 807. an* ratione *delendum ? (nisi vero pro* arte *adiectivum ponendum est, ut* tarda:
cfr. XXXV 124). | lithostrotata **FL.** | expuluere **Fa.** 3
genere *fofuf* (solus **L**) **BdL***B.* -rosus *rv.* 4 oecon **Bv.** decon
FdL. de quo *a.* 5 pauimentif **BaS.** -to **FdLv.** | euerri **Bh**
av(*G*). -rfi **F.** uerri **dL***Brot.* conu- *B.* 6 e tessellis (&
efe- **B**) *S.* set (sed **Fd**) esse (esset **h**) utilis **FdhL.** *om. a.* e
tesserulis *Brot.* e testulis *v.* 8 aplicantur **B²**. aprineantur
a. abripiente *v.a.G.* | alia **Fav.a.***G.* | scabentes (fta- **B¹**) *G.*
-bantes **FdL.** ftatuentef **B²**. esca *a.* escam ludentes uideres
v. | esse **Fa.** *om.* h*v.a.G.* | *post* labro *add.* apricantur — sese
v.a.G. 10 subtegulanea dh*B.* fubre- **BFL.** -nica *a.* | pauita
B*G.* -imenta *a.* ea uti a **F.** cautia dh**L.** cannea *v.* 11 certe
Ba*G.* a parte **FdL.** aperte **T***v.* 11. 12 scutulatum *S e
coni. J.* fcutol- **B.** scalpturatum **FdhL***v.* -ram *a.* 12
post *om.* **FdL¹.** 15 lucilianuf **Bav.** iucil- **F.** uirgil- d*h.*
-lius **L.** | uerfuf eft **B.** 16 arte h*v.a.H.* | pauimenti *ll.S.*
-to *H.* -ta h*v.* | emblemata h*v.a.H.* | uermiculatof **B.** -ta
ahv.a.H.

186　　(62) Subdialia Graeci invenere talibus domos contegentes, *genus* facile tractu tepente, sed fallax ubicumque imbres gelant. necessarium binas per diversum coaxationes substerni *et* capita earum praefigi, ne torqueantur, et ruderi novo tertiam partem testae tusae addi, dein 5 rudus, in quo II quintae calcis misceantur, pedali crassi-

187 tudine festucari, tunc nucleo crasso VI digitos induci, tessella grandi non minus alta II digitos strui, fastigium vero servari in pedes denos sescunciae ac diligenter cote despumari. quernis axibus contabulari, quia torquentur, 10 inutile putant, immo et felice aut palea substerni melius esse, quo minor vis calcis perveniat. necessarium et globosum lapidem subici. similiter fiunt spicata testacea. —

188 (63) Non neglegendum est etiamnum unum genus Graecanici: solo festucato inicitur rudus aut testaceum pavimen- 15 tum, dein spisse calcatis carbonibus inducitur ex sabulo et calce ac favilla mixtis materia crassitudine semipedali,

---

§§ 186. 187: Vitruv. VII 1, 5. 6 (3). 2. 3. 4. (Pallad. I 9, 2. 3). — § 188: Vitruv. VII 4, 4. 5. Pallad. I 9, 4.

---

2 genus *U 808. om. ll. v. cfr. § 188.* | facile **Ba** *G(S).* -li *v. om.* **FdThL** *H.* | tractu **Fd** *L G.* -tuſ **B.** -tatu **a.** -tu ac (*vel* et) *v.* | tepente **a** d *v.* -teſ **B.** repente (rae- **F**) **FhL.** | fallaci *B.* 3. 4 coaxationes *D e Vitr.* coassa- *B.* coationeſ **B.** taxat- *r v.* 4 substerni **a d h L** *v.* ſubt- *r.* | et *S e coni. J.* e **B.** x **F**[1]. *om. r v.* 6 duae *ll. v.* duae partes **h.** 7 ɴunc **B.** | sex *ll. v.* | digitioſ **B.** 7. 8 induci teſſella (-cit eſſ- **B**[1]) *S.* -cit e ſella **B**[2]. -cit esse illa **FdL.** -cit esse et stella **a.** -ci et ex tessera (testa *v*) *B.* 8 grandi **B** *v.* -de *r.* | alta **Bd** *B.* alia *r v.* | duos *ll. v.* 9 ſeſcunciae **B** *Brot.* (-cem *v*). secu- **d.** sesu- **a.** caecuncie **F.** 10 deſpumari **B** *S.* -re *r v.* (*de dictione cfr. Vitr. VII 4, 5*). | querniſ **Bh** *S.* -nisque *B.* quouernis **F.** quae uernis **a.** uernisque **d** L *v.* | axibuſ **BhL** *v.* anx- *r.* | contabulari **Bh** *S.* -re *B.* contribulari (cun- **F**) *r.* -re *v.* | qua **h.** quae *v. a. S.* | torqueantur **h** *S.* 11 inutilia *v. a. S.* | felice (-cae **F**) **B**[1]**Fa** *J. cfr. XXIV 85.* fil- **B**[2]**dL** *S(D).* -cem *H.* ſilicem **h.** -ce *v.* 12 & **Ba** *v.* e **F.** est **dTL.** 14 non neglegendum (*S.* necl- **B**[1]**F.** neglig- *v*) **B**[1]**Fa** *v.* nonne leg- (elig- **dL**) **B**[2]**dL.** | etiamnunc **d h** *Brot.* 15 inimicitur **F.** inducitur *coni. D e Vitr.* | rudiſ **B**[2]**L.** 16 ex **BdThL** *S.* et *r. om. v.* 17 dist. *D e Vitr.*

ad regulam et libellam exigitur, et est forma terrena; si
vero cote depolitum est, nigri pavimenti usum optinet.

(64) Lithostrota coeptavere iam sub Sulla; parvolis 189
certe crustis exstat hodieque quod in Fortunae delubro
5 Praeneste fecit. pulsa deinde ex humo pavimenta in camaras transiere vitro. novicium et hoc inventum; Agrippa
certe in thermis, quas Romae fecit, figlinum opus encausto
pinxit in calidis, reliqua albario adornavit, non dubie vitreas
facturus camaras, si prius inventum id fuisset aut a parie-
10 tibus scaenae, ut diximus, Scauri pervenisset in camaras. 114
quam ob rem et vitri natura indicanda est.

26. (65) Pars Syriae, quae Phoenice vocatur, finitima 190
Iudaeae intra montis Carmeli radices paludem habet, quae
vocatur Candebia. ex ea creditur nasci Belus amnis quin-
15 que milium passuum spatio in mare perfluens iuxta Ptole-
maidem coloniam. lentus hic cursu, insaluber potu, sed
caerimoniis sacer, limosus, vado profundus, non nisi re-

---

§ 189: cfr. Plin. supra § 184. — § 190: Isid. XVI 16, 1.
Ioseph. bell. Iud. II 10, 2. Tac. hist. V 7 extr.

---

1 et est *ll. v. an* ita (*vel* id) est?   2 te (*pro* cote) **F.** |
depolitum **B a** *v*(*S*). pol- **F d h L** *Brot.* | usum *ll. v*(*S*). uisum
d(?)*G.*   3 litostrota **F.** lithostrata **a.** | coeptauere **B¹***v*(*S*).
cept- **a.** co apt- **B².** accept- **F d T h L**(*ed. pr.*)*Brot.* | fe illa **B¹**.
filla **B².** fella **a.** Sylla *v. a. Brot.*   5. 6 camaeras **F.** -meras
h a *v. a. S* (*ut semper*). -mara **d L.**   6 transiere **h L** *v.* -ire **B F d.**
om. **a.** | uitro *ego.* e uit- *G.* utro **B.** ut pro *r.* ut pronum
[uitium] *v.* at romae *D.*   7 figilinum **B¹.** fligl- **F.** figvl-
B²*S.* | encausto (-tu **F**) **F d L** *v.* eʀch- **B¹.** iʀch- **B².** caustu **a.**
8 pinxit **B** *v.* fi- **F d h L.** *om.* **a.** | in—albario **B** *S.* in reli-
quas (-uis *v*) albariae (-ia *v*) **a** *v. om.* **F d h L.** | uitriaf **B¹.**
9 fuiffe **B¹.**   12 pars est **h** *v. a. S.* | poenice **B².** pae- **B¹.**
13 iudeae **B.** | infra montes **F a.** | habet **B a** *S.* -es **F.** -ens
d h L *v.*   14 candebia **B¹***J.* -evia **B²a.** -ebea **F d h L** *v.* cen-
deuia *G.* -ebia *S coll. Suida et Iosephi ant. Iud. XIII 7, 3.* |
ex ea *om.* **F d L¹.**   15 millium **B¹** (*ut saepe*). | fpatium (*om.*
in) **B¹.**   15. 16 ptolomaidem **B** *D.*   16 hic — potu **B** *S.*
hic currit insalubri (*G.* -ris **L²***v*) potu **a L²***v. om.* **F d h L¹.**
17 caerimonif **B** *D.* | profunduf **B** *v.* -das *r.* -da **L.**
17 *et* p. 376, 1 refufo **B** *v.* -ulso **d T h L.** repulso **F.** rufo
uisu **a.**

fuso mari harenas fatetur; fluctibus enim volutatae nite-
191 scunt detritis sordibus. tunc et marino creduntur ad-
stringi morsu, non prius utiles. quingentorum est passuum
non amplius litoris spatium, idque tantum multa per saecula gignendo fuit vitro. fama est adpulsa nave merca- 5
torum nitri, cum sparsi per litus epulas pararent nec
esset cortinis attollendis lapidum occasio, glaebas nitri e
nave subdidisse, quibus accensis, permixta harena litoris,
tralucentes novi liquoris fluxisse rivos, et hanc fuisse ori-
192 ginem vitri. (66) mox, ut est ingeniosa sollertia, non 10
fuit contenta nitrum miscuisse; coeptus addi et magnes
lapis, quoniam in se liquorem vitri quoque ut ferrum
trahere creditur. simili modo et calculi splendentes multi-
fariam coepti uri, dein conchae ac fossiles harenae. auctores
sunt in India et crystallo fracta fieri et ob id nullum 15
193 conparari Indico. levibus autem aridisque lignis coquitur
34, 95 addito cypro ac nitro, maxime Aegyptio. continuis fornacibus ut aes liquatur, massaeque fiunt colore pingui
nigricantes. acies tanta est quacumque, ut citra sensum
ullum ad ossa consecet quidquid adflaverit corporis. ex 20
massis rursus funditur in officinis tinguiturque, et aliud
flatu figuratur, aliud torno teritur, aliud argenti modo

---

§ 191: Isid. XVI 16, 2. — §§ 192. 193: Isid. XVI 16, 3.

---

1 fatetur Ba B. -entur FdhLv. | uolutatae hv. -te B¹a.
-untate F. -uptate dL. -ubilitate B².   3 morfu Bav. mau F.
manu dhL.   4 an tantulum? cfr. XXXII 3.   6. 7 nec
effet Bhv. necesse est r.   7 glaebas dhLS. gle- v. graebaf
B. glebar F. om. a.   8 nauef B¹.   9 tralucentef B¹D. -tis
FaJ. tranflucentef B²dVerc. -tis Lv(S).   10 ut est astuta
et ingeniosa hv.a.Brot.   11 nitrum BdLv. ui- h. nigr- r.
13 trahere Bav. -ret FdhL.   14 coepti uri Bv. -turi F.
-tum L. cepturi adh. | conchae B²Lv. chon- B¹. conce a d.
concre Fh. | et (pro ac) dv.a.S.   15 & ñ. e dhv. ex LD. |
crystallo (crus- F) FdhLv. chryftalluf B. om. a. | fracta dhLv.
facta BF. fracto christallo a.   17 cyprio dhv.a.J. cupro
Isid. | aegyptio coni. J coll. XXXI 109. cyprio BD. ophirio
dhLv. ofirio FT. fieri a. aphronitro coni. H. | continuis —
p. 377, 2 excogitauerat om. a.   20 adflauerit BLv. adflue- F.
affiue- dh. an adflixerit?   22 aliud torno teritur aliud BL²v.
om. FdhL¹.

caelatur, Sidone quondam his officinis nobili, siquidem
etiam specula excogitaverat.

　　Haec fuit antiqua ratio vitri. iam vero et in Volturno 194
amne Italiae harena alba nascens sex milium passuum
5 litore inter Cumas atque Liternum, qua mollissima est,
pila molave teritur. dein miscetur III partibus nitri pondere vel mensura ac liquata in alias fornaces transfunditur. ibi fit massa, quae vocatur hammonitrum, atque
haec recoquitur et fit vitrum purum ac massa vitri candidi.
10 iam vero et per Gallias Hispaniasque simili modo harena
temperatur. ferunt Tiberio principe excogitato vitri tem-195
peramento, ut flexile esset, totam officinam artificis eius
abolitam, ne aeris, argenti, auri metallis pretia detrahe-
rentur, eaque fama crebrior diu quam certior fuit. sed
15 quid refert, Neronis principatu reperta vitri arte, quae
modicos calices duos, quos appellabant petrotos, HS $\overline{VI}$
venderet?

　　(67) In genere vitri et obsiana numerantur ad simili-196
tudinem lapidis, quem in Aethiopia invenit Obsius, niger-
20 rimi coloris, aliquando et tralucidi, crassiore visu atque
in speculis parietum pro imagine umbras reddente. gemmas multi ex eo faciunt; vidimus et solidas imagines divi

---

　　§ 194: Isid. XVI 16, 4. — § 195: Petron. 51. Dio Cass. LVII
21, 7. Isid. XVI 16, 6. — § 196: Isid. XVI 16, 5. 4, 21.

---

　　3 uaro B¹.　　　4 amne B²S. mane B¹. mare r. -ri hv.
5 liternum BH. -torum r. lucrinum v. | qua Ba S. quae dhLv.
que F.　　6 molaue B²J. -la uel B¹. -laque r Isid. v. | tribus
ll. v.　　7 liquataſ B¹. -tiſ B²D.　　8 ibi — 15 refert om. a.
　　10 uero per hHBrot.　　10. 11 harenae (-ne L. arenae
dh[?]H) temperantur FdhLv. a. S.　　12 flexile BS. -ibile Fd
hLv.　cfr. XI 177. 216.　XVI 75. 219. 227. 228. 229. 231. |
artificiiſ B².　　13 abolitam dhLv. obo- BF. | praetia B (ut
saepe). -terea d.　　13. 14 detraheretur Bhv. -hentur FdL.
　　14 cercior F. cerptior B¹. de mendo cfr. § 184.　　15
reperta uitri (-ria B) arte Ba v. reportauit (-ui L) triarte FdL.
　　16 pterotos B. | vi d. ut h. sex milibus v. a. S.　　18
genera B. sed cfr. XXIV 31. | obsina d. -idiana v. a. S.　cfr.
Orphei Lith. 282.　　19 obſiuſ BS. obsidius a d v. ops- L.
ors- F.　　21 ſpeculiſ Ba v. -eluncis FdhL.

Augusti capaci materia huius crassitudinis, dicavitque ipse
pro miraculo in templo Concordiae obsianos IIII elephantos.
197 remisit et Tiberius Caesar Heliopolitarum caerimoniis repertam in hereditate *Sei* eius, qui praefuerat Aegypto,
obsianam imaginem Menelai, ex qua apparet antiquior 5
materiae origo, nunc vitri similitudine interpolata. Xenocrates obsianum lapidem in India et in Samnio Italiae
198 et ad oceanum in Hispania tradit nasci. fit et tincturae
genere obsianum ad escaria vasa et totum rubens vitrum
atque non tralucens, haematinum appellatum. fit et album 10
et murrina aut hyacinthos sappirosque imitatum et omnibus aliis coloribus, neque est alia nunc sequacior materia
aut etiam picturae accommodatior. maximus tamen honos
in candido tralucentibus, quam proxima crystalli simili-
199 tudine. usus eorum ad potandum argenti metalla et auri 15
pepulit. est autem caloris inpatiens, ni praecedat frigidus
liquor, cum addita aqua vitreae pilae sole adverso in tantum candescant, ut vestes exurant. fragmenta teporata ad-
glutinantur tantum, rursus tota fundi non queunt praeter-

---

§ 197: Isid. XVI 16, 5. — § 198: Isid. XVI 16, 3. 4. —
§ 199: cfr. Plin. XXXVII 28. — cfr. Plin. XXXI 122 extr.

---

1 capaci B*S*. -cior a. capiti **F**. capti d*Lv*. | materiae *H*
Brot. | crassitudine d**T**(?)*HBrot*.   2 obſianoſ **B***S*. -idianos
dha*v*. -nus **F**. -na **L**.   3 heliopolitarum **dh**L*v*. heliup- **F**.
helyop- a. heliopoliorum **B**. | caerimoniſ **B***D*.   4 Sei eius
M Hertz. Sei *Hirschfeld* (*Hermae VIII 473*). eius *ll. v*.
5 obſianam **B***S*. -idianam (ups- **F**) **Fd**L**a***v*. | quo h*v.a.S*.
6 interprolata **B**.   7 opſianum **B**. obsidianum d**h***v.a.S*. |
in *om*. **B**¹. et in d*S*. | samnio a*v*. ca- **Fd**L. ſamio **B**h.
9 genera **B**¹**a**. | opſianum **B**. obsiani h. -idianum d(?)*v.a.S*.
    10 ſit **B**¹.   11 murrina **L***S*. -nam **F**d**a**. murianam **B**.
murrhinum *v*.   *cfr. XXXVII 18 sqq. XXXIII 5. XXXV*
158. | hyacinthos d**T**L*v*. iac- **B**. iacinctos a. aunocinctus
(aci- **F**²) **F**. | ſappiroſque (-pphi- *v*) **B***v*. -rusque **F**. saphyros
a. aut sappiros d**T L**.   14 in *om*. d(?)*Brot*. *an* e? *cfr*.
XXXVII 68. 181. | tranſlucentibuſ **B**²**d***v.a.J*.   15 eorū
ego. uero *ll.v. cfr. XXVIII 247*.   18 candeſcant **BTL***S*.
-cat d. -cet a. cantescat **F**. excandescit h. -cant *v*. | frag-
menta **dh**L**a***v*. fracm- *r*.   19 tam̄ **B**²*S*. | adfundi (*om*. tota)
v.a. B(*G*).

quam abruptas sibimet in guttas, veluti cum calculi fiunt,
quos quidam ab oculis appellant, aliquos et pluribus modis
versicolores. — Vitrum sulpuri concoctum feruminatur in
lapidem.

5   (68) Et peractis omnibus, quae constant ingenio arte 200
naturam faciente, succurrit mirari nihil paene non igni
perfici. **27.** accipit harenas, ex quibus aliubi vitrum,
aliubi argentum, aliubi minium, aliubi plumbi genera,
aliubi pigmenta, aliubi medicamenta fundit. ign*i* lapides
10 in aes solvuntur, igni ferrum gignitur ac domatur, igni
aurum perficitur, igni cremato lapide caementa in tectis
ligantur. alia saepius uri prodest, eademque materia aliud 201
gignit primis ignibus, aliud secundis, aliud tertiis, quando
ipse carbo vires habere incipit restinctus atque interisse
15 creditus maioris fit virtutis. inmensa, inproba rerum
naturae portio et in qua dubium sit, plura absumat an
pariat.

     (69) Est et ipsis ignibus medica vis. pestilentiae, 202
quae obscuratione solis contrahitur, ignes si fiant, multi-
20 fariam auxiliari certum est. **Empedocles et Hippocrates** id demonstravere diversis locis. Ad convolsa
interiora viscera aut contusa, M. Varro — ipsis

---

§§ 200. 201: Isid. XIX 6, 2. — § 202 init.: Isid. XIX 6, 2.

---

1 abruptas *ego.* -ta **B***v.* -to *r.* | sibi nec *B.* | in guttaſ
B*S.* tinguit has (as **F.** ars *H*) **F**d**LH**. -git **h.** -gui *v. om.* **a** *G.*
2 ab oculis *ll. D cum U 810.* abaculos **h**(?)*v.* | *an* aliquas
(*sc.* guttas)?   5 at *v. a. S.*   5. 6 artem natura *v. a. S.*
6 igne **d**(?)*Brot.*   7 accepit **Fa.** | aliubi *S.* -be (*sexies*) **B¹.**
alibi *rv.*   7. 8 uitrum aliubi *om.* **F**d**hL.**   8 aliubi **L***S.* |
aliubi **B²L***S. cfr. supra.*   9 igni *S.* -ne (-neo **a**) *ll. v.*   10
foluontur **B¹***S.* | igne **h***v. a. S. item deinceps.*   11 aurum per-
ficitur igni **B***S. cfr. Isid. om.* **F**d**hLa***v.*   13 gignit **B a** *G.*
-tur **F**d**ThL***v.*   15 mariſ **B¹.** | et improba *v. a. S.*   16 an
Bd**L***v.* as **F.** ac **a.**   19 ignes **F**d**ThL***S.* in ig- **B.** igni **a.**
-nis *v.* | ſi fiant **BTh***S.* si fiunt *r.* suffitu *v.*   19. 20 multi-
fariam *D.* -formia *ll.* -miter **ThL***v. cfr.* § *192. IX 176.
XVIII 54. 170. XXIX 3. XXX 46, de mendo XXV 93.*
     20 empedocles **a**d**L***v.* enp- *r.*   21 demonſtrauerat **B.**
22 interiora *om.* **h***v. a. S.* (*an* uiscera *potius delendum*?).

203 enim verbis eius utar — pyxis sit, inquit, focus. inde
enim cinis lixivus potus medetur. licet videre
gladiatores, cum deluserunt, hac iuvari potione.
quin et carbunculum, genus morbi, quo duos consu-
26,5 lares nuper absumptos indicavimus, querneus carbo tritus 5
cum melle sanat. adeo in rebus damnatis quoque ac
iam nullis sunt aliqua commoda, ut carbone ecce atque
cinere.

204 (70) Non praeteribo et unum foci exemplum Romanis
litteris clarum: Tarquinio Prisco regnante tradunt repente 10
in foco eius comparuisse genitale e cinere masculi sexus
eamque, quae insederat ibi, Tanaquilis reginae ancillam
Ocresiam captivam consurrexisse gravidam. ita Servium
Tullium natum, qui regno successit. inde et in regia
cubanti ei puero caput arsisse, creditumque Laris fami- 15
liaris filium. ob id Compitalia ludos Laribus primum
instituisse.

---

§ 204: cfr. Plin. II 241. Dion. Hal. IV 2. Valer. Ant. ap.
Plutarch. de fort. Rom. 10 (Peter fragm. hist. Rom. p. 155).
Liv. I 39 init. Flor. I 6.

---

1 pyxis (-xfif **B**. pixis a) sit *ll.S.* lixiuus h. lix cinis
est *v.* | foci *v.a.S.* 2 lixiuus h *G(S)*. *cfr. XXVIII 244.*
-xius *ll.J.* -uius d(?)*Brot.* luxatis *v(H)*. 5 quernuf **B²**.
7 tam **B***SJ coll. XI 2. sed cfr. II 154.* | aliqua remedia h
v.a.S. | ut **B**a*S.* et F*d*h**L**. ut in *v.* | carbone **BL***v.* -nem *r.* |
esce **B²**. om. a. | et h*v.a.S.* 8 cinere **B***v.* -rem (-rim F) *r.*
9 exemplum **B***v.* -lar *r.* 11 e **B**a*v.* om. F*d***L**. m h. |
masculini d(?)h*v.a.S.* 12 ibit analquilif **B¹**. 13 ocrefiam
B*S.* -stam *r.* -stem *v.* -risiam *B.* 14 tullum **F**a. 15
ei **BL***S.* et *r.* om. *v.* | arsisse uisum h*v.a.S.* 16 et ludos
v.a.S.

C. PLINI SECUNDI
NATURALIS HISTORIAE
LIBER XXXVII

---

(1) Ut nihil instituto operi desit, gemmae supersunt 1
et in artum coacta rerum naturae maiestas, multis nulla
parte mirabilior. tantum tribuunt varietati, coloribus,
materiae, decori, violare etiam signis, quae causa gem-
5 marum est, quasdam nefas ducentes, aliquas vero extra
pretia ulla taxationemque humanarum opum arbitrantes,
ut plerisque ad summam absolutamque naturae rerum
contemplationem satis sit una aliqua gemma.

Quae fuerit origo et a quibus initiis in tantum ad- 2
10 miratio haec exarserit, diximus quadamtenus in mentione 33, 8
auri anulorumque. fabulae primordium a rupe Caucasi
tradunt, Promethei vinculorum interpretatione fatali, primumque saxi eius fragmentum inclusum ferro ac digito
circumdatum: hoc fuisse anulum et hoc gemmam. —
15 L. (2) His initiis coepit auctoritas in tantum amorem 3

---

§§ 1. 2: Isid. XVI 6, 1. Hygin. poet. astron. 2, 15.

---

2 et *ll.v. an ut? cfr. XXXVI 1.* | artum **Bd***S.* arct- h*v.*
armatum **F.** -tu **a.** enarratum **L.** | multif **Bda***v.* a multis **L.**
multas **F.** | nulla **BF a***D.* -lla in **L.** -lla sui *dh**v.** 3 tantam
La. | uarietati **F** *dh**v.** -tif **B²**. -tii **B¹**. -tē *r.* 4 uiolari *d*(?)
v.a.D coll. *XXXIII 22.* | quae—5 est **BF** *dha**S.** gemmas **L** *v.*
5 quafdam **B***S.* om. *r**v.** | ducentenf **B¹**. 7 plerifque **B** *v.*
plu- **F.** -res que **a.** om. **L.** | absolute **L.** -tarū **a.** | naturae
rerum **B***S.* rerum naturae *r**v.** 8 aliqua om. **a.** 9 fuerat
a. | origo gemmarum **L***v.a.S.* | a **B***S.* quae a **F.** quae **a.** om.
L*v.* | initif **B¹***D* (*item infra § 3*). 10 quadamtenuf **Bd**h*C.*
-tenis **F.** -tēp' **a.** quodam tenus **L***v.* | mentionē **a.** 11 a rupe
om. **a.** | caucafi **B²L** *Isid.* *S.* caufa fe **B¹**. caucasea *v.* -cesia **F.**
om. **a.** 12 promethei — fatali om. **a.** | interpretationae **F.**
-praetationem (-ne **B²**) **B.** 13 saxei **F.** | eiuf **B***S.* cui' **a.**
huius *G.* ue **F.** om. **L***v.* 15 coepit — p. 382, 2 quam ni-
mi[am] om. **F.** | amorem **B²** *in ras.* om. *dh.*

elata, ut Polycrati Samio, insularum ac litorum tyranno,
felicitatis suae, quam nimiam fatebatur etiam ipse qui
felix erat, satis piamenti in unius gemmae voluntario
damno videretur, si cum Fortunae volubilitate paria fecisset, planeque ab invidia eius abunde se redimi putaret, 5
si hoc unum doluisset, adsiduo gaudio lassus. ergo pro-
4 vectus navigio in altum anulum mersit. at illum piscis,
eximia magnitudine regi natus, escae vice raptum, ut
faceret ostentum, in culina domino rursus Fortunae in-
sidiantis manu reddidit. sardonychem eam gemmam fuisse 10
constat, ostenduntque Romae, si credimus, in Concordiae
delubro cornu aureo Augustae dono inclusam et novis-
simum prope locum praelatis multis optinentem. —
5 (3) Post hunc anulum regis alterius in fama est gemma,
Pyrrhi illius, qui adversus Romanos bellum gessit. nam- 15
que habuisse dicitur achaten, in qua novem Musae et
Apollo citharam tenens spectarentur, non arte, sed naturae
sponte ita discurrentibus maculis, ut Musis quoque singulis
6 sua redderentur insignia. nec deinde alia, quae tradatur
magnopere, gemmarum claritas exstat apud auctores, 20

---

§§ 3. 4: Herodot. III 41. 42. Val. Max. VI 9 ext. 5. — cfr.
Plin. XXXIII 27. Solin. 33, 18. — § 5: Solin. 5, 25. — § 6:
(cfr. Plutarch. Pericl. 1 extr.).

---

1 elata **B²** *ad marg.* om. **B¹dh**. | polycratiſ **a**. | ſamio **B**
(*B*)*S*. seuero (uero **a**) samio **Lav**. samio seuero *G*.   2 ni-
miũ **a**. | patebatur **Fa**. | etiam *om.* **L**. esse *v.a.G*.   2. 3 qui
fẹlix erat *om.* **Lv.a.J**.   3 uolumtario **B**.   4 uidere **a**. | sic
Fa. | nobilitate **a**.   4. 5 feciſſ& **BS**. faceret *rv*.   5 plana-
que **a**. | se redimi *om.* **a**.   6 adſiduo (aſſ- **B²v**) *ll.v(J)*. -duo
ergo *B*. | laſſuſ **BFdh** *B*. luxus *rv*. | ergo **BFd** *J*. ego **a**. eo
L*v. del. B. dist. J*.   6. 7 prouectus *ll.B(S)*. profe- *v(Dal.)*.
7 a nauigio **L***v.a.B*. a nauio **a**. | alium **B¹a**. alueum **L**.
8 remi **B**. | natur **F**. donatus *D*.   9 culinam **dhv.a.S**. |
domino **BS**. -mini **dhv**. -mi **Fa**. -mus **L**.   10 gemmam
eã **a**.   12 auro **B¹**. -reus **L**. | augustae *ll.v(J)*. -ti **dh***H*.
13 praelatiſ multiſ **B**. tot praelatis *rv*.   14 regiſ alte-
riuſ in **BS**. regia *rv*. | gemma **Bh***S*. -mmẹ d**av**. -mme *r*.
16 dicitur **BS**. traditur *rv*.   17 cytharā **B**.   19 sua *ll.v(S)*.
om. **d***H*. | alias **a**. | edatur **L**. dantur **a**.

praeterquam Ismenian choraulen multis fulgentibusque uti
solitum, comitante fabula vanitatem eius: indicato in Cypro
sex aureis smaragdo, ubi erat scalpta Amymone, iussisse
numerari et, cum duo relati essent, male, Hercules,
5 factum dixisse, multum enim detractum gemmae
dignitati. hic videtur instituisse, ut omnes musicae 7
artis hac quoque ostentatione censerentur, veluti Dionysodorus, aequalis eius et aemulus, ut sic quoque *non* par
videretur qui tertius eodem tempore inter musicos fuit:
10 Nicomachus enim multas tantum habuisse gemmas traditur, sed nulla peritia electas.

  Et forte quadam his exemplis initio voluminis oblatis 8
adversus istos, qui sibi hac ostentatione adrogant, ut palam
sit eos tibicinum gloria tumere: (4) Polycratis gemma,
15 quae demonstratur, intacta inlibataque est; Ismeniae aetate
multos post annos apparet scalpi etiam smaragdos solitos.
confirmat hanc eandem opinionem edictum Alexandri Magni,
quo vetuit in hac gemma ab alio se scalpi quam ab Pyr-

---

§ 8: cfr. Plin. infra § 64. VII 125. — Suet. Aug. 50.

---

1 coraulen **B¹**. choraulem **a** *dv.a.S.*   2 indicante *d Brot.*
  3 rex **d h**. rege *Brot.* | aureif **B L** *S.* -reis denariis *r v.*
-reos denarios **c** pro **dh** *Brot.* | ubi erat **B** *S.* in qua (quo *C*)
fuerat (-rit **F**) *r v.* | fcvlpta **B²L** *dv.a.S.* | maymone **B¹**. -on **B²**. |
uffiffe **B¹**.   4 effent **B** *S.* essent inminuto (-nito **F**) pretio
(praetio **F**. praecio **La**) *r v.* | male me **L** *a.v.a.H.* | hercules **F**
dh *v.* -lis **a**. -le *r S.*   5 factum **B** *S.* curatum *r v.* | detractum
erat **d** *v.a.G.*   6 dignitate **B¹**.   7 artef **B**. | censentur **Fa**.
  8 et aemulus **L dh** *v.* em- **a**. et aemuliis (-lii **F¹**) **F**. om. **B**. |
non *ego.* om. *ll.v.* (*an* inpar?).   9 tertius qui **dh** *v.a.S. dist.*
ego.   10 nicomechuf **B**. nidiomachus **F**. *in* **a** *lac. usque ad*
apparet (*v. 16*). | enim **B** *S. om. r v.*   12 et *ego.* f& **B** (*littera*
a *ex* electas *iterata*). sed **dh** *v*(S). *om.* *r G*(*D*). *dist. G.* | forte
BFG(*S*). fore **L**. forte **dh** *v*(*Dal.*). | quadam *om.* **L**.   13 hac
B *S*. hoc **F** *D*. hanc **L dh** *v*. | ostentationem **L dh** *v.a.S.*   14. 15
dist. ego. (*post* tumere *tacite supplendum fere est* nunc adicio).
  15 *an est* delendum (*ut sint ablat. abs.*)? | ismeniae (-ni **F**.
-nis **d h**) aetate (-te et **L**) — 16 annos **FL dh** *v. om.* **B**.   17
hunc **B**.   18 hac **B L** *S. om. r v.* | ab alio fe **B** *S*. se ab alio
(lio **F**) *r v.* | ab **B** *D*. a *r v. cfr. § 108. 42 al.*   18 *et* p. 384, 1
purgotele **B**. pyrro **a**.

gotele, non dubie clarissimo artis eius. post eum Apollonides et Cronius in gloria fuere quique divi Augusti imaginem simillime expressit, qua postea principes signant, 9 Dioscurides. Sulla dictator traditione Iugurthae semper signavit. est apud auctores et Intercatiensem illum, cuius 5 patrem Scipio Aemilianus ex provocatione interfecerat, pugnae effigie eius signasse, volgato Stilonis Praeconini sale, quidnam fuisse facturum, si Scipio a patre eius 10 interemptus fuisset. divus Augustus inter initia sphinge signavit. duas in matris anulis eas indiscretae similitu- 10 dinis invenerat. altera per bella civilia absente ipso signavere amici epistulas et edicta, quae ratio temporum nomine eius reddi postulabat, non inficeto lepore accipientium, aenigmata adferre eam sphingem. quippe etiam Maecenatis rana per collationes pecuniarum in magno terrore erat. 15 Augustus postea ad devitanda convicia sphingis Alexandri Magni imagine signavit.

---

§ 9: Val. Max. VIII 14, 4. Plutarch. Mar. 10 p. 411. — cfr. Val. Max. III 2, 6. Liv. epit. 48. — § 10: Suet. Aug. 50. — (cfr. Seneca epist. 114, 6). Suet. Aug. 50.

---

1 dubio **B**¹.   1. 2 apollonidef **B²L**v. -llides **a**. apollin- (app- **F**) *r*.   3 imagē **B**. | fimillime **BL**S. -ilem *r*v. | principif **B**. | signant **Fdha**Brot. -abant **L**v. finant **B**.   4 diofcuridef (dyo- **a**) **B¹a**S. -corides **B²L**v. *in* **Fdh** *lac.* usque ad signauit (v. 5). | fylla **B²a**v.*a*.Brot.   5 est — intercatiensem (catienfem **B**. *sed cfr. III 26*) **BFdh**B. est et inter auctores catiensem *r*v.   6 exero uocatione **B**. ·   7 effigie (-gief **B**) eiuf *ego cum* **B**. eius (eū **a**) effigie (-giae **F**) *r*v. | signasset **a**. -sse ut **L**. | uvlgato **B²**. -tof **a**. | illo n̄ **a**. sigillo ac **L**.   7. 8 praecontini sale **Fh**v.*a*.B. -tinif **a**. *om.* **L**.   8 quidnam fuisse (-ff& **B**) **BFh**v. *om.* *r*. | facturum **B**S. -rum eum *G*. acturum eum **Fdh**v(Brot). *om.* *r*. | a *om.* **Fa**.   9 fuiffet **B**S. esset *r*v. | spinge **a**.   10 eaf **BFh**J. eā **a**. iam **L**v. *om.* d.Brot. et eas *coni.* J.   11 ab fefe **B**. | eo (*pro* ipso) d*v.a.*S. 12 amici — 15 erat *om.* **a**.   12 et dicta **F**. edi- **L**. | quae **Ld**v. qua **B**. que **Fh**. | tempore **B**.   13 infaceto d*v.a.*J. ficeto **B**¹. fac- **B²**.   14 fpingem **B**. | quin etiam **L**v.*a*.S. 15 rana **Fdh**v. -nam **L**. *om.* **B**.   16 postee augustus ·**a**. | ad *om.* **a**. | deuitanda **BLa**v. euit- *G*. fuliamda **F**.   17 **magni** *om.* **B**. | imaginem **Bh**.

(5) Gemmas plures primus omnium Romae habuit — 11
quod peregrino appellant nomine dactyliothecam — pri-
vignus Sullae Scaurus, diuque nulla alia fuit, donec Pompeius Magnus eam, quae Mithridatis regis fuerat, inter
5 dona in Capitolio dicaret, ut Varro aliique aetatis eius
auctores confirmant, multum praelata Scauri. hoc exemplo
Caesar dictator sex dactyliothecas in aede Veneris Genetricis consecravit, Marcellus Octavia genitus unam in aede
Palatini Apollinis.

10   (6) Victoria tamen illa Pompei primum ad margaritas 12
gemmasque mores inclinavit, sicut L. Scipionis et Cn. Manli
ad caelatum argentum et vestes Attalicas et triclinia aerata,
sicut L. Mummi ad Corinthia et tabulas pictas. 2. id uti
planius noscatur, verba ex ipsis Pompei triumphorum
15 actis subiciam. ergo tertio triumpho, quem de piratis, 13
Asia, Ponto gentibusque et regibus in VII volumine operis
huius indicatis M. Pisone M. Messala cos. pr. k. Octobres 7,98
natali suo egit, transtulit alveum cum tesseris lusorium e
gemmis duabus latum pedes tres, longum pedes quattuor

---

§ 11: (cfr. Plin. XXXVI 113). — § 12: cfr. Plin. XXXIII
148. XXXIV 14. 12. XXXV 24.

---

1 gemmis **Fa.** | habuit romae d h *v. a. S.*   2 quod — dacty-
liothecam **B** (*recte hoc loco posita propter vv.* peregrino nomine);
in r v (*margini olim adscripta*) *inserta sunt ante* primus, *non
ante* priuignus.   4 eam **L** d h *v*(*D*). ea **Fa.** *om.* **B***S.* | mithri-
datis d h *v.* mitri- **FLa.** milithri- **B.**   5 dicant **B.** | ut uarro
— p. 387, 13 eadem uictoria *om.* **a.** | M. Varro *v. a. S.* | aliique
B *v.* alique **F.** et aliqui **L.** | eiusdem aetatis **FL** *v. a. S.*   6
praelata **BF***D* (*cfr. U 815*). -ti **L**[1]. -tam **L**[2] d h *v.*   7 dactylo-
thecaſ **B** *v. a. G.*   8 unam — 9 apolliniſ **B***D.* in palatini (-na
cella d h) apollinis aede (**L** *v. om.* **F** d h. cella *HBrot.*) unam *r* d
h *v.*   11 piſoniſ **B.** | manlii **B**[2] d *v. a. S.* mallii **L.**   12 et
del. H. | adtalicas **F.** | & **B** *v*(*S*). *om.* **F** *H.* ac **L.**   13 sicut —
pictas *om.* **L**[1]. | mumii **B.**   13. 14 sed uti plenius **L.**   14
ipſiuſ **B***SJ.*   15 ergo *om.* **B***D. sed cfr. § 67. 201. XXIII 63.
XXV 175. (XXV 99. III 43). VI 4. XVII 73 al.*   16 re-
gionibuſ **B.**   16. 17 operiſ huiuſ **B***S* (*ante* uolumine *v*). huius
operis *r.*   17 octobriſ **B**[2] *v. a. G*(*S*).   18 natali **B***S.* -lis diei
F. die natalis **L** d h *v.* | sui d h *v. a. S.* | lusorium **L** d h *v.* luxo- **F.**
iuſſo- **B.** | e *om.* **B.**

— ne quis effetas res dubitet nulla gemmarum magnitudine hodie prope ad hanc amplitudinem accedente, in
14 eo fuit luna aurea pondo XXX —, lectos tricliniares tres,
vasa ex auro et gemmis abacorum novem, signa aurea
tria Minervae, Martis, Apollinis, coronas ex margaritis 5
XXXIII, montem aureum quadratum cum cervis et leoni-
bus et pomis omnis generis circumdata vite aurea, mu-
saeum ex margaritis, in cuius fastigio horologium. erat
et imago Cn. Pompei e margaritis, illo relicino honore
grata, illius probi oris venerandique per cunctas gentes, 10
ficta ex margaritis, *ita* severitate victa et veriore luxuriae
15 triumpho! numquam profecto inter illos viros durasset
cognomen Magni, si prima victoria sic triumphasset! e
margaritis, Magne, tam prodiga re et feminis reperta, quas
gerere te fas non sit, fieri tuos voltus? sic te pretiosum 15
videri? non ergo illa tua similior est imago, quam Pyre-
16 naei iugis inposuisti? grave profecto, foedum probrum

---

§ 16 extr.: cfr. Appian. Mithrid. 116. Plutarch. Pomp. 45 p. 642.

---

1 ne B F d *D*. et ne L *v*. | effetaſ reſ B *S*. -ectas res F d h.
de ea re L *v*. | nulla B L *v*. qua d h. quam F.   2 ad B L *v*.
om. F d h. | excedente F.   3 eo B F d h *G* (*S*). ea *H*. quo L *v*. |
triclinareſ B. | tres om. B.   4 auro & B L *v*. -rom F.
7 circumdata uite B L *v*. -dauit F.   7. 8 muſaeum B¹ L *v* (*J*).
-seum B² *C*. -sae F. *cfr. XXXVI 154.*   8 in om. L. | dist. *S*.
    9 & B F d h *S*. ut et *Brot.* om. L *v*. | imago B L *v*. iam ago F.
iamne d h. | cn. pompeii B². | illo *ego*. illa B L *v*. om. F. *cfr.*
VII 53. | relicino B *S*. fel- F. reciduo h. renduo d. regio L *v*.
    10 gratia F. | probi B L *v*. propi h. pro qui F.   11 ficta
ego. illa B F h *D*. illa inquam L *v*. | ita *ego*. illa B (*nisi ite-*
ratum est ex v. 9). om. *r v*. | ueriore F L h *v* (*J*). uerio B¹. -ius
B² *S*. | luxuriae *G* (*J*). -ria & B. -ria L¹. -ria quam L² d h *v*
(*Brot.*). -xoria F.   12 numquam B *S*. rum quam L. quam
G. num quod F. quod *v*. om. d h *H*. | illos *ll.v* (*S*). molles
d h *H*.   13 triumphasses d h *v.a. S*. | e B d h *G*. et F. de L *v*.
dist. *G*.   14 e (*pro* et) L. | quaſ B *S*. quae *r*. quam d h *v*.
    15 gerere te B *G*. -rere quae d h. habere gerereque *v*.
generet ne L. -rat F. | ſit B *D*. sit sic d. sit hinc *r v*.
16 non ergo B *S*. nonne *r v*. nam d h. | similior tui d h *v.a. S*.
    16. 17 pyrenae B.   17 foedum B. -umque *r v*. *cfr.*
XXXVI 201. XXX 15. XXVIII 87. VII 1. XVIII 206.
    17 *et* p. 387, 1 probum era F.

erat, ni verius saevum irae deorum ostentum id credi
oporteret clareque intellegi posset iam tum illud caput
orientis opibus sine reliquo corpore ostentatum. cetera
triumphi eius quam virilia! HS |M̄M̄| r. p. data, legatis
5 et quaestoribus, qui oras maris defendissent, HS |M̄|, mi-
litibus singulis HS sena milia. tolerabiliorem tamen cau- 17
sam fecit C. principis, qui super cetera muliebria soccos
induebat e margaritis, aut Neronis principis, qui sceptra
et personas et cubilia viatoria unionibus construebat. quin
10 immo etiam ius videmur perdidisse corripiendi gemmata
potoria et varia supellectilis genera, anulos translucentes.
quae enim non luxuria innocentior existimari possit?
  (7) Eadem victoria primum in urbem myrrhina in- 18
vexit, primusque Pompeius capides et pocula ex eo

§ 17 init.: Suet. Calig. 52. — extr.: Martial. epigr. XIV 109.
cfr. Plin. XXXIII 23.

  1 saeuum FhS. se um B. sit eum Lv. *del. G.* | irae BG.
prae F. per h. *om. Lv.* | id BLS. *om.* Fdhv.   2 oportere L
v.a. G. | iam tunc d. tantum BSJ.   3 opibus *om.* L.
4 eiuf BLS. -usdem Fdhv. | uirilia BFdhG. uerissime sub-
iciam Lv. | HS |M̄M̄| J. HS ∞∞∞∞ B (*S lineola supra add.*). *om.*
Fdhv. sestertia tria milia L. | data L. datum BFS. datum
mille talentum v. *om.* dhH. | legatis *om.* dhHBrot.   5 HS
|M̄| J.   HS ∞∞ B (*S lineola supra add.*). HS F. sestertia (HS v)
bina milia Lv. datum mille talentum dhH.   5. 6 militibus
FdhH. commi- Lv. milibuf B.   6 HS BFS. *om. Lv.* | fena
milia BFS (sestertium *add.* dhH). quinquaginta Lv.   7 G.
B². Gai S. Caii v. | super omnia Lv.a.S. | foccof BS. oculos
rVen. soccu- v.   8 aut BS. ac L. *om.* F. et dhv. | sceptra
et G. -tram F. -tra rv(H). cfr. § 14 *init.* auro et.   9 personas G(D). -nas in cautum F. -nas histrionum H. -nis LS.
-nis histrionum dhv(Brot.). per (pre B²) B (*om.* fonaf—unioni-
buf con). | cubicula hv.a.H. | uiatoria FLhv(D). amatoria
dH. | consternebat L²v.a.G.   10 uid&ur B. | perdiffe B¹.
  11 uaria dhG. -ias F. -ie Lv. -iae C. in uaria B. *an*
inaurata (*cfr. XXXIII 49*) *vel* murrina? | fuperlectilif B¹. |
translucentef (tranol- B¹) BS. transeuntes rv.   12 posset F.
  13 primus a. | myrrhina BJ (*item infra passim*). murrh-
dhv. murṛ- (Ven.)S. murina F. -nam L. *om.* a.   13. 14 in-
uexit BFdhv(H). induxit LG. *om.* a.   14 primusque *om.* a. |
capidef BS. lap- FdhH. induxit lap- a. *om. Lv.* | et *ll.* H.
sex v.

triumpho Capitolino Iovi dicavit. quae protinus ad hominum usum transiere, abacis etiam escariisque vasis expetitis; et crescit in dies eius luxuria. myrrhino $\overline{LXX}$ HS
empto, capaci plane ad sextarios tres calice, potavit ...an*us*
consularis, ob amorem adroso margine eius, ut tamen in- 5
iuria illa pretium augeret; neque est hodie myrrhini alte-
19 rius praestantior indicatura. idem in reliquis generis eius
quantum voraverit, licet aestimare ex multitudine, quae
tanta fuit, ut auferente liberis eius Nerone exposita occuparent theatrum peculiare trans Tiberim in hortis, quod 10
a populo impleri canente se, dum Pompeiano proludit,
etiam Neroni satis erat. vidi tunc adnumerari unius scyphi
fracti membra, quae in dolorem, credo, saeculi invidiam-
que Fortunae tamquam Alexandri Magni corpus in condi-
20 torio servari, ut ostentarentur, placebat. T. Petronius con- 15

• § 19 extr.: (cfr. Suet. Calig. 52 extr.). — § 20: cfr. Tac. ann.
XVI 19. Plutarch. de adulat. et amico 27.

---

2 usus a. | transiere L*v.* -ire *r.* | abactis a. | uasis inde
L*v.a.*S(*D*).   2. 3 expetitis *om.* a.   3 & crefcit BS. excr-
Fdh. -itque L*v.* *om.* a. | eiuf BS (*sc.* usus). eius rei *rv*(*J*).
fortasse delendum (*ortum ex iterato* ies); *an vero ea?* | luxuria
BS. luxus *rv.* | dist. *J cum S.* | murrino L a(*Ven.*)S. murino F. |
$\overline{LXX}$ *J.* lxxx a*v.* lxx *rH.* | $\overline{HS}$ S. sestertiis *v.* talentis d h *H.*
        4 caliceque L*v.a.B.* | potauit ex eo L*v.a.J.* | ...anus
U 818 (Seruilium Nonianum *suspicatus: cfr.* § 81). annof B.
Annius *J* e coni. *S.* ante hos annos *rv*(*D numerum deesse ratus*).
        5 confularef B. | adroso (-offo B) BS. abro- L¹dh*H.* -sa F.
-raso L²*v.* obroso a*G.*   6 murrini L a(*Ven.*)S. murini F².
-nae F¹.   7 ei' generis a. generibuf B*J.*   8 quantum *om.*B. |
uorauerit F dha B. uoca- B. loca- D. ualuerit L*v.* (*an cum-*
ulauerit?). | licet L a*v.* liceat F dh. lic& aeftimauerit lic& B
(*falsa iteratione: cfr.* § 23. 25. 29). | estimare a d h. exist- *G.*
        9 nerone BS. -one domitio *rv.* *cfr.* § 50. XI 238. VII
45. 71. II 92 (*semper inverso ordine*). an omnia?   9. 10 ex-
pofita occuparent BS. *post* hortis (*v.* 10) *transposita habent rv.*
        10 peculiarem B. | in BS. *om. rv.*   11 cauentes et dum
L a*v.a.B.* | pompeiano B Fdh(*B*)*G.* -nis L*v.* -nus *D cum Sa-*
bellico. -peio a. | pludit B Fh(*B*). prael- *rv.*   12 uidit a.
qui uidit L*v.a.Brot.* | adnumeri B.   13 fractif a. -ta L*v.a.S.*
        14 fortunam F dh.   15 seruarit a. *om.* B D *cum* U 819. |
ostentarentur d*v.* -retur *r*(a?).

sularis moriturus invidia Neronis, ut mensam eius ex-
heredaret, trullam myrrhinam HS $\overline{CCC}$ emptam fregit; sed
Nero, ut par erat principem, vicit omnes HS |$\overline{X}$| capidem
unam parando. memoranda res tanti imperatorem patrem-
que patriae bibisse!

(8) Oriens myrrhina mittit. inveniuntur ibi pluribus 21
locis nec insignibus, maxime Parthici regni, praecipua
tamen in Carmania. umorem sub terra putant calore
densari. amplitudine numquam parvos excedunt abacos,
crassitudine raro quanta dicta sunt potoria. splendor est
*i*is sine viribus nitorque verius quam splendor. sed in
pretio varietas colorum subinde circumagentibus se maculis in purpuram candoremque et tertium ex utroque,
ignescente veluti per transitum coloris purpura aut rube-
scente lacteo. sunt qui maxime in iis laudent extremi- 22
tates et quosdam colorum repercussus, quales in caelesti
arcu spectantur. *iam* aliis maculae pingues placent —

---

§ 21: Isid. XVI 12, 6. — § 22: Isid. XVI 12, 6. — cfr.
Martial. epigr. XIV 113.

---

1 inuidia **L d** *v.* -diae **B.** -die *r.* | neronis principis **d h**
v. a. S.   2 trulam **B¹.** null- **a.** unam **L.** | myrrhinam *J.*
-na **B.** murrinam **L a**(*Ven.*)*S.* marinam **F.** | ſh. **B.** *om.* **d h**
v. a. S. | $\overline{ccc}$ *S.* ccc *ll.* ccc sestertiis (talentis *H*) *v.*   3 uidit
B. | hs. **F** *J.* ſh. **B.** is **a.** $\overline{\text{HS}}$ *S. om.* **L d h** *v.* | |$\overline{x}$| *J.* ıxı **B.** $\overline{x}$ *S.*
om. r. c talentis **d h** *H.* ccc sestertiis *v.* | capidem **B F d** *B.*
-dinem **a.** caped- **L** *v.*   4 memoranda res **F d h** *v.* -dam res
L. -dā rem **a.** memoreſ **B.** | tantam **a.** | imperatoriſ **B.**
6 myrrina **a.** murrina *S.* -nam (amu- **F**) **F L** *Ven.* | inuenitur
L. | enim ibi **L** *v. a. S.* | pluribuſ **B F d h** *S.* in pl- *v.* plurimis
r D. de mendo cfr. XXXI 4. 107. 32. XXIII 50.   7 maxime
om. **L a.** | ſigni **B.** regiſ **a.**   7. 8 tamen pręcipua **B.**   9 ampli-
tudine **L** *v.* -ni **B.** -nē *r.* | numquam **B** *S.* aiumq- **F.** nuſq-
r v.   10 dicta ſunt **B** *S.* -tum est *r v.* | potorio **a.** uaſi pot-
L *v. a. S.* | splender **F.** | eſt **B** *S. om. r v.*   11 iis *v*(*S*). iſ **B F**
h a *D.* his **L d** *C.* | ueriuſ **B d** *v.* -ius us **F a.** -ius his **L.**   13
et tertium ex— p. 390, 1 uitium est *om.* **a.**   14 igneſcente *ll.*
v(*Brot.*). -tem *C.* | coloriſ (-lor **B²**) in **B** *H.*   14. 15 purpura
rubescente aut lacte candescente **L** *v. a. Brot.*   15 in *om.* **B.** |
iſ **B** *D.*   17 iam *ego.* imi **B F** *J* (*ad antecedd. relatum*). *om.*
L d h *v.* | aliiſ **B²** *S.* -liſ **B¹** *D.* his **L** *v. om.* **F d h.** | maculae *ll. v.*
om. S J (*errore*). | pingeſ **B.**

tralucere quicquam aut pallere vitium est — itemque
sales verrucaeque non eminentes, sed, ut in corpore
etiam, plerumque sessiles. aliqua et in odore commendatio est.

23   (9) Contraria huic causa crystallum facit, gelu vehe-   5
mentiore concreto. non aliubi certe reperitur quam ubi
maxime hibernae nives rigent, glaciemque esse certum
est, unde nomen Graeci dedere. oriens et hanc mittit,
quoniam Indicae nulla praefertur. nascitur et in Asia,
vilissima circa Alabanda et Orthosiam finitimisque, item   10
24 in Cypro, sed laudata in Europa Alpium iugis. Iuba
auctor est et in quadam insula Rubri maris ante Arabiam sita nasci, quae Necron vocetur, et in ea, quae
iuxta gemmam topazum ferat, cubitalemque effossam a
Pythagora Ptolemaei praefecto; Cornelius Bocchus et   15
in Lusitania perquam mirandi ponderis *in* Ammaeensibus
25 iugis, depressis ad libramentum aquae puteis. hoc mirum,

---

§ 23: Seneca nat. quaest. III 25, 12. Isid. XVI 12, 6. cfr.
Solin. 15, 29. Prisc. perieg. 704. — Isid. XVI 13, 1. Diodor.
II 52, 2. Strabo XV 1, 67 p. 717. Solin. 15, 31. — § 24: cfr.
infra §§ 108. 127.

---

1 itemque B*S*. -em *r*.   2 uerruce quae **F**. -ucae **L**.
-uce **a**. | mittentes **a**. rem- **L**.   3 et in (*pro* etiam) **B**.
5 contra **B**[1].   6 nec **L***v.a.G*. | alibi **B**[2]dh*S*. | certe non
aliubi (-ibi **B**[2]) reperiuntur **B** (*prava iteratione: cfr.* § 19).
8 unde **BF***S*. -de et **L**dh*v*. Inde et **a**.   9 sed (*pro* quo-
niam) **L***v.a.H*.   10 alabandam **L***v.a.G*. -basnda **F**. | horto-
siam **La***v.a.C*. | finitimifque **B***J coll. VI 20*. (*adde* uicina § 123.
VI 65. XVI 135. XVII 80. X 70. XXX 7). -timisque
(-tiffimusque **a**) montibus *rv*(*D*).   11 in *om*. **B**. | Europae
v.a.S. | alipium **B**[1].   12 et *om*. **BFJ**.   13 necron **BF**dh*H*.
neron *rv*. | uocatur **ad**.   14 iuxta gemmam (-mma **Fa**) **FLa**
d*v*. *om*. **B** (*an recte?*). | topazum **B**[1]*LS*. -zium **B**[2]. -zion h*C*.
-cium d. -cion *v*. topratum **F**. opat- **a**. *cfr*. § 107. | cubi-
taleque **F**. -lem **a**. | et fossam **F**. effossum **a**. -ffam quae **B**.
15 ptoleimaei (-lẹm- **B**[2]) **B**. -lemei **F**. -lomei **a**. -maei **L**. |
refecto **a**. regis praefecto **L***v.a.D*.   16 lusitania *ll.*(*Ven.*)*S*.
-ia nasci dh*v*. | in *S e coni. J*. m **B**. *om. rv*. | ammaeenfibuf
B*D coll. CIL II 501*. ammaen- **Fh***H*. amnen- d. ad men- **a**.
inmensis **L***v*.   17 deprensis **a**. -raehensis **L**. | liberamentum
B. | aque **F**. qđ **B**. | hoc *om*. **L**d*v.a.S*.

quod Xenocrates Ephesius tradit, aratro in Asia et
Cypro excitari; non enim reperiri in terreno nec nisi
inter cautes creditum fuerat. similius veri est, quod idem
Xenocrates tradit, *et* torrentibus saepe deportari. Su-
5 dines negat nisi ad meridiem spectantibus locis nasci.
quod certum est, non reperitur in aquosis, quamquam in
regione praegelida, vel si ad vada usque glacientur amnes.
e caelesti umore puraque nive id fieri necesse est; ideo 26
caloris inpatiens nisi in frigido potu abdicatur. quare
10 nascatur sexangulis lateribus, non facile ratio iniri potest,
eo magis quod neque in mucronibus eadem species est
et ita absolutus laterum levor est, ut nulla id arte possit
aequari.

(10) Magnitudo amplissima adhuc visa nobis erat quam 27
15 in Capitolio Livia Augusti dicaverat, librarum circiter CL.
Xenocrates idem auctor est vas amphorale visum, et 25
aliqui ex India sextariorum quattuor. — (Nos liquido adfirmare possumus in cautibus Alpium nasci adeo inviis
plerumque, ut fune pendentes eam extrahant.) — peritis

---

§ 26: Solin. 15, 29. cfr. Isid. XVI 13, 1. — § 27: Solin. 15, 31.

---

1 quod **B** S. et quod *rv.* | efe//fiuf **B**. ephesius — 4 xeno-
crates *om.* **a**.   2 reperiri **B** S. inueniri *rv.*   3 ueri *ll.v(S).*
uero *C*.   4 et *ego.* e **B**. a d. *om. rv.*   4. 5 sudines *om.* **a**.
-nes uero **L** *v.a.S*.   5. 6 *dist. U 820.*   6 non enim **L** *v.a.S*. |
aquofif locif **B** *SJD. cfr. XXV 76. 124. 154. XXVII 43.*
XVI 77. (de prava iteratione cfr. § *19).* | quam **B**.   7 gla-
cietur **L** a.   8 e **B** F S. a **L** a. *om.* d h *v*. | puraque **B** S. parua-
que *rv.* | necesse—nota sunt (*p. 392,1*) *om.* **a**.   9 coloris **F**.
-lor **B**. | nifi in **B** F *B(S)*. in **L** *v*. non nisi d *H*. | potui addi-
citur d *H Brot*.   10 angulosis **L** *v.a.B*. | iniri **B** F h S. inueniri
(-re **L**¹) **L** d *v(D)*.   11 et (*pro* eo) **L**. | in *del. v.a.S*. | fpecief
B *v*. -ie *r*.   12 et *om.* **L**. | absolutus est **L** *v.a.S.* ab eo so-
latus est **F**. | laeuor **B** *Lugd*. | eft **B** S. *om. rv.* | id possit parte
L.   15 leui **F**. iulia *S*. | augusti **F** *D coll. Solino* -fta **B** **L**
codd. Solini Heidelb. et Bern. v. | CL **B** *Solin. S*. L **F** *v*. quinqua-
ginta **L** *Lugd*.   16 idem *del.* *H Brot*.   17 india **B** S. -dia
crystallum (-llio **F**) *rv*.   17—19 *uncos ego posui. pertinere*
videntur vv. ad § *25 extr*.   18 nasci **B** F d h *v(S)*. -sci atque
L *G*.   19 ut plerumque **F** **L** d *v.a.S*.

28 signa et indicia nota sunt. infestantur plurimis vitiis,
scabro ferumine, maculosa nube, occulta aliquando vomica,
praeduro fragilique centro, item sale appellato. est et
rufa aliquis robigo, aliis capillamentum rimae simile. hoc
artifices caelatura occultant. quae vero sine vitio sint, 5
pura esse malunt, acenteta appellantes, nec spumei coloris, sed limpidae aquae. postrema auctoritas in pondere
est. invenio apud medicos, quae sint urenda corporum,
non aliter utilius uri putari quam crystallina pila adversis
29 opposita solis radiis. alius et in his furor, HS centum 10
quinquaginta milibus trullam unam non ante multos annos
mercata matre familias nec divite. Nero amissarum rerum
nuntio accepto duos calices crystallinos in suprema ira
fregit inlisos. haec fuit ultio saeculum suum punientis,
ne quis alius iis biberet. fragmenta sarciri nullo modo 15
queunt. mire his ad similitudinem accessere vitrea, sed

---

§ 28: Solin. 15, 30. — extr.: cfr. Plin. XXXVI 199. Isid. XVI
13,1. (Orph. Lith. 180 sqq. κηρ. p. 138). — § 29: Suet. Nero 47 init.

---

1 uitiſ **B¹FL**D.   2 ferrugine *v.a.* **H**. | aliqua **dH**Brot. |
uomitica **B**. :   3 item **BFdha**H. a **Lv**. et *B*. | sole **Lav.a.B**.
    4 aliquis *ego*. -quid **Fa**. -cui **B**S (*de mendo cfr. § 51. 53.
XVII 262 extr. 231*). -quibus **L***v*. | rubigo **av.***a.S*.   5 et
latura **a**. litura **L***v.a.G*. | sunt **dhv.***a.S*.   6 pura **Ba**Brot.(*D*).
-ro **F**. -ras **Ldhv**(*S*). | acenteta **hB**. -ela **B**. adcenteta **F**.
acc- **L**. -tera **a**.   6. 7 spumae colore (-ris **d**) **dH**Brot.
7 ſed **BH**. *om. rv*. | limpidae (*H*. lymphi- **B**. -pi- *G*) aquae
BdG. lympideaque **F**. -daeque *v*. limpidaeque **L**. -dieque **a**. |
postremo *v.a.S*. postrema—pondere est *pertinere videntur post
solis radiis* (v. 10).   8 apud **BS**. *om. rv. cfr. XXVI 107*. |
quae ſint **B**S. queꝛ **a**. quae sunt *rv*.   9 alter **B**. | uri **BS**.
id fieri *rv*. | putari **BS**. -re (pot- **F**) *rv*. | pita **B¹**. pida **F**.
    10 oppoſita **BFdh**S. app- **L***v*. adp- **a**. pos- *G*. | & in
hiſ **BS**. hic *rv*. | **HS** *cod. Poll.v*. sesterciis **L**. -cia **a**. *om. rJD*.
    10. 11 quinquaginta centum **FLa**. CLM **dhv.***a.J*.   11
millibuſ **B**. | una **L***v.a.B*. unit **F**.   12 mercata **BF**(*B*)S.
-ta **a** **L***v*. -tam **dh**. -tā **a aVen**. | patre **a**. | nero **BS**. *om*. **a**.
idem (*G*. item *v*) nero (uero **F**) *rv*.   13 *an in* (*post inos*)
delendum?   14 fuit ſuprema **BSJ** (*prava iteratione: cfr.
§ 19*). | ultio *S e coni. J*. uitio **BF**. in uitio *rv*. ratio **dh***B*.
    15 iis *v*(*S*). iſ **B¹FL**D. hiſ *r*. ex his *C*.   16 mire **BC**.
-reque *rv*. | hiſ **BS**. *om. rv*. | uitre **B²**. -tria **a**. -tri **L***v.a.B*.

prodigii modo, ut suum pretium auxerint, crystalli non
deminuerint.

(11) Proximum locum in deliciis, feminarum tamen 30
adhuc tantum, sucina optinent, eandemque omnia haec
5 quam gemmae auctoritatem; sane priora illa aliquis de
causis, crystallina frigido potu, myrrhina utroque; in
sucinis causam ne deliciae quidem adhuc excogitare
potuerunt.

Occasio est vanitatis Graecorum detegendae: legentes 31
10 modo aequo perpetiantur animo, cum hoc quoque intersit
vitae scire, non quidquid illi prodidere mirandum. Phaē-
thontis fulmine icti sorores luctu mutatas in arbores populos lacrimis electrum omnibus annis fundere iuxta Eridanum
amnem, quem Padum vocavimus, electrum appellatum, 3,117
15 quoniam sol vocitatus sit Elector, plurimi poëtae dixere

---

§ 30 init.: cfr. Ovid. met. II 366. — § 31: Ovid. met. II 364.
Isid. XVI 8, 6. (Diosc. I 110). cfr. Homerus Z 513. T 398. —
Nicand. fragm. 63 (O Schneider).

---

1 prodigi B¹aS.   1. 2 cryſtalli non deminuerint (dim-
B²L) BLv. om. r. dist. v.a. C (cfr. Fröhner anal. crit. p. 15. 16).
     3 feminarum — 4 tantum om. a.   4 succina d(?)v.a. S
(ubique). | eandemque FLv. ead- r.   5 priora illa BS. -ra
a. -rem F. -res L. maiorem dhv. | aliquibus dhv.a.S.
6 frigido (-da La. rigid F) potu (-tus si F) myrrhina (BJ.
murri- rS) ll.S. et murrina (minima h) habent (del. v) rigidi
potus dhv. | utroque BFaS. -raque dhv. uitreaque L.   7. 8
excogitare potuerunt BS. -itauerunt dhv. -itauere La. ex-
cogende F.   8. 9 dist. U 821.   9 occasio — detegendae om.
Fh. | est om. a. | uanitatis est a. -tas Ldv.a.S. | grecorum ll. |
detegendae BS. diligentiae d(?)B. -ter rv. | legens L.   10
aequo BFS. -que dhv. equa r. | perpetiatur L. -tien F. |
animo S e coni. J. ablimo B. nemo r. me de ortu eorum
dhv.   11 scirent F. | non BL. cfr. U 821, de mendo § 42
extr. 63. nos S e coni. J. num F. ne a. ponere dh(B). poste-
ros v. | quid F.   11. 12 phaethontis dh(?)v. faeto- B. feto-
La. phetentis F.   12 ictu a. | luctu B²dhIsid.S. -tum B¹.
fluctu Fa. fletu Lv. | mutatis a.   12. 13 populoſe (-of B²)
ac B (ortum ex iterato lac). -os esse ac U 821.   14 uoca-
mus dhv.a.S. | et electrum Fdhv.a.S. de mendo cfr. XXXIII
80. 81.   15 elector BFC. -tro a. -tros Lv.

primique, ut arbitror, Aeschylus, Philoxenus, Euripides, Nicander, Satyrus. quod esse falsum Italiae
32 testimonio patet. diligentiores eorum Electridas insulas
in mari Hadriatico esse dixerunt, ad quas delaberetur
Pado. qua appellatione nullas umquam ibi fuisse certum 5
est, nec vero ullas ita positas esse, in quas quidquam
cursu Padi devehi posset. nam quod Aeschylus in Hi-
beria [hoc est in Hispania] Eridanum esse dixit eundemque appellari Rhodanum, Euripides rursus et Apol-
lonius in Hadriatico litore confluere Rhodanum et Padum, 10
faciliorem veniam facit ignorati sucini tanta ignorantia
33 orbis. modestiores, sed aeque falsum, prodidere in extremis Hadriatici sinus inviis rupibus arbores stare, quae
canis ortu hanc effunderent cummim. Theophrastus
effodi in Liguria dixit, Chares vero Phaëthontem in Aethio- 15
pia Ἄμμωνος νήςῳ obisse, ibi et delubrum eius esse
atque oraculum electrumque gigni. Philemon fossile
esse et in Scythia erui duobus locis, candidum atque
cerei coloris quod vocaretur electrum, in alio fulvum quod

---

§ 32: de Aeschylo cfr. GHermanni opusc. III 131 sqq. —
Apollon. Rhod. IV 627. — § 33: Th. lap. 29.

---

1 aefchyfluf **B¹**. aescylus **F**. eschy- **av.a.C**. escyllus **L**.
1. 2 euripideffe (-def fed **B²**) **B** (*om*. nicander—quod esse).
eschylus **a**. *om.v.a.S*. 2 nicander satyrus **FL***index* **D**. *add*.
iterum nicander **a**. satyrus nicander (mēa- d) **dh**S. nicander
euripides satyrus *v*. 3 diligentiores—14 cummim *om*. **a**.
4 in *om*. **F**. 4. 5 delaber&ur (-aue- **B¹**) pado **B**S. dilaberetur
padus *rv*. 5 appella **B**. 6 ita *om*. **L**. ibi **dh***v.a.S*. | ap-
positas **dh***v.a.S*. 7 deueheretur **L**. | possit **dh***v.a.D*. *om*. **L**.
7. 8 iberia **h**C. 8 *uncos posuit* **U** *822 coll. III 21.* **XX**
254. | in **B***v*. *om.r*. 9 rhodano **F**. 11 uiniam **B¹**. | ignorat
FL. | sucini **dh**. -ini in *ll.v*. *cfr. Bergk I p. 32.* 14 hoc **L**
v.a.S. | infunderent **L**. | gummim **B²d**. -mmi *v.a.S*. cum mire **L**.
15 infundi **La**. | chares uero *om*. **dv.a.H**. | fetoantē **a**.
15. 16 aethiopie **a**. -piae **h**. 16 hammonos neso *ego*. ham-
moneffo **B**. (*an* hammoneso?). -onis **La***v*. eam monis **F**.
Hammonis insula *U 823. cfr. VI 186.* | obeffe **B**. | obi et **F**.
ob id **dh***v.a.S*. | ibi (*pro* eius) **dh***v.a.S*. 18 scitiae **F**. |
fui **F**. 19 caerae **F**. ere **a**. | alio **B**S. oleo **a**. alio
loco *rv*.

appellaretur sualiternicum. Demostratus lyncurium vocat 34
et fieri ex urina lyncum bestiarum, e maribus fulvum et
igneum, e feminis languidius atque candidum; alios id
dicere langurium et esse in Italia bestias languros. Zeno-
5 themis langas vocat easdem et circa Padum iis vitam
adsignat, Sudines arborem, quae gignat in Liguria, vocari lynca. in eadem sententia et Metrodorus fuit. 35
Sotacus credidit in Brittannia petris effluere, quas electridas vocavit, Pytheas Guionibus, Germaniae genti, accoli
10 aestuarium oceani Metuonidis nomine spatio stadiorum
sex milium; ab hoc diei navigatione abesse insulam Aba-
lum; illo per ver fluctibus advehi et esse concreti maris
purgamentum; incolas pro ligno ad ignem uti eo proxi-
misque Teutonis vendere. huic et Timaeus credidit, 36

---

§ 34: cfr. Plin. infra § 52. VIII 137. Diosc. II 100. Th. lap.
28. 31. — cfr. Strabo IV 6, 2 extr. p. 202. — § 35: cfr. Plin.
III 152. IV 103. 99. 94. 95. — § 36: Timaei fragm. 34 (Müller).
Diodor. V 23 init. — extr.: Solin. 20, 13.

---

1 fualiternicum B S.' sualt- L a v. subalt- F d h H. hyalo-
pyrrichum D cum U 824. (pterygophoron Diosc.). nomen ad-
huc corruptum. | demostratus L d B. demons- r v. | lyncurium J.
-ion v e Theophr. -ia cū La. lyneum F. luncu B. | id uocat
F L d h v. a. S(D).   2 urina a F.   3 ingenuum L. -niū a. |
e om. Fa. | Languib; a. | aliof id B S. alios F. -io a. alii L v.
    4 dixere v. a. S. | langurof B S. -rios a. -rias L v. longoros
F.   5 if B D. us a.   6 affirmat L v. a. H.   6. 7 uocari
lynca (lin- B¹) B S. om. r v.   8 patris a. arbores L. -oribus
v. a. H. | & fluere B¹. efl- B². 8. 9 electrinas La.   9 uocat
d H Brot. | pythias a. | guionib, B D. guto- r v(S). cfr. IV 99.
goto- d. gutto- h C. Inguaeonibus A Riese; cfr. Detlefsen
Hermae XXXII (1897) p. 192. Teutonibus Müllenhoff (forma
Plinio aliena: cfr. infra et IV 99. XXXV 25). | genti L a v.
-te r. | accoli B G. -lis L v. a coll r.   10 aestatuarium F. |
oceani G(D). -no a. ab oceani B. ab oceano F h. om. hoc loco
v(J). | metuonidis — spatio om. B. | metuonidis (meton- d) F h
d D. -des a. meconomon L. meton- cod. Prag. J. menton- v. |
spatio F a h G(D). ab oceano spatio L d cod. Prag. v(J).   11
ab hoc diei nauigatione om. a. | dici L. diei in F.   11. 12
nabalum F h. om. a.   12 illuc d H Brot. om. a. | per uer B S.
cfr. XVII 111. 112. 198. XVIII 120. uere (-ro L) r v.
13 pro — p. 396, 5 aestibus om. a.   14 credit F d h.

sed insulam Basiliam vocavit. Philemon negavit flammam ab electro reddi. Nicias solis radiorum sucum
intellegi voluit hoc; circa occasum vehementiores in terram actos pinguem sudorem in ea relinquere, oceani
deinde aestibus in Germanorum litora eici. in Aegypto 5
nasci simili modo — vocari sacal —, item in India gra-
37 tiusque et *ipso* ture esse Indis; in Syria quoque feminas
verticillos inde facere et vocare harpaga, quia folia paleas-
que et vestium fimbrias rapiat. Theochrestus oceano
id exaestuante ad Pyrenaei promunturia *a*dpelli, quod et 10
Xenocrates credidit, qui de his nuperrime scripsit vivitque adhuc. Asarubas tradit iuxta Atlanticum mare esse
lacum Cephisida, quem Mauri vocent Electrum. hunc sole
38 excalfactum e limo reddere electrum fluitans. Mnaseas
Africae locum Sicyonem appellat et Crathin amnem in 15
oceanum effluentem e lacu, in quo aves, quas meleagridas
et penelopas vocat, vivere; ibi nasci ratione eadem qua

---

§ 37: Isid. XVI 8, 7. cfr. infra § 48.

---

1 baſiliam **BFdh**$B(H)$. *cfr. § 61. IV 95.* balisiam **Lv.**
baltiam *C.* | negauit **BL**v(S). uagit **Fh.** ait d*H.*   3 hoc
BFh. hos **L**d*v* (*ad seqq. relatum*). | occasum credit d(?)*v.a.S.* |
uehementiores — 4 actos *om.* **B.**   3. 4 terra **Fh.**   4 sudore
Fh. | in ea *om.* **L.** in ea parte d*v.a.S.* | *dist. U 826.* | oceani
relinquere d*v.a.S.*   5 aeſtib. **B***S.* -tatibus *rv.* | litoria **F.**
-re **a.** | in **B***S.* et in *rv.*   6 uocari **B.** et (ac **La***D*) uoc-
rv. | ſaca & item **B.**   7 et ipso *ego.* ipso *D.* & pro **B.** est
pro **F.** *om. rv.* | in — 8 uerticillos *om.* **a.**   8 uerticulos **F.** |
in facerae **F.** inde facile **a.** | uocare **BFdh**v. -ri *r*S. | qua **B.**
    9 theochrestus — xenocrates (*§ 40*) *om.* **a.** | theocrestus **F.**
-ophrastus **L**v.*a.H.*   10 promunturia **B**[1]. -ium **FL***D.* pro-
munctoria **B**[2]. -montoria d*H.* -ium h*v.* | adpelli *ego.* dep- **B.**
cfr. § 42 et 35. eici *rv.* | eſt **B.**   11 qui de hiſ **BFdh**v. is
uero qui **L.** *dist. v.a.S.*   11. 12 uiuitque **B***S.* -uit *rv. dist.*
Oehmichen stud. Plin. p. 91. cfr. Bücheler mus. Rhen. XL (1885)
p. 306.   12 aſarubaſ **BL**(*index*)*v.* asdrubas *coni. H. cfr.*
Bücheler l. l. p. 307. narubus **F.** | tradit **B***S.* -didit *r* (*praem.*
qui *v*).   13 cephisiada d*H*Brot. chepesidam **F**h. | uocant
d*v.a.S.*   14 reddere **B***S.* dare *rv.* | mnesias **L**v.*a.H.*
15 in africa **L.** | sicyone (sici- **F**) **FL.** | appellatum **L**v.*a.H.* |
et *om.* **L.**   15. 16 cratinam in eo ab oceano **L.**   16 et flu-
entem **F**h. | lacum (*om.* e) **L.**   17 uiuere *ll.*v(S). et uere d*H.*

supra dictum est. Theomenes Syrtim iuxta magnam 37
hortum Hesperidon esse et stagnum Electrum, ibi arbores
populos, quarum e cacuminibus in stagnum cadat; colligi
autem ab virginibus Hesperidum. Ctesias in Indis flumen 39
5 esse Hypobarum, quo vocabulo significetur omnia bona
eum ferre; fluere a septentrione in exortivum oceanum
iuxta montem silvestrem arboribus electrum ferentibus.
arbores eas psitthachoras vocari, qua appellatione significetur praedulcis suavitas. Mithridates in *Carmaniae*
10 litoribus insulam esse, quam vocari Seritam, cedri genere
silvosam, inde defluere in petras. Xenocrates non su- 40
cinum tantum in Italia, sed et thium vocari, a Scythis
vero sacrium, quoniam et ibi nascatur; alios putare in
Numidia ex *limo* gigni. super omnes est Sophocles
15 poeta tragicus, quod equidem miror, cum tanta gravitas

---

§ 39: Ctesias Indic. ap. Phot. bibl. 72 p. 149 (fragm. ed.
Baehr p. 252 § 19).

---

1 eſt B*S*. est de (in F**dh**) electride lacu *rv*. | ſyrtim iuxta
B*S*. iuxta syrtim *rv*. 2 hesperidum h*v.a.S*. | eſſe **BFh***S*.
om. **L**¹. ex quo **L**². esse ex quo *v*. | et — 4. 5 flumen esse *om*.
Fh. | et — 3 cacuminibuſ B*S*. *om*. **L***v*. 3 in stagnum **L**²*v*.
-na **B**². -nat **B**¹. *in* **L**¹ *lac. usque ad* hesperidum (*v*. 4).
4 autem ab B*S*. uero a **L**²*v*. | cteſiaſ **B***v*. ethesias **L**. | in B*S*.
om. **L***v*. | indiiſ **B**². 5 omnia B*S*. -ia uasa (as **F**. in se *H*)
rv. 5. 6 bona eum ferre B*S*. ferre bona *rv*. 6 fluuere
B¹. | exortiuum **Fd***C*. -ritum **B**¹. -rtum *rv*. | oceanū oceanum
B. 8 eas *om*.**F**. se d. | pſitthachoras (-ra **B**) **B***D*. siptach-
H e Ctesia. apitachora **F**. aphytacoras **L***v*. | qua *om*. **F**.
9 carmaniae *D*. germ- (-icae **F**) *ll.v*. *de mendo cfr*. § 110.
131. 134. XXXVI 59. 10 quam B*S*. *om*. *rv*. | uocarique
eam **L***v.a.S*. | ſeritam B*S*. oserietam **Fh**. -ictam **d***B*. cedron
L*v*. 11 fluere **B**. | xenocrates — 14 gigni *om*. **B**. 12 sed
FLa*D*. uerum d*hv*. | et thium (= θεῖον) *D cum U 830*. etium
F. etiam d**h**. thieum **L**. *om*. **a**. etiam thieum (thyon *H*.
thyeum *J*) *v*. | uocari *om*. **adh**. 13 ueros **Fdha**. | sacrium
F*v*(*D*). -crum **Ldh***J*. -cro' **a**. *an* Sacium? | nascitur **L**.
14 numidico **a**. | ex limo *ego*. *cfr*. § 37 *extr*. ex uino **F**. ex
d**h**. *om*. *rv*. ex humo *D*. 15 po&a tragicuſ B*S*. tragicus
(-igus **F**) poeta *rv*. *del. D cum U 831*. | cum B*S*. *om*. *rv*.
15 *et* p. 398, 1 grauitaſ ei B*S*. -tas et **F**. -tate *rv*.

ei cothurni sit, praeterea vitae fama alias principi loco
genito Athenis et rebus gestis et exercitu ducto. hic
ultra Indiam fieri dixit e lacrimis meleagridum avium
41 Meleagrum deflentium. quod credidisse eum aut sperasse
aliis persuaderi posse quis non miretur? quamve pueri- 5
tiam tam inperitam posse reperiri, quae avium ploratus
annuos credat lacrimasve tam grandes avesve, quae a
Graecia, ubi Meleager periit, ploratum adierint Indos?
quid ergo? non multa aeque fabulosa produnt poetae?
sed hoc in ea re, quae cotidie invehatur atque abundet 10
ac mendacium coarguat, serio quemquam dixisse summa
hominum contemptio est et intoleranda mendaciorum in-
punitas.

42   3. Certum est gigni in insulis septentrionalis oceani
et ab Germanis appellari glaesum, itaque et ab nostris 15
ob id unam insularum Glaesariam appellatam, Germanico

---

§ 42: Tac. Germ. 45. Solin. 20, 8. 9. Isid. XVI 8, 6. 7.
XVII 7, 31. — cfr. Plin. IV 97.

---

1 coturni Bh. | fit BS. est r. et dhv. | flama L²a. flamma
L¹. | alia F. *del. D. (an magna vel* ampliata?). | principi BFaJ.
-pe dh(?)B. -pali Lv(D).   2 genitus dhv.a.S. | & BS. om.
rv(U 831). | reb; genuis *(vel* genitis) a. *del. U 831.* | et—4 eum
aut *om.* a. | & BS. *om.* rv. | adiecto Lv.a.B. | hic enim L.
3 fieri FLdhv(J). fluuere B¹. fluere B²S. *de mendo cfr.* XXXII
121.   4 defluentium B¹Fd. | quod et Lv.a.S. | uel dhv.a.S. |
separasse Fa.   5 parsuaderi F. persuadere B¹ *(ut videtur;*
i *in ras.)* Lav.a.B. | ueretur Lav.a.B. | quam fe B.   6 aut
(tam F) impericiam FLv.a.B. | reperri F. -perire B. *(an* possit
reperire *sc.* Sophocles?).   7 credas F. | lacrimas ui F. -mas
ut a. | auefue quae a BS. auesque (quae F) r. -que e dhv.
    8 grecia B. egregias L. -iā a. | ubi *om.* La. | meleager
periit (-rit BD) BFdhv. *om.* a. -grum etiam perisse et L. |
adierint BS. missem F. ēē (isse v) in av. esse apud L. | idof
B¹.   10 inuehatur Lav(S). -eatur B¹F. -eniatur B²dhH. |
abund& BS. -det et rv.   11 ac BFS. hac r. hoc dhv. |
ferto F. certo La. | quendam quam B. quamquam F.   12
contemptio v. -emtio.d. -entio ll. | est *om.* Fh. | intuenda La.
    14 signi F. | in *om.* F. | oceanif B¹. hocaeani F. hoc L.
hac cani *(vel* eam) a.   15 glaefum BS. glaffū a. glessum
rv. | a dhv.a.S.   16 glesariam F. gless- Ladhv.a.S.

Caesare res ibi gerente classibus, Austeraviam a barbaris
dictam. nascitur autem defluente medulla pinei generis
arboribus, ut cummis in cerasis, resina in pinis erumpit
umoris abundantia. densatur rigore vel tempore ac mari,
5 cum ips*um* intumescens aestus rapuit ex insulis, cert*a*
in litora expellitur, ita volubile, ut pendere videatur atque
non sidere in vado. arboris sucum esse etiam prisci 43
nostri credidere, ob id sucinum appellantes. pinei autem
generis arboris esse indicio est pineus in adtritu odor
10 et quod accensum taedae modo ac nidore flagrat. adfertur a Germanis in Pannoniam maxime provinciam, et
inde Veneti primum, quos Enetos Graeci vocaverunt,
famam rei fecere proximique Pannoniae et agentes circa

---

§ 43: Corn. Nep. ap. Cassiod. Var. V 2. Solin. 20, 9. 10.
Tac. Germ. 45.

---

1 ref — claffibuf **B** *S*. res ibi classibus gerente *r*. ibi
classibus rem gerente **dh***v*. | aufteraniam **B**¹**Fa***S coll. IV 97*.
-terā uiam **B**². -trauiam **L***v*. | a *om*. **Fa**.   3 gummis **F**.
-mmi **B**²**dh***v*.*a*.*S*. | in gerasis **F**. in cera **L**. sincera **a**. | in **B***S*.
om. *rv*. | pinif **Ba***H*. -neis **L***v*. piris **Fdh**.   4 *dist*. *v*.*a*.*C*. |
densantur **F**. | tempore **FLh***Solin*.*Isid*.*v*(*J*). -ri **a**(?). pondere
B. tepore **d**(?)*B*. | ac mari *ego*. aut mari **BFdh***v*(*S*). aut
amori **a**. *om*. **L**. autumnali *B coll. Solino*.   5 ipsū *ego*. ipfa
B*S*. ipse *J*. uero **L**. uere *D coll*. § 35. *om*. **r dh***v*. | certa *ego*.
-te *ll*.*v*. (aduersa *Tacit*.).   6 litore **Fdha**.   6. 7 atque non
(*ego*. nos **F**. *cfr*. § 31) sidere **F**. atque considere h*B*. atque **a**.
om. **BL***v*(*S*). aqua non sidere *D*.   7 in uado **BFd***S*. in **a**.
quod **L**. in uado. Quod *v*. | arboris **dh***v*. -re **Fa**. -rum (*sed
post* esse) **L**. Roborif **B**. | etiam *ll*.*v*(*S*). *om*. **d***C*.   8 pinei
B*S*. -neae **adh***v*. -naee **F**. -nea **L**.   9 generif **B***S*. *om*. *rv*. |
arbores **a**. | atritu **a**. acr- **F**.   10 quod — flagrat *om*. **a**. |
ecensum **F**. accensum — 10. 11 adfertur *om*. **B**. | flagret *v*.*a*.*S*.
    10. 11 adfertur **L***v*(*S*). affirmatur (adf- **F**) **Fdha***H*.
11 a *om*. **F**. | in annontam **F**. inde **d**. idem **h**. ideo *H*. |
maxime **B** *B*(*S*). -mo **F**. mox per *rv*. maxime appetitam
dh*H*. | prouinciam *om*. **B***S J*.   12 uenienti **a**. aduectos
dh*H*. | quof **B***S*. quos graeci (gre- **Fa**) *rv*. | enetos *cod*.*Poll*.
v(*Brot*.). hen- *C*. fenatof **B**. inaetos **F**. natos **a**. nitos **L**.
macatos **dh***H*. | greci *B*. *om*. *rv*.*a*.*S*. | uocauerunt **B***S*. -ant
La*v*. -abant **Fdh***H*.   13 rei fama **a**. | proximique **B***S*. -me *r*.
-mi *Verc*. -mae *v*(*H*). *an* proximi quippe? | & agentef **B***S*.
id accipientes **Fdh***v*. ad accipiennonie **a**. *om*. **L**.

44 mare Hadriaticum. Pado vero adnexa fabula est evidente
causa, hodieque Transpadanorum agrestibus feminis moni-
lium vice sucina gestantibus, maxime decoris gratia, sed
et medicinae; creditur quippe tonsillis resistere et fau-
cium vitiis, varie genere aquarum iuxta Alpis infestante 5
45 guttura hominum.   DC M p. fere a Carnunto Pannoniae
abesse litus id Germaniae, ex quo invehitur, percognitum
nuper, vivitque eques R. ad id comparandum missus ab
Iuliano curante gladiatorium munus Neronis principis.
qui et commercia ea et litora peragravit, tanta copia in- 10
vecta, ut retia coercendis feris podium protegentia sucinis
nodarentur, *harena* vero et libitina totusque unius diei
apparatus in variatione pompae singulorum dierum esset

---

§ 44: Isid. XVI 8, 7. — § 45: Solin. 20, 11. (cfr. Suet.
Nero 12).

---

1 adnexa *ll.v*(*S*). -xae *Hack.* | fabula eſt B*S.* -le L**a.** -lae
v. -la **Fdh.** | euidente **BFh***S.* -ta **d.** uidentur *r.* -etur *v.* *an*
euidenti de? *magis vero Plinianum sit* adnexae fabulae est
euidens; *cfr. XVII 12. XXXI 54. IX 71. 2. II 138.*
2 tranſpadanorum (-don- **B**) **BFdh***v*(*H*). -narum *r Verc.*
4 creditur quippe tonsillis (toſſ- **B**) **B***S.* quando ($\overline{qn}$ **FL**) ton-
sillis creditur *r v.*   5 uarie **B**[1]. -iae **F.** -io **B**[2]L*v.* -iū **a.** |
generū **a.** | alpiſ **B**[1]*S.* -peſ **B**[2]. aliis **Fa.** -ios **L.** *om.* d*H.*
illos *v.*   6 guttura — fere *om.* **a.** | hominum **B***S. om. r.* ac
uicinas carnes **dh***v.* | DC mil. p. fere **B**(*SJ*)**D.** ac p. fere **F.**
ac fere passibus trecentis **L.** sexcentis (*G.* centum **dh***v*) fere
M. pass. **dh***v.* | a *ll.G.* abesse a **d.** abest a **h***v.*   7 abeſſe
B*S.* -est *r G. om.* **dh***v.* | id (id ae **F.** a **dh**) germaniae (-ia **dh**)
ex quo **B**a**Fdh***G.* ex quo id germaniae **L***v.* quo id a germa-
nia *B.*   8 eſt nuper **B**[2]*D.* | uiuitq. **B***S.* uidit a*D.* uidit
enim **L***v.* uidete **F.** | equeſ **BL***v.* eq'**a.** q̄ **F.** | **R. BF**a*D.* ro-
manus **L***v.* | adi comparandi **F.** | a **a dh***v.***a.***S.*   9 gladia-
torium **Fdh***v*(*D*). -rum *r.* *cfr. XXXV 52.*   10 qui & **B***S.*
quin et **Fdh***D.* qui nec *r.* qui haec *v.* | ea **B***S. om. r v.*
exercuit *D cum U 832.*   11 coercendiſ (coher- **a***v*) **BL**a*v*(*S*).
arcendis **dh***B.* -ntis **F.** | ferit **a.** *om.* **L***v.***a.***B.* | spodium **L***v.***a.***B.*
podium q. **B.** -umque *S.* | egentia **B.** teg- *S.* | sicinis **F**[2]. -nes
F[1]. sucidis **a.** -ino d*HBrot.*   12 harena *D coll. XXXIII 90.*
XXXVI 162. arma *ll.v.* | liuitina **B**[1]. | totuſq. **B**[2]L**d***v.* to
uſq. **B**[1]. totiusque (toci- **F**) *r.*   13 in — dierum **B***S. om. rv.*
uncis inclusit J. | pompae *S.* -pae ac **B.**

e sucino. maximum pondus is glaebae attulit XIII libra- 46
rum. nasci et in India certum est. Archelaus, qui
regnavit in Cappadocia, illinc pineo cortice inhaerente
tradit advehi rude polirique adipe suis lactentis incoctum.
5 liquidum id primo destillare argumento sunt quaedam
intus tralucentia, ut formicae culicesque et lacertae, quae
adhaesisse musteo non est dubium et inclusa durescente
eodem remansisse.

(12) Genera eius plura sunt. ex *ï*is candida odoris 47
10 praestantissimi, sed nec his nec cerinis pretium. fulvis
maior auctoritas. ex iis etiamnum amplius tralucentibus,
praeterquam si nimio ardore flagrent; imaginem igneam
in *ï*is esse, non ignem, placet. summa laus Falernis a
vini colore dictis, molli fulgore perspicuis in quibus et
15 decocti mellis lenitas placeat. verum hoc quoque notum 48

---

§ 46: Solin. 20, 12. Tac. Germ. 45. Martial. epigr. VI 15.
IV 32. 59. — § 47 extr.: Solin. 20, 12. 13. Prisc. perieg. 283. —
§ 48: Isid. XVI 8, 7. Solin. 20, 13 cfr. Plin. supra § 37. Plato
Timae. p. 80 C. Geopon. XV 1, 29.

---

1 de **La.**   2 nascitur **F.** nasci—est *om.* **a.**   3 illic **a.** |
pineo **Fdh***H.* -o*f* **B.** in eo **a.** *om.* **Lv.**   4 adipe suis **Fdh***B*
coll. Solino. om. **rv.** | lactenti*f* **Bdh***B.* lat- **Fa.** lacte **Lv.**
5 liquidum id **B***S.* -dum (h'q die **a**) *rv.* | sunt *om.* **Fdh.**
6 intus *om.* **La.** (interlucent *Tacit.*). | in (*pro* ut) **F.** | pulices-
que **La.** aut culices **d***v.a.S.* | & **BLa***S.* ex **F.** *om.* **dhv.** | la-
cerate **F.** -tae h. -rtaeque *v.a.S.* | quae **BF***S. om.* **r.** quas *v.*
7 adhesissem usteo **F.** -herentes in eo **L.** *om.* **a.** | nec **L.** |
et *uncis inclusit J.* | inclausa **a.** -lusas **L***v.a.S.* in eius **a F.** |
dure*f*cente **B***S.* -cens (*vel* -centes) **a.** -cere **L.** daurescentes **F.**
indurescente **dh.** -ti *v*   8 eodem remansi*ff*e (-i*f*e **B**[1]) **B***S(D).*
om. **rv.** *uncis inclusit J.*   9 *f*unt ex iis (i*f* **B**[1]*D.* hi*f* **B**[2]) **B***S.*
om. **rv.** *uncis inclusit J.*   10 ne **Fa.** | cerini*f* **B***S.* cernis **Fa.**
cereis **dh***B.* tetris **Lv.**   11 ex iis (is **L***D*) **Ldhv.** ex his **Fa.**
exi*f*t **B**[1]. exi*f*tit **B**[2]. | etiamnum **dhv.** -unc **FLa.** &iam **B.** |
ampliu*f* **B***D.* -ior **rv.** | traducentibus **a.**   12 sa **F.** | amore
a. | imaginemque **L***v.a.S.*   13 in iis (i*f* **B**[1]*D.* hi*f* **B**[2]) e*ff*e
B*S(D).* inesse **L***v(J).* in sese **r.** | ignem **BLv.** -nem igneam **r.**
14 per*f*picui*f* **B***S.* -cui sunt **r.** -cuis. sunt *v(D).* | *dist. ego*
(*ut sint ablat. absol.*). | et in quibus **L***v.a.S(D). cfr. XXIV 80.*
XXVIII 231.   15 placeat uerum *om.* **B**[1]. | uerum — p. 402, 13
uitiis aut *om.* **a**   15 *et* p. 402, 1 notum fieri **BLv.** finiri **F.**

fieri oportet, quocumque modo libeat, ea tingui, haedorum
sebo et anchusae radice, quippe iam et conchylio in-
ficiuntur. ceterum attritu digitorum accepta caloris anima
trahunt in se paleas et folia arida et philyras, ut magnes
lapis ferrum. ramenta quoque eius oleo addito flagrant 5
49 dilucidius diutiusque quam lini medulla. taxatio in deliciis tanta, ut hominis quamvis parva effigies vivorum
hominum vigentiumque pretia exsuperet, prorsus ut casti-
gatio una non sit satis. in Corinthiis aes placet argento
auroque mixtum, in caelatis ars et ingenia; myrrhinorum 10
21 sqq. et crystallinorum diximus gratiam; uniones capite cir-
cumferuntur, gemmae digitis; in omnibus denique aliis
vitiis aut ostentatio aut usus placet: in sucinis sola de-
50 liciarum conscientia. Domitius Nero in ceteris vitae suae
portentis capillos quoque Poppaeae coniugis suae in hoc 15
nomen adoptaverat quodam etiam carmine sucinos appellando, quoniam nullis vitiis desunt pretiosa nomina; ex
eo tertius quidam hic colos coepit expeti matronis.

---

§ 49 init.: cfr. Pausan. V 12, 7.

---

1 modo **BFdh**v(*S*). *om.* **L** *G*. | libeat ea tingui *ego*. libeat
tingui **FL** *G*(*J*). tingi libeat **dh**v. ea tinguere libeat tingui
B *S*(*D*). *de iteratione cfr.* § *19*. | *an* tingui, ut?   2 fepo **B²**.
seuo **dh**v.a.*S*. | ancufae **B¹**. amc- **F**. | iam & **B** *S*. etiam *r* v.
      3 coloris **B¹L**.   4 & **BFdh**v(*S*). ac **L** *G*. | folias **F**. | &
(ac **F**) philyras (fil- **B**. hiluras **F**) **BF** *G*(*S*). *om.* **L**v(*H*).
5 erementa **L**. | *an* que (*pro* quoque)? | eius *ll.S*. sucini **dh**v. |
addito *ll.*v(*S*). -ta *G*.   6 lucidius **L**. | ni (*pro* in) **F**.
7 tantu aut **F**. | hominis **FL**dv. -nem **B**. *an* hominum?
8 exfuperet **B** *S*. su- *r* v.   10 mixtum **BF**v(*H*). -to **L** *G*. |
an ingeniū? *sed cfr.* § *76*.   11 uniones quod **dh**v.a.*S*.
13 uitiif aut **B** *S*. -tiis *r* v. | placet et **L**a. | fola **B** *S*. *om.* *r* v.
      13. 14 deliciarum **B** *S*. -rum tantum *r* v.   15 quoque
om. **a**. | poppaeae (-ppae **B**. -ppee **a**. popeae **F**) coniugif (-ge **F**)
fuae (siue **a**) **BFa** *S*. coniugis suae poppaeae **L**v. | in *om.* **B** *S*.
      16 nomine **B** *S*. (*an* huic nomini, *ut V 119*?). | adapta-
uerat **L**. | fucinof **BFdh**v(*S*). -na *r* *G*.   17 et quoniam **dh**
v.a.*S*. *dist. Littré*. | uitif **B¹***D*.   18 quidam hic **FL**a *G*(*D*).
hic quidam (-dem v) **dh** *J*. hic **B** *S*. (*i. e.* Poppaeanus sucini
color *quasi quidam novus praeter Falernum et melleum: cfr.*
§ *47*). | a matronis **dh**v.a.*S*.

Usus tamen aliquis sucinorum invenitur in medicina,
sed non ob hoc feminis placent. infantibus adalligari
amuleti ratione prodest. **Callistratus** prodesse etiam 51
cuicumque aetati contra lymphationes tradit et urinae
5 difficultatibus potum adalligatumque. hic et differentiam
novam fecit · appellando chryselectrum quod sit coloris
aurei et matutino gratissimi aspectus, rapacissimum ignium,
si iuxta fuerint, celerrime ardescens. hoc collo adalligatum
mederi febribus et morbis, tritum vero cum melle ac
10 rosaceo aurium vitiis et, si cum melle Attico teratur,
oculorum quoque obscuritati, stomachi etiam vitiis vel
per se farina eius sumpta vel cum mastiche pota ex
aqua. — Sucina et gemmis, quae sunt tralucidae, ad-
ulterandis magnum habent locum, maxime amethystis,
15 cum tamen omni, ut diximus, colore tinguantur.   48

(13) De lyncurio proxime dici cogit auctorum perti- 52
nacia, quippe, etiamsi non electrum id, tamen gemmam
esse contendunt, fieri autem ex urina quidem lyncis, sed
et genere terrae, protinus eo animali urinam operiente,

---

§ 51: Pl. iun. 61, 23. — Diosc. I 110 extr. — § 52: cfr. Plin.
supra § 34. VIII 137. Diosc. II 100. Isid. XVI 8, 8. XII 2, 20.

---

1 aliquif **B***S*. *om. hoc loco et post* inuenitur (-entur **F**)
habent rv.   2 plac& **B***S* (*sc.* usus).   3 prodeffe **B***S*. *om.*
hoc loco et ante tradit *habent rv.* | etiam **B**a*S*. quam d. et *rv*.
     4 quicumque **B**[1].   6 fecit **B***S*. *cfr. XVI 245. 166.*
XIX 54. XXIII 29. XXXI 90. (XIII 104). adtulit *rv*(*J*).
cfr. XXXIV 96. | cryfelectrum **B**. | quod si **a**. quasi **Fdh**
v.a.S. | colore **a**.   7 gratiffimi **Bdh***C*(*H*). -mo *G*. grauis-
simi *rv*. | adspectu **ah***G*.   8 fi **B***S*. et si *rv*.   9 uero **B***S*.
om. rv.   10 sic **F**. | conteratur d*v.a.S*.   11 obfcuritati **Bd***S*.
-tis **Fa**. -tibus **L***v*.   12 sumpto **a**. | uel *om.* **F**. | mastice **a**. |
poto **La**(*J errore*).   13 etiam d**hv.a.S.** | sint **F**.   14 hab&
B. | amethyftū **La**. -histi **F**.   15 tamen **B***S*. *om. rv.* | tinguā-
tur d**h**(?)*S*.,   16 lingurio **B**[1]. lig- **B**[2]. lintu- **F**.   17 id *ego.*
id esse (esset **L**h*v*. effe contendunt **B***S*) lyncurium (lycu- **F**.
lyngu- **B**[1]. lygu- **B**[2]) *ll.*d**hv.** *de interpolatione cfr.* § 192. |
gemmamque **Fh**.   18 uolunt (*pro* contendunt) **B***S*. | autem
adfirmant **B***SD*. | quidem *om.* **a**.   19 et genere *ll.S*. egestam
d**hv.** | terrae **BL***S*. -ra et **F**. *om.* **a**. -ra d**hv.** | patronus **F**. ptn'**a**. |
eo animali **B***S*. bestia h*v. om. r*. | urinam *om.* d**hv.a.S.** | operiente

quoniam invideat homini, ibique lapidescere. esse autem,
53 qualem in sucinis, colorem igneum, scalpique nec folia
tantum aut stramenta ad se rapere, sed aeris etiam ac
ferri lamnas, quod Diocli cuidam Theophrastus quoque credit. ego falsum id totum arbitror nec visam in   5
aevo nostro gemmam ullam ea appellatione. falsum et
quod de medicina simul proditur, calculos vesicae poto
eo elidi et morbo regio succurri, si ex vino bibatur aut
spectetur etiam.

54   (14) Nunc gemmarum confessa genera dicemus ab   10
laudatissimis orsi, nec vero id solum agemus, sed etiam
maiore utilitate vitae coarguemus Magorum infandam vanitatem, quando vel plurima illi prodidere de gemmis ab
medicinae blandissima specie ad prodigia transgressi.

55   4. (15) Maximum in rebus humanis, non solum inter   15
gemmas, pretium habet adamas, diu non nisi regibus et
iis admodum paucis cognitus. ita appellabatur auri nodus

---

§§ 52. 53: Solin. 2, 38. Th. lap. 28. Solin. 2, 39. Damig. 31. —
§ 55: Plato Politic. p. 303 E. Timae. p. 56 B. Pollux VII 99.

B d h S. -te ea Fa D. -te eam L v.   1 hominum usui d v. a. S.
om. h.   bonum a (?). | ibique lapidescere B S (D). om. r v (J). |
sse F. se a.   2 in igneis sucinis d h v. a. S. | igneum B S. cfr.
VIII 137. ignis r. om. d h v. | sculpiq. B². alpisq. a. om. L.
3 aut B a d h v. ac r D. | nec (pro ad) a. | rape a. | ac L a v. ad r.
    4 quod om. F h a. | diocli B a h S. -ly F. -les L d v. | cuidam
F h S. qui- B. -dem et L d v. q̊da a.   4. 5 quoque B S. om. r v.
    5 eo F. | uisam B d v. -sa F h a. -so L.   6 falsum B S (D).
om. r v (J).   8 succurri B S. occ- r v.   9 spectetur B S. si
pecce- F (a ?). sipicte- L. si pote- (porte- v) d h v.   10 ab B S.
a r v.   11 uero om. L a. | etiam B S. a (= & fort. recte) r.
ad v.   12 maiorem v. a. S. | utilitatem B¹ v. a. S. | uitae obiter
(-tum d) F d h v. a. S (D). cfr. § 118. | coarguemus (cor ar- B) S.
-uetur r v. | infandam (-fun- B) S. -da (nef- a) r v.   12. 13
uanitatem B S. -itas r v.   13 prima B. | ab B S. om. r v.
14 blandissima specie ad B S. ex his blanda specie d h H. ex
his species (-iae F) blando (-da F a) r v. | prodigio v. a. H.
16 adamas B v. -mans r.   17 his a. | cognitus v. -tus ut a.
-tum B¹. -tu B². cogcognitus F. commodus L. | ita F d h a S.
it B¹. sit B². om. L v. | appellabatur om. L v. a. S. | auri nodus
BF S. cfr. XXXIV 136. auri modo d h H. unus modo L v.

in metallis repertus perquam raro [comes auri] nec nisi
in auro nasci videbatur. veteres eum in Aethiopum metallis tantum inveniri existimavere inter delubrum Mercuri
et insulam Meroen, dixeruntque non ampliorem cucumis
5 semine aut colore dissimilem inveniri. nunc primum 56
genera eius sex noscuntur: Indici non in auro nascentis
et quadam crystalli cognatione, siquidem et colore tralucido non differt et laterum sexangulo levore, turbinati in
mucronem e duabus contrariis partibus, quo magis mire-
10 mur, ut si duo turbines latissimis partibus iungantur,
magnitudine vero etiam abellani nuclei. similis est huic
Arabius, minor tantum, similiter et nascens. ceteris pallor
argenti et in auro non nisi excellentissimo natalis. in- 57
cudibus hi deprehenduntur ita respuentes ictus, ut ferrum
15 utrimque dissultet, incudes ipsae etiam exiliant. quippe

---

§ 56: Dionys. perieg. 1119. Solin. 52, 53. Prisc. perieg. 1063.
August. civ. dei XXI 4, 4. — Solin. 52, 54. Isid. XVI 13, 2.
Damig. 3. Solin. 52, 55. — § 57: Seneca dial. II 3, 5. Th. lap.
19. Isid. XVI 13, 2. — Damig. 3.

---

uno mod' a. auri comes *U 836.*   1 *uncos ego posui.* comes
auri (L*v.* auro dh*J.* -rum **Fa**) **FdhLa***v. om.* **BU 836.**   2. 3
metallif tantum **Bh***S.* tantum metallis *rv(D).*   3 inuenire
B¹. | mercurii **B²a***v.a.S.*   4 atque (*pro* et) **Fdh***v.a.S.* | dixe-
runt quae **B.**   4. 5 non cumis amphonis femine a.   5 haut
D. | colore L*dhv.* -rem *r.* | nunc primum **B***S.* nunc **F**dh*v(D).*
in a. *om.* **L.**   6 nafcuntur **B.** | primum indici *D.* | in **B***v.*
om. r. | nafcentef **B**(a?)*SJ. sed cfr.* huic (*v. 11*).   7 & **B***S.*
set a. sed *rv(D).* | quodam **F.**   7. 8 tranlucido **B².**   8 dif-
feruN̄ **B***SJ.* | et *om.* **La.** | latere L(a?). | sexangula **Fa.** | liuore
B²h. *cfr.* § *26.* leuare **L.** leua a. | *dist. ego.* | turbinati **B**(a?)*S.*
-tus *rv(D).*   9 mucronem L**a***Solin.v.* -ne *r.* | e **Bh***S.* ae **F.**
om. d. aut *rv.* | quo—10 partibus *om.* **Fdh.** quo—9. 10 mire-
mur (-etur a) *om.* **H***Brot.*   10 latissimi (-mis *v*) suis **La**
v.a.S(J). | iungeretur a.   11 bellani **F.** auellani (-nae *C*)
B²dh*v.a.S.* | nuculei **B¹***J.* -cleis a. | huic quidem **La***v.a.S.*
     12 arabicus dh*v.a.S. cfr.* § *62.* | pallidior a*h.*   13 genti
a. -tis L*v.a.H.* | et in auro *om.* **B.** *sed cfr. Solin.* | natales d*H*
Brot.   13. 14 in crudibus **F.**   14 id (*pro* hi) **F.** | repraehen-
dunt ubi **F.** | ita **BLdh***v.* ta **F.** *om.* a. | ictum L*v.a.S.* | ut
om. a. ut in **F.**   15 incudesque **Fdh**L*v.a.S.* | ipsae *om.* **La.** |
dissiliant dh*v.a.D.*   15 *et* p. 406, 1 duritia quippe a.

duritia est inenarrabilis, simulque ignium victrix natura.
et numquam incalescens, unde et nomen [interpretatione
Graeca indomita vis] accepit. unum ex iis vocant cen-
chron, milii magnitudine, alterum Macedonium, in Philip-
58 pico auro repertum; hic est cucumis semini par. post 5
hos Cyprius vocatur in Cypro repertus, vergens ad aereum
61 colorem, sed medica vi, de qua dicemus, efficacissimus.
post hunc siderites ferrei splendoris, pondere ante ceteros, sed natura dissimilis. namque et ictibus frangi et
alio adamante perforari potest, quod et Cyprio evenit, 10
breviterque ut degeneres nominis tantum auctoritatem
habent.

59　　Nunc quod totis voluminibus his docere conati sumus
de discordia rerum concordiaque, quam antipathian Graeci
vocavere ac sympathian, non aliter clarius intellegi potest, 15
siquidem illa invicta vis, duarum violentissimarum naturae
rerum ferri igniumque contemptrix, hircino rumpitur sanguine, neque aliter quam recenti calidoque macerata et

---

§ 58: Solin. 52, 55. 56. — § 59 med.: cfr. Plin. XX 2. Marc.
26, 95. Isid. XVI 13, 2. XII 1, 14. Solin. 52, 56. Prisc. perieg.
1065—1070. August. civ. dei XXI 4, 4.

---

1 uictrix ignium a.　　2 unde nomen B.　　2. 3 *uncos
posuit* D. indomita uis graeca appellatione (interpreta- *v*) dh
v. a. S. cfr. Isid.　　3 accepit. genera adamantis sex a. | unum
ex if B*D*. ex his unum a.　　4 mili B¹FLaS. quod est milii *v*.
　　4. 5 lippicauro a.　　5 cucumi La*v. a. C.* | femini B²a*C*.
-n& B¹. -ne *rv*.　　6 hof B*Verc*. hoc *rv*. | ad BLS. *om. r.* in
dh*v*. | ereum a. aerium dh*HBrot*.　　7 sed *ego*. sed in *ll. v.* |
medica ui BaS. -camine Fh. -cina Ld*v*(*D*). | de qua BS. de
quo h. qua F. ut Ld*v*. *om.* a.　　8 est siderites Ladh*v. a. S.* |
coloris a. | autem L.　　8. 9 ceteris La.　　9 et L. | namq. B*D*.
om. L. nam *rv*. | igtibuf B¹. act- F. ictibus enim L. | frangitur
dh*v. a. S.*　　11 et (*pro* ut) F.　　13 nunc BS. id F(a?). idque
L*v*. | hif (if B¹) docere BS. his docere et (*om.* a) mandare La*v*.
inducere (-rae F) Fdh.　　14 antiphatian B. -patian a.　　15
uocauere BdhS. appellauere *r*(a?)*v*. | sympathiam dh*v. a. S.*
-phatian B. sinpathian F. ras nathidian (-tidiā a) *r*.　　16
duarum B*v*. -umque *r*. | uiolentissime (-mae *v*) La*v. a. H.*
17 ignisque dh*v. a. S.*　　18 neque BFdh*H*. nec a(?)*G*. ac ne
L*v*. | callidoque B¹.

sic quoque multis ictibus, tunc etiam praeterquam eximias
incudes malleosque ferreos frangens. cuius hoc invento 60
quove casu repertum? aut quae fuit coniectura experiendi
rem inmensi pretii in foedissimo animalium? numinum
5 profecto talis inventio est et hoc munus omne, nec quaerenda ratio in ulla parte naturae, sed voluntas! cum
feliciter contigit rumpere, in tam parvas friatur crustas,
ut cerni vix possint. expetuntur hae scalptoribus ferroque includuntur, nullam non duritiam ex facili cavantes.
10 adamas dissidet cum magnete in tantum, ut iuxta positus 61
ferrum non patiatur abstrahi aut, si admotus magnes ad-
prehenderit, rapiat atque auferat. adamas et venena vincit
atque inrita facit et lymphationes abigit metusque vanos
expellit a mente. ob id quidam eum ananciten vocavere.
15 — Metrodorus Scepsius in eadem Germania Basilia
insula nasci, in qua et sucinum, solus, quod equidem 36

---

§ 60 med.: Isid. XVI 13, 2. Solin. 52, 56. — § 61: Isid.
XVI 13, 3. Solin. 52, 57. 53. (Orph. Lith. 194). Damig. 3. cfr.
infra § 192.

---

1 multif ictibuf **B** *in ras.* | quoque (*pro* etiam) **B**.   2 fer-
reos *om.* **dh** *HBrot.* | hoc *om.* **B¹**. | inuento **BS**. -nio **Fa**. -ntum
L *D*. ingenio **dh**. -genio inuentum *v. cfr. XXXII 1*.   3 quoq,
a. *om.* **L**. | casuue **L**. | recenti (*pro* fuit) **a**.   4 creti **F**. secreti
et **dh** *v. a. S*. | fedissimo **F**. fid- **La**. | numinum **BG**. nomi- **Fa**.
omni- **Ldh** *v*.   5 talif **B** *S*(**D**). muneris (nume- **a**) talis *rv*(**J**). |
inuenio **F**. | eft **B** *S*. omnis (hominis *v*) est *rG*. | & hoc munuf
omne **B** *S*(**D**). *om. rv*(**J**). | ne **F**.   6 ratio **BS**. *om. rv*. | nulla
F. illa **B²**. | arte **B²**. | naturae ratio **FLa** *v. a. S*. | ut (et *Verc*.)
cum **L** *v. a. S*.   7 contigit rumpere **BS**. rumpere contigit (*H.*
-tingit **a** *v*) *rv*. | friatur *S e coni. J*. frua- **B**. feriantur *r*. fri- *D*.
frangitur *Verc*. -gantur **dv**.   8 hae **BFS**. a **dhv**. e **a**. hae a **L**.
cfr. § 50.   10 magnete lapide **a** **dh** *v. a. S*. | appositus **a**.   11
patitur **F**.   12 afferat **a**.   12. 13 uincit atque **BS**. *om. rv*.
13 faciat **a**. | meatusque uagos **La**.   14 a *om*. **La**. | et ob id
LG. | ananciten **BFS**. anchi- **La** *v*. anachi- (**B¹**)**C**. eunachi-
(**B²**)*Verc*. -citen **h** *Brot*. | uocare **a**.   15 metrodorus — p. 408, 2
dubitet *om*. **B**. | sep' **a**. | germania **La** *S*. -ia a **Fdh**. -ia et
G. -ia in *v*. | basilia (**B²**)*H. cfr. § 36*. balista *ll. v*. in bal-
tia (**B¹**)*G*.   16 solus *om*. **dv** *a. S*. | quod — p. 408, 1 dicit et
om. **a**.

legerim, dicit et praefert Arabicis. quod esse falsum quis
dubitet?

62   (16) Proximum apud nos Indicis Arabicisque marga-
9,106 ritis pretium est, de quibus in nono diximus volumine
inter res marinas.   5

     5. Tertia auctoritas smaragdis perhibetur pluribus de
causis, quippe nullius coloris aspectus incundior est. nam
herbas quoque silentes frondesque avide spectamus, smaragdos vero tanto libentius, quoniam nihil omnino viridius
63 comparatum illis viret. praeterea soli gemmarum contuitu 10
inplent oculos nec satiant. quin et ab intentione alia
aspectu smaragdi recreatur acies, scalpentibusque gemmas
non alia gratior oculorum refectio est: ita viridi lenitate
lassitudinem mulcent. praeterea longinquo amplificantur
visu inficientes circa se repercussum aëra, non sole mu- 15
tati, non umbra, non lucernis, semperque sensim radiantes
et visum admittentes ad crassitudinem sui facilitate tralu-
64 cida, quod etiam in aquis nos iuvat. iidem plerumque
concavi, ut visum conligant. quam ob rem decreto homi-

---

§ 62: (cfr. Th. lap. 36). Isid. XVI 7, 1. Solin. 15, 23. 24.
Th. lap. 24. — §§ 63. 64: Isid. XVI 7, 1. Solin. 15, 24. 25.

---

1 solus dicit d*v.a.S.* | quod — 3 arabicísque *om.* **a.** | falsum
esse **dh***v.a.D.*   3 et arabicis **L** (*cfr.* **a**).   4 in (*pro* de) **F.**
     6 plurib. **BFdh***v.* multis *r D.*   7 quippe **B***S. om.* r*v.* |
nulliuſ **Bdh***v.* -llus *r.*   8 quoque ſilenteſ **B***S coll. Colum. IV
27, 1. 29, 1. 30, 6. XI 2, 26. XII 7, 1.* quoque uirentes
(-tis **F***D*) **Fdh***v*(*D*). *om.* r. | frondesque (quoque **L**) uirides **La.** |
auide (aut de **F**) ſpectamuſ (-tam **F**) **BF**a*C̆.* haud desp- **L***v.*
desp- **dh***Verc.*   9 uiuidius **F.** *om.* **a.**   10 mnarū **a.** | con-
tuitu **La***v.* collutu **B.** coniuitum **F.**   11 inplent **La***v.* -nti **h.**
-l& **B.** -leri **Fd.** | fatiant **F.** ſautiat **B²**. | intentatione **Fh.** |
alia *ll.S.* alia obscurata **d***v.*   12 aſpectuſ **B.** | recreatus **F.**
que *om.* **La.** ſcvlpentibusq. **B²**. | gemmis **a.**   13 in (*pro* ita)
B*SJ.* | uiride **B¹**.   14 lassitudine **a.** | mulcenſ **B***SJ.* | prae-
terea e **Fh***D.* (*globosi e Solino inseri voluit U 838*). | ampli-
ficatur **B.**   15 solū **La.**   16 sensi **F.**   17 et uisum (-su **Fa**)
admittentes **FLadh***v. om.* **B.** (*transmittentes U 839, sed cfr.*
§ 69).   17. 18 tralucida *om.* **a.**   18 qui **F.** | non iuuat (ſit
L*v*) **La***v.a.H. de mendo cfr. § 31.* | idem **Ba***D.*   19 colli-
gant **adh***v.a.D.* | quapropter **dh***v.a.S.*

num iis parcitur scalpi vetitis. quamquam Scythicorum
Aegyptiorumque duritia tanta est, ut non queant volnerari.
quorum vero corpus extentum est, eadem qua specula
ratione supini rerum imagines reddunt. Nero princeps
5 gladiatorum pugnas spectabat in smaragdo.

(17) Genera eorum duodecim: nobilissimi Scythici, 65
ab ea gente, in qua reperiuntur, appellati. nullis maior
austeritas nec minus vitii; quantum smaragdi a gemmis
distant, tantum Scythicus a ceteris smaragdis. proximam
10 laudem habent, sicut et sedem, Bactriani. in commissuris
saxorum colligere eos dicuntur etesiis flantibus; tunc enim
tellure deoperta internitent, quia iis ventis harenae maxime
moventur. sed hos minores multo Scythicis esse tradunt.
tertium locum Aegyptii habent. eruuntur circa Copton,
15 oppidum Thebaidis, collibus excavatis.

Plin. supra § 8. — § 65: Isid. XVI 7, 2. Solin. 15, 23. 27. Th.
lap. 35. Solin. 15, 26.

---

1 iſ **B¹***D*. his **B²a**. | scalpi uetitis *om.* **a**. | quā **a**. 1. 2
ſcyticorū aegyptorumque **B**. 2 duritiae **F**. -ties d h*v.a.G*. |
non *om.* **a**. ne d*v.a.S*. 8 extensum **L a** *v.a.S*. | que **F**.
4 supini (supp- **FL**) rerum **FL a** d h*v*(*J*). -niſ rebuſ **B***S*. *de speculis supinis cfr. XXXIII 129 (ceterum XXIII 1. IX 2. XI 125).
an vero supinis rerum (ut vitiati rebus causa simul appareat)
i. e. supinis intuentibus? cfr. XXVIII 48, praeterea XVI 174.
VII 77. 171. IX 78. 85. 88. X 40. 93. XI 18. XIII 77.
XVII 226. XVIII 47. XX 158. XXIII 125. XXVI 93.
XXVIII 54. XXXII 41.* | imaginem **B***S*, *ut § 152. XXI 2.
XXXI 86. XXVIII 64. XXXIII 130. sed cfr. § 71. 156.
166. XXXIII 128.* 5 pugnas *om.* **a**. | expectabat **F a**. | in
B *Isid.S*. *om. rv*. 6 gener **F**. | nobilissimis **F**. | scytici **F**.
syrt- **a**. ſcythiciˢ **B²**. 7 appellatiſ **B**. 8 ut (et *v*) quantum
d h*v.a.S*. 9 distat **a**. | syrticus **a**. scythici *v.a.S*. 10 sicut
et **F** d h*v*. ſic & **B**. sicut *r*. | quos in **L** *v.a.S*. 11 eos *om.* **L**
v.a.S. | &eſiſ **B a** *D*. | flatib'**a**. | tunc—p. 410, 10 gemmas *om.* **a**.
12 deoperta **B** *Isid.S*. *om. rv*. | internitent **B L** *v*(*S*). inter
se tenet **F**. tersa nitent d h *Brot*. | qua **F**. & quia **B***S*. | iis d*v*.
iſ **B¹**. his *r D*. 13 multoſ **BF**. 14 aegipti **B**. -gyphtia **F**. |
habent qui **L** *v.a.S*. -ntur (*om.* eruuntur) **F**. | copton **L** *v*. ſco- **B**.
captos **F** d h. 15 thebandis **F**. | in collibus d h*v.a.S*. | ex-
cauatiſ **B***S*. ex (*H*. et **L** *v*) cautibus *rv*.

66   Reliqua genera in metallis aerariis inveniuntur, quapropter principatum ex iis optinent Cyprii. dos eorum
est in colore liquido nec diluto, verum ex umido pingui
quaque perspicitur imitante tralucidum maris, pariterque
ut traluceat et niteat [hoc est ut colorem expellat, aciem   5
recipiat]. ferunt in ea insula tumulo reguli Hermiae iuxta
cetarias marmoreo leoni fuisse inditos oculos e smaragdis
ita radiantibus etiam in gurgitem, ut territi thynni refugerent, diu mirantibus novitatem piscatoribus, donec
67 mutavere oculis gemmas. — (18) Sed et vitia demon- 10
strari convenit in tam prodigis pretiis. sunt quidem
omnium eadem, quaedam tamen nationum peculiaria, sicut
in homine. ergo Cyprii, varie glauci magisque ac minus
in eodem smaragdo aliis partibus, tenorem illum Scythicae
65 austeritatis non semper custodiunt. ad hoc quibusdam 15
intercurrit umbra, surdusque fit colos, qui inprobatur

---

§ 66 init.: Th. lap. 25.

---

1. 2 quia propter L.   2 iſ **B**¹*D*. hiſ **B**². | cyprii **B***G*.
aegypis **F**. -ptii *v*. eg- **L**dh. | dosque L*v.a.S*. deos **F**.
3 eſt in **B***S*. et in **F**h. ut et **L**. est nec in *C*. et ut in *v*. |
ex *om.* **L**.   4 quaque **BF**h*G*. que **L**d. que quaque *v*. | per-
spicitur **BF**dh*Brot*. -ciatur **L***G*. resp- *v*. | inmicante **L**. | mare
L*v.a.Brot*.   5 ut **B***S*. *om. rv*. | transluceat **B**²*S*. -cet (tral- **F**)
FL*v*. -centem dh*H*. | et—ut *om.* dh*HBrot*. | niteat **B***S*. -tet
rv. | *uncos posui cum U 840*. | ut **B***S*. *om. rv*. | expellat **B***S*.
-llit **F**dh. -llit et **L***v*.   6 recipiat **B***S*. -pit *rv*. reficit dh
H. | ferunt et in **F**dh*v.a.G*.   6. 7 iuxta cetariaſ (ceterieas **F**.
catherias d) **BF**dh*v*. *om.* **L**.   7 leo inſtuiſſe **F**. fuisse d. |
e *om.* **F**dh. ex *v.a.S*.   8 territi **B**dh*H*. -iti instrumenta *rv*.
8. 9 thynni refugerent **B***S*. refugerent (-runt **L**) thynni (*v*.
tinni **L**. inni **F**) *rv*.   10 oculos (*om. gemmas*) **L**. | et *om.* **a**.
11 conuenit **BF***S*. oportet *rv*. | in tam **BF***G*. in tanto dh.
om. rv. | prodigiſ **B***S*. -gi **F**. -gio dh. -giosis *D cum U 841*,
sed cfr. § 15. procliui *G*. *om. rv*. | pretiiſ **B***S*. erepti **F**. *om. r*.
erratu *G*. reperta *v*. | quidam **L***Ven*. quaedam *D*.   12 tamen
nationum *om.* **L**. dapnaticionum **a**. | peculiari **F**a.   13 cypri
B*D*. cipri **a**. | uarie *om.* **L**a. | magisque uarie (-rii **L**) ac **L**a. |
an aut (*pro* ac)? *cfr.* § 72.   14 aliſ **B**¹*D*. | tenerom **F**.
-erem **L**.   15 austeritatis dh*v*(*H*). -teſ **B**. auctoritatis
r G. | quidem **B**.   16 umbra *om.* **a**. | fit *om.* **L**. | que **F**.
quin **L**.

etiam dilutior. hinc genera distinguntur, ut sint aliqui 68
obscuri, quos vocant caecos, alii densi nec e liquido
tralucidi, quidam varii, quidam nubecula obducti. aliud
est haec quam umbra, de qua diximus. nubecula albi- 67
₅ cantis est vitium, cum viridis non pertransit aspectus,
sed aut intus occurrit aut excipit in fine visum candor.
haec coloris ·sunt vitia, item corporis capillamentum, sal,
plumbago, quae communia fere sunt.

Ab his Aethiopici laudantur ab Copto dierum itinere, 69
˲ ut auctor est Iuba, xxv, acriter virides, sed non facile
puri aut concolores. Democritus in hoc genere ponit
Thermiaeos et Persicos, illos intumescentes pinguiter,
Persicos vero non tralucidos, sed iucundi tenoris visum
inplere, quem non admittant, felium pantherarumque ocu-
₅ lis similes, namque et illos radiare nec perspici, eosdem
in sole hebetari, in umbra refulgere et longius quam

---

§ 68 init.: cfr. Isid. XVI 15, 28. — extr.: Isid. XVI 7, 2.
Solin. 15, 27.

1 hincque L v. a. G. in a lac. usque ad p. 413, 11 et alios. |
generandis tunguntur F. | ut B F S. om. L G. et d h v. | ſint B S.
sunt r v.   2 ali B¹ D. | e om. B. ae F.   3 translucida L. |
quidam om. J (errore). | uarii B² S. -ri B¹ (F?). -ria d h v. fo-
carii L. | quidam om. d h v. a. S. | obducti B S. inprobati (-bat F)
r v. | quod aliud L.   4 hec d. hoc h v. a. J. om. L. | nebula F.
5 uitium cum cod. Poll. v. -tii cum L. -ti cum F. -tium d h.
uti (om. cum — 6 intus oc) B. (an albicantibus est uitio, ut
omissionis causa appareat?).   6 sedant F. | currit B.
7 hec L. hic B S J (cum antecedd. iungentes). | sunt uitia item
corporis ego. sunt item uitia B S. uitia ista (illa G) corporis
L v (D). om. F d h. | capillimentum F.   7. 8 ſalpium bago B¹.
alpium vago B².   8 quae — fere (-rae B) ſunt B S. om. r v.
9 iis d h v. a. S. | ethiopi F. | ab B F S. a L v. | corto B¹.
cvrto B². | itenera F. trium itinere L v. a. S.   10 xxv B S.
om. r v. | alacriter d h Brot. | uideſ B.   12 thermiaeoſ B D.
her- F J. -ieos h² v. cfr. § 66. -iceos h¹. -icos L. -ineos C (S).
-mos d. -meos H. | intumeſcenteſ B S. extu- (-tis r) r d h v. |
pinguiter om. d H Brot.   13 ſed B L d v. sed non F h. | uisu
F d.   14 admittant (am- F L) F L d h v. -ttunt B. | filium F.
felicum L.   15 et illos F L d h v. eoſ B.   16 umbris (om. in)
L v. a. H. | fulgere B S J, ut § 106. 128. XXXIII 58. 81 al.,
sed cfr. § 92. 123. 173. 182 al.

70 ceteros nitere. omnium horum etiamnum vitium, quod
fellis colorem aut acris olei habent, dilucidi quidem ac
liquidi, sed non virides. . haec vitia in Atticis maxime
4,24 sentiuntur in argentariis metallis repertorum. in loco,
qui Thoricos vocatur, semper minus pingues, sed ex 5
longinquo speciosiores. frequens est in his et plumbago,
hoc est ut in sole plumbei videantur. illud peculiare,
quod quidam ex his senescunt, paulatim viriditate evanida,
71 et sole quoque laeduntur. post hos Medici plurimum
habent varietatis, interdum aliquid et e sappiro. hi sunt 10
fluctuosi ac rerum imagines complexi, papaverum verbi
gratia aut avium catulorumque vel pinnarum. qui*dam*
tamen virides nasci videntur, quoniam oleo meliores fiunt,
72 neque est aliorum amplitudo maior. Calchedonii — nescio
an in totum — exoleverunt, postquam metalla aeris ibi 15

---

§ 71: Solin. 15, 23. 27. (cfr. Isid. XVI 7, 2). — § 72: Solin.
15, 23. cfr. Th. lap. 25. Phaedr. III 18, 7.

---

2 acrif B d h S. saris F. aeris L v. (*an* ueteris?). | olei
habent (-eat B¹. -et d) B F d h S. habent (-et G) in sole L v. |
dist. S. 3 liquidis sed F. lucidi f& B². -def & B¹. | in *ll.* S.
et v. 4 repertorum *ll.* -ti eorum D. -tis d h v. *de structura*
cfr. *XVII 221. XIX 58. (XVIII 135. 138).* | *dist. ego.*
5 toricos F. thyri- L v. a. B. | fed ex B S. et e r v. 6 longi
quo specio res F. | eft in hif & B S. et his (iis v) r v.
7 in *om.* F. | solo d *Brot. SJ.* | illuc F. -udque L v. a. G. | peri-
culare F. 8 iis d h v. a. S. 9 solae F. | quoque B S. *om.*
r v. | leduntur F. legu- L. | medicis F. 10 uarietatis (*Brot.*
uiridit- L v) habent F L d h v. a. D. | aliquid B S. *om.* r v. | et de
L. | ii d h v. a. S. 11. 12 ut uerbi gratia d h v. a. S (*sed ante*
papauerum). 12 catulorumque uel pinnarum B S. *item* F L,
sed add. et similium (-liter F). pinnarumque uel (-rum et d)
capillorum (*H.* catulo- v) et (aut v) similium d h v. | quidam
ego. qui *ll. v.* 13 tamen *ll. v* (S). non omnino B. | uirides
L v. uirif B F. ueri d h. | nafci uidentur B F d h S. nascuntur L v. |
quoniam *ll. v* (S). uino et B e *Solino. lac. indicavit* D. *an*
quoniã uino &? 14 neque *om.* B. | amplitudo maior B D.
magnitudo amplior r v. cfr. *§ 27, sed contra § 13. 110. 113.*
139. 172 et XIX 93. VI 67. XXII 54. XXXIV 43; de mendo
XXXIV 100. | calchedonii B L h H. cald- d. carched- v. chal-
chaedo F. 15 exoleuerunt B F² S. -leo erunt F¹. exoleuerint
(exso- L) L d h v. *dist. ego.*

defecerunt, et semper tamen vilissimi fuere minimique,
iidem fragiles et coloris incerti et virentium in caudis
pavonum columbarumque e collo plumis similiter ad in-
clinationem magis aut minus lucidi, venosi *ïidem* squa-
5 mosique. erat et peculiare in iis vitium sarcion appel- 73
latum, hoc est quaedam gemmae caro. mons est iuxta
Calchedonem, in quo legebantur, Smaragdites vocâtus.
Iuba auctor est smaragdum, quam chloran vocent, in
Arabia aedificiorum ornamentis includi et lapidem, quem
10 alabastriten Aegyptii vocent, complures vero e proximis
et in Taygeto monte erui Medicis similes et alios in
Sicilia.

(19) Inseritur smaragdis et quae vocatur tanos e 74
Persis veniens gemma, ingrate viridis atque intus sordida,
15 itidem chalcosmaragdos e Cypro, turbida aereis venis.
Theophrastus tradit in Aegyptiorum commentariis reperiri regi eorum a rege Babylonio muneri missum smaragdum quattuor cubitorum longitudine ac trium latitu-

---

§ 73: Th. lap. 25. — § 74: Isid. XVI 7, 3. Solin. 15, 26.
Th. lap. 24.

---

1 *an et delendum?* | uiles dhHBrot. | minimeq. B.
2 idem BD. | et hJ. set L. ed F. fed Bdv. | colorif BS.
-ri F. -res d. -re Lhv. | certi L. | *an* uirentibus? 3 e BS.
in dh. *om. rv.* | fimiliter BFS. -les Ldhv. 4 ac (*pro* aut) h.
cfr. § 67. | iidem J. idem BS(D). quidem rv. *an* quidam?
5 erat et *om.* dhv.a.S. | in if (hif B²) BD. eorum dh.
erat in his v.a.S. | farcion (-om B) BFv. car- L. 6 gemma
ex caron L. | monf eft BS. mons G. mox rv. 7 calche-
donem dhH. calchad- BD. calcid- F. carched- Lv. | qua
(quo B) legebatur BFv.a.G. | uocatuf BS. -tus est rv.
8 est *om.* F. | quam BFS. quem rv. | chloran J. cloram BS.
cholan rv(H). -lon G. | uocent S. -cant ll.v(D). 10 ala-
batritena F. | aegypti B¹FD. *om.* L. | uocent BS. -cant rv
(D). | e proximis (G. -mo dhv[H]) FLdhG(D). *sc.* auctoribus:
cfr. XV 62. XXVII 67. XXI 48. praef. 22. & in proximif
BS. 11 et in taygeto monte *ego.* montibuf & in tayg&o
BS. et (*del. v*) laconicos (-cis L) in taygeto (tapgeto F. tag- L)
monte rv(D). cfr. XXXVI 164. 13 tanor F. 15 itidem
BS. idem L. item rv. 17 rega eorum F. | muneri BS.
-ris F. -re rv.

dine, et fuisse apud eos in Iovis delubro obeliscum e
quattuor smaragdis quadraginta cubitorum longitudine, lati-
75 tudine vero in parte quattuor, in parte duorum, se autem
scribente esse in Tyro Herculis templo stelen amplam e
smaragdo, nisi potius pseudosmaragdus sit, nam et hoc 5
genus reperiri, et in Cypro inventum ex dimidia parte
smaragdum, ex dimidia iaspidem, nondum umore in totum
transfigurato. Apion cognominatus Plistonices paulo ante
scriptum reliquit esse etiam nunc in labyrintho Aegypti
colosseum Serapim e smaragdo novem cubitorum. 10
76   (20) Eandem multis naturam aut certe similem habere
berulli videntur. India eos gignit, raro alibi repertos.
poliuntur omnes sexangula figura artificum ingeniis, quoniam hebes unitate surda color repercussu angulorum excitetur. aliter politi non habent fulgorem. probatissimi 15
ex iis sunt qui viriditatem maris puri imitantur, proximi
qui vocantur chrysoberulli, paulo pallidiores, sed in aureum
77 colorem exeunte fulgore. vicinum huic genus est, sed

---

§ 75: Th. lap. 25. — § 76: Diodor. II 52, 3. Strabo XV
1, 69 p. 718. Isid. XVI 7, 5. 6. Solin. 52, 61. 62. (cfr. Dionys.
perieg. 1011 sqq.). — § 77: Isid. XVI 7, 7. 9, 4. (cfr. infra § 113).

---

1 obeliscum — 11 certe *om.* a.   2 longitudine *om.* BF.
  3 in una *et* in altera L*v. a. G*.   4 ftelen amplam B*S*.
stantem pilam *B. cfr. Theophr.* stetenam palam F. stente-
nam planam L*v*. pilam d*h*. | e *om.* F*h*.   5 nisi L*dhv*. nifi
fi BF*D*. | ipfeudofmaragduf B.   6 repperiri B. | parte — 7
dimidia *om.* F.   7 umorem (hu- F) B¹F.   9 reliquid B. |
egyptio L.   10 colosseum (-luse- F) FL*v(D)*. -ffum B*dhS*. |
serapim FL. -pem B*D*. -pin *v*. -phis d. -pis h*S*. | e *om.* B.
  11 eadem F. | simili F.   12 *berilli B²a (*ut ubique*).
berylli *v. a. S*. | india eof (eoy F) gignit BF*dhH*. indiae ori-
gine a. in india originem habentes L*v*. | repertos *ll. (Ven.)H*.
-ti *v*.   13 potiuntur L.   13. 14 quoniam — 14. 15 excitetur
om. a.   14 hebef unitate B*S*. -escunt ni (ine F) *rv*. | furda
color BF*S*. color surdus L*dv*.   14. 15 excutetur F.   15 aliter
a d h*S*. -ter enim L*v*. alter F. *om.* B. | fulgorem B*S coll. Isid.*
-rem eundem *rv*.   16 if B¹*D*. his a d h. | proxime a.   17
chryfoberilli B²F. crysioboelli L. chrisiobelli a. | et sunt paulo
L*v. a. S*.   18 exeuntef B*S*. -unt a.   *sed cfr. § 83. 93.* | ful-
gorem a. | huic genuf B. genuf huic *rv*. | fed B*S. om. rv*.

pallidius et a quibusdam proprii generis existimatum vo-
catumque chrysoprasum. quarto loco numerantur hya-
cinthizontes, quinto 'quos aëroidis vocant, postea cerini
ac deinde oleagini, hoc est colore olei, postremi crystallo
5 similes. hi fere capillamenta habent sordesque, alioqui
evanidi, quae sunt omnia vitia. Indi mire gaudent longi- 78
tudine eorum solosque gemmarum esse praedicant, qui
carere auro malint; ob id perforatos elephantorum saetis
subligant. convenit non oportere perforari quorum sit
10 absoluta bonitas, umbilicis tantum ex auro capita con-
prehendentibus. ideo cylindros ex iis malunt facere quam
gemmas, quoniam est summa commendatio in longitudine.
quidam et angulosos statim putant nasci et perforatos 79
gratiores fieri medulla candoris exempta additoque auri
15 repercussu aut omnino castrata perspicuitati crassitudine.
vitia praeter iam dicta eadem fere, quae in smaragdis,
et pterygia. in nostro orbe aliquando circa Pontum in-

Solin. 52, 62. 63. cfr. Damig. 35. — § 78: Solin. 52, 64. —
§ 79 init.: Solin. 52, 64. — cfr. Sidon. Apoll. carm. 11, 22.

---

1 pallidi a. | et a (om. F) quibuſdam BFdhv. om. a. quod
L. | exiſtimatum Ba S. -tur rv.   1. 2 uocaturque dhv.a.S.
2 chryſopraſum BFL S. -asus B. -pylon v. chrisiopilum
a.   3 quintoſ (om. quos) B S. | aeroides G. her- v. froi- h. |
post eos dhv.a.S.   4 postremo a. | chryſtallo B. cristalli
(crys- a) Fa. crystallis fere dhv.a.S.   5 hi fere (fecere B)
B cod. Poll. S. ferre hi F. et fere r. hi h v. | aliquiqui L.
alioq'q' a.   6 aeuanidi B. uan- F. | ſunt omnia (-ium Fdhv)
Ba J. omnia sunt L S.   6. 7 longitudinem F. -utidem B.
8 ob id La d G: ob B. et ob id Fv. | perforato B. fora-
tos F. | et (ex L) elephantorum (elefa- a) FLa. de mendo cfr.
§ 31. XXXIII 80. [XXXIV 19. XXXV 50].   9 ſubligant
B S. relig- rv. | conuenit B S. et alios (Lav. et alias F. aliis
dh H) convenit rdhv.   10 umbiliciſ Bv. -lici La. -li F. |
tantum Bdh H. statum Fa. statim Lv.   10. 11 conprehen-
dunt B.   11 iſ B¹D. hiſ B²a. | facere malunt FLav.a.S.
13 putant statim FLv.a.S. putant a.   14 exempla B. |
auri B S. -ro rv.   15 repercuſſu B S. -ssa dhv. -sso (ra
perc- a) r. | aut om. La. | castrata J. -raca F. conſtrata B S.
causa L. castigata dh. -gata causa v. om. a. | perspicuitati
ego. -atis ll.v. | crassitudinem a. ad cra- Lv.a.H.   16 dicta
iam B S.

veniri putantur. Indi et alias quidem gemmas crystallum
tinguendo adulterare invenerunt, sed praecipue berullos.

80   **6.** (21) Minimum *ii*demque plurimum ab iis differunt
opali, smaragdis tantum cedentes. · India sola et horum
mater est. qu*i* ut pretiosissimarum gloria compositi gem- 5
marum maxime inenarrabilem difficultatem adferunt. est
in his carbunculi tenuior ignis, est amethysti fulgens
purpura, est smaragdi virens mare, cuncta pariter in-
81 credibili mixtura lucentia. alii summam fulgoris Armenio
colori pigmentorum aequar*i* credunt, alii sulpuris ardentis 10
flammae aut ignis oleo accensi. magnitudo abellanam
nucem aequat, insignis etiam apud. nos historia, siquidem
exstat hodieque huius generis gemma, propter quam ab
Antonio proscriptus est Nonius senator, filius Strumae

---

§ 80: Isid. XVI 12, 3. — § 81 extr.: Catull. 52, 2.

---

1 inde **B**. | quidem *om*. **a**.   1. 2 crystallo inuento **La**
v.a.B.   2 sed — 3 iidemque *om*. **a**.   3 minimum **BFh**v
(*G*)*S*. nimium **L**. minio *Verc*. minio. minimum *C*. *om*. d*H*. |
iidemque v(*C*)*S*. ide- **BFh***D*. ite- **L**. *om*. (*Verc*.)*H*.   4 op-
pali **BF**. opioli **a**. *an* opalli (ὀπάλλιον)? | tamen dh*H*. | ſola
BFC. -lū rv. | horum est $v.a.S$.   5 est. qui *ego*. eſt **B***S*.
atque (adque **F**) rv. | ut **B***S*. in d*H*. ut ei **Fha**. ut eis **L**.
ut ideo eis v. | pretiosissimam **La***v.a.H*. | gloria **BF***S*. -iam
rv. gemmarum d. -rum gloria h*H*. | compositi **Fdha***H*(*J*).
-poſ hi **B***S*. -positores **L***v*.   5. 6 gemmarum *om*. dh*H*.
6 adferunt **B***S*. dederunt **Fdh***v*. -rint r. | est **FLa***J*. & **B**.
est enim dh*v*.   7 iis dh$v.a.S$.   8 cuncta **B***S*. et cu- rv.
    8. 9 incredibile **a**. -lae **F**.   9 ali **B**[1]. aliis **a**. | ſummam
B*S*. *cfr*. § 84. *XXXIV* 4. *XXXIII* 50. 89. -mū r. -mo d
hv. | armenio *J coll*. *XXXV* 30. 47. -minio **B***S*. augmento
(-gum- v) **Fdh**v(*H*). -tū **a**. -tum alii **L**. argumento *B*.   10
colori **B***S*. -ris r. -res dh$v$. | aequari *ego*. *cfr*. *II* 81. 203.
XVIII 220. -are **B***S*. -auere rv. (*an vero aequam vel aequare*
se?) | credunt **B***S*. *om*. rv. | fulgoris **La**. | ardentem dh$v.a.S$.
    11 flammae **B***S*. -mas **La**. -ma **F**. -mam dh$v$. | aut **B***S*.
ut **L**. ut ea **F**. ut eas **a**. aut etiam dh$v$. | ignis *om*. **La**. |
auellanam **B**[2]dh$v.a.S$.   12 aequant **F**. eq- **a**. | inſigniſ **B***S*.
-ni rv(*D*). | &iam **B***S*. *om*. rv. | hiſtoriaſ (*om*. nos) **B***SJ*.
13 pro qua **L**(**a**?).   14 nonius — p. 417, 9 credantur *om*. **a**. |
strumas **F**. *om*. **L**.

Noni eius, quem Catullus poeta in sella curuli visum
indigne tulit, avusque Servili Noniani, quem consulem
vidimus. ille proscriptus fugiens hunc e fortunis omnibus
anulum abstulit secum. certum est sestertio vicies tum 82
5 aestimatum, sed mira Antoni feritas atque luxuria propter
gemmam proscribentis, nec minus Noni contumacia pro-
scriptionem suam amantis, cum etiam ferae abrosa parte
corporis, propter quam periclitari se sciant, et relicta
redimere se credantur.

10   (22) Vitia opalis sunt, si color in florem herbae, quae 83
vocatur heliotropium, exeat aut in crystallum aut gran-
dinem, si sal interveniat aut scabritia aut puncta oculis
occursantia. nullos magis fraus indiscreta similitudine
vitro adulterat. experimentum in sole tantum: falsis enim
15 contra radios libratis digito ac pollice unus atque idem
tralucet colos in se consumptus; veri fulgor subinde
variatur et modo ex hoc plus, modo ex illo spargit, ful-
gorque lucis in digitos funditur. hanc gemmam propter 84

---

§ 84: cfr. Orph. Lith. 283. Plin. infra § 129.

---

1 eius L v. eus r. ensis dh. | quem n̄ F. | catullus dhv.
-uliuſ B. -ulus r.   2 absque F. | seruili FS (-lii v). cer- B.
serrullii L.   3 illeque Lv.a.H. | fortunis suis dv.a.S.
4 apſtulit BD. | ſecum BFhS. -um quem Ldv. | ſeſtertio BS.
-tium H. -tiis Lv. hoc F. | uicieſ BS. xx L. xx mil F. xx
millibus v. | tum B¹hD. tiim F. om. B²Lv.   5 antonii B²
v.a.S(D).   6 proscribentibus F. | minor dhv.a.S. | nonii B²
v.a.S(D). non in F. | contumatia B.   7 ferae BLv. om. F
dh. | abroſa B²S. -oſſa B¹. -osas rv. | parte BS. -tes rv.
8 corporiſ BS. -ris relinquant rv. | quas se periclitari (perecl-
F) FLdhv.a.S. | ſciant & B. sciant (sciunt F) rv. | relicta—9
credantur BS. om. rv.   10 opalis (opp- BF) BFa. -li Lv.
cfr. XIV 125. XXI 33. | ſunt ſi BD. si Lv. om.r. | flore dh
v.a.Bas.   11 in BS. om. rv.   11. 12 grandine a.   12
scabraorma F. | puncta BG. pugta Fh. cuncta rv.   13 nul-
losque Lv.a.S. | frauſ BS. nisi india Fha. india Lv.   14
uitro Lahv. -rio F. ultro B.   15 ac BFaG. a Lhv. | adq. B.
16 an ueriſ?   17 uariatur BS. -iat Lav. -ias Fh. |
modo ex hoc BFhS. mundo a. om. Lv. | modo ex illo BFhS.
hoc illo a. huc illucque Lv.   18 in digitos (dignos Fh) La
Fhv. indicio B. | fungitur B.

eximiam gratiam plerique appellavere paederota. qui privatum genus eius faciunt, sangenon ab Indis vocari tradunt. nasci dicitur in Aegypto et in Arabia, et vilissima in Ponto, item in Galatia ac Thaso et Cypro. qui praecellit ex his, opali quidem gratiam habet, sed mollius 5 nitet, raro non scaber. summa illi coloris ex aëre et purpura constat, viriditas smaragdi deest. melior ille, cuius fulgor vini colore fuscatur, quam qui diluitur aquae.

85   (23) Hactenus de principatu convenit mulierum maxime senatusconsulto. minus certa sunt de quibus et viri 10 iudicant; singulórum enim libido pretia singulis facit praecipueque *a*emulatio, velut cum Claudius Caesar smaragdos induebat vel sardonyches. primus autem Romanorum sardonyche usus est Africanus prior, ut tradit Demostratus, et inde Romanis gemmae huius auctoritas. quam ob rem 15 et proximum ei dabimus locum.

86   Sardonyches olim, sicut ex ipso nomine apparet, in-

---

§ 85 extr.: cfr. Martial. epigr. II 29, 2. — § 86: cfr. infra § 105. Isid. XVI 8, 4. — (cfr. Solin. 33, 19. Plin. supra § 68).

---

1 sunt et qui *v.a.S.*   2 sangenonque *v.a.S.*   2. 3 tradunt naſci dicitur B*S*. tradunt (-tur a) nasci Fh a. dicunt traduntur (-unt *Brot.*) nasci L*v*.   3 in BF*S*. et in *rv*. | uiliſſima B*S*. -mū ah*Brot.* -mi L*v*. umlisimum F.   4 gratia F. | ac thaso *om.* a. | cyppo B. ·   4. 5 qui praecellit ex hiſ B*S*. qui perfecit F. quippe L*v*. *om.* a.   5 oppali BF. | quidem B*S*. *om. rv*. | habent ſed B^1. -bet et a.   6 raro non scaber *om.* a. | illi B*S*. *om. rv*. | aere & B*v*. aere F. ere a. *om.* L.   7 melior BFdh*S*. constatque (-tat a) melior *rv*. 7. 8 ille color cuius L*v.a.H*.   8 unicolor L. | puscatur F. | quam — aquae *om.* a.   9 principatum conuet F.   10 senat' consultu a. iudicio B. *cfr. XXXIII 40.*   11 iudicatur B^1. | singulas facit F.   11. 12 praecipueq. B*S*. -pue a. *praem.* et *rv*.   12 aemulatio (em- B) uelut B*S. om. rv*. | cum B*S*. regum *rv*.   13 uel B*S*. et d*v*. aut *r*.   13. 14 ſardonyche vſuſ B^2*v*. -cheſ iſuſ B^1. -cheus Fh. -nicus a d. -ces L.   14 eſt Bdh*v*. *om. r*. | ut in historia tradit d h *HBrot*. | demonſtratuſ B a. -tur F.   15 gemmae huius auctoritas (*coni. J.* -tatiſ B) B*S*. hanc gemmam fuisse celeberrimam *rv*.   16 et B^2*S*. e B^1. *om. rv*(*D*). | proximum F.   17 ſicut B*S. om.* a. ut *rv*. (*deinde in* F *lac. usque ad p. 427, 3*).

tellegebantur candore in sarda, hoc est veluti carne ungui
hominis inposita, et utroque tralucido. talesque esse Indicas tradunt Ismenias, Demostratus, Zenothemis,
Sotacus, hi quidem duo reliquas omnes, quae non tra-
5 luceant, caecas appellantes. quae nunc abstulere nomen, 87
nullo sardarum vestigio Indicarum, Arabicae sunt, coepe-
runtque pluribus hae gemmae coloribus intellegi, radice
nigra aut caeruleum imitante et ungue minium, redimitum
candido pingui, nec sine quadam spe purpurae candore
10 in minium transeunte. has Indis non habitas in honore
Zenothemis scribit, tantae alias magnitudinis, ut inde
capulos factitarent — etenim constat ibi torrentibus de- 88
tegi —, placuisse in nostro orbe initio, quoniam solae
prope gemmarum scalptae ceram non auferrent. persua-
15 simus deinde Indis, ut ipsi quoque iis gauderent. utitur
perforatis vulgus in collo; et hoc nunc est Indicarum
argumentum. Arabicae excellunt candore, circulo prae-
lucido atque non gracili neque in recessu gemmae aut
in deiectu renidente, sed in ipsis umbonibus nitente, prae-

---

§ 87: Isid. XVI 8, 4. cfr. Plin. infra § 197. — cfr. Psellus
de lap. p. 24. — § 88: Isid. XVI 8, 4. — extr.: cfr. Solin. 33, 19.

---

1 in candore farda **B**. | ueluti **B** *S*. -ut **dh***v*. uel etiam
(*om.* carne — 2 inposita et) *r*. | carne ungui **B** *S*. -nibus ungue
dh*v*.   2 inpofita **B** *S*. -to **dh***v*. | tralucido talesque *iteravit*
B[1]. tales **d***H Brot*.   3 demonftratuſ **Ba**.   4 non **B** *B*. con
dh. *om. r v*.   5 appellant **B** *SJ*. | *dist. ego*.   6 indicarum
B *S*. *om. r v*(*J*).   6. 7 ceperunt **a**.   7 gemma **a** *d*.   8 *an*
nigro (*sc.* colore)? | unguem **L a** *v. a. H*. | minium **dh**(*B*)*H* (*sc.*
imitante). nimium **B**. *om. r v*. | redimitum **B** *S*. *cfr. IV 18.*
incretum *H*. creditum **a dh** *Brot*. -tum enim **L** *v*. (*an* fed cin-
ctum? *cfr. § 90. 151. 187. XII 123*).   9 nec — spe *om.* **a**. |
specie *vet. Dal*.   10 has — honore *om.* **a**.   12 ibi *om.* **L** d.
13 et placuisse *v. a. S*.   14 prope *om.* **L**. pompe **a**. | certam
B. | auferrent (auff- **L**) **L dh***v*. -ferunt **B** *S*. afferant **a**.   14. 15
an persuasum esse?   15 iis **dh***v*. his **L a** *S*. *om.* **B**. | gaudere
a. | utiturque **h** *v. a. D*.   16 uulguſ **B dh** *D*. utique uulgus *r v*. |
in **B** *S*. tantum (tamen **h**) in **L dh***v*. in — est *om.* **a**.   17 excel-
lant **a**. excellunt — 18 atque *om.* **B**. | circulo **a** *D*. -li **L dh***v*.
   18. 19 aut deiectu (dele- **a**) **L a**.   19 renidente **B**[1]**L** *Brot*.
-itente **B**[2]*v*. -tes **a**. ridente *H*.

89 terea substrato nigerrimi coloris. hoc in Indicis caeruleum aut corneum invenitur. item circuli albi quaedam
in iis caelestis arcus anhelatio est, superficies vero locustarum maris, crustis rubentibus. nam melleae aut faecu-
lentae — hoc enim nomen est vitio — inprobantur, aut 5
si zona alba fundat se, non colligat, simili modo si ex
alio colore admittat in se aliquid enormiter. nihil in sua
sede interpellari alieno placet. sunt et Armeniae, cetera
probandae, sed pallida zona.

90   (24) Exponenda est et onychis ipsius natura propter 10
36, 59 nominis societatem. hoc aliubi lapidis, hic gemmae
vocabulum est. Sudines dicit in gemma esse candorem
unguis humani similitudine, item chrysolithi colorem et
sardae et iaspidis, Zenothemis Indicam onychem plures
habere varietates, igneam, nigram, corneam, cingentibus 15
candidis venis oculi modo, intervenientibus· quarundam et
obliquis venis. Sotacus et Arabicam tradit onychem
distare, quod Indica igniculos habeat albis cingentibus

---

§ 89: Solin. 33, 18. — § 90: cfr. Plin. XXXVI 59. Isid.
XVI 8, 3. (cfr. Th. lap. 31). — extr.: cfr. Martial. epigr. IV 61, 6.

---

1 nigerrimo colore dh *H Brot.* | et hoc d*v.a.S.*   1. 2 caeru-
leum B*D*. cereum *r v*.   2 *dist. ego.* | item a. iam *r* d h *S*.
etiam *v*. | circuli — 13 item *om.* a.   3 ſuperficieſ — 4 cruſtiſ
B d h *v*. locustarum uero maris crustis superficie L.   4 ru-
bentibuſ B. -tior *r v*. | nam B h *S*. iam L d *v*. | melleae d *v*.
melle L h. illę B. | haut L.   4. 5 faeculentae d *v*. feculente
B h. -to L.   5 aut B *S*. et L d h *v*.   7 nihil enim in d h
v.a.D.   8 armeniae d h *S*. arenia B. armeniace ut L. -cae
v (D). | cetera B¹ *G (S)*. -riſ B². -rae d h *v*. -re L. -ro *H*.
9 improbande L. -dae *v.a.G.*   11 hoc aliubi (-ibi B³) — gemmae
(-me B) — 12 eſt *S ex* B (*qui praeterea add.* ſiue partiſ eiuſ qua
ad unguiſ ſimilitudinem refertur. de hoc ita ſcriptum eſt).
hoc in gemma (-am *v*) transiit (*Brot.* -ilit L*v*) a (*Brot.* et L.
ex G. et a *v*) lapide carmaniae (ex camania L) d h L*v*. (*cfr.*
XXXVI 59).   12 digiti L.   13 ſimilitudinem B *SJ*. *cfr.*
XII 30. (*in praem. Isid.*). | chryſoliti B (*item infra*) a.   14
laſpidiſ B¹ (*item § 115*).   15 nigram corneam d h *v*. nigram
L a. *om.* B*D*.   16 oculis a.   17 et obliquiſ *ll. Brot.* oculis
obl- *cod. Poll. v*. | onychem B L *S*. sed eū (eam a *v*) ceteris d h *v*.
dſcende a.   18 instare a.

zonis singulis pluribusve aliter quam in sardonyche Indica;
illic enim momentum esse, hic circulum; Arabicas onychas
nigras inveniri candidis zonis; Satyrus carnosas esse 91
Indicas, parte carbunculi, parte chrysolithi et amethysti,
5 totumque id genus abdicat; veram autem onychem pluri-
mas variasque cum lacteis habere venas, omnium in
transitu colore inenarrabili et in unum redeunte con-
centum suavitate grata.

Nec sarda differenda est, huic gemmae dividua ex 105
10 eodem et ipsa nomine, obiterque omnium ardentium
gemmarum indicanda natura.

7. (25) Principatum habent carbunculi a similitudine 92
ignium appellati, cum ipsi non sentiant ignes, a quibusdam ob hoc acausto̅e appellati. horum genera Indici et
15 Garamantici, quos et Carchedonios vocavere propter opulentiam Carthaginis Magnae. adiciunt Aethiopicos et Ala-
bandicos in Orthosia Cariae nascentes, sed qui perficiantur
Alabandis. praeterea in omni genere masculi appellantur
acriores et feminae languidius refulgentes. in masculis 93

---

§ 92: Isid. XVI 14, 1. Th. lap. 18. (Strabo XV 1, 69 p. 718.
Athen. XII 55 p. 539ᵈ). — cfr. Th. lap. 30. 31.

---

1 sardonyche *Bas.* -yce **Bav.** -niche dh*C.* -nice L. | indica
om. **a.**   2 eni **B.** | omentum **B.** *an punctum, ut § 83?*
5 abdicauit **B**S*J.*   6 lacteif **B**adh*S.* -eis et zonis L. -eis
zonis *v*(*D*).   7. 8 conceptu L**a.**   9 farda **B**S*.* sarde (-dae *v*)
natura *rv.* | differenda *om.* **B**S*.* | huic—10 nomine **B**S*.* diuidue
(-uae *v*) ex eodem nomine *rv. dist. ego.*   10 quapropter om-
nium obiter gemmarum ardentium dh*v.a.G.* | omnium *del. G.* |
gemma **B**¹.   11 indicanda natura **B**S*.* -canda *rG.* natura
indicanda dh*v.*   12 principiatū **B.**   14 hoc **B**S*.* id *rv.* |
acaufto̅e **B**S*.* -ti (**B**²)*H.* acrustes dh. curuste **a.** apyruste L.
-tae *v.* -roti *B*¹. | uocati dh*v.a.S.*   14. 15 & garamantici
Bdh*v. om. r.*   15 carchedonios dh*v.* carced- (-iuf **B**¹) **BL.**
calced- **a.** | uocare **a.** -ant dh*HBrot.*   16 magnae *om.* **B.**
cfr. V 40. XIX 152.   16. 17 et (ent **a**) abamdicos L**a.**
17 yn **a.** | orthofia **B**²dh*B.* hortho- **B**¹. orcho- **a.** orchosiaca
(orth- *v*) L*v.* | cariae **B**S*. cfr. § 103.* arce L. caute dh*v. om.* **a.**
18 alabandif **B**Bas. -des **a**dh*B.* abamdicos L*v.* | mascu-
lini **a.**   18. 19 appellati acrius (*sic* d) *HBrot.*   19 & **B**J.
ac *r.* at d*v.* | languidus **a.** minuf **B.** *cfr. § 94 extr.*

quoque observant liquidiores aut flammae nigrioris et
quosdam ex alto lucidos ac magis ceteris in sole flagran-
tes, optimos vero amethystizontas, hoc est quorum extremus igniculus in amethysti violam exeat, proximos illis,
quos vocant syrti*tas*, pinnato fulgore radiantes. inveniri 5
94 autem ubi maxime sit solis repercussus. Satyrus Indicos
non esse claros dicit ac plerumque sordidos ac semper
fulgoris retorridi, Aethiopicos pingues lucemque non fundentes convoluto igne flagrare. Callistratus fulgorem
carbunculi debere candidum esse, ut positus extremo visu 10
nubilante sit, si attollatur, exardescente fulgore' — ob id
plerique hunc carbunculum candidum vocavere., eum, qui
95 languidius lucet, lign*y*zonte*m* —; Carchedonios multo minores esse, Indicos etiam sextarii unius mensura cavari.
Archelaus Carchedonios nigrioris aspectus esse, sed igni 15
vel sole et inclinatione acrius quam ceteros excitari;
eosdem obumbrante tecto purpureos videri, sub caelo

---

§ 93: Isid. XVI 9, 5. — cfr. Plin. infra § 182.

---

1 liquidioreſ **B a**. *cfr.* § 130. -ris **L d h** v. *an* liuidiores, *ut*
§ 170? | aut **B**. alios *r v*. | & **B**. alios et *r v*.   2 ex alto **B** S.
ex (et **a**) alio **a d h** H. *om.* **L** v. | lucios **a**. lucidius *cod. Poll.*
v. a. H. | ag **B**.   3 optimos — 5 radiantes *om.* **a**. | amethysti-
zontas **h** v. -tos **d**. -stozontas **L**. -ſtontaſ **B**.   5 syrtitas
v (S). -ites **L** D. ſyrtiſ **B**. sititas *H*. | pinnato **B**¹ **d h** v (S).
penn- **B**² **L**. innato *H*.   6 ubi *S e coni. J*. ibi **B** D. ubicum-
que *r v*. | ſit **B**¹ S. vbi ſit **B**² D. *om. r v*. | repercussu **d h** v. a. S. |
indicis **a**.   8 horridi **d** H *Brot*.   8. 9 fundentes *S*. euntef **B**.
omittentes fundentes **a d h**. emittentis (-tes *v*) sed **L** v. emittentes aut fundentes sed *H*.   10 ut poſituſ **B** S. positi
(-itti **a**) *G*. posuit **L** v.   11 nubilante sit si *ego*. -nteſ **B**.
-nte se *J*. -ntis *S*. -ntes ita **a**. -ntem si *G*. -ntem et si ita
L v. -ntem ac si **d**. | attollatur **d** v. -llat **B** S. tollatur *r*. | ex-
ardeſcente fulgore **B** S. -centem *r v*. | *dist. S*.   12 pleriq. **B** S.
a plerisque *r v*. | uocauere eum **B** S. uocari *r v*.   13 langui-
duſ **B**¹. -dos ex inuidis **a**. -dius ex indicis **d h**. -dius et (ac *v*)
liuidius **L** (*add.* ex indicis v. a. S). | luc& **B** S. -ent *r v*. | ligny-
zontem *S* (*D*). -nyizontem *J*. -nizonte **B**. lithizontas (**h** *B*.
liuizonias **L**. -icontas *v*. licihonias **a**) appellari *r* **h** v. | calce-
donios **a d h** (*item infra*).   14 etiam *ego*. -am in **B d h** *G*. -am
minus *r v*. | menſura *ll*. **h** v. -ram **d**(?) *G*.   15 nigriſ **B**¹. -ri **B**².
-riores **a**.   17 umbrante v. a. S. | et tecto purpureo **a**.

flammeos, contra radios solis scintillare, ceras signantibus
his liquescere, quamvis in opaco. multi Indicos Carche- 96
doni*s* candidiores esse et e diverso inclinatione hebetari
scripsere, etiamnum in Carchedoniis maribus stellam intus
5 ardere, feminas fulgorem universum fundere extra se, Ala-
bandicos nigriores ceteris esse scabrosque. et circa Miletum nascuntur in terra coloris eiusdem, ignem minime
sentientes. Theophrastus auctor est et in Orchomeno 97
Arcadiae inveniri et in Chio, illos nigriores, e quibus et
10 specula fieri; esse et Troezenios varios intervenientibus
maculis albis, item Corinthios, sed pallidiores e candido;
a Massilia quoque inportari. Bocchus et in Olisiponensi
erui scripsit, magno labore ob argillam soli adusti. —
(26) Nec est aliud difficilius quam discernere haec genera; 98
15 tanta est in iis occasio artis, subditis per quae tralucere
cogantur. aiunt hebetiores, in aceto maceratos XIIII diebus, nitescere totidem mensibus durante fulgore. adulterantur vitro simillime, sed cote deprehenduntur, sicut
aliae gemmae; fictis enim mollior materia fragilisque est.
20 centrosas cote deprehendunt et pondere, quod minus

---

§ 96 extr.: Th. lap. 19. — § 97: Th. lap. 33. 18.

---

1 et scintillare **dh** *v.a.S.* 2. 3 carchedoniis *v.* charce-
doniſ **B.** carc- **L.** calc- **a.** 4 stellas **a** *v.a.S.* 6 scabros **a.**
6. 7 & circa miletum **B** *S.* et circū pletū **a** h. *om.* **L** d *v.*
7 in terra (-as **a**) **B a** *S.* in icira **d.** et in thracia **L** h *v.* 9 chlo
B[1]. chyo **L.** | illos *om.* **B**(**a**?). *sed cfr. Theophr.* | quibuſ **B d** h *B.*
-usdam *rv.* 11 sed **B** *S.* et **a** d h *H.* ex **L** *v.* | pallidiores e
ego. cfr. Theophr. et § 110. -ores et d h *H.* -ores **B** *S.* -ore
rv(*D*). | candidos **L** d h *v.a.S.* 12 a **B** *S. om. rv.* (a—inportari
del. H). | i (*pro* in) **B.** *om. v.a.H.* | olyssipone (*vel* ulixip-)
v.a.H. 13 erui **B d** h *H.* herbis **a.** *om.* **L** *v.* | ſoli **B** h *S.* -lis **a.**
-le **L** d *v.* | aduſti **B** *S.* -ti (-tis **a** *v*) saltibus *rv.* 15 iis *v.*
illiſ **B** *S* (*ortum ex* iniſ). eis **d** h *C.* his **a.** hic **L.** 16 hebe-
tioreſ **B d** h *S.* ab ethiopis (ethyo- **L**) *r.* ab aethiopibus hebetiores *v.* 18 sicut — 20 deprehendunt *om.* **L a.** 19 fictiſ
enim mollior **B** *S.* factitiae mollior enim **d** h *v.* | fragiliſq. eſt
B *S.* et fragilis et (*om.* **d**) **d** h *v.* 20 centroſaſ **B** *S.* -osa **d** h *v.* |
cote **B** *S.* scobe **d** *v.* scrobe h. | depͨhenduN̄ **B.** deprehenduntur
v.a.S. -ditur **d** h.

est in vitreis, aliquando et pusulis argenti modo relu-
centibus.

99   (27) Est et anthracitis appellata, in Thesprotia fos-
silis, carbonibus similis. falsum arbitror quod et in
Liguria nasci prodiderunt, nisi forte tunc nascebantur. 5
esse in iis et praecinctas candida vena tradunt. harum
igneus color ut superiorum, sed peculiare quod tactu
velut intermortuae extinguntur, contra aquis perfusae ex-
ardescunt.   ·

100   (28) Cognata est et sandastros, pro*xima* natura *eius,* 10
quam aliqui Garamanticam vocant. nascitur in Indis loco
eiusdem nominis. gignitur et in Arabia ad meridiem
versa. commendatio summa quod veluti in tralucido ignis
optentus stellantibus fulget intus aureis guttis, semper in
corpore, numquam in cute. accedit et religio narrata 15
siderum cognatione, quoniam fere pliadum hyadumque

---

§ 99: (cfr. Plin. infra § 189). Isid. XVI 14, 2. — § 100:
Isid. XVI 14, 3.

---

1 in *om.* d v. a. S. | puſuliſ B¹ a S. -stulis *r v.*   1. 2 more
lucentibuſ B S.   3 antracitiſ B. | theſphorotia B.   5 prodi-
derunt B S. tradi- L d h v. tur adi- a.   6 iis d h v. iſ B¹ D.
his *r.* | praecinctaſ B a S. -tae d h C. -ti L v. | tradunt B S. -tur
r v. | harum B d h a G. horumque (har- *Verc.*) L v.   7 color est
ut L. | ſed B S. est d h v. est quod a. *om.* L. | peculare B¹. |
quod B L d h S. sed a. quidem quod v. | tactu B. iactatu a.
-atae (*Verc.* -ti B) in ignem (-ne h) d h *Isid.* B. lacte L v (D).
lacte in igne *cod. Poll.*   8 intermortue a. -tui L v. a. *Verc.* |
perfusa a. -si L v. a. *Verc.*   10 & B S. *om. r.* huic d h v. | san-
dastros L v (S). *cfr. index.* -sirus *Isid.* scandaſiroſ B¹. -dareſvs
B¹. sandari sa a. -resus d h H. | proxima *ego. cfr.* § 93. 110.
XXXVI 198. pro B D. *om. r v.* | natura eius *ego.* -ra ut B
a D. *om.* L d h v. *cfr.* § 92.   11 cūaliqua a. | garamanticam
B J. -titen d h v. -titim *r.* | in indis L a S. in india d h *Isid.* v.
om. B.   13 uelut h v. a. S. | intra lucida a.   13. 14 igniſ
optentuſ (-tu B²) B a d h H. *om.* L v.   14 ſtellantibuſ B S. -tes
(still- a) *r v.* celantesque se (*om.* d) d h H. | fulg& intuſ B S.
intus (trans d h H) fulgent *r* d h v. | aureiſ guttiſ B S. aureae
(-ree L. -re a) guttae (-tte *r*) *r* d h v.   15 & B S. *om. r v.* |
narrata a d h v. a. S.   16 cognatione *ll.* S. -one ab inspectori-
bus *cod. Poll. v.* | pliadū B S (D). stellarum *r v. del. J.* | hyadum-
que *ll.* S (D). -dum v (J). *om.* d h.   ·

dispositione ac numero stellantur, ob id Chaldaeis in
caerimoniis habitae. et hic mares austeritas distinguat 101
et quidam vigor adposita tinguens; Indicae quidem etiam
hebetare visus dicuntur. blandior feminis flamma, allu-
5 cens magis quam accendens. sunt qui praeferant Arabicas
Indicis fumidaeque chrysolitho similes illas dicant. Ismenias negat poliri sandastros propter teneritatem, et ob
id magno venire. sunt qui has sandrisitas vocent. inter
omnes constat, quantum numero stellarum accedat, tantum
10 et pretio accedere. — Adfert aliquando errorem simili- 102
tudo nominis sandaresi. Nicander sandaserion vocat,
alii sandareson, quidam vero hanc sandastrum, illam
sandaresum, in India nascentem illam quoque et loci
nomen custodientem, mali colore aut olei viridis, omnibus
15 inprobatam.

(29) Ex eodem genere ardentium est lychnis appel- 103

---

§ 101 extr.: Isid. XVI 14, 3. — § 102: Nicand. fragm. 102
(O Schneider). — § 103: Isid. XVI 14, 4. Solin. 52, 58. Prisc.

---

2 cerimonia **adh.** | diſtinguat **B.** -uit **dh** *B.* -ncta *rv. an*
distingunt? 3 & quidam **B** *S.* siquidem **dh.** qui- **a.** quodam
L *v.* | uigore **L** *v. a. S.* 4. 5 allucenſ **B** *S.* alliciens *rv.*
6 fumidaeque *B(S). cfr. § 127.* -doque **dh** *H.* numidaeque **L** *v.*
-dieq, **a.** *in* **B** *lac. usque ad* dicant. | chrysolitho **dh** *v.* cryso-
lito **L.** crisolitis **a.** | similes (miles **a**) illas **a** *D.* similis **L.**
illas similes **dh** *v.* | dicant **dh** *H.* -cunt **L a** *v.* 6. 7 smenias
negant **a.** 7 sandastros **L** *v(S).* -daricos **a.** -dareson **dh** *H.*
ſardarſiroſ **B.** 8 magno uenire *ll. v(S).* in magno errore
dh *B.* | haſ **B** *S. om. rv.* | sandrisitas (and- **B**) **B** *S.* sandasitas *r.*
-ta *v.* -areson *B.* -aricas **dh** *H.* | uocant **a** *B.* 10 errorem
aliquando **a** *v. a. S.* 11 sandaresi (and- **B**) **B** *S.* -daser *rv.*
-dasel **d** *H.* | nicander **L** *S.* quod nicander *(H.* -ancer **a.** -anor *v.*
meander **d**) **a d** *v. in* **B** *lac. usque ad* illam sandaresum *(v. 12. 13).* |
sandaserion **L**(**a**?)*B(S).* -dareseon **dh** *H.* -sion *J.* -depherion
v. | uocat **dh** *H.* -ant **a.** -auit **L** *v(D).* 12 alii sandareson
(-rareson **L**) **L dh** *v(H)J. om.* **a.** alii sandaseron *B(S).* | san-
dastrum **L a** *D.* -stron **h** *v.* -sereon **d.** 13 sandarcesum **a.** |
nascentum **a.** -tis *(propter omissionem)* **B.** | illam — 14 custo-
dientem *om.* **B.** | *an* ipsam quoque? *om.* **d.** 14 magni **B.**
colori aut **a.** color iam ut **L** *v. a. B.* 16 eſt **B** *S. om. rv.*
lychnis **dh** *man. Dal. H. cfr. index et § 104; item Isid. et cod.*
Guelf. Solini. licniſ **B.** lychnites (lich- **a**) *r v(D). aliter XXXVI 14.*

lata a lucernarum a*d*sensu, tum praecipuae gratiae. nascitur circa Orthosiam totaque Caria ac vicinis locis, sed
probatissima in Indis. quidam remissiorem carbunculum
esse dixerunt, secundam bonitate quae similis esset Iovis
appellatis floribus. et alias invenio differentias: unam 5
quae purpuram radiet, alteram quae coccum; has sole
excalfactas aut attritu digitorum paleas et chartarum fila
104 ad se rapere. — (30) Hoc idem et Carchedonia facere
dicitur, quamquam multo vilior praedictis. nascitur apud
Nasamonas in montibus, ut incolae putant, imbre divino. 10
inveniuntur ad repercussum lunae maxime plenae, Carthaginem quondam deportabantur. Archelaus et in Aegypto
circa Thebas nasci tradit fragiles, venosas, morienti carboni similes. potoria ex hac et ex lychnide factitata invenio, omnia autem haec genera contumaciter scalpturae 15
resistunt partemque in signo cerae tenent.

perieg. 1071. (cfr. Orph. Lith. 271 sqq. κηρ. p. 141. Damig. 28). —
Solin. 52, 59. — § 104: Isid. XVI 14, 5. — ibid. 4. 5. Solin. 52, 60.

1 ab L *D.* | adsensu *ego.* abſ- **B**[1]. aſſ- **B**[2]*S.* assensū **a.**
accensu dh*H*(*J*). -sarum **L***v.* | tum **Ba***S.* tamen dh*H. om.*
L*v.* | praecipua gratia *v. a. H.* 2 orthosia **a.** | totamque **L.** |
caria **Bdh***B.* cana **a.** carmaniam **L.** -ia *v.* 3 india **a.**
4 secunda dh*v. a. S.* | bonitatem **B**[1]. | quae **B***S. om. rv.* | eſſ&
B*S.* esse **a.** est **L**dh*v.* | iouiſ *ll. S coll. XXI 59. 61.* -uia **h.**
ionia d*H.* -nis *v.* 5 appellata a praelatis floribus dh*v. a. S.* |
et—8 rapere *om.* **a.** | aliaſ **BL***v*(*S*). inter has dh*H.* | differen-
tiam dh*H Brot.* 6 purpuram **B***S.* -ra **L**dh*v.* (*an recte? cfr.*
§ 93. 133. 169). | radiat dh*H Brot.* | cocco **L**dh*v. a. S.* | haſ **B***S.*
a **L**dh*v.* 7 cartharum **B***Ven.* | fila **B**[2]**L***v*(*S*). *cfr. Solin. Isid.*
filia **B**[1]. folia dh*H.* 8 carchedonia (charce- **B**) *S.* calce- **a**dh.
carcedonius (carche- *v*) **L***v.* 9 praedictuſ **B.** | ad **B***SJ.*
10 ut *om.* **B***J.* | ymbre **L.** *om.* **B***J. cfr. Isid.* | diuinae **B**[1]. -na **B**[2].
-ne *J.* 11 inuenitur dh*v. a. S.* | plane **a.** -neque **L.** 11. 12
carthagine **B***U 844.* 12 deportabatur dh*v. a. S.* 13 circha
B. | tradit **B**dh*H.* -idit *rv.* | morienti *om.* **a.** -tibus [carbonibus]
dh*H Brot.* 14 ex (et ex dh) hac & **B**dh*S.* et ex hac parte **a.**
uasa ex (et ex *v*) hoc lapide et **L***v.* | lychnide *S.* licnide (lign-
B[1]) **B.** lychnite (lich- **a**) *rv*(*D*). 15 contumaciter ſcalpturae
(ſcvl- **B**[2]) **B**(**L**?)*Solin. S.* scalpturae (scul- dh) contumaciter **a** d.
h*v.* 16 in ſigno cerae (-ra **B**) **B a** d h *S.* cerae in signo **L***v.* |
reſ (*pro* tenent) **B.** retinent *U 844. sed cfr. § 148.*

(31) E diverso ad haec sarda utilissima, quae nomen 105
cum sardonyche communicavit. ipsa volgaris et primum
Sardibus reperta es*t*; laudatissimae circa Babylona. cum
lapicidinae quaedam aperiantur, haerentes in saxo cordis
5 modo reperiuntur. hoc metallum apud Persas defecisse
tradunt, sed inveniuntur compluribus aliis locis, ut in
Paro et Asso; in India trium generum: rubrae et quas
pionias vocant ab pinguitudine; tertium genus est quod
argenteis bratteis sublinunt. Indicae perlucent, crassiores 106
10 sunt Arabicae. inveniuntur et circa Leucada Epiri et in
Aegypto quae brattea aurea sublinuntur. et in his autem
mares excitatius fulgent, feminae pigriores et crassius
nitent. nec fuit alia gemma apud antiquos usu frequentior — hac certe apud Menandrum et Philemonem
15 fabulae superbiunt —, nec ullae tralucentium tardius sub-

---

§ 105: cfr. Solin. 11, 27. Isid. XVI 8, 2. — Th. lap. 30. —
extr.: cfr. Ctesias Indic. ap. Phot. bibl. 72 p. 145 (fragm. ed. Baehr
p. 248 § 5). Orph. Lith. 614. — § 106: cfr. Th. lap. 30. Menand.
fragm. inc. 347 (Meineke).

---

1 ad *om.* B. | hec a. hoc *HBrot.*   2 fardonychem B¹. |
ipfa B*S.* -sa gemma *rv.* | et *om.* L.   3 est *ego.* in B. sed
rv. | laudatissimae *D cum U 845.* -ma L a d h *v.* datissime F
(*hic rursus incipiens*). utilissimae B. | babylona B¹*J.* -nia B².
-nam *S.* -niam d h *v.* -bilonia F. -niam *r.* | *dist. S.*   4 lapi-
cidinae h *H.* -pidine a. -dicinae *rv*(*D*). | aperiantur *ego coll.*
Theophr. appellantur B*S.* aperirentur (apar- F) *rv*(*D*). | haerens
d h *v. a. S.* | saxi corde *v. a. H.*   5 modo *om.* L a *v. a. H.* | reperiun-
tur B*S.* -rtae *D. om. rv.* | hoc B F d h *H.* hocque (hoc a) modo
rv.   6 tradunt B*S.* -ditur *rv.* | inuenitur L a. | ut — 7 asso
om. a. | ut B*S.* sicut *rv.*   7 paro *ll. G.* ephiro d h. epiro *B.*
ephyre *v.* | et ossa F. eta L. | rubrae & quaf B*S.* -bri (-brum
d h *v*) et quod *r* d h *v.*   8 pioniaf B²*S.* -iuf B¹. dionium F d h
Brot. -num (dyo- L) *r H.* demium *v.* | pinguitudine (-tude B¹)
B F *S.* -guedine *r* h²*v.* magnitudine d h¹*H.* | genuf eft B*S. om.*
rv.   9 sublinitur d h *v. a. S.* | perlucente L a *v. a. B.* | croffioref
B².   10. 11 circa aegyptum d h *v. a. S.*   12 excitatus a *v. a. B.* |
fulgent — pigriores *om.* B. | *an* pinguiores? | & B (= etiam).
om. r. sunt et d h *v.*   14 hac B d h *v.* ac F. *om. r.* | & file-
monem B a. *om.* L.   15 ulla (illa d) est e (ex h. *om.* d *H*)
F d h *HBrot.* | translucentium (*G.* -ti *v*) B²L *v. a. J.* | quae tar-
dius d h *HBrot.*   15 *et* p. 428, 1 subfufae B*S.* suffusa a. -so *rv.*

fusae umore hebetantur, oleoque magis quam alio liquore.
107 damnantur ex iis melleae ac validius testaceae.

8. (32) Egregia etiam nunc sua topazo gloria est, *e*
virenti genere et, cum primum reperta est, praelatae
omnibus. accidit in Arabiae insula, quae Cytis vocabatur, 5
in quam devenerant Trogodytae praedones fame et tempe-
state fessi, ut, cum herbas radicesque foderent, erue*rent*
108 topazon. haec Archelai sententia est. Iuba Topazum
insulam in Rubro mari a continenti stadiis CCC abesse
dicit; nebulosam et ideo quaesitam saepius navigantibus 10
nomen ex ea causa accepisse, topazin enim Trogodytarum
lingua significationem habere quaerendi. ex hac primum

---

§ 107: (cfr. Orph. Lith. 280. κηρ. p. 142). Isid. XVI 7, 9.
Agatharch. peripl. mar. Erythr. p. 54. Diodor. III 39, 4. 5.
Strabo XVI 4, 6 p. 770. — § 108: Xenocrat. ap. S. Ambros.
expos. in psalm. CXVIII 16, 41 p. 1182 (Bened.) p. 1438 (Migne).
Stephan. Byz. s. v. Τοπάζιος. cfr. Plin. supra § 24. VI 169.

---

1 hebetetur dh *H Brot.* | oleaeque **B** S. | olio **B**[1]. | umore
B S.　　2 ex — 3 egregia *om.* **B**. | iis d*v.* his **FL**ah*D.* | ac **F**
La. et dh*v.* | ualdius *J. cfr. XXXIV 178.*　　3 aegreia **F**[2].
-ria **F**[1]. | etiamnunc dh*H.* -num **BFL***v*(*S*). nunc etiam **a.** |
fua **B** S.　de **a.** *om. rv*(*D*). | topazo **BF** S. -zio *r C.* -atio *v*
(*item infra*). | *e ego coll. Isid. om.* **B** S. suo *rv*(*D*).　　4 primum
B S. *om. rv*(*D*). | praelate **Fa.** -ta **L.**　　5 accidit **B** S. id
(in **a**) acc- **a** dh*v.* ad (*del.* **F**[2]) accidat **F.** *om.* **L.** | cytis *H ex*
VI 170 (*sed lectio incerta*). chitis **a** *C.* cithis **F.** chytis **L** *v.*
echitif **B** (*an recte? ut eadem insula sit quae* Ophiodes *Aga-*
tharchidi, Diodoro, Straboni). | uocabatur **B**[2] S. -bantur **B**[1].
-catur *rv*(*D*).　　6 quam **BF** S. qua *rv.* | deuenerant **B** S. *om.*
rv. | trogodyte **a.** -dite (ergo- **F**[1]) **F.** trago- **L.** | cum (*del. H*)
diutius fame dh*v.a.S.* | et *om.* **La.**　　7 pressi **L** *v.a.S.* prae-
a. | ut **B** S. *om. rv.* qui *D.* | cum *om.* dh*v.a.H.* | effoderent dh
v.a.S. | eruerent *S e coni. J.* -runt *ll.v*(*D*).　　8 topazon **B** S.
-zion *C.* -zum **F.** -zium *r.* | archilai **B.** | topazum **BF** S. -zon
G. -zium *r.* -zion dh*C.*　　9 continenti **BL** S. -te *rv. cfr.*
IV 64. (V 93); contra III 140. V 28. 78. 140. | stadiis (*om.* **B**)
ccc *ll:v*(*S*). diei nauigatione dh*H.*　　10 dicit **B** S. tradit
rv. | faepiuf **B** S. -pe **F**ha*G.* -pe **a** **L**d*v.*　　11 topazin *ll.v.*
-zum d. -zium h. τοπάζειν *D.* | enim — 12 quaerendi *ll.Isid.v.*
om. **a.** topazin — quaerendi *del. U 846. cfr. Salm. p. 763*[a] **B.**
(*fortasse deletis iis:* topazon ex hac primum *e. q. s.*). | trago-
dytarum **L.** trodit- **F**[1].

inportatam Berenicae reginae, quae fuit mater sequentis
Ptolemaei, ab Philone praefecto; regi mire placuisse et
inde factam statuam Arsinoae Ptolemaei uxori quattuor
cubitorum, sacratam in delubro, quod Arsinoeum cogno-
5 minabatur. recentissimi auctores et circa Thebaidis Ala- 109
bastrum oppidum nasci dicunt et duo genera eius faciunt,
prasoides atque chrysopteron, simile chrysopraso. tota
enim similitudo ad porri sucum derigitur. est autem
amplissima gemmarum. eadem sola nobilium limam sen-
10 tit, ceterae Naxio et cotibus poliuntur. haec et usu at-
teritur.

(33) Comitatur eam similitudine propior quam aucto- 110
ritate callaina, e viridi pallens. nascitur post aversa Indiae
apud incolas Caucasi montis, Hyrcanos, Sacas, Dahas, am-
15 plitudine conspicua, sed fistulosa ac sordium plena, sin-

---

§ 109 extr.: Isid. XVI 7, 9. — § 110: Isid. XVI 7, 10. (cfr.
Diosc. V 159). Solin. 20, 14.

---

2 ptolaemaei B. | a dhv.a.J. | philone S. fil- B. phyl- L.
philemone adv. pilemune F. | regi BFS. -gis rD. -gis ac v.
3 actam B. | arsinoae dhG. -nae B. -noe Fv. arsi L.
om. a. | ptolemaei (-laem- B) v. -met F. -lomaei (-mei a) r.
add. philadelphi (-dhelphi F. -delfi a. phyladelphi L) rdhv.
a.D. cfr. U 847. 4 arsinoeum D cum U 847 ex XXXVI 68.
aureum ll.v. 5 recentiſſi B¹. -ssimus F. in a lac. usque ad
derigitur (v. 8). 5. 6 nabaſtrum B. alabastre Lv.a.C.
7 prasoides D. -den S. -dem v. praſſioden B². -de B¹. tra-
soide L. -suidu F. | crysopterum L. chrysote- dh. dirisoterun
F. | similem dhv.a.S. | chrysopraso hH. cfr. § 113. -asso
(cryſo- B) BLd. -asio v. -paro F. 7. 8 eius enim tota (om. d)
dv.a.S. 8 derigitur B¹. dir- rv. 9 ſola Bdhv. -lam F.
om. r. | nobiliſſima B¹. -marū B². 10 cetera a. | naxio H
coll. XXXVI 54. -xo B¹Fa. -xiis G. ſaxo B²Lv. | et (del. G)
cotibus ll.(G)H(J). et cote hv. del. S. an e cotibus? 12
comitatur — 12. 13 auctoritate om. a. 13 callaina BS. cfr.
index. -ica Solin. et Isid. -ain F. -amis a. -ais Lv. | e BFG.
om. rv. | uiridis a. -de'v.a.G. | palleus a. | auerso indie a.
14 inſulas Lv.a.B. | hyrcanos—dahas om. B. | hyrcanos D
cum U 848. phycaros LH. phic- av. pirachos F. | sacas dahas
FS. ac asdathas (-tas G) Lv. sas datas a. sacas (satas d)
apud dacas dh. apud sacas et dahas H cum Salm. 15 et
p. 430, 1 sincerior multo (-toque d) dhv.a.S. nicarior a.

cerior praestantiorque multo in Carmania, utrobique autem
in rupibus inviis et gelidis, oculi figura extuberans leviter-
que adhaerescens nec ut adnata petris, sed ut adposita.
111 quam ob rem scandere ad eas pigritia pedum equestres
populos taedet, simul et periculum terret; ergo fundis e 5
longinquo incessunt et cum toto musco excutiunt. hoc
vectigal, hoc gestamen in cervice, digitis gratissimum
norunt, hinc census, haec gloria a pueritia deiectum numerum praedicantium; in quo varia fortuna quidam ictu
primo cepere praeclaras, multi ad senectam nullas. et 10
venatus quidem callainis talis est. sectura inde formantur,
112 alias faciles. optimis color smaragdi, ut tamen appareat
alienum esse quod placeat. inclusae decorantur auro,
aurumque nullae magis decent. quae sunt earum pul-
chriores, oleo, unguento, etiam mero colorem deperdunt, 15
viliores constantius repraesentant, neque est imitabilior

---

§ 111: Isid. XVI 7, 10. — § 112: Isid. XVI 7, 10. Solin. 20, 14.
— § 113: Isid. XVI 7, 4. (Th. lap. 37?). — cfr. Plin. supra § 77.

---

1 multo *om.* L dh v. *a. S.* multo—autem *om.* **a.** | carmania
B v(*C*). -minia **F.** camania **L.** germ- dh(*Isid.*)*B coll. Solino.*
2 g&idif **B.** | oculorum **L a.**   3 adhaerescens *ego.* -refunt **B¹.**
-rens *r v. de mendo cfr. § 117.* | nec — p. 431, 1 uitri *om.* **a.** | ad-
nata *ll. S.* adgn- h*Brot.* agn- *C.* ann- d*v.*   4 quapropter dh
v. a. H. | eam dh v. *a. S.* | pigria **B¹.** -ri **B².**   5 fundif **B** *G.* eun-
dis **F.** euntes **L** dh v. | e **B** dh v. et **F.** ed **L.**   6 et cum—ex-
cutiunt *om.* **B.**   7 hocque *v. a. H.* | est tamen **F.** est gestamen
dh *H Brot.* | digitif **B** *J.* dici- **F.** et (ac *H*) digi- d*H.* diutius
L v. diuites *G*(*S*). -tis *D.*   8 norunt **B** **L** v(*S*). *om. H. in*
F dh *lac. usque ad* totus uero (*§ 118 init.*), *sed in §§ 113. 114.*
115 praebent dh *pauca supplementa ex Isidoro licenter compi-*
lata. | hinc **B** *S.* hic **L.** is *v.* | fensus **L.** | a *del.* **B².** | deiectorum
v. a. S.   9 *dist. ego.*   10 multi **B** v. -to **L.** | ad fenectam **B** *S.*
in secundo **L** v. insectando *G.*   11 uenatus **B** *G. om.* **L** v. |
callainif **B¹** *S.* -ain hif **B².** -aides **L** v. -dis *G.* | talif eft **B** *S.*
-li **L** v. -lis *G.* | inde **B** *S. om.* **L** v. *an lacuna? cfr. § 118.*
12 facilef **B** *S.* fragiles **L** v(*J*). *cfr. § 121 extr.* XXXVI 160. |
optimus *v. a. S.* | color **B** v. odor **L.** | appareat — 13 effe **B** *S.*
-ret ex alieno est **L** v.   13 placeat **B** *S.* -ant **L** v.   14 aurum
quae **B.**   15 etiam *ll. S.* et etiam *v.* et *C.*   16 utilioref **B.** |
repraesentant **L** v. fe praeftant **B** *D.* (*an* constantia eius praestant? *cfr. § 199*).

alia mendacio vitri. sunt qui in Arabia inveniri eas
dicant in nidis avium, quas melancoryp*h*os vocant.

(34) Viridantium et alia plura sunt genera. vilioris 113
turbae prasius, cuius alterum genus sanguineis punctis
5 abhorret, tertium virgulis tribus distinctum candidis.
praefertur his chrysoprasos porri sucum et ipsa referens,
sed haec paulum declinantem a topazo in aurum. huic 109
et amplitudo ea est, ut cymbia etiam ex ea fiant, cylindri
quidem *et* creberrime. — (35) India et has generat et 114
10 nilion, fulgore ab ea distantem brevi et, cum intueare,
fallaci. S u d i n e s dicit et in Sibero Atticae flumine nasci.
est autem color fumidae topazi aut aliquando melleae.
I u b a in Aethiopia gigni tradit in litoribus amnis, quem
Nilum vocamus, et inde nomen trahere. — (36) non
15 tralucet molochitis; spissius viret ab colore malvae

Solin. 52, 62. — § 114 extr.: Isid. XVI 7, 11. Solin. 33, 20. Prisc.

---

1 mendacio *G.* -atio **B.** aut mendacior **L**v. | eaſ **BL**v.
prassiū **a.** 2 dicant **L a** *G.* -cunt **B**v. | in — uocant *om.* **a.** |
melancoryphos **B** *e Solino.* -poſ **B.** -cholicos **L**v. 3 et alia
—4 prasius *om.* **a.** | uiliorif **B***S.* -rique est **L.** -ris est *G.* -ri
est *v.* 4 prasius **d h**v. -ſtaſ **B.** -ssius **L.** (*add.* **d h** *pro uiri-*
ditate coloris ē *sed uilis; cfr. Isid.*). | puncinis **a.** 5 tertium
est **d h** *H Brot.* | distinctū uirgulis (*om.* tribus) **d h.** | candidiſ **B a**
d h.H. est candidum **L**v. 6 his *om.* **a.** | chrysoprasos *ego.*
▬▬ ▬-sius *v.* -aſo **B a.** crysoprassius **L.** | porri sucum *om.* **a.** |
▬▬ **B** *G.* -nte **L a**v. 7 sed **L a**v. & **B.** | haec **B** *G.* hec **a.**
▬▬ | declinantem **a.** -ante **B L.** -ans *v.* -at *J.* (*fort.* candidis
▬▬▬ur his, chrysopraso ... referente, set hac paulum decli-
▬▬ *abl. absol.*). 8 ex *om.* **a.** 9 & *ego.* **a B**[1]. *om.* *r* v. |
▬▬▬rime *S cum vet. Dal.* -mi (creuerr- **B**[1]) **B.** celerrime **L**
▬▬ | india has **a** v. *a. G.* 10 nihilion **B.** | fulgore — 11 nasci
▬▬ **a.** | fulgore **B** *G.* -ris **L**v. | ab ea diſtantem **B***S.* si ante
▬▬▬ **L**v. hebeti ac *G.* | breui **B** *G.* -uis **L**v. | cum **L**v.
▬▬ **B.** 11 fallacis *v. a. G.* | dicit **B** *G.* uero dicit **L**v. | ſibero
▬*S.* ſyuero **L**v. | galatiae *U 849 e Procop. de aed. 5, 4.*
▬▬ mellę **B.** -lle **a.** 13 tradit et *v. a. G.* 14. 15 non tralucet
▬▬ **a.** *ad antecedd. referunt* **B D.** 15 molochitiſ **B L** *S.* -tis
▬▬lucet **a.** -tes **d h** (*lac. expleta ex Isid.*) **B.** malach- *v.* | uir&
▬*J.* -ens **L a**v. uirens et crassius (-ior *Isid.*) quam smaragdus
▬▬*H* (*sumpta ex Isidoro, qui sua sumpserat ex Solino, apud*
▬▬▬ *crassius pro* spissius *uiret*). | ab **B***S.* **a** *r* v.

nomine accepto, reddendis laudata signis et infantum
custodia quodamque innato contra pericula medicamine. —
115 (37) Viret et saepe tralucet iaspis, etiam victa multis
antiquitatis gloriam retinens. plurimae ferunt eam gentes,
smaragdo similem Indi, Cypros duram glaucoque pingui, 5
Persae aëri similem, quae ob id vocatur aërizusa; talis
et Caspia est. caerulea est circa Thermodontem amnem,
in Phrygia purpurea et in Cappadocia ex purpura caerulea, tristis atque non refulgens. Amisos Indicae similem
mittit, Calchedon turbidam. sed minus refert nationes 10
116 quam bonitates distinguere. optima quae purpurae aliquid habet, secunda quae rosae, tertia quae smaragdi.
singulis Graeci nomina ex argumento dedere. quarta apud
eos vocatur boria, caelo autumnali matutino similis; haec
erit illa, quae aërizusa dicitur. [similis est et sardae, 15

---

perieg. 882. — § 115: Diosc. V 159. Isid. XVI 7, 8. Th. lap. 34.
Dionys. perieg. 724. 784. cfr. Orph. Lith. 267 sqq. κηρ. p. 141.
— § 116 extr.: Diosc. V 159. Orph. Lith. 613.

---

1 nomen accepit dh Isid. | et—2 medicamine om. d
infantium a v. a. S.   2 quedam quae a(?). quadam L
pericula B a S. -la ipsorum L v. | post medicamine inserui...
tur in arabia H ex dh Isid.   3 pro uiret—totus uero
ex Isidoro haec substituerunt dh: iaspis de greco in
(lamium d) uiridis gēma interpretatur Ias quippe uirid...
sin gēma int'pr. Est autem uiridis sicut smaragdus. ...
coloris. species ei' xvi. | etiam B J. -am si r v. | uicta ...
G. uifa B. uictis a a. -tus a L v.   4 gloriam B J.
glo- r v. | retinet a. | plurima a. | eas a.   5 simile a.
(-cae v) cyprii L v. a. G. | durant a. dicunt L v. a. G. | ...
pinguemque L v. a. G.   6 eris a. | quae B J. om. r v.
B G. aspia a. iaspis L v. | eſt circa B (L?) J. om. a v.
B S. om. r v.   9 triſtiſ B S. om. L v. in a lac. usqu...
sed mi[nus]. | amisos G. -iſſoſ B. thracia L v.   10
don H. -chadon B D. (cfr. § 73. 72). chalcidia L v. -c...
-cedon Lugd.   11 optima B a J. -ma ergo L v.   11...
quit B¹. quicquam L a v. a. S.   13 ſinguliſ B a S. -lis au...
    14 boria L a v (S). -rea C. doria B. | haec B a D.
L v.   15 quae uocatur L v. a. D. | arizuſa B. eri- a.
a D. -c&ur B. om. L v. hic add. fit autem et (del. D) ...
sicut et smaragdi a D. | similis — p. 433, 1 uiolas L a v...
uncos ego posui.

imitata et violas]. non minus multae species reliquae
sunt, sed omnes in vitium caeruleae, ut crystallo similis
aut myxis, item terebinthizusa. quam ob rem praestan-
tiores funda cluduntur, ut sint patentes ab utraque parte
5 nec praeter margines quicquam auro amplectente. vitium 117
in *i*is est et brevis nitor nec longe splendescens et sal
et quae ceteris omnia. et vitro adulterantur, quod manifestum fit, cum extra fulgorem spargunt atque non in se
continent. reliquas sphragidas vocant, publico gemma-
10 rum nomine his tantum dato [quoniam optime signent].
9. totus vero oriens pro amuleto gestare eas traditur. 118
ea, quae ex iis smaragdo similis est, saepe transversa
linea alba media praecingitur et monogrammos vocatur;
quae pluribus, polygrammos. libet obiter vanitatem Magi-
15 cam hic quoque coarguere, quoniam hanc utilem esse

---

§ 117 extr.: Th. lap. 23. Martial. epigr. V 11, 1. — § 118:
Diosc. V 159. Isid. XVI 7, 8. (Damig. 13). — extr.: Diosc. V 159.

---

2 funt **B**(**L**?)*S. om.* a *v.* | caerulae **B.** ceraulea a. | ut **B**(a?)*S.*
et **L.** aut *v.* | chryftallo **B.** | fimilif **B** *D.* -les *r v.*   3 tereben-
thiszusa a. *hic add.* inproprio ut arbitror cognomine uelut e
multis eiusdem generis composita gemmis **L** a *v. a. D. del. U 851.*
    4 ut fint **B** *S.* ut a. id est **L** *v. del. H.* | ab utraque parte
B *S. om.* **L** *v. in* a *lac. usque ad* nitor (*v.* 6).   5 nec praeter
B *S.* nec patentes (*del. v*) praeterquam **L** *v.* | quicquam **B** *S. om.*
L *v.*   6 iis *v.* if **B**[1] **L** *D.* hif **B**[2]. | nec **B** *S.* et *r v.* | fplendefcenf
B *S.* -dentes a. -dens **L** *v.* | et sal—p. 434, 9 aegyptia *om.* a.
7 quae — omnia **B** *J.* omnia quae in ceteris **L** *v.* | et uitro — 9
continet **L** *cod. Poll. v. om.* **B.** *cfr.* § 96. 83. 199.   9 reliquaf
B *D. cfr. U 852.* nec in (*del. G*) diuersa (-sae *G*) quae (quas *C*)
L *v.* | fphragidaf **B** *v.* stra- **L.**   10 nomine **B** *D.* dominio in
(*del. Bas.*) **L** *v.* | quoniam—signent **L** *v. om.* **B.** *uncos posui cum*
U 852.   11 amuleto *S.* amal- **B**[1]. amai- **B**[2]. *cfr.* § 51.
XXX 138. (*XXIII 20*). amuletis *B*(*D*). maul- **F** **L** *v.* | geftare
eaf traditur **B** *S.* traditur gestare **F** d h *B.* tradidit (-ditur *v*)
testari **L** *v.*   12 ea **B** **L** *v*(*D*). eas **F.** eam **B.** | iis d *v.* his
ll. D. | faepe **B** *S.* ope **F.** e petra **L.** -tra per *v.* et per d *H.*
et *G.* | tranfuerfa **B F** *G*(*S*). -rsum d h *v*(*H*). uersa **L.**   13
monogrammos *S e coni. J.* -mma **B.** grammatias **F** **L** *v.*
14 polyclamos d. -calamos *v. a.* **B.** | licet *H Brot.*   15 arguere
B. *sed cfr.* § 54. 169. 192. *XXX 1. XXVIII 114. XXV 25.*
(*XXXII 33. XXVII 57*).

contionantibus prodiderunt. — Est et onychi iuncta quae
iasponyx vocatur, et nubem complexa et nives imitata et
stellata rutilis punctis. est et sali Megarico similis et
velut fumo infecta, quae capnias vocatur. magnitudine
XVI unciarum vidimus formatam inde effigiem Neronis ₅
thoracatam.

119　　　(38) Reddetur et per se cyanos, accommodato paulo
115 ante et iaspidi nomine a colore caeruleo. optima Scythica,
dein Cypria, postremo Aegyptia. adulteratur maxime tin-
ctura, idque in gloria *est* regum Aegypti; adscribitur et ₁₀
qui primus tinxit. dividitur autem et haec in mares
feminasque. inest ei aliquando et aureus pulvis, non
qualis sappiris; in his enim aurum punctis conlucet. —

---

§ 119: Th. lap. 55. Isid. XIV 3, 32. Solin. 15, 28. Th. lap.
31. 23. Isid. XVI 9, 7. Dionys. perieg. 1105.

---

1 onychipuncta **FL**h*v.a.S.*　　2 iaſponyx **B***v.* -nix **L.** ponix
F. | imitata *ll.v*(*S*). in summitate **dh***H.* | & **B***S.* et est **d.** est
et *H.* haec **F***G.* quae **L***v.*　　3 est et—similis *om.* **B.** | est et
Ld**h***v*(*D*). est **F.** et est *S.* et *J.* | sali *cod.Poll.v*(*S*). -le **L.**
-lem **F**d**h***H.* | megarico similis **L***v*(*J*). *cfr. XXXI 87.* similis
megarico *cod.Poll.S.* metaticum **F.** imitata **dh***H.*　　　4 ueluti
dh*v.a.S.* | capniaſ **B***v.* apn- **F**d. cadmias **L.** | magnitudine—6
thoracatam *om.* **B.** | magnitudine **L.** -dinem (-dinirem **F**) iaspi-
dis (asp- **F**) **F**d**h***v.* | xvi **F***D.* quindecim **dh***H.* duodecim **L.**
xi *v.*　　5 uidimus d*v.* -demus **F**h. -dimusque **L.** | formatam-
que *v.* | in **F**h. | et figiem **F.** effigie h.　　6 thoracata h.
7 *an* reddatur, *ut VI 23. X 170. 208. XVII 37. XXVI*
164? | cyanoſ **B***G.* -no **F***C*(*D*). cianeo (cya- *v*) **dh***v.* grano **L.** |
accommodato **BF***G*(*S*). *praem.* gratia **L***v*(*D*). *cfr. X 121.* -data,
gratia **dh***H.*　　7. 8 paulante **B**¹.　　8 & **B***S. om. rv.* | iaſpidi
ll.S. -dis *v. om.* **dh***H.* | nominato **dh***HBrot.* | a **B**¹*S.* ac **B**².
om. rv. | ſcytica **B.** sest- **F.**　　9 maxime e **B.**　　10 gloria
est *ego. cfr. V 11.* -riam *ll.v*(*S*). -ria **dh***B.* | regum **BF***S.*
rerum *r.* regis **dh***v.* | aegypti **B**a**dh***H.* -tii *v.* -tia **F.** -tiarum
L. | *dist. S. cfr. Theophr. et XXXV 16.* | & **B***S.* ei **L**a. *om.*
Fd**h***v.*　　12 ei *om.* d*v.a.G.* | non *om. SJ* (*errore*).　　13 sap-
piris *J.* -riſ (-pph- **B**²) ineſt **B.** in sappiris (-pph- *S*) a*S.* in
sapphirinis (sapir- **F.** saphyr- **L**) *r*d**h***v.* | in hiſ (**B**²*D.* iſ **B**¹.
iis *S*) **B***S. om.* **F.** aureis a. in sapphiris **dh** *H.* saphyrus
(sapphir- *v*) **L***v.* | aurū **BF**d**h***H.* et aureis **L***v. om.* a.·

(39) Caeruleae et sappiri, rarumque ut cum purpura. 120
optimae apud Medos, nusquam tamen perlucidae. praeterea inutiles scalpturis intervenientibus crystallinis centris.
quae sunt ex iis cyanei coloris, mares existimantur.

5   (40) Alius ex hoc ordo purpureis dabitur aut quae 121
ab iis descendunt. principatum amethysti tenent Indicae,
sed in Arabiae quoque parte, quae finitima Syriae Petra
vocatur, et in Armenia minore et Aegypto et Galatia reperiuntur, sordidissimae autem vilissimaeque in Thaso et
10 Cypro. causam nominis adferunt quod usque ad vini
colorem accedens, priusquam eum degustet, in violam
desinat fulgor, alii quia sit quiddam in purpura illa non
ex toto igneum, sed in vini colorem deficiens. perlucent
autem omnes violaceo decore, scalpturis faciles. Indica 122

---

§ 120: Th. lap. 37. Isid. XVI 9, 2. — § 121: Isid. XVI 9, 1.
cfr. Th. lap. 31. Dionys. perieg. 1122. Isid. l. l. Th. lap. 30.

---

1 caeruleae & B*v*(*S*). -li et **FL**. -leis h*H cum antecedd.
iungens*). -las d. *om.* **a**. | ſapphiri **B²**v.*a*.*H*. sapi **F**. -phyrus L.
-phirus ceruleus **a**. -pphirorum *HBrot*. | rarumque ut **BLh***S*.
cfr. § 170. (*XXII 93*). -um quae d. quae *H*. raroque *rv*.
3 ſcalpturiſ (ſcvl- **B²**) **B***S*. -turae (-re L) **Ldh***v*. -tores **a**.
salptures **F**. *cfr. § 121 extr.*   4 ex—mares *om.* **B**. | iis dh*v*.
his **FLa***D*. | cyanei dh**B**. ciani **F**. ueani **a**. uesa- L. resa- *v*.
5 alius—6 descendunt *om.* **a**. | aut quae **B***S*. aut d. et **F***v*.
om. **Lh**.   6 deſcendunt **B***S*. -dentibus (*G*. disced- L*v*) *r v*. |
tenent indicae **B***S*. indicae (in uicem L) tenent *rv*.   7 ara-
bia **a**. -bia ex ea L*v*.*a*.*G*. | qua **a**d. | petra *ll*.(*B²*)*S*. -traea
h(?)*B¹*. -tria *v*.   8 uocantur **B**. | & **B***S*. et in *rv*. | & **B**d*S*.
in **L**. et in h*v*. *om.* *r*. | galatia **BF**dh*v*(*H*). gallia L*G*. -lla **a**.
9 autem *om.* **B**. autem atque dh*v*.*a*.*G*. | uilissimaeque **F**
L*G*. -me **a**. -mae dh*v*. que **B**. | thaſo *ll*.*G*. tharſo *v*. tarso
d*C*.   11 non accedunt d*HBrot*. | enim degustent *HBrot*. |
uiolam dh*v*. -la *ll*.*S*. *cfr. VIII 121. IX 113. II 51.*   12
desinit dh*HBrot*. | fulgorque L*v*.*a*.*H*. | alii quia *S*. aliqui **Ba**.
-qua **F**dh*H*. *om.* L*v*. *de mendo cfr. XXXV 86 extr.* | ſit quid-
dam **B***Isid*.*S*. si quidem (-dam **F**) **F**dh*H*. quidam L*v*. *om.* **a**. |
illius *Isid*.   13 poto **B**. | igneum *ll*.*Isid*.*S*. in ign- *H*. igneus
h*v*. | in **BL***v*. *om.* *r*. | colore **Fa**. | deficiens—14 decore *om.* **F**. |
perluceant (*om.* autem) **a**.   14 uiolatio **B**. -acio *D*. | decore
B(**a**?)*S coll. XXVII 99.* colore L*dh*v*(*D*). *de mendo cfr. § 123*
(nitor). *126.* | ſcvlpturiſ **B²**. scalpturi **a**. -re L. | indica **BF***S*.

absolutum Phoenices purpurae colorem habet.   ad hanc
tinguentium officinae dirigunt vota. fundit autem aspectu
leniter blandum neque in oculos, ut carbunculi, vibrantem.
93 alterum earum genus descendit ad hyacinthos; hunc colorem Indi socon vocant, talemque gemmam socondion. 5
dilutior ex eodem sapenos vocatur, eademque pharanitis
in contermino Arabiae, gentis nomine.   quartum genus
123 colorem vini habet. quintum ad vicina crystalli descendit
albicante purpurae defectu. hoc minime probatur, quando
praecellens debeat esse in suspectu velut ex carbunculo 10
refulgens quidam leniter in purpura roseus nitor. tales
aliqui malunt paederotas vocare, alii anterotas, multi
124 Veneris genam. Magorum vanitas ebrietati eas resistere
promittit et inde appellatas, praeterea, si lunae nomen
ac solis inscribatur in iis atque ita suspendantur e collo 15

-ia **a.** -icae (-ice **L**) **L d h v.**   1 phoenices *ego.* -ciae *D.*
phenicis **d h.** felliſ & **B.** felicis **Fa** *G* (*cfr. IX 127*). *om.* **L v.**
conici possit etiam floris (*cfr. IX 125*) *vel* illius (*cfr. IX 135.*
139). | habet **B** *S.* -ent *r v.* | *an* hunc? hancque **d**(?)*v. a. S.*
2 tingentium **B.** | fundunt **d**(?)*H Brot.* | autem (*sc.* colorem;
cfr. X 44) **Ba** *S.* autem eum *r v*(*D*). -tem fulgorem *J.* (*an*
potius lucem ... blandam?). | aſpectum **Ba** *S.*   3 uibrantem
B *S.* -ant *r H.* -at *v.*   4 earum *om.* **B** *S J.*   5 sacon **d h v.**
a. *S.* | ſocondion **B F** *S.* sac- **L d h** *H.* *cfr. ind.* -odion *v.* *om.* **a.**
     6 dilutiorem (-or *H*) eadem et **d h** *H Brot.* | sapenes **a.**
-pinos **L v.** *a. H.* | eademque **B L** *S.* -dem et **d h v**(*H*). -dem **a** *G.*
om. **F.** | pharanitis **d h** *S.* far- **B.** par- **a.** -tes *v.* paranytis **L.**
     7 gentis arabiae (*om.* nomine) **d h v.** *a. G.* | genus—8 quin-
tum *om.* **B.**   8 uicina *ll.* *S.* -niam *B.* -nia *v.*   9 purpure **F.**
-ra **La.** | detectu **a.** deie- *v. a. H.* | hoc **B d h** *S.* hoc et *r v.*
10 debeat **B** *S.* -bet *r v.* | in **B F d h v.** *om. r.*   11 quidam—
p.437,1. 2 ueneficiis *om.* **a.** | leniter *Salm. cfr. § 122. 63.* leui- *ll. v.* |
purpuram *Salm.* | nitor **L d h** *Isid. v.* int- **F.** color **B** *S. cfr. § 129.*
XXXIII 121. IX 134, de mendo supra § 121.   12 paederos
L. ponderotas **F².** -ratas **F¹.** *cfr. § 129.* | alii antheros **L.** aliiſ
anterotaſ **B** (*sed post* genam).   13 genam **B F** *S.* gemmam
L d h v. *add.* quod (**L v.** qui **F.** quo h. *om.* **d**) maxime uidetur
decere (*B.* de re **L v.** et de re **F d h**) et (*om.* **F**) specie (-ies
F d h *H*) et colore (-lose **F.** -los **d h** *H*) extremo (atremi **F.** eas
d h *H.* *del. S*) gemmae (-mmas **d h** *H*) **F L d h v.** *a. D.* *om.* **B.** *del.*
U 855. | eaſ **B** *v*(*S*). fas (*sed post* resistere) *r.* *om.* **d h** *H.*
15 ac *ll. v*(*S*). aut **d h** *H.* | inſcribatur **B** *S.* ſcrib- **L v.** ſereb- **F.**
inſeratur **d h** *H.* | iis **d h v.** iſ **B¹**(**F L**?)*D.* hiſ **B².** | e collo *ll. G*(*S*).

cum pilis cynocephali et plumis hirundinis, resistere veneficiis, iam vero quoquo modo adesse reges adituris, gran-
dinem quoque avertere ac locustas precatione addita, quam
demonstrant. nec non in smaragdis quoque similia pro-
misere, si aquilae scalperentur aut scarabaei, quae quidem
scripsisse eos non sine contemptu et inrisu generis humani
arbitror.

(41) Multum ab hac distat hyacinthos, ab vicino tamen 125
colore descendens. differentia haec est, quod ille emicans 122
in amethysto fulgor violaceus diluitur hyacintho primoque
aspectu gratus evanescit, antequam satiet, adeoque non
inplet oculos, ut paene non attingat, marcescens celerius 21, 65
nominis sui flore. — (42) Hyacinthos Aethiopia mittit 126
et chrysolithos aureo fulgore tralucentes. praeferuntur his
Indicae et, si variae non sint, Tibarenae. deterrimae autem
Arabicae, quoniam turbidae sunt et variae, fulgoris inter-
pellati nubilo macularum, etiam quae limpidae contigere,
veluti scobe refertae. optimae sunt quae in collatione

---

§ 125: cfr. Solin. 30, 32. Isid. XVI 9, 3. — § 126: (cfr.
Damig. 47). Isid. XVI 15, 2. cfr. Diodor. II 52, 3. — Solin. 30, 32.

---

collo e dhv(H).   1 cum pilif B S. capillis rv. | uel (pro et)
dv.a.S.   1. 2 ueneficiis B²dhv. -cis rD.   2 uero om. dh
H Brot. | quoque (om. modo) dh H Brot. | an prodesse?   2. 3
adituri grandine a.   3 quoque om. a d H Brot. que h. | auer-
tere—4 smaragdis om. L¹ a.   4 demonstrans F. | nec non in
B L² S. nam F d h H. nam e v. | quoque om. a.   4. 5 pro-
mirere F. prospere L(a?).   6 eos—contemptu om. a. | con-
tentione F L.   8 ab ea v.a.S. om. a d h.   8. 9 ab uicino
(-nu B¹) tamen colore B S. tamen (om. a) e uicino rv.   9 se
distendens L. | eft B S. om. rv.   10 amethysto (amath- B)
B a v. -tisto r. | diluitur B J. -tur in a S. -tur et in F d h. -utus
est in L v. | primoque B S. -mo quoque rv.   11 satietur L.
    12 marcenf fceleriuf B.   13 nominef B¹. | tuacinto d.
an et hyacinthos, ut § 114?   14 colore L a v.a. H.   14. 15
his chrisoleti indicae a.   ˙ 15 si — 16 turbidae om. a.   15
sunt F. | tibarenae B S. -ranae H cum Salm. zibaranae (-na F)
F d h. bactrianae L v.   16 arabiae F. | sint et F. sunt a. |
uariae B a. -iae et rv.   16. 17 fulgentes interpellatae dh H
Brot.   17 maculorum B¹. -ofum B². | lympidis L v.a. G.
18 ueluti—refertae om. a. | fcobe (-bae B) B J. -bae (-be v) sua
rv. | refertis L. | optima a. -mi dh. opimi F. | qui F h.

aurum albicare quadam argenti facie cogunt. h*ae* funda
includuntur perspicuae, ceteris subicitur aurichalcum,
127 tametsi exiere iam de gemmarum usu. — (43) Appellantur · aliquae et chryselectroe, in colorem electri decli-
nantes, matutino tamen · tȧntum aspectu. Ponticas de- 5
prehendit levitas. quaedam durae sunt ac rufae, quaedam
molles, sordidae. B o c c h u s auctor est et in Hispania
24 repertas *et* quo in loco crystallum dixit ad libramentum
aquae puteis defossis erui, chrysolithon XII pondo a se
128 visam. — (44) Fiunt et leucochrysi interveniente candida 10
vena. sunt et in hoc genere capniae. sunt et vitreis
similes, velut croco fulgentes; vitro adulterantur, ut visu
discerni non possint; tactus deprendit, tepidior in vitreis.

---

§ 127: Isid. XVI 15, 3. — § 128: Isid. XVI 15, 6. (cfr. Plin.
infra § 172). — Isid. l. l.

---

    1 auri **B** d. | albicare (-ificare d) quadam (quand- **Fa**) ar-
genti facie cogunt **FLadh***v*. albicare facie non argenti uidentur **B**. *locus vix sanus; an* quarum collatione aurum albicare
facie nou a argenti uideatur? | hae *S*. he **B**. *om. rv(D)*.
2 refpicuae **B**. que persp- **a**. | orichalcum **B***Lugd*. *cfr.* XXXIV
2. 4.   3 tametfi *ll.S*. -si iam *v*. iam (tam h) etiam **dh***H*.
om. **a**. | exiere iam de **B***S*. expedere **F**[1]. -pere de **F**[2]. -pertę
(-parte h) de **dh**. -pertes **L***v*. *om*. **a**.   4 aliquae **B**(a?)*S*. -ui
r v. | chryselectroe (cry- **B**[1]) **B**[1]*S*. -tro (cry- **B**[2]) **B**[2]**a**. -tri h*v*.
cryselectros **L**. crysoe lectore (-roe **F**[2]) **F**.   5 matutinus **L**
v.a.G. | tamen tantum **B***S*. tantum **Fdh***H*. *om. rv*. | aspectu
B*S*. -tu iocundae **F**. -di **dh***H*. -dior **a**. -diore *G*. -tus iocun-
dior **L***v*.   6 quaedam **B***S*. -dam in iis (his **FL**) *r v*. | rufae-
que (*om*. ac) **dh***v.a.S*. | quaedam **L***v*. quae **Ba**. que **F**. *om*. **dh**.
an aliae *vel* aliquae?   7 molles et **dh***v.a.S*. | et *om*. **B**.
8 repertas et *ego*. -tam **B***S*. -tas *r v*. | dicit **dh***v.a.S*.   9 de-
foffif **BL***v*(*J*). -fessis **a**. detosis **F**. depressis **dh**(?)*H*(*D*) *ex*
§ 24. | erui **B***S*. erutam **dh***H*. inde erutam (-tam e **a**. -tam
et *v*) *r v*(*D*). *an* erui, etiam? | chrysolithon **dh***C*. -tho **a**.
-iton *ll.v*.   10 fiunt *ll.v*. *an* funt? | leucochrysi (-cryfi **B**)
Bd*G*. -ses **La**. -sae **F***v*. -soe *D*.   11 & in **B***S*. in *r v*. *cfr*.
§ 118. | camnie **a**. | uitrei **a**. -reae iis *coni*. *S*.   12 ueluti
adh*v.a.S*. | fulgentef **Ba***S*. refu- *r v*. | uitro adulterantur **B***S*.
uitree (-eae *v*. -ei **Fdh***H*) uero *r* **dh***v*. *om*. **a**. | ut *om*. **B**.
13 poffvnt **B**[2]. | actus **a**. actus (tac- *v*) autem **L***v.a.H*. | uitrei
eius **a**.

(45) In eodem genere sunt melichrysi veluti per aurum sincero melle tralucente. has India fert, quamquam in duritia fragiles, non ingratas. eadem et xuthon parit, plebeiam sibi gemmam.

5 (46) Candidarum dux est paederos, quamquam quaeri 129 potest, in quo colore numerari debeat totiens iactati per alienas pulchritudines nominis, adeo ut decoris praerogativa in vocabulo facta sit. sed tamen et suum genus expectatione tanta dignum. coeunt quippe in tralucidam 10 crystallum viridis suo modo aër simulque purpurae et quidam vini aurei nitor semper extremus in visu, sed purpura coronatus. madere videtur et singulis his et pariter omnibus, nec gemmarum esse ulla liquidior potest 130 iucunda suavitate oculis. haec laudatissima est in Indis, 15 apud quos sangenon vocatur, proxima in Aegypto, ubi

---

§ 129: cfr. supra § 84. Isid. XVI 10, 2. Solin. 33, 22. — § 130: Solin. 33, 23.

---

1 melichrysi **a dh** *v*. eli- **F.** melychr- **B.** -crisi **L.** | naeluti **B**[1]. qui ueluti **dh** *H Brot.* 1. 2 auro per sincerum mel *coni. J*[1]. *de* per *cfr.* § 98. *an potius* super? 2 tranflucente **B**[2]*v.a.J.* -cent **dh** *H Brot.* | chas **d.** quas *v.a.H.* | fert **B** *S.* uult **F.** uolt **dh.** mittit *r v.* | quamque **F.** | in *om.* **a** (*an recte?*). ad **L** *v.a.H.* 3 duri **a.** iniuriam **L** *v.a.H.* | fragilis **L.** -lem **dh.** agile **a.** | non ingrataſ **B** *S. om. r v.* | in eadem **F dh a** *H Brot.* | xuthon **B** *S.* *cfr. ind.* xvi hos **Fa.** xythios **L.** xystion *v.* xanthi *H.* | parit et **a.** *om.* **dh** *H Brot.* 4 plebeiam (-ia *H*) ibi gemmam (-ma *H*) *v.a.S.* 5 pederor **a.** 5. 6 potest quaeri **a dh** *v.a.S.* 6 an in **d h** *v.a.S.* | quo **B** *S. om. r v.* | numerari—iactati *om.* **a.** | in-numerari **F.** annu- **L.** 7 ut **B a** *S. om. r v.* 8 est **L** *v.a.S.* sit omnibus gemmis **a.** | fed tamen **B** *S.* est **F dh** *v. om. r.* 9 quippe **B** *S.* enim **L** *v. om. r G.* 9. 10 intus translucida crystallis (-llus *H*) **dh** *H Brot.* 10 crystallum — 14 haec *om.* **a.** | purpurę **B** *S.* -ra *r v(D).* 12 semper coronatuſ **B** *S J.* | madere **B L** *v(S). om.* **F dh** *H. dist. S.* | uid&ur & ſingulif **B** *S.* singulis uidetur **L** *v.* uidetur **F h.** *om.* **d** *H.* | hiſ et *ll.v(S).* et his **dh** *H.* 13 gemmarumque (*om.* nec) **L.** | eſſe **B** *S.* esset **F.** est **L dh** *v.* | liquidiore **F.** | potest **B** *S.* capitis **F d.** -ptis **h** *H.* -piti **L** *v.* 14 fuauitate *ll.S.* uani- **dh** *H.* suauis et *v.* | haec **B L** *S. om. r v.* | in indis *om.* **a.** 15 fangenon (-om **F**) **B F** *S.* .sag- **dh** *H.* ang- **a.** arg- **L** *v.* | apud aegyptios **dh** *v.a.S.* | ubi *om.* **B.** apud **d.**

syenites, tertia in Arabia, verum scabra, tum Pontica, quae mollius radiat, Thasia, et ipsa mollior, et Galatica et Thracia et Cypria. vitia earum languor aut alienis turbari coloribus et quae ceterarum.

131   (47) Proxima candicantium est asteria. principatum habet proprietate naturae, quod inclusam lucem pupilla quadam continet. hanc transfundit cum inclinatione velut intus ambulantem alio atque alio loco reddens. eadem contraria soli regerit candicantes radios in modum stellae, unde nomen invenit. difficiles in India natae ad caelandum. praeferuntur Carmanicae.

132   (48) Similiter candida est quae vocatur astrion, crystallo propinqua, in India nascens et in Patalenes litoribus. huic intus a centro stella lucet fulgore pleno lunae. quidam causam nominis reddunt quod astris opposita fulgorem rapiat et regerat. optimam in Carmania gigni dicunt nullamque minus obnoxiam vitio; cerauniam etiam

---

§ 131: Isid. XVI 10, 3. — § 132: Isid. XVI 13, 7.

---

1 syenites *D cum U 856 ex indice.* senytes **L.** -nites *v.* tenites **dh***H.* satis **Fa.** *om.* **B.** | tercium **F.** -rtius **a.** | tum — 2 radiat **B***S.* mollius radiat (-imet **F.** in **a**) pontica **Fadh***v.* molliorque radiet pontica **L.**   2 thaſia **B***S.* et tha- **FL.** et asia **a.** et asiatica **dh***v.* | & ipſa mollior **B***S.* ipsae (-se **La**) uero molliores *rv.* | et *ego.* eſt **B***S.* sunt *rv.* sunt et **a.** | galatica — 4 ceterarum *om.* **B.** galatica — 3 cypria *om.* **a.**   3 thracia **dh**(?)*Lugd.* -ica *v.* tracia **FL.** | languor *om.* **a.**   5 proxime **B.** 6 habent **a.** -ens **dh***v.a.J.* | pupilla **BLa***S.* -llae **F.** -llae modo **dh***v.*   7 quandam **d***v.a.S.* | hanc **BFS.** ac *rv.* 8 alio *ll.S.* ex alio (alto **a**) **dha***v.* | atque alio *om.* **a.** | eademque *v.a.S.*   9 contraria sit soli **a.** | regerens *v.a.S. om.* **a.** | in modum ſtellae **B***S. om. rv.*   10 difficilis *v.a.S.* | in india — 11 carmanicae **B***S.* ad caelandum indicae (*Bas.* -ce **L***v.* inuice **F²a.** -ces **F¹**) praefertur (ref- **F².** ef- **F¹**) in carmania nata *rv.* 12 astrios **dh***v.a.S.*   13 propinquas **d.** -ans **h***v.a.H.* | et — litoribus *om.* **B.** | et *del. J.* (*an recte?*). | patalenes *S cum Güthio.* palenes **F.** palle- **Ldh***v.* -nis **a.**   14 huic **B***S. om. rv.* | stella *ll.S.* cui st- *cod.Poll.v.* ceu st- *G.* | pleno lunę **B***S.* lunae (-ne **a**) plene (-nae *v*) *rv*(*D*).   16 & **B***S.* ac **FLdh***v.* et regerat *om.* **a.**   17 dicunt **B***S. om. rv.* | nullique (*om.* minus) **d***H Brot.* | ceraunia **a.** | &iam **B***D.* eum **a.** enim *rv.* eam *J. del. S.*

vocari quae sit deterior; pessimam vero lanternarum
lumini similem. (49) celebrant et astrioten, mirasque 133
laudes eius in Magicis artibus Zoroastren cecinisse
produnt. — (50) Astolon Sudines dicit oculis piscium
5 similem esse, radiare fulgore candido ut solem.

(51) Est inter candidas et quae ceraunia vocatur, 134
fulgorem siderum rapiens, ipsa crystallina, splendoris
caerulei, in Carmania nascens. Zenothemis fatetur al-
bam esse, sed habere intus stellam coruscantem; fieri et
10 hebetes ceraunias, quas in nitro et aceto maceratas per
aliquot dies concipere stellam eam, quae post totidem
menses relanguescat. Sotacus et alia duo genera fecit 135
cerauniae, nigrae rubentisque [similes eas esse securibus].
ex his quae nigrae sint ac rotundae, sacras esse; urbes
15 per illas expugnari et classes; baetulos vocari; quae vero
longae sint, ceraunias. faciunt et aliam raram admodum,

---

§ 134: Solin. 20, 15. Isid. XVI 13, 5. — § 135 extr.: Damig.
12. Isid. XVI 13, 5.

---

1 pessima **adh**. | uero **BFdh**D. om. *r v.* (*an modo? de
mendo cfr. § 195*). | lanternarûm **B¹F**S. lat- **B²**. ter- **a**. lucer-
Ldhv. *cfr. XI 49.*   2 astrioten **Ba**S. *cfr. ind.* -tem **L**. -roiten
v. -rionem (-ne **F**) **Fdh**.   3 zorastren **F**. foroaſteren **B**.
4 produnt **B**S(D). quidam (quidd- **a**. quicquam **F**) diligentius
(-tiis **F**) de ea produnt *r v*(J). quicquam (qui circa eas *H*)
diligentes sunt produnt **d**H. | astolon **dh**D. *cfr. ind.* aſtalon
B. astulun **F**. astrolon **a**. -robolon **L**v.   5 similes **a**. -lis
F. | esse et **dhv**.*a*.S. | fulgore **B**S. *om. r v.* | ut **BL**a*v*(D). ui **F**.
in **dh**H. | solem *ll.v*(D). -le h*H*.   6 et — uocatur *om.* **a**. |
caeraunia **B**.   7 fulgore **a**. | ipsa — 8 nascens *om.* **B**.   8 ger-
mania **Fha**.   9 coruscantem *S cum Gesnero.* concursa- *ll.v.* |
fieri — 12 relanguescat *om.* **a**.   10 in **B**S. *om. r v.* | maceratas
post dies (*v. 11*) *habent* **dhv**.*a*.S.   11 aliquod **B**D.   12 et
om. **a**.   13 nigrae (-re´ **a**) **Fadh**H. -as **L**v(D). *om.* **B**. | ru-
bentesque *v.a.H.* | similes — securibus *om.* **B**. *uncos ego posui*.
14 ex hiſ **B**S. his **ah**. is **F**. iis **d**H. per illas **L**v. |
qua **B**. | ſint (sit **F**) ac **BFa**S. sunt ac (et *v*) **L**v. | ſacraſ
eſſe **B**S. *om. r v.*   15 per illas *om.* **L**v.*a*.S. | expugnare
F. | classes easque **L**v.*a*.S. | baetulos (-lo **B**. uetelos **a**)
ll.J. bet- **dhv**.   16 longe **B**. | ſin **B**. sunt **dhv**.*a*.S. |
rara **a**.

Magorum studiis expetitam, quoniam non aliubi inveniatur
quam in loco fulmine icto.

136　　(52) Proximum cerauniae nomen apud eos habet quae
vocatur iris. effoditur in quadam insula Rubri maris, quae
distat a Berenice urbe $\overline{\text{LX}}$ p., cetera sui parte crystallus. 5
itaque quidam eam radicem crystalli esse dixerunt. ex
argumento vocatur iris, nam sub tecto percussa sole
species et colores arcus caelestis in proximos parietes
eiaculatur, subinde mutans magnaque varietate admira-
137 tionem sui augens. sexangulam esse ut crystallum con- 10
stat, sed aliqui scabris lateribus et angulis inaequalibus
dicunt, in sole aperto radios in se candentes discutere,
aliquo vero ante se proiecto nitore adiacentia inlustrare.
136 colores autem non nisi ex opaco, ut diximus, reddunt,
nec ut ipsae habeant, sed ut repercussu parietum elidant; 15
optima quae maximos arcus facit simillimosque caelestibus.
138 est et alia iritis, cetera similis, sed praedura. hanc Orus
crematam tusamque ad ichneumonum morsus remedio esse
scripsit, nasci autem in Perside. — (53) Similis aspectu

---

§§ 136. 137: Isid. XVI 13, 6. Solin. 33, 20.

---

1 magorum—exp&itā B S. et (om. F) parthorum (parch- a.
parith- F) magis quaesitam rv. | .alibi B²h.　　4 uocatur BS.
appellatur rv. | quae—5 parte om. a.　　5 lx. p. B. | crystal-
lis a.　　6 eam BS. om. rv. | fraudicen La.　　7 uocatur ante
ex (v. 6) habent a d h v. a. S. | nam cum sub a.　　8 species set a.
-iae sed F. | colore a.　　9 subinde—16 caelestibus om. a.
11 sed esse d h v. a. S. | aliqui BS. -uis L. -ua Fd. -uam h.
-uas v. | aequalibuſ B.　　12 aperto BLd h v. -ta F. add. pro-
iectam d h S. -tas v. -ta L. protecta F. del. D cum U 858. |
in se om. L. | candenteſ Bh cod. Poll. cfr. XVIII 346. recand- v.
cad- Fd G. recadentis L.　　13 aliquo BS. -uas rv.　　14 uero
d h v. a. S. | nisi ut ex oroscopo L. | ut diximuſ BS. om. rv.
　　15 ſ& B D. | repercuſſu Bd v. -ssus F. -ssos in L. | parie-
tum Bd G. -tem rv. | illidant d h v. a. G.　　16 optimaque quae
d v. a. S.　　17 iritiſ BS. tri- a. hirritis (-icis d) dh. inris F.
iris Lv. | cetera Fd h (a?) S cum B. -raſ B¹. -riſ B². -ro H.
cerae v. om. L. | ſimiliſ ſed BS. -lis at H. -lis G. -lis et
Fd h v. -lis cere L. om. a. | quam v. a. S. | orus BFLD. cfr.
Brunn de indd. p. 39. cor' a d. -riis h. horus v.　　18 ichneumonum Bv. igneom- L. igneū oneū (montanum F) r.　　19
ſcripſit BS. om. rv. dicunt dh. | perside tradidit (tradit v) Lv. a. S.

est, sed non eiusdem effectus, quae vocatur *leros*, alba
nigraque macula in traversum distinguentibus crystallum.

(54) Expositis per genera colorum principalibus gemmis reliquas per litterarum ordinem explicabimus.

10. Achates in magna fuit auctoritate, nunc in nulla 139
est, reperta primum in Sicilia iuxta flumen eiusdem nominis, postea plurimis in terris, excel*l*ens amplitudine,
numerosa varietatibus, quae mutant cognomina eius.　vocatur enim iaspachates, cerachates, smara*g*dachates, haemachates, leucachates, dendrachates, quae velut arbusculis
insignis est, antachates, quae, cum uritur, murram redolet,
corallachates guttis aureis sappiri modo sparsa, qualis
copiosissima in Creta. quae et sacra appellatur. qui*d*am
putant contra araneorum et scorpionum ictus eam prodesse.

---

§ 139: Th. lap. 31. Isid. XVI 11, 1. Solin. 5, 25. 26. Prisc.
perieg. 502—504. Orph. Lith. 613. κηρ. p. 150 sqq. Orph. Lith.
614. 232 sqq. (κηρ. p. 140). 637. Solin. 5, 26. 27.

---

1 quae uocatur **BL***v*. uocaturque **a**. -tur **Fdh**. | leros *S*
ex ind. ierof **B**. eiros **F**. ros **a**. zeros **L***v*.　2 diftinguenti-
buf **B***S*. -nt **a**. -nte *rv*.　3 principalibuf **B***S*. -lium *rv*.
4 per **B***S*. *om. rv*. | ordinem **B**a*v*(*S*). -ne *r C*.　6 eft *ll.G*(*S*).
om. **dh***v*(*H*).　7 in terrif **B** *Isid.S*. *om. r*. .locis **dhv**. | excel-
lens *ego*. -cedens *ll. v. de mendo cfr. XIX 142. an potius*
amplitudinem omnium? | amplitudine **L**a**dh***v*. -nem *r*.
8 numeroſa (-ſiſ **B²**) uarietatibuf **B F** *S*. *add*. diuersis **L** *v*.
uarietatibus numerosa **adh***H*. | quae (que **a**) mutant **BFa***D*.
multa **dh** *H*. mutantibus **L***v*(*S*). *add. et* **Fdha** *HBrot.*(*D*).
9 iaspachates *H cum Salm*. Iaspagateſ **B**.　paspacha- **F**.
phaspacha- **L***v*. phassacha- *C*. phascates **a**. | ſmaragdachateſ
(-radd- **B**) **B***S*. sarad- **a**. sard- **L***v*. saroch- **Fd**.　9. 10
haemachates **dh***v*. aem- **F**. em- **L**a. *om.* **B**.　10 quae **B***S*.
om. rv. | etsi (*pro* uelut) **L**. | arbusculi **Fa**. -la **dh***v*.**a**.*S*.
11 insignis—redolet *om.* **a**. -gnis—cum *om.* **L**. | eſt **B***S*. *om.*
Fdh*v*. | antachates *v. cfr. Abel p. 98.* antea- **F**. anthacateſ **B**.
-chates *Külb* (*cfr. § 141 extr.*). aeth- *J*. auta- **d***H*. | quae **B***S*.
om. **Fdh***v*. | inuritur uelut murram **L**. | redol& **B***S*. -lens *rv*.
12 corallachates *ego. cfr. § 153.* thorall- **d**. choroll- **F**.
folloch- **B**. coralloach- *r v*. curalliach- *Solin. cfr. XXXII*
21. 22. | ſparſa **B***H*. pars e **a**. pars **Fdh**. distincta **L***v*.
13 quae & **B***S*. *om. rv*. | appellatur **B***S*. -ta *rv*. | quidam *ego*.
quoniam **B***D*. *om. rv*.　14 putant eam **dhv**.**a**.*S*. | et *om.* **a**. |
eam *om.* **dh***v*.**a**.*S*.

140 quod in Siculis utique crediderim, quoniam primo eius
provinciae adflatu scorpionum pestis extinguitur. et in
India inventae contra eadem pollent, magnis et aliis mira-
culis: reddunt enim fluminum species, nemorum, iumentorum etiam. essedariis staticula, equorum ornamenta inde 5
medicisque coticulas faciunt, nam spectasse etiam prodest
141 oculis. sitim quoque sedant in os additae. Phrygiae viri-
dia non habent. Thebis Aegyptiis repertae carent rubentibus venis et albis, hae quoque contra scorpiones validae.
eadem auctoritas et Cypriis. sunt qui maxime probent 10
vitream perspicuitatem in his. reperiuntur et in Trachinia
circa Oetam et in Parnaso et in Lesbo et in Messene

---

§ 140: Solin. 5, 26. Dionys. perieg. 1075. (cfr. Plin. supra
§ 5). — § 141 med.: Solin. 5, 27.

---

1 quod — 2 adflatu *om.* **a.** | primo *coni.* **J.** *cfr. XI 89.*
-mū *ll.v.*   2 pesties extinguit **a.** | et *om.* **a.** | in *om.* **B**[1].
3 inuenitur *et* pollenſ **BSJ.** | magniſ & aliiſ **B**(**FL**?)**S.** et aliis
magnis **adhv.**   4 nemorum — 5 staticula *om.* **a.**   4. 5 iumentorum (-tor~ **B**[1]. -torv̄ **B**[2]) *ll.S. praem.* et **dv.** monumentorum
D *cum lac. signo.*   5 etiam **Lv.** iam **FdhS.** & aliorum **B**
(*add.* animalium *e Solino U 859*). *del.* **D.** | *dist. ego.* | esse-
dariis — ornamenta *om.* **BD.** | essedariis *ego.* -da et **B.** ederas
Fdh. -ras et **v.** hedere (-rae **S**) **LS.** e cerea **J** *coll. Solino.*
del. **U.** | staticula **FdhB.** *cfr. XXXIV 163.* -tunculas **v.** *om.*
L. | equorum (quorum **a.** et equ- **v**) ornamenta **Fdhav.** *om.*
LU.   5. 6 inde medicisque *ego.* mediciſ indeeque **B**[1]. -ci′
inde′que **B**[2]. -ci inde aeque **S** *e coni.* **J.** -cique inde **D.** inde
(unde **dh**) medici **dh***cod.Poll.* medici **rv.**   6 coteculaſ **BJ.**
cortic- **a.** *cfr. XXXVI 63. XXXIV 105. XXXI 100.* | faciunt
BdhS. inde faciunt **rv.** | nam **BS.** *om. rv.* | spectasse *om.* **a.** |
prodest etiam **a.**   7 sitim — additae *om.* **B.** *sed cfr. Solin.* |
sitimque *v.a.G.* -tim etiam **h.** | sedant **Ldhv.** uese dant **F.**
reddant **a.**   7. 8 uirigia non **F.** uiridiam **B.** uitri lucidum
D.   8 thebis — 9 albis *om.* **a.** | herbiſ **B.** | aegyptiſ (-gip- **B**[1].
-tiiſ **B**[2]) **B**[1]**F***D.* -ti **L.** | repertae — 9 albiſ *om.* **B.**   9 hae
h*S*(**D**). he **B**[2]. eae **B**[1]**J.** haec **F.** hec **a.** tehae **L.** et hae **v.**
10 cypriſ **BD.** -riis est **dhv.a.S.**   11 in his *om.* **Bah**
SJ. | reperiuntur — p. 445, 1 rhodo *om.* **a.** | trachinia **BS.** -ni **F**[1].
-ne **F**[2]. thracia **Ldv.** terracina **h.**   12 circa *ll.v*(**S**). et circa
dh(?)**G.** | parnaſſo **B**[1]*Lugd.* | & in meſſene **BS.** et (ac **v**) mes-
sene **L.** et et sene **F.** et siene **d.**

similes limitum floribus et in Rhodo. aliae apud Magos 142
differentiae sunt in *i*is: quae leoninis pellibus similes
reperiuntur, potentiam habere contra scorpiones dicunt.
in Persis vero suffitu earum tempestates averti et presteras,
5 flumina sisti — argumentum esse, si in ferventes cortinas
additae refrigerent —, sed, ut prosint, leoninis iubis
adalligandas, nam hyaenae addita abominantur discordiam
domibus. eam vero, quae unius coloris sit, invictam
athletis esse, argumento, quod in ollam plenam olei coiecta
10 cum pigmentis, intra duas horas suffervefacta, unum colorem ex omnibus faciat minii.

Acopos nitro color*e* similis est, pumicosa, guttis aureis 143
stellata. cum hac oleum suffervefactum perunctis lassitudinem, si credimus, solvit. — Alabastritis nascitur in
15 Alabastro Aegypti et in Syriae Damasco candore interstincto variis coloribus. haec cremata cum fossili sale
et trita gravitates oris et dentium extenuare dicitur. —

---

§ 142: Orph. Lith. 618. κηρ. p. 151. Damig. 17. — Isid.
XVI 11, 1. — § 143 med.: Isid. XVI 5, 7. cfr. Plin. XXXVI 61.

---

1 limitum **BFdh***B*. illitis **L***v*. | et in rhodo **Fdh***H*. et
rhodo **L***v*. *om*. **B**.   2 funt in iis (if **B**^{1}*D*. hif **B**^{2}) quae **B***S*.
om. *rv*. | leoninif **B***S*. -ine **FL**. -inae **dh***v*. -ontine **a**. | pelli-
buf **B***S*. pellis **F**. pelli *rv*.   3 reperiuntur **B***S*. *om*. *rv*. |
dicunt **B***S*. -tur *rv*.   4 in persis uero *om*. **B**. | et *om*. **B**. |
presteras *S e coni. J coll. II 133*. preffera∫ **B**^{1}. prefera **B**^{2}.
preterita **F**. praeterea *rv*.   5 fulmina (*om*. sisti) d*H*Brot.
sed cfr. Isid. et XXVIII 118.   7 alligandas **FL***v.a.S*. | nam
—8 domibus *om*. **a**. | addita *ego*. (*abl., sc.* iubis adalligata). -tae
B*S*. pelli (pelle **F**) similem *rv*(*D*). | difcordiam **B***S*. -dialem
rv(*D*). *de re cfr. XXVIII 99, de* abominandi *verbo ibid*. § 26.
9 argumento **B***D*. -tum *S*. -tum eius *rv*. *cfr. XXIX 61*. |
coiecta *J*. -tu **B***S*. coctam (*om*. cum) **a**. cocta *rv*.   11 faciat
ll.v(*H*). -cit d*C*. -ciant **h**. | minui **h**. *om*. **a**.   12 Aucophos **a**.
acopis *v.a.H*. | nitri **a**. nigro **B**. | colore *S*. -ri **B**. *om*. *rv*(*J*).
13 stillata **a**. sed lata **Fh**.   14 creditum **B**. -damus
d(?)*Hack.Brot*. | soluit *om*. **B**. | alabastrites **dh***v.a.S*.   15. 16
interstincto **L***G*. -ta **F**. -ftricto **B**. inter instincta **a**. -tercincta
dh. -to *v*.   16 hae **F**. quae **L***v.a.G*.   17 & **Ba***S*. *om*. **h**.
ac *rv*(*D*). | aue (*pro* et) **a**.

144 Alectorias vocant in ventriculis gallinaceorum inventas
crystallina specie, magnitudine fabae, quibus Milonem
Crotoniensem usum in certaminibus invictum fuisse videri
volunt. — Androdamas argenti nitorem habet [ut adamas],
quadratis semper tessellis similis. Magi putant nomen 5
inpositum ab eo, quod impetus hominum et iracundias
domet. argyrodamas eadem sit an alia, auctores non ex-
145 plicant. — Antipathes nigra non tralucet. experimentum
eius ut coquatur in lacte; facit enim id murrae simile.
inmensum quiddam in hac fortassis aliquis expectet, in 10
tot exemplis uni possessione huius nominis data. contra
effascinationes auxiliari eam Magi volunt. — Arabica ebori
simillima est, et hoc videretur, nisi abnueret duritia. hanc
putant contra dolores nervorum prodesse habentibus. —
Aromatitis et ipsa in Arabia invenitur, sed et in Aegypto 15
circa Philas, ubique lapidosa et murrae coloris et odoris,

---

§ 144: Isid. XVI 13, 8. Solin. 1, 77. Damig. 19. — Isid.
XVI 15, 8. Solin. 33, 21. Prisc. perieg. 883. — § 145: Diosc.
V 139. — cfr. Plin. XXXVI 153. Diosc. V 148. Isid. XVI 15, 14.

---

1 uentrib, **B**. *sed cfr. XXX 59. 60. 108. XXIX 60. 105.* |
inuenta **Fa**.   3 crotonensem *J (errore). cfr. III 72*.   4 so-
lent **a**. | ut — 5 putant *om*. **a**. | ut (*om*. **dh**) adamas (-mans **L**)
Ldhv. aenae adamans **F**. et paene adamas *Isid. e Solino*.
om. **B**. *uncos ego posui. cfr. § 56*.   5 quadratif **BS**. -ta *r*
Isid. G. -ta et *v*. | semperque h *G*. | magi **BG**. -gis **F**. -gnis
Lv.   7 argyrodamas *post* alia *ponunt* **dh**v.**a.S**. | eadem — alia
om. **a**.   8 antiphatef **B**v.**a.B**. | nigra contra lucet **L**a v.**a.B**.
   9 ut *om*. **a**. si **L**v.**a.S**. | loquatur **d**. exco- **La**. | id **BS**.
in **F**. hoc **Ld**v. *om*. **a**.   10 inmenfum **BS**. -missum **Fdh**a.
-issa **L**v. | quiddam — 11 data *om*. **L**v.**a.S**. | quiddam **B**a**S**.
quidam **F**. qd̄dam **d**. | in hac — aliquif **BS**. aliquis in hac
(ac **F**) **Fa**. aliquis **dh**.   10. 11 in tot exempti sunt **Fdh**.
om. **a**.   11 poffeffione **B²S**. -ionem **B¹Fa**. -io est **dh**. | eam-
que (eam *H*) contra **L**v.**a.S**.   12 auxiliari eam **B**a**S**. -riam
dh. -ria **F**. -ri **L**v. | magnitudine (*pro* magi) **F**. | arabici **dh**.
Abarica **B¹**.   13 abnuere **a**. radi abnueret *D cum U 861*
e Solino. | hanc **BS**. *om*. **Fdha** *G*. quamque **L**v.   15 aroma-
tites **dh**v.**a.S**. | inuenitur **BFdh**S. tradidit ignei **a**. *cfr. § 146*.
traditur gigni **L**v.   16 philas *Brot. cum Salm*. filiaf **B**. phinas
Fdh. pyras *G*. pifas *rv*. | lapidofaf **B**. | et odoris — p. 447, 1
frequentata *hoc loco om*. **Fdh**. *cfr. p. 447, 3*.

ob hoc reginis frequentata. — Asbestos in Arcadiae 146
montibus nascitur coloris ferrei. — Aspisatim Democritus in Arabia nasci tradit, ignei coloris, et oportere
cum cameli fimo splenicis adalligari, inveniri utique in
5 nido Arabicarum alitum; et aliam eodem nomine ibi in
Leucopetra nasci, argentei coloris, radiantem; cum . . . . .
contra lymphatum habenti*bus*. — Atizoen in India et 147
Persidis Acidane monte nasci, argenteo nitore fulgentem,
magnitudine trium digitorum, ad lenticulae figuram, odo-
10 ris iucundi, necessariam Magis regem constituentibus. —
Augit*is* non alia videtur multis esse quam callaina.   100

Lapis amphidanes alio nomine chrysocolla appellatur,
nascens in Indiae parte, ubi formicae eruunt aurum, in
quo et invenitur auro similis, quadrata figura. adfirmatur

Solin. 33, 22. — § 146: Isid. XVI 4, 4. Solin. 7, 13. Prisc.
perieg. 416 sqq. August. civ. dei XXI 5, 1. — § 147 med.:
Isid. XVI 15, 7.

1 abestos **F**. alabastros **a**.   2 afpifatim **B***S*. -ilatim **a**.
-tin *Brot*. -tem **L***v*. -ten **d***Hack*. -illatim **Fh**.   3 nafci tradit (-didit **dh**) **Bdh***S*. nascitur tradidit **F**. tradidit **a**. tradit
gigni **L**. gigni tradit *v*. | eam (*pro* et) *v.a.S*. | et oportere
om. **dh**. *deinde inserunt ex p. 446, 16* et—frequentata (*v. 1*) **Fdh**.
          4 cum **B***S*. *om. r v*. | camelli **B¹**. | fplenicif **B¹F**L*v*(*H*).
-nis **a**. -neticif **B²d***C*. | utique *ll. S*. que **dh***v*.   5 umbi-
carum **F**. | alia **F**.   6 radiantem *om*. **L***v.a.G*. | cum **Ba**d
h(**F**?). *om*. **L***v*. | *lac. ego indicavi. exciderunt remedii nomen et
prodesse* (*cfr*. § 51).   7 contra **L***v*. *om. r*. | lymphatum **L***v*.
-patum **B**. limiabitum **F**. limphatu **a**. | habentibus *ego. cfr*.
§ *145*. -tium **BFdh***S*. -tem **a**. -endam **L***v* (*cfr*. § *154 extr*.).
-entem uim *D cum U 862*. | atizoen **BF***v*. -zon *r*.   8 per-
fidif *ll.v*(*S*). in perside **d***G*. | acidane **B***S*. -dae **F**. -die **L**.
-diae *v. om*. **a**. ac Ida *G*. | nasci tradit **d***v.a.S*.   9 ad—12
nomine *om*. **a**. | lenteculae **B¹***J*.   10 necessaria **FL**.   11
augitis *J ex ind*. -tes **F**d**L***v*(*D*). -g&ef **B**. -tis *S*. | non **L***J*.
om. r. non multis *G*. multis non *cod. Poll.v*(*S*). multis **dh***H*. |
uidetur multif *ll.J*. -etur **dh***v*. | quam **B***S*. quam quae (que **F**)
r v. | callaina **B***S*. callais **L***Lugd*. -lais *v*. -llaa **F**.   12 lapif
BFh*D*. -idis **d**. *om*. **L***v*. | amphidanef **B***S*. -itane **L***v*. ampit-
nanes **F**. -tanes **d**. aphidnane *Brot*.   13 nafcenf **B***S*. *om*.
r v. | in *om*. **B¹**. | india **Fa**. | parta **L**. *om*. **a**. | erunt **Fa**. |
aurum — 14 adfirmatur *om*. **a**.   14 qua (*om*. et) **d***v.a.S*. |
adfirmatur **B¹F**d**h***Poll.S*. -turque **B²L***v*(*D*).

natura eius quae magnetis esse, nisi quod augere quoque
148 aurum traditur. — Aphrodisiaca ex candido rufa est. —
Apsyctos septenis diebus calorem tenet excalefacta igni,
nigra ac ponderosa, distinguentibus eam venis rubentibus.
putant prodesse contra frigora. — Aegyptillam Iacchus 5
intellegit per album sardae nigraque venis transeuntibus,
volgus autem nigra radice, caerulea facie. nomen a loco.
149   (55) Balanitae duo genera sunt, subviridis et Corinthii
aeris similitudine, illa a Copto, haec ab Trogodytica veniens,
medias secante flammea vena. — Batrachitas quoque Coptos 10
mittit, unam ranae similem colore, alteram et venis, tertiam rubetis e nigro. — Baptes, mollis alioqui, odore
excellit. — Beli oculus albicans pupillam cingit nigram
e medio aureo colore fulgentem et propter speciem sacra-

---

§ 148: Isid. XVI 11, 2. — ibid. 3. — § 149: Isid. XVI
15, 10. — ibid. 10, 9.

---

1 quae *del.* **B²**. | eſſe **B** *S. om. r v.*   2 aphrodisia **a.** -ace
h *v. a. S.*   3 apsyctos **h** *G(H)*. absy- **F**. absi- **d**. abſu- **B¹**.
aſy- **B²** *Lugd.* apistos *r v.* | calorem **B** **d** **h** *v.* col- *r.*   4 distin-
guentibus — rubentibus *om.* **L**.   eam — rubentibus *om.* **a.**
5 quam putant prodesse **L**. putant ponderosa **a.** | agyptillam
L. aegist- **F**.   6 aluum **d** **h** *H Brot.* | ſardae **B** *S.* -da *r v.*
(*sc.* coloris. *an* sardea?). | nigrumque **B** *S D.* | uena transeunte
cod. Poll. v. a. H.   7 autem *ego.* -tem in *ll. v.   cfr. nota ad*
XXXIII 33. | caeruleam **d** **h** *v. a. S.* | facie **F²** *Isid. S.* -ile **B**. -it
r v. | nomen a loco **B** *S. om. r v.*   8 ſunt **B** *S.* habent *r v.* |
subuiridis **h** *Poll. S.* -deſ **B F** **d** **a** *v.* -de **L**. | corinthi **B** *D.* -ti **a**.
9 a *del.* *H Brot.* a copto haec *om.* **a.** | ab **B** *S.* ex *r v.* |
uenſ **B**. ueniunt **d** **h**. regione ueniens (-iunt *v*) **L** *v. a. G.   cfr.*
§ 168.   10 medias **F L** **a** *v.* -ia **B** **d** **h**. | batrachitaſ (bathr- **L**)
B **L** *v* (*Brot.*). coptos (coaptos **a**) et (*om.* **a**) batrachitas (-tes **a**.
-citas **F**) *r* **h** *G.* | quoque **B** *S.* et **L**. *om. r* **h** *G.* mittit et **d** *v*
(*Brot.*).   10. 11 coptos mittit **B** *S.* mittit *r G.* coptos **d** *v*
(*Brot.*).   11 colorem **B¹** **F** **a**. | & ueniſ **B** *D.* in uenis **F**. ebeni
d **h** *H.* ebori **L** *v.* eburneis **a**.   12 rubetis **L** **a** *D.* -entiſ *r v.*
locus fortasse lacunosus, ut fuerit fere alteram nigris macu-
lis uariam et uenis, tertiam rubentibus.   13 excellit **L**
v (*S*). -llet *r.* -llens **d** **h** *H.* | belli oculos **F**. bvcoluſ **B²**. | pu-
millam **B**. | pingit **a** *v. a. H.   cfr. § 151.*   14 colore fulgentem
B *S.* fulgore lucentem *Isid. r v.* | haec (*pro* et) **d** **h** *v. a. S.* | spe-
ciem suam **a**. suam spec- *v. a. H.*

tissimo Assyriorum deo dicatam.   Belum autem aliam,
quam sic vocant, in Arbelis nasci Democritus tradit
nucis iuglandis magnitudine, vitrea specie. — Baroptenus 150
sive baripe, nigra sanguineis et albis nodis, adalligata
5 proicitur veluti portentosa. — Botryitis alia nigra est, alia
pampinea, incipienti uvae similis. — Bostrychitin Zoroastres crinibus mulierum similiorem vocat. — Bucardia,
bubulo cordi similis, Babylone tantum nascitur. — Brontea, capiti testudinum, e tonitribus cadit, ut putant, restin-
10 guitque fulmine icta, si credimus. — Boloe in Hibero
inveniuntur, glaebae similitudine.

    (56) Cadmitis eadem est quae ostracitis vocatur, nisi 151

---

    § 150: Isid. XVI 11, 5. — cfr. Marc. 8, 98. — Isid. XVI
15, 24. — § 151: cfr. Plin. XXXIV 103. — cfr. Damig. 23.

---

    1 dicatam **B**(a?)*Isid.S.* -tur *rv*(*D*). | belum — 2 sic **B***D*.
aliam autem quam (quem a[?]) belum *rv*.   2 abbelif **B**.
3 iuglandis **B**[1]dh*v*. ing- **F**. feu (siue **La**) glandis **B**[2]**La***D*. (*sed*
uel *dicendum erat*). | baroptenus — 5 portentosa *om.a.*   4 baripe
F*D*. -pen **B**. -ppe dh*H*. baropin **L**. -ptis *G*. botrypes *v*. | ad-
alligata **B***S*. allig- **L***v*. allisata **F**. aliis sacra dh*H*.   5 pro-
icitur **B***S*. redic- **F**. dic- **L**dh*v*. proditur *D*. | botryitis *S*.
-yites *H*. -ytes *v*. botyitif **B**[1]. -ycitif **B**[2] (*cfr. § 191*). botritus
Fdh. -tis a. -thrytes **L**.   6 incipiente uue a. -tium uae **B**. |
bostrychitin *S*. -tē *v*. -rygiten **B**. -raciten **L**. *om.* r*G*.   6. 7
zorastref **B**. zoroastres uocat *v.a.G*. -stres a dh*Brot*.   7 si-
miliorem *om.* **F**dh*Brot*. | uocat **BL***S*. bostrychiten (-trichiten **F**.
-tricten d. -traciten a) uocat (-ant a) r dh*G*. *om. v*. | bugardia
B[1].   8. 9 brontea **B***S*. -tia **B**. -te e *H*. -niae **F**. -niea *v*.
-nine a. -niena **L**. *cfr. § 176.*   9 capitibus dh*v.a.S*. | testu-
dinem a. -num similis **L***v.a.H*. | e **BF**a*S*. et **L***v*. et cum *B*.
om. dh*H*. | tonib. **B**. -itrua (-uis *B*) **L***v.a.H*. | cadit ut **F***B*(*S*).
ea dilui **B**. cadit dh*H*. cadent (-ns *G*) ut a*G*. -ntia ut **L***v*. |
putant **BL***v*(*S*). -ta *r*. -tantque dh*H*.   9. 10 restinguitque
Fa*S*. -uiq. **B**. et restinguit *B*. restringit et **L** (*add.* restinguit) *v*.
del. Ven. ea (eo h) restingui (-tringi d) dh*H*.   10 flumine **F**.
fulminis a dh. | icta **F**a*v*(*S*). iacta **B**. icta (*G*. tacta *Ven.*)
restinguit **L** *Ven*. ictum dh *H*. | boloe (-lo a) *ll.G*. -lae *v*.
-lenias dh. -iae *Verc*. | in hibero (ib- *S*) **B***D*. niesbo **F**. nimbo
rv.   11 inuenitur **B**h. -ientur a. | glebe similitudinem a. *om.* **B**.
    12 cadmitis **La***G*. -tes *v*. -tef quoque quae **B**. cammitis **F**.
cheramydes *B*. | est a dh*S*. esse **F**. esset **L***v*. effet quod eft **B**. |
quae oftracitif (-tes *v*) uocatur **B***v.a.B*(*S*). quam ostracitin

quod hanc caeruleae interdum cingunt bullae. — Callais
sappirum imitatur candidior et litoroso mari similis. —
Capnitis quibusdam videtur suum genus habere, pluribus
118 iaspidis fumidae, ut suo loco diximus. — Cappadocia et
in Phrygia nascitur, ebori similis. — Callàicam vocant e 5
turbido callaino. ferunt plures coniunctas semper in-
152 veniri. — Catochitis Corsicae lapis est, ceteris maior et
magis mirabilis, si vera traduntur, inpositam manum veluti
cummi retinens. — Catoptritis in Cappadocia provenit
candore imaginem regerens. — Cepitis sive cepolatitis 10
candida est, venarum coeuntibus lineis in unum. — Cera-
153 mitis testae colorem habet. — Cinaediae inveniuntur in
cerebro piscis eiusdem nominis, candidae et oblongae
eventuque mirae, si modo est fides praesagire eas habitum
maris nubili vel tranquilli. — Ceritis cerae similis est, 15

---

§ 152: Isid. XIV 6, 42. Solin. 3, 4. Prisc. perieg. 472. —
§ 153: cfr. Plin. XXIX 129. Isid. XVI 10, 8. — cfr. Orph. Lith.
498. κηρ. p. 147.

(-ten La. osiracitim F) uocant rdhVen. 1 hec a. | caeru-
lae B. -lea (cer-) a. -leam dh. -laeam F. | pingunt B. cfr.
§ 149. 3 capnitiſ BH. -tes B. cainitis F. cami- a dh.
chami- L. -tes v. | plurimis v.a.S. 4 iaspidis BJ. isp- d.
issp- F¹. spidis F²a. spiris L v. cfr. § 118. | fumidae BJ.
-da rv. | cappadocia BLa dh v (H). in praem. C. -cica FD.
cfr. XIX 126. 128. XXI 51. | et om. dh HBrot. 5 callai-
cam (S. calamites dh. callainas H) — 6 turbido ll.dh H. callainas G. calamites a calamo B. -tes e turbido v. 6 callaino (sc. colore) BdH. -na a. calaino F. -amo h. callain D.
om. L v. | feruntque v.a.G. | plures calaicas v.a.B. | coniunctas
(S. -tos G) semper ll.G (S). -tas simul v. simul coniunctos B.
simul H. 6. 7 inueniri coniunctas HBrot. 7 catocitis
a dh. -chites v.a.H. | est et a cod.Poll.S. et L. | maiorum F.
7. 8 & magiſ BS. om. rv. 8 si — 9 prouenit om. a(?).
9 catopyritis (H. -tes v) dh v.a.S. | in ll.G(S). e dh v(H).
10 candore — regerenſ BS. hoc loco om. rv. cfr. v. 11. |
cepitiſ BH ex ind. -tes La v. capites Fdh. | cepolatitis (-atti- B)
B H ex ind. -lames Fdh. -othatitis L. -ocapites v. -otitis a.
11 coeuntibuſ — unum BS. nodis (nudis a) coeuntibus
candore imaginem regerens (regens a) rv. 11. 12 Geranitis
testeum a. 14 mirae BS. -andae rv. 15 nubili uel tranquilli BS. nubilo coloris (D. -re dh v) aut tranquillitate ll. dh v(D).

circos accipitri, corsoides canitiae capitis, corallachates
curalio, aureis guttis distincta, corallis minio; gignitur in
India et Syene. — Crateritis inter chrysolithum et ele- 154
ctrum colorem habet, praedura natura. — Crocallis ceras
repraesentat. — Cyitis circa Copton nascitur candida et
videtur intus habere partum, qui sentiatur etiam crepitu.
— Chalcophonos nigra est, sed inlisa aeris tinnitum reddit,
tragoedis, ut suadent, gestanda. — Chelidoniae duorum 155
sunt generum, hirundinum colore, ex altera parte purpureae, in alia purpuram nigris interpellantibus maculis.
— Chelonia oculus est Indicae testudinis, vel portento-
sissima Magorum mendaciis. melle enim colluto ore inpositam linguae futurorum divinationem praestare pro-

---

§ 154: cfr. Damig. 34 extr. — extr.: Isid. XVI 5, 9. Solin.
37, 22. — § 155: Isid. XVI 9, 6. (cfr. Damig. 10). — Isid. XVI
15, 23. Damig. 11.

---

1 accipitri *H.* acap- d. accipiris **F.** a piris a. piris L*v.*
tribuſ circuliſ **B.** triorchi *J.* *an* accipitri albis circulis? | cor-
soides — 2 distincta *om.* **a.** | canitiei d h *v. a. S.* | capitis *S.* -tiſ
ſimiliſ **B.** hominis (-nes **F**) *r v.* | corallachates — 2 distincta
hoc loco om. **B,** *inseruit ante* crocallis (*v.* 4). | choraliachates d.
coralloach- *v. a. D. cfr. § 139.* 2 curalio *ego. cfr. § 164.*
curallio **B**[1]. -atio **F.** corallo **B**[2]*v.* -llio L*S.* | ſimiliſ aureiſ **B.** |
diſtincta B*S.* -te (de- **F**) **LF.** -tae d h *v.* | minio *om.* **a.** *add.*
similis d h *H Brot.* 3 et syene (-nae **F**) **F** d h *v.* et yssene
(ise- **a**) L **a.** *om.* **B.** | craterites h *v. a. S.* | cryſolytum **B.** 4 prae-
durae naturae *cod. Poll. v. a. S.* | crocallis L*v.* -caltiſ **B.** -collis
F d h. proc- **a.** | ceraſ (ce̜- **B**[2]) **BFL***v*(*D*). -ra se **a.** -asum d h *B.*
5 cyitiſ B*S.* cysitis L. cytis *H.* cissites *v.* cypte **F.** qui
a. | circa **BLa***v.* prea **F** d h. | copion **F.** 6 partum **FLa***v*(*S*).
petram d h *H.* lapidem **B.** *cfr. § 163.* | qui — crepitu *om.* **a.** |
crepitu B*S.* stre- d *B.* scre- **F.** si creditur L*v.* 7 chalco-
phonos *cod. Poll. v.* calco- **FL.** -oſonoſ **B.** galcophon **a.** | red-
dat **B.** | chelidonia **a.** 9 ex *ll. S.* et *v.* | alia d h *v. a. G.*
9. 10 purpureae **B** d h *v*(*D*). -rea *r.* -rea et *S ex Isid.* 10 in
alia *ego.* alia in B*S.* alia *D. om. rv.* | purpuram *D cum U* 864.
-ra B*S. om. r v.* | maculis — 11 oculus *om.* **B.** 11 chelonia
d *v.* -onta (ce- h) **F** h. celidonia **a.** -do tua L. | Sed (*pro* est) **B.**
11. 12 portentosisimam **F.** 12 ſunt magorum mendacia
B. | collutam et d h *H Brot.* 13 lingunt **B.** | diuinatione **B.**
scientiam d h *H Brot.* 13 *et* p. 452, 1 promittenteſ **B.** *an* promittunt et?

mittunt xv luna et silente toto die, decrescente vero ante
ortum solis, ceteris diebus a prima in sextam horam. —
Sunt et chelonitides aliarum testudinum super*ficiei* similes, ex quibus ad tempestates sedandas multa vaticinantur,
eam vero, quae ex *i*is aureis guttis aspersa sit, cum scara- 5
baeo deiectam in aquam ferventem tempestates commovere.
156 — Chloritis herbacei coloris est; eam in ventre motacillae avis inveniri dicunt Magi congenitam ei et ferro
includi iubent ad quaedam prodigiosa moris sui. — Choa-
spitis a flumine dicta est, ex viridi fulgoris aurei. — 10
Chrysolampsis in Aethiopia nascitur, pallida alias, sed
noctu ignea. — Chrysopis aurum videtur esse. — Cetio-
nides in Aeolide nunc Atarneo pago, quondam oppido,
nascuntur, multis coloribus tralucentes, alias vitreae, alias

---

§ 156 med.: Isid. XVI 7, 16. — Isid. XVI 15, 4. cfr. Solin.
30, 34. — Isid. XVI 15, 2.

1 xv — 6 commouere *om.* a. | & B*v.* ei F. *om.* L. | tota dh
v. a. S. | crefcente B*S. sed cfr. Damig.* 2 *post* horam *add.*
hanc celidoniam uocant B. *cfr. p. 451, 10. 11.* 3 aliarum B.
om. rv. | superficiei *ego. cfr. VI 91. 109. IX 35.* fuperiori B.
om. rv. (an potius superiori cortici? *cfr. § 204. IX 35. 40.
XI 228).* 5 eam *ll. v*(S). ea dh*G.* | ex iis (if B¹*D*) S. ex
hif B². sit *rv. uncis inclusit J.* | afperfa fit B*S. om. rv.*
6 deiectam *ll. v*(S). -ta *G.* decocta et deiecta dh*H.* | tempe-
statem F. | commouere B*S.* moue F. -eri dh*H.* tueri L*v.*
auerti *G.* 7 cloritis a. calorites *v. a.* B. | esse (*pro* est) a. |
eam B*S. om.* adh. quam *rv.* | in uentre (tientre B) — 8 magi
B*S.* dicunt magi (*C.* -gi et a. -gi eam *v*) inueniri in (L*v.
om. r*) motacillae (*G.* -lla F a. scillae L. scyllae *v*) auis (cauis F)
uentre (-tri F a) *rv.* 8 & ferro B*S.* ferroque *rv.* 10 ex B*S.*
a F a. *om.* L dh*v.* | uiridis dh*v. a. S.* 11 chrysolampsis — 12
ignea *om.* a. | chrysolampsis L *J.* -apfif B. -ampis *v ex Isid.*
(*an recte*?). crysolampsis (dyriso- F) F dh. | pallida aliaf fed
B*S.* -das alia et F. -da die et dh*H.* -di coloris die et (*del. G*)
L*v.* 12 noctu B L*v*(S). in octo F. in nocte dh*H.* | ignea
B F d*H.* -nei L*v.* | chrysopis F dh*H.* -pef B. -phis L*v.* cri-
sopis a. 12. 13 cetionidef B *D cum U 865. cfr. ind. et V 126.*
cepio- L a*v(J).* cepo- dh*H.* cepplo- F. 13 in — pago *om.* a. |
aeolide (-de olim B) *ll. v*(S). -dis *G.* | nunc *ll. v. transpos. ante*
pago *C cum anon. ap.* B(*J*). *del. S.* | atarneo *J cum Bergkio I 33.*
-neun F. -ne *G.* ad dardanum *C.* ad arneon (-eum *v*) L*v.* alar-
nione B. 14 *et* p. 453, 1 alie (*ter*) a.

crystallinae, alias iaspidis, sed et sordidis tantus est nitor,
ut imagines reddant ceu specula.

(57) Daphnean Zoroastres morbis comitialibus de- 157
monstrat. — Diadochos berullo similis est. — Diphyes
duplex, candida ac nigra, mas ac femina, genitale utriusque sexus distinguente linea. — Dionysias, nigra ac dura,
mixtis rubentibus maculis, ex aqua trita saporem vini
facit et ebrietati resistere putatur. — Draconitis sive 158
dracontias e cerebro fit draconum, sed nisi viventibus
absciso capite non gemmescit invidia animalis mori se
sentientis. [igitur dormientibus amputant]. Sotacus, qui
visam eam gemmam sibi apud regem scripsit, bigis vehi
quaerentes tradit et viso dracone spargere somni medicamenta atque ita sopiti praecidere. esse candore tralucido,
nec postea poliri aut artem admittere.

(58) Encardia cognominatur enariste, in nigro colore 159

---

§ 157: Damig. 32. ib. 5. — Isid. XVI 11, 8. Solin. 37, 18.
— § 158: Isid. XVI 4, 7. Solin. 30, 16. 17. — § 159 extr.: Isid.
XVI 10, 11. Damig. 8.

---

1 iaspidis La D. -def r. -deae dh v. | sed et sordidis om. a. |
et om. B. | tanta a. tanium F.   3 daphnean — 4 est om. a. |
dapnean B¹. -am d. daphniam h v. a. S. | zotrapes F. et oroa-
stres L. zoroastres et orchastres v. a. G.   4 berillo B²L.
byr- F. beryllo v. a. J. | diphyes H cum Gesnero. -ya a. diffyef
B. diphres L. -ris v. dipses F d h.   6 sexus om. B S J. | dio-
nysi' a. | et (pro ac) a.   8 draconitif Ba S. -tes v. -ntis F d.
-ntitis L. -tes Isid. H. | siue — 9 e om. a.   9 dracontiaf B in
ind. B e Solino. -tia ll. v (G).   10 abfcifo ll. Brot. -isa dh.
-isso v. cfr. XXIX 99. | capite BS. om. r v. | non Bh S. num
F. numquam L d v. om. a. | animalibus Fa. | an mori ob id
se? cfr. § 82. 52. VIII 109. 134. IX 110.   11 sentient a. |
igitur — amputant om. B. uncos ego posui. cfr. Isid.   12 eam
om. B. hanc Solin.   13 trahit Fa. | draconef pergere B¹. |
fomni BS. -nia Fa. -nifica B. omnia L d h v.   14 sopiti ego.
-tis S e coni. J. cfr. Solin. et Isid. opitif B¹. caput hif B².
sopitis caput D. om. r v. | esse autem v. a. S.   16 encardia —
p. 454, 3 candida om. a. | excardia B. in arcadia Fh. | cogno-
minatur om. B. | enariste ego. et praem. D. enha- L. et ari-
F d h H. fiue ari- B. et cardifce B. e cardiste v. | in ll. S.
in qua cod. Poll. una in qua v. an e? | nigra dh v. a. S. | co-
lore BS. om. r v.

effigie cordis eminente; altera eodem nomine viridi colore cordis speciem, tertia nigrum cor ostendit, reliqua sui parte candida. — Enorchis candida est divisisque fragmentis testium effigiem repraesentat. — Exhebenum Zoroastres speciosam et candidam tradit, qua aurifices 5
160 aurum poliant. — Eryth*allis*, cum sit candida, ad inclinationes rubescere videtur. — Erotylos sive amphicomos sive hieromnemon Democrito laudatur in argumentis divinationum. — Eumeces in Bactris nascitur, silici similis, et capiti supposita visa nocturna oraculi modo reddit. 10
— Eumitren Beli gemmam, sanctissimi deorum sui, Assyrii observant, porracei coloris, superstitionibus gratam.
161 — Eupetalos quattuor colores habet, caeruleum, igneum, minii, mali. — Eureos nucleo olivae similis est, striata concharum modo, non adeo candida. — Eurotias situ 15
videtur operire nigritiam. — Eusebes ex eo lapide est,

---

§ 161 init.: Orph. Lith. 230. κηρ. p.140. — extr.: Isid. XVI 10, 10.

---

1 effigie *S*. -giae **B**. -gies *rv*. (*deest fortasse* albi *vel alius coloris nomen ad* cordis *pertinens*). | eminente **BS**. -net *rv*. | eadem **B**^{1}. 2 speciem *J*. -cie **B***D*. -ciem repraesentat in (*del. v*) *rv*. | fui **BL***v*. sunt **Fdh**. 3 parte L*dv*. arte Fh. *om*. **B**. | eborchis a. | diuisaque d*hv.a.S*. 3. 4 fragmenta dh.
4 exhebonum a. 5 zoroastres d*hv*. zora- **B**. zona- a. et oroa- **L**. torastraes **F**. | trahit a. 6 erythallis *S ex ind*. eryta- **B**^{2}. eruta- **B**^{1}. erysta- **L**. crysta- **F**. crita- a. eristalis *v*.
7 erotylof **B***v*. -thylos **L**. erythilos **F**. enthi- a. | fiue **B***D*. eadem **Fdh**(a?)*G*. -dem quae **L***v*(*S*). | amphicomof **BF***S*. -mes a. -me *G*. mepychores **L**. -picoros *v*. 8 fiue **B***D*. et *rv*. | hieromnemon (*G*. -onne- *v*) **B***v*. ier- **L**. hyrone- a. hisomnemo **F**. | a democrito **L***v.a.S*. | argumentos **F**^{1}. -tum **L**. 9 eumecef **B**^{1}**Lh***G*. -egef **B**^{2}. -ethes **F**. -echis a. -etres d. -ris *v*. | bactre a.
10 et L*av*. sed *r H*. | suppositis a. | oraculo **F**a. | reddit — 12 gratam *om*. a. 11 eumitren *ll.S*. -thren *H*. -metren *v*. | sui *ego*. sibi **FL***v*. ut **B**. oraculis d. -lum h. *del. U 866*.
11. 12 affyri **B**^{1}**h***D*. 12 obferuant **B***D*. appellant *rv*.
13 eupetolof **B**^{2}. eulet- **B**^{1}. | caeleum **B**. 14 minii—eureos *om*. a. | euneos d*H Brot*. | nuculeo **B**^{1}*J*. -lo **B**^{2}. | est **L***v*. *om*. *r*. | ftriata **B**^{1}*B*. ftrata **B**^{2}. stricte (-tae *v*) **L***v*. triatus a. eratus **F**. crea- d. 15 candidae. Curotias a. 16 ex oleo **L**a. *v.a.B*.

quo traditur in Tyro Herculis templo facta sedes, ex qua
pĭi facile surgebant. — Epimelas fit, cum candida gemma
superne nigricat.

(59) Galaxian aliqui galactiten vocant, similem proxime 162
5 dictis, sed intercurrentibus sanguineis aut candidis venis.
— Galactitis ex uno colore lactis est. eandem leucogaeam
et leucographitim appellant et synechitim, in attritu lactis
suco ac sapore notabilem, in educatione nutricibus lactis
fecundam. infantium quoque collo adalligata salivam facere
10 traditur, in ore autem liquescere, eadem memoriam adimere.
mittunt eam Nilus et Achelous amnes. sunt qui smaragdum
albis venis circumligatum galactiten vocent. — Gallaica 163
argyrodamanti similis est, paulo sordidior; inveniuntur
iunctae binae ternaeque. — Gassinnaden Medi mittunt,
15 coloris orobini, veluti floribus sparsam; nascitur et in
Arbelis. haec quoque gemma concipere dicitur et intra 154

---

§ 162: cfr. Diosc. V 149. Solin. 7, 4. Prisc. perieg. 450 sqq.
Isid. XVI 10, 4 (cfr. ib. 4, 20). Damig. 34. Orph. Lith. 192 sqq.
κηρ. p. 139.

---

1 quo **Fh***S*(*D*). quod **a**. qui **B**. quae *J*. ex quo **L***dv*. |
thiro **a**. | facta — 5 uenis *om.* **a**. | factaſ ędeſ **B¹**.   2 pii **B***S*.
ti **Fh**. dii **L***v*. di d. | facileſ **B**. | cum d(?)*H*. cu in **B¹**. cū in
B². cum in *rv*(*S*).   3 nigricat **B**. -cat colos *rv* (*ex Isid.*).
  4 galaxiam **d**h*v*.*a*.*S*.   6 galaticis **F**. -tites **L**. -actites
v.*a*.*H*. | uno **BL**d**h***v*(*S*). uino *r G*. nilo *H*. | eandem **F***S*. ead-
B. eandem dicunt **d**h*v*. eam **a**. quam **L**. | leucogaeam *C*(*H*).
-geam **B**. leugogageam (-uco- *v*) **L***v*. leuceam **F**d**h**. -cam **a***G*.
  7 leucographitim *S*. -afītī **B**. -aphetiam **Fa**. -aphiam *v*.
leugographitiam **L**. | synechitim **B***D*. *cfr. U 868 et Abel ad*
Damig. p.188 et § 192. sinecithim **F**. -etitim **d**h. synephitin **L**.
-ten *v*. synoph- *H*. sinthinem **a**. | in attritu **BF***S*. -ti **h**. ina
trito **a**. tritam *G*. *om.* **L***v*.   8 iactiſ **B**.   9 fecundam **BF**
h*D*. -da *S*. -ditatem **L**d*v*. *om.* **a**. | *dist. U 868.* | quoque *om.* **a**. |
colla **a**.   10 traditur **B***S*. dicitur (-cuntur **F**) *rv*. | eadem —
11 amnes *om.* **a**. | eandem .. adimere dicunt (*om.* **B**) **B²**d**h***v*.*a*.*D*.
  11 mittit *cod.Poll.v.a.S.* | niluſ **B***S*. *om. rv*. | amnis *cod.*
Poll.v.a.S.   12 galliaca **F**. -llaicos (-co **a**) **L**a*v*.*a*.*H*.   13
argiro adamanti **a**. | est *om.* **a**. | inueniuntur — 15 sparsam *om.* **a**.
  14 iunctae **B***S*. autem **L***v*. *om.* **F**d**h**. | uel ternae *v*.*a*.*S*. |
gaſſinnaden **B***S*. gessina- **F**d. gasydanen **L**. -sidanem *v*.
16 arbilis. hunc **a**.

◢

se partum fateri concussa, concipere autem trimenstri
164 spatio. — Glossopetra, linguae similis humanae, in terra
non nasci dicitur, sed deficiente luna caelo decidere, seleno-
mantiae necessaria. quod ne credamus, promissi quoque
vanitas facit; ventos enim ea comprimi narrant. — Gor- 5
gonia nihil aliud est quam curalium. nominis causa, quod
in duritiam lapidis mutatur emollitum in mari. hanc fulminibus et typhoni resistere adfirmant. — Goniaeam eadem
vanitate inimicorum poenas efficere promittunt.

165　　(60) Heliotropium nascitur in Aethiopia, Africa, Cypro, 10
porraceo colore, sanguineis venis distincta. causa nominis,
quoniam deiecta in vas aquae, fulgore solis accidente, repercussu sanguineo mutat *eum*, maxime Aethiopica. eadem
extra aquam speculi modo solem accipit deprenditque defectus, subeuntem lunam ostendens. Magorum inpudentiae 15

---

§ 164: Isid. XVI 15, 17. Solin. 37, 19. — Isid. XVI 15, 25.
8, 1. Metrodorus ap. Solin. 2, 43. Orph. Lith. 540 sqq. 597 sqq.
κηρ. p. 149. Damig. 7. — § 165: Solin. 27, 36. 37. Prisc. perieg.

---

1 concussa *om.* La. | concipere autem FLdhv. -pere *r.*
del. U 869. an conceptum? 1. 2 trimenstri spatio *om.* a.
2. 3 non in terra dh*H Brot.* 3 nasci dicitur Fdh*H.*
naſcitur *rv.* | deo dere a. 3. 4 felenomantiae B*S.* -teeae F.
fet lenomante a¹. et (fet a) lenocinante (-ti *v*) La²*v.* solo
memoriaeque h. memoriae quoque d*H.* 4 necessaria cre-
ditur *v.a.H.* | credamur F. -deremuſ B*SJ.* | quoque *om.* a.
5 fecit B*SJ.* 6 curalium *S e coni. J.* -litiū B. corallium
L d*v.* -lium a. -llum h. *cfr. § 153. XXXII 21. 22.* | nam
nominis La. 7 emollitum in B*S.* -llit La*v.* mollit Fdh. |
mari B*S.* -ia B. -ina *rv.* | hanc B*S.* hoc a. oc F. hoc et
d h. *om.* L*v.* 7. 8 fulminibus (-men- F) et typhoni (L*v.*
typoni a. phitoni F. tonitrib; dh) FL**a**dh*v*(D). *cfr. Solin.*
faſcinationib. B*S coll. XXXII 23.* 8 goniaeam — 9 pro-
mittunt *om.* a. | goniaeam F*H ex ind.* -iteam B. genianam L.
-anen *v.* 11 porraceo colore B*S.* -cei coloris *rv.* | causa
nominis *om.* a. causa L. 12 deiecta—aquae *om.* a. | fulgore
dh*S.* -ref B². -riſ B¹. -rem *rv*(J). | accidente B**a**S. -tem J.
accedentem L*v.* accendente d. -tem F. -dit h*H.* 12. 13
repercuſſu B*H.* perc- *rv.* 13 mutat eū *ego.* -tatur B. -tat
L*v*(S). *om. r H.* | maxime *om.* F. -me — 14 aquam *om.* a.
14 aquam L*v.* quam *r.* 15 subeunte luna a. | magi a. |
pudentia F. impu- a.

vel manifestissimum in hac quoque exemplum est, quoniam
admixta herba heliotropio, quibusdam additis precationibus,
gerentem conspici negent. — Hephaestitis quoque speculi 166
naturam habet in reddendis imaginibus, quamquam rutila.
5 experimentum est, si statim addita fervens aqua refrigerata
sit aut si in sole adposita aridam materiam statim accen-
dat. nascitur in Coryco. — Hermu aedoeon ex argumento
virilitatis in candida gemma vel nigra, aliquando et pallida,
ambiente circulo coloris aurei appellatur. — Hexeconta- 167
10 lithos, in parva magnitudine multicolor [hoc sibi nomen
adoptavit], reperitur in Trogodytice. — Hieracitis alternat
tota miluinis nigrisque veluti plumis. — Hammitis ovis
piscium similis est, et alia velut e nitro composita, praedura alioqui. — Hammonis cornu inter sacratissimas
15 Aethiopiae, aureo colore arietini cornus effigiem reddens,

---

254 sqq. Isid. XVI 7, 12. Damig. 2. — § 166: Isid. XVI 15, 15.
Damig. 15. — § 167: Isid. XVI 12, 5. Solin. 31, 3. — Isid. XVI
15, 19. 4, 29. — Solin. 27, 46.

---

1 in hac *ll.S.* in hoc **a.** hoc **dh***v.*   2 quibusdam quo-
que *dv.a.S.* | precationibus **FLa***v(S)*. *om.* **B.** praecantat- **dh***H.*
3 negat **a.** | hephaestitis *H ex Isid.* -tes **dh***B.* hEfa&itiſ
(Ef- **B¹**) **B.** hepesthi- **F.** hepisti- **L***v.* hepesti- **a².** pesti- **a¹.**
4 quamquam rutila *om.* **a.** | rutilas **dh.** -lans *HBrot.*
5 ſtatim — aqua **B***J.* feruenṭem (-te **Fa**) aquam (aqua **Fa**)
statim addita (-idita **F.** addita statim *dv*) *rdv.*   5. 6 re-
frigerata ſit **B***J.* -geret *rdv.*   6 adposita — statim *om.* **a.** |
adpoſita aridam **B***S.* adsita (addita **dh***v*) aridam **Fdh***v.* ad
inserendum **L.** | ſtatim **B***S.* *om.rv.*   7 ſcoryco **B.** corico **a.** |
hermu aedoeon *S e coni. J.* hermuaedoen **B.** -ueodeoen **F.**
-uredocon **L.** -dion *Brot.* hermeodes **dh.** -modocos *v.* hormi-
nodes *B.* *om.***a.**   8 uiriditatis **Ladh***v.a.S.* | aliquando et *ego.*
-do uel **B***S.* -do **adh.** et aliquando *rv.*   9 appellatur *om.***B.**
exeon app- **a.**   9. 10 hexencontalithoſ **B.** hexecontra- **F.** *om.***a.**
10 hoc — 11 adoptauit **FLadh***v ex Isid.* *om.* **B.** *uncos ego
posui.*   11 trogodytice **Fha***S.* -cae **B.** -ditica regione **L***v.*
cfr. § 149. | hieraticis **Fa.** -acites **L***v.a.H.*   12 tota *om.* **ad**
HBrot. | miluinis *om.* **a.** | nigrinis **a.** -ricans **L***v.a.H.* | ueluti
om. **a.** | hamnitis **a.** hym- **L***v.a.B.*   13 e **BF***S.* *om.rv.*
14 cornui **F.** -num **B¹.**   15 aethiopiae gemmas **dh***v.a.J.* |
cornu **B².**

168 promittitur praedivina somnia repraesentare. — Hor-
miscion inter gratissimas aspicitur ex igneo colore radians
auro [portante secum in extremitatibus candidam lucem].
— Hyaeniae, ex oculis hyaenae *lapides*, ... inveniri
dicuntur et, si credimus, linguae hominis subditi futura ₅
169 praecinere. — Haematitis in Aethiopia quidem principalis est, sed et in Arabia et in Africa invenitur, sanguineo colore, non omitten*dis* promissis ad coarguendas
Magorum insidias. Zachalias Babylonius in *i*is libris,
quos scripsit ad regem Mithridatem, gemmis humana fata ₁₀
adtribuens hanc, non contentus oculorum et iocineris
medicina decorasse, a rege etiam aliquid petituris dedit,
eandem litibus iudiciisque interposuit, in proeliis etiam
exangui salutar*em* pronuntiavit. est et alia eiusdem generis,

---

§ 168: Isid. XVI 14, 11. — ibid. 15, 25. Solin. 27, 25. —
§ 169: cfr. Diosc. V 143. Plin. XXXVI 144. 146. Th. lap. 37.
Isid. XVI 8, 5. Orph. Lith. 662 sqq. κηρ. p. 152. Damig. 9. —
Th. lap. 37.

---

1 perdiuina fomnia **B²**. praediuinans omnia **L a d h** *v. a. B.*
1.ᐧ 2 hormiscion — 3 auro *om.* **F d h.** | hermifcion **B².** hor-
mesion (-mision *Brot.*) *v. a. S.*   2 integratiffimaf (-ma **B²**) **B.**
3 portante — lucem **L a** *v ex Isid. om.* **B F d h.** *uncos ego
posui.*   4 hyaeniae — 6 praecinere *om.* **a.** | hymeniae **B.** | ex
oculis hyaenae *om.* **L** *v. a. B.* | lapides *ego e Solino et Isid.* tha-
bidae **F.** tabido **L** *v.* et ob id **d h** *B. om.* **B D.** | *lac. ego indi-
cavi.* in uase **F L** *v.* inuasae **d h** *H. om.* **B D.** *latet in his loci
aut occasionis inveniendi significatio.*   5 fubditi **B F.** -tae
L(d h?) *v.* | futurae **B.**   6 praedicere *v. a. H.* | haematitis **L S.**
-tites (-thites **F**) *r v.* | aethiopiae **B¹.**   7 est *om.* **a d h** *v. a. S.*
8 omittendis *D cum vet. Dal.* -da **B F d h a** *B.* admittenda
L *v. cfr. XVII 72. XVI 170. XV 117. XXXVI 106.*
9 magorum **B D.** *cfr. XXVIII 105.* barbarorum (-bororum **F**)
r v. | zachalias *d B.* -lia **h.** zactalias **a.** -alla **B.** -cthalias **L** *v.*
-lia **F.** | iis *ego.* his *ll. v.*   10. 11 attribuens facta **a h.** ᐧ -buit
fata (fta **d**) **d** *v. a. S.*   11 hanc **B d h** *H.* hac **F a.** has **L** *v.* |
iocinerum **d** *h v. a. S.*   12 patitur his **a.** patiuntur has **L.**
13 eandem **B S.** et **d.** *om. r.* | iudicifque **B D.** | in — p. 459, 2
candicantes *om.* **a.** | praeliif **B.**   14 exangui **B.** ex ea ungui
(-gi **d h** *H*) **F d h S.** eas **L** *v.* saltem ex oleo (*vel* uino) ea ungui:
cfr. infra appendix ad XXXII 106. (*an* exanguibus?). | salu-
tarē *ego.* -re *ll. H.* -res *v.* | Eft italia **B¹.**

quae vocatur menui, ab aliis xuthos. ita appellant Graeci
e fulvo candicantes.

(61) Idaei dactyli in Creta ferreo colore pollicem 170
humanum exprimunt. — Icterias cuti mali luridae similis
5 et ideo salubris existimata contra regios morbos. est et
alia eodem nomine lividior, tertia folio similis, prioribus
latior et paene sine pondere, venis luridis, quartum genus
in eodem colore nigriore luridis venis discurrentibus. —
Iovis gemma candida est, non ponderosa, tenera. hanc
10 et drosolithon appellant. — Indicae gentium suarum habent
nomen, subrufo colore, sed in attritu purpureo sudore
manant. alia eodem nomine candida, pulvereo aspectu. —
Ion apud Indos violacea est; rarum ut saturo colore luceat.

(62) Lepidotis squamas piscium variis coloribus imi- 171
15 tatur, Lesbias glaebas, patriae habens nomen; invenitur

---

§ 170 init.: Isid. XVI 15, 12. Solin. 11, 14. — med.: Isid.
XVI 12, 2 (?). — § 171 init.: (cfr. Orph. Lith. 287. 291).

---

1 qua B. | menui—xuthos *om.* B. | menui dh*H.* meniu F.
cfr. ind. heniu L. -nui *v.* | ab aliis (alis **F***D.* alios L) **FL**
cod.Poll.D. ab indis dh*v.* | xuthos d*D. cfr. § 128.* authos F.
auchos h. xithos L. xanthos *v e Theophr.* | ita appellant **B***J.*
appellata ita **FL.** -ta a dh*S.* -ta *v* (*D*). | graeci *ego.* greci
uocant **FL.** graecis dh*v. om.* **B***JD.* 2 effuluo F. in fu- B. |
candicantef B. -cans dh(**FL**?)*v. dist. ego.* 3 idacis (*om.*
dactyli) a. 4 icterias—5 morbos *om.* a. | ictriaf B. -teria F.
-rius dh. | cuti mali *ego.* cuti B*S.* mali cute Fdh*B.* aliti *G.*
om. L*v.* | luridae B*S.* -do *rv.* 5 & B*S. om. rv. cfr. XXIII
19.* | falubrif exiftimata B*S.* existimatur salubris *rv.* 6 li-
quidior L a*v.a.S.* | folio B*S.* -io uiridi *rv*(*D*). 6. 7 latior
prioribus a dh*v.a.S.* 8 nigriore luridif B*S.* nigris *rv.* |
difcurrentibuf Bdh*H.* discendent- F. desc- *rv.* 9 hanc
(hunc B¹)—10 appellant B*S. om. rv.* 10 indicae B. -ce **F**a.
-ca L*v. cfr. § 179* Ponticarum. | habent B. -bet *rv.* 11 sub-
rubeo L a. | fed B*S. om. rv.* | sudorem purpureum dh*v.a.S.*
12 manant B. -neat F. -nat dh*H*(*J*). -nans *S.* emanat
L*v.* | purpureo afpectu B. 13 ion—luceat *om.* a. | sed raro
v.a.S. | ut *om. v.a.Brot. cfr. § 120.* | fatyro B. raturo F.
alio d. | lucet *v.a.Brot.* 14 lepidotis *H.* -tef B L h*v.* -idos a.
lepedotis d. -tes F. | quam aspiciat F dh. | uarif B¹. 15 laef-
bia B. lesbia *J.* | glaebas (gle- a) *ll.D.* -ba *J.* lesbi dh(?)*v.* |
nomen habens dh*v.a.S.* habens a. *cfr. § 170. 175. 186.*

tamen et in India. — Leucophthalmos, rutila alias, oculi
speciem candidam nigramque continet. — Leucopoecilos
candorem minii guttis ex auro distinguit. — Libanochrus
172 turis similitudinem ostendit et mellis sucum. — Limoniatis eadem videtur quae smaragdos. — .De liparea hoc 5
tantum traditur, suffita ea omnes bestias evocari. —
Lysimachos, Rhodio marmori similis auratis venis, politur
ex maiore amplitudine in angustias, ut inutilia exterantur.
— Leucochrysos fit e chrysolitho interalbicante.

173   (63) Memnonia qualis sit, non traditur. — Media 10
nigra est, ab Media illa fabulosa inventa; habet venas
aurei coloris, sudorem reddit croci, saporem vini. —
Meconitis papavera exprimit. — Mithrax e Persis venit
et Rubri maris montibus, multicolor ac contra solem varie
refulgens. — Morochthos, colore porracea, lacte sudat. — 15

---

§ 172: Isid. XVI 15, 22.   Orph. Lith. 692. κηρ. p. 152. —
cfr. supra § 128. — § 173: Damig. 4. — Isid. XVI 11, 4.
Damig. 21. (cfr. Marc. 7, 4. 8, 107. 36, 59). — Isid. XVI 15, 20.

---

1 tamen B*S*. *om. rv.* | leuco obthalmoſ B. | oculiſ BF.
2 leucopetiles d. -talos *v.a.H.*   3 minii (-ni B¹) guttiſ B*S*.
niueis a. lineis Fdh*H*. niuis L*v*. niuis guttis *D*. | distingui
a. | libanochrus — 4 sucum *om.* a. | libanochrus *H*. -cruſ B.
-chros F*v*. -cros d. labanochros L.   4 & BL*S*. sed Fdh*G*.
sed ad *v*.   4. 5 limoniatis dh*H*. -teſ (lym- B) BL*v*. -acis a.
5 quae B*v*. et *r*. | de liparea BL*S*. -are *v*. de litarea a.
dilectarae F.   6 traditui F. | suffitea a. | uocari Fd.
7 aureis a(*praem.* est)*v.a.S*.   8 maiore B*S*. marmore *rv*. |
amplitudine — exterantur *om.* a. | ut BFh*S*. coeunte L(d?)*v*. |
exferantur B.   9 fit e *ll.S*. fit h*v*. ſicut *H*. | chryſolitho
B*v*(*S*). crisolito L. obrisolicon F. christallo a. crystallus d*H*. |
interalbicante B*v*. intra abdicante a. ter albicantem F. albicans d. -cat *H*. inter L.   10 medea dh*v.a.S*.   11 ab BL*S*.
a F*av*. | media B¹F*S*. -dea *rv*. | fabulose dh*HBrot*.   12 ſa-
porem B*S*. -rem (-re Fa) autem (uero L) *rv*.   13 meconitis
— exprimit *om.* a. | meconitis L*S*. -tes *v*. -niſ B. -nitetis Fdh. |
mitrax d*v.a.H*. -tra a. -thridax *coni. B e Solino et Isid.* | e
persis *S*. e peſiſ B¹. epheſiiſ B². a persis L*v*. persis *r*. | uenit
B*S*. est accepta *rv*. acc- est *v*.   14 ac B*S*. a F. et *r*.
om. dh*v*.   15 morochthos *S cum B e Diosc.* -cthos F. -othoſ
B. -ochites dh*H*. merochthes L. -ctes *v. in* a *lac. usque ad
galatia* (*p. 461, 4*). | colore B*S*. *om. rv*.

Mormorion ab India nigerrimo colore tralucet, vocatur et
promnion, cum in ea miscetur et carbunculi color, Alexandrion, ubi vero sardae, Cyprium. nascitur et in Tyro et
in Galatia; Xenocrates et sub Alpibus nasci tradit. hae
5 sunt gemmae, quae ad ectypas sculpturas aptantur. —
Myrrhitis murrae colorem habet faciemque minime gem-174
mae, odorem unguenti, attrita etiam nardi. — Myrmecias
nigra habet eminentia similia verrucis, myrsinitis melleum
colorem, odorem myrti. — Mesoleucos fit mediam gem-
10 mam candido distinguente limbo, mesomelas nigra vena
quemlibet colorem secante per medium.

(64) Nasamonitis sanguinea est nigris venis. — Ne-175
britis, Libero patri sacra, nomen traxit a nebridum simili-

Solin. 37, 22. — Isid. XVI 12, 2. 4, 21. Solin. 37, 12. — Diosc.
V 151. — § 174: Isid. XVI 7, 14. Solin. 37, 10. Prisc. perieg.
984. — extr.: Isid. XVI 11, 6. — § 175: Solin. 27, 43. Orph.
Lith. 748. κηρ. p. 152. 153.

---

1 mormorion B*S*. morio in Fdh*H*. -ryon L. -rion *v*. |
ab B*S*. *om. rv*. | India (*H*. -ica L*v*) quae (que F) FLdh*v.a.S*. |
an tralucens?   2 promnion FL*v*(*S*). *cfr. index*. -iom B.
pramnion *B*. | cum in ea B*S*. in qua *rv*. | color F*S*. -los Lh*v*.
cor B.   2. 3 alexandrion B*D*. -ium *r*. -inum dh*v*.   3 ubi
uero *D cum U 871*. uero ubi B. ubi *rv*. *sed seqq. fortasse
lacunosa*. | fardeae B. -de F.   4 zenocrates F. neno- B. |
heae B. hec a. ae F.   5 quae *om*. B. | fcvlpturaſ B²L. |
6 myrrhitis *J. cfr. Solin. et Isid*. -tes h*C*. myritis F L *v*.
mir- B a. mur- d. murr- *S*. | faciemque BL*av*(*S*). -iem F.
-ie dh*H*. | minime B¹La*S*. -mę B²F*v*. -ma dh*H*.   6. 7
gemma dh*HBrot*.   7 unguenti *om. HBrot*. | attritam a dh. |
Mechia a.   8 nigra La d*v*. -ro F. *om*. Bh. | habet *om*. a. ab
B. | eminentia (hem- a) BFa. -ias L(dh?)*v*. | similia *ego*. -lis
ll.S. -les *v*. | myrſiniteſ Bh*v.a.S*. *in* a *lac. usque ad* medium
(*v. 11*).   9 colorem habet *cod.Poll.v.a.S*. | myrti (d?)*C*. myrre
L(*v*). mirre h. murrae BF. | fit *ego. cfr. § 161. 180. 182*.
in B. eſt *rv*.   9. 10 mediam gemmam L *v*. *cfr. § 149.
184 extr*. -ias gemmas Fh*D*. -ia (-ie d) gemma B d.   10
candido B*S*. -da d*v*. -das F h. *om*. L. | limbo B*S*. libro F.
liro h. nigro L. linea d*v*.   11 medias Fh.   12 est *om*. B.
     13 a *om*. B. a — p. 462, 9 traditur *om*. a. | nebridum B*S*.
-ium eius FL. -ide eius dh. idum eius *v*.

tudine; alia e nigro generis eiusdem. — Nipparene urbis
et gentis Persicae habet nomen, similis hippopotami
dentibus.

176   (65) Oica barbari nominis e nigro et fulvo viridique
et candido placet. — Ombria, quam alii notiam vocant, 5
sicut et ceraunia et brontea, cadere cum imbribus et
185. fulminibus dicitur eundemque effectum habere; praeterea
150
hac in aras addita libamenta non amburi. — Onocardia
cocco similis est, neque aliud de ea traditur. — Oritis
globosa specie a quibusdam et sideritis vocatur, ignes non 10
177 sentiens. — Ostracias sive ostracitis est testacea, durior
ceramit*ide*, acha*t*ae similis, nisi quod illa politura pingue-
scit. huic tanta duritia inest, ut fragmentis eius aliae
gemmae scalpantur. — Ostritidi ostrea a similitudine

---

§ 176: Isid. XVI 12, 1. — extr.: Orph. Lith. 362. (457).
κηρ. p. 145 sqq. Damig. 16. — § 177: cfr. Plin. supra § 151.

---

1 alia e *ego*. alba e *D*. -b͜e **B**. et aliae **F**. et alie **L**.
et alia d**h**. alia est *J*. est et alia *S*. sunt et aliae *v*. | nigro
BF*D*. -re **L**. -ra d**h***S*. -rae *v*. | generis eiusdem *post* nippa-
rene *ponunt* **B** *D*. | nipparene **B** *S*. -nae **F**. -na d**h**. nympha-
rena **L** *v*.   1. 2 urbi**f** & **BF**d**h** *v*. ex uris **L**.   2 nomen habet **F**
L *v*. | ippodate **L**. hippodactae *v.a.***B**.   3 dentibus *om.* **L** *v.a.***B**.
    4 oica **B** *S*. olca **F**d**h** *H*. olea **L**. orca *v*. | e nigro est **F**.
est et e nigro **L**. | fuluoque d**h** *v.a.S*. | uiridique *ll.S*.   ac
uiridi *v*. *om.* d**h** *H*.   5 alii *S*. ali **B** *D*. aliqui *r v*. | nothiam
L. noticiam **F**.   6 **f**icut & **B** *S*. sicut *r v*.   7 deicitur **B**.
dicuntur **F** **h**. | habere **B** *S*. -bere quem brontia (rontea **F**.
broniena **L**) narratur *r v*. cfr. § *150*.   8 hac **B** *S*. *om. r v*. |
addita **B** *S*. -ta hac (ea *H*) **F**d**h** *H*. -ta ea traditur **L** *v*. | liba-
menta non amburi *om.* **L**. | onocardia — 9 traditur **B** *S*. *om. r v*.
    10 uocetur **a**. | igne**f** **B a** *S*. -em *r v*. · 11 e**f**t *om.* **B**.
12 ceramitide *S coll.* § *152*. -mite **B**. aliter **L**. altera **F**d**h** *v*.
om. **a**. | achatae *v*. -te **BF a**. -ti **L** d**h**. | illa **B** *S*. achates *r v*. |
politur **B**¹. *praem.* cū **B³** *SJ*.   13 huic **B** *S*. *om. r v*. | tanta
duritia ine**f**t **B** *S*. duriori tanta (-taque **L** *v.a.***B**) inest (est **a**)
uis (*om.* **a**) *r v*. | fragmenti**f** eiu**f** **B** *S*. *om. et post* scalpantur
ponunt r v. | alia **L**.   14 gemma **L**. *om.* **B**. | **f**capantur **B**¹.
fculp- **B²**. scalpatur **L**. · | ostritidi *S cum man. Dal.* -riti **B**.
-rititidi (-rici- **a**) d**a**. -racitidi **F** **h** *H*. -citi *C*. -cidi **L** *v*. | ostree **L**.
    14 *et* p. 463, 1 a **f**imilitudine nomen **B** *S*. nomen et (*om.* **L a**)
similitudinem (-ne **L a**) *r v*.

nomen dedere. — Ophicardelon barbari vocant, nigrum
colorem binis lineis albis includentibus. — De opsiano
lapide diximus priore libro. inveniuntur et gemmae 36, 198 sqq.
eodem nomine ac colore non solum in Aethiopia Indiaque,
5 sed etiam in Samnio et, ut aliqui putant, in Hispania
litoribus eius oceani.

(66) Panchrus fere ex omnibus coloribus constat. — 178
Pangonus non longior digito, ne crystallus videatur, numero
plurium angulorum facit. — Paneros qualis sit, a Metro-
10 doro non dicitur, sed carmen Timaridis reginae in eam,
dicatum Veneri, non inelegans ponit, ex quo intellegitur
adiutam fecunditatem. hanc quidam paneraston vocant. —
Ponticarum plura sunt genera: est stellata nunc sangui- 179
neis, nunc auratis guttis, quae inter sacras habetur. alia
15 pro stellis eiusdem coloris lineas habet, alia montium
convalliumque effigies. — Phloginos, quam et chrysitim
vocant, ochrae Atticae adsimulata, invenitur iu Aegypto. —

XXXVI 189. Isid. XVI 15, 16. — Orph. Lith. 344. κηρ. p. 145.
— Isid. XVI 16, 5. — § 178 init.: Isid. XVI 12, 1. Damig. 37.
— § 179 init.: Isid. XVI 12, 4. Solin. 13, 3.

---

1 ophicardelon (ofi- B. opphi- F) — 2 includentibus om.
L¹a. | nigro B.   2 colore d (an recte?). | obsidiano dhv.a.S.
opriano a.   3 priore BFD. super- dhv. primo r. | et alie
gemme a.   4 ad a.   5 samnia a. samo dhv.a.G. | & ut
BS. ut rv. om. dh. | in — 6 eiuf BS. et in (om. La) litoribus
hispaniensis rv.   7 panghruf B¹. -nchrum L. -crum a. -chros
v.a.G.   8 pangonus ll.S. -nius B. panconus v. | non om.
La. | nec F..   9 facit BS. cauet rH(D). -etur v.   10 eam
BS. eadem rv.   11 ueneri dhv. -nire F. -nere a. inueniri L.
om. B.   12 adiutam BFJ. ad uitam (mtam d) dh. additam a.
-itam (-ictam Verc.) ei Lv(G). | hanc — uocant om. B. sed cfr.
ind. | hanc quidam LJ. quidam hanc dhv. quidam F. om. a. |
paneraston S ex ind. paneba- FLa dh. panseba- cod. Poll. v.
    13 et L(a?).   14 aratis a(?).   atris Lv.a.H. | quae
om. a.   15 ftelif B. | lineas om. La. | alimentium B.   16
phloginos dhG. ptho- B. plo- F. phylogenes L. philoginos·
(cod. Poll.)v. in a lac. usque uocant (v. 17). | quem dhv.a.S. |
chrysitim cod. Poll. S. -tin v.a.B. -ten dhv. -ftim B. cry-
sitim (cryss- F) r.   17 ochrae BhH. hocre F. ocree a.
ostreae Lv.

180 Phoenicitis ex balani similitudine appellatur, phycitis algae.
— Perileucos fit ab oris gemmae ad radicem usque albo
descendente. — Paeani̇tides, quas quidam gaeanidas vocant,
praegnantes fieri et parere dicuntur mederique parturientibus. natalis ii̇s in Macedonia iuxta monimentum Tiresiae,   5
species aquae glaciatae.

181   (67) Solis gemma candida est, ad speciem sideris
in orbem fulgentis spargens radios. — Sagdam Chaldaei
vocant et adhaerentem, ut ferunt, navibus inveniunt, pra-
sini coloris. — Samothraca insula dat sui nominis, nigram   10
ac sine pondere, similem ligno. — Sauritim in ventre
viridis lacertae harundine dissecto inveniri tradunt. —
Sarcitis bubulas carnes repraesentat. — Selenitis ex candido tralucet melleo fulgore imaginem lunae continens,
redditque ea in dies singulos crescentis minuentisque   15

---

§ 180: Damig. 42. cfr. Plin. infra § 189. — Solin. 9, 22.
Prisc. perieg. 439 sqq. — § 181: Isid. XVI 10, 6. Solin. 37, 20.
Prisc. perieg. 988. cfr. Orph. Lith. 292 sqq. κηρ. p. 143. — Isid.
XVI 7, 13. Solin. 37, 8. — extr.: Diosc. V 158. Isid. XVI 4, 6.
10, 7. Solin. 37, 21. Prisc. perieg. 989. August. civ. dei XXI

---

1 phygitiſ B. phicytis F. ficiti a. phycites v.a.H. | algae
Bh B. aloae (-oe d) F d. saliue a. oliue L. -uae v.   2 fit ab
BLv(H). ficat Fa. filo ab B. | oris a S. toriſ B. uris F. ore
Lv. ora H. | albo BS. ad candido F. cand- rv.   3 paeani-
tides S e coni. J ex ind. -anideſ B. -antides dhv. peantides
FL. -dis a. | gaeanidas S. gean- (-dam a) ll. gemonidas B.
grauidas v.   4 praegnaſ B¹. | carere a.   5 natalis ll.D.
-les v(S). -le a (ut IV 25). nam tales dh B. | iis S. iſ B¹D.
hiſ B². us F. om. rv. | et iuxta coni. J¹ coll. Pausan. IX 33, 1. |
tiresiae inueniuntur dhv.a.S.   6 glacitę B¹.   7 est et dh
v.a.S.   8 fulgentiſ ſpargenſ BS. -tes (-te a. -tem F) spargit
rv. | ſacdā B. sagad- d Solin. sadagam a.   9 uocant & BJ.
om. rv. | adhaerentem ut ferunt BJ. -rescentem rv. | habent.
inuenitur dv.a.G.   10 ſamothraca BS. -acheam a. -aceam r.
-acia dhv. | dat om. dhv.a.S. | ſui BS. eiusdem rv. | nominis
gemmam dat dhv.a.S. | nigra a.   11 ac — 12 dissecto om. a. |
sauriten v.a.H.   12 lacerti dhv.a.S. | harundinem B¹. | diſ-
ſecto BS. -ta dh. -ti G. difecto F. desecto L. -ti v. add.
iteratione uentre B.   13 praesentat FLv.a.H. | selenites
v.a.H.   14 contines F. -net L a.   15 eam dhv.a.S. |
crescentis — p. 465, 1 arabia om. a.

sideris speciem, si verum est. nasci putatur in Arabia.
— Sideritis ferro similis est; male*f*icio inlata aliquis 182
discordiam facit. nascitur in Aethiopia. sideropoecilos ex
ea fit variantibus guttis. — Spongitis nomen suum re-
5 praesentat. — Synodontitis e cerebro piscium est, qui
synodontes vocantur. — Syrti*t*ides in litore Syrtium, iam
quidem et Lucaniae, inveniuntur, e melleo colore croco
refulgentes, intus autem stellas continent languidas. —
Syringitis stipulae internodio similis perpetua fistula
10 cavatur.

(68) Trichrus ex Africa venit, nigra, sed tres sucos 183
reddit, ab radice nigrum, medio sanguineum, summo
ochrum. — Thelyrrhizos, cinerei coloris aut rufi, candidis

5, 1. Damig. 36. — § 182: Isid. XVI 15, 11. Solin. 37, 23. —
(cfr. Plin. supra § 93). Isid. XVI 14, 10. Solin. 2, 43. Damig.
22. (40). — § 183: Isid. XVI 11, 7. Damig. 39 (?).

---

1 fideriſ **B** *S.* numeris **F d h** *H.* -ro **L** *v.* | ſpeciem — eſt
B *S. om. r v.*   2 ferri **a.** | eſt **B** *J.* eti **F d h.** et **L** *v. om.* **a** *G.* |
maleficio — 4 fit *om.* **B.** *sed cfr. index.* | maleficio *ego.* amleti-
gio **F.** amlit- **d h.** alt- **a.** lit- **L** *v.* maleficiis *Isid.* -cus *Solin.* |
inlata **L** *v.* interlata *r.* | aliquis (= aliquibus) **F.** *om. r v. cfr.*
XXXVI 131. XXXIII 84. XXXII 44. 51. 133. XXVIII 142.
XXVI 153. XVI 239. X 32. quoquo *Solin.* quoque modo
Isid.   3 discordiam **F L** *D. cfr.* § *142.* -ias **d h** *Solin. Isid. v.*
om. **a.** | facit **F d h** *cod. Poll. om.* **a.** facit quaeque **L** *v.* | *dist. ego.* |
siderofecilos **a.**   4 eo **L.** | nomen ſuum **B** *S.* nomen **F L a h.**
spongiae nomen **d** (?) *v.*   5 ſunodontitiſ **B.** sinondotytis **F.**
synoditis **a.**   6 syrtitides *S e coni. J.* -titiſ **B a.** -tides **F d h** *H.*
-tites **L.** -titae *v.*   7 lucaniae *S e coni. J.* luyc- **B.** in luca-
nia (*add.* est **F**) *r v.* | e *om.* **a** *d h v. a. G.* | mellei **a.** | croco re
om. **B.**   8 continet **a.** | languidas — 9 internodio *om.* **a.**
9 stipul ac internido **F.** -ulam retinente nodo **L.** | perparua
L (**a** ?).   10 clauata **B.**   11 uenit **B** *J. om. r v.* | nigra **B** *J.*
-gra (-ger **h** *v*) est *r G.*   12 ab (a **h** *v. a. S*) radice (-cae **F.**
randice **B**[1]) **B F d h** *v.* ad radicem *r.* | nitrum **d h** *H Brot.* | media **a.** |
sanguineum **B F h** *v* (*D*). -ea **a.** -em **L** (?) **d** *H.* | summo — p. 466, 1
spectatur *om.* **a.**   13 ochrum **B** *D cum U 871.* -ram **d h** *H.*
hocrae **F.** ocreae *Isid.* candidum **L** *v.* *an* ochreum? | thelyr-
rhizos — p. 468, 10 haec et lig[ni] *om.* **B** (*uno folio archetypi*
perdito aut omisso). | telirrhizos *cod. Poll. v. a. S.* (theluriza **B**
in ind.). | rubei **L.**

radicibus spectatur. — Thelycardios colore . . . . . cordis
Persas, apud quos gignitur, magnopere delectat; mucul
*e*am appellant. — Thracia trium generum est, livida aut
184 pallidior, in tertio guttis sanguineis. — Tephritis lunae
novae speciem habet curvatae in cornua, quamvis in 5
colore cineris. — Tecolithos oleae nucleus videtur, neque
est ei gemmae honos, sed lingentium calculos frangit
pellitque.

(69) Veneris crines nigerrimi nitoris continent in se
speciem rufi crinis. — Veientana Italica gemma est, Veis 10
reperta, nigram materiam distinguente limite albo.
185   (70) Zathenen in Media nasci Democritus tradit
electri colore et, si quis terat in vino palmeo et croco,
cerae modo lentescere odore magnae suavitatis. — *Zami-*

---

§ 184: Diosc. V 154. Solin. 37, 12. Prisc. perieg. 982. (cfr.
Plin. XXXVI 143). — Isid. XVI 11, 6. 5. Solin. 37, 20. 2, 44. —
§ 185 med.: Isid. XVI 15, 14. Solin. 37, 7. Orph. Lith. 263.

---

1 thelycardios °(F L?)*S cum B in ind.* telycardis **a.** teli-
cardios **dh***v.* | *lac. ego indicavi.* | cordis **Fdh***v.* candidis **a.**
-do **L** *J.* candido et specie cordis *coni. J. cfr. § 159.*
2 persas **Ld***v.* -sae **h.** -se **Fa.** | magnifice **dh**cod.*Poll.J.*
2. 3 mucul eam *D. cfr. ind.* -lamque *C cum B.* -la quam **L***v.*
macula **Fd a.** -clam **h.** -culamque *Ven.(G).* muchulam *H.*
mulc *S cum B in ind.* mulc eam *J.*   3 trachia **a.** tragia **d.** |
liuida *ego.* ligdini **L a**cod.*Poll.* uiridis **d***v.* isgnidia **F.** insignia **h.** hysgina *D. cfr. XXI 62. an coloris liuidi?*
4 pallidior in **Fha***J.* -di in **L.** -dior **d***v. an pallidioris?* |
tertia **d***v.***a.***J. an tertiū?*   5 habet et **dh.** | curuatae **L***v.*
-ta *r***dh***D.* | in *om* **d.** | quauis **F.** *an suauis (om.* in)?   5. 6
in colore cineris **FLa***D.* cinerei coloris **dh***v.*   6 theocolitos
a. telicos *v.***a.***B.* | nucleus **a dh***H(D).* nocl- **F.** nuculeus *J coll.*
§ 161. 188. nucleo similis **L***v(S).*   7 lingentium **L a***v(J).*
ung- **Fd***H.* ting- *S.*   7. 8 frangit pellitque **d***v.* pellit frangit-
que *ll.*   9 crines **L a***v(S). cfr. ind.* -nis **Fdh***H̄(D).* | conti-
nent **L***v(S).* -net *r H(D).* | in se *ll.v(S).* in *Lugd. del. H.*
10 rufi crinis *om.* **a.** | italica *om.* **a.** | ueiis **dh***v.***a.***J.* uehis **a.**
11 nigra meteria **F.**   12 zathenen *ll.v(S). cfr. index.*
zate- **a.** zace- **d.** zanthenem **h***C.*   13 ferat **Fdh.** | alneo **a.**
14 magna **F.**   14 *et* p. 467, 1 zamilampis *Abel p. 61.*
(-lamfiſ **B** *in ind.*). zmilampis **Fdh***H.* zmylacis **L.** zmilaces *v.*
in **a** *lac. usque ad* glauco (*p. 467, 1*).

lampis in Euphrate nascitur, Proconnesio marmori similis, medio colore glauco. — Zoraniscaeos in Indo flumine Magorum gemma narratur, neque aliud amplius de ea.

11. (71) Est etiamnum alia distinctio, quam equidem 186
5 fecerim subinde variata expositione, siquidem a membris corporis habent nomina: hepatitis a iocinere, steatitis singulorum animalium adipe numerosa, Adadu nephros *sive* renes, eiusdem oculus, digitus; deus et hic colitur a Syris. triophthalmos in onyc*h*e nascitur tres hominis
10 oculos simul exprimens.

(72) Ab animalibus cognominantur: carcinias marini 187 cancri colore, echitis viperae, scorpitis scorpionis aut colore aut effigie, scaritis scari piscis, triglitis mulli, aegophthalmos caprino oculo, item alia suillo, et a gruis

---

κηρ. p. 141. — § 186 med.: (Damig. 45). — § 187: Isid. XVI
15, 18. 19. Solin. 37, 17. Orph. Lith. 347 (κηρ. p. 145). 494
(κηρ. p.147). Damig. 26. cfr. Plin. XXXVI 149 sqq. Solin. 37, 22
Isid. XVI 15, 19. 20. 19.

---

1 proconnesio **dh***v*. -onesto **F**. -nnisso **L**.   2 medico **F**. |
zoraniscaeos **F** *D*. -aea *S cum* **B** *in ind*. -sceos **dh** *H*. -sseos **L**.
zoranis **a**. -ronisios *v*. | flumine **F a** *D*. -ine nascitur **dh** *v*. -ine
gignitur et **L**.   3 magnorum **F**. | narratur **F L¹ a** *D*. *om*. **dh**.
esse narratur **L²** *v*.   4 etiamnunc **a**.   6 corporis **La** *G* (*J*).
-rum **F dh** *v* (*H*). | habet **F a**. | steatitis **F a** *H*. -tes *v*. est hea-
citis **L**. stiatis **d**. est **a**.   7 adadu **L** *G*. (addedu **B** *in ind*.).
adau **F**. adu **h** *v*. adne **d**. *in* **a** *lac. usque ad* syris (*v*. 9). |
nephros **B**. nepros **d** *man. Dal*. (neferof **B** *in ind*.). *om. ll.* *v* (*D*).

8 siue renes *ego*. renis *ll*. *D*. reneis **h** *v*. *om*. **d** *man. Dal*. **B**.
maiorem lac. statuit J coll. ind. | eiusdem — 9 syris **F dh**. *om*.
L *v*. **a**. **B**. | oculus digitus (ac dig- *H*. et dig- *S*) **F dh** *D*. -lus
dicitur *G*. theu dactylos *B*. | deus et **F** *G* (*D*). dei et **dh** *H*.
del. **B**. *an* deus est?   9 triopthalmus **F**. -talmus **h**. optalmo
a. | in onyche *D*. cum onyche *G*. synonice (-cae **F**) **F d**. sino- **h**.
ionice **L** *v*. -nacae *C*. est bonice **a**. | tres *om*. **a**.   11 cogno-
minatur **h**.   13 scauri **L**. *om*. **a**. | piscis **F dh** *v*. *om*. **r**.
14 aegophthalmos **h** *v*. -pthalmos **L**. eglopta- **d**. egoſtalimos **F**.
pthalmas **a**. | item (-mque **LJ**) alia **L a d** *v*. hemalia **F**. temal-
lias **h**. hyophthalmos *S* (*D*) *cum* **B** *in ind.*, *sed hic quoque, ut*
supra in Adadu oculo *et* digito, *Graecum nomen praetermitti*
videtur. cfr. etiam § 190 *extr.* | et **a h** cod. Poll. *v*. que **d**. est
et **L** (**F?**) *D*.

collo geranitis, hieracitis ab accipitris, aëtitis *a* colore
aquilae candicante cauda.　myrmecitis innatam formicae
repentis effigiem habet, scarabaeorum cantharias.　lyco-
phthalmos quattuor colorum est, rutil*a*, sanguinea; media
- nigrum candido cingit, ut luporum oculi.　taos *pavoni* 5
est similis, itemque aspidi quam vocari timictoniam invenio.

188　　　(73) Rerum similitudo est in ammochryso velut auro
harenis mixto, cenchrite sparsis milii granis, dryite truncis
arborum; haec et ligni modo ardet.　cissitis in candido 10
perlucet hederae foliis, quae totam tenent narcissitim venis

---

§ 188: Isid. XVI 15, 5.　Solin. 37, 13. — Damig. 44. —
Damig. 42.　cfr. Plin. supra § 180.

---

1 geranitis L*H ex ind.* -tes *v.　om. r.* | hieracitis (ier- h)
Fadh*H.* -tes *v. om.* L. | ab *ll.J. om.* dh*v.* | accipitris (*sc.* collo)
h*v.* -tre *ll.J.* acopinis d. *de structura cfr. § 190 et XXV 121.* |
aetitis L*H ex ind.* -tes *v.* aetins F. echitis a. colore ethitus
dh. | a colore *v.* in col- F. col- r*D. om.* dh*J.*　　2 candi-
cante La*v*(*D*). -icanta F. -idata dh*S.* -ida a *J.*　　4 colorum
Fadh. est col- L*Isid.v.* | est *ego.* ex Fadh*Isid.v. om.* L*D.* |
rutila *ego.* -lo *ll.G.* -lo et dh*v.* | sanguinea Fa*G.* -neo Ldh
v(*D*). | media *ego.* in media Fa*D.* in medio Ldh*Isid.v.*
5 cingit Fadh*Isid.* -tur L*v. cfr. § 149.* | oculi illis per omnia
(*add.* similis *v*) dh*v.*a.*D.* | taos — 6 similis *om.* adh. | staos F. |
pauoni *v.* eaoni F. draconi L.　.　　6 itemque FL*J.* item ex
dh. item a*v.* | aspide F d. -ice h. | timictoniam *S cum* B *in ind.*
-cloniam (tym- L) L*v*(*D*). -caeoniam F. -comam h. cimico-
niam a. chelidoniam *B.*　　6. 7 inuenio La*v.* -nto F. -nta
dh.　　8 rerum Fdh*D. om.* a. harenarum L*v.* | ammocryso a.
cfr. ind. et Isid. hammochryso r*v.*　　9 cenchrite F*D.* -tes *v.*
-tis Lh*H.* cencrites a. centricis d. *an* cenchritide? | sparsis
ll.S. om. dh*v.* | granis Fa*D.* -nis ueluti sparsis dh*v.* -nis
similis est L*S. cfr. § 191 extr.* | dryite *D.* -tis L*H.* -tes *v.*
druite F. *om.* adh. | truncis L*S.* e truncis dh*v.* trucis F.
om. a.　　10 haec Fdh*v. om.* a. quae L. | [lig]ni modo B
(*rursus incipiens*). | scissitis Fh.　　10. 11 in candido perlucet
(*H.* collucet L*v.* in luce a) Fdh La*v. om.* B. (*an recte, ut
fuerit* cissitide? *cfr. § 189*).　　11 cedere a. | foliif BL*v.*
polis Fh. oculis d. | quae — p. 469, 1 distinctam *om.* B. *sed
cfr. index.* | narcissitim Fa. -tin h. -tis Ld*H.* -tes *v.*
dist. ego.

etiam *cetera* distinctam. cyamias nigra est, sed fracta ex
se fabae similitudinem parit. pyren ab olivae nucleo dicta
est; huic aliquando inesse piscium spinae videntur; *phoenicitis* ut balanus. — Chalazias grandinum et candorem et 189
5 figuram habet, adamantinae duritiae, ut narrent in ignes
etiam additae manere suum frigus. pyritis nigra quidem
est, sed attritu digitos adurit. polyzonos [in nigro] multis
distincta lineis candicat, astrapaea [in candido aut cyaneo]
discurrentibus in medio fulminis radiis. in phlogitide intus
10 flamma videtur ardere, quae non exeat, in anthracitide

---

§ 189: Isid. XVI 10, 5. 13, 4. Solin. 37, 16. (cfr. Plin.
XXXVI 157). Orph. Lith. 758. κηρ. p. 153. — Isid. XVI 4, 5.
11, 8. Solin. 37, 16. Prisc. perieg. 987. August. civ. dei XXI
5, 1. (cfr. Plin. XXXVI 138). — Isid. XVI 14, 9. Solin. 37, 23.
— cfr. Plin. supra § 99. Solin. 37, 24.

---

1 etiam **L***v*. et am **Fh**. *om.* **a**. et **d**(?)*H*. | cetera *ego*.
ederae **F***v*. -re **h**. hed- **L**. odore **d**(?)*H*. *om.* **a**. *totus locus
adhuc corruptus*. | distinctam **Fha**. -ta **d***cod*.*Poll.G*. -nguitur
L*v*(*S*). | cyamiaſ **B***S*. -mea *v*. cymea **L**. clymata **a**. cimata
Fdh. | fracta **BL**a*v*. faciam **F**. -iem **h**. *om.* **d**. | ex — 2 parit
om. **a**.   2 fabe **B**. -bae est **F**. *om.* **d**. | pyrena **L**. -ne *v.a.G*.
pilena **a**. | ab *om.* **a**. | nuculeo **B**[1]*J*. nuncleo **F**.   3 est *om.*
B*J*. | aliquando huic **a**. | inesse *om.* **B**. me est **F**. | piscium
spin **a**. -ium piscinae **Fdh**.   3. 4 phoenicitiſ (foe- **B**) ut
balanuſ **B***S*. *om. rv. cfr. index et XIII 49. (an a balanis?)*.

4 chalaziaſ ut balanuſ. chalaſiaſ glandinum **B** *falsa itera-
tione*. | colorem *v.a.H*.   5 habet **L***v* (*ex Isid.*). *om. r.* prae-
fert *Solin*. | ut narrent **B***S*. narrant *rv*.   5. 6 etiam in ignem
(-nes **a**) d**a***v.a.S*.   6 additas **F**. | ſum **B**[1].   7 eſt **B***S*. *om.
rv.* | digitorum **B**. | polyzonos — p. 470,3 liquor *om.* **a**. | poly-
zonoſ **B***v*. -ygonus **L**. -yxinus **F**. | in nigro **Fdh***S*. in **L**.
nigra *v. om.* **B***J*.   7. 8 multiſ diſtincta **B***J*. multis **dh***v*.
om. r.   8 lineiſ **B**[1]*J*. -eaſ **B**[2]. zonis **dh***v*. zonis multis **FL**.
cfr. § 90. | *dist. ego.* | astrapaea *ego*. -pea a **B**[1]. -pẹa a **B**[2].
-paeae *rS*. -pee **d**. -piae **h***v*. | in candido (nigro **dh***HBrot*.)
aut cyaneo **FLdh***v*. *om.* **B**. *uncos ego posui*.   9 diſcurrenti-
buſ **B**. -rrunt *rv*. | in **B***S*. e *rv*(*J*). *cfr. § 5.* | radiiſ **B**[2]. -diſ
B[1]. -dii *rv*. rapidi **dh**. | phlogitide *H*. flo- **B**. *cfr. Solin*.
thogotide **F**. phalagonitide **L**. phlegontide *v*.   10 flamma
— ardere **B***S*. ardere (ardo **F**. arida **L**) quaedam (qued- **FL**)
uidetur flamma *rdhv*. | anthracitide **L***v*. *cfr. § 99*. autraci-
tides **F**. anthracite **h***Solin*. -teſ **B**. -atite **d**.

190 scintillae discurrere. — Enhygros semper rotunditatis
absolutae in candore leni est; ad motum fluctuatur intus
in ea, ut in ovis, liquor. — Polythrix in viridi capilla-
turam ostendit, sed defluvia comarum facere dicitur. sunt
191 et a leonis pelle et a pantherae nominatae. — Colos 5
appellavit drosolithum herbaceus, melichrum melleus, cuius
plura genera, melich*l*orum geminus, parte flavus, parte
melleus, crocian croci, polian canitie*i* similitudinem quandam spargen*s* e nigro, spartopolian rarior. rhoditis rosae

---

§ 190: Isid. XVI 13, 9. Solin. 37, 24. — § 191: Isid. XVI
7, 15. 9, 8. 15, 9. Orph. Lith. 615. — cfr. Plin. XXXVI 132.

---

1 di*f*currere **B** *J*. -rrere aliquando uidentur **L** *v*. -rrunt
(-rrere **F**) aliquando et nigrae (-ro **F**) **F d h**. | enhygro*f* **B** *S*.
cfr. ind. -ydros **F d h** *B*. *cfr. Solin. et Isid.* enaydros **L**. enais *v*.
2 leni est *ego*. leui *fed* **B**. est leuis (lenis d) sed *r* **d h** *v*. |
modum **B**. monitum **F**. | fluctuatur **F** *D*. -uat **L d h** *v*. *om.* **B**.
3 ut in ouis **F** *D*. uti noui*f* (nouv*f* **B**[2]) **B**. in ouis **L**.
ueluti nonus (in ouis h*v*)· d h *v*. | polythrix **F L** *S*. -trex **B**. -trix
v. -trichos *H*. polithrix **a**. | uiridis **a**.   3. 4 capillaturam *of*ten-
dit **B** *S*. -atur **L d h** *v*. -atus **F**. apeliatur **a**.   4 defluia **B** *J D*.
depluuia **F d h**. | dicatur **F**.   5 a *om*. **a**. | a *om*. d h *v*. *a*. *S*. |
panthera **B** *S J*. *sed cfr. § 187.* | nominatae **B F h a** *J*. -atae leon-
tios pardalios (pantha- **L**) **L d** *v*. *cfr. § 187.*   6 dro*f*olithum
B L *S*. -itum **a**. drusolithum **F**. chrysol- d h *v*. | herbaceus **F L**
a *D*. *om.* **B** *S*. aureus, chrysoprasum herbaceus d h *v*. | meli-
chrum **F** *D*. -crin d h. -itron **L**. -ichrota *v*. -icrus **a**. -ichry*f*
(-rus *S*) e*f*t **B** *S*.   6. 7 quamuis plura d h *v*. *a*. *S*.   7 eius genera
sint *cod. Poll. v. a. S.* | melichlorum — 8 melleus *om.* **B**. *sed cfr.*
ind. | melichlorum *D*. -ron **B**. -chrorum **F** h. -chrotorum d.
-corum **a**. -choros **L**. -chlóros est *H*. -cros est *v. a.* **B**. | gemina
cod. Poll. gemma **L**. | flauus d h(?)*v*. -ua **L**. -ui **F a**.   8 mel-
lea **L**. | crocian **B F d h** *B*(*J*). -cias **L** *v*(*D*). *om.* **a**. -cia *H*. -cian
uocant *S*. | a croco **L** *v. a.* **B**. | polian canitiei *ego*. polia (**a d** *v*.
-iae **F**. -iam h. spotias **L**) canitiem (cantiem **F a**) **F L a d h** *v*.
om. h. l. (*uno versu traiecto*) **B** *S J D*.   8. 9 *f*imilitudinem quandam **B** *S J*. -dinem polias canitiem quandam *D*. quandam
r d h *v*.   9 *f*pargens e *ego* (*sc.* color). -gentē polian canitiem
B *S J*. sardi (**F d h**. sarcidi **a**. *om.* **L**. sardio *D*. sparti *v*) in-
ducit (-dicat *B*) eandem (-demque **L**) *r* d h *v*(*D*). | nigro (*ego*.
om. **B**) *f*partopolian rarior **B**. spartopolian (-ion *J*) rariorem
S J. duriorem (rari- *D*) nigro (**F a** *D*. -gra **L d h** *v*) spartopolia
(-ios **B**. -polla **F d h**. -spolia **a**) *r* d h *v*(*D*). | rhoditis **F d h a** *H*.
(-tes *v*). irodi- **B**. rosi- **L**. | rosae *ego*. -sia **a**. -sea *Isid.* (*an*

est, melitis mali coloris, chalcitis aeris, sycitis fici, bostry-
chitis in nigro ramosa candidis vel sanguineis frondibus,
chernitis velut in petra candidis manibus inter se com-
plexis. — Anancitide in hydromantia dicunt evocari ima- 192
5 gines deorum, synochitide teneri umbras inferum evocatas,
dendritide alba defossa sub arbore, quae caedatur, securium
aciem non hebetari. — Sunt et multo plures magisque
monstrificae, quibus barbara dedere nomina confessi lapides
esse, non gemmas. nobis satis erit in his coarguisse dira
10 mendacia Magorum.

   12. (74) Gemmae nascuntur et repente novae ac 193
sine nominibus, sicut olim in metallis aurariis Lampsaci
unam inventam, quae propter pulchritudinem Alexandro
regi missa sit, auctor est Theophrastus. cochlides, 194

---

§ 192: cfr. supra § 61. Isid. XVI 15, 22. — § 193: Th. lap. 82.

---

recte?). -sa **Fdh**. -ſae ſimiliſ **B**S. a rosa **Lv**.   1 est *om.* **L**. |
melitis (mal- **L**) mali coloris (-ros **a**. *om.* **L**) **FdhLa**v(*D*). *om.*
BS. | calcitis **a**h. chalcites *v.a.***H**. | aeris **L**G(*D*). -ri **B**S. -rei
Fv. erei **dh**. *om.* **a**. | ſycitiſ **Bdh**H. (-tes *C*). ſyc- **L**. ſic- **Fa**.
-tes *v*. | fici **FL**hv(*D*). -co **B**S. -ca **d**. *om.* **a**.   1. 2 bostry-
chitis *S ex ind. cfr. § 150.* borſycitiſ **B**. -sicitis (-te **F**) **Fdh**.
ratio (*om.* **a**) nominum non est in (*om.* **a**) borsycite (borsic- **a**)
rv.˙   2 ramosa *v*. -oſſa **B**. -osae **Fh**. -ose *r*. ramo **d**. | uel
—3 candidis *om.* **Fdh**. | uel **B**S. aut **La**v.   3 chernitis *S e*
coni. J. chemi- **B**. nec gemytis (-mite *v*) **Lv**. nec empte **a**. |
in terre **a**.   4 anancitide **L**S. *cfr. Isid. et § 61.* -chitide **h**v.
-dem **F**. ancantitide **d**. ananciten **a**. -teſ quem **B**. | hydro-
mantia **Bdh**G. -atea **F**. idromantea **a**. nicromantia **L**. necro-
Isid.v. | euocare **B**.   5 synochitide — euocatas *om.* **a**. | syno-
chitydi **F**. -chiteſ quem **B**. | detinere **B**. (teneri *post* euocatas
ponunt (**F**?)**dh**v.a.*J*). | inferum **B**D. -rorum **Ldh**v. inefebum
F. | euocataſ adfirmant **B**. *cfr. § 52.*   6 dendritide —7 hebe-
tari *om.* **Fdh**. | dedride **B**. dentriti **a**. | defossa **La**v. ſuffuſa
B. | ſecurium **B**S. -rius **a**. -ris **Lv**.   7 hebetari adſeuerant
BS. | sunt et *ego.* ſunt **B**J. et sunt *rv*.   8 barbari **dh**v.a.*S*.
sed cfr. § 176. XII 97. III 28.   9 non gemmaſ **B**J. *om.*
rv. | erat **a**. *cfr. § 195.*   10 magorum **B**D. *om. rv*.   11
gemmae & **B**J. | et **FLad**G(*D*). *om.* **B**hv(*J*). | ac *om.* **B**JD.
   12 sicuti **a**. ut **dh**v.a.*S*. | olim **B**S. lampsaci (lams- **F**.
laps- **a**) *rv*. | lampsaci (lapſ- **B**) **B**S. *om. rv*.   13 una in-
uenta **L**v.a.*S*.   14 ſit **F**S. ſit ut **B**h. ſicut **a**. fuit ut **Lv**.

quae nunc volgatissimae, fiunt verius quam nascuntur, in
Arabia repertis ingentibus glaebis, quas melle excoqui
tradunt septenis diebus noctibusque sine intermissione:
ita omni terreno vitiosoque decusso purgatam puramque
glaebam artificum ingenio varie distingui venas ductusque 5
macularum quam maxime vendibili ratione spectantium,
quondamque tantae magnitudinis factas, ut equis regum
195 in oriente frontalia ac pro phaleris pensilia facerent. et
alias omnes gemmae mellis decoctu nitescunt, praecipue
Corsici in omni alio usu acrimonia abhorrentis.   quae 10
variae sunt, et ad unitatem excidere calliditati ingeniorum
contingit, utque eaedem nomen usitatum non habeant,
physis appellant velut ipsius naturae admirationem in iis
venditantes.

Cum finis nominum non sit — quae persequi non 15
equidem cogito, innumera et Graeca vanitate —, indicatis

---

1 quae *ego.* quoque *ll.v.* | uolgo atiſſimae **B**[1]. uvlgo lat-
B[2]. | famae fiunt **h** *v.a.G.* | nascantur **Fdh.**   2 mellis glaebis
a. | quaſ **BL***S.* *om. rv.*   3 inmiſſione **B**[1].   4 decussu **L.** |
purpuramque **a.** *om. v.a.G.*   5 uiride **a.** | distingui *ego.*
-tribui *ll.v.* cfr. § 195 *et* XXXV 3. XVI 232. | in uenas **L**
v.a.D.   6 maculorum **B**[1]. | uendi bi **B**[1]. -di i **B**[2]. *om.* **a.** |
spectantium — 7 tantae *om.* **a.** | ſpectantium **BD.** secta- *rv.*
seca- *S cum vet. Dal.*   7 magnitudines **a.** | factaſ **B***S.* fecere
rv. | equitib; **B.** | regnum **B**[1]. *om.* **L.**   8 atque **a** d*v.a.S.*
om. **h.** | et *om.* **adh.**   9 omnis gemme figuras mellis **a.** |
preçipuę **B**[2].   10 in omni alio **adh***v.* nominalio **F.** nominiſ.
ali (alii **B**[2]) **B.** in alio omni **L.** | ſua (*pro* usu) **B.** | acrimonia
BFdh*B*(*S*). -niam *cod. Poll. H.* acriora *rv*(*C*). | abhorrentis—
11 excidere *om.* **B.** | abhorrentis *ll.*(*B*)*J.* -tes **dh***v.*   11 sunt
om. **adh.** | unitatem *ego.* noui- *ll.v.* cfr. § 194. XXXV 3. |
excidere **Fdh.** exced- **a.** acced-**L***v* (*claudicante etiam structura*).
cfr. XXXIII 139. | calliditate **B**[2]**L***v.*   12 contingit *ll.v*(*S*).
-igit **h**(?)*C.* | utque eaedem *ego.* ut quaedam **B.** ut *rv.* | an
ne (*pro* non)? cfr. vol. III p. 496 (*ad* XX 180) et XXVII 15.
XXVIII 163. XXX 33. 106. XXXII 20.   13 physiſ **B***S.*
-ses **h***v.* phisis **d.** pysis **F.** phryes *r.* | in hiſ **B**[2]**a.** in imis
F[1]. nimis **F**[2]**h.** *om.* **d.**   14 uenditanteſ **B***G.* -dicantes **La***v.*
-dentes **Fdh.**   14. 15 *dist. J.*   16 innumero **B.** | et *ll.J.*
ex **d***v.* | uanitate **B.** *de re cfr.* § 30, *de dictione* XVIII 239.
-tate (uariet- **a**) conficta *rv* (*vitio tautologiae*).

nobilibus gemmis, immo vero etiam plebeis, rariorum
genera digna dictu distinxisse satis erit. illud modo meminisse conveniet, increscentibus varie maculis atque verrucis linearumque interveniente multiplici ductu et colore
5 saepius mutari nomina in eadem plerumque materia.

(75) Nunc communiter ad omnium gemmarum ob- 196
servationem pertinentia dicemus opiniones secuti auctorum.

Cavae aut extuberantes viliores videntur aequalibus.
figura oblonga maxime probatur, deinde quae vocatur
10 lenticula, postea epipedos et rotunda, angulosis autem
minima gratia.

Veras a falsis discernere magna difficultas, quippe cum 197
inventum sit ex veris generis alterius in aliud falsas tra-
ducere, ut sardonyches e ternis glutinentur gemmis ita,
15 ut deprehendi ars non possit, aliunde nigro, aliunde
candido, aliunde minio sumptis, omnibus in suo genere
probatissimis. quin immo etiam exstant commentarii

---

§ 197: Isid. XVI 15, 27. — cfr. Plin. supra § 87. Isid. XVI
8, 4. — cfr. Seneca epist. 90, 33.

---

1 immo uero **B** S. immo r. om. dv. | plebeis **L** v. -bis r. |
rariorum ll.v(H). -rorum C.   2 genera **BFa** S. -rum d h v.
om. **L**. | digna dictu **B**(**F**?)S. dictu digna (-no h. -nas v) d h v.
dictu r. | distrinxisse a v. a. C. | erat **L** a v. a. S. cfr. § 192. | modo
BFd h v(H). uero r G.   2. 3 meminisse om. **B**.   3 atque
ll.v(S). ac d(?)C.   4 linearum quae **L** v. a. G. | interueniente
(in int- **B**) **Bd** h G. -ienti **F**. -ient a. -iunt **L** v. | colores a.
5 saepius mutari ll. S. mutata saepius d h v(H). -ari saepius
G. | in — 6 communiter om. a.   6 omnium quoque a.   6. 7
obseruationes a G.   7 dicemus — 8 uidentur om. a.   8 eae
aequalib. **B**.   9 figuram oblongā **B**¹.   10 lentecula **B** J D.
cfr. § 147. 140. | epipedos S cum Turnebo. epicp- **B**. clitedos
(clyt- **F**) **Fd** h. clipeidos **L** v. elip- a. clyp- C. cycloides H
cum Salm. | angularis a.   12 a om. **FL** a. | difcernere **B**
(Isid.)S. -nenti **Fa**. -nendi **L** d h v.   13 uiris **F**. uitrei **B**. |
generis — aliud (alia Isid.) ll. S. gemmis in alterius generis
d h v. | falsa Isid. fufaf **B** (an recte?).   14 ut **B**(Isid.)S. et
L a. om. **Fd** h v. | e ternis H ex Isid. alter- **B** (an & e ternis?).
teranis **F**. e (om. **L**) ceraunis **L** v. ḡnatis d. om. a. | glutinentur
BF D. -nantur r v.   15. 16 alium de **B** (ter).   17 quin immo
om. a. | exstant etiam commenta a.

auctorum — quos non equidem demonstrabo —, quibus modis ex crystallo smaragdum tinguant aliasque tralucentes, sardony*ch*em e sarda, item ceteras ex aliis; neque
198 enim est ulla fraus vitae lucrosior. **13.** (76) nos contra rationem deprendendi falsas demonstrabimus, quando etiam 5 luxuriam adversus fraudes muniri deceat. igitur praeter illa, quae in principatu cuiusque generis privatim diximus, tralucentes matutino probari censent aut, si necesse est,
199 in quartam horam; postea vetant. experimenta pluribus modis constant: primum pondere, graviores enim sunt 10 verae; dein frigore, eaedem namque in ore gelidiores sentiuntur; post haec corpore. fictic*i*is pusula e profundo apparet, scabritia in cute et capillamenta, fulgoris inconstantia, priusquam ad oculos perveniat, desinens nitor.
200 *de*cussi fragmenti, quod in lamina ferrea uratur, effica- 15

---

1 demon*f*trabo **BL**S. -arem **F.** -arent **a.** -arim **dh***v.*
2 crysallo **F.** -stallis **L.** | smaragdum tinguant **B**S. -do tinguantur **a.** zmaragdi tinguantor (-gantur h) **Fh.** tinguantur smaragdi **L**d*v.* | alia*f*que **B**S. -iaeque **dh***v.* -ieque **L**a. -iae quae **F.**
3 sardonychem S. -nicem **B.** -nyx **dh***v.* -nnyx **F.** -nix **r.** | ceterae **dh***v.a.S.* -ra **F**a. -re **L.** | *f*ali*f* **B¹.**   4 enim **B**S. *om.*
r*v.* | lucriosior **F.**   5 deprendendo **B.** | demonstrauimus **F**a.
6 muniri **F**d*v*(*D*). -re **L**a. moneri **B**S. | deceat **B**S. decet (dicet **F**) **r***v.* | igitur **B**S. *om.* **r***v.*   7 principatu **B**S. -alibus **r** *v.* | cui*f*que **B** S. quisque **F.** quibusque **h** *v.* -uslibet **d.** -usdam **L.** *om.* **a.** | generi*f* **BL**S. -ibus **r***v.*   8 tran*f*lucente*f* **B²***v.a.J.* tralucentem **L a.** | prouocari **d h.** -ris **F.** probari matutino **a** *falsa iteratione.* | censant **F.** cessent **a.** | *an* sit?
9 postea uetant *om.* **a.** | experimento **a.**   10 *in* *v.* pondere *desinunt* **F**d*h.* | grauiore*f* **B**a S. si gra- **L***v.* | enim **B**(L?)S. *om.* **a***v.* | *f*unt—11 gelidiore*f* **B**S. *om.* **r***v.*   11 ea eidem **B¹.**
12 ficticiis S. -ici*f* **BL**D. -itiis *v*(*H*). tinctis **a.** factitiis **G.** | pusula (pun*f*- **B**) **B**S. -lae **H.** pustule **L.** -lae *v.* *om.* **a.** | e *S* e coni. *J.* & **B.** in **r***v.* | profunda **a.**   13 appar& **B**S. -ent **r***v.* | scabritia — 13. 14 inconstantia *om.* **a.** | cute **L** *v.* cocte **B¹.** cote **B².** | & **B**S. in **L***v.* | capillamento *v.a.S.* | fulgori*f* **B**B. frigoris **L***v.*   14 perueniat **B***v.* -iant **r.** | *in* *v.* nitor *desinit* **L.**   15 decussi *v.* cu*ff*i **B.** *om.* **a.** *cfr.* § 194. | fragmenti **B**S. -ti paulum *v.* *om.* **a.** | lamina **a***v*(*D*). ima **B.** lima *J.* | ferrea **a***v*(*D*). ferri **B**S. *cfr.* § 53. *XXXIII 121.* | uratur *D cum Hauptio* (*Hermae I 36*). auratur **a.** moratur **B**S. teratur *v.* *an* [ferri] exuratur?

L

cissimum experimentum excusate mangones gemmarum
recusant, similiter et limae probationem. obsianae fragmenta veras gemmas non scari*ph*ant, in fictic*i*is scari-
*ph*atio omnis candicat. iam tanta differentia est, ut aliae
5 ferro scalpi non possint, aliae non nisi retuso, omnes
autem adamante. plurimum vero in *i*is terebrarum proficit fervor.

Gemmiferi amnes sunt Acesinus et Ganges, terrarum
autem omnium maxime India. (77) etenim peractis omni- 201
10 bus naturae operibus discrimen quoddam rerum ipsarum
atque terrarum facere conveniet.

Ergo in toto orbe, quacumque caeli convexitas vergit,
pulcherrima omnium est *i*is rebus, quae merito principatum naturae optinent, Italia, rectrix parensque mundi
15 altera, viris feminis, ducibus militibus, servitiis, artium
praestantia, ingeniorum claritatibus, iam situ ac salubritate
caeli atque temperie, accessu cunctarum gentium facili,
portuosis litoribus, benigno ventorum adflatu. quod con-

---

1 experimentum **B** *S*. -to **a** *v*. | excusate **a**. -uſſate **B**.
-usant *v*.   2 *dist. ego.* | obsidianae *v. a. S*.   3 scariphant *S*.
-ifant **B**. ᵗificant **a** *v*. *cfr.* *XXXII 79.* | in **B a** *S*. *del. v.* | ficti-
ciis (-ciſ **B** *D*) **B** *S*. -ice **a**. -itiae (fact- *C*) *v*.   3. 4 ſcari-
phatio (-ifa- **B**) omniſ **B** *S*. -ificationis *v*. -nes *H*. *om.* **a**.
4 candicat iam **B** *S*. -icantes **a**. -icantiam (-tium *H*) fugiunt
v. | tantaque *v. a. S*.   5. 6 uerum omnes *v. a. S*.   6 plurimum
autem *v. a. G*. | iis *S*. iſ **B¹** *D*. hiſ **B²** **a** *v*.   8 acesinus et
G (*S*). . *cfr.* *VI 71.* -nes et *Lugd*. acaecinuſ & **B**. acſinat et
a. oaxis mater *v*.   9 india *v*. -iǫ **B**. in india **a**. | &enim **B** *S*.
etiam **a**. et iam *v*. *cfr.* *XVIII 340. aliter XXXVI 200.*
10 naturae **a** *v*. *om.* **B**.   11 atque terrarum *om. v. a. G*. | con-
ueni& **B** *S*. -niat **a** *v*. -nit (*Ven.*) *D*.   12 orbe *S*. opebe **B²**.
opere **B¹**. orbe et **a** *v*. | quacumque **B** *G*. in quemcumque **a**.
in quac- (*add.* parte *C*) *v*. | conuexitaſ **B** *v*. -xitita **a**.   13 iiſ
ego. in **B** *S*. *om.* **a** *v*. *de mendo cfr.* *XXVI 2 init.* | rebuſ quae
B. rerum quae **a**. rebusque *G*. rebus *v*. | meritoque *v. a. G*.
14 naturae *om.* **B**. | optinent (obt- **a**) **B¹** **a**. -net **B²** *S*. -nens
v. | talia **a** (?).   15 ſeruitiſ **B¹**.   16 parſtantia **B**.   18 li-
toribus portuosis *v. a. S*. | quod **B** *S*. *om.* **a**. etenim *v*.   18
et p. 476, 1 contingit **a** *v*. -igit **B** *S*. *cfr.* § *195. XVIII 109.*
194. 219. XVII 9. XVI 3. XIX 59. 68. 138. XXIII 61.
XXVI 118. XXXII 39 al.

tingit positione procurrentis in partem utilissimam et inter
ortus occasusque mediam, aquarum copia, nemorum salubritate, montium articulis, ferorum animalium innocentia,
202 soli fertilitate, pabuli ubertate. quidquid est quo carere
vita non debeat, nusquam est praestantius: fruges, vinum, 5
oleum, vellera, lina, vestes, iuvenci. ne equos quidem in
trigariis ullos vernaculis praeferunt. metallis auri, argenti,
aeris, ferri, quamdiu licuit exercere, nullis cessit terris
et nunc intra se gravida pro omni dote varios sucos et
203 frugum pomorumque sapores fundit. ab ea exceptis Indiae 10
fabulosis proximam equidem duxerim Hispaniam quacumque ambitur mari, quamquam squalidam ex parte, verum,
ubi gignit, feracem frugum, olei, vini, equorum metallorumque omnium generum, ad haec pari Gallia. verum
desertis suis sparto vincit Hispania et lapide speculari, 15
pigmentorum etiam deliciis, laborum excitatione, servorum exercitio, corporum humanorum duritia, vehemen-
tia cordis.
204   (78) Rerum autem ipsarum maximum est pretium in
mari nascentium margaritis; extra tellurem crystallis, intra 20
adamanti, smaragdis, gemmis, myrrinis; e terra vero ex-
euntibus in cocco, lasere, in fronde nardo, Sericis vestibus,

---

§ 203 init.: cfr. Iustin. XLIV 1, 5. 6.

---

1 poſitione procurrentiſ B S. propoſitione curr- a. recur-
rentis (proc- H) positio v.   2 copiam a.   2. 3 salubritatem
a (?).   4 libertate a (?).   5 fruge a (?).   6 oleum B S. olea
a v. | ne B v. om. a.   7 trigariis B. -riſ B D. tricariis a v. |
ulloſ — praeferunt B J. praeferri (ref- a) ullos (ullis v. a. G)
uernaculis animaduerto a v.   8 licuit B S. libuit a v. cfr.
III 138. XXXIII 78. | cesset a.   8. 9 terriſ & B S. erit et
his a. et iis v.   9 intra B S. inter a. in v. cfr. IX 165.
XXI 104. X 118. | sucus a.   10 fundi a¹.   11 proximam
equidem B S. -me quidem a v.   11. 12 quacumque B C. quec-
a v.   12 ambitur mari B v. -tu a (hic desinens). item in v.
mari desinunt v. a. S.   13 feracem S e coni. J. facem B.
13. 14 metallorumque S e coni. J. aliorumque B (ortum ex
equorum& allorumque). cfr. Iustin.   15 suis S e coni. J.
uiſ B.   16 deliciſ B¹ D.   21 adamantiˢ B². | murrinis S.
    22 lasere in S e coni. J. in laſere (-ſare B²) B. | ſeri-
coſ B¹.

in arbore citro, in frutice cinnamo, casia, amomo, arboris
aut fruticis suco in sucino, opobalsamo, murra, ture, in
radicibus costo; ex iis, quae spirare convenit, animalibus
in terra maximum dentibus ele*ph*antorum, in mari testu-
5 dinum cortici; in tergore pellibus, quas Seres inficiunt,
et Arabiae caprarum villo, quod la*d*anum vocavimus; ex 12, 73
*i*is, quae terrena et maris, conchyliis, purpur*a*e. volucrum
naturae praeter conos bellicos et Commagenum anserum
adipem nullum adnotatur insigne. non praetereundum est
10 auro, circa quod omnes mortales insaniunt, de*c*umum vix
esse in pretio locum, argento vero, quo aurum emitur,
paene vicensimum.

Salve, parens rerum omnium Natura, teque nobis Qui- 205
ritium solis celebratam esse numeris omnibus tuis fave.

---

2 ſucino **B**¹*S*. -ciſ **B**². | oboliſ amo **B**¹. 3 ardicib. **B**¹. |
iis *S*. i **B**¹. hiiſ **B**². is *D*. 4 elephantorum *S*. elefa- **B**.
4. 5 testudinum *S*. teſtitud- **B**. 5 inter gorie **B**¹. 6 la-
danum *S e coni. J*. lanum **B**. 7 iis *S*. hiſ **B**. is *D*. | con-
chyliſ **B**¹*D*. | purpurae *S e coni. J*. -ra **B**. 8 bellicos *S e
coni. J*. -caſ **B**. *cfr. X 2*. 10 decumum *S e coni. J*. de
mum **B**. 12 pene uiceſimum **B**². 14 celebratem **B**¹.

APPENDIX

De codicis Bambergensis, qui suum ac separatum locum
obtinet quoque invento primum patefactum est quantopere ceteri
depravati sint, habitu et indole nonnulla addere placet, etiam
post Felsii copiosam de orthographia eius variisque mendorum
generibus disputationem (p. 77 sqq.) haud inutilia ad universam
eius fidem recte aestimandam.

Scriptura constat litteris minusculis, sed amplis admodum
et tam speciose et distincte exaratis, ut legi pleraque omnia
nullo negotio possint, cuius rei nunc documento est tabula
phototypica editioni Sellersianae praemissa, et quamquam plures
librarios scribendi laborem suscepisse apparet, idem fere est
per totum volumen litterarum ductus, ut ubi quisque coeperit
scribere ubique desierit, certo discerni non semper possit, praesertim cum maior minorve membranae scabritia aut levor vel
etiam pennae scriptoriae acumen diversitatem quandam effe-
cerint. mihi quidem aspicienti visus est primum librarium
excepisse alius fol. 12 = XXXII 139, hunc rursus alius fol. 77
= XXXV 1, item deinceps fol. 95 = XXXV 128, fol. 98 = XXXV
145, fol. 108 = XXXVI 1, fol. 115 = XXXVI 51, fol. 124 = XXXVI
118, denique fol. 138 = XXXVII 1, fol. 147 = XXXVII 60,
fol. 163 = XXXVII 180; sunt etiam singulae paginae, levioris
praecipue superficiei, singulave folia, in quibus alia manus
videatur deprehendi, ut fol. 97 A = XXXV 138 et fol. 111 B
= XXXVI 26 et fol. 126 = XXXVI 127. quamquam hoc non
ita dictum volo, quasi duodecim fere librarios fuisse statuam,
sed tres quattuorve conicio diversis temporibus suas quemque
partes conscripsisse, et facile concedo fieri posse, ut homo in
manibus subtiliter dignoscendis magis versatus aliter iudican-
dum esse censeat. hoc vero manifestum est, librarios ut pari
fere verborum rerumque ignorantia, ita non omnes pari diligentia aut oculorum animique attentione fuisse. quare etsi
nulla fere pagina, si sic ut in codice scripta est typis ex-
primatur, sine gravi offensione legi queat, quaedam tamen
partes ob peculiarem librariorum incuriam multo pluribus quam
ceterae erroribus mendisque inquinatae sunt, velut fol. 11—40,
95 B — 97, 108—115, 126, 138—165. praeterea varietas libra-

riorum cernitur in usu litterarum ligatarum, ut æ, ℵ, v⁵, et compendiorum scripturae, ut &, ę, q, = *que*, b, = *bus*, ū = *um*, p̄, qđ, q̄m̄, quae quidem a plerisque parce nec nisi in terminationibus vel in fine versuum propter spatii angustias adhibita sunt, a nonnullis tamen etiam praeter necessitatem in mediis versibus mediisque vocibus, ut *perseq,mur*, *comb,tae*, *rob,ti*, *quib,dam*, *ppter* al. nec minus variant in usu distinguendi notarum et litterarum initialium, quarum in prioribus libris illae praeter punctum (idque saepissime non apte positum) nullae fere sunt, hae autem perquam rarae; a libro vero XXXVI cola quoque comparent et interrogationis signa, et enuntiata, qualia librarii intellegi arbitrabantur, vel capita spatio separata inter se et maiusculis litteris initialibus insignita sunt, nonnumquam ita, ut eae extra versus initium egrediantur. denique non ubique est eadem rei orthographicae cura, sed vel libidine vel errore variata, maxime ubi refert vulgaris Italorum pronuntiatio: fluctuantes enim inter *e* et *ae*, *i* et *u* et *y*, *d* et *t*, *ph* et *f* alii solebant scribere *greci*, *predicti*, *preter*, *ceruleum*, *chaldei*, *campanie*, alii *lacaedaemon*, *adultaerari*, *egraegius*, *praetium*, *interpraetari*, *caerulaea*, *caena*, *helaenae*, *haecataeus*; alii *aegiptus* et similia, alii *hyppocrates*, *phydias*, *hyrundinum* atque etiam *tragydia*, alii *optume*, *discupulus*, *summetria*, alii *optime*, *existimant*, al.; alii *aliquit*, *aput*, *at* pro *ad*, alii *reliquid*, *ad* et *quod* pro *at* et *quot*; alii *phenestella* (XXXIII 21), alii *filocle*, *epiforas*, *graficen*, *faetontem*, *filemon*, *sofocles*, *theofrastus*, *afrodisiaca*, *faleris*, taliaque frequentia sunt in libro XXXV, frequentissima in libro XXXVII, cuius librarii *ph* vix agnoscunt iidemque semper *smaragdus* scripserunt, cum XXXIII 5 scriptum sit *zmaragdus*, et terminationes *uus* ac litteras *uo* iunctas (pro *uu*), ceteris frequentiores, rarissime admiserunt. nonnulli amaverunt *ei* pro *i*, ut *quei*, *aliubei*, *deiana*. item aliter alii egerunt in addenda vel detrahenda vel etiam alieno loco ponenda aspiratione, ut *antiphatian*, *symphatian*, *laphitarum*, *horchomeno*, *cheramico*, *chrystallina* vel *annibal*, *theoprastus*, *porpyrites* vel *chartago*, *aetiophia*, quaeque alia sunt eius generis. constant vero sibi in scribendo *pthisis* et *icthyocolla*, id quod Brandis (de aspir. Lat.) Romani moris fuisse censet, et in forma *bybliothecae* (XXXIV 43. XXXV 9. 10 bis), quod uno saltem loco adnotare debui.

Omnium autem librariorum communia sunt minore vel maiore frequentia fere menda haec: permutaverunt oculorum errore litteras *r* et *f* indiscretae saepe similitudinis (*figni* = *regni*), *e* et *i* (*corinthearum*, *anticedente*, *aliube*), *e* et *o*, & et *a* atque ob uncialium formas E et F, F et P, P et T, G et S (*figni* = *gigni*), C et G (*gluduntur* = *cluduntur*, *genitauisse* = *cenitauisse*, *bugardia* = *bucardia*, *graeco* = *croeso*), item *Nabastrum* = *Alabastrum*, et aurium errore ob pronuntiationem animo tacite obversantem *l* et *r* (*cororibus* = *coloribus*, *silulorum* = *silu-*

rorum, libeli rari = librali, appellantur = aperiantur), *n* et *m*
(*comflatam, comfirmantque, comuenit, comuoluta*), *c* et *q* (*alicui
= aliqui*). praeterea prave aut omiserunt aut addiderunt ſ
ante *c*, ſ ante *r* vel *f*, *e* ante *f*, *n* ante ſ, similiterque in aliis
litteris inter se similibus peccaverunt eodem errore, qui in
omnibus codicibus Latinis pervagatus est. huius modi menda
nonnulla inde nata sunt, quod librarii, cum in archetypo versuum litteras perpetuo fere tenore scriptas invenissent, in syllabis et verbis copulandis separandisve saepissime ridiculum
in modum errantes litterula sive addita sive omissa, culpae
quodammodo inscii, studebant efficere quidpiam, quod sententiae qualiscumque speciem praeberet, velut XXXIII 156
lauriſ cui ſit emaſ riſton pro *Tauriscus item Ariston*, XXXVII
68 *ſalpium bago* (*alpium vago* **B²**) pro *sal plumbago*, XXXVI
126 *natura eo maior* pro *naturae maior* vel XXXII 111 *augen-
tiuſ* pro *auget ius* et ibid. 112 *olfactuſ. ubi uenit* pro *olfactu
subvenit.* nec desunt loci, in quibus quae non intellexerant
paulo gravius interpolaverint, ut XXXII 69 *ſuperum quaſ* pro
supervacuas, XXXV 111 *encho & paneſ* pro *nichopanes* i. e.
nicophanes, ibid. 114 *philippi olympum* pro *hippolytum*, XXXVI
74 *in immolatione* pro *in molitione.* longe vero plurimis locis
— id quod praecipuae fidei et auctoritatis indicium est —
quaecumque ante oculos habebant, servili et anxia propemodum cura transcribebant, ut in portentis quoque scripturae
verum, quamvis obscuratum perversa litterarum complexione,
sincere tamen servatum deprehendatur, ut XXXII 74 *putam in
eo uire liquae* pro *putamine ovi reliquae*, ibid. 143 *hiſta* (*iſta* **B²**)
probanae pro *his Taprobane* vel XXXIII 34 *in conſulatuſ uocati
linianiſ* (*inaniſ* **B²**) *rebuſ* pro *in consulatu suo Catilinianis rebus*,
XXXVI 187 *inducit eſſella* (*e ſella* **B²**) pro *induci tessella*, ibid.
164 *& auge tomonte* pro *e Taygeto monte*, XXXVII 75 *temploſ
telenam plame* pro *templo stelen amplam e.* omitto alia mendorum genera omnium codicum communia, ut verborum ordinem inversum, terminationes vicinarum vocum aut adsimulatas
aut inter se permutatas, litteras, syllabas, voces falso gemina-
tas, versus integros vel ex parte tantum — id quod mutandi
quoque aliquando causa fuit — iteratos aut oculorum errore
propter speciei aliquam similitudinem omissos, glossemata e
margine in contextum inlata: in universum tenendum est,
codicem **B** multo saepius omittendo quam addendo deformatum
esse, excepto tamen libro XXXVII, qui iam antiquitus argumenti proprietate lectores adlexisse et interpolandi libidini
praeter ceteros opportunus fuisse videtur. certe in **B** quoque
hic liber non pauca eaque manifesta vestigia licentiae latius
evagatae ostendit, idque, ut opinor, non tam ipsorum librariorum culpa, quos tantopere a se ipsis descivisse vix credibile
sit, quam archetypi habitu, ex quo ab illis transcriptus est.

nam non solum § 90 amplum additamentum *sive partis eius
— scriptum est* invenitur, quod primo aspectu interpolatoris
manum prodat, et aliis locis exquisitius vocabulum apposito
tritiore glossemate expulsum est (ut § 85 *senatusconsulto : iudicio*,
§ 92 *languidius : minus*), verum etiam § 192 itemque § 52 licenter
cumulatis *dicendi* verbis intolerabilis orationis abundantia effecta
est, ut maiore cautione in hoc libro, quantum fidei codici **B**
iure habeatur, examinandum sit. ceterum sic quoque purior
eius contextus existimari debet quam ceterorum codicum multo
etiam frequentius et gravius adulteratorum.

Horum vitiorum haud exigua pars per omnes libros ab
altera manu correcta est ita, ut litterae omissae vel verae
supra versum suo loco adderentur, supervacaneae vel falsae
punctis subter vel supra vel etiam utrimque positis aut rasura,
rarius litura delerentur, falsae aliquando etiam notis additis
mutatisve in veras (*d* in *t*, *c* in *t*, *c* in *q*, *e* in *ę*) transforma-
rentur. ubique autem exceptis locis perpaucis prior scriptura,
utique adhibito microscopo, quadamtenus perlucet, ut satis
certo agnoscatur sive rasurae figura et amplitudine sive pal-
lidis reliquiis atramenti abstersi. sed duo sunt correctionum genera probe distinguenda. prius quidem originem
ducit ab ipsis librariis quae scripserant denuo perlustrantibus
vel ab uno ex iis, cui opere peracto mandatum erat, ut scripta
recognosceret emendaretque collato codice archetypo. haec
manus multa errata sustulit, verborum ordinem lineolis appictis correxit, lacunas minores supra versum, maiores ad
marginem explevit. qua in re solum archetypum adhibitum
esse recte observavit Detlefsen vol. V praef. p. IV: „lacunas
enim haud paucas non explevit, quas ex alterius ordinis codice,
si praesto fuisset, explere debuisset vel sane potuisset.“ ad
eandem manum referendum erit quod in vocibus nonnullis,
ubi atramentum nimis palluerat, litterarum ductus renovati
sunt; fol. 73 B tres versus integri (XXXIV 161 *huius faciunt
— nigri tota*) erasi et minutioribus litteris iterum scripti sunt
— fortasse quia aliqua omissa fuerant, nam *contraq.* et *nigri*
utrimque in margine poni opus fuit —, fol. 45 B vero totus
locus XXXIII 131 extr. *nigrescit* — 133 extr. *cognomen acceperit*
ablutus et rasus est, membranae tamen candore infuscato,
iterumque deinde exaratus. ab hoc genere correctionum longe
diversum est alterum, quod futtilem prae se fert sedulitatem
hominis semidocti, qui seriore tempore nullius codicis ope,
sed sua fretus intellegentia totum volumen, dum recenset,
meditata ratione emendare conatus est, re vera saepissime
interpolavit, inreparabili interdum veri detrimento, si prioris
scripturae vestigia funditus delevisset. agnoscitur haud raro
externis quibusdam indiciis, nam non solum atramenti colore
modo luridiore, modo nigriore, sed quarundam etiam litterarum

figura differt, cum soleat v scribere pro u, s pro f, *a* pro a
litteramque i in mucrones fastigare et e lineola per trans-
versum ducta in e, uncis appictis i in e, u in o transfigurare.
compendia quoque scripturae largius adhibuit, in iis XXXII 56
r litterae *t* superscriptum, ut *inponuntur* fieret ex *inponunt*,
rarissime alibi in B usurpatum. eundem verisimile est ad
XXXII 101—103, 105. 106 in margine adscripta sigla *No* lineas
punctis aliquot interruptas deorsum duxisse, ut lectoris mentem
ad argumentum adverteret. quare fortasse rectius erat hanc
manum in commentario peculiari sigla demotare, nisi compluribus locis dubitatio relinqueretur. sane enim nonnulla
recte vidit, quae videre non difficile erat, distinguendi notas
recte posuit, falso positas erasit, litterulas addidit aut sustulit,
in litteris syllabisve dispertiendis aliquando verum assecutus
est. multo saepius vero turpiter erravit erratisque suas coniecturas superstruxit non minus stultas quam audaces atque
adeo monstrificas, quarum exempla praeter XXXIV 108 *sicce
sane duret* (pro *sic cexatetur et* B[1]) et ea, quae obiter iam
commemoravimus, hic afferre non attinet. plerumque enim ipsa
absurditate satis coarguitur. praeterea haud dubie agnoscitur
orthographiae aliquot mutationibus, quas mira perseverantia
et attentione per omnes libros persecutus est, minima quidem
ex parte iustas. velut paucissimis exceptis constanter mutavit
quartae declinationis terminationes *uus* in *us*, tertiae *is* in
es (*omnis* : *omnes*), secundae *i* et *is* in *ii* et *iis* (*mini* : *minii*,
vitis : *vitiis*, hoc quidem fortasse convenienter cum ipsius Plinii
doctrina: cfr. Charis. 78, 4. 122, 6. 141, 6; in B[1] quoque per-
saepe geminatum est *i*, ut librarios pro arbitrio variavisse
appareat). ex pronomine *is* vel *iis* fecit *his* vel *hiis* itemque
finxit etiam *hisdem*. semper posuit *uu* pro *uo*, ut in *uolso*,
uolnera, *uiuom*, *relinquont*, *i* pro *u* in superlativis et in *verbis
existumare* vel *aestumare*; idem substituit *alioquin* (alioqui),
renum (renium), *iecur* (iocur), *locusta*, *rotundus* (lucusta, rutun-
dus), item *iocundus* (iucundus), *epistola* (epistula), sed invicem
rubigo (robigo), *penna* (pinna), *linea* (linia) — quamquam in
hac voce ne B[1] quidem sibi constat —, *spongia* (spongea),
adeps (adips), *sylla* vel *silla* (Sulla), *inclitus* (inclutus), *dipondio*
(dupundio), *interimo, perimo, intelligo* (interemo, peremo, intellego), *distillationes* (destillationes), *darii, medea* (Darei, Media),
conicere (coicere), *tricesima* (tricensima), *translucere, translatus*
(tralucere, tralatus), praenomina *G.* et *Gn.* pro *C.* et *Cn.*, cons. pro
cos., *gummi* (cummi), *laminis* (lamnis), *figulina* (figlina), *sculpere,
sculptura* (scalpere, scalptura), *scepia* (saepia vel sepia), *crossior*
vel *grossior* (crassior), alia minuta. e medicis vocabulis mutavit
tenesmum in *tenasmum, splenicos* in *spleneticos, spasticos* in *spasma-
ticos*, e ceteris quasi odio quodam motus *plebei* in *plebis, aereus* in
aeneus, feruminari in *eluminari* vel aliud quid, *friabilis* in *fragilis*.

APPENDIX 483

Neque has correctiones fere perpetuas neque fortuitos levesve errores priorum manuum in commentario omnes adnotandas duxi, ne discrepantium lectionum moles in infinitum cresceret; plures tamen quam superiores editores dedita opera lectorum oculis subieci, ne praestantissimum quoque librum vitiis scatere ignorarent neve litterulam in eo scriptam mutare pro sacrilegio haberent. ita profecto res est: ubicumque deficientibus aliis veri notis ac vestigiis ex sola fide librorum pendet iudicium, sine controversia codici B principatum concedi necesse est; ceteris locis diligenter ponderatis argumenti, fontium testimoniorumque, elocutionis, palaeographicae probabilitatis momentis quaerendum est, unde quoque loco sit proficiscendum ad inveniendam rationem eam, qua dissentientes scripturae et inter se et eum loci necessitatibus facillime concilientur. de B quoque valere quod dictum est, codicibus cum ratione et iudicii libertate obtemperandum, non serviendum esse, quamquam per se patet, tamen non ab re sit admonuisse adversus eos, qui non permensi vastam mendorum silvam cum vaga codicum veneratione ad unum aliquem locum accedant.

Ceterum qui lectionis varietatem in commentario perlustraverit, is cum B non raro consentire inveniet vetustissimas editiones, dissentientibus codicibus reliquis, quotquot adhuc nobis cogniti sint. unde luculenter apparet primis editoribus alia eaque meliora et pleniora subsidia suppeditavisse, quorum memoria ad nos iam non propagata sit. ponam exempla aliquot insignia e libro XXXVI tantum collecta. ac maxime quidem ad persuadendum efficaces sunt reliquorum codicum lacunae in B et in editionibus aequaliter expletae: § 3 *immo.* 11 *et Athenis — Hipponactis* (duo fere versus). 35 *idem Polycles et Dionysius.* 45 *in templis — intellegebantur.* 56 *laudatur.* 61 *et sine ullo — Cappadocia.* 77 extr. *pedum CXLIII (CCXLIII* B) *est altitudo.* 111 *aurea — devincendas gentes* (tres fere versus), et paulo post *ab aratro — minorem modum* (duo versus). 117 init. *ergo* (post *ingenio*). 122 *XXXX.* 128 *is qui.* 155 *ut quam.* 168 *optimi quibusdam in locis,* et paulo post *idem.* nec minus conspicuae sunt lectiones, quas vix putandum sit e coniectura emendatas esse: § 3 *beatior* (*uiator*). 17 init. *eiusdem* BG. (*ipse* r. *ipsius* v). 22 *propter* (*graviter*). 44 *tractatu subit* (*structu subita*). 46 *mirarer* BG. (*mire sit*). 67 *a satyro* (*natyro*). 76 *et ipso* (*ipso*). 84 extr. *exstructum* (*extremum*). 89 *regis* BG. (*rex* v. om. r). 98 *iuncturae* BG. (*puncturae* vel *picturae*). 100 *heptaphonon* B[1]. (*eitaphonon* vel *itaphonon*); ibid. *eximantur* (*existimantur*). 112 *subit vero* (*subituque* vel *subituquo*); ibid. *exaedificandas* (*aedificandas*). 113 *M. Scauri* (*isauri*); ibid. *maiusque sit* (*maius cives id*). 117 *scaenae* (*gere*). 121 *Appiae* (*nithe* vel *nite*); ibid. extr. *quae nunc* (*que* vel *quae*).

125 *excisas* (*excitas* vel *excita*).   149 *quattuor* (*qua bibitur*).
168 *albi* (*ibi*).   184 *oecon* (*decon* vel *de quo*).   204 *exemplum*
(*exemplar*).

Ad hanc rem paulo accuratius circumscribendam non-
nullius momenti sunt etiam haec.   non adhibitum esse in
vetustis editionibus codicem aliquem artissimo cum **B** propin-
quitatis vinculo iunctum, documento sunt non modo detruncatus in omnibus illis finis operis, quem solus **B** servavit, verum
etiam expletae in solo **B** lacunae, quas editiones cum ceteris
codicibus communes habent, velut in libro XXXVI, unde exempla
desumimus, § 102 *vidit orbis non et* (*ut* **B**) *tectum*, 137 *spongiosior tantum et alius*, 180 *mixta atque inlita mox cera et rosaceo*.   rursus vero in **VFR**(**dh**) exstant lacunae, quas **a v** con-
gruenter aut similiter cum **B** expleverunt: § 141 *habet*.   145
potus bibunt et qui sanguinem.   186 *facile* (*facili* v. a. G).   189 *in
calidis reliqua albario* **B**S.   *in reliquas* (*reliquis* v) *albariae* (*albaria* v) **a v**.   explevit alias simul **L²** (partim e codice cum **a**
cognato correctus), ut § 178 *duabus construi* (*convenit* add. **L²**)
fragmentis **BaL²v** et 190 *hic cursu insaluber potu* **B**S.   *hic
currit insalubris* (*insalubri* **a**G) *potu* **L²a v**, vel solus **L²**, ut
§ 193 *aliud torno teritur* **BL²v**.   expleverunt interdum etiam **d**,
qui in ultimis libris ad archetypum paulo minus mutilatum
(vel correctum) quam **V**(**F**)**R** redire videtur, et alii codices recentiores: § 62 extr. *igni funditurque* — 66 init. *fecisse dicuntur*
BLadv (sed 63 *circa Syenen vero* om. **a**, 63 *ad usum vitri* — 64
nomine Aegyptio om. **d**).   171 *coria* **Bv**.   *cona* **dh**Polling.   30
Mausoleum — *Artemisia factum* **B**Polling. v.   unde colligitur
quod aliis quoque indiciis constat, exemplaria a primis editoribus praecipue adhibita cum codicis **a** potissimum familia
communi origine cohaesisse.   in his etiam § 81 *peracto fluminis
inrigatione dilutis alii lateribus e luto factis exstructos pontes
peracto opere lateribus* plene ut in **B** scripta legebantur et sic
edita sunt a veteribus (nisi quod ante Gelenium falso deleta
erant ultima verba *peracto opere lateribus*); in codicum **VRdh**
archetypo librarius a priore *peracto* transiluerat ad alterum
continuavitque *peracto opere lateribus*, hinc iterum aberrans
ad prius *lateribus* scripsit *e luto factis* et cognito errore, sed
non correcto, regressus ad alterum *lateribus* perrexit scribere
in privatas domos, quo factum est, ut verba *fluminis* — *pontes*
interciderent.

———

Nunc transeamus ad huius voluminis locos quosdam dubios brevi adnotatione sive explanandos sive retractandos et,
si fieri poterit, ad emendationem propius adducendos.

LIBRI XXXI § 3 verba *eaedem* (aquae) *cadentes omnium
terra enascentium causa fiunt* laborant quadam ambiguitate

dicendi, quae facile tollatur, si scribatur *causae fiunt*, quoniam
E ante *F* saepe vel omissum vel adiectum esse constat: de
simili plurali numero cfr. XVII 99 *eiusdem rei praebere causas*.
— § 6 *dignum memoratu* palaeographica ratione unice commendatur (*dignu* V. *digno* E): de parataxi structurae cfr. Müller
de stilo p. 35 nr. 3, ubi simillima sunt exempla XII 111 *clarum-
que dictu* et XIV 132 *rarum dictu*. — § 30 an *guttae* ⟨e⟩ *lapide*?
quod scripsi *conchatis* (vel etiam *concauis*, si malis) pro *coricis*
ut orto e *concis*, factum est, ut *ideo*, *nam* haberent explicatum.
Coryciis illi, quod vulgatum est, obstat quod statim sequitur
at in Corycio, pro quo *corintio* mendo eodem fictum est quo
XXXVII 166 in quibusdam codd. (itemque apud Damiger. 15
et Vincent. Bellov. spec. nat. c. 70) *corintho* vel *coritho* pro
coryco. nunc vero antrorum genere universo memorato distin-
guuntur deinceps diversae species. — § 39 mirum unde ortum
sit illud *pertinentia* (VR), ex quo fecit d *pertinent qua*, pro
pertinet (Er). an fuit olim *pertinens*, corruptum postea in *pertinent*? — § 44 vide ne in *certiorpe* (VR) lateat *certioreque*. —
§ 49 a litteris propius abest *extinguetur* (cfr. infra § 57 *si cuniculo veniet*), quoniam *i* et *e* facilius solebant confundi. — § 66
choleram calida infusa fortasse recte *v. a. D*: in Er permutatae
sunt terminationes (*cholera calidam*), in reliquis *s* ante *c* additum (*choleras calidam*). — § 107 *in Clitis* potuerit non pro
nomine proprio accipiendum esse, sed pro *inclutis* (sc. aquis),
de quo adiectivo cfr. III 131. IV 115. VI 4, nisi forte *clitis*
natum est e *quis*, mutilato ex *aquis*. — § 109 *rigantur* scripsi
mutatione multo minus violenta, quam primo aspectu videtur;
nam cum ſ et r, item c et g saepissime confusa sint, facile
credideris scripto semel *ricantur* proclive fuisse fingere *ſic-
cantur*. quod qui servare volet (etsi sententiarum ordini vix
convenit), proxime ante debebit *sidente* vel *sedente* reponere
pro *cedente*: cfr. V 57. — § 110 *magnus et vitro usus*: dativum
hunc potuisse poni CFWMüllero concedendum est, sed duram
esse structuram ac velut quaesitae ambiguitatis negari non
potest. quodsi reiecerimus Silligii illud *in vitro*, haud scio
an adrideat *magnus* ⟨eius⟩ *et vitro usus*. — § 111 *nitrariae*,
quod *H* scripsit pro *nitrarias* (VRdT), perquam dubium est
nec tamen satisfacit sententiae, cui melius consulere voluerunt
edd. vett. fingentes *nitrariae egregiae* ex *nitri egri* (ar): deest
certe laudis mentio, quae opponatur voci *deteriores*. sed vitio
affectum videtur potius *solebant*, quippe cuius verbi tempus
quoque inperfectum alienum sit ab huius loci argumento.
quid, si scribatur *nitrarias .. celebrant: esse circa Memphin
deteriores*? — § 118 *initiis* (Erv) qua ratione de canis morsu
dici possit, non assequor. saltem *initio* (sc. cum aceto inlinitur) dicendum erat, neque enim advocanda sunt alienae
structurae exempla XXI 124 (salubres) *initiis epiphorae* et

XXXIV 114 (excellentis remedii) *contra initia glaucomatum et suffusionum*. ad *inlitis* autem supplendum est *hominibus*. quamquam intellectu facilius et dilucidius sit *inlitu*. — § 120 *infunditur urceis* frustra conatus est *J* ita defendere, ut idem valeret quod *inspersum potioni aquae* (XXVIII 202). quod non admonitus vix quisquam sic intellexerit, nec Plinius ullo loco nomen *urcei* notione tali posuit. praeterea medicamenta corporis alicui parti infundendi apud medicos certa ratio est, ut fere clysteribus id fiat vel strigili (XXIX 135) vel cornu (XXIII 44) aliove instrumento eoque plurimis locis non nominato. itaque de morbo aliquo cogitandum esse cum prioribus credo. *uentris* (*v*) quidem quo confirmarem, non inveni. pro *uesicae*, quod e Marcello posui, potest etiam *lienis* conici ex eodem auctore 23, 56, corruptum illud primo in *uneis*, deinde in *urceis*. — § 122 fortasse *podagris in balneis utile* (sc. est sic perungui).

LIBRI XXXII § 4 non necesse est credere quod *D* credidit, correctorem B² voluisse *uires* pro *ut res*; si vero voluit, temere verba attrectavit, nam *ut res est* et argumento convenit et stilo Pliniano: cfr. XXXVI 48. — § 6 extr. *uique*, quod Gronovius coniecit, blanda specie eo magis commendatur, cum in B exstet scriptura *ui//qu//e*; sed verbose admodum dicitur *de ulla potentia naturae uique et effectu in remediis*. si recte perspexi, B¹ scripserat *ui/quae*, unde adsumpta ex *naturae* vicina vocali *e* emergit *eiusque*, ut praemissa universa naturae potentia significetur singillatim 'etiam' medicus eius effectus. potest vero etiam *usqua* i. e. *usquam* in archetypo scriptum fuisse, cui suspicioni reliquorum codicum scriptura (*ut quae*) magis favere videtur. — § 21 si *constat* (BV) pro vero habeas, conicere liceat *ita persuasione gentium constat*: de *ita* et *ista* confusis cfr. vol. IV p. 479 ad XXIII 40. — § 36 locus nondum ex dubitatione exemptus sic quoque constitui potest: *datur et suspiriosis, sed cum hemina vini. additur his* (sc. sanguini et vino) *etiam hordeacia farina*. — § 39 extr. reieci distinctionem, qua *J* scripsit *detrahit idem fel, pituitas sanguinemque vitiatum*, fallaci sanitatis specie, nam pro felle in tali usu dicendum erat *bilem*, ut § 95 multisque locis aliis, nec bimembre asyndeton hoc loco agnosci poterat. quod conieci *felle*, perinde dictum volui ac XXIV 82 *sanguinem urina detrahat*; probabilius vero sit *detrahit idem* (sc. sucus) *felli pituitas sanguinemque vitiatum*: cfr. § 96 *fellis pituitae* (ubi nunc praefero *pituitae atque* pro *pituitaeque*) et XI 192 *pessimum sanguinis est in materia fellis*. ceterum renium pituitae memorantur § 103 et XXII 83. — § 45 in verbis *carnibus earum* et *sucus earum* stellas marinas intellegi ex argumento et ex indice libri apparet, quamquam antecedit mentio stellae marinae singulari numero positae. prius quidem *earum* neglegentiae cuidam

Plinii tribui licet, alterum vero non modo abundat, sed propter adiectum participium *decoctarum* ne tolerabile quidem est. quod si delere nolumus, necesse erit corrigere *sucus stellarum*, iam a 'vet. Dal.' propositum. obiter moneo suaderi scriptura **B**[1], ut *discoctarum* pro vero habeatur. — § 53 vehementer dubito num recte se habeat *recentes seu cinere*; nullum enim formae, quae est *seu*, exemplum novi apud Plinium praeter XXII 111 *animi asperitas seu potius animae* — nam XXXVII 149 interpolatione correctoris **B**[2] invectum est *nucis seu glandis* pro *nucis iuglandis* —, cum *sive* plus centum locis constanter usurpatum inveniatur. collatis autem locutionibus simillimis, ut § 90 *recentes salsive* et § 56 *crudae vel coctae* aliisque permultis, item exemplis a Frobeenio p. 26 sqq. de particulae *sive* usu collectis fieri vix potest quin § 53 deleto *s*, quod ex voce *recentes* adhaesit, *recentes vel cinere* praeferendum ducamus. eadem de causa § 125 *sive* geminandum esse conieci; non minus probabile est *sive* post *recentis* natum esse ex *uel*. altero vero loco XXII 111 *sive* (pro *seu*) *potius*, ut in correctione nominis synonymi, videtur iustam rationem habere: nisi vero *seu potius animae* pro glossemate habendum est. — § 59 offensioni est *tribuatur illis* (sc. ostreis), proxime antecedente *de iis*. sed ne constat quidem *illis*, cum **B** habeat *illi*. fuit fortasse *illi* ⟨*animali*⟩: amat certe Plinius huius vocis singularem numerum apponere ad nomina plurali numero posita, ut IX 178 *talparum vita, subterranei animalis*, X 188 *salamand·ae, animal lacertae figura, stellatum*, V 42 *scorpiones, dirum ⲁnimal Africae*, VIII 224 *glires . . semiferum et ipsum animal*, XII 73 *caprasque, maleficum frondibus animal* et paulo liberius IX 86 (de polypis) *brutum . . animal*, VIII 207 (de suibus) *animalium hoc maxime brutum*, II 156 (de vitulis marinis) *hoc solum animal*, XXVIII 150 (de cervis) *eiusdem animalis*, 153 (de capris) *ex eo animali*. — § 62 *quaeque . . in nostro aevo fuit*: coniunctivum in huius modi enuntiatis relativis sollemnem esse exposui nov. luc. p. 42 sqq. *fuit* ita vindicari potest, ut *quae* scribatur pro *quaeque*. — § 68 de futuro *tinguent* cfr. etiam XXIII 103. XXX 108. — § 86 in alcyoneo describendo Plinium a Dioscoride V 135 tantum dissensisse, quantum nunc videatur, difficile est credere. obscurae dubiaeque sententiae et mirae dictionis est *tertium candidioris vermiculi*, cum Diosc. planis verbis dicat ϲκωληκοειδὲϲ τῷ τύπῳ καὶ τῇ χρόᾳ πορφυρώτερον ὅ τινεϲ Μιλήϲιον καλοῦϲι. an potius *tertium* ⟨*forma*⟩ *lanuginosi vermiculi*? quae praecedunt magis consentiant sic conformata: *cinereum, spissum,* ⟨*piscium*⟩ *odoris asperi, alterum molle, levius* (κοῦφον) *et odore fere algae*. — § 87 qua depravatione in **B** ortum sit illud *quis* pro *uis*, inexplicabile dixeris. nam si conicias *minus probabile. estque vis eorum* e. q. s., discedas a consuetudine Plinii, qui *vis eorum* et similia in principio enuntiatorum ponere solet omissa copula. — § **90** fortasse *decoctarum* ⟨in⟩ *aceto* et § **113** *de-coctae* ⟨ex⟩ *oleo*: cfr. vol. IV p. 481. — § **93** *tetheaque similis ostreo in cibo sumpta* ferri nequit; nam tethea ubique (§ 99. 117. 151) neutro genere dicuntur nec § 99 ita describuntur, ut ostreo similia putari debeant. aptius cum eo comparantur propter similitudinem in cibo sumendi: itaque *similit'* i. e. *similiter* scribendum erit cum Alex. Benedicto in ed. Verc. a. 1507. de adverbio hoc dativum asciscente cfr. XI 86 *similiter his*, XXXVI 136 *ligno similiter*, XXXVII 72 *plumis similiter*. — § **98** propter mendosum *cineref* (**B**[1]), cui succurrere voluit **B**[2] corrigendo *muricis*, inauditum illum pluralem, de quo monui vol. IV p. 496 ad XXX 34 et 73, hoc loco invexit *S*, quem secuti sunt *JD*. ortum vero est mendum pravo librariorum more litteram *s* praefigendi litterae *c* — sequitur enim *causticam* —; ceteris codicibus non est propagatum. neque *cineres* omnino usquam neque *muricis cineres* a Plinio sic commemorati sunt, sed *muricum cinis* § 68. 78. 82. 89. 106. 127. 129. XXIII 83 atque adeo ipsae *murices* semper plurali numero (§ 84. 95. 129. V 12. IX 102. 125. 160. 164. XIX 24. XXII 3) praeter § 149 et IX 80, causa utroque loco facile perspicua. idem illud *cineres* frustra *J* e coniectura Plinio obtrusit § 111 pro *cinere et ex*, ubi paene ridiculum est quasi uno spiritu continuari nulla causa variati numeri *cancri marini cinis ex oleo, item fluviatilis triti ustique cineres oleo subacti*. ceterum si verba recte se haberent, simplicissimum profecto erat contractione orationis dicere *cancri marini vel fluviatilis cinis ex oleo*, ut § 119. quaesita eius longitudine non potest non moveri suspicio vitiatum esse *et ex oleo*, eaque cum confirmetur a Diosc. II 12 cừv μέλιτι ἐφθῷ (cfr. etiam infra § 126), probabilius reponetur *cinere ex melle subacto*. — § **106** (panos discutit) *scorpio in vino decoctus ita ut foveantur ex illo*: offendit structura suspecta eadem, de qua dixi vol. IV p. 482 ad XXIV 23. *fovere* enim *ex aliqua re* non credo recte dici, nam XXXIV 122 (misy) *erodit et callum fistularum ex aceto foventium*, qui locus videtur similis esse, sed alieni generis est, verba *ex aceto* ad subiectum *misy* pertinent, *foventium* autem quasi absolute positum est, ut XXII 156 et participia *perunctorum* XXXI 119. XXX 124, *perunctis* XXII 71. XXVII 52. XXXI 115. XXXII 76. 113. 114. 138. XXXVII 143, *perunctos* XXV 118, *peruncto* XXIII 144. 148. XXVIII 253. XXXII 28 (*perunguendis* XXVIII 141), *inunctis* XXV 144, *collutis* XXV 165, *inlitis, inlito, habentes* vel verba finita in enuntiatis *si* (*ut*) *perunguantur aegri* XXXII 40. **113** et infinitivus *perunguique prohibens* XXIV 186 vel ablativi creberrimi *inlitu, fotu, suffitu, potu*, al. accedit quod ambigue dicitur *ex illo*, quod non minus ad scorpionem quam ad vinum referri potest, cum re vera intellegatur vinum, in quo scorpio decoctus sit. quare pro *ex illo* mihi probatur *eo uino*, ut infra

§ 114 *oleoque eo perunguant.* eadem ratione supra § **79** *cerebro caniculae in oleo decocto adservatoque, ut [ex] eo dentes semel anno colluantur* debebam cum **B**[1] praepositionem *ex* omittere; nam *colluere* quoque ablativum, non *ex*, adsciscere magna exemplorum copia demonstratur, ex qua unum ponam, quia simillimum est: XXIV 120 extr. *rubi .. radice decocta in vino .., ut colluantur eo oris ulcera et sedis foveantur.* itaque XXXI **117** traiecto *si* sic distinguendum erit: (nitrum) *prodest dentium dolori ex vino cum pipere, si colluantur,* et XXIV **18** *dentes quoque conluere ex aceto in dolore timuerim* (de cedri suco agitur) inseri opus est *eo* aut ante *conluere* aut ante *ex aceto.* sic in aequali structura *perunguendi* adiecto ablativo plene dicitur XXIII **124** *si quis eo* (fici cinere) *cum oleo perunguatur,* itemque XXIV **148** *aro e laureo oleo,* XX **74** *suco totius* (cichorii) *cum oleo,* ib. **109** *asparago trito ex oleo,* **171** *foliis tribus ex oleo,* **223** *trita cum oleo qualibet earum* (malvarum). quam ob rem etiam infra § **120** rectius erat cum **B** scribere *tremulos* (adiuvat) *castoreo si ex oleo perunguantur,* nam *castoreum* adsimulatum est ad praecedentium verborum formam, et dicendum erat *castoreum si* ⟨eo⟩ *ex oleo.* superest unus ex locis mihi cognitis, in quo praepositio cum ipso verbo *perunguendi* iungatur ac ne ellipseos quidem subsidium artificiosum adhiberi queat: XXII **65** *infantes quoque exulcerati perunguuntur ex iis* (adianti generibus) *cum rosaceo et vino.* quae si recte se haberent, omnino non intellegeretur, cur *ex iis* opus esset, cum multo et simplicius et rectius diceretur *iis.* attamen *ex* suam rationem habet, neque enim ipsis herbis crudis infantes perungui possunt, sed suco scilicet vel decocto earum: itaque pro *ex iis* conicere licet *elixis,* probabilius vero est *perunguuntur* ⟨iure⟩ *ex iis,* omissae voculae causa evidenti e litteris vicinis. tolerabile ellipseos genus agnoscitur XXXI 104 *multi et hydropicos sale curavere fervoresque febrium cum oleo perunxere,* ubi verbis eodem enuntiato comprehensis arteque copulatis tacite intellegitur *sale* in altero quoque membro. etiam pronominis demonstravi ablativum per se solum suppleri non inauditi usus est. sed ad hunc ablativum non positum, sed suppressum, referre additamentum, quale est *ex oleo* vel *cum vino,* hoc est iustos eius usus fines usque adeo transire, ut depravationis suspicio oriatur, praesertim si alia momenta accedant. XXVIII **140** extr. *et inungui* (axungiam) *putant utile, quaeque serpant inlinere cum resina,* ubi propter passivi et activi formas temere variatas iam conieci dubitanter *inlini* (*inlinire* **R** d x *v. a. S*), puto *inlini ea* potius scribendum esse. XXII **58** autem aut activi infinitivus *mollire* ponendus est, ut idem subiectum sit *tricoccum,* aut *placere si in* scribendum pro *placere et in* (*si* corrupto primo in *est,* mox in *et*) hoc modo: *si decoquatur* (tricoccum), *invenio cibis placere; si in lacte, iucundius*

alvum molliri et, si decocti sucus bibatur, efficacissime exina-
niri. — ibid. § **106** insolenter dicitur (panos) *concoctos emittere.*
apposite vero ad rem Plin. iun. p. 79, 20 *aperit* (ut Plinius ipse
XXX 75) et Marc. 32, 15 *dissolvi.* 'emittuntur' *umor* XI 149,
liquor VI 43, *aqua* IX 69. 88, *lac* XIII 58, *sucus* XII 56, *sudor*
VII 78, *sanguis* XI 221. XXV 56, *medulla* X 57: hoc loco nihil
aliud emitti potest nisi *sanies,* ut XXX 136 extr. an *e concoctis*
vel *concoctorum* ⟨saniem⟩ *emittere?* — § **107** structurae gratia
ante *pusulas* inserui *ad;* addiderant *discutiunt* edd. vett. simplicius fortasse nec magis audacter correxeris *pusulis.* — § **114**
pro *atque* scripsi *aeque* i. e. clam, ut proxime ante. sed vide
ne simul rectius scribatur singulari numero *rana aeque ad-*
alligata et rubeta, ut § 138. 118. *ranae* semel vitiose scripto
factum est, ut *rubetae* accommodaretur, neglecto quod sequitur
iocur eius. — § **141** de verbis *in lucernam addito* ob similitudinem et argumenti et mendi cfr. aptissime XXXV 175 extr.
addens in calicem vini. — § **146** *minimae* B. *minima* b: an
lacertarum minimae? cfr. nota ad XXX 53. — ibid. *orneo-*
scopos, quod B exhibet, vix potest fortuito errori librarii Graece
nescientis tribui. cur non recte se habeat, cum catalogum
hunc piscium Plinius ex alio fonte hauserit quam quae § 69
prodidit de *uranoscopo?* — § **150** cum Birtio recepi *quaedam*
pro *que,* quia *quaedam* ante *pelamydes* mutilatum esse non
inprobabile visum est. sed fortasse satis est leniore medela
verba sic transposuisse: *phycis, quae saxatilium;* memoriae
enim errore ordinem continuorum verborum permutatum esse
permultis locis constat, quod quidem quam facile etiam attente
scribenti accidere possit in transcribendo alieno contextu, suo
quemque exemplo satis expertum esse·arbitror. — § **152** cum
eodem Birtio posui *animalia* pro *nomina;* poterat etiam *marina*
conici, ut § 144 extr. sed nunc mihi multo magis probatur
principale mendum in *posita* quaeri scribique *ab Ovidio poeta*
nominata, ut § 154 (pisces) *a nullo auctore nominati.* de mendo,
quod haeret in *nomina,* cfr. § 126 *capitata (capita* V B) et
XXXIV 34 *factitata (factita* B[1]); de *Ovidio poeta* cfr. XXX 33
et indices libb. XXIX. XXXII; nudum tamen nomen Ovidii
invenitur § 11 et in indicibus libb. XVIII. XXXI. omnino enim
familiare est Plinio, quippe qui 'humili vulgo, agricolarum,
opificum turbae, denique studiorum otiosis' se scripsisse fateatur (praef. § 6), nisi de poeta agi e verborum continuatione eluceat — ut *Erinna carminibus suis* XXXIV 57, *Dorotheus car-*
minibus suis XXII 91, *Menander in comoediis* XXXII 69, *in*
comico socco VII 111, *in Plauti fabula* XIV 92. XVIII 107 al. —
exceptis paucis iisque nobilissimis poetarum nominibus apponere appellationem *poetae* sive simplicem sive honorificis verbis
amplificatam. nudo nomine commemorantur Graecorum Homerus
et Hesiodus, item Alcaeus (XXII 87), Musaeus (XXI 44. 145.

XXV 12), Nicander, quem nescio an medicis physicisve potius
quam poetis adsignaverit, Romanorum autem Ennius, Plautus,
Vergilius; Horatium X 145 *Flacci* cognomine satis distinctum
vult. Homerum quidem nihilo minus II 14 *principem litterarum*,
XXV 11 *primum doctrinarum et antiquitatis parentem* praedicat,
Ennium XVIII 84 sollemni *vatis* nomine ornat eodemque Vergi-
lium VIII 162. XIV 7. 18, Pindarum II 54. VII 109, Stesichorum
II 54, Pomponium XIII 83. XIV 56. pleniore significatione
appellat Sophoclem VII 109 *tragici cothurni principem*, Menandrum XXX 7 *litterarum subtilitate sine aemulo genitum*,
Publilium XXXV 199 *mimicae scaenae conditorem*, Simonidem
VII 89. 192 *melicum*, Aesopum XXXVI 82 *fabellarum philosophum*, Philiscum XXXV 106 *tragoediarum scriptorem*; ceteris
vero locis poetas non fere nominat nisi adiecta *poetae* appellatione, e Graecis Aeschylum, Sophoclem, Euripidem, Aristo-
phanem, Menandrum (praeter XVIII 72. XX 252), Anacreontem,
Alcmanem, Archilochum, Hipponactem, Antipatrum Sidonium,
e Romanis Pacuvium, Lucilium, Catullum, Laberium, Publilium, Domitium Marsum (indd. libri XXXIV). Epicharmum
VII 192 non ut poetam, sed ut litterarum quarundam inventorem memorat. hoc more observato nolui XXXVII **40** in
Sophoclis mentione cum *U* delere *poetam tragicum*. — § **154**
vulgatam lectionem ferri non posse iam pridem 'vet. Dal.' per-
spexit, cum ad emendandam structuram proponeret *defixo*;
profecto enim necesse est dici: (pernae stant) aut *velut suillo
crure defixo* aut *velut suillum crus defixae*, cumque B exhibeat
uillum, hoc praeferendum censui, ut nihil mutaretur nisi *r* et *ſ*
litterae inter se simillimae. rariori autem locutioni, quae est
e longo i. e. e longa parte, quae notio prorsus flagitatur op-
positis verbis *qua latitudo est*, subsidio sunt *ex longitudine*
XVI 21, *ex intervallis* XXV 71. XXVI 108. XXVII 120 et *ex
obliquo* II 99. XXVII 14, *ex diverso* XI 109, *ex adverso* XVIII
323 vel *ex toto* XXXVII 121, *ex alto* XX 38. XXXVII 93, ut
taceam frequentissimas, sed paulo alienas formulas *e longinquo,
e propinquo, ex proximo, e profundo, ex opaco* vel *ex aequo,
ex facili, ex insperato* al.

LIBRI XXXIII § 1 non persuadeo mihi contortum verborum ordinem recte ad ipsum Plinium referri. verbum *foditur*
si deesset, nemo desideraret, quoniam verbis *tellurem intus
exquirente cura* satis luculenter indicatur de fodiendo cogitandum esse. si id delere nolis, aut transponendum erit ante
quippe, ut margini adscriptum transiisse in alterum versum
putetur, aut, quod minus placet, scribendum *fodiniſ* vel *e fodiniſ* (cfr. § 98). ibidem pro *digitorumque*, quod facile poterat
oriri ex *dignorumque* (cfr. XXXVII 83 extr.), scripsi *lignorumque*, ut ligna, quae ad opus intestinum aedificiorum perti-
nerent (ceterum cfr. XVI 233), vel etiam curricula et navigia

intellegerentur. *tignorumque* vix quisquam coniciat, sed possit
ſignorumque i. e. statuarum sive marmore sive ligno factarum,
quas pigmentis circumlini solitas esse constat (cfr. XXXV 133).
— § 39 *honoris causa* apud Plinium nusquam invenio, *honori*
vero dativus stilo eius perquam accommodatus est: XII 83.
VIII 185. XVI 9. XIII 46. itaque redeundum fortasse ad vett.
edd., quibus cod. Poll. et d h adsentiri dicuntur, ut *causa* in B
cum Iano et Felsio p. 99 pro glossemate habeatur. Iani rationem *honoris* cum *nihil aliud* iungentis tolerabilem, sed non
probabilem duco. — § 58 in *quo nimis* (**V d T**) — in **R** h *quo-*
niam is esse traditur; certe etiam veterum editorum codices
habuerunt syllabam *is* — videtur latere *quom inis* i. e. *quo-*
niam in iis sc. militaribus signis. — § 83 *cum interrogatuſ*
eſſĕ ſcirĕne: sic B, nam *ſcirĕne* supra versum, sed ab eadem
manu priore suppletum est, renovatis tantum postea nigriore
atramento genuinis litteris. cernuntur vero, ni me fefellerunt
oculi, evanida propemodum vestigia litterae *N* sub *ſci*, ut
videatur librarius primo, deceptus pari terminatione *ĕ*, solum
ne supplere voluisse. depravationis igitur in ceteris libris originem et processum suspicor talem: fuit in archetypo *inter-*
rogatur essetne (omisso *sciret*); inde *interrogaretur* factum est
insertumque *verum* post *essetne*. verbo *sciretne* tantum orationi
additur acuminis, ut interpolatori **B²**, stolido alioqui homini,
tribui non possit. — § 122 *admotis gallae carbonibus* cum *v*
retinui, quia *galeam* idem valere ac *vas ferreum* non satis
probavit *U* 744, et tali vase opus esse tacite intellegitur.
neque vero obstat quod apud Vitruvium gallae non fit mentio,
nam aliis quoque locis evenit, ut Plinius plura prodat quam
auctores, quos sequitur, nec veri dissimile est utrumque eodem
fonte usum esse (cfr. ad libr. XXXI Maximilianus Thiel, 'Quibus
auctoribus Vitruvius quae de mirabilibus aquis refert debeat'
p. 92—106 Commentt. philol. histor. Curtio Wachsmuthio sexa-
genario dicatarum 1897). denique, id quod gravissimi momenti est, Ernestus Berger Monacensis, pictor idem et antiquorum picturae investigator sollertissimus, experimentis invenit
gallae carbones in hoc usu eximii effectus esse, levissimos
scilicet tenacissimosque ardoris et paene expertes favillae (cfr.
eius libellus Beiträge zur Entwickelungsgeschichte der Mal-
technik II p. 13). quid, si huc pertineat notabile illud Marcelli 23, 21 *gallas, de quibus encaustum fit?* — § 132 an *alii*
de (pro *ae* **BV**) *pondere subtrahunt?* — § 156 punctum post
Taurisci nomen poni recte iussit Oehmichen stud. Plin. p. 160.
apparet enim dignationis gradibus distinctos inde a § 154
enumerari artifices eorumque, qui uno verborum ambitu consocientur, nomina alphabetico ordine procedere, ut simpliciter
laudatorum seriem ab Aristone ordiri necesse sit. eadem
ratione tenentur proxime antecedentes *Calamis — Tauriscus,*

ut haec quoque causa sit, cur Antipatrum non artificibus adscriptum esse a Plinio statuamus. *Antipatro qui* sitne probabiliter a me scriptum, dubitari potest; structurae conveniat etiam *Antipatro poetae* (pro *quoque*) *Satyrum . . . caelasse dictus* ⟨Diodorus⟩, *Stratonicus* (deleto *est* ante *str*). sed manebit, opinor, controversia, quamdiu hoc loco, sicut aliis multis, ignorabitur, quid vitii in Plinium, quid in librarios cadat. — § 161 (colorem) *candidiorem nigrioremve et crassiorem tenuioremque* B fortasse recte, quoniam inexspectatam particulam *que* aequalitatis gratia in *ve* mutatam esse veri similius est quam contra. sic codices praebent *candidius nigriusque* XVIII 78 (cfr. vol. III p. 494); alia exempla collegit Io. Müller de stilo p. 68 nr. 31, e quibus insignissimum est XVII 139 *de calidis frigidisque et umidis aut siccis.*

LIBRI XXXIV § 5 *ideo autem etiam deorum operi adscripta*, quod S primus e B recepit, ferri posset, si poneretur *adscribi* (sc. solebat), etsi sic quoque magis Plinianum esset *ideoque etiam.* non equidem arbitror iuncturam, quae est *ideo autem*, ullo loco inveniri. ortum esse *autem* videtur ex *etiam* prave iterato, dein mutato. — § 12 si *empta* verum est, sicut videtur, miror in omnibus libris litteram *m* (*in* d) additam esse. an fuit *ut* (= ὡϲ) *ludibrii causa*? apertius ita declaretur, rem aliter evenisse atque Gegania initio opinata erat. — § 19 quod E Sellers scripsit *aut elephanti*, a palaeographica ratione commendationem quandam habet, sed non opus est correctura, quoniam *sicut* notione copulativa apud Plinium pervagatum est magisque etiam *sicut et*, quod hoc loco recte, ut puto, scripserunt *v. a. S*, nam *et* ante litteras *ele* plus semel sive omissum sive praemissum est: cfr. XXXVII 65 et nota ad XXIV 60, de mendo nota ad XXXIII 80 et XXXVII 78. — § 21 contra B cum ceteris libris posui *ni*, quia in postpositis enuntiatis condicionalibus huius generis *ni* particulae usus tanta frequentia est, ut, ubi nonnullorum codicum fide non careat, praeferenda sit; veri certe similius est *ni* in *nisi* mutatum esse quam contra. ex magna exemplorum copia pauca profero: § 34. XVI 28. XVII 5. 96. XIX 128. 152. XXI 184. XXII 107. — § 34 non opus est particulam *quin*, necessariam illam quidem, nisi *sint*, quod est in solo B, delere malumus, cum *U* inserere aut cum *D* mutando efficere ex *quae*; disiunctum fortasse est *quin* in *quae in* ac deinde ablativus positus (praesertim cum *E* positum esset ante *F*), cum olim fuisset *quin Etruriae factitata sint*: de qua structura saepe non intellecta atque etiam a Madvigio adv. crit. III p. 213 ad XXXV 157 temere attrectata cfr. CFW Müller p. 12. sic paucis versibus infra *Italiae* B. *Italia* V. *in Italia* Rh. negari quidem non potest, *dubitandi* locutiones apud Plinium longe saepissime adsciscere infinitivum, sed indubitata fide traditum est XXIV 187 *nec dubitatur quin . . utilissimum sit.* — § 89 extr. *D*, si scribatur *d*, quod saepe factum est, aegre discernitur a *cl*, unde videntur *v. a. H* recte scripsisse *CL talentis.* — § 41 *fuit. Ruit*, quod est in a, fortasse non tam interpolantis est quam de sincera scriptura dubitantis, cum *R* et *F* confundi facile potuerint. nec desunt in aliis codicibus duarum lectionum iuxta positarum exempla. bene profecto continuentur verba sic distincta: *quem fecerat Chares . . ., LXX cubitorum altitudinis. ruit hoc simulacrum . . terrae motu prostratum, sed iacens quoque miraculo est.* — § 49 tribus illis locis, in quibus *circiter* cum accusativo iunctum esse notavi — etsi XIV 73 anno D E *v. a. Bas. (D)* —, oppositi sunt septem II 187. VI 104. XV 1. XVI 100. XVIII 307. XXXIII 83. XXXVI 9, in quibus ablativus certa fide positus est; sed his locis *circiter* suis verbis enclitice interpositum adverbii notionem habet, illis vero praepositionis, ita ut non videatur ex *anno. m. quo* (B) conici posse *anno, in quo* (sc. tempore). — § 55 *in Titi imp. atrio duo . hoc opere*: sic B. nec cur *duo* in B additum nec cur *duo hoc* in reliquis libris omissum sit, probabilis causa excogitari potest; contra si *duo* corruptum est ex *quo*, facilis exsistit explicatio: excidit enim *quo* in V R d post *atrio*, in B autem post *duo* orationi hianti insertum est *hoc* ab interpolatore archetypi. quare revocari malim *quo* cum h *v. a. S.* — § 70 *canephoram* cum *U* recipi vetat usus, quo *canephorum* sive *canephoron* postulatur. *oporam* (R d) post Osannum (act. litt. antiq. 1857 p. 595) evidentibus argumentis commendavit Lud. Henr. Urlichs in edit. Sellersiana. ibidem pro certa emendatione venditatur Traubii coniectura § 71 *Calamis et alias quadrigas bigasque fecit se impari.* si conicias *sibi par*, ut XXXVI 116, vel *arte (effectu) impari* vel si *sēm pari* (B), ortum ex *sine pare*, pro glossemate ad verba *sine aemulo* adscriptum esse existimes, intellegi saltem possit: monstrificos illos ablativos absolutos, grammaticae quoque rationi repugnantes, quis credat? en, habemus in B interpolationem e genere earum, quas librarius invitus fere commisit etiam amplius adulteratis litteris, quas in archetypo invenerat iam ita vitiatas, ut non intellegeret. — § 76 addendi *quoniam* (inter *appellatur* et *dracones*) manifesta est causa, omittendi non item. — § 83 totum locum praeter *miraculum* edidi ex B. potest etiam *miraculo* ex eo retineri, dummodo deleatur *ut*: cfr. VIII 57 *miraculo cessatum est.* — ibid. desideratur apta orationis membrorum iunctura; fortasse *signorum.* ⟨idem⟩ *et de sua arte composuit volumina.* — § 84 an *Antigonus, qui* ⟨et⟩ *volumina condidit?* fuerat *quid* corruptum in *quia*, postea deletum est a. cfr. XXXV 129 *volumina quoque composuit.* 79 (Apelles) *voluminibus etiam editis.* XXXVI 39 *Pasitelis, qui et quinque volumina scripsit.* aliter XXXIV 68. — ibid. de ansere Boethi celebratissimo et qui non desinat remediorum varietate sollicitari tenendum est, neque *vi* neque alium ablativum requiri, nam et XXXV 63 nude dicitur *Hercules infans dracones strangulans* et, ubicumque sic positum est, *strangulandi* verbum de vi manibus illata intellegitur. *amplexando* autem, quod quamvis violentum Traubius Sellersiae probavit, repugnat elocutioni Plinii in simili causa constanter *complexu* et *complectendo* usurpantis: cfr. XVIII 155. IX 86. 91. XXIX 138 et VIII 216. 32. IX 146 al.; aliena notione *amplexu* V 48 de Nilo amne, XXXVI 127 de magnete, X 197 de dracone posuit, semel VII 43 *amplexari fortunae munera*. accessit cum maxime novissima — etiamsi ne nova quidem, cum iam HStein *ex aere* coniecerit — coniectura Aemilii Boisacq Bruxellensis *vi aenum*, quasi vero anser solus, non infans vel potius totum opus, ex aere fuisset! atque ut taceam in hoc sententiarum ordine ac nexu supervacaneam esse aeris mentionem neque ab ullo lectore serio desiderari, Pliniano more dicendum erat *aereum*, non modo de signis, tabulis, clavis, cultris, vasis, sed semper fere positum (XXXII 41 **B²** praepostere correxit *aeneo* et XXXIV 160 *aeneis* invectum erat edit. Colon.); adiectivi *aenei* exempla non novi nisi *aenea tuba* VII 201 et *aeneo vase* XXVII 47, utrumque fide parum certa; XXIX **35** pro *in aeneo* fortasse scribendum est *in aeno*, ut XXXV **44** *fervente aheno* (**B**), nam *ahenum* substantivi vice pro cortina dicitur (cfr. Cato r. r. 11, 2), ideoque recte videtur *S* VIII 192. XI 193 *aenis*, XXIV 111. XXVII 92 *aenae fulloniae* e librorum vestigiis restituisse, XXXI **28** vero *aes* vel *aera* et XII 88 *aerea* probabilius scribi. equidem, postquam initio cum Ric. Meistero amico in eandem coniecturam *vi annosum* incidi, nunc scripsi *eximium* (i. e. eximiae magnitudinis, adultum et robustum, ut prope accedat ad poetae illud γέροντα), palaeographica potissimum ratione ductus: nam *sex anno* (**B¹**) ita natum est, ut propter falsum numerum *sex* (adhaerente *s* ab exitu vocis *infans*) librarius sibi videretur legere ᴀɴɴᴏ pro ɪᴍᴏ, quae quidem litterae unciali forma quam opportunae fuerint permutationi, exempla docent a me adnotata: § 106 *minii* a. *minime* **VR**d. *anni* **B**. XXXII 37 *annis* **VR**. *annos* **E**. *minis* **B**. XXIX 56 *ansere* **RE**. *misere* d. *imis aere* **V**, unde elucet quam vere XIX 121 coniecerit *B anniferorum* pro *minimi ferorum*. — § **103** an *in Cypriis fornacibus* (*cyprio* **BV**d. *cypria* a)? — § **108** *in tantum* pervagata est apud Plinium locutio, sed neque cum verbo *abesse* iungitur neque in exclamationis initio respicere ad praecedentia videtur, sed semper referri ad comitantem particulam *ut* consecutivam. argumento quoque simillimum huic loco est XXV 2 *tantum ab excogitandis novis .. absunt*; alterum exemplum est II 166 *tantumque a periculo decidendi abest* (aqua), *ut .. exsiliat*. quare vereor ne rectius scribatur *parent nominibus hi: tantum*

.. *absunt.* de hoc usu pronominis *hic* cfr. CFWMüller p. 15. 16
et XIX 129, de mendo etiam supra § 99 *hi si* (**B**) pro *nisi*,
XXXVI 168 *in* **Bh**. *hi r*, al. XII **123** autem fortasse *in* delendum est: .. *veneunt*: [*in*] *tantum expedit licere auctorem.* —
ibid. extr. quod scripsi *excitetur* (vel etiam *excitatur* permutatis
vocalibus: *exatetur* **B**[1]), transfertur ad merces et fraudem un-
guentariorum quod de his mercatoribus ipsis intellegendum
est, qui turpi medicorum inscitia excitari ad fraudem dicuntur.
— § **109** ex *que*, quod **VRh** exhibent, **Ba** omittunt, sed nec
casu quopiam nec interpolandi studio additum esse potest,
effeci *squama*, quia sequens verbum *tollit* necesse est pertinere
ad alterum unum ex antecedentibus *squama* et *flore*. sed ex
Diosc. eupor. I 64. 85. 86 itemque Scribon. 51 veri similius est
(quod sero vidi) post *uſuſ* excidisse *floſ*, ut continuentur *flosque
et amplius .. inpulsus .. tollit (inpulsu* **VR**. *-sum* **Ba**. *-so* **d**).
ita primum coniunctim nominantur *et squama et flos*, deinde
inverso ordine *flos* et *squama* separatim tractantur. — §§ **135.**
136 scripturae *diphrygem — diphryges remanent — diphryga*
ita tantum explicari et inter se conciliari posse videntur, si
Plinium adiectivum διφρυγής (sc. σποδός) vel adeo substantivum
δίφρυξ sumpsisse putemus. — § **162 B**[1] scripserat *gloriabitur
igum* (recte, sed syllabis, ut assolet, perperam separatis); **B**[2]
melius separavit, sed scripturam corrupit. quid voluerit, non
satis patet: mihi visus est *biturnigum* vel *biturtvgum* scripsisse;
Ianus de **B** nihil nisi *biturrugum* enotavit.

LIBRI XXXV § **4** inusitate et parum proprie (ne dicam
absurde) dicitur *pinacothecas veteribus tabulis consuunt.* voluit
'vet. Dal.' *conferciunt*; potest etiam fuisse *complent*, ut § 148
tabulae pinacothecas inplent, § 7 *tabulina codicibus inplebantur*,
XIV 13 (vites) *atria media complentes*. de *p* et *u* inter se permutatis cfr. § 28 *conuexa* (**V**) pro *complexa*. — ibid. extr. Madvig adv. crit. III p. 211 n. indignabundus iussit cum vett. edd.
retineri *furisque detrahat laqueus*: nimirum credebat, quod perquam dubium est, in **R** exstare *laqueus*. arridet sane vel
maxime haec orationis forma, etiamsi non corrigatur cum
Broterio *furisve*, ac revocassem libenter, nisi iustam dubitationem moveret codicum **V** et **B** mirus in accusativo *laqueū*
consensus. hunc quidem, salva reliquorum forma, ferri non
posse nemo fere negavit nisi *SJ*, qui verba explicaverunt ac
si scriptum esset *detorqueat.* nec minus contorta efficitur oratio, si, ut accusativus servetur, conicias *furique detrahat
laqueum*, ad exprimendam sententiam, quae videtur necessaria
esse: heredem pretiosos clipeos frangere, ut prohibeat furem.
— § **7** *aeternae domus*: de mendi origine (*eterne = eteme = etme*)
non opus est verba facere; de vocabuli huius usu cfr. IX 124
aeternae possessionis, XXI 100 *aeterna folia*, XXXV 172 *aeterni
parietes*, alia haud pauca. adverbium *aeterno*, quod Ianum

coniecisse, sed abiecisse video, invenitur uno loco, si recte se
habet, II 240 *aeterno viret . . fraxinus.* — § **9** scite *id evenit*
scripsit *J* pro *deuenit* (**B**), sed exemplis non satis probavit *id*
necessarium esse, cum tamen non sit in multis eiusdem generis,
ut XXV 22 *ut docebimus fecisse* (id) *reges*, XII 66. XXVIII 153.
XXXVII 36 *ut* (*sicut*) *apparebit*, al. potuit *d* nasci geminata
littera *o* vicinae vocis *homero.* — § **10** nemini offensioni fuisse
quo maius, discordans illud cum sequenti *quam*, prope incredibile est. conieci *utique*; non minus aptum *neque maius . . ullum
est.* — § **12** uncos *U* postea ita restringi voluit, ut sola anni
mentio deleretur, propterea quod a Starkio in act. convent.
philol. Tubing. p. 38—50 de Appii Claudii imaginibus in Bellonae aede disputante demonstratum esset, Appium Claudium
consulem anni 79 a. Chr. n. intellegi. at nulla anni mentione
quicumque Plinii aequalium posterorumque ea verba legebat,
non poterat non intellegere priscos illos consules anni 494;
itaque aut totum enun iatum delendum erit aut numerus mu-
tandus in *DCLXXIIII.* — § **16** infelici conatu Holwerda de-
fendit scripturam *invenit* arcessitis ablativis qualitatis *secundam*
(picturam) *singulis coloribus* (§ 15), immemor ille quidem, non
picturam hoc loco narrari, sed *eas* (i. e. lineas) *colore testae,*
quem usum pronominis quis non barbarismi esse hodierni
agnoverit? deinde vero Ecphantus non dicitur primus lineas
colore rubro duxisse, sed figuras lineis adumbratas intus
coloravisse, cui rei convenit *inlevit* illud Hauptii, quod recepi reverentia tanti viri motus, quamquam magis mihi probari fateor *inpleuit* (de mendi genere cfr. supra nota ad § 4),
ut Isid. or. XIX 16, 2 hunc locum aperte respiciens luculenter
et ad rei proprietatem accommodate: *et nunc pictores*, inquit,
*umbras quasdam et lineas futurae imaginis ducunt, deinde
coloribus implent, tenentes ordinem inventae artis.* — § **19**
gloria scaenae habent Silligio teste d h; sed vereor ne a vett.
edd. e coniectura positum sit. a litteris (*scaena*) minus longe
discedat *scaenica*, si putemus sumptis litteris *ic* pro *n* mox
detractum esse alterum *n* ut supervacaneum. — § **45** *purpurae*
(sc. fulgorem) *facere* scripsi restituto *E*, quod ante *F* absorptum
est. de qua ellipsi sententiarum nexu flagitata et vere Pliniana
cfr. nota ad XXV 121, ubi adde XVII 263. XX 155. — § **62**
in **B** litterarum species ea est, ut videatur **B**[1] *permutari* scripsisse,
inde **B**[2] fecisse unco addito *permutare*, denique **B**[3] radendo
revocasse *permutari*. si vero iam **B**[1] scripserat *permutare* con-
sentiens cum ceteris libris, scribendum erit *permutare posse*
⟨se⟩ *diceret*. — ibid. **B**[1] videtur *acragentiniſ* habuisse. — § **75**
haud scio an **B**[1] scripserit *aſianum*, forma rariore, sed apte
usurpata de picturae genere appellato ab hominibus, qui XXI
171 *Asiani* nominantur; nam adiectivum, quod est *Asiaticum*,
ceteris locis inponitur rebus iis, quae ad Asiam terram pro-

vinciamve pertinent: *victoria* § 22, *cerussa* § 38, *cicuta* XXV 154, *mare* V 102, *iurisdictio* V 95. — § 76 qui factum sit, ut *S* adnotaret post *docuit* in B esse *autem*, incertum est. nec *autem* ibi est nec quidquam, quo is error nasci potuerit. refert hoc dedita opera adfirmare, ne quis a *D* et a me hanc lectionem praetermissam esse putet. — § 85 *fuit enim et comitas illi*: exspectaveris potius *autem*. an *invicem*, ut XVII 25? — § 87 init. *alia quia* iam diu conieceram perscripseramque, cum vidi etiam Martinum Hertzium, qui suum exemplum editionis Silligianae, ut varia margini adnotata perlustrarem, a. 1893 benigne mihi commodaverat, in idem incidisse. — § 91 qui ablativos *tali opere .. victo sed inlustrato* servare volet, traiectione saltem verborum uti debebit: *versibus Graecis dum laudatur, tali opere* ⟨aevis⟩ *victo, sed inlustrato*. qua ratione simul apertius fit, quo errore *aeuis* interciderit. — § 92 *etiam* et *famam* aspectu minus inter se discrepant, si fingimus unciali forma scriptum ETIAM acceptum esse pro FĀAM. — § 120 fuit cum pro *umidus* recte conici opinabar *multus*, ut § 137 *sile multus*, vel etiam *nitidus*, siquidem qui *tumidus* dicitur (de mendo cfr. XXXII 85 al.), videri potuerit paulo acerbiore notari reprehensione. *inuictus* quoque a litteris nihil fere recedit nec sententiae repugnat. nam Traubii illud *uiuidus*, quamvis speciosum, eo satis exploditur, quod Plinius omnino nusquam hoc vocabulum usurpavit, occasione plus semel oblata: colorem dixit XXI 46 *vegetissimum*, XX 42 *validum*. a *vivendi* verbo derivata non alia admisit adiectiva quam quae sunt *vivus* et *vivax*. — § 126 *eam* cum gravitate in initio positum et a suo nomine *picturam* longe separatum fortasse parum respondeat sententiarum naturae et ordini. agitur de 'boum immolatione' Pausiae, quae tabula cur in primis 'spectata' fuerit enarratur. quare crediderim potius fuisse *ea enim* (sc. tabula) vel *ea et* vel nude *ea* (*eam* prave accommodato ad *picturam*) *primus invenit is* (pro *in* B) *picturam*. — §§ 132. 133 distinctionem verborum a Madvigio recte administratam esse certum est: de hoc dubitari potest, num satis probabile sit *quadripedum* deformatum esse in *quadripedem* (RF) et *quadripedes* (Bv). idem efficitur scribendo ⟨et⟩ *quadripedes*. optime procederent (transposito *idem*): *huic adscribuntur. idem quadripedes, prosperrime canes, expressit*, nisi hoc violentius et neglecta ratione palaeographica (*fidem* codd.) actum esset. — § 140 extr. puncto post *pinxit* posito et mutata verborum iunctura, ut consocientur simul artificum nomina a littera *E* incipientia, scribendum erit: *Eutychides biga* ⟨qua⟩*m regit Victoria, Eudorus scaena spectatur*. quod certe multo magis arridet quam abruptum illud *bigam: regit*, pro quo iam 'vet. Dal.' voluit *bigam quam regit*. duobus nimirum verbis si rem absolvere voluisset, Plinius non minus breviter, sed suo mori convenientius meliusque dixisset *regente Victoria*. — §§ **158. 159** huius loci identidem temptati compagem Madvigius adv. crit. III p. 214 ingeniose, sed supra modum violenter et mira in tanto viro iudicii levitate dirumpit evertitque, cum reiceret Plinianissimos, ut ita dicam, illos ablativos absolutos in clausula periodi adnexos sequente enuntiato condicionali, cuius usus pauca posuisse exempla satis est: XXVII 2 *nullo vitae miraculo maiore, si verum fateri volumus,* XVIII 1 *vel per se tantum herbarum inmensa contemplatione, si quis aestimet varietatem,* 238 *observatione minime fallaci aut dubia, si quis adtendat,* XXXI 3 *prorsus mirabili natura, si quis velit reputare.* (unde colligitur, ut hoc obiter moneam, non ex **B** aperto et perspicuae originis mendo recipiendum esse *si qui,* quod alioqui non invenio nisi XXX 49 et ne hic quidem librorum memoria traditum, sed e coniectura Iani positum). cardo rei vertitur in recta interpretatione verborum *adsiduitate satiant* (cfr. XII 81), qua constituta et correcto praeterea *neque* pro *uel quae* (**B** v. a. *H̄*) oratio naturali et continuo sententiarum ordine procedit hoc modo: 1) *in sacris etiam hodie fictilibus prolibatur simpulis.* 2) *neque adsiduitate satiant figlinarum opera* profani usus, quae vita cotidie oculis offert summa formarum varietate. 3) *quin etiam defunctos sese multi fictilibus soliis condi maluere.* 4) *maior pars hominum terrenis utitur vasis.* ceterum *quaeque adhuc* (= praeterea) *diximus* § 159 cum codd. retineri debet, si modo quae nuper A Roosen in Wölfflini archivo X (1897) p. 353 n. 2 de hoc adverbii *adhuc* apud Senecam usu exposuit, in Plinium quoque cadunt, apud quem unum certe invenio huius modi exemplum XXXIII 37 *sunt adhuc aliquae non omittendae in auro differentiae.* — § **191** genuinum fortasse servavit **B**: *emplastris, quae siccandi causa componuntur,* si continuentur *oculorumque* (pro *oculorum quoque*) *medicamentis miscentur.*

LIBRI XXXVI § **6** *etiamne tacuerunt .. conlocari*: Handius Tursell. II p. 580 hunc locum et XXVIII 6 *etiamne Graeci suas fecere has artes* attulit, ut doceret apud Plinium *etiamne* induere posse eandem significationem ac *nonne etiam.* recte ille quidem; et addere poterat XIX **54** *etiamne in herbis .. uno asse venali,* ubi ut interrogantis indignationem exprimerem, inductus mendo codicis **E** (*facere*) invexi infinitivos: restituendi potius sunt indicativi *inventum est* et *fecere.* etsi mirum est, Plinium perpaucis locis *etiamne* sic usurpavisse, cum ceteris unice amaret dicere *non et* (cfr. vol. III p. 492 ad XVI 216), tamen non sine certa ratione id fecisse videtur; voluit enim aliquantum ponderis ponere in gradationis notione, quae est vocis *etiam.* ad eandem igitur normam derigi par est XXI 78, quo loco omnis tolletur difficultas, si deleverimus *in melle* ut glossema verbis *in qua* adscriptum: *parum enim erat genuisse rem, in qua venenum facillime daretur. etiamne hoc ipsa* [*in* *melle*] *tot animalibus dedit?* est enim sententia haec: non contenta erat natura genuisse mel, in quo (ab hominibus inprobis) venenum facillime daretur. nonne etiam hoc ipsa tot animalibus dedit (sc. serpentibus, scorpionibus cet.)? quattuor his exemplis videmus commune esse tempus perfectum, sed XXXIII 40 *etiamne pedibus induetur* (aurum) *atque .. faciet,* ubi manifesta est indignatio aurum etiam pedibus feminarum indui vetantis, haec sententia efficitur tempore futuro, quod e codice **B** demum receptum est, cum reliqui praesens exhibeant. itaque in simili exemplo, quod superest, XIX 56 *etiamne herba aliqua diviti tantum pascitur* nunc quoque arbitror *pascetur* rectius esse. — § 9 pro *etiamnum* et hoc loco et aliis quibusdam conieci *etiamtum,* quia sententiae ratione postulari videtur, sicut traditur IV 121 *etiamtum incomperta magnitudine,* XIV 76 *Italicis* (vinis) *etiamtum ignotis,* XXV 11 *cum etiamtum quae rigatur Aegyptus illa non esset,* 21 *etiamtum libera Brittannia,* item VIII 82. 154 al. ac fuit facilis librariorum error, cum ob vulgarem pronuntiationem (cfr. Velius Long. 78, 19 K.) passim (**B**[1] fere ubique) *etiannum* scriberetur, *nn* autem et *mt,* litteris parum distincte exaratis ligatisque inter se, prope ad indiscretam similitudinem accederent. aliis locis, ut XXXIII 61. 133. XXVIII 135, scribendum fuit *etiamnunc,* quod luculenta vi temporali certo constat XIV 54. XVI 37. 216. XVII 156. XVIII 11. 107. XIX 13. XXI 4. XXII 8. XXV 11. XXXV 172, al., ut similibus locis aliis etiam *hodieque* vel *adhuc* vel *ad nostram memoriam* posita videmus. particula enim *etiamnum,* quae apud Plinium plus centies invenitur, ut satis cognosci queat eius proprietas, duplici potissimum notione ab illo ita usitatur, ut haud raro postposita suo nomini 1) idem significet quod *praeterea, porro, insuper* et 2) cum comparativo iuncta intendat augeatque vim simplicis *etiam.* praeterea perpaucis locis nulla certi temporis ratione habita rei statum permanentem universe indicat, ut V 58 (terra) *etiamnum esurit* = 'nondum satiata est' et XXVI 122, ubi *etiamnum* conieci pro *et tantum* vel *etiamtum.* simili ratione explicari videntur XIV 54 et XXXV 158 *durat etiamnum,* quoniam omni pondere in verbo *durat* posito particula tamquam enclitice adnexa non opus erat praesentis temporis notionem aperte designari; locis autem ex aliis scriptoribus oratione obliqua citatis XXXIII 36 et XXXIV 36 fortasse sua est condicio. Handius quidem Turs. II p. 580 adfirmavit qualibet notione scriptores promiscue usurpasse *etiamnum* et *etiamnunc;* apud Senecam vero in prosa oratione semper, in poetica si non semper, at certe plerumque *etiamnunc* scribendum esse a Rooseno in Wölfflini archivo X (1897) p. 345—353 expositum est, quem usum Haasius edit. Senecae vol. I praef. p. V novicium esse iudicavit. sed neutrum cadere in Plinium et utramque formam usu probe distingui comprobatur librorum auctoritate, ex qua iudicii momentum pendere par est. optimi enim libri, in primis **B**, duplici illa notione supra explicata paene constanter exhibent *etiamnum* (item **M** XIII 95. XIV 54 et 83, ubi duobus fere versibus omissis concluditur ex litterarum commissura *bruma|aliud*), ut mirum non sit, si quis e diverso contendat hanc formam, etiam manifesta vi temporali, omnibus omnino locis esse reponendam. recentiores tantum codices, qui in re tali haud ita multum valent, variant aliquando pro *etiamnum* falso praebentes *etiamnunc*, ut locos aliquot corrigendos dixi vol. IV p. 499 ad XVI 47. 50. 67. — § **30** numerum *XXV* vindicavit Chr. Petersen libello de Mausoleo a. 1867 conscripto, ut refert Baumeister monum. antiqu. class. II p. 893 sqq. sed *sexagenos ternos* falsum esse manifestum est; *centenos*, quod unde *U* sumpserit nescio, non minus falsum esse ex conformatione aedificii, qualis describitur, facile apparet. quod pro *LXIII* proposui *CXXS* (probabilius fortasse *CXXI*), repetitum est a Peterseni ratione. quae nisi constare videretur detectis substructionibus, conicerem *CXIII*, ut laterum numeri fuissent 113 et 107. — § **33** Iani coniecturam *Heniochi* alphabetico artificum ordine bene commendavit HLUrlichs in edit. Sellersiana. — § **35** *Daedalsas* nomen, de quo multum dubitatum est, intactum reliqui, quoniam S Reinach in conventu Acad. Paris. inscriptt. et litt. d. 15. Mart. 1897 — nondum scio quibus argumentis — docuisse fertur, auctori et Veneris Romanae et Iovis, qui fuit Nicomediae, nomen fuisse non *Daedalum*, sed *Daedalsen*. — § **39** paulo minus ineleganter ad Pasitelem fiat transitus, si scribatur *ut traditur. Varro admirator* vel (cum **B** *&* habeat pro *ut*) *id tradit Varro, admirator*. — § **41** extr. valde dubito num dici potuerit *circa Pompeium* pro Pompeii theatro, neque ellipsis, qua *G* scripsit *circa Pompei*, offensione vacat hoc loco, in quo nulla alius theatri mentio fit. an *circa Pompeianum*? — § **43** extr. rectius fortasse *operiret* modo potentiali temporis praeteriti, ut in re eadem XXXIV 83 et VII 85 extr. — § **46** hoc loco, qui est de maculoso marmore, id agit Plinius, ut ostendat sero tandem coepisse apud Graecos marmora in praecipua dignatione esse: Homeri temporibus ait universi marmoris fere nullam fuisse auctoritatem, maculosi non ante Menandrum et Chiorum demum lapicidinis quibusdam apertis. huic sententiarum tenori melius conveniat, cum praesertim picturam Plinius alioqui minime contemnat: *non fuisset picturis* (sc. parietum) *honos ullus .., antiqua marmorum auctoritate*. de *aliqua* et *antiqua* permutatis cfr. XXV 147. — § **50** cum in insula Melo nusquam aut atrum aut aliud omnino marmor inveniri narretur (cfr. Blümneri technol. III p. 45 sqq.) cumque discrepantes scripturae propius absint a *Chio*, quod *H* recepit ex Isidoro, tutissimum erit id revocare, quamquam ne apud hunc quidem fide satis certa probatur.

nam versicoloris Chiorum marmoris mentio (§ 46) non obstat, quominus praeterea atri quoque speciem in aliis partibus lapicidinarum repertam esse putemus, quippe quae non totae illud unum marmor dicantur continuisse, sed tum 'ostendisse', cum exstruerentur Chiorum muri. fuisse vero atrum marmor in Chio testatur Theophr. lap. 7 μέλας (λίθος) διαφανὴς ὅμοιος τῷ Χίῳ, ubi similitudo ad utrumque, et atrum colorem et naturam tralucidam, referatur necesse est. — § 55 (maculas diverso modo) *colligunt*, non bene illud congruens cum verbis *sparsa, non convoluta, canitie*, ita tantum vindicari posse videtur, ut scribatur aut *convoluta, non sparsa* aut *expansa, non convoluta*. — § 56 *nigricantis* potuit quidem facile accipi pro *nigricanns*, quo facto alterum *n* velut inutile deleri consentaneum erat. sed cum omnes libri (praeter h?) habeant *duri*, **VR** autem *molli* (fortasse detracto *s* in exitu ante *c*), non inprobabile exsistit: *mollis candidi, nigricantis duri*. — § 68 *amoris in coniuge*: exempla Madvigii gramm. Lat. § 231 n. 1, quibus *U* tueri conatus est inauditum illum ablativum, nihil probant, nam generis sunt alieni. si *in* genuinum est, potest ortum esse ex *ut* (= ὡς) causam amoris apertius indicante, nisi vero praestat cum Pintiano corrigendo reponere accusativum. — § 81 creditur in quattuor verborum continuatione *inter* in **B** prave iteratum esse. ad sententiam vero perquam apte dicatur addito *eas*: *vestigia inter e a s* (sc. pyramidas) *aedificationum nulla*. Iani quidem coniectura *in terra* commendari videtur simili mendo X 95 *internidificant* (pro *in terra nidificant*), sed terrae mentio hoc loco et supervacanea est nec addit id quod desideratur. an vero cogitari possit de nomine composito, qualia sunt *interlunium, internodium, intercolumnia, intertignia, interfluus, intermenstruus*, alia? saltem *interaedificatorum* videtur sic dici potuisse. ceterum tollendum fuit punctum post *exstant*, ut ablativis absolutis causa indicaretur. — § 86 CFWMülleri loci huius intricati interpretatio, qua quo rectius *invisum* illud explicaret, coniecit *suspectavere*, redarguitur diversitate temporum, quae est in verbis *possint* et *suspectavere*. et mire profecto diceretur, n o n p o s s e saecula labyrinthi moles dissolvere, adiuvisse autem Heracleopolitas in hoc dissolvendi labore, qui nullus erat. immo simplicius ac minus artificiose putatur in c o m p o n e n d i s molibus invictis sua sponte illos exstitisse adiutores, vitiatum autem esse *invisum*, cum non possit idem valere atque *invisitatum*. pro quo facile se offert *inmsum* i. e. *inmensum*, nisi malueris *inuictum*, ut § 121 *invicta miracula*; de mendo cfr. *uicta* et *uifa* (**B**) XXXVII 115. — § 89 si necesse est, de quo adhuc dubito, *fulsisse* e. q. s. ad Chaeremonem in labyrintho pauca reficientem, non ad primos aedificatores, referri, omnis difficultas evanescet traiectis vocibus duabus vicinis: (fulsisse) *fornices, dum quadrati lapides ad-*

surgerent. — § 108 pro verbis *in post uitam* (**B**) vel *inposuit iam* (*r*) Madvigius adv. crit. III p. 214 coniecit *inpostura*, 'deceptum pudorem a Plinio dici' interpretatus. cuius sententiae rationem fateor me non adsequi nec adducor equidem, ut hanc vocem, Plinio alias inusitatam, hoc loco recte poni credam. — § 115 infinitivum *sedere* dubitanter retinui, nam fueritne ita Graeco more notione consecutiva usurpatus, valde incertum est. longe mihi maxime probatur Iani illud *sede* (quadraginta milium hominum), vitiose geminata syllaba *re* sequentis vocis *relicus.* — § 133 *in farinam mollis*: offensioni haec fuerunt non solum editoribus vetustis, sed etiam Fröhnero in verbo *appellatur* mendum quaerenti. si *molitus* parum recte conieci, potest etiam *in farinae ⟨modum⟩ mollis* proponi. — § 166 *mollitia*, omissum a **FdThv.a.G**, vereor ne glossema sit interpretandi causa exquisitiori voci *mortalitate* oppositum. quae suspicio verbis deinceps sequentibus *alia mollitia* adeo non refellitur, ut videatur confirmari. — § 171 scripsi cum **B²** *fortuita* sc. coria. licet tamen lapides intellegere, quibus coria componuntur, nec absurde scribi posse censuerim: (lapides) *tantum frontibus politis, reliqua fortuitos conlocare* (*s* ante *c* a librariis omisso). — § 199 extr. *vitrum sulpuri .. in lapidem*: notandum est, eadem verba, nisi quod *sal nitrum* pro vitro et *vertitur* pro *feruminatur* posita sunt, eodem modo XXXI 122 adnexa esse in clausula de nitro narrationis, ubi iam paulo ante (§ 111) eadem observatio haud dubie subest verbis his: (nitrum) *frequenter liquatum cum sulpure coquentes.* inde exsistit suspicio, hoc quoque loco *nitrum* pro vitro substituendum esse: nimirum ut iterum adnecteretur haec observatio, factum est nitri in vitro fabricando mentione (§ 191); mendi autem origo eo explicatur, quod archetypi librarius, cum toto hoc capite de vitro agi videret, hoc potissimum ut animo teneret inductus est. nec taceri debet, in **B** voci *uitrum* hoc loco praefixum esse signum crucis +, quod quid sibi velit incertum est. glossemate ea verba in textum venisse non crediderim, quoniam *feruminandi* verbum, plerumque illud male intellectum, glossatorem non redolet. si alterutrum pro interpolato habendum sit, malim XXXI 122 *sal nitrum .. lapidem* expungere, quae verba non uno nomine suspecta sunt. — § 203 singularis apud Plinium usus hoc loco est vocis *ecce*, pro qua **B²** *esce*, quod cum nihil sit, non potest e coniectura correctum esse. an fuit *sc.* i. e. *scilicet*?

LIBRI XXXVII § 4 extr. *praelatis multis* (**B**) probabilius videtur quam *tot praelatis*, si fingimus in ceterorum codicum archetypo *multis* post *praelatis* ob similem exitum omissum fuisse insertumque lacunae explendae causa *tot*, quod sententiae non convenit nisi si Plinium credidisse putamus lectoribus suis notas fuisse gemmas omnes in Concordiae templo ad-

servatas. — § 18 facile est conicere *potavit VII annos*, sed
nomen proprium latere in *annos* vel inde patet, quod nuda
appellatio *consularis* non est Plinianae consuetudinis. nam
plerumque praemittitur nomen ipsum hominis; omisso eo sub-
stituitur *vir*, ut VII 183. XV 91, uel numerale nomen (*unus*,
duo, *tres*), ut VII 142. XXVI 5. XXXVI 203, semel *quidam*
XI 49 et *senes* XXIX 10. certe nusquam abest nomen, cui
adhaereat *consularis*. quin etiam ad nomen proprium appo-
nitur plenior appellatio *vir consularis*, ut XI 213. nec aliter
usurpatur *praetorius*: cfr. XX 215. XXII 120. VII 142 et VII 63.
XI 223. XIX 35. XX 199. ipsum nomen, cuius exitus tantum
hoc loco exstat, plane incertum est; licet etiam de uno e
Vipstanis consularibus cogitari (cfr. Tac. ann. XIV 1. XI 23):
potavit ⟨Vipst⟩*anus*. — § 40 verborum *forma aliaſ* ultimae
litterae *a aliaſ* a **B²** scriptae sunt in loco raso, fide haud ita
certa. ceterum cum vocales *i* et *e* saepe permutatae sint,
principe recipiendum censeo. — § 41 *persuadere* (**B¹Lа**), si
genuinum est, facile vindicatur inserto *se post sperasse*. ibidem
quae sequuntur *quamve pueritiam .. reperiri*, pendent ex verbis
eum sperasse quis non miretur, contorte duabus interrogatio-
nibus uno vinculo inplicatis. fortasse *quamve* corruptum est.
concinnius certe continuetur *ullamve* (de mendo cfr. § 13 *nulla*
BL. *qua* dh. *quam* **F**) aut *usquamve* (omisso *us* post *miretur*
ob similitudinem litterarum *ur* et *uſ*). — § 42 extr. *atque non
sidere*: de *non* et *con* permutatis cfr. § 86 *quae contraluceant*
(dh), de locutione *atque non* in contrariis orationis membris
Plinio familiarissima § 88. 115. 117. XXXVI 198. XXXI 73.
VII 94. XVII 91. 135. XVIII 61. XX 57. XXII 108. XXVII 78.
XXIX 29. — § 48 *ramenta quoque eius* (sc. sucini): toto hoc
capite et ante et post plurali numero *sucina* narrantur. suspicor *ramenta ex iis*, ut XXI 5 *ramento e cornibus*, XXIII 129
ramenta e ramo (e Iani coniectura) et passim *radix* vel *folia
ex* herba arboreve, *cinis ex* aliqua re, alia eius generis. —
§ 52 interpolatio molesta, quam exterminavi, nata est primo
e glossa *lyncurium* ad pronomen *id* adscripta vel e titulo
marginali, postea varie latius serpsit (in **B** cumulatis etiam
dicendi verbis), quia elliptica structura non intellecta erat.
est vero *etiamsi* non uno loco sic a Plinio positum: V 58
etiamsi non protinus populis, feris tamen et beluis frequens,
ib. 60 *multis* (urbibus), *etiamsi ignobilibus, frequens*, VII 100
omnia, etiamsi non prius, attamen clarius fulsisse, X 17
(aquilae) *cum dracone pugna .. magis anceps, etiamsi in aëre*,
XXIII 12 (uvas) *in caelesti aqua servatas, etiamsi minime iu-
cundas*. olim etiam XXIX 29 *etiamsi alienis locis, tamen* et
XXXVII 115 *etiamsi victa*, per se nulla offensione. particu-
larum *quamvis* et *quamquam* talem usum apud Plinium pervagatum esse notum est; exstat *tametsi* quoque particulae

exemplum XVI 243 *similem* .., *tametsi tardiorem, iniuriam.* —
§ 56 init. *primum* illud, quod in solo B traditur, habet sane
quod offendat. ante vocem *Indici* transposuit D, recte haud
dubie ad sententiam, sed nec Pliniano more necessarium est
et apertior addendi causa quam omittendi. est fortasse glossema marginale ad vocem *Indici* pertinens et errore in proximum versum superiorem inlatum. — § 64 extr. de hoc loco
difficili priorum sententiis enarratis ponderatisque copiose ac
dilucide disputavit Blümner technol. III p. 313 — 323. cui de
summa rei adsensus retinui vulgatam lectionem *supini.* quod
nihilo setius propter B conieci *supinis rerum,* id factum est,
quia videtur oportere supinos quidem esse homines, qui rerum
a tergo et in loco inferiore positarum imaginem in speculis
intueantur, sed specula prona potius et rebus reddendis ad-
versa. vis et usus adiectivi *supinus* eorumque, quae opposita
sunt (*pronus, infestus, convexus*), satis declarantur locis in adnotatione congestis; unde apparet etiam XVIII 47 inter se
contraria esse *proclivibus* (si modo recte se habet) et *supinis,*
ut verba sic accipienda sint: (fossas) *in solutiore terra saepibus
firmari vel proclivibus* (i. e. quas vel proclives esse licet) *aut
supinis lateribus procumbere.* quamquam fieri potest, ut in
verbis *firmari ine (ne) procibus (procliuis* F²) lateat *firmari,
si sint proclives* (sc. fossae) vel etiam *firmari, aliter prociduas.*
— § 71 hoc loco desperato, ut videtur, et cui ne Solini quidem
vel Isidori ope satis multum subsidii ferri queat, pro *qui tamen*
fortasse scribendum est *quidam non.* negationem iam Bar-
barus proposuit. — § 72 an *et semper iam* (pro *tamen*) *vilissimi fuere?* — § 89 primus recepi e B *rubentibus* i. e. *cum
rubent,* nam locustarum maris crustae non natura per se
rubent, sed coquendo demum hunc colorem accipiunt. evi-
dentior fiat loci sententia, si scribatur ⟨ceu⟩ *locustarum,* sicut
Plinius passim ea particula utitur ad denotandam similitudinem (VIII 121 *ceu crocodilo,* XIII 54 *ceu culices,* XVI 41
ceu cupressis, XIX 45 *ceu lactis,* XXVI 82 *ceu libanotidis* itemque XXVII 85. 93. 111, al.), cumque B¹ semper scripserit *lucusta,* potuerit sane *ceu* intercidisse inter *uero* et *lucustarum;*
sed non opus est inseri structurae per se satis dilucidae, qua
non perspecta e *rubentib.* in recentiorum librorum archetypo
fictum est *rubentior,* quem comparativum nullo loco alio apud
Plinium inveniri memoratu dignum est. — § 91 extr. qualem
S ex B ediderat hunc locum ferri non posse iam J recte vidit,
cum propter sardam in § 105 demum descriptam coniceret *nec
sarda* ⟨iam subtexenda⟩ *est huic gemmae.* sed *differenda* illud,
quod est in reliquis libris omnibus, non potest acceptum ferri
interpolatoris studio, qui ordinem tantum verborum mutavit,
cum sit transitionis ad rem novam eamque cognatam formula
vere Pliniana, ut XXXI 106 *non est differenda et nitri natura,*

non multum a sale distans. nec obscura est causa erroris, quo *differenda* post *sarda* omissum est. postquam autem § 86 *sardonyches* tractatae sunt, quarum nomen compositum est ex *sarda* et *onyche*, iam deinceps dividuae ex eodem nomine gemmae tractantur: itaque ut § 90 *exponenda est et onychis natura propter nominis societatem*, sic § 91 *nec sarda differenda est, huic gemmae dividua ex eodem et ipsa nomine*, qua ratione et *dividua* suam accipit significationem structuramque et dativum *huic gemmae* (sc. onychi) ex pronomine *eodem* aptum esse facile intellegitur. — § 100 *proxima natura eius* scripsi, non ignorans remedium incertum esse. potest etiam conici *propria natura eius*, ut distinguatur sandastros Garamantica ab Arabica. nam *propter patriam quam .. vocant*, quamvis aptum ad sententiam (cfr. § 171), iusto tamen violentius est. ibid. paulo post non expedio, quid agat *narrata*; nondum enim narrata est nec religio nec siderum cognatio. facilius sit intellectu *religio nata* (vel *nata a*) *siderum cognatione*. — § 105 nec Sardium nec Babylonis apud Theophr. lap. 30 mentio fit, sed quae praesenti tempore ibi narrantur, universe ac summatim dicta sunt. sic hoc quoque loco interiecta universa observatione verba *hoc metallum .. tradunt* paulo longius respiciunt ad verbum *Sardibus*. si vero nihilo minus *laudatissimae .. aperirentur* e. q. s. una verborum complexione cohaerere putanda sunt, redeundum erit ad lectionem olim vulgatam, qua ad verba *haerentes .. cordis modo* ex antecedentibus tacite suppletur 'repertae sunt', ut *reperiuntur*, quod est in uno **B**, interpolatoris manu invectum sit. nam *repertae*, quod *D* ex eo fecit, probabilitate omni destitutum est. — § 129 *et suum genus*: non potest *et* hoc loco idem valere quod *etiam*. scribendum potius *sed tamen ei suum genus* (sc. est), ut XVI 166 *suum genus sagittario calamo* et ib. 124 *malis proprium genus*. minus veri simile *sed tamen* ⟨hab⟩*et suum genus*: cfr. X 11 *haliaëti suum genus non habent*. — § 145 *radi* cum *U* e Solino inseri non videtur necessarium esse; sed cui videbitur, probabilius scribet *abnuerĕ radi duritia*. — § 146 extr. nec meo nec priorum sanandi conatibus vulnus ad cicatricem perductum est, sed fuco potius occultatum. primum enim triplicis stirpis codices **Badh** (et, ut suspicor, **F**) habent *cum*, non *contra* (in **a** propter *cum* etiam ablativus *limphatu* positus est); itaque *contra*, quod est in **L** et in cod. Poll. omisso *cum* (in **L** etiam *radiantem* omissum est), recte tribuitur coniecturae eius, qui recentiorum librorum archetypum recensuit et correxit corrupitve. deinde vero *habentium* (**BFdh**. *habentiam* cod. Poll.) pro sincero haberi par est, positum illud loquendi genere eodem quo genetivi *lingentium* § 184, *perunctarum* XXX 124, *perunctorum* XXXI 119, *foventium* XXXIV 122 (cfr. supra p. 488 ad XXXII 106); *habentem* (**a**) adsimulando fictum est, *haben-*

dam (**L**) corrigendi studio. denique substantivum illud *lym-phatus* nusquam alibi invenitur, nec veri simile est nulla ne-cessitate noviciam hanc et inutilem formam finxisse Plinium, cum *lymphationem* dicat § 51. 61. XXXIV 151 et semel ad-iectivo (XXVI 52 *lymphatica somnia*), ceteris locis *lymphandi* verbo utatur: XXIV 164 *lymphari homines*, XXVII 107 *lym-phantium animorum*, XXXI 9 et XXX 84 *lymphatos*, VIII 185 *repente lymphati*. quibus rebus eo ducimur, ut *lymphatum* pro participio (pertinente ad *animum*) rectius accipi statuamus, post *radiantem* autem ob similem exitum excidisse *sanari ani-mum*, ultima quidem syllaba servata, sed corrupta in *cum*, ut omnia procedant hoc modo: *radiantem*; ⟨*sanari anim*⟩*um lymphatum habentium* (sc. aspisatim gemmam). quod *U* pro-posuit *habentem uim* (a litteris propius absit *habere uim*), etiamsi interpolatum illud *contra* probari possit, ordine tamen verborum recedit a more Pliniano, cui conveniat *vim habentem* (vel potius *vim habere*) *contra lymphatum*. — § **150** *adalli-gata proicitur*: sententia obscura est verbis fortasse muti-latis. (an *adalligata corpori dicitur urere ui portentosa* vel tale quid?). — § **158** an *sopito* (permutatis *tiſ* et *to*)? — § **168** verba, quae in **FdhL** post *hyaenae* vitiose scripta sunt, in **B** aut consilio aut propter similem exitum oculorum errore omissa esse veri simile est; neque vero abesse debent, nisi forte *in oculis* corrigendo substituere malumus pro eo quod in omnibus libris est *ex oculis*. cum Solino autem et Isidoro, qui *lapides* exhibent, consentiunt **BF** in masculina forma parti-cipii *subditi*. pro *in uase* liceret conici *in Asia*, nisi Plinius ipse et Solinus Africae potius Aethiopiaeque hyaenam assigna-rent. quid olim scriptum fuerit, difficile dictu est. an *innati* (cfr. § 187) vel *inlaesi*? — § **175** *habet nomen* esse in **B** (cfr. § 171), a *SD* non adnotatum est. — § **183** *liuida* re vera non magis certum esse scio quam *hysgina* (*D*), etsi in hoc vel ad-iectivi forma incerta est (cfr. etiam IX 140. XXXV 45). e lit-terarum vestigiis praeterea elici potest *generum est*, ⟨*similis*⟩ *lychnidi*: cfr. § 103 (vel XXI 18). — § **188** *ammochryso* com-mendatur etiam alphabetico ordine ĩn enumerandis nominibus, quae causae similitudine artius comprehenduntur, quoad fieri poterat, observato. — § **191** probabilius fortasse *spartopolian rarioris* (sc. canitiei color), omisso *ſ* ante *r*, nam *rarior.irodi-tiſ* **B**. — § **200** adverbium *excusate*, aptissimum illud ad rem et non modo a Tacito, Plinio minore, Iustino usitatum, sed munitum etiam simili adverbio *causatius* (praef. § 7), cur edi-tores adhuc spreverint, non intellego.

ADDENDA AD VOLUMEN QUARTUM

In scriptorum testimoniis contextui subiectis sinistro casu omissa sunt: XXIII §§ 57. 58 = Gargil. p. 180, 16—21. — ib. § 59 = Gargil. p. 181, 5 sqq. — ib. § 60 = Gargil. p. 181, 13 sqq. addidit praeterea Detlefsen (Berl. philol. Wochenschr. 1897 p. 621): XXX § 1 = Serv. ad Verg. Aen. III 90. — § 6 = Dionys. Chalcid. in histor. Graec. fragm. (Müller) IV 394. — § 13 = Pompon. Mela III 18. — § 148 = Cato r. r. 73. ib. extr. = Democrit. ap. Colum. VI 28 et VII 3, 12. (cfr. Plin. VIII 188).

Emendationes proposuerunt in censuris huius voluminis scriptis Detlefsen (l. l. p. 622 sqq.) et Io. Müller (Wochenschrift f. klass. Philol. 1897 p. 798 sqq.).

Müller coniecit: XXVII 83 hoc in olla fictili ⟨uel⟩ luto circumlitum *apte coll. XX 26.* — XXVIII 145 communis ⟨uis⟩ et medullarum est. — XXIX 48 simulque vim potus faucibus habeat (& cibi Er*S.* ac cibi d*v.* & cibus V*R. an potius delendum?*).

Detlefsen scribi vult: XXX 4 Azonacen *cum* E*G coll. Keipero philol. 1885 p. 368.* — § 5 Mermerum et Arabum et Typhoeum (Arabantiphocum *ll. v.* ego et *omitti malim*) *coll. de* Mermero *tract. de mul. in Westermanni paradox. p. 213, de* Arabo *Plin. VII 196,* Aeschyl. Pers. 316, *de* Typhoeo *Tertull. de anima 56.* — § 8 Ostanes (*non* Osthanes). — § 16 *cum Kiesslingio* non obsequi numina aut cerni non posse. ni forte hoc, in illo nihil membris defuit. *si veri vestigia in scriptura* POSSENT (Er) *quaerenda sunt, malim equidem*: cerni non POSSE. FVIT forte hoc in illo; nihil in ceteris defuit. *nam ni forte Pliniani usus esse negaverim.* — § 17 violare naturam deam (eam *ll. v. an* naturam rerum? *cfr. XXVII 146).* — § 27 hoc idem strigis pinna (stricis E). — § 74 alumine scisso *cum ll. v* (schisto *S) coll. XXIII 108.* — § 108 digito medio (*quod ego quoque conieci) coll. Schuchio Gargil. Mart. cura boum p. 35.* — § 122 quae gregatim folia ⟨asphodeli⟩ sectantur *coll. XXII 68.* — § 144 *propter vocem* emissus, *quae sequitur*: ter circumlato in aedibus palumbe (maedis V. medis dE). *sed de verbo* emittendi *sic posito cfr. infra § 148. XXXV 114. XII 59. (XXIX 129. 130. XIII 54).*

ADDENDA AD VOLUMEN TERTIUM

Spicilegii critici in retractando tertio volumine facti aliquam partem lectoribus hoc loco tradere placet, correctis simul nonnullis erratis, quae plagulas quamvis attente corrigentem fefellerunt. omissa autem argumentatione satis habeo indicasse tantum ea, quae nunc mihi emendatiora esse aut certe probabiliora videntur.

XVIII § **291** mira⟨ri inenarra⟩bilem benignitatem: *cfr.* *XXXV 158.* — § **330** pecudes de sole *apte coniecit C Rück* *ephem. gymn. Bavar. 1897 p. 415. ibid. p. 254 vindicavit* § **359** inflatumque altius *coll. Cic. de divin. I 7, 13.*

XIX § **11** apro saetas, quae ferri aciem vincunt (quae = que = ceu e *ll.*). — § **22** *transponendum* temptatum est tingui quoque linum. — § **48** unguentis *coni. H*; *in* **E**, *ut in reliquis, est* unguenti. *quod B coniecerat* tingenti *sententiae non convenit*: *cfr. XXIV 96. scribendum* unguente (*i. e.* pingue faciente) quicquid sit cum quo decoquatur. (ungenti *v. a. B*). — § **50** in remediū: *cfr. nota ad XXV 145 (XXIII 156).* — § **54** in his (*sc.* herbis) quoque aliquas (*sc.* herbas) sibi nasci tribus negant. — § **58** herbae maxime placebant, quia non egerent igni (herbe *corrupto in* horti *ll. v*). — § **69** scandentes parietum aspera ⟨penetrant⟩ in tectum usque: *cfr. XVI 236.* — § **73** *extr.* rustica supellectile (*abl. absol.*). — § **79** ⟨ob⟩ hoc serere maxime cupiunt. *an vero* hūc *sc.* raphanum? *nam* hoc (*i. e.* semen) *non aptum.* — § **80** differentia ⟨est⟩ semine. — § **90** *an* inest ⟨ex⟩ longitudine nervus? *cfr. XVI 21. ibid.* qui decocto extrahitur (decoctis *ll. v, sed* siser *semper singulari numero usurpatum videmus*). — § **97** est *om.* **E**(?)**F** *v. a. D.* | inarescentis **DF**d. -tes **G**. -tia **E**(?)*v. an* folio inarescente? — § **103** circa ver & (a **DF**) cum germinent. — § **109** *aut* capita dilatabant ⟨in⟩ hoc (*sc.* porro), item in bulbis *aut* capita dilatabant — hoc idem in bulbis —, *nam* item *semper in initio suum locum habet.* — § **121** cum pervenit ad palmi altitudinem (*permutatis terminationibus*): *cfr. vol. IV p. 488 ad XXVI 86.* — § **122** *p. 282, 2* direptis **d** *v. a. Brot.* — § **140** teneritas in dote iis (is = si *ll.*). — § **155** inde vigoris significatio. proverbio usurpant (-pauit *ll. v*) id vocabulum veluti torporem excitans (-tatis *ll.* -tantis *v*). — § **158** *an* certaminis Nemeaei? — § **161** alterum eius genus silvestre (*sc.* est). . . Thebaicum. si . . potetur in dolore stomachi, e (in *ll. v*) Carpetania . . maxime laudatur. — § **165** ceteri fere (*ll. v*) conyzam (*non* uero *cum* **Q** *D*). — § **176** sicut ⟨in⟩ reliqua terra (*i. e.* non in hortis) sata. — §§ **182. 183** *sic distinguendum*: bestiolae innascentes necantur his. Horae rigandi. — § **188** *an* apio eximunt coqui obsoniis acidum (*sc.* saporem)?

XX § **19** *an* tostaque? (quoque *ll. v*). — § **29** ovis quae feminam pepererit: *cfr. XXVIII 75.* — § **33** unde, quae in proverbium Graecis (*sc.* venerunt), multa Syrorum olera (undique *ll.*). — § **34** siser erraticum sativo similis est [et] effectus (*genet. qualit.*): *cfr. XIX 165.* — § **44** quae et syce *coni. G nullo, quod sciam, testimonio.* quia sic ē *ll. om.* **Q**. *delendum glossema pertinens ad* noctibus inquietantes. — § **46** cum

vini hemina [potus]: *glossema marginale pertinebat ad v.* vel sucus
paulo infra. — *ibid.* renium *cum S* (renum *ll.*). — § 65 asperi-
tatem addito dulci ad intinctum aceti temperante (-tes *ll.v*),
si crassior pituita sit, scillite: *de participiorum cumulatione cfr.*
Müller de stilo p. 32 et XXI 166 radice contrita .. inposita,
XXXIV 157 aqua inmissa eluente calculos, *XXXV 28* supervolante aquila draconem complexa. — § 71 addito ⟨modice⟩
aceto. — § 72 undecim saepe, caule lilii *flagitatur Dioscori-*
dis testimonio. — § 74 idem si in aceto decoquatur .., item
morbum regium (item *ll.v*). — *ibid. extr. an* quorum quidem
(*sc.* Magorum) .. aliqui chreston appellant? — § 75 genitura
quibus valetudinis modo (morbo *ll.v*) effluat: *de voce valetu-*
dinis '*morbum*' *significante cfr. XX 199. XXIII 48. 94. 122.*
XXIV 43. XXVI 9. XXIX 93. — § 82 *p. 326, 16 not. lege*
eluxatas *ll.v.a.H.* — § 88 si mandetur (-ditur *ll.v*). — § 100
cocta (tofta *ll.v*) .. iterum in aqua coquitur. — § 104 vino
aqua caelesti temperato: *sic* d; & aqua FE (*e dittogr.*). ex
aqua *v contra Plinii usum.* — § 122 et in choleris (etiam *ll.v*
permutatione crebra). — *ibid. extr.* in vino, ⟨in⟩ duritia. —
§ 137 sic et .. narium indita iis. suco (sic et *ll.v*) conlutis
dentibus prodest. auribus quoque .. sucus infunditur. — § 147
et si (his *ll.v*) coagulati potu strangulentur. — § 153 vitia
⟨e⟩ melle decocto et nitro sanat. — § 158 qualiter et sub-
sternere (qualit' = qualia *ll.D*): *cfr. II 106. 139. 156. III 40.*
XXVII 44. 47. XXX 104. XXXV 3. — § 161 item (*vel*
etiam) ecligmate (et in *ll.v contra Plinii usum*). — *ibid.* inpositis ⟨in⟩ vellere foliis: *cfr. nota ad XXVIII 248.* — § 198
an ⟨suco *vel* liquore⟩ e nigro papavere sopor gignitur? —
§ 201 ego [tamen] damnaverim collyriis addi (*mutata dittogr.*):
nam dici debebat collyriis tamen addi ego damnaverim. —
§§ 227. 228 (sucus datur) decoctae comitialibus hemina.
sucus (suc; = suci *ll.v*) hic .. inlinitur. set (et *ll.v*) sacris
ignibus .. folia inponuntur. — § 231 et alterum genus .. vocant; sativo id est minus et acutiore folio (idē similius E*v.*
itē similius *rG*): *cfr. Diosc. et paulo infra* maius sativo. —
§ 237 sternumentis (-utamentis *ll.v*): *cfr. nota ad XXIV 97.*
— § 241 eximie utile scopis ipsius (eius *ll.v*) .. decoctis. —
§ 244 sucum addit in (is *ll.v*) ipsumque ovum infundit ⟨et⟩
mel: *nam inane ovum non pro vase est, sed mensurae vice*
fungitur, ut fiant aequae portiones. paulo infra: inlinit is
(inlitis *ll.v*) etiam vulneribus. — § 252 dicitur potum e vino
prodesse, clavis pedum inlitū (inlini *ll.v*), item lienibus ..
ex oleo. — § 256 *transponendum* et urinam ciet ad tormina
potum.

XXI § 4 *ante* erat *excidit* mos *typographi errore non cor-*
recto; tum deleto postea *incertae fidei* (*non credo id exstare in* R)
sic distinguendum: arborum enim ramis coronari in sacris certa-

minibus mos erat. primum variari coeptum .. Sicyone ingenio
Pausiae pictoris. — § 15 iam & (a *ll.v*) Troianis temporibus:
cfr. XVII 119. XIII 69. XXXIII 6. XXXIV 158. — § 36
rosa recens e (a *ll.v, ortum ex* ae) longinquo olet: a *repugnat
constanti usui Pliniano.* — § 40 *p. 393, 17 not. lege* exilis d*G*
(*non* G). — § 42 *fortasse* Illyricum maxime laudatur: *cfr.
Theophr.* (cilicum *vel* filicum *ll.*). — § 44 si modo .. foliis
(folifoliis = folia eius *ll.v*) mane candida .. caerulea aspicitur. — *ib. in adnot. lege* Diosc. IV 133 (*non* 123). — § 46
alius (color) in viola serotina ⟨ceu⟩ conchyliorum vegetissima.
— § 51 quae & Cappadocia vocantur: *sic recte v.a.D* (que &
= quia *ll.*). — § 59 *p. 399, 25 not.* helene d**R** *H. cet. pertinent
ad p. 400, 1.* — § 63 croco quam simillima. [quamquam] in
Italia odoratior candida: quamquam *v cum* d(?) *incerta fide*;
quam *r* (*prava iteratione*). — § 64 *p. 401, 12 not. post* floxos **E**
adde: om. r. — § 78 percussos eū (*sc.* sucum; ea **ET**. eas *r*)
bibere. — § 80 operculum (alvorum) .. ambulatorium, ut pro-
pellatur intus (*properatur ll.* proferatur *G dictione minus
apta*). — § 94 *p. 411, 14 not. lege* cauteile G (*non G*). — § 97
inveteratos ⟨conditos⟩que. — *ibid. extr.* vocant & scalian (asca-
liari *ll.*). — § 139 contra suffusiones oculorum, urinas ⟨cruentas⟩:
cfr. XXI 173. XXIV 23. XXVII 120. — § 146 et abortum
fieri poto (*sic* **R**d**E***v.* puto **V**G*D*); *infinitivi* esse *et* fieri *pendent a verbo dicendi ex v.* vocant *tacite supplendo: cfr. Müller
de stilo p. 76. 77.* pro puto *Plinius dixisset potius* censuerim,
crediderim *vel* arbitror, reor. *possit temptari* stomacho tamen
⟨aiunt⟩ inutile esse, *sed non opus est.* — § 149 sicut araneorum, [item] scorpionum, item contra volvarum strangulationes. — § 154 *p. 429, 11 not.* floresque **V**G d *pertinet ad v. 14.*
— § 159 quandam etiam gratiam his veneremque conciliari:
cfr. XVII 53 (faetore) in quandam etiam gratiam mutato. —
§ 161 inlinitur ⟨cū⟩ cotoneo malo cocto: *cfr. XXII 122.* —
§ 166 quam primam aspiciant uere, continuo tolli iuben-
tes. — § 180 mira oblivione minus nocent, ea quippe prae-
sentaneo remedio .. exceptionem addidere, ne diutius id
fieret: delirationem enim gigni eo. ⟨non equidem censeo⟩
demonstranda remedia (minus nocentia **V**. minnocentia **R**). —
§ 181 commendetur ergo cibis: *sic libri omnes* (ciuis **R**) *recte*;
in cibis *v. de dativo cfr.* cibis placere *XXII 58*, experiri cibis
XII 29, expetitur cibis *XIX 48*, cibis gratae *XXII 16, al.
alieni vero generis est* XVIII 128 in cibis nostris .. commendantur (rapa). — § 182 *an transponendum* copiosa aqua
mulsa calida?

XXII § 4 herbis tingui lapides, parietes. [nec pingi] nec
tinguendi tamen *e. q. s. de mutata dittogr. cfr. in cod.* **B** *XXXII
94* [nec pinec] nec pinguibus, *XXXIV 96* [provinciae] provinciisque, *131* [scabritis] scabritiae. — § 5 immensum quiddam

ex his (*sc.* herbis ignobilibus) sumpsere. — § **44** cum is (Pericles) in arce templum aedificaret ⟨et⟩ repsisset ipse (*sc.* verna) super altitudinem fastigii. — § **45** quare ea (& *ll.v*) chamaeleon vocetur. — § **65** prodest suspiriosis et iocineri, lieni et felle subfusis, hydropicis. — § **69** odorem oris (corporis *ll.v prava iteratione*) iucundum. — § **83** sucusque (quoque *ll.v*) eius bibitur. — § **104** praecipuae utilitatis contra aquas malas . . item (et in **G**D. in **V**d*v*) tussi, uvae, fellis veteris suffusioni (E *ante* F *omisso*). — § **111** ut sit (ut st **VG**d. et est **RE**) ratio . . dulcia esse: sic et in lassitudine proniores esse (*orat. obl.*). — §§ **112. 113** nervisque contrarium semper. Mulsum *e. q. s.* — § **113** minusque inplet ⟨et⟩, quod fere evenit, ⟨non⟩ adpetentium quoque revocat aviditatem cibi. — § **115** dari in febri (*sic* **T**, febre *rv*). — § **122** decoquitur alias cum mulsa aqua et fico sicca in iocineris doloribus; cum pus concoqui opus est, cum vino; cum inter concoquendum . . melius aut in faece aceti aut ⟨cū⟩ cotoneis: *cfr. vol. IV p. 480 sqq. ad XXIII 165.* — § **123** ad conlectiones vero et ulcera vetera (concoctiones *ll.v*). — *ibid.* aut fico sicca aut ⟨fici⟩ cinere. — *ibid.* item (cum *ll.v*) oleo. — § **127** clavisque. etiam (nam *ll.v*) cum oleo vetere. — § **129** favorum ⟨cum⟩ cera coquitur. — § **135** *an* praeclare retinet menses? *cfr. Diosc.* — § **146** *sic distinguendum*: odore gravi haec. mitior *e. q. s.* — § **147** *an* decoctae ius potu? *cfr. vol. IV p. 484 ad XXIV 96.* — § **155** vel in febri ⟨po⟩tui datur. — § **156** *rectius* coxendicium (**VE**D). — *ibid.* vel vitiligines nigras et lepras [emendant]: *sc.* corrigunt. — § **159** per se inlito, item ex aqua (inlitum *ll.*).

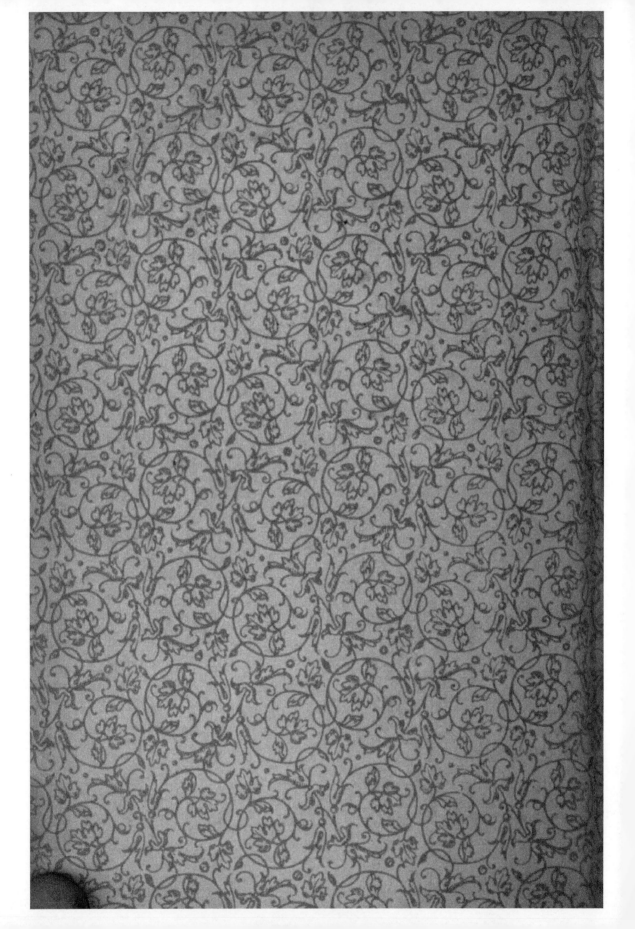

Lightning Source UK Ltd.
Milton Keynes UK
UKHW050458281218
334687UK00005B/409/P

9 781144 623768